Anfänge der Jüngeren Tyrannis

Europäische Hochschulschriften
Publications Universitaires Européennes
European University Studies

Reihe III
Geschichte und ihre Hilfswissenschaften

Série III Series III
Histoire, sciences auxiliaires de l'histoire
History and Allied Studies

Bd./Vol. 1017

PETER LANG
Frankfurt am Main · Berlin · Bern · Bruxelles · New York · Oxford · Wien

Ivan Jordović

Anfänge der Jüngeren Tyrannis

Vorläufer und erste Repräsentanten von Gewaltherrschaft im späten 5. Jahrhundert v. Chr.

Herrn Prof. Dr. P. Barceló,
mit freundlicher Empfehlung
Ivan Jordović

PETER LANG
Europäischer Verlag der Wissenschaften

Bibliografische Information Der Deutschen Bibliothek
Die Deutsche Bibliothek verzeichnet diese Publikation in der Deutschen Nationalbibliografie; detaillierte bibliografische Daten sind im Internet über <http://dnb.ddb.de> abrufbar.

Zugl.: Bochum, Univ., Diss., 2004

Gedruckt mit Unterstützung des
Deutschen Akademischen Austauschdienstes (DAAD).

Gedruckt auf alterungsbeständigem,
säurefreiem Papier.

D 294
ISSN 0531-7320
ISBN 3-631-53806-5

Printed in Germany 1 2 3 4 5 7

www.peterlang.de

Für Ljiljana und Svetislav

Vorwort

Die vorliegende Untersuchung ist die überarbeitete und etwas gekürzte Fassung meiner Dissertation, die im Juli 2004 von der Fakultät für Geschichtswissenschaft der Ruhr-Universität Bochum angenommen wurde. Das Manuskript wurde im Wintersemester 2004/05 fertiggestellt.

Es ist mir eine freudige Pflicht, allen, die mir beim Verfassen des Werkes mit Rat und Tat geholfen haben, meinen herzlichen Dank auszusprechen: *Prof. Dr. Karl-Wilhelm Welwei*, meinem verehrten Lehrer in der Alten Geschichte, der mich zu dieser Arbeit angeregt und ihre Entstehung durch großes Interesse, Geduld und konstruktive Kritik gefördert hat; *Prof. Dr. Walter Eder*, der sich freundlicherweise der Mühe des Korreferates angenommen und durch stetige Diskussionsbereitschaft zu mancher wichtigen Idee und Erkenntnis verholfen hat; *Frau Sabine Schlösser*, *Frau Iza Mazur*, *Herr Uwe Bigalke*, *Dr. Thomas Franke* und *Frau Janin Dworak*, die mit unermüdlichem Einsatz beim Korrekturlesen geholfen haben.

Neben meinem Doktorvater haben auch *Prof. Dr. Winfried Schmitz*, *Prof. Dr. Miroslava Mirković*, *Prof. Dr. Slobodan Dušanić* und *Prof. Dr. Aleksander Loma* mit ihren Gutachten zu einem Stipendium des Deutschen Akademischen Austauschdienstes beigetragen. Dieses Stipendium ermöglichte es mir, mein Doktorstudium an der Ruhr-Universität Bochum durchzuführen. Der DAAD hat durch einen großzügigen Druckkostenzuschuß auch die Herausgabe dieser Arbeit gefördert. Meinen Bochumer Freunden und der freundlichen Atmosphäre im Seminar für Alte Geschichte verdanke ich, daß die Fremde zur geistigen Heimat wurde.

Gewidmet ist diese Arbeit, nicht nur weil es schöner Brauch ist, meinen lieben Eltern, deren Großzügigkeit und Verständnis ihrem jahrelang studierenden Sohn stets einen sicheren Rückhalt boten.

Belgrad, im April 2005 — Ivan Jordović

Inhaltsverzeichnis

I. Einleitung

Im letzten Jahrzehnt des 5. Jh.s treten nach einer Unterbrechung von nahezu zwei Generationen erneut Tyrannen in der griechischen Welt auf. Die Gewaltherrschaft in der Periode zwischen dem Peloponnesischen Krieg und der hellenistischen Epoche wird in der modernen Literatur als die Jüngere Tyrannis bezeichnet. In der Antike war die Unterscheidung zwischen der Älteren und Jüngeren Tyrannis nicht gebräuchlich. Erst seit der Mitte des 19. Jh.s veröffentlichten Untersuchung von H. G. Plaß über die Zwangsherrschaft bei den Griechen ist die Differenzierung zwischen der Älteren und Jüngeren Tyrannis üblich geworden.[1] Die Tyrannis als Sonderform der Gewaltherrschaft hat sowohl antike als auch moderne Betrachter fasziniert. Deswegen verwundert es nicht, daß für viele Tyrannenherrschaften eine relativ große Anzahl von antiken Zeugnissen überliefert und von den Althistorikern zahlreiche Werke zu dieser Thematik veröffentlicht worden sind.

Es läßt sich in der modernen Tyrannisforschung die Tendenz erkennen, daß sich die Althistoriker mehr auf die Ältere als auf die Jüngere Tyrannis als historisches Phänomen konzentrieren.[2] Für diesen Sachverhalt gibt es mehrere Gründe. Diese stehen vornehmlich in Zusammenhang mit den Merkmalen der

---

1 H. G. Plaß, Die Tyrannis in ihren beiden Perioden bei den alten Griechen. Dargestellt nach Ursachen, Verlauf und Wirkungen, Leipzig 1859² (ND Aalen 1978). H. G. Plaß unterscheidet allerdings nicht zwischen der Jüngeren Tyrannis und der Alleinherrschaft in der hellenistischen Zeit, wie dies bei H. Berve, Die Tyrannis bei den Griechen, 2 Bde., München 1967, Xf.; 386-509 der Fall ist.

2 Kennzeichnend dafür sind die Arbeiten von A. Andrewes, The Greek Tyrants, London 1956; M. E. White, Greek Tyranny, Phoenix 9 (1955), 1-18; H.-J. Diesner, Griechische Tyrannis und griechische Tyrannen, Berlin 1960. Die Titel dieser Darstellungen implizieren zwar, sie würden die gesamte griechische Tyrannis erforschen, in Wirklichkeit befassen sich diese jedoch fast ausschließlich mit der Älteren Tyrannis; vgl. hierzu auch die Abhandlung von J. F. McGlew, Tyranny and Political Culture in Ancient Greece, Ithaca/London 1993. In dieser Hinsicht ist auch charakteristisch, daß es zu umfassenden Darstellungen der Jüngeren Tyrannis vornehmlich innerhalb allgemeiner Untersuchungen zu der Alleinherrschaft bei den Griechen kam – Plaß, 1859; Berve, 1967; C. Mossé, La tyrannie dans la Grèce antique, Paris 1969. Der russische Althistoriker E. Frolov hat zwar einige kürzere Abhandlungen zu einzelnen Vertretern und Aspekten der Jüngeren Tyrannis, aber keine allgemeine systematische Studie der Jüngeren Tyrannis veröffentlicht; E. Frolov, Grečeskie tirany (IV v. do n. e.), Leningrad 1972; ders., Tyrannis und Monarchie im balkanischen Griechenland. Die späte Tyrannis im balkanischen Griechenland, in: E. Ch. Welskopf (Hrsg.), Hellenische Poleis, Bd. 1, Berlin 1973a, 231-400; ders., Das Problem der Monarchie und der Tyrannis in der politischen Publizistik des 4. Jahrhunderts v. u. Z., in: E. Ch. Welskopf (Hrsg.), Hellenische Poleis, Bd. 1, Berlin 1973b, 401-434; ders., Die ersten Unternehmungen und die Machtergreifung Dionysios' des Älteren, Klio 55 (1973c), 87-109; ders., Organisation und Charakter der Herrschaft des Dionysios' des Älteren, Klio 57 (1975), 103-122.

Gewaltherrschaft in der jeweiligen Epoche und der Beurteilung der Relevanz dieser Merkmale für die zeitgenössischen Entwicklungen.

Bei der Älteren Tyrannis kann man zwar Unterschiede zwischen den Alleinherrschaften im griechischen Mutterland, in Kleinasien unter persischer Oberhoheit und im griechischen Westen feststellen. Dennoch wiesen auch sie signifikante Gemeinsamkeiten auf, insbesondere die Einzelherrschaften im ägäischen Raum. Dies ist besonders wichtig, da die Willkürherrschaften in der Ägäis in der Tyrannisforschung das größte Interesse hervorrufen und den stärksten Einfluß auf deren Bild von der Tyrannis ausüben. Noch entscheidender ist jedoch, daß die Ältere Tyrannis in einer Zeit aufkam, in der innerhalb der hellenischen Welt wichtige politische, soziale und ökonomische Veränderungen stattfanden, die diese nachhaltig prägten. Des weiteren ist zu berücksichtigen, daß in der archaischen Zeit Tyrannen in mehreren großen und bedeutenden Poleis vertreten waren. Außerdem gehörten nicht wenige ihrer Exponenten zu den führenden Persönlichkeiten dieser Epoche. Alle diese Sachverhalte führten dazu, daß in der Forschung die Signifikanz der Älteren Tyrannis für das Verständnis der Entwicklung, welche die griechische Gesellschaft damals erlebte, unumstritten ist, obwohl in den einzelnen Abhandlungen oft sehr verschiedene Schwerpunkte gesetzt werden.[3]

Die Jüngere Tyrannis hingegen unterscheidet sich in ihren Wesenszügen stark von der Älteren. Im Gegensatz zur archaischen Epoche gelang es den meisten führenden griechischen Staaten wie Athen, Sparta, Korinth und Theben im Zeitalter der Jüngeren Tyrannis, jede länger währende Zwangsherrschaft zu vermeiden. Überdies hat die Jüngere Tyrannis außer Dionysios I. und Jason von Pherai keine weiteren großen Persönlichkeiten hervorgebracht.[4] Die Tyrannenherrschaften dieser Periode weisen häufig beträchtliche Differenzen in ihrer Genese und Art der Herrschaftsausübung auf. Dafür gibt es mehrere Gründe. Die Willkürherrschaften kamen jetzt verstärkt in den Randgebieten des griechischen Raumes vor, z. B. auf dem Kimmerischen Bosporos und in Herakleia am Pontos. Die einzelnen Gebiete oder Poleis, in denen Gewaltherrschaften aufkamen, so etwa Syrakus, Phokis und Thessalien, befanden sich oft auf verschiedenen Stufen der politischen und sozioökonomischen Entwicklung.[5] Desgleichen fällt die Epoche der Jüngeren Tyrannis mit einer Zeit zusammen, in der die hellenische Staatenwelt starke Umwälzungen erlebte – d. h. mit dem Ende des Peloponnesischen Krieges, der Vorherrschaft von Sparta, der thebanische Hegemonie und dem Aufstieg von Makedonien. Die Relevanz dieser Veränderungen steigt zusätzlich durch die Tatsache, daß die Mehrheit der Tyrannenherrschaften oder der Versu-

---

3 Vgl. hierzu L. de Libero, Die archaische Tyrannis, Stuttgart 1996, 12-17; M. Stahl, Aristokraten und Tyrannen im archaischen Athen. Untersuchungen zur Überlieferung, zur Sozialstruktur und zur Entstehung des Staates, Stuttgart 1987, 1-2.

4 Th. Lenschau, Tyrannis, RE 7A 2, 1948, Sp. 1835f.

5 Berve, 1967, 373.

che, eine solche zu errichten, in mittleren und kleinen Poleis stattfand und die Hilfe einer auswärtigen Großmacht hierbei meistens ausschlaggebend war.[6] Ein weiteres Merkmal der Jüngeren Tyrannis ist die Verbindung von tyrannischem Machtwillen und Condottierenmentalität.[7] Söldner wurden bereits in der archaischen Zeit als Instrument für den Umsturz und die spätere Machterhaltung eingesetzt. Im 5. und 4. Jh. ist aber neben einem derartigen Gebrauch der Söldner auch eine neue Entwicklung erkennbar,[8] nämlich daß Söldnerführer zu Tyrannen aufstiegen.[9] Eine weitere Erscheinung dieser Ära ist, daß sich die Macht nicht immer in den Händen eines Einzelnen befand, sondern daß auch eine Clique eine Zwangsherrschaft ausübte. Für diese Form der Tyrannis wird in dieser Arbeit der moderne Terminus „kollektive Tyrannis" gebraucht.[10]

Dieser vielfältige Charakter der Jüngeren Tyrannis sowie die Tatsache, daß viele ihrer Protagonisten nur von lokaler Bedeutung waren, sind ein weiterer Grund, weshalb der Älteren Tyrannis in der wissenschaftlichen Literatur mehr Aufmerksamkeit entgegengebracht wird. Außerdem haben diese beiden Merkmale dazu beigetragen, daß es keine allgemeine Studie gibt, die sich ausschließlich mit der Problematik der Jüngeren Tyrannis auseinandersetzt. Insbesondere wegen des ersten Charakteristikums erweist sich eine systematische Kategorisierung der Jüngeren Tyrannis im allgemeinen als schwierig. Statt dessen sind in der Forschung zahlreiche Arbeiten zu einzelnen Vorläufern, Repräsentanten und Aspekten der Jüngeren Tyrannis veröffentlicht worden, bzw. wurden diese Themen innerhalb einer größeren Untersuchung erörtert.[11]

---

6 Die Poleis Megara, Sikyon und auf Euboia sind hierfür ein gutes Beispiel; vgl. Berve, 1967, 300-307; 377f. Zu dieser Problematik s. auch Lenschau, 1948, Sp. 1836f.

7 Berve, 1967, 377.

8 Vgl. hierzu Berve, 1967, 238; 287f.; 304f.; H. Bengtson, Griechische Staatsmänner des 5. und 4. Jahrhunderts v. Chr., München 1983, 231; J. Deininger, "Krise" der Polis? Betrachtungen zur Kontinuität der gesellschaftlichen Gruppen und der inneren Konflikte im Syrakus des 5. und 4. Jahrhunderts v. Chr., in: K. Dietz – D. Henning – H. Kaletsch (Hrsg.), Klassisches Altertum, Spätantike und frühes Christentum. Adolf Lippold zum 65. Geburtstag gewidmet, Würzburg 1993, 67f.; K. F. Stroheker, Dionysios I. Gestalt und Geschichte des Tyrannen von Syrakus, Wiesbaden 1958, 154; 156; H. D. Westlake, Timoleon and His Relations with Tyrants, Manchester 1952, 54.

9 Im Gebiet der Meerengen haben es Condottiere versucht, oder wie im Fall von Lampsakos geschafft, eine fremde Stadt zu unterwerfen. Eine ähnliche Situation ergab sich in Sizilien nach dem Sturz des Dionysios II. Bei manchen Einzelherrschern, wie bei den vier phokischen Tyrannen, ist es sogar schwer, eine Grenze zwischen Söldnerführern und Tyrannen zu ziehen; vgl. Berve, 1967, 276; 298; 311ff.

10 Ausführlich dazu im Kap. VI.1

11 A. Holm, Geschichte Siziliens im Altertum, 3 Bde., Leipizig 1870-1898 (ND Aalen 1979); E. A. Freeman, Geschichte Siziliens unter den Phönikern, Griechen und Römern, Leipzig 1895; Stroheker, 1958; Berve, 1967; G. A. Lehmann, Die revolutionäre Machtergreifung der „Dreißig" und die staatliche Teilung Attikas (404-401/0 v. Chr.), in: R. Stiel – G. A. Lehmann (Hrsg.), Antike und Universalgeschichte. Festschrift Hans Erich

Ein weiterer Faktor, welcher das Bild von der Jüngeren Tyrannis und das Interesse an ihr beeinflußt, ist der Umstand, daß viele Althistoriker das Erscheinen von Willkürherrschaften seit dem Ende des Peloponnesischen Krieges hauptsächlich als Zeichen und Folge der Krise der Polis auffassen.[12] Dies führt dazu, daß die Entstehungsbedingungen und Wesensmerkmale der Jüngeren Tyrannis in mehreren Abhandlungen etwas vereinfacht betrachtet werden und ihre Wichtigkeit als historisches Phänomen unterschätzt wird.

Der Gegenstand der vorliegenden Studie ist die Jüngere Tyrannis am Ende des 5. und am Anfang des 4. Jh.s. Im Mittelpunkt des Interesses stehen die Vorläufer und die ersten Exponenten der Jüngeren Tyrannis sowie die Faktoren, welche deren Aufkommen begünstigten. Für diese zeitliche Eingrenzung des Forschungsgegenstandes gibt es mehrere Gründe. Zum einen ist die Jüngere Tyrannis, wie bereits angemerkt wurde, von wesentlichen Unterschieden zwischen ihren einzelnen Repräsentanten gekennzeichnet. Zum anderen indiziert aber das

---

Stier zum 70. Geburtstag, Münster 1972; McGlew, 1993; D. Gribble, Alcibiades and Athens: A Study in Literary Presentation, Oxford 1999; M. Hofer, Tyrannen, Aristokraten, Demokraten. Untersuchungen zu Staat und Herrschaft im griechischen Sizilien von Phalaris bis zum Aufstieg von Dionysios I., Frankfurt a. M. u. a 2000; K. Hamberger, Monstrum in Animo. Das Drama des Alkibiades, in: W. Pircher – M. (Hrsg.), Tyrannis und Verführung, Wien 2000, 192-209, usw.; s. auch die Arbeiten von E. Frolov.

12 H. Berve, Wesenszüge der griechischen Tyrannis, HZ 177 (1954), 4f.; ders., 1967, 373f.; Frolov, 1973a, 231-400; ders., 1973b, 401f.; ders., 1973c, 90; M. Austin – P. Vidal-Naquet, Gesellschaft und Wirtschaft im alten Griechenland, München 1984, 107-143; bes. 117-119; A. Demandt, Antike Staatsformen. Eine vergleichende Verfassungsgeschichte der Alten Welt, Berlin 1995, 167; M. Sordi, La Dynasteia in Occidente (Studi su Dionigi I), Padova 1992, 4; Mossé, 1969, 93-98; vgl. hierzu auch A. Dihle, Studien zur griechischen Biographie, Göttingen 1956, 38; P. Barceló, Basileia, Monarchia, Tyrannis. Untersuchungen zu Entwicklung und Beurteilung von Alleinherrschaft im vorhellenistischen Griechenland, Stuttgart 1993, 252. Zu der Problematik der Krise der Polis vgl. auch C. Mossé, La fin de la démocratie athénienne. Aspects sociaux et politiques du déclin de la Cité grecque au IVe siècle avant J.-C., Paris 1962; ders., Athens in Decline 404-86 B.C., London 1973; ders., Die politischen Prozesse und die Krise der athenischen Demokratie, in: E. Ch. Welskopf (Hrsg.), Hellenische Poleis, Bd. 1, Berlin 1973, 160-187; A. Dovatur, Aristoteles und die Krise der Polis, in: E. Ch. Welskopf (Hrsg.), Hellenische Poleis, Bd. 4, Berlin 1973, 2089-2094; E. Ch. Welskopf, Soziale Gruppen- und Typenbegriffe. Klasse, Stand, Schicht, Privatmann, Individualität-Hellenen, Barbaren, Polis und Territorialstaat, in: E. Ch. Welskopf (Hrsg.), Hellenische Poleis, Bd. 4, Berlin 1973, 2141-2176. Einen Überblick über die Tendenz in der Forschung, das 4. Jh. als eine Zeit des politischen Niedergangs zu verstehen, sowie die Tatsache, daß dieser Standpunkt nicht haltbar ist, geben: W. Eder, Die athenische Demokratie im 4. Jahrhundert v. Chr. Krise oder Vollendung? in: ders., (Hrsg.), Die athenische Demokratie im 4. Jahrhundert v. Chr. Vollendung oder Verfall einer Verfassungsform?, Stuttgart 1995, 11-28. J. K. Davies, Fourth Century Crisis. What Crisis?, in: Eder (Hrsg.), 1995, 29-42; Deininger, 1993, 55-76; P. J. Rhodes, The Polis and the Alternatives, CAH VI^{2}, 1994, 589-591.

fast plötzliche Auftauchen von Gewaltherrschaften im letzten Drittel des 5. Jh.s, zusammen mit dem Umstand, daß es in dieser Zeit zu Spannungen zwischen herausragenden und selbstbewußten Persönlichkeiten und der Polisgemeinschaft kam,[13] daß trotz der lokalen Eigentümlichkeiten ebenso Berührungspunkte zwischen den einzelnen Vorläufern und ersten Vertretern der Jüngeren Tyrannis bestehen könnten. Die Anfänge der Jüngeren Tyrannis stehen zudem in auffälliger zeitlicher Koinzidenz mit den großen militärischen Auseinandersetzungen – dem Peloponnesischen Krieg, den Konflikten mit Karthago – sowie dem Aufkommen der Sophistik, insbesondere der Lehre vom Recht des Stärkeren. Es erscheint daher sinnvoll, die Gewaltherrschaften, die nach 400 auftraten, in dieser Arbeit nicht in die Betrachtung einzubeziehen.

Hieraus ergibt sich, daß sich die erste Fragestellung dieser Abhandlung mit dem Thema auseinandersetzt, in welchem Verhältnis die Anfänge der Jüngeren Tyrannis zu den zeitgenössischen Kriegen und geistigen Strömungen stehen. Auf diese Weise wird indirekt auch die Frage erläutert, inwiefern Gemeinsamkeiten zwischen den Vertretern der Alleinherrschaft existieren. Es sind zwar zahlreiche Abhandlungen zum Peloponnesischen Krieg und zur Sophistik vorhanden, und deren Einfluß auf die Jüngere Tyrannis und ihre Protagonisten wird generell vorausgesetzt.[14] Eine umfassende Erforschung dieser Erscheinungen unter dem Gesichtspunkt ihrer Bedeutung für das Aufkommen der Alleinherrschaft im ausgehenden 5. Jh. wurde indessen noch nicht vorgelegt. Deshalb wird diese Problematik im ersten Teil dieser Arbeit allgemein behandelt. Dieser besteht aus drei Kapiteln – ‚*Der Krieg*', ‚*Das geistige Umfeld*' und ‚*Die Jugend*' (Kap. II-IV). An dieser Stelle soll darauf aufmerksam gemacht werden, daß dieser Versuch, die Berührungspunkte zwischen den einzelnen Vorboten und Vertretern der Gewaltherrschaft im späten 5. Jh. zu erläutern, in keiner Weise mit

---

13 Vgl. Dihle, 1956, 35-40; W. Eder, Monarchie und Demokratie im 4. Jahrhundert v. Chr.: Die Rolle des Fürstenspiegels in der athenischen Demokratie, in: W. Eder (Hrsg.), Die athenische Demokratie im 4. Jahrhundert v. Chr. Vollendung oder Verfall einer Verfassungsform?, Stuttgart 1995b, 160. Der Konflikt spielte sich nicht nur auf der politischen Ebene ab. Sokrates trug ihn auf dem sittlichen Gebiet aus. Platon stellte die moralischen Grundlagen der Politik seiner Zeit in Frage und wandte sich von dem politischen Leben völlig ab; vgl. dazu Dihle, 1956, 39f.; P. Scholz, Der Philosoph und die Politik. Die Ausbildung der philosophischen Lebensform und die Entwicklung des Verhältnisses von Philosophie und Politik im 4. und 3. Jahrhundert v. Chr., Stuttgart 1998, 79.

14 Zu dem Krieg s. S. Berger, Revolution and Society in Greek Sicily and Southern Italy, Stuttgart 1992, 84f.; Deininger, 1993, 57; Stroheker, 1958, 8f.; 32; 38; Berve, 1967, 207; 219ff.; 378; Frolov, 1973c, 89f.; 103; M. I. Finley, Das antike Sizilien. Von der Vorgeschichte bis zur arabischen Eroberung, München 1979, 100; A. Lintott, Violence, Civil Strife and Revolution in the Classical City 750-330 BC., London/Canberra 1982, 190; 199; 261f.; Sordi, 1992, 21f.; Hofer, 2000, 36f. Zu der Sophistik s. Stroheker, 1958, 35; 38; Berve, 1967, 203f.; 207; 283; 343; Frolov, 1973c, 94f.; H. Scholten, Die Sophistik. Eine Bedrohung für die Religion und Politik der Polis?, Berlin 2003, 228-257; Sordi, 1992, 4f.; 19ff.

einer Relativierung der Bedeutsamkeit lokaler Eigentümlichkeiten für die Entstehung der Jüngeren Tyrannis gleichzusetzen ist. Diese Unterschieden sind jedoch in zahlreichen Arbeiten ausreichend betont und herausgearbeitet worden, weshalb sich diese Studie vorrangig auf die Erörterung der Gemeinsamkeiten konzentriert.

In Kap. II wird die Art und Weise, in der der Krieg das Aufkommen der Jüngeren Tyrannis förderte, analysiert und beschrieben. In diesem Kapitel wird nicht nur erläutert, wie der Krieg durch Bürgerkriege, Fluktuationen innerhalb der Elite und durch Machtkonzentration dem Aufstieg von Gewaltherrschaften unmittelbar entgegenkam. Es wird auch dargestellt, wie die Kämpfe die politische Loyalität innerhalb der Bürgergemeinschaft lockerten, das Verständnis von Recht und Moral erschütterten und eine Atmosphäre schufen, welche politische Radikalität und rücksichtsloses Machtdenken begünstigte. Des weiteren wird gezeigt, daß der Krieg auch indirekt durch seine Merkmale, wie beispielsweise durch den Verlust von Angehörigen, Seuchen, Belagerung und materielle Verluste, bei den Bürgern häufig Gefühle der Unsicherheit, Ohnmacht, Resignation, Angst und Wut auslöste. Zusammen mit einem weiteren Charakteristikum des Krieges, nämlich seiner Unberechenbarkeit bzw. Wechselhaftigkeit, untergruben diese die Solidarität der Bürger, den Glauben an die gemeinschaftlichen Werte und wirkten sich nicht selten sehr negativ auf die innere Stabilität eines Gemeinwesens aus.

Die Hervorhebung der Relevanz des Krieges für diese Entwicklungen soll nicht mit dem Standpunkt verwechselt werden, andere Faktoren wären für die Entstehung der Jüngeren Tyrannis irrelevant gewesen. Egoistisches Machtstreben war beispielsweise schon immer ein wesentlicher Bestandteil der griechischen agonalen Ethik, welche insbesondere die Aristokratie kennzeichnete.[15]

---

15 S. hierzu Kap. III.2. In dieser Hinsicht ist auch kennzeichnend, daß gerade ein Aristokrat (Kallikles) der Verfechter des Rechts des Stärkeren ist. W. Donlan, The Aristocratic Ideal in Ancient Greece. Attitudes of Superiority from Homer to the End of the Fifth Century B.C., Lawrence (Kansas) 1980, 113-180 zeigt, daß aristokratische Werte und aristokratisches Denken auch in den letzten Jahrzehnten des 5. Jh.s sehr wohl selbst im demokratischen Athen präsent waren; vgl. hierzu auch K. Raaflaub, Democracy, Power and Imperialism, in: J. P. Euben – J. R. Wallach – J. Ober (Hrsg.), Athenian Political Thought and the Reconstruction of American Democracy, Ithaca/London 1994, 140ff. Während des 5. Jh.s konnte die agonale Ethik der Aristokratie größtenteils unterdrückt oder zum Vorteil des Gemeinwesens eingesetzt werden. Deshalb handelt sich beim Auftreten des skrupellosen Machtwillens in dieser Zeit sicherlich nicht um eine völlig neuartige Erscheinung. Zu diesem „Konformitätsdruck" und zu der Art und Weise, wie der athenische Demos teilweise „aristokratisiert" wurde, s. auch E. Stein-Hölkeskamp, Adelskultur und Polisgesellschaft. Studien zum griechischen Adel in archaischer und klassischer Zeit, Stuttgart 1989, 205-230; 176; K. Raaflaub, Political Thought, Civic Responsibility, and the Greek Polis, in: J. P. Arnason – P. Murphy (Hrsg.), Agon, Logos, Polis: The Greek Achievement and Its Aftermath, Stuttgart 2001, 72-117; bes. 114f.; ders., 1994, 126; Donlan, 1980, 155f.; W. Eder, Demokratie und Größenwahn:

Die Bedeutsamkeit der lokalen Besonderheiten und Einflüsse wird ebenso weder negiert noch in Zweifel gezogen.

Die meisten der im Kapitel ‚*Der Krieg*' zitierten Quellen beziehen sich auf den Peloponnesischen Krieg. Der Grund dafür ist, daß über die Konfrontation zwischen den Jahren 431 und 404 weitaus mehr antike Texte existieren als über die Kriege zwischen Syrakus und Karthago. Hinzu kommt, daß diese Informationen vergleichsweise umfangreich sind. Außerdem stammen die meisten dieser Zeugnisse von Zeitgenossen dieses Konfliktes wie z. B. Thukydides, Euripides, Aristophanes und Xenophon. Diese Tatsachen erlauben es in der Regel, einen tieferen Einblick in die Merkmale und die Auswirkungen des Krieges zu gewinnen, insbesondere hinsichtlich ihrer Hintergründe. Deswegen läßt sich am Exempel des Peloponnesischen Krieges die Verbindung zwischen dem Krieg und den Vorläufern der Jüngeren Tyrannis sowie ihren ersten Repräsentanten am besten erkennen und veranschaulichen.

Diese Vorgehensweise birgt die Gefahr in sich, daß die Ergebnisse der Analyse wenig Aussagekraft für die Auswirkungen des Krieges in Syrakus haben. Die Argumente dafür, daß die in dieser Studie gewonnenen Erkenntnisse gleichwohl auch für die Beurteilung der Vorgänge in der größten griechischen Polis auf Sizilien Geltung haben, werden am Anfang des zweiten Kapitels eingehend dargelegt. Inwiefern sich das Kap. II. auf Lykophron von Pherai und den Spartiaten Klearchos bezieht, wird ebenfalls in der Einleitung zu diesem Kapitel geklärt.

Angesichts der Tatsache, daß Hermokrates' Umsturzversuch und die Machtergreifung des Dionysios I. in einer sehr engen Beziehung zu den Kriegsgeschehnissen standen, wird auch in den Kapiteln, die sich mit diesen beiden Syrakusanern befassen (Kap. VII und VIII), die Verbindung zwischen inneren Wirren und Kriegen noch einmal ausführlicher erläutert werden. Auf diese Weise soll die essentielle Bedeutung des Krieges für das Aufkommen der Willkürherrschaft in dieser sizilischen Polis akzentuiert werden. In den Studien über Alkibiades und die „Dreißig" wird auf eine nähere Schilderung des Verhältnisses zwischen diesen Vorläufern der Jüngeren Tyrannis und dem Peloponnesischen Krieg weitgehend verzichtet (Kap. V und VI). Denn im Kapitel ‚*Der Krieg*' werden alle wesentliche Faktoren bezüglich des Alkibiades und der „Dreißig" ausreichend analysiert. Ein weiterer Grund hierfür ist, daß in Alkibiades' Leben der Krieg zwar eine besonders wichtige Rolle spielte, aber für seinen unmittelbaren Sturz nicht ausschlaggebend war. Der Sachverhalt, daß das Regiment der „Dreißig" erst nach der Kapitulation Athens konstituiert wurde, offenbart ausreichend die Schlüsselrolle des Krieges für die Entstehung dieses Terrorregimes. Die Signifikanz und die Auswirkungen des Krieges werden auch

Die Paradoxien der Athenischen Demokratie, in: B. Effe – R. F. Glei (Hrsg.), Genie und Wahnsinn. Konzepte psychischer 'Normalität' und 'Abnormität' im Altertum, Trier 2000, 93f.

in der Studie der Herrschaft des Lykophron näher behandelt. Im Mittelpunkt steht hierbei die Beziehung zwischen der außenpolitischen Lage und den inneren Wirren (Kap. IX.2).

Die Ansicht, die Sophistik habe einen destruktiven Einfluß auf die griechische Gesellschaft ausgeübt, stößt in der Forschung auf breite Akzeptanz.[16] Außerdem wird davon ausgegangen, daß diese einen maßgebenden Einfluß auf die Entstehung der Lehre vom Recht des Stärkeren gehabt habe.[17] Als Teil der Bearbeitung der ersten Fragestellung soll dieser Ansatz im dritten Kapitel *,Das geistige Umfeld'* kritisch beleuchtet werden. Diesem Zweck dient die im Abschnitt *,Die Grundzüge der Sophistik'* (Kap. III.1) in großen Umrissen unternommene Skizzierung der Merkmale der Sophistik. Der Hauptgegenstand des Kapitels ist jedoch die Lehre vom Recht des Stärkeren als eine der sozialdestruktivsten Thesen jener Zeit, die mit der Sophistik in Verbindung gebracht wird, und deren Ideal die tyrannische Herrschaft war. Die hier durchgeführte Analyse hat nicht zum Ziel, die Relevanz der Sophistik generell in Frage zu stellen. Allerdings sollen andere Faktoren – in erster Linie die politische Praxis – stärker akzentuiert werden. Deswegen wird der Versuch unternommen, das Aufkommen der Lehre vom Recht des Stärkeren näher zu datieren. Denn die chronologische Erfassung dieser Theorie soll die Signifikanz der zeitgenössischen politischen Erfahrung und die Interdependenz zwischen ihr und der Sophistik demonstrieren. Auf diese Weise soll die Bedeutsamkeit der Sophistik und der zeitgenössischen politischen Praxis für die Entstehung der Tyrannis im letzten Drittel des 5. Jh.s neu bewertet werden.

Einerseits beinhaltet die Überlieferung für die meisten der hier dargestellten Vorläufer und Vertreter der Jüngeren Tyrannis zahlreiche Informationen. Andererseits reichen diese Informationen trotzdem nicht für eine genaue Rekonstruktion des Einflusses der Sophistik und der These vom Recht des Stärkeren auf die persönlichen Ansichten eines Hermokrates, Dionysios I., Kritias usw. aus. Zudem hat die Sophistik nicht in allen hier analysierten Fällen die gleiche Bedeutung besessen. Beispielsweise kann man bei Klearchos den Einfluß des sophistischen Gedankengutes mit großer Wahrscheinlichkeit ausschließen. Nichtsdestoweniger wird im zweiten Teil in den Kapiteln V-IX der Einfluß der Sophistik auf die einzelnen Vorläufer und ersten Protagonisten der Gewaltherrschaft im späten 5. Jh. untersucht, um auch auf diese Weise die Bedeutung der Sophistik für die Anfänge der Jüngeren Tyrannis zu erfassen.

---

16 S. hierzu Kap. III.

17 Vgl. F. Kiechle, Ursprung und Wirkung der machtpolitischen Theorien im Geschichtswerk des Thukydides, Gymnasium 70 (1963), 289-312; Scholten 2003, 228-257; M. Ostwald, From Popular Sovereignty to the Sovereignty of Law. Law, Society, and Politics in Fifth-Century Athens, Berkeley/Los Angeles/London 1986, 229-290; bes. 250; K. F. Hoffmann, Das Recht im Denken der Sophistik, Stuttgart/Leipzig 1997, 110-150; bes. 150.

Im Kapitel *‚Die Jugend'* (Kap. IV) soll nachgewiesen werden, daß von einem Generationenkonflikt im letzten Drittel des 5. Jh.s nicht die Rede sein kann. Statt dessen wird gezeigt, daß vor allem die jüngeren Generationen den negativen Einflüssen des Krieges und der Sophistik gegenüber aufgeschlossen waren, und daß so der destabilisierende Effekt dieser beiden Faktoren zusätzlich verstärkt wurde. Darüber hinaus wird demonstriert, daß der Terminus „Jugend" ein relativ komplexer Begriff ist, der auch als ein Zeichen für das Aufkommen von skrupellosem Machtdenken gedeutet werden kann. Angesichts der dürftigen Quellenlage wird auf eine ausführliche Erörterung der Beziehung zwischen der Jugend und der Jüngeren Tyrannis nicht eingegangen.

Im zweiten Teil der Arbeit werden die einzelnen Vorläufer und ersten Repräsentanten der Jüngeren Tyrannis am Ende des 5. und am Anfang des 4. Jh.s erörtert – *‚Alkibiades', ‚Die „Dreißig"', ‚Hermokrates', ‚Dionysios I.', ‚Lykophron von Pherai'* und *‚Klearchos'* (Kap. V-X). Eine systematische Erfassung dieser Problematik ist aufgrund der wesentlichen Differenzen, welche zwischen den einzelnen Fälle bestehen, grundsätzlich schwierig. So wurde beispielsweise gegen Alkibiades der Tyrannisvorwurf erhoben. Er hat sich aber weder wie Dionysios I. zu einem Tyrannen aufgeworfen, noch war er wie Hermokrates Anführer eines Umsturzversuches. Des weiteren hat die zeitliche Eingrenzung der Untersuchung zur Folge, daß das Regime der „Dreißig", welches nur einige Monate bestand, in seiner Gesamtheit untersucht werden kann, nicht hingegen die Herrschaft des syrakusanischen Despoten, die einen Zeitraum von achtunddreißig Jahren umfaßte. Schließlich gibt es beträchtliche Unterschiede im Umfang der antiken Überlieferung. Das beste Exempel hierfür ist Lykophron von Pherai, über dessen Machtausübung nichts Näheres bekannt ist. Im Gegensatz zu Thessalien sind die Verhältnisse in Athen oder Syrakus vergleichsweise gut dokumentiert.[18] Aufgrund der genannten Differenzen ist es unvermeidlich, daß es zu Unterschieden in der Größe und Ausführlichkeit der einzelnen Kapiteln kommt. Dies bedeutet jedoch nicht, daß diese Unterschiede in irgendeiner Weise als ein Hinweis für die Signifikanz der einzelnen Vorläufer und ersten Repräsentanten der Jüngeren Tyrannis zu verstehen sind.

Die zweite Aufgabenstellung dieser Studie geht der Frage nach, wann man bei den einzelnen Vorläufern von einer Willkürherrschaft ausgehen kann und weshalb einige von diesen mit der Tyrannis oder dem Trachten nach dieser assoziiert werden. In der Tyrannisforschung werden nämlich die Individuen oder Gruppen, die ein starker Machtwille kennzeichnete und von denen die meisten in einen offenen Konflikt mit ihrem Gemeinwesen kamen, als Vorläufer der Jüngeren Tyrannis bezeichnet. Unter diesem Begriff werden in der Regel Alkibiades, die „Dreißig", Lysander, Klearchos und Hermokrates verstanden.[19] De-

18 Frolov, 1973c, 87.
19 Lenschau, 1948, Sp. 1834; Berve, 1967, 207-216.

ren Machtstreben wird als ein Zeichen für das Aufkommen der Jüngeren Tyrannis gesehen. Der Terminus „Vorläufer" ist allerdings von einer gewissen Vieldeutigkeit geprägt, die man auch in dem grundlegenden Werk von H. Berve *‚Die Tyrannis bei den Griechen'* feststellen kann.[20] Denn er ist sowohl der Inbegriff für ein machtvolles und selbstsüchtiges Individuum, das keine tyrannische Position innehat, als auch für einen Einzelherrscher oder eine Person, dessen Verhalten tyrannische Züge aufweist. Ferner umfaßt dieser Terminus auch ein Herrschaftssystem wie das der „Dreißig". Wegen dieser Mehrdeutigkeit erscheint es erforderlich zu erläutern, welche der hier behandelten Vorläufer tatsächlich eine Tyrannenherrschaft ausübten bzw. anstrebten und warum einige von ihnen in einen derartigen Zusammenhang gebracht wurden.

Der Fall des Lysander wird hier jedoch nicht ausführlich erörtert, weil es im Gegensatz zu den anderen Vorläufern zu keinem offenen Bruch zwischen ihm und seiner Polis kam. Lysander war zweifelsohne einige Jahre lang ein sehr mächtiger Mann in seiner Vaterstadt. Sollte der Spartiate tatsächlich den Ehrgeiz gehabt haben, die charismatische Position der „Erbkönige" zu beseitigen und ein Wahlkönigtum in Sparta einzuführen,[21] so hätte er dennoch eine „legale" Position angestrebt. Überdies wäre sein Einfluß durch andere Staatsorgane in beachtlichem Maße eingeschränkt gewesen, da die Quellen nicht berichten, daß er die Macht der anderen wichtigsten staatlichen Strukturen habe beschränken oder gar abschaffen wollen. Hinzu kommt, daß Lysander auf jegliche Gewaltanwendung verzichtet hat.[22]

Daß Lykophron eine Tyrannis in Pherai ausübte, wurde bis vor kurzem in der Forschung allgemein anerkannt. Da aber diese Vorstellung kürzlich in Zweifel gezogen wurde,[23] soll auch der Charakter von Lykophrons Herrschaft in Pherai analysiert werden.

Die Untersuchung, in welchen Fällen man von einer Willkürherrschaft ausgehen kann, wird durch den Umstand erleichtert, daß im Vergleich zur Älteren für die Jüngere Tyrannis ein reichhaltiges Quellenmaterial zur Verfügung steht. Die Tatsache, daß viele Autoren Zeitgenossen der Ereignisse waren, über welche sie berichteten, verursacht zugleich aber auch Schwierigkeiten. Denn es ist oft diffizil, den historischen Kern von Verzerrungen, Verfälschungen und der Neigung zu dramatischen Erzählungen zu trennen. Des weiteren kommt erschwerend hinzu, daß am Ende des 5. und namentlich im 4. Jh. eine Tyrannentypologie existierte, deren Elemente häufig nicht mit der Realität übereinstimmten. Betreffend der Jüngeren Tyrannis sind viele der wichtigen Quellen

20 Berve, 1967, 207-216.

21 Dazu ausführlicher im Kap. II.4.

22 Berve, 1967, 214.

23 Vgl. S. Sprawski, Jason of Pherae. A Study on History of Thessaly in Years 431-370 BC, Kraków 1999, 38; 58-62. Diesen Standpunkt teilt auch H. Beck, Thessaloi, Thessalia, DNP 12/1, 2002, Sp. 448-449.

philosophische und pädagogische Schriften, oder sie wurden, wie Xenophons *,Hellenika'*, von Autoren verfaßt, die ebenfalls Verfasser von solchen Werken waren.[24] Bei diesen antiken Zeugnissen ist das Verständnis, welches sie von bestimmten Ereignissen oder Erscheinungen haben, nicht selten von eigenen philosophischen, ethischen und politischen Vorstellungen überlagert.[25] Deswegen erscheint es berechtigt anzunehmen, daß diese Schriften nicht nur ihrerseits die Tyrannentypologie geprägt haben, sondern auch selbst von dieser nachhaltig beeinflußt wurden.[26] Daß das klassische Bild von der Einzelherrschaft nicht nur die antiken Berichte prägte, sondern, wie im Falle von Alkibiades gezeigt werden soll, auch auf zeitgenössische politische Ereignisse eine folgenschwere Wirkung haben konnte, unterstreicht dessen Bedeutung. Aus diesen Gründen wird in den einzelnen Kapiteln der Relevanz des Tyrannentopos sowie der Bedeutung der verfassungsrechtlichen Vorstellungen in der Antike für die Beurteilung der einzelnen Vorläufer und ersten Exponenten der Jüngeren Tyrannis ein großer Wert beigemessen.

Ein besonders einflußreiches Element des Tyrannenbildes ist die Ansicht, der Alleinherrscher würde häufig als Fürsprecher der unteren Schichten an die Macht gelangen. Diese Vorstellung hat sowohl auf die antike als auch auf die moderne Auffassung der Zwangsherrschaft einen starken Einfluß ausgeübt.[27] Die dritte Problemstellung ist deshalb der Frage gewidmet, in welcher Relation die Vorläufer und die ersten Protagonisten der Jüngeren Tyrannis zu den sozialen Gegensätzen stehen. Es gibt zwei Gründe, die dafür sprechen, daß die Vorstellung vom Tyrannen als Vertreter der unteren gesellschaftlichen Schich-

---

24 In den letzten Jahren wurde in der Forschung demonstriert, daß Xenophons *,Hellenika'* stark von dessen ethischen und politischen Vorstellungen geprägt wurde, vgl. dazu V. J. Gray, The Character of Xenophon's Hellenica, London/Baltimore 1989; Ch. Tuplin, The Failings of Empire: A Reading of Xenophon Hellenica 2.3.11-7.5.27, Stuttgart 1993; J. Dillery, Xenophon and the History of His Times, London/New York 1995.

25 Vgl. Scholz, 1998, 96ff.; 168f.; A. Heuß, Aristoteles als Theoretiker des Totalitarismus, A&A 17 (1971), 1-44; H.-J. Gehrke, Die klassische Polisgesellschaft in der Perspektive griechischer Philosophen, Saeculum 36 (1985b), 133-146; A. Meister, Das Tyrannenkapitel in der <Politik> des Aristoteles, Chiron 7 (1977), 35ff.; s. hierzu auch K. Raaflaub, Politisches Denken und Krise der Polis. Athen im Verfassungskonflikt des späten 5. Jahrhunderts, HZ 255 (1992), 11ff.; bes. 15.

26 Zu der Bedeutung und dem Charakter des Fürstenspiegels in der Publizistik des 4. Jh.s s. Eder, 1995b, 153-173.

27 Vgl. Berve, 1954, 4; ders., 1967, 374ff.; Frolov, 1973b, 402; O. Murray, Das frühe Griechenland, München 1982, 180-184; Demandt, 1995, 173; 177; 188; Austin – Vidal-Naquet, 1984, 117f.; s. hierzu auch die in den Kap. II.2; VIII.2 und IX.3 zitierte Literatur. L. de Libero, 1996, 12ff. gibt einen Überblick über die Werke, die die Entstehung der Älteren Tyrannis in einen sozioökonomischen Kontext setzen. Die Anschauung vom „volksfreundlichen" Tyrannen wurde sicherlich von dem Arm-Reich-Schema und dem Standpunkt, daß deren Gegensatz einer wesentliche Ursache für innenpolitische Konflikte ist, beeinflußt, s. hierzu Kap. II.2.

ten ausführlicher untersucht werden muß. Der erste Grund ist, daß die Richtigkeit bzw. Unrichtigkeit dieser Anschauung eine essentielle Rolle bei der Bewertung der Anfänge der Jüngeren Tyrannis spielt. Denn mit dieser Frage ist die Wichtigkeit des sozialen Faktors und der lokalen Entwicklungen für die Entstehung von Willkürherrschaften eng verbunden. Der zweite Grund dafür ist, daß man diese These auf die Tyrannentypologie zurückführen kann. Darum könnte eine Klärung dieser Problematik auch zu einem besseren Verständnis sowohl des Einflusses als auch des Realitätsgehalts des Tyrannentopos beitragen. Die Auffassung vom „Volkstyrannen" wird kurz im Abschnitt ‚*Die Stasis*' (Kap. II.2) behandelt. Die Hauptuntersuchung erfolgt jedoch im zweiten Teil dieser Studie. Denn die konkreten Fälle bieten die besten Voraussetzungen, um nachzuprüfen, ob diese Ansicht zutrifft.

Erster Teil

Die Bedeutung des Krieges, des geistigen Umfeldes und der Jugend für die Entstehung der Jüngeren Tyrannis

II. Der Krieg

Wie bereits Thukydides am Anfang seines Werkes konstatiert, übertraf der Kampf zwischen Athen und Sparta in allen Bereichen sämtliche zuvor geführten militärischen Konfrontationen in Griechenland.[1] Der größte Konflikt vor 431 war der Feldzug des Xerxes, welcher vergleichsweise kurz dauerte und in einigen wenigen Schlachten entschieden wurde. Der Peloponnesische Krieg hingegen zog sich mit Unterbrechungen über einen Zeitraum von fast dreißig Jahren hin. In diesen Jahren wurden zwar zahlreiche Schlachten zu Land und zur See ausgefochten, jedoch ohne daß es bis 405 bzw. 404 einer Seite gelang, den endgültigen Sieg zu erringen. Gleichzeitig versuchten die Kriegsparteien das Hinterland des Feindes zu destabilisieren, um so den Gegner durch den Druck auf seine Gesellschaft und Wirtschaft zu zermürben.[2] Verheerende Bürgerkriege waren ebenso ein wesentliches Merkmal dieser Auseinandersetzung. Diese Charakteristiken des Krieges, die Allgegenwärtigkeit der Kämpfe und die ungeheure Brutalität, mit denen sie ausgetragen wurden, brachten für das gesellschaftliche Gefüge zahlreicher griechischer Poleis die gewaltigste Erschütterung, die diese bis dahin erfahren hatten.[3]

Die Kampfhandlungen im griechischen Westen am Ende des 5. Jh.s stehen in keiner Weise hinsichtlich der Größe, der Brutalität und der Destruktivität

---

1 Thuk. 1.1; 23.

2 Vgl. hierzu J. Ober, Fortress Attica. Defense of the Athenian Land Frontier 404-322 B.C., Leiden 1985, 3-38; ders., The Rules of War in Classical Greece, in: J. Ober (Hrsg.), The Athenian Revolution: Essays on Ancient Greek Democracy and Political Theory, Princeton 1996, 62-68; vgl. hierzu auch K. Raaflaub, Father of All, Destroyer of All: War in Late Fifth-Century Athenian Discourse and Ideology, in: D. R. McCann – B. S. Strauss (Hrsg.), War and Democracy: A Comparative Study of the Korean War and the Peloponnesian War, Armonk (New York) 2001, 308f.; V. D. Hanson, Der Krieg in der griechischen Antike, Berlin, 2001a, 105-120; ders., Democratic Warfare, Ancient and Modern, in: D. R. McCann – B. S. Strauss (Hrsg.), War and Democracy: A Comparative Study of the Korean War and the Peloponnesian War, Armonk (New York) 2001b, 5-26. P. Krentz, The Strategic Culture of Periclean Athens, in: Ch. D. Hamilton – P. Krentz (Hrsg.), Polis and Polemos, Essays on Politics, War, and History in Ancient Greece in Honor of Donald Kagan, Claremont 1997, 55-72 verweist darauf, daß viele Elemente der im Peloponnesischen Krieg benutzten Praktiken und Strategien der Kriegsführung auch in den Jahrzehnten zuvor angewandt wurden oder deren Ansätze zu jener Zeit bereits existierten; s. dazu auch V. D. Hanson, The Other Greeks, New York 1995, 327-338.

3 Dies sollte man nicht mit der Vorstellung verwechseln, in Griechenland habe um 400 eine dramatische und abrupte Veränderung wesentlicher Aspekte des politischen und gesellschaftlichen Lebens stattgefunden; vgl. hierzu P. Cartledge, The Effects of the Peloponnesian (Athenian) War on Athenian and Spartan Societies, in: D. R. McCann – B. S. Strauss (Hrsg.), War and Democracy: A Comparative Study of the Korean War and the Peloponnesian War, Armonk (New York) 2001, 104-123.

hinter den Auseinandersetzungen im ägäischen Raum zurück. Laut Thukydides ist das größte militärische Unternehmen der griechischen Geschichte und somit auch des Peloponnesischen Krieges die Sizilische Expedition.[4] Die Zerstörung von Selinus und Himera sowie die Räumung von Akragas, Gela und Kamarina demonstrieren deutlich das ganze Ausmaß der Kämpfe gegen die Karthager in den Jahren 409 bis 405. Diese Sachverhalte deuten darauf hin, daß diese Konflikte allem Anschein nach einen durchaus vergleichbaren Druck auf die sikeliotischen Poleis ausübten wie der Peloponnesische Krieg auf die Gemeinwesen im griechischen Mutterland.

Die Intensität der durch die Kriege verursachten Erschütterungen spiegelt sich in der zeitgenössischen Literatur wider. Dem Widerwillen gegenüber dem Krieg und seiner Unmenschlichkeit begegnet man in der antiken Tradition schon lange Zeit vor dem großen Konflikt zwischen Athen und Sparta.[5] In den letzten Jahrzehnten des 5. Jh.s erreichen die Klagen über die Brutalität, Grausamkeit und Greuel des Krieges indessen eine neue Stufe der Abneigung und der Verurteilung.[6] So widmet Aristophanes dem Krieg ganze Komödien. In den *‚Acharnern'* des Aristophanes werden die Verwüstungen und das Elend des Krieges mit den Vorzügen des Friedens kontrastiert. In der Komödie der *‚Frieden'* verlassen die Götter die Menschen und ziehen sich wegen der ewigen Kriegsgreuel in höhere Ätherregionen zurück. Die *‚Lysistrate'* wird vom Wunsch einer echten Versöhnung zwischen den Griechen getragen. Die Schrecken des Krieges bzw. des Bürgerkrieges werden ebenso in den Werken des Euripides ausführlich beschrieben. In den Tragödien *‚Hekabe'* und die *‚Troerinnen'* zeigt dieser die Folgen eines militärischen Sieges aus der Perspektive der Besiegten – die Zerstörung der Stadt, das Töten, die Sklaverei, den Verlust jeder Hoffnung usw. In den

---

4 Thuk. 7.87,5; s. auch 6.31; 43-44; 7.28,3; 56-58.

5 In der *‚Ilias'* sagt Zeus zu seinem Sohn Ares, welchem Streit, Schlachten und Kriege lieb sind, dieser sei ihm von allen olympischen Göttern am meisten verhaßt (Hom. Il. 5.890f.). Außerdem nährt sich der Kriegsgott Ares vom Blut und achtet kein Recht (Hom. Il. 5,289; 761). Zu der Kriegskritik in der *‚Ilias'* s. B. Effe, Krieg und Frieden in der griechischen Literatur: das Beispiel der Ilias, in: G. Binder – B. Effe (Hrsg.), Krieg und Frieden im Altertum, Trier 1989, 9-26. Pindar warnt, der Krieg sei für den, der ihn nicht kenne, eine süße Sache, für den, der ihn erlebt hat, sei er ein Ding der Furcht (Pind. frg. 110). In Aischylos' *‚Agamemnon'* heißt der Kriegsgott, welcher Männer nimmt und dafür Urnen mit Asche zurückgibt, „Goldwechsler" (Aischyl. Ag. 437). Herodot, der sein Werk schrieb, damit die großen Taten der Griechen und Barbaren in den persischen Kriegen nicht in Vergessenheit gerieten, meint allerdings auch, im Frieden würden die Kinder ihre Väter begraben, im Krieg aber die Väter ihre Kinder (Hdt. 1.87,4). In Sophokles' *‚Aias'* sagt der Chor, derjenige Mensch, der die Griechen den Krieg gelehrt habe, hätte lieber vorher in den Hades hinabsteigen sollen, denn Kämpfe erzeugten nur neue Kämpfe und der Krieg habe schon viele Menschen vernichtet (Soph. Ai. 1185ff.).

6 W. Nestle, Der Friedensgedanke in der antiken Welt, Philologus Suppl. 31,1, Leipzig 1938, 12ff.; Hanson, 2001a, 118ff.

,Phoinikerinnen' und im *,Orestes'* setzt sich der Dichter mit dem destruktiven Charakter der innenpolitischen Kämpfe auseinander. Thukydides mißt bezeichnenderweise die Größe des Peloponnesischen Krieges auch an der Größe der von diesem verursachten Leiden.[7] Die zerstörerische Dynamik des Krieges bzw. der Staseis mit allen ihren politischen, gesellschaftlichen und moralischen Konsequenzen wird von ihm deutlich geschildert. Im gesamten Werk lassen sich hierfür zahllose Beispiele finden. Die entsetzlichen Folgen der Kämpfe werden aber insbesondere anhand der Debatten, die der Vernichtung einzelner Gemeinwesen vorausgingen (Mytilene, Plataiai und Melos),[8] der Beschreibung, wie die gesamte Bevölkerung einer Polis ausgelöscht wurde (Mykalessos), der *,Pathologie des Krieges'* und der Beschreibung der Pest in Athen bildhaft dargestellt.

Die schrecklichen militärischen Konfrontationen am Ende des 5. Jh.s haben durch ihre Dauer und Intensität in zahlreichen Poleis das öffentliche und private Leben dominiert. Zu der gleichen Zeit erscheinen innerhalb weniger Jahre und in verschiedenen Regionen der griechischen Welt nach einer Pause von annährend zwei Generationen erneut Willkürherrschaften. Des weiteren ist zu beachten, daß die meisten der Vorläufer und Protagonisten der Gewaltherrschaft in dieser Periode wichtige Positionen in ihren Gemeinwesen einnahmen und das persönliche Schicksal jedes einzelnen von ihnen oft entscheidend vom Krieg bestimmt wurde. Daß zwischen den Kriegen dieser Zeit und der Errichtung von Tyrannenherrschaften ein Zusammenhang existiert, wird in der modernen Literatur seit langem erkannt. Eine systematische Untersuchung dieser Relation wurde indessen nicht unternommen. Aus diesen Gründen erscheint es erforderlich, die Auswirkungen der Kriege unter dem Aspekt, wie diese den Aufstieg von mächtigen Individuen und das Entstehen von Alleinherrschaften begünstigten, ausführlicher zu analysieren. Auf diese Weise soll ein Überblick über die möglichen Verbindungen zwischen den Kriegen in den letzten Jahrzehnten des 5. Jh.s und den Anfängen der Jüngeren Tyrannis gegeben werden. Gleichzeitig soll so indirekt auch auf mögliche Gemeinsamkeiten zwischen den einzelnen Vorläufern und Repräsentanten der Zwangsherrschaft in dieser Ära hingewiesen werden.

Bereits Thukydides meint, der Krieg sei der Lehrmeister der Gewalttätigkeit, und die Denkart des Einzelnen und der Polisgemeinschaften sei im Frieden und Wohlstand besser, weil diese dann nicht unter dem Druck ungewollter

---

7 Thuk. 1.23; vgl. Pouncey, 1980, 148; Chr. Meier, Die Rolle des Kriegs im klassischen Athen, HZ 251 (1990), 588; J. Ober, Political Dissent in Democratic Athens. Intellectual Critics of Popular Rule, Princeton 1998, 66 Anm. 28; s. dazu auch J. R. Grant, Toward knowing Thucydides, Phoenix 28 (1974), 84f.

8 Im Falle von Mytilene wurde zwar nicht die gesamte Polis zerstört, dies wurde aber gefordert und es hätte sich auch fast ereignet.

Zwangslagen zu handeln brauchten.[9] In der modernen Kriegsforschung ist der beträchtliche Einfluß des Krieges auf Individuen und Gesellschaften anerkannt. Zahlreiche Studien zum Verhalten der Menschen in modernen Konflikten belegen, daß Kampfhandlungen eine enorme psychische Belastung für die Soldaten darstellen, und daß diese bei vielen von ihnen schwere seelische Traumata hinterlassen, welche selbst nach der Rückkehr in das Zivilleben bleiben.[10] Der britische Militärhistoriker J. Keegan weist in seinem kürzlich erschienenen Werk anhand zahlreicher Beispiele aus allen Regionen der Welt und allen Epochen der menschlichen Geschichte, auf die Interdependenz zwischen Kultur und Krieg hin.[11]

Daß der Krieg durch Bürgerkriege, Fluktuationen innerhalb der Elite und Machtkonzentration die Entstehung von Gewaltherrschaften auf unmittelbare Weise förderte, ist verhältnismäßig „leicht" nachzuweisen. Die Frage, wie die Kämpfe die politische Loyalität innerhalb der Bürgerschaft schwächten, die Auffassung von Recht und Moral untergruben und ein Klima schufen, welches politischer Radikalität sowie dem Denken in Machtkategorien entgegenkam, erweist sich als weitaus diffiziler. Die Erforschung von mentalen Hintergründen bzw. psychopathologischen Entwicklungen ist nämlich im allgemeinen gewagt, insbesondere aber in der Alten Geschichte. Denn zwischen den Menschen der Gegenwart und den in der Antike existieren zweifelsohne beträchtliche kulturelle und gesellschaftliche Differenzen und somit auch Unterschiede in der Mentalität. Hinzu kommt, daß die Quellenlage für derartige Untersuchungen denkbar ungünstig ist. Diese Sachverhalte sind der Hauptgrund dafür, daß auch das Kapitel über den Krieg in vielen Bereichen von vornherein einen hypothetischen Charakter hat und unvollständig bleiben muß. Diese Studie kann auch keine eindeutige Antwort darauf geben, inwiefern der Krieg die persönlichen Ansichten von Alkibiades, Kritias, Hermokrates oder Dionysios I. prägte. Denn neben den oben genannten Umständen ist die Reaktion eines Menschen auf die äußeren Einflüsse auch immer eine Frage des persönlichen Charakters. Ein weiterer erschwerender Faktor ist, daß trotz der Tatsache, daß für viele Indivi-

---

9 Thuk. 3.82,2; s. hierzu J. J. Price, Thucydides and Internal War, Cambridge 2001, 27; S. Hornblower, A Commentary on Thucydides, Bd. 1, Oxford 1991a, 482; C. W. Macleod, Thucydides on Faction, PCPhS 205 (ns. 25) (1979), 53ff.

10 Vgl. G. Dyer, War, London 1985; R. Holmes, Acts of War. The Behavior of Men in Battle, New York 1985; D. Grossman, On Killing. The Psychological Cost of Learning to Kill in War and Society, Boston/New York/London 1996; J. Shay, Achill in Vietnam. Kampftrauma und Persönlichkeitsverlust, Hamburg 1998; s. dazu auch D. Kecmanovic, Ethnic Times: Exploring Ethnonationalism in the Former Yugoslavia, Westport (Connecticut) 2002.

11 J. Keegan, Die Kultur des Krieges, Hamburg 2001². Der britische Historiker sagt in bezug auf Clausewitz: „*Hätte sein bereits äußerst kritischer Geist noch über eine intellektuelle Dimension verfügt, hätte er vielleicht erkannt, daß es beim Krieg um weit mehr geht als um Politik: Krieg ist stets Ausdruck einer Kultur, oft sogar eine ihrer bestimmenden Größen, und in manchen Gesellschaften die Kultur selbst.*"; Keegan, 2001², 34.

duen wie z. B. Dionysios I. oder Alkibiades relativ viele Informationen überliefert sind, es nicht möglich ist, genaue psychologische Persönlichkeitsprofile zu erstellen. Aufgrund dieser Sachlage soll gar nicht der Anspruch erhoben werden die folgende Analyse könnte mehr sein als ein Versuch, unter der Ausschöpfung der verschiedenen Mittel und Möglichkeiten die Verbindungen zwischen den Anfängen der Jüngeren Tyrannis und dem Krieg so plausibel wie möglich zu rekonstruieren.

Das Werk des Thukydides und die Schriften anderer Zeitgenossen des Peloponnesischen Krieges wie Euripides, Aristophanes und Xenophon ermöglichen am Beispiel dieses Konfliktes am besten, die möglichen Verbindungen zwischen dem Krieg und den Vorläufern sowie den ersten Repräsentanten der Jüngeren Tyrannis zu erhellen und zu veranschaulichen. In dem Kapitel *,Der Krieg'* werden ebenfalls Entwicklungen und Ereignisse aus den Kämpfen zwischen Syrakus und Karthago als Exempel angeführt. Die Hauptquelle Diodor gibt zwar eine verhältnismäßig umfangreiche Darstellung der Geschehnisse, dieser Bericht läßt sich jedoch nicht mit den zahlreichen Informationen über den Peloponnesischen Krieg, insbesondere in Hinsicht auf das Verständnis der psychologischen Einflüsse und Hintergründe, vergleichen. Deshalb wird Diodor nicht als wichtigste Quelle für das Erforschen der Beziehungen zwischen den Anfänge der Jüngeren Tyrannis und den zeitgenössischen Kriegen verwendet. Die Gründe, die trotz dieser Sachlage den Standpunkt unterstützen, die Erkenntnisse des zweiten Kapitels seien auch für die Beurteilung der Ursachen für das Aufkommen der Alleinherrschaft in der größten sizilischen Polis von Relevanz, sollen nun angeführt werden. Zugleich wird dadurch auch ein Bild von der Gliederung des vorliegenden Kapitels gegeben.

Im ersten Abschnitt *,Die Kriegsrechtsverletzungen'* wird zunächst dargelegt, daß bei den Hellenen allgemeingültige Normen der Kriegsführung existierten. Einzelne Stellen in den Schriften von Thukydides und Diodor deuten darauf hin, daß diese Regeln auch auf Sizilien gegolten haben.[12] Danach wird

---

12 Daß die Verstöße gegen die Normen der Kriegsführung verurteilt wurden, finden wir nicht nur bei den athenischen Autoren, sondern auch bei Diodor. Nach diesem soll in Syrakus eine Debatte über das Schicksal der gefangenen Athener stattgefunden haben (Diod. 13.19,4-6; 20-32). Die Reden von Nikolaos und Gylippos bei Diodor sind zwar nicht authentisch; vgl. hierzu K. Meister, Die sizilische Geschichte bei Diodor. Von den Anfängen bis zum Tod des Agathokles, München 1967, 67f.; s. auch L. Pearson, The Greek Historians of the West. Timaeus and His Predecessors, Atlanta (Georgia) 1987, 146. Trotzdem sind sie bedeutend, weil in ihnen das gleiche Gedankengut zum Ausdruck kommt wie in den athenischen Quellen und namentlich bei Euripides – z. B. werden die Gefangenen mit Schutzflehenden verglichen (Diod. 13.21,7; 29,3-7; vgl. auch 13.21,4-6; 23,4-24,2; 26,1-2; 27,6). Denn wie im Abschnitt *,Die Kriegsrechtsverletzungen'* gezeigt werden soll, entsprechen die Ausführungen der athenischen Autoren den weit verbreiteten Auffassungen zu dieser Problematik. Deswegen lassen auch diese Gemeinsamkeiten zwischen Diodor und den athenischen Quellen vermuten, daß die Ex-

demonstriert, daß die Kriegsrechtsverletzungen allgegenwärtig waren und von allen Kriegsparteien in bis dahin ungekanntem Ausmaße begangen wurden. Weiter wird am Beispiel des Thukydides und Xenophon gezeigt, daß die Exzesse nicht nur von den Athenern, sondern auch von den anderen Griechen als eine Verletzung der Kriegsregeln aufgefaßt wurde. Außerdem sprechen sowohl diese beiden Autoren als auch Euripides in dieser Hinsicht entweder von hellenischen Gesetzen oder vom Recht im allgemeinem Sinne. Folglich liegt es nahe anzunehmen, daß sich die Schlußfolgerung, die Ausschreitungen hätten das Verständnis von Recht und Moral insgesamt und nicht nur die Auffassung vom Kriegsrecht untergraben, auch auf Syrakus bezieht.

Der Teil *‚Die Stasis'* unterstreicht die Interdependenz zwischen inneren Konflikten und Krieg und erfaßt die dramatische Steigerung der Zahl der Bürgerkriege in dieser Epoche. Die inneren Kriege wurden von der gleichen brutalen Ignoranz der Regeln und Werte begleitet wie die Kampfhandlungen zwischen den Poleis. Die in diesem Unterkapitel unternommene Analyse soll nachweisen, daß dieses Charakteristikum zusammen mit anderen Merkmalen der Stasis möglicherweise sogar eine noch verheerendere Wirkung auf die Gesellschaft und die Solidarität hatte als der Krieg selbst. Die Erosion des Ethos wird an der Pervertierung der Sprache dargelegt. Es gibt mehrere Gründe, weshalb die hier gewonnenen Erkenntnisse aller Wahrscheinlichkeit nach erlauben, auch generelle Schlußfolgerungen zu ziehen. Die Untersuchung stützt sich im beträchtlichen Maße auf die Ergebnisse der Arbeit von H.-J. Gehrke über die Stasis im gesamten griechischen Mutterland im 5. und 4. Jh.[13] Überdies werden als Belege für einzelne Standpunkte nicht nur Beispiele aus der athenischen Ge-

---

zesse in Syrakus einen ähnlichen destruktiven Effekt auf die Auffassung der gesellschaftlichen Normen hatten. Des weiteren spricht dafür die Tatsache, daß von beiden Kriegsparteien während der Kämpfe zwischen 415 und 413 durchaus einzelne Kriegsregeln eingehalten wurden (Thuk. 6.71,1; 94,2; 97,5; 103,1; 7.5,3; 45; 72,2; Diod. 13.19, 4-6; 20-32). Sowohl die Athener als auch die Syrakusaner gaben in der Regel nach dem Ende eines Gefechts unter dem Schutze eines Waffenstillstandes der unterlegenen Seite die Toten heraus. Die Errichtung von Siegeszeichen war gleichfalls eine geläufige Praxis. Noch bedeutungsvoller ist in dieser Hinsicht, daß einige Stellen bei Diodor belegen, wie selbst während der Kriege mit Karthago einige der Kriegsregeln eingehalten wurden. Nach dem Fall von Selinus sandten die Sikelioten Botschafter zu Hannibal, um diesen zu bitten, die Tempel zu verschonen (Diod. 13.59,1; vgl. auch 13.90,1-2). Dionysios I. schickte einen Gesandten zu Himilkon, um die Gefallenen bergen zu können (Diod. 13.111,1). Diodor berichtet, daß die Griechen über die Grausamkeit der Karthager gegenüber Gefangenen entsetzt waren (Diod. 13.111,4). Beide Kriegsparteien entsandten Herolde, um über das Schicksal der Kriegsgefangenen zu verhandeln bzw. diese freizukaufen (Diod. 13.59,1; 94,2). Mit dem Friedensvertrag von 405 verpflichteten sich Dionysios I. und Himilkon auch zu einem Gefangenenaustausch (StV II² 210; Diod. 13. 114,1).

13 H.-J. Gehrke, Stasis. Untersuchungen zu den inneren Kriegen in den griechischen Staaten des 5. und 4. Jahrhunderts v. Chr., München 1985a.

schichte, sondern auch Stasisfälle aus anderen griechischen Poleis benutzt. Außerdem ist zu beachten, daß eine wichtige Grundlage der Analyse Thukydides' *‚Pathologie des Krieges'* bildet. Die Beobachtungen, die Thukydides im Rahmen des Stasisexkurses macht, zeichnen sich durch universelle Gültigkeit aus.[14] Ferner äußert der athenische Autor an dieser Stelle wie auch zum Abschluß seines Methodenkapitels die Ansicht, die menschliche Natur sei in ihrem Kern konstant und bestimme den geschichtlichen Verlauf wesentlich mit.[15] Dies bedeutet nicht, daß keine Unterschiede zwischen Menschen bzw. Menschengruppen bestehen. Die extremen und unerwarteten Situationen des Bürgerkrieges und Krieges heben jedoch in der Regel nach der Auffassung des Thukydides diese Differenzen weitgehend auf.[16] Ein weiterer Anhaltspunkt dafür, daß Thukydides' Bemerkungen auch für die Entwicklungen in Syrakus relevant sein könnten, ist seine Ansicht, zwischen den Syrakusanern und den Athenern würden auf der politischen und militärischen Ebene keine nennenswerten Differenzen bestehen.[17] Darüber hinaus bemerkt der athenische Historiker, die Syrakusaner seien von allen Griechen den Athenern in ihrem Charakter am ähnlichsten – ὁμοιότροποι.[18]

Im Unterkapitel *‚Die Fluktuationen innerhalb der Elite'* wird auf drei Folgen der Kämpfe aufmerksam gemacht. Der Krieg und die Stasis verursachten starke Verluste innerhalb der Führungsschicht. Das förderte die innenpolitische Instabilität und ermöglichte jungen ehrgeizigen, bis dahin aber politisch eher unbekannten Individuen einen schnellen Aufstieg. Einerseits beziehen sich die meisten der angeführten Exempel auf Athen. Andererseits kann man diese Entwicklung auch in Syrakus wahrnehmen und dies wird auch in diesem Abschnitt dargelegt.

---

14 Thuk. 3.82,1-3; vgl. Price, 2001, 12; 22ff.; 30-38; L. M. Johnson, Thucydides, Hobbes, and the Interpretation of Realism, DeKalb 1993, 37ff.; Macleod, 1979, 52-60.

15 Thuk. 3.82,2; 1.22,4; vgl. hierzu H. Leppin, Thukydides und die Verfassung der Polis. Ein Beitrag zur politischen Ideengeschichte des 5. Jahrhunderts v. Chr., Berlin 1999, 107f.; G. Rechenauer, Thukydides und die hippokratische Medizin. Naturwissenschaftliche Methodik als Modell für Geschichtsdeutung, Hildesheim/Zürich/New York 1991, 139-162; V. J. Hunter, Thucydides and the Sociology of the Crowd, CJ 84 (1989), 17-30; P. R. Pouncey, The Necessities of War. A Study of Thucydides' Pessimism, New York 1980, 33ff.; W. Müri, Beitrag zum Verständnis des Thukydides, in: H. Herter (Hrsg.), Thukydides, Darmstadt 1968, 135-170; bes. 166ff.; H.-J. Diesner, Wirtschaft und Gesellschaft bei Thukydides, Halle (Saale) 1956, 7ff.; Macleod, 1979, 52ff.; vgl. dazu auch V. J. Hunter, Thucydides. The Artful Reporter, Toronto 1973, 121-148; bes. 141-144.

16 Vgl. Müri, 1968, 163ff.; Rechenauer, 1991, 145ff.; Chr. Schneider, Information und Absicht bei Thukydides. Untersuchung zur Motivation des Handelns, Göttingen 1974, 121ff.; s. dazu auch Macleod, 1979, 57; Hunter, 1973, 140ff.; 180f.

17 Thuk. 6.20,3; 7.28,3; 55.

18 Thuk. 8.96,5; vgl. Sordi, 1992, 5.

Der Abschnitt *,Die Machtkonzentration'* befaßt sich mit der Erscheinung, daß die Anforderungen des Krieges der Tendenz entgegenkamen, daß Einzelne oder Gruppen administrative Befugnisse und militärische Gewalt über das übliche Maß hinaus konzentrieren konnten, wodurch ein Staatsstreich wesentlich erleichtert wurde. Diesen Prozeß kann man nicht nur in Athen oder in Sparta konstatieren, sondern auch in Syrakus während der Auseinandersetzungen mit Athen und Karthago.

Der Teil *,Die indirekten Auswirkungen des Krieges'* behandelt die Frage, wie der Krieg auf indirekte Weise die innenpolitische Stabilität der Polis und den Gemeinschaftssinn seiner Bürger durch seine Dauer, seine Wechselhaftigkeit, sein Ausmaß sowie die enormen Opfer, die er verlangte, schwächte. Diese Einflüsse des Krieges werden anhand der Schilderungen und Nachrichten von Thukydides, Euripides und Aristophanes veranschaulicht. In bezug auf Thukydides besitzt ein nicht geringer Teil der angeführten Informationen einen allgemeingültigen Charakter. Da die hier verwendeten Stellen aus den Werken des Euripides und Aristophanes die Reaktion der Menschen auf die Kriegsfolgen auf einer individuellen Ebene wiedergeben, müssen sie nicht ausschließlich athenische Verhältnisse reflektieren.

Schließlich ist zu berücksichtigen, daß eines der wichtigsten Ereignisse des Peloponnesischen Krieges die Sizilische Expedition war. Zu diesem Feldzuges äußert Thukydides die Meinung, dieser habe den Kämpfen im griechischen Mutterland in keiner Hinsicht nachgestanden und sei die größte militärische Operation der hellenischen Geschichte gewesen.[19] Zweifelsohne war in erster Linie die Konfrontation mit Karthago für Hermokrates' Staatsstreichversuch und für den Aufstieg des Dionysios I. relevant. Dennoch heißt dies nicht zwingend, daß die Auseinandersetzung mit Athen von geringer Bedeutung oder sogar unwichtig war. Denn dieser Konflikt brachte Syrakus an den Rand einer Niederlage, verlangte der Stadt hohe Opfer ab und stellte somit sicherlich sowohl für die Polis als auch für einzelne Menschen eine schwere Erschütterung dar.[20] Zu-

19 Thuk. 6.31; 43-44; 7.28,3; 42,1-2; 56-58; 87,5.

20 Die Tatsache, daß die Syrakusaner höchstwahrscheinlich den Krieg ohne auswärtige Hilfe verloren hätten und eines fremden Befehlshabers – Gylippos – bedurften, indiziert, welch eine starke Belastung der Kampf gegen Athen für Syrakus darstellte. Ein weiterer Hinweis dafür ist, daß an manchen Schlachten auch Jugendliche teilnahmen, die noch nicht für den militärischen Dienst reif waren (Diod. 13.14,4-5). Aussagekräftig ist auch, daß die Bevölkerung von Syrakus bereit war, nach der Niederlage im ersten Gefecht gegen die Athener Hermokrates' weitgehende Ratschläge zu der Veränderung der Kommandostruktur zu befolgen (Thuk. 6.72-73; Diod. 13.4,1). Die niederschmetternde Wirkung des Krieges offenbart aber insbesondere die syrakusanische Reaktion im Frühjahr 414, als die Athener den Angriff gegen die Stadt einleiteten und alle syrakusanischen Versuche scheiterten, den Feind am Bau eines Belagerungsringes zu hindern (Thuk. 6.96-103,2). Die Syrakusaner begannen nämlich über eine Kapitulation mit Nikias zu verhandeln, die im letzten Moment nur durch das Eintreffen des Korinthers Gongylos

dem sollte man beachten, daß es auch in Athen erst 411 zum ersten Umsturz kam, und daß viele der Einflüsse und Folgen eines Krieges nicht unbedingt sofort in Erscheinung treten und deutlich erkennbar werden.

Die Bedeutsamkeit des Krieges wird auch in der Studie der Herrschaft des Lykophron von Pherai unter dem Aspekt der Beziehung zwischen der außenpolitischen Lage und den inneren Konflikten untersucht. In dieser Hinsicht könnten die im Abschnitt *‚Die Stasis'* (Kap. II.2) gewonnen Erkenntnisse auch für das Verständnis der Entwicklungen in Thessalien von Bedeutung sein. Trotzdem ist es notwendig anzumerken, daß sich das zweite Kapitel aufgrund der spezifischen politischen, gesellschaftlichen und wirtschaftlichen Entwicklung Thessaliens sowie der dürftigen Überlieferung nur in geringem Umfang auf die Tyrannis in Pherai bezieht. Dieser Umstand muß aber nicht unbedingt den Ertrag des Kapitels *‚Der Krieg'* mindern. Denn die in diesem Kapitel vorgenommene Analyse ist von Belang für alle anderen in der vorliegende Studie behandelten Vorläufer und Protagonisten der Jüngeren Tyrannis.

Auf der einen Seite ist es möglich, aufgrund des besonderen Charakters von Klearchos' Regime zu argumentieren, die Ergebnisse des zweiten Kapitels würden nur bedingte Aussagekraft in bezug auf diesen Spartiaten und dessen Regiment in Byzanz haben. Auf der anderen Seite ist es erforderlich darauf hinzuweisen, daß Klearchos ungefähr zwanzig Jahre alt war, als der Peloponnesische Krieg begann. Demzufolge ist es sehr wahrscheinlich, daß diese Auseinandersetzung auf seine Gesinnung einen beträchtlichen Einfluß hatte, allein schon deshalb, weil dieser den größten Teil seines Lebens hindurch andauerte und Klearchos wichtige militärische Positionen einnahm. Die Meinung von L. A. Tritle, die Erfahrungen des Peloponnesischen Krieges hätten bei dem Spartaner PTSD *(post-traumatic stress disorder)* verursacht und dessen Verhalten in By-

---

vereitelt wurde (Thuk. 6.103,3-4; 7.2,1-3; Plut. Nik. 18,7-19; Diod. 13.7,2-6). Der Umstand, daß in Syrakus eine Kapitulation ernsthaft in Erwägung gezogen wurde, obgleich seit dem Beginn des athenischen Angriffs nicht viel Zeit vergangen und der Belagerungsring nicht geschlossen war, läßt erkennen, welche Erschütterung diese Konfrontation für die Syrakusaner darstellte. Dies wird vor allem deutlich, wenn man berücksichtigt, daß zu dieser Zeit die griechische Belagerungstechnik noch nicht besonders fortgeschritten war, und selbst kleine Poleis wie Poteidaia oder Plataiai erst nach langer Belagerung eingenommen wurden: die Athener belagerten Poteidaia von 431 bis zum Winter 430/429 (Thuk. 1.59-65; 2.58; 70); die Stadt Plataiai wurde nach einer zweijährigen Belagerung von den Truppen des Peloponnesischen Bundes zerstört (Thuk. 2.75-78; 3.52; 68); die Mytilenaier ergaben sich erst nach ca. acht Monaten, nachdem sie von den athenischen Streitkräften sowohl zu See als auch zu Lande eingeschlossen waren (Thuk. 3.18,3-5; 27-28,2). Bezeichnend ist gleichermaßen, daß sich zu der gleichen Zeit unter den Bürgern neben Hoffnungslosigkeit ebenso schnell Mißtrauen ausbreitete. Auch die drei *strategoi autokratores* wurden abgesetzt und sogar des Verrats verdächtigt (Thuk. 6.103,3-4). Laut Polyainos soll es zu dieser Zeit ebenfalls zu einem Sklavenaufstand gekommen sein, den Hermokrates mit Erfolg unterdrückt habe (Polyain. 1.43,1).

zanz und während des Zuges der „Zehntausend" entscheidend bestimmt, erscheint indessen fragwürdig.[21] Auf diese Frage wird im Kapitel *,Klearchos'* näher eingegangen.

1. Die Kriegsrechtsverletzungen

Um darzustellen, wie tief die durch den Peloponnesischen Krieg hervorgerufene Erschütterung war, ist es wichtig zu schildern, wie häufig die Kriegsregeln gebrochen wurden und mit welcher Brutalität und nicht selten Offenheit dieses verbunden war. Zuerst jedoch werden die Kriegsregeln behandelt, um einen Überblick zu geben, welche von ihnen während des Krieges verletzt wurden. Hierfür wird eine von J. Ober erstellte Liste benutzt.[22] An dieser Stelle soll auch angemerkt werden, daß die in dieser Studie benutzten Termini, wie Kriegsrecht, Kriegsregel usw., nicht mit dem Kriegsrecht des modernen Völkerrechts gleichgesetzt werden sollen. Wie die hier zitierte Liste von J. Ober indiziert, existierten jedoch bei den Griechen Vorstellungen und Gewohnheiten, die im nachhinein als Bestandteil eines „Kriegsrechts" im weitesten Sinne des Wortes verstanden werden können.[23] Die Regel der Kriegführung waren nach J. Ober:

1. The state of war should be officially declared before commencing hostilities against an appropriate foe; sworn treaties and alliances should be regarded as binding.
2. Hostilities are sometimes inappropriate: sacred truces, especially those declared for the celebration of the Olympic games, should be observed.

---

21 L. A. Tritle, From Melos to My Lai. War and Survival, London/New York 2000, 55-78. Zu den Symptome von PTSD s. Shay, 1998, 24f.

22 J. Ober, Classical Greek Times, in: M. Howard – G. J. Andreopoulos – M. R. Shulman (Hrsg.), The Laws of War. Constraints on Warfare in the Western World, New Haven 1994, 12-26; bes. 13; ders., 1996, 56.

23 Zu den Regeln der Kriegsführung s. auch Y. Garlan, War in the Ancient World, London 1975, 57-77; ders., Der Mensch und der Krieg, in: J.-P. Vernant (Hrsg.), Der Mensch der griechischen Antike, Frankfurt a. M. 1993, 64f.; V. D. Hanson, Hoplite Battle as Ancient Greek Warfare: When, Where, and Why?, in: H. v. Wees (Hrsg.), War and Violence in Ancient Greece, London 2000, 201-232; ders., 1999, 68f.; S. Clavadetscher-Thürlemann, ΠΟΛΕΜΟΣ ΔΙΚΑΙΟΣ und BELLUM IUSTUM. Versuch einer Ideengeschichte, Zürich 1985, 105ff.; bes. 110ff.; Price, 2001, 211f. Anm. 10; W. R. Connor, Early Greek Land Warfare as Symbolic Expression, Past & Present 119 (1988), 8-15; P. Ducrey, Le traitement des prisonniers de guerre dans la Grèce antique, Paris 1968, 295-304; 334ff.; K.-H. Ziegler, Völkerrechtsgeschichte, München 1994, 28ff. ; S. Mitchell, Hoplite Warfare in Ancient Greece, in: A. B. Lloyd (Hrsg.), Battle in Antiquity, London 1996, 92ff.; 101f.; M. M. Sage, Warfare in Ancient Greece. A Sourcebook, London/ New York 1996, 66-134; W. K. Pritchett, The Greek State at War, Bd. 3, Berkeley/ Los Angeles/London 1979, 154-229; Bd. 4, 94-259; Berkeley/Los Angeles/London 1985; Bd. 5, Berkeley/Los Angeles/London 1991, 203-312.

3. Hostilities against certain persons and in certain places are inappropriate: the inviolability of sacred places and persons under protection of gods, especially heralds and suppliants, should be respected.
4. Erecting a battlefield trophy indicates victory; such trophies should be respected.
5. After a battle, it is right to return enemy dead when asked; request the return of one's dead is tantamount to admitting defeat.
6. A battle is properly prefaced by a ritual challenge and acceptance of the challenge.
7. Prisoners of war should be offered for ransom, not summarily executed or mutilated.
8. Punishment of surrendered opponents should be restraint.
9. War is an affair of warriors, thus noncombatants should not be primary targets of attack.
10. Battles should be fought during the usual (summer) campaigning season.
11. Use of nonhoplite arms should be limited.
12. Pursuit of defeated and retreating opponents should be limited in duration.

Diese Normen der Kriegsführung gab es verständlicherweise nicht von den Anfängen der griechischen Geschichte an, sondern sie bildeten sich schrittweise heraus, so daß sie schließlich im 5. Jh. allgemeine Anerkennung gefunden hatten. Obgleich während des Peloponnesischen Krieges alle Regeln verletzt wurden, wie z. B. die erste Regel während des Nikiasfriedens oder die dritte Regel bei dem Heiligtum Delion,[24] wurden hauptsächlich die Regeln fünf bis zwölf gebrochen.[25]

Für die vorliegende Studie scheint es von Vorteil, sich in erster Linie auf die Regeln sieben bis neun zu konzentrieren, weil sie am besten demonstrieren, welche Unbarmherzigkeit und Unmenschlichkeit die Auseinandersetzung mit sich brachte und welche schwerwiegenden Folgen dies für das gesellschaftliche Gefüge und die Auffassung von Recht hatte.

In der frühen archaischen Zeit war die Tötung der gefangenen Krieger und die Ermordung oder Versklavung von „Zivilisten" bei den Griechen durchaus weit verbreitet.[26] Im 5. Jh. ist diese Vorgehensweise weitgehend verschwunden.

---

24 Thuk. 4.96-101; 5.25; 26,2. Eine ausführliche Aufzählung der Sakrilege, die Thukydides nennt und die von allen Kriegsparteien begangen wurden, sind bei J. J. Price, 2001, 216-237, vorzufinden; vgl. hierzu auch C. Orwin, The Humanity of Thucydides, Princeton 1997³, 90ff.; M. D. Goodman – A. J. Holladay, Religious scruples in ancient warfare, CQ n.s 36 (1986), 151-160; Clavadetscher-Thürlemann, 1985, 111f.; N. Marinatos, Thucydides and Religion, Königstein 1981, 31-46; B. Jordan, Religion in Thucydides, TAPA 116 (1986), 124-147.

25 Ober, 1996, 57.

26 Die homerischen Helden nahmen in der Schlacht meistens keine Gefangene, und Achilleus opferte für Patroklos gefangene Troianer (Hom. Il. 6.55-60; 10.446-556; 11.138-142; 16.330-334; 21.99-105; 23.19-23; 174-183); vgl. dazu H. v. Wees, Heroes, Knights and Nutters: Warrior Mentality in Homer, in: A. B. Lloyd (Hrsg.), Battle in Antiquity,

Meistens war die härteste Strafe die Vertreibung der Bevölkerung, z. B. der Messenier bei Ithome 462 oder der Hestiaier aus Euboia 445, wobei darauf hingewiesen werden muß, daß es sich in beiden Fällen nicht um reguläre Kriege handelte.[27] Sie waren Aufstände, was die ganze Angelegenheit eher verschlimmerte als erleichterte.[28] Man ging sogar des öfteren dazu über, derartige Strafmaßnahmen abzumildern, wie z. B. die Übereinkunft der Mitglieder der delphischen Amphiktyonie zeigt, keine der zu ihr gehörenden Städte zu zerstören.[29] So verzichteten die Griechen faktisch auf die Anwendung des Mittels der völligen Zerstörung,[30] wobei das für Auseinandersetzungen mit den Barbaren natürlich nicht galt.[31] Verständlicherweise kam es von Zeit zu Zeit auch in den Kämpfen zwischen Hellenen zu Überschreitungen, wie bei Chaironeia 447, dessen Bewohner versklavt wurden.[32] Alles in allem versuchte man aber, wie es das Beispiel von Samos 439 zeigt, die Brutalität des Krieges zu minimieren.[33]

London 1996, 26f. Dennoch respektierte Achilleus lange Zeit die Toten (Hom. Il. 6, 414-419). Ein ähnliches Verhalten demonstriert auch Agamemnon (Hom. Il. 7.405-410). Vor dem Tod des Patroklos schonte Achilleus des öfteren die Gefangenen (Hom. Il. 21.99-103; 24.751-756). Homer nennt bezeichnenderweise Achilleus' Umgang mit dem Leichnam von Hektor eine „Freveltat" (Hom. Il. 22.395; 23.24). An mehreren Stellen ist in der ‚*Ilias*' und der ‚*Odyssee*' auch von reuelosem inhumanen Verhalten gegenüber Frauen und Kindern die Rede (Hom. Il. 2.354f.; 3.300f.; 4.237ff.; 6.57-60; 9.591-594; 22.61-71; Od. 9.40ff.); vgl. hierzu Wees, 1996, 26f.; 52f. Zur Kriegsführung und zur Kriegermentalität der homerischen Helden s. Wees, 1996, 1-86.

27 Ithome (Thuk. 1.128,1; Diod. 11.63,2; Paus. 7.25,6); Hestiaia (Thuk. 1.114; Hdt. 9.106; Paus. 4.24,7; 3.11,9).

28 Vgl. F. Kiechle, Zur Humanität in der Kriegführung der griechischen Staaten, in: F. Gschnitzer (Hrsg.), Zur griechischen Staatskunde, Darmstadt 1969, 540.

29 Aischin. 2,115; StV II² 104; dazu Kiechle, 1969, 538; Ziegler, 1994, 26; 31.

30 Vgl. Kiechle, 1969, 542; Ober, 1996, 56f.; 61f.; Price, 2001, 211; H. Kuch, Kriegsgefangenschaft und Sklaverei bei Euripides. Untersuchungen zur „Andromache", zur „Hekabe" und zu den „Troerinnen", Berlin 1974, 27-32; Clavadetscher-Thürlemann, 1985, 120f.; Meier, 1990, 565ff.

31 Beispielsweise wurden die Herolde des Großkönigs Dareios in Athen und Sparta hingerichtet, obwohl die Spartaner laut Herodot später einsahen, daß sie dadurch gegen die Götter gefrevelt hätten (Hdt. 7.133-136). Zur fragwürdigen Historizität dieses Ereignisses s. K.-W. Welwei, Das klassische Athen: Demokratie und Machtpolitik im 5. und 4. Jahrhundert, Darmstadt 1999, 32; 350 Anm 133. Die Perser wurden bei Marathon und Plataiai erbarmungslos niedergemetzelt (Hdt. 6.113-117; 9.70.4-5; Paus. 1.15.4). Ein derartiges Verhalten richtete sich nicht nur gegen die Perser; so wurden beispielsweise die Doloper auf Skyros von Kimon um 475 versklavt (Thuk. 1.98,2); vgl. hierzu Kiechle 1969, 542f.

32 Thuk. 1.115,1; s. auch 1.106,2.

33 In Samos beschränkte sich Athen 439 darauf, die samischen Ratsmitglieder schwören zu lassen, nach besten Kräften für Athen zu handeln und nicht mehr abzufallen, obwohl diese sogar persische Unterstützung genossen haben (Thuk. 1.115-117); s. dazu Welwei, 1999, 133. Die Samier mußten außerdem die Kriegskosten zahlen, ihre Mauern zerstören, Geiseln stellen und ihre Schiffe übergeben. Diese Maßnahmen hatten allerdings

Mit dem Ausbruch des Peloponnesischen Krieges läßt sich eine starke Veränderung in der Behandlung der Kriegsgefangenen und der „Zivilisten" feststellen. Die Ausschreitungen häuften sich im gesamten griechischen Raum in einem bis dahin ungekannten Ausmaß und wurden oft mit größter Brutalität ausgetragen.[34] Die Zeitgenossen waren entweder Opfer dieser Ausschreitungen oder Täter, manchmal waren sie beides. Aus diesem Grunde erscheint es plausibel anzunehmen, daß das Brechen der Regeln von ihnen wahrgenommen wurde und auf sie einen starken Einfluß ausübte. Um das Ausmaß dieser Ausschreitungen zu schildern und ein Bild davon zu bekommen, welchen Eindruck diese Exzesse auf die Zeitgenossen hinterließen, sollen einige Einzelfälle aufgezählt werden:

1. Die Kerkyraier töteten 435 nach der Seeschlacht bei Leukimme alle Gefangenen außer den korinthischen (Thuk. 1.30,1).
2. Die Plataier erschlugen die gefangenen Thebaner, nachdem diese sie 431 überfallen hatten (Thuk. 2.5,7).
3. Die Aigineten wurden 431 von den Athenern vertrieben (Thuk. 2.27).
4. Die peloponnesischen Abgesandten, die auf dem Weg zum Großkönig waren, wurden 430 ohne Prozeß von den Athenern hingerichtet (Thuk. 2.67,4).
5. Die Spartaner töteten von Anfang an alle Kaufleute der Athener und ihrer Symmachoi, die sie fassen konnten (Thuk. 2.67,4).
6. Die Ambrakioten wurden 430 von Phormion, den Amphilochiern und den Akarnanen versklavt (Thuk. 2.68).
7. Die Bewohner von Poteidaia wurden im Jahre 429 von den Athenern gezwungen ihre Stadt zu verlassen (Thuk. 2.70,3-4).
8. Nach der Seeschlacht bei Naupaktos vertrieben die Athener im Winter 429/428 unter Phormions Kommando aus Stratos, Koronta und anderen Gemeinwesen in Akarnanien alle Personen, die ihnen unzuverlässig erschienen (Thuk. 2.102,1).
9. Der spartanische Nauarch Alkidas exekutierte die meisten von denen, die er während seiner Fahrt in die ionischen Gewässer 427 gefangennahm, obwohl es zu keiner Schlacht kam (Thuk. 3.31,1-2).
10. Der Athener Paches ermordete zu derselben Zeit alle Gefangenen bei Notion und brach seinen Eid, indem er trotz aller Zusicherungen den feindlichen Befehlshaber hinrichteten ließ (Thuk. 3.34,3).
11. Die athenische Ekklesia entschied 427 nach dem erfolglosen Versuch Mytilenes von Athen abzufallen, zunächst alle erwachsenen Bürger dieser Polis zu liquidieren. Nach einer neuen Debatte kam es zum Stimmungswechsel in der athenischen Volksversammlung zugunsten einer „maßvollen Entscheidung",

---

eher zum Ziel, einen weiteren Aufstand zu verhindern als die Samier zu strafen (Thuk. 1.117,3); vgl. Hornblower, 1991a, 192f.; HCT I, 355f. Unter ähnlichen Bedingungen wie Samos haben auch die Thasier 463 nach ihrer erfolglosen Rebellion gegen Athen kapituliert (Thuk. 1.101,3); vgl. Hornblower, 1991a, 158; HCT I, 299f.; Welwei, 1999, 88f.

34 Die größte Zahl der Berichte über die Ermordung von Kriegsgefangenen stammt aus der Epoche des Peloponnesischen Krieges; vgl. Price, 2001, 211f.

welche die Hinrichtung von „nur“ ungefähr 1000 Schuldigen aus der Oberschicht vorsah. Dieser Entschluß wurde dann auch ausgeführt (Thuk. 3.36,1-4; 3.49).

12. Die Spartaner, Peloponnesier und Thebaner exekutierten die gefangenen Plataier und zerstörten die Polis in demselben Jahr (Thuk. 3.68).
13. Während der blutigen und erbarmungslosen Eskalation der Stasis auf Kerkyra im Jahre 427 wurden alle Kriegsregeln von beiden Bürgerkriegsparteien verletzt (Thuk. 3.69-81).
14. Im Jahre 425 wurden die bei Thyrea gefangengenommen Aigineten von den Athenern umgebracht (Thuk. 4.57,3-5).
15. Im Jahre 423 beschloß die athenische Volksversammlung, die Stadt Skione samt ihrer Bürgerschaft nach ihrem Abfall von Athen zu vernichten, was später auch durchgeführt wurde (Thuk. 4.122,6; 5.32,1).
16. Torone wurde 422 von Kleon eingenommen, die Frauen und Kinder wurden versklavt und die Männer nach Athen geschickt (Thuk. 5.3,4).
17. Im Winter 417/416 griffen die Spartaner die Argiver an und brachten in dem kleinen Ort Hysiai alle Männer kaltblütig um (Thuk. 5.83,1-3; Diod. 12.81,1).
18. Im Jahre 416 töteten die Athener nach einer erfolgreichen Belagerung die männliche Bevölkerung von Melos, während die Frauen und die Kinder versklavt wurden (Thuk. 5,85-111).
19. Im Zusammenhang mit der Panik, die infolge des Hermenfrevels in Athen ausbrach, wurden 300 prospartanische Argiver, welche die Athener als Geiseln festhielten, an den Demos von Argos zur Hinrichtung ausgeliefert (Thuk. 6.61,1-4).
20. Die Syrakusaner töteten im Sommer 414 die athenische Besatzung der Festung Labdalon, nachdem sie diese erobert hatten (Thuk. 7.3,4).
21. Die Thraker massakrierten unter athenischer Führung die gesamte Bevölkerung von Mykalessos (Thuk. 7.29,3-4).
22. Nach ihrem Seesieg in der zweiten Seeschlacht im Hafen von Syrakus im Sommer 413 exekutierten die Syrakusaner einen Teil der Athener, die sie in ihre Gewalt gebracht hatten (Thuk. 7.41,4).
23. Die Syrakusaner ermordeten nach der dritten Seeschlacht im Hafen von Syrakus Anfang September 413 die Mannschaften von 18 athenischen Schiffen, die sie erbeutet hatten (Thuk. 7.53.3).
24. Die Sikelioten und Peloponnesier schlugen die Athener beim Fluß Assinaros erbarmungslos nieder (Thuk. 7.84,2-5; 85; Diod. 13.19,1-3; Plut. Nik 27).
25. Auf Geheiß gewisser Syrakusaner wurden Nikias und Demosthenes hingerichtet (Thuk. 7.86,2-4).[35]
26. Die „offiziellen“ athenischen Gefangenen wurden versklavt und in den berüchtigten Steinbrüchen von Syrakus unter unmenschlichen Bedingungen gefangengehalten (Thuk. 7.87,1-4; Diod. 13.19,4; Plut. Nik. 27-28).
27. Im Winter 412/411 wurden drei athenische Schiffsbesatzungen von den Chiern entweder getötet oder gefangengenommen (Thuk. 8.34).
28. Lysander versklavte 405 die Bewohner der Stadt Kedreia in Karien (Xen. Hell. 2.1,15).

---

35 S. auch Diod. 13.19,4-5; 33; Plut. Nik. 27-28.

29. Iasos in Karien wurde abermals durch Lysander zerstört, dabei sollen etwa 800 männliche erwachsene Einwohner umgebracht worden sein. Der Rest der Bewohner wurde in die Sklaverei verkauft (Diod. 13.104,7).
30. Der Athener Philokles ließ nach der Erbeutung einer korinthischen und einer aus Andros stammenden Triere die Besatzungen über Bord werfen (Xen. Hell. 2.1,31).
31. Die athenische Ekklesia beschloß vor der Schlacht von Aigospotamoi, im Falle eines Sieges allen gefangengenommenen Feinden die rechte Hand abzuschlagen (Xen. Hell. 2.1,31).
32. Die Spartaner und ihre Verbündeten ließen die etwa 3000 bei Aigospotamoi gefangengenommenen Athener hinrichten (Xen. Hell. 2.1,32; Plut. Lys. 11; 13; Alk. 37; Diod. 12.106,6-7; Paus. 9.32,6-10).

Diese Aufzählung von Exzessen zeigt einige wichtige Tendenzen auf. Die Ausschreitungen wurden von allen Seiten begangen, sowohl von den Athenern als auch von den Spartanern, deren peloponnesischen Verbündeten, den Thebanern und nicht zuletzt auch von den Sikelioten, namentlich den Syrakusanern. Zudem kam es von Kriegsbeginn an im gesamten griechischen Raum von Sizilien bis zur Nordägäis zu einer beträchtlichen Anzahl von Exzessen. Des weiteren läßt sich hierbei eine immer geringere Zurückhaltung feststellen, nicht nur im Vergleich zu der Zeit vor dem Peloponnesischen Krieg, sondern auch während des Krieges selbst.[36] Der enorme Unterschied zwischen dem athenischen Umgang mit Samos und der Behandlung von Mytilene und Skione offenbart den Wandel, den der Peloponnesische Krieg mit sich brachte. Die Lage wurde zusätzlich dadurch verschlimmert, daß die Exzesse meistens neue Ausschreitungen heraufbeschworen und eine Spirale der Gewalt entstand. Die von den Athenern am Anfang des Krieges gefangenen spartanischen Abgesandten, die auf dem Weg zum Großkönig waren, wurden ohne Prozeß umgebracht. Auf diese Weise wollten die Athener Vergeltung an den Spartanern für deren Kriegsrechtsverletzungen üben.[37] Der Entschluß der Spartaner und ihrer Verbündeten, die gefangenen Athener bei Aigospotamoi zu exekutieren, war die direkte Folge der athenischen Entscheidung, gefangenen Feinden die rechte Hand abzuschlagen.

Am Beispiel von Athen läßt sich die fortschreitende Hemmungslosigkeit am besten verfolgen. So erscheint im Falle von Mytilene Kleon als Befürworter der extremen Variante, und obwohl in der Rede des Diodotos Recht und Mitleid nicht im Mittelpunkt stehen, bereut der athenische Demos seinen ersten Beschluß und mildert ihn ab.[38] Bei Melos wird das Recht des Stärkeren offen und ohne Mitleid verfochten. Im Unterschied zu Mytilene handelt es sich hier aber nicht um einen rebellierenden Bundesgenossen. Ferner kann man die Vernich-

36 Vgl. A. Panagopoulos, Captives and Hostages in the Peloponnesian War, Amsterdam 1989, 20; HCT I, 164f.; HCT II, 325; HCT III, 513.
37 Zu diesem Vorfall s. Hornblower, 1991a, 351.
38 Vgl. Pouncey, 1980, 85-88.

tung dieser Polis nicht auf die Demagogie und Gewalttätigkeit eines Kleon zurückführen. In der kleinen Stadt Mykalessos wurden nach den Worten des Thukydides alle Einwohner getötet, ohne daß es dafür einen militärischen oder strategischen Grund gab.[39] Zwar wurden diese Untaten von den Thrakern begangen, die Befehlsgewalt hatten allerdings die Athener inne. Schließlich erhob die athenische Volksversammlung schon vor der Schlacht von Aigospotamoi die Verstümmelung der Gefangen sogar zum offiziellen Beschluß.

Das Verhalten der Lakedaimonier im Kriege unterschied sich kaum von dem der Athener. Vom Ausbruch der Kampfhandlungen an verletzten sie die Regeln der Kriegsführung. Sie töteten alle Händler, die sie faßten. Der Nauarch Alkidas brachte etliche Gefangene um, bis ihm die Samier sagten, das sei nicht die rechte Art Hellas zu befreien, und wenn er so fortführe, würde er nur Feinde und keine Freunde gewinnen. Die Spartaner mäßigten sich anfangs bei Plataiai in ihren Forderungen, denn der spartanische König Archidamos II. bestand auf recht milden Übergabebedingungen gegenüber den Plataiern.[40] Als die Plataier diese aber ablehnten, wurden sie exekutiert, nachdem sie sich ergeben hatten. Auch wenn vor allem die Thebaner auf eine harte Lösung drängten, hatten die Lakedaimonier dennoch das letzte Wort, und ohne zu zögern, opferten sie die Normen ihren eigenen Interessen. Über den Vorfall in Hysiai, der sich nur ein paar Monate früher als derjenige auf Melos ereignete,[41] läßt sich nur sagen, daß es sich hier um eine gleichermaßen rücksichtslose und grausame Aktion handelt. In Sizilien hielten sich die Spartaner ebensowenig zurück. Dies geht vor allem aus dem Bericht des Diodor hervor.[42] Gegen Kriegsende begegnet man auf der spartanischen Seite der Willkür des Lysander, die sogar manchmal von den Ephoren gezügelt werden mußte, wie im Falle von Sestos, da er die Stadt nach der Einnahme nicht ihren früheren Bewohnern zurückgeben wollte, sondern den Grund und Boden unter seine Leute verteilte.[43] Nach Pausanias, soll Lysander auch abgelehnt haben, die bei Aigospotamoi exekutierten Athener zu bestatten.[44]

Die spartanischen Verbündeten hatten ebenfalls jede Rücksicht im Verlaufe des Krieges verloren. Denn die Thebaner, Korinther und andere spartanischen Bundesgenossen befürworteten die Hinrichtung der gefangenen Athener nach dem Sieg bei Aigospotamoi und forderten zudem die Zerstörung von Athen.[45] Auch die syrakusanische Kriegsführung zeichnete sich, wie die oben zitierten Beispiele zeigen, durch Brutalität und Inhumanität aus.

---

39 Thuk. 7.29,3-4.

40 Thuk. 2.72.

41 Welwei, 1999, 199.

42 Diod. 13.28-33.

43 Plut. Lys. 14.

44 Paus. 9.32,6-10; vgl. Pritchett, 1985, 237ff.; D. Kagan, The Fall of the Athenian Empire, Ithaca/London 1987, 394; Panagopoulos, 1989, 173-178.

45 Xen. Hell. 2.1,32; 2,20.

Daß sich alle Kriegsparteien bewußt waren, daß diese Überschreitungen von der gesamten griechischen Welt wahrgenommen wurden, läßt Thukydides erkennen.[46] In den von ihm wiedergegeben Reden erinnern in der Regel beide Seiten, sowohl die Befürworter bzw. Täter als auch die Gegner bzw. Opfer der erbarmungslosen Gewaltanwendung daran, daß diese Verhaltensweise ein positives bzw. negatives Beispiel für alle Hellenen sein würde. Kleon besteht darauf, daß man an Mytilene ein Exempel für alle athenischen Bundesgenossen statuieren solle.[47] Diodotos teilt die Meinung seines Kontrahenten, die Exekution der gesamten Bürgerschaft von Mytilene würde einen starken Eindruck bei den Verbündeten hinterlassen, ist aber auch der Ansicht, dies wäre für die Herrschaft von Athen kontraproduktiv.[48] In der Plataierdebatte warnen die Plataier die Spartaner davor, daß deren Verhalten im Gerichtsverfahren den anderen Griechen nicht geheim bleiben würde und daß die Entscheidung, sie zu töten, Schande über diese bringen werde.[49] Die Thebaner fordern die Lakedaimonier auf, die Plataier zu bestrafen, damit sie allen Hellenen demonstrieren, daß Taten wichtiger als Worte seien.[50] Im Melierdialog wird, wie im Rededuell zwischen Kleon und Diodotos, der Effekt, den die Zerstörung einer Polis bei den anderen Griechen auszulösen vermag, mehrmals angesprochen.[51]

Der Umstand, daß Euripides in der *,Hekabe'* und den *,Troerinnen'* die Folgen einer militärischen Niederlage aus der Sicht der Unterlegenen schildert, deutet ebenso darauf hin, daß die Exzesse bei den Zeitgenossen einen starken Eindruck hinterließen. Indem er das fürchterliche Schicksal der Besiegten mit allen seinen Konsequenzen darstellt – die Vernichtung der Stadt, das Morden, das Leid der Hinterbliebenen, die Versklavung, das Ende der Verehrung der Götter etc. – demonstriert der Dichter eindrucksvoll, daß er sich der schrecklichen Auswirkungen der Anwendung extremer Siegerpraktiken bewußt ist.[52] Auch in den *,Hiketiden'* werden allgemeine Folgen der Verletzung der Kriegs-

---

46 F. Kiechle, 1969, 555-564 weist darauf hin, daß am Ende des Peloponnesischen Krieges die neuen Forderungen nach mehr Menschlichkeit lauter werden, und daß es in diesem Sinne zu einem Wandel kommt.

47 Thuk. 3.39,3; 7; 40,7.

48 Thuk. 3.44,3; 46,1-2; 4; 47,3-4; 48,2.

49 Thuk. 3.54,1; 57,1-2; 58,2.

50 Thuk. 3.67,6.

51 Thuk. 5.90; 96-97.

52 So sagt z. B. Athena vor den Toren des brennenden Troja (Eurip. Tro. 96-97):

> Törichter Mensch, der Städte niederbrennt,
> Die Tempel und der Toten heiligen Ort
> Verödet und dann selber untergeht.

regel dargelegt.[53] Offenbar bezieht sich Euripides mit diesen Stücken auf die zeitgenössischen Entwicklungen.[54]

Auch aus Xenophon ist zu entnehmen, daß sich die gewöhnlichen Bürger durchaus der Ausschreitungen bewußt waren und diese nicht in Vergessenheit gerieten. Dies indiziert die Reaktion der Athener auf die Nachricht von der Niederlage bei Aigospotamoi. Denn als bekannt wurde, die gesamte Flotte sei vernichtet worden, glaubten die Athener, sie würde das gleiche Schicksal treffen wie die Einwohner von Melos, Hestiaia, Skione, Torone und Aigina. Daß sich die Athener auch vor 405 an diese Ereignisse erinnerten, belegt Aristophanes. Er erwähnt beispielsweise im Jahre 414 in den ,*Vögeln*' die Hungersnot in Melos.[55] Die Tatsache, daß die spartanischen Bundesgenossen nach ihrem endgültigen Sieg die Hinrichtung der athenischen Gefangenen mit der Anschuldigung begründeten, die Athener hätten zahlreiche Rechtsbrüche begangen, offenbart ebenfalls, daß die Untaten in Erinnerung blieben.[56]

Mehrere Gründe waren dafür maßgebend, daß diese Exzesse auf die Polisgesellschaft destabilisierend wirkten und den Aufstieg von Gewaltherrschaften erleichterten. Die Überschreitung wurden von den Zeitgenossen, wie die Quellen erkennen lassen, nicht nur als Verletzung der Kriegsregeln, sondern auch des Rechtes im allgemeinen verstanden. Thukydides thematisiert die verheerende Wirkung der Exzesse in der Debatte über die Bestrafung der Mytilenaier, am Schicksal der Plataier, an der Vernichtung von Mykalessos und im Melierdialog.[57] Daß Thukydides' Zeitgenossen die Tötung von Kriegern und „Zivilisten" verurteilten und als Verletzung der Kriegssitten verstanden, wird zwar nicht auf eine derart explizite und direkte Weise wie z. B. bei Euripides ausgedrückt, aber immer noch deutlich genug. Vor der Debatte über das Schicksal von Mytilene sagt Thukydides, die Athener hätten ihren ersten Beschluß, die gesamte Bürgerschaft zu töten, bereut, weil ihnen diese Strafe als zu grausam und schwerwie-

---

53 S. dazu die hier zitierten Versen im Kap. II.1.

54 K. Matthiessen, Die Tragödien des Euripides, München 2002, 123f.; 157; vgl. auch Kuch, 1974, 37-41; bes. 40. Daß sich die einzelnen Werke aber auf bestimmte Vorfälle beziehen, ist eher unwahrscheinlich. Da die Entstehung der Tragödie die ,*Hiketiden*' in der Forschung zwischen 424-421 datiert wird und die Bestattung der gefallenen Krieger in deren Mittelpunkt steht, wurde in der modernen Literatur die Meinung geäußert, dieses Werk könne von der Schlacht bei Delion 424 beeinflußt worden sein; s. dazu A. Lesky, Geschichte der griechischen Literatur, Bern/München 1971³, 428. Das Drama die ,*Troerinnen*' wurde mit der Zerstörung von Melos in Verbindung gebracht; s. hierzu Kuch, 1974, 40. In bezug auf beide Thesen äußerte man allerdings berechtigte Zweifel; vgl. Matthiessen, 2002, 123; 157.

55 Aristoph. Av. 185f. Auch Aigina, Poteidaia, Mytilene und Skione werden in den Komödien des Aristophanes erwähnt (Aristoph. Ach. 653; Equ. 438; 834; Vesp. 210).

56 S. auch Isokr. or. 12,62-64; 70.

57 J. J. Price, 2001, 210ff. verweist darauf, daß diese Ereignisse als Beispiele für den brutalen und barbarischen Charakter des Krieges dienen sollten.

gend (ὠμὸν...καὶ μέγα) erschien.[58] J. J. Price verweist darauf, daß das Wort ὠμός bei Thukydides nur noch an zwei weiteren Stellen benutzt wird: einmal am Anfang der *'Pathologie des Krieges'* und das zweite Mal für die Eurytanen, die eine kaum verständliche Sprache reden und angeblich rohes Fleisch verzehren (ὠμοφάγοι).[59] Nachdem der athenische Demos seinen ersten Entschluß aufgehoben hatte, wurde eine zweite Triere nach Mytilene entsandt. Dieser gelang es nahezu zeitgleich mit dem ersten Schiff, welches den ersten Beschluß der Ekklesia überbringen sollte, einzutreffen. Laut Thukydides war einer der Gründe dafür, daß die Besatzung der ersten Triere langsam fuhr, daß diese die Überbringung des Befehls, alle erwachsenen Mytilenaier zu töten und die Frauen und Kinder zu versklaven, als einen „widerwärtigen Auftrag" empfanden (ἐπὶ πρᾶγμα ἀλλόκοτον).[60] Der Begriff ἀλλόκοτος kommt im gesamten Werk nur an dieser Stelle vor. In demselben Kriegsjahr, in dem Mytilene kapitulierte, ergab sich auch die Besatzung Plataias. Den Plataiern wurde ein „gerechtes" Verfahren garantiert und sie wurden vor ein spartanisches Gericht gestellt.[61] Für die hier behandelte Problematik ist vor allem von Bedeutung, daß sich die Plataier in ihrer Rede darauf berufen, daß es bei den Hellenen Gesetz sei, diejenigen, die sich ergeben haben, nicht zu töten.[62] Daß ein derartiges Gesetz tatsächlich existiert, wird gleichermaßen von den Thebanern bestätigt. So erinnern sie die Plataier daran, daß diese ihrerseits Thebaner, welche sich früher ergeben hatten, widerrechtlich umgebracht hätten.[63] Ferner behaupten die Thebaner, eine Bestrafung der Plataier wäre auch deshalb rechtmäßig, weil diese überhaupt keine Kriegsgefangenen seien. Denn die Plataier hätten sich freiwillig dem Gerichtsverfahren unterzogen und seien nicht im Kampf gefangengenommen worden.[64]

In Xenophons *'Hellenika'* ist ebenso erkennbar, daß die gnadenlose Behandlung von Kriegsgefangenen als Verletzung des Rechts aufgefaßt wurde. Auf der Versammlung der Peloponnesier nach dem endgültigem Sieg über Athen sollen zahlreiche Anschuldigungen gegen die Athener wegen deren Rechtsbrüche erhoben worden sein.[65] Aus dem Kontext wird deutlich, daß unter

---

58 Thuk. 3.36,4; vgl. hierzu HCT I, 298; 325; Hornblower, 1991a, 418.

59 Thuk. 3.82,1; 94,5; J. J. Price, 2001, 216. Thuk. 3.82,1: „*So ins Unmenschliche steigerte sich dieser Bürgerkrieg und wurde desto stärker so empfunden, als er der allererste dieser Art war.*" (Übers.: G. P. Landmann); vgl. Hornblower, 1991a, 480.

60 Thuk. 3.49,4; vgl. hierzu HCT II, 325; Hornblower, 1991a, 439f.; A. Andrewes, The Mytilene Debate: Thucydides 3.36-49, Phoenix 16 (1962), 72.

61 Zu den Reden der Plataier und der Thebaner vgl. C. W. Macleod, Thucydides' Plataean Debate, GRBS 18 (1977), 227-246; HCT II, 336-358; Hornblower, 1991a, 442-466; Price, 2001, 103-126.

62 Thuk. 3.58,3; 59,1; vgl. hierzu Clavadetscher-Thürlemann, 1985, 110; Macleod, 1977, 232ff.; Hornblower, 1991a, 452f.

63 Thuk. 3.66,2-3; 67,6; vgl. Macleod, 1977, 232f.; HCT II, 352; Hornblower, 1991a, 460f.

64 Thuk. 3.67,5; vgl. Macleod, 1977, 232f.; Hornblower, 1991a, 461.

65 Xen. Hell. 2.1,31-32.

diesen Rechtsverletzungen sowohl das athenische Psephisma, den Kriegsgefangenen die rechte Hand abzuschlagen, als auch Philokles' Tötung von zwei Schiffsmannschaften verstanden wurden. Laut Xenophon soll auch Lysander Philokles' Handlungen als gesetzeswidrig bezeichnet haben.[66] Einerseits sollte man aber bezüglich dieser Angaben bei Xenophon in Erwägung ziehen, daß es geläufig war, derartige Vorwürfe gegen den Gegner zu erheben.[67] Andererseits werden die Exzesse des Peloponnesischen Krieges auch von anderen antiken Autoren als Verletzung des Rechts aufgefaßt. Hinzu kommt, daß nach Xenophon die Athener selbst ihre frühere Handlungsweise gegenüber kleinen Poleis, die Verbündete von Sparta waren, als nicht berechtigt und als maßlose Willkür ansahen.[68] Daß die Athener dabei vor allem an Melos, Skione, Torone und Aigina dachten, wird aus Xenophons Schilderung der ersten athenischen Reaktion auf die Nachricht von der Niederlage bei Aigospotamoi erkennbar.[69]

Auch bei Euripides wird unmißverständlich der Bruch der Kriegsregeln als Mißachtung des Rechtes im allgemeinen verstanden sowie deren substantieller gesellschaftlicher Wert betont. Bereits in der Tragödie *‚Die Kinder des Herakles'*, welche in den ersten Jahren des Peloponnesischen Krieges abgefaßt wurde, erfährt Alkmene vom Chor, daß es ein athenisches Gesetz gibt, das die Tötung von Kriegsgefangen untersagt:[70]

> Chf: Den Mann zu töten, ist dir nicht erlaubt!
> Die: So fiel er ganz umsonst in unsre Hand?
> Al: Gibts ein Gesetz, das solchen Tod versagt?
> Chf: Die Fürsten dieses Landes tun es nicht.
> Al: Ist Tötung eines Feinds ein schlechter Brauch?
> Chf: Gefangne Krieger schlachtet man nicht ab.

In den *‚Hiketiden'*, die 421 aufgeführt wurden, kommen die Mütter der gefallenen Helden mit Adrastos, dem König von Argos, nach Athen zu Theseus. Dort bitten sie den athenischen König um Hilfe, damit die Thebaner erlauben, daß ihre Kinder begraben werden können – die fünfte Kriegsregel nach J. Ober.[71]

---

66 Xen. Hell. 2.1.32.

67 Isokr. or. 12,63.

68 Xen. Hell. 2.2,10; vgl. hierzu P. Krentz, Xenophon Hellenika I-II.3.10, Edited with an Introduction, Translation and Commentary, Warminster 1993, 184.

69 Xen. Hell. 2.2,3; vgl. Krentz, 1993, 184.

70 Eurip. Heraclid. 961-966 (Übers.: E. Buschor); s. auch Eurip. Heraclid. 1010f.; 1045-1055. H. Kuch, 1974, 63, macht darauf aufmerksam, daß sich Hekabe im gleichnamigen Stück auf das attische Recht beruft, um zu verhindern, daß ihre Tochter Polyxene getötet wird (Eurip. Hec. 291f.):

> Und daß bei euch das gleiche Blutgesetz
> Für Freie und für Sklaven gilt.

71 Vgl. auch Clavadetscher-Thürlemann, 1985, 63f.; 94f.; E. Baltrusch, Symmachie und Spondai. Untersuchungen zum griechischen Völkerrecht der archaischen und klassi-

Daß das Verhalten des Siegers einen klaren Rechtsbruch darstellt, ist für alle Seiten offensichtlich:[72]

> Die Mütter wollen ihrer Söhne Leib
> Der Erde geben, doch der Sieger lehnt
> Jedwede Art Begräbnis ab und trotzt
> Dem heiligen Recht. Den gleichen Dienst begehrt
> Adrast von mir, der sitzt und bitter seufzt [...];

Theseus ist derselben Meinung und seine Mutter bemerkt, daß dies noch tiefere Folgen haben könne:[73]

> Die Frevler, die den Toten Grab und Schmuck
> Gewaltsam rauben, mit der starken Hand
> Zur Pflicht zu zwingen und zu heiliger Scheu
> Vor einem Brauch des ganzen Griechenlands!
> Das ists, was Städte aneinander schließt.

Theseus schließt sich in der Unterhaltung mit dem thebanischen Herold der Ansicht seiner Mutter an und ist davon überzeugt, daß dieser Rechtsbruch schlimme Auswirkungen für ganz Hellas haben werde, wenn man diesem jetzt keinen Einhalt gebiete.[74]

Ein anderer häufig zitierter Gegensatz unterstreicht zusätzlich die Signifikanz dieses Rechtsbruchs. Theseus, der das Recht beschützt, erscheint auch als Befürworter der Demokratie und als Gegner der Tyrannis.[75] Zugleich tritt der thebanische Herold, der nicht nur verlangt, daß sich die Athener nicht einmischen, sondern auch, daß Adrastos vertrieben wird, als Exponent der Gewaltherrschaft und Kritiker der Demokratie auf.[76] Ein Vertreter der Tyrannis, die für die Griechen gleichzusetzen ist mit einer Herrschaft, die sich innerhalb der Polis über jedes Recht und Gesetz stellt, erweist sich somit auch als Stellvertreter des Rechtsbruchs im Kriege.[77] Dies ist ein weiteres Indiz dafür, daß eine Beziehung zwischen der Mißachtung der Kriegsregeln und dem Glauben an die Gesetze

---

schen Zeit (8.-5. Jahrhundert v. Chr.), Berlin/New York 1994, 112-117; Pritchett, 1985, 235ff.

72 Eurip. Suppl. 16-21 (Übers.: E. Buschor).

73 Eurip. Suppl. 306-313 (Übers.: E. Buschor). Zu Theseus s. Suppl. 123; 341; 525ff.; 559; 561-563; 594-596; 670-672.

74 Eurip. Suppl. 525ff.; 537-547.

75 Eurip. Suppl. 349-358; 403-408; 429-455.

76 Eurip. Suppl. 399f.; 410-422; 467-472.

77 S. hierzu auch Eurip. frg. 286. Dieses Fragment aus Euripides' ‚*Bellerophontes*' wird im Kap. III.6 zitiert.

und die Gerechtigkeit besteht. Drei weitere Aussagen verdeutlichen dies. Die erste wird in den *,Hiketiden'* vom Chor gemacht:[78]

> Wehre den Müttern es ab,
> Wehr es ab, der Stadt der Pallas,
> Daß man Recht der Menschen befleckt!
> Du ehrst allzeit das Recht.

Der griechischen Herold Talthybios in der *,Hekabe'* macht die zweite Aussage. In ihr bedauert dieser das bittere Los der Troerinnen nach dem Fall der Stadt und sagt:[79]

> O Zeus, ich frage, siehst du deine Welt?
> Ist deine Allmacht nur ein leerer Wahn
> Und blindes Schicksal führt das Regiment?

Die dritte Aussage wird in demselben Werk von Hekabe, der ehemaligen Königin von Troia, gemacht, nachdem die Griechen ihre jüngste Tochter Polyxene als Opfer für Achilleus getötet hatten:[80]

> Geh hin und sag den Griechen, daß kein Mensch
> Das Kind berühr, die Menge bleibe fern.
> In einem Riesenheer gibts rohes Volk,
> Das, wild wie Feuer, Ordnung untergräbt.

Die Zitate sprechen vom allgemeinem Recht und Gesetz sowie von der allgemeinen Ordnung. Die Verletzung der Kriegsnormen beschränkt sich somit nicht nur auf die zwischenstaatliche Ebene. Sie hat auch den folgenschweren Nebeneffekt, daß die Normen insgesamt angezweifelt und in Frage gestellt werden.

Diese destruktive Wirkung der Exzesse wurde durch einen anderen Faktor zusätzlich verstärkt: Man manipulierte mit dem Recht und der Gerechtigkeit gerade in Hinsicht auf diese Kriegsausschreitungen. H. Leppin hat bezüglich der Verfassungstypologie in den Reden bei Thukydides zu recht darauf hingewiesen, daß die Berufung auf einzelne Verfassungen oder Gesetze oft ausschließlich dazu dient, das Machstreben der einzelnen Politiker oder Stasisparteien zu verhüllen und zu unterstützen.[81] Im außenpolitischen Kontext wird die Argumentation mit dem Recht im allgemeinem Sinne ebenso von allen Seiten von Anfang an angewendet, um die eigene Position und die eigenen Handlungen als berech-

---

78 Eurip. Suppl. 377-379 (Übers.: E. Buschor).
79 Eurip. Hec. 488-490 (Übers.: E. Buschor).
80 Eurip. Hec. 604ff. (Übers.: E. Buschor).
81 Leppin, 1999, 77; 80f.; 102.

tigt erscheinen zu lassen.[82] Das Recht wird gleichermaßen dabei mißbraucht oder einfach übergangen. Die Manipulierung der Gerechtigkeit in dieser Hinsicht hatte insbesondere bedenkliche Folgen für die Vorstellung von Gesetz und Moral, da sie häufig benutzt wurde, um die Überschreitung der Kriegssitten zu legitimieren. Denn an diesen Exzessen wurde insbesondere deutlich, daß für die Kriegsparteien das einzig wichtige Motiv die eigenen Interessen waren, und daß bei deren Durchsetzung in erster Linie die Gewinnung oder der Erhalt der Macht ausschlaggebend waren.

Ein wichtiges Argument des Kleon, mit welchem er die mitleidlose Bestrafung der Mytilenaier fordert, ist, daß diese zuerst durch die Rebellion Verrat und Rechtsbruch begangen hätten, weshalb ihre Vernichtung gerecht sei.[83] Außerdem sei eine derartige Vorgehensweise im Interesse der athenischen Herrschaft.[84] Die Plataierdebatte offenbart besonders deutlich die Widersprüche zwischen der Berufung auf das Recht und den tatsächlichen Handlungen der beteiligten Parteien.[85] Die Plataier berufen sich auf das Recht, verschweigen jedoch, daß sie zuvor die thebanischen Gefangenen kaltblütig ermordet haben. Die Thebaner verlangen die Exekution der Plataier und erklären diese Bestrafung sei gerecht. Die Spartaner haben ein gerechtes Verfahren versprochen, ihr Urteil wird aber einzig von ihren Interessen bestimmt. Im Melierdialog akzentuieren die Athener, im Mittelpunkt der Verhandlungen würden einzig die Interessen der jeweiligen Seite stehen.[86] Sie wollen in einer bisher ungekannten Offenheit nicht einmal zulassen, daß es zum Gespräch über die Gerechtigkeit kommt. Auf der anderen Seite behaupten die Athener aber auch, das Recht des Stärkeren würde dem Gesetz der Natur entsprechen, welches nicht gegen den Willen der Götter sei.[87] Auf diese Weise wird die Zerstörung von Melos, über die zunächst diskutiert wird und die schließlich auch erfolgt, zu einer nicht zwingend ungerechten Handlung erklärt.[88]

Die negativen Auswirkungen der Kriegsrechtsverletzungen wurden auch durch die Struktur der Polis und den Charakter des politischen Lebens intensiviert. Der griechische „Polisstaat" umfaßte in der Regel wenige tausend Einwohnern, einschließlich der Familien der Vollbürger, der ansässigen freien Frem-

---

82 Vgl. Price, 2001, 81-126; Clavadetscher-Thürlemann, 1985, 56f.; Leppin, 1999, 102ff. Anm. 5; s. dazu auch J. de Romilly, Fairness and Kindness in Thucydides, Phoenix 28 (1974), 97f.

83 Thuk. 3.38,1; 39,1-3; 6; 40,1; 4-6; vgl. hierzu C. W. Macleod, Reason and Necessity: (Thucydides 3.9-14, 37-48), JHS 98 (1978), 68ff.; Price, 2001, 89-102.

84 Thuk. 3.37,2; 39,7-40,1; 4; 7.

85 Macleod, 1977, 227-246; Price, 2001, 103-126; Orwin, 1997³, 70ff.; Marinatos, 1981, 34ff.; Jordan, 1986, 140ff.

86 Thuk. 5.87; 90; 91,2-92; 95-97; 101; 107.

87 Thuk. 5.104-105,1-3; vgl. hierzu Jordan, 1985, 139.

88 Zum Melierdialog und dem Recht des Stärkeren s. Kap. III.4.

den sowie der Sklaven.[89] Auch das Territorium vieler Stadtstaaten war oft nicht größer als 100 km².[90] Im Gegensatz zu modernen Staatsgebilden, deren grundlegende Bestandteile die Staatsgewalt, das Staatsgebiet und das Staatsvolk bilden, stellt bei den Griechen die Bürgerschaft das tragende Element der Polisgemeinschaft dar.[91] Ferner war bei den Hellenen der Unterschied zwischen dem Politischen und dem Gesellschaftlichen nicht so stark ausgebildet.[92] Aus diesen Gründen ist es nicht auszuschließen, daß der einzelne Bürger aus den Beziehungen der griechischen Poleis untereinander Rückschlüsse auf sein eigenes Verhalten zieht.[93] Die Tatsache, daß das Recht der Teilnahme am politischen Leben eines Gemeinwesens häufig eng mit der militärischen Leistung verknüpft war,[94] ist sicherlich hierfür ebenso förderlich gewesen. Denn die Bürger einer Polis wußten, daß sich auch in den anderen griechischen Staaten die Politen mit großem Willen und großer Energie an den Geschäften ihres Gemeinwesens beteiligten.[95] Hinzu kommt, daß Einzelpersonen in der griechischen Politik schon immer eine wichtige Rolle spielten.[96] Da es sich hier um einen psychologischen Prozeß handelt, läßt sich dieser nicht eindeutig nachweisen. Ein gutes Exempel dafür, daß die Sichtweise einzelner Individuen vom Verhalten der Staaten beeinflußt werden konnte, stellt jedoch der berüchtigte Kallikles in Platons Dialog *‚Gorgias'* dar.[97] Auch bei Thukydides kann man die Tendenz bemerken, daß die Poleis wie

---

89 Zum Begriff und Charakter des Polisstaates vgl. K.-W. Welwei, Die griechische Polis. Verfassung und Gesellschaft in archaischer und klassischer Zeit, Stuttgart 1998², 9-18.

90 Welwei, 1998², 9f.

91 Vgl. Welwei, 1998², 10; Chr. Meier, Die Entstehung des Politischen bei den Griechen, Frankfurt a. M. 1995³, 27; 40-47.

92 Vgl. Meier, 1995³, 27; 40ff.

93 Vgl. S. Hornblower, Thucydides, London 1987, 180; s. auch Kap. III.5.

94 H. v. Wees stellt die Vorstellung in Frage, daß zwischen dem politischen Einfluß einer sozialen Gruppe und deren militärischer Leistung eine Relation bestehen würde, sowie daß die politische Entwicklung im archaischen und klassischen Griechenland stark von dem militärischen Wandel beeinflußt wurde; H. v. Wees, Politics and the Battelfield. Ideology in Greek Warfare, in: A. Powell (Hrsg.), The Greek World, London/New York 1995, 153-178; ders., The Myth of the Middle-Class Army: Military and Social Status in Ancient Athens, in: T. Bekker-Nielsen – L. Hannestad (Hrsg.), War as Cultural and Social Force: Essays on Warfare in Antiquity, Copenhagen 2001, 45-71; ders., Tyrants, Oligarchs and Citizen Militias, in: A. Chanaiotis – P. Ducrey (Hrsg.), Army and Power in the Ancient World, Stuttgart 2002, 61-82. Der Standpunkt von H. v. Wees wird jedoch neulich ebenso angezweifelt; vgl. V. Gabrielsen, The Impact of Armed Forces on Government and Politics in Archaic and Classical Greek Poleis: A Response to Hans van Wees, in: A. Chanaiotis – P. Ducrey (Hrsg.), Army and Power in the Ancient World, Stuttgart 2002, 83-98.

95 Vgl. Raaflaub, 2001, 312; 325ff.

96 Es lassen sich dafür zahlreiche Beispiele anführen: Kleisthenes, Themistokles, Perikles, Alkibiades, Lysander usw.

97 S. Kap. III.5.

Individuen behandelt werden und dabei die Psychologie des Individuums auf die Ebene der Staaten projiziert wird.[98]

Die Mißachtung der Normen der Kriegsführung war auch folgenschwer, weil es für viele Individuen um so leichter war, die Exzesse als etwas „Natürliches" bzw. „Notwendiges" zu betrachten, je länger der Krieg andauerte und je mehr er eskalierte. Diese Tendenz läßt sich bereits bei Kleon erkennen. Auch das Argument vom Zwang der Natur, auf den sich die Athener im Melierdialog berufen, deutet trotz dessen sophistische Herkunft darauf hin.[99] Falls man Xenophon in dieser Hinsicht Glauben schenken darf, spiegelt die Antwort, welche Philokles dem Lysander vor seiner Hinrichtung gab, diesen Nihilismus deutlich wieder. Auf Lysanders Frage, wie er die Ermordung von zwei Schiffsmannschaften und das Psephisma über die Abschlagung der rechten Hand verantworten könne, antwortete Philokles selbstbewußt, Lysander soll tun, was er als Besiegter erlitten hätte und nicht Richter spielen.[100] Eine ähnliche Überzeugung offenbart auch Kritias als Anführer der „Dreißig". Er begründet die zahllosen Morde des neuen Regiments mit den Worten, jeder Verfassungswechsel sei ein Todbringer, und damit, daß bei einem Umsturz zwangsläufig viele Menschen sterben müssen.[101]

Aus all diesen Gründen liegt es nahe, die Schlußfolgerung zu ziehen, daß diese Verletzungen des Kriegsrechts, welche während des Peloponnesischen Krieges in einem bis dahin ungekannten Ausmaße stattfanden, die Auffassung von Recht insgesamt erschütterten. Denn es wurde in der Regel kein Unterschied zwischen dem Kriegsrecht und dem allgemeingültigen Recht gemacht, und die Exzesse demonstrierten, wie man die Normen willkürlich und ungestraft brechen konnte. Gleichzeitig wurde die Bedeutung der Macht unterstrichen.

---

98 Zu ausführlichen Angaben zu diesem Thema s. Kap. III.5.

99 S. Kap. III.4.

100 Xen. Hell. 2.1,32; Plut. Lys. 13; Paus. 9.32,6-10; s. dazu Kiechle, 1969, 549-552.

101 Xen. Hell. 2.3,24; 32.

2. Die Stasis

Die Verbindung „Krieg und Stasis“ ist nach Thukydides von Anfang an eines der wesentlichen Merkmale des Krieges zwischen Athen und Sparta.[102] Die starke Interdependenz zwischen dem Peloponnesischen Krieg und der Stasis wird aus den Zahlen erkennbar, die H.-J. Gehrke in seiner Untersuchung zur Stasis im griechischen Mutterland vor, während des Peloponnesischen Krieges und in der Folgezeit eruiert.[103] Diese Daten bezeugen, daß dieser Konflikt einen dramatischen Anstieg der Bürgerkriege mit sich brachte,[104] sowie daß zwischen diesen beiden Entwicklungen eine enge Verbindung besteht.[105]

Der Zusammenhang zwischen Krieg und inneren Wirren ist auch auf Sizilien feststellbar.[106] Denn auf dieser Insel läßt sich im 5. Jh. eine Anhäufung von Staseis in zwei Perioden registrieren. Das erste Mal geschah dies während der sechziger Jahre, als die Tyrannen in den sikeliotischen Poleis gestürzt wurden. Die zweite Periode war am Ende des 5. Jh.s in Verbindung mit dem Peloponnesischen Krieg und der Konfrontation mit Karthago. In der ersten Phase kam es in Syrakus zuletzt 454/453 zu einer Stasis, als ein gewisser Tyndarides versuchte, Tyrann zu werden.[107] In der Folgezeit gab es mehr als vierzig Jahre lang keine Stasis in Syrakus. Innere Konflikte in Syrakus wurden erst wieder nach der Niederlage der Athener auf Sizilien und insbesondere in den Kriegen gegen Karthago ausgetragen. Dies kann als Hinweis dafür gelten, daß die Erschütterungen, die von diesen Kriegen ausgelöst wurden, das Aufkommen von inneren Auseinandersetzungen in Syrakus stark gefördert haben.

---

102 Der Auslöser des Konflikts zwischen Kerkyra und Korinth sind die Kämpfe in Epidamnos (Thuk. 1.24,4-6). Später kommt es immer wieder und in allen Teilen der griechischen Welt und auf allen Seiten zu Staseis, beispielsweise in Kerkyra, Megara, Akragas, Syrakus, Milet und Athen (Thuk. 3.70-83; 4.66-74; 7.46; 8.63-77; Diod. 13.75,5-8; 104,5-7); vgl. dazu Pouncey, 1980, 16; 56f.; s. auch Lintott, 1982, 252; 261f.

103 Zwischen 500 und 432 kommt es sechsunddreißig Mal, also durchschnittlich alle zwei Jahre, zu Bürgerkriegen, ohne daß sich diese in einer Periode häufen. Für die Epoche des Peloponnesischen Krieges sind 78 Bürgerkriege in nur ungefähr 27 Jahren verzeichnet, also ca. 3 pro Jahr. Während des Archidamischen Krieges ereignen sich 28 Fälle, ebenfalls durchschnittlich 3 im Jahr. In den Jahren des Nikiasfriedens bis zum Ende der Sizilischen Expedition finden 10 Staseis statt – eine pro Jahr. Während der Zeit vom Ende der Sizilischen Expedition bis zur endgültigen Niederlage Athens kommt es zu ca. 49 inneren Auseinandersetzungen, fast 5 pro Jahr. Als Ballungsjahre sind die Jahre 428 und 413-411 zu nennen. Zudem wächst durchweg die Anzahl der inneren Wirren: Zwischen 403 und 396 gab es 15 Fälle. Vgl. Gehrke, 1985a, 258f.

104 Gehrke, 1985a, 260.

105 Gehrke, 1985a, 279ff.; Pouncey, 1980, 43; M. Austin, Society and Economy, CAH VI^2, 1994, 532f.

106 Berger, 1992, 84f.; Deininger, 1993, 57; Stroheker, 1958, 32; Berve, 1967, 221; 378; Frolov, 1973c, 89f.; 103; Finley, 1979, 100; Lintott, 1982, 190; 199; Hofer, 1999, 36f.

107 Diod. 11.86,4-5; vgl. Berger, 1992, 38f.

In 72% aller Staseis, die H.-J. Gehrke untersucht, ist der außenpolitische Faktor von Relevanz.[108] Er steht in einer engen Beziehung zum inneren Krieg. Einerseits löste der Krieg meistens eine Stasis aus, wie in Athen und Kerkyra. Andererseits intensivierte der Umstand, daß sich ein Bürgerkrieg oder ein Umsturz im Verlauf eines Konflikts ereignete, die Stasis selbst, wie es in Epidamnos oder Mytilene 427 der Fall war. Der Krieg vergrößerte die Möglichkeit der konkurrierenden Gruppen in einer Polis, durch Unterstützung auswärtiger Mächte an die Macht zu kommen.[109] Eine weitere Folge war, daß jede Polis versuchte, in den anderen Gemeinwesen, die für sie von Interesse waren, die Gruppe, die ihr zugeneigt war, zu protegieren, weshalb oft latente Konflikte verschärft wurden (Kerkyra). Die außenpolitische Situation war auch insofern von Bedeutung, als ein militärischer Mißerfolg der regierenden Gruppe einen inneren Umschwung auslösen konnte, wie 411 in Athen und 406/405 in Syrakus. Andererseits hatte die Stasis auch eine intensivierende Wirkung auf den Krieg, weil ein Machtwechsel meistens in einer Veränderung der außenpolitischen Orientierung der jeweiligen Polis resultierte. Dies zwang auf der anderen Seite die auswärtige Macht, unter deren Einfluß früher diese Polis stand, zur Reaktion, um ihren Einfluß nicht zu verlieren.

Neben der Verbindung von Krieg und Bürgerkrieg beruht die Signifikanz der Stasis für diese Untersuchung auf ihrer zentralen Eigenschaft, nämlich der Übertretung der anerkannten Normen des politischen und gemeinschaftlichen Lebens.[110] Die *‚Pathologie des Krieges'* des Thukydides offenbart in voller Stärke, wie Leidenschaften während einer Stasis die Oberhand gewannen, wie alle Schranken fielen, wie es keinen Platz für die Mitte gab, wie nicht nach Kompromissen gesucht wurde und List, Unaufrichtigkeit, Draufgängertum und Erbarmungslosigkeit Lob erhielten.[111] Das einzig Wichtige war die Vernichtung der anderen Partei, weshalb man, wie Thukydides berichtet, sich in der Not nicht scheute, sich mit den ärgsten Feinden zusammenzutun und schlimmste Verbrechen zu begehen.[112] Die Heftigkeit der Auseinandersetzungen führte dazu, daß die Anhänger der geschlagenen Seite sich häufig eher selbst umbrachten als sich zu ergeben, weil sie wußten, daß sie höchstwahrscheinlich ohnehin getötet wer-

---

108 Gehrke, 1985a, 268.

109 Vgl. Thuk. 3.80ff.

110 Gehrke, 1985a, 6.

111 Thuk. 3.82. J. J. Price, 2001, 12; 22f. weist darauf hin, daß die *‚Pathologie des Krieges'* universelle Gültigkeit besitzt und gewissermaßen ein Modell für die Folgen und Merkmale der Stasis ist. Außerdem kann man davon ausgehen, daß diese Darstellung auch für die Wirkung des Krieges gilt. Dieser besitzt alle Charakteristiken der Stasis: 1. Niemand kann neutral bleiben; 2. Eide und Gesetze werden gebrochen; 3. Feinde werden erbarmungslos niedergemetzelt; 4. Es wird bis zum endgültigen Sieg einer Seite gekämpft; vgl. Price, 2001, 67ff.; 103; 267; 273; bes. 211f.

112 Thuk. 3.82,8; 90.

den.[113] Dabei nahm man keine Rücksicht auf Verwandtschaft, Freundschaft, Eid und traditionelle oder sakrale Normen.[114] Daß auf diese Weise Moral und Recht zutiefst erschüttert wurden, steht außer Frage.[115]

Die Ausschreitungen während eines Bürgerkrieges hatten gegenüber den Exzessen während eines auswärtigen Krieges einen weit stärkeren negativen Effekt, weil sie innerhalb eines Gemeinwesens zustande kamen. Folglich waren alle Opfer der Stasis Verwandte und Mitbürger, also Menschen, die man gut kannte. Auf diese Weise wurde die Brutalität der Kämpfe und die Verachtung von Recht und Moral noch offensichtlicher. Der Versuch der streitenden Parteien, dabei den Schein der Legalität zu wahren, mindert die Bedeutung dieser Verstöße nicht, im Gegenteil: Er unterstreicht die essentielle Signifikanz der Normen und hebt hervor, daß deren Verletzung keinesfalls gebilligt wurde.[116]

Drei Charakteristiken der Stasis sind für die hier behandelte Problematik von zentraler Bedeutung, da insbesondere diese drei Merkmale schwerwiegende Auswirkungen auf das Verständnis von Moral und Recht sowie Gemeinschaftssinn hatten. Die erste Eigenschaft ist, daß politische Parolen bezüglich der Außenpolitik oder der Frage der Verfassung meistens mißbraucht wurden, um an die Macht zu gelangen oder diese zu behalten. Auf diese Weise unterstrich die Stasis die Rolle des Eigeninteresses im Handeln des Einzelnen und der einzelnen Gruppen. Das zweite Merkmal ist, daß die Heftigkeit und Brutalität, mit welcher diese inneren Kriege geführt wurden, ein ideales Klima für den Verlust des Glaubens an die Werte und Regeln des Gemeinschaftslebens war. Das dritte Charakteristikum ist, daß die Stasis zeigte, daß die Polisordnung relativ leicht manipulierbar war, wodurch dieselbe gleichzeitig in Frage gestellt wurde. Dem destabilisierenden Effekt dieser drei Merkmale der Stasis kam entgegen, daß alle drei für die Bürger verhältnismäßig leicht zu erkennen waren.

Für die erste Eigenschaft sprechen, wie im folgenden aufgezeigt wird, einige Betrachtungen. So kam es des öfteren vor, daß ein Bürgerkrieg auch ohne Einwirkung von außen ausgetragen wurde. Hinzu kommt, daß in der Mehrzahl der Auseinandersetzungen das Hauptziel des Umsturzes nicht ein Richtungswechsel in der Außenpolitik war, sondern einzig die Machtergreifung im Staat. Die Tatsache, daß die hegemoniale Polis die Radikalität der Konflikte zu mäßigen und zu beruhigen versuchte, wie Athen im Falle von Kerkyra,[117] steht im Widerspruch zu der Bedeutung, die der außenpolitischen Orientierung in den Kämpfen beigemessen wurde. Sie ist häufig nur ein Vorwand, um eigene Machtansprüche zu stützen, wie es Thukydides in der *‚Pathologie des Krieges'*

---

113 Thuk. 3.81,2-4.
114 Thuk. 3.82.
115 Vgl. Kecmanovic, 2002, 45-46.
116 Gehrke, 1985a, 204; 236.
117 Thuk. 3.75.

ausdrücklich behauptet.[118] Die „ideologische" Komponente im Sinne einer Vorliebe für eine bestimmte Verfassungsordnung spielte ebenso eine weniger wichtige Rolle.[119] Auch wenn ihre Bedeutung während des Peloponnesischen Krieges wuchs,[120] gründeten sich die außenpolitischen Beziehungen zwischen zwei Poleis vor allem auf realpolitische Interessen; man fühlte sich nicht aufgrund gleicher „ideologischer" Überzeugungen automatisch verbunden.[121]

Ein anderer Hinweis dafür, daß die Frage der Verfassungsordnung in den inneren Kriegen von den Anführern der Bürgerkriegsparteien häufig mißbraucht wurde, könnte auch die Tatsache sein, daß die sozioökonomische Komponente allem Anschein nach kein Hauptfaktor für das Entstehen, von Staseis war, obgleich dieser Sachverhalt in den Quellen oft akzentuiert wird.[122] In der Forschung hat die Auffassung, die sozialen Gegensätze seien eine wesentliche Ursache für die innenpolitischen Auseinandersetzungen gewesen und bei den internen Konflikten würde es sich häufig in Wirklichkeit um „Klassenkämpfe" handeln, zahlreiche Befürhwörter gefunden.[123] Gegen diesen Standpunkt wurden aber in den letzten Jahrzehnten schwerwiegende Argumente hervorgebracht.[124] Diese Begründungen sollte allerdings nicht mit der Ansicht verwechselt werden, daß keine sozialen Spannungen und Ressentiments innerhalb der griechischen Polis existierten, sondern einzig, daß die These von „Ständekämpfen" nicht fundiert ist.

Hierbei ist auch von großem Belang, daß das „Arm-Reich-Schema" der antiken Autoren vermutlich stark von deren persönlichen philosophischen und politischen Ansichten bzw. Modellen überlagert ist.[125] Denn dies könnte ein In-

---

118 Thuk. 3.83,8; vgl. Gehrke, 1985a, 286f.

119 Vgl. Leppin, 1999, 73-81; 102; Gehrke, 1985a, 288ff.; 330f.; 337ff.

120 Thuk. 3.82,1.

121 Gehrke, 1985a, 289f.

122 Arist. pol. 1265b 12; 1279b 7-9; 1296a 22ff.; 1310a 3ff.; 1315a 31ff.; Ps. Xen. Athen. pol. 1.2-5;13f.; 2,9f.; 19; 3.10; Eurip. Suppl. 238-245; Plat. rep. 551d; 564c-565a; 566a-b; Isokr. or. 6,67.

123 G. E. M. de Ste. Croix, The Class Struggle in the Ancient World, London 1981; M. I. Finley, Das politische Leben in der antiken Welt, München 1991, 11ff.; Austin – Vidal-Naquet, 1984, 22ff.; 114ff.

124 Gehrke, 1985a, 309-354; W. Nippel, Mischverfassungstheorie und Verfassungsrealität in Antike und früher Neuzeit, Stuttgart 1980, 120f.; K.-W. Welwei, Die Darstellung politischer Krisen im Geschichtswerk des Thukydides, in: G. Alföldy u. a. (Hrsg.), Krisen in der Antike – Bewußtsein und Bewältigung (Geschichte und Gesellschaft, Bochumer Historische Studien Bd. 13), Düsseldorf 1975, 12f.; D. M. Lewis, The Archidamian War, CAH V², 1992, 383ff.; Lintott, 1982, 252-263.

125 Vgl. Gehrke, 1985a, 320-325; 328-339; ders., 1985b, 133-150; Lintott, 1982, 239-251; E. Ruschenbusch, Untersuchungen zu Staat und Politik in Griechenland vom 7.-4. Jh. v. Chr., Bamberg 1978, 24-54. A. Winterling, „Arme" und „Reiche". Die Struktur der griechischen Polisgesellschaften in Aristoteles' ‚Politik', Saeculum 44 (1993), 179-205, ist einerseits zum Ergebnis gekommen, die Staseis seien keine „Klassenkämpfe"

diz dafür sein, daß die Vorstellung von einem ehrgeizigen Demagogen, der die sozialen Gegensätze mißbraucht und die unteren Schichten verführt, um eine Tyrannenherrschaft zu gründen, gleichermaßen ein künstliches Konzept ist.[126] Auf die fragwürdige Historizität dieses Tyrannentopos wurde in der modernen Literatur schon mehrfach hingewiesen.[127] Die These vom „volksfreundlichen" Gewaltherrscher ist erst im 4. Jh. aufgekommen und in erster Linie auf Platon und Aristoteles zurückzuführen.[128] Die beiden Philosophen wurden maßgeblich von der Weise, auf die Dionysios I. die Macht ergriff, beeinflußt.[129] Diesen Einfluß bekräftigt Aristoteles selbst, indem er an zwei Stellen Dionysios I. als ein Beispiel für seine Theorie nennt.[130]

Ein besonders prägnantes Exempel dafür, daß das Verhalten der Führer der Stasisgruppen primär von Machtwillen und Eigennutz bestimmt wurde, ist die Stasis auf Samos 412/411. Die lokalen Anführer der Demokraten führten zuerst einen Präventivschlag gegen Angehörige der Oberschicht, welche man verdächtigte, einen oligarchischen Putsch zu planen. Zweihundert von ihnen wurden getötet, weitere vierhundert verbannt, während ihre Besitztümer konfisziert und verteilt wurden. Der Oberschicht wurde jegliche politische Teilhabe untersagt und sie wurde zudem sozial marginalisiert. Als sich aber bald darauf die politische Lage in Athen änderte, führten dieselben Führer der Demokraten in Übereinstimmung mit dem athenischen Oligarchen Peisandros eine Oligarchie in Samos ein. Danach kooperierten sie eng mit den athenischen Oligarchen und bekämpften die athenischen Demokraten.[131]

In Athen wechselte z. B. der Politiker Theramenes während des oligarchischen Intermezzos von 411 wie viele andere die Seiten, wobei er großes Ge-

---

mit dem Ziel, die wirtschaftlich bedingten gesellschaftlichen Ungleichheiten zu annullieren, teilt andererseits aber nicht die Überzeugung von H.-J. Gehrke, das „Arm-Reich-Schema" sei ein leeres „Klischee".

126 H.-J. Gehrke, 1985b, 150 weist auf die Beinflussung des „Arm-Reich-Schemas" durch die Machtergreifung des Dionysios I. hin; vgl. auch Heuß, 1971, 33f.

127 Vgl. dazu Stahl, 1987, 60-73; 105; 134f.; de Libero, 1996, 393f.; 400-402; P. Spahn, Mittelschicht und Polisbildung, Frankfurt a. M. u. a. 1977, 79-83; Stein-Hölkeskamp, 1989, 140ff.; Barceló, 1993, 84; Heuß, 1971, 20; E. Schütrumpf – H.-J. Gehrke, Aristoteles, Politik IV-VI, Übersetzt und eingeleitet von E. Schütrumpf, Erläutert von E. Schütrumpf und H.-J. Gehrke, in: Aristoteles Werke in Deutscher Übersetzung, Bd. 9, Teil 3, Berlin 1996, 487; 549; vgl. auch Gehrke, 1985a, 309-339; Nippel, 1980, 120f.; Wees, 2002, 76f.; 81.

128 Plat. rep. 565e-566a; 566e; 568c-d; Aristot. pol. 1305a 7-27; 1310b 12ff.; 1315a 31ff.

129 Vgl. Heuß, 1971, 29; 33ff.; Stroheker, 1958, 4; Lintott, 1982, 185f.; 240; 246; 249; Gehrke, 1985b, 150; Schütrumpf – Gehrke, 1996, 487; s. hierzu auch Berve, 1967, 353; J. v. Ungern-Sternberg, Zur Beurteilung Dionysios' I. von Syrakus, in: W. Will – J. Heinrichs (Hrsg.), Zu Alexander d. Gr. Festschrift G. Wirth zum 60. Geburtstag, Amsterdam 1987, 1145f.; 1151.

130 Aristot. pol. 1305a 26ff.; 1310b 29ff.

131 Gehrke, 1985a, 142-144; Heftner, 2001, 32-39; Welwei, 1999, 221.

schick aufwies.[132] Dies haben bereits seine Mitbürger, wie es Aristophanes demonstriert, erkannt.[133] Thukydides und Aristophanes sind nicht die einzigen antiken Zeugnisse, die den Eigennutz der Politiker und deren Verstecken hinter politischen Parolen erkannt haben. Auch Lysias kommt in einer Rede, die um 399 verfaßt wurde, zu der Ansicht, niemand sei von Natur aus Oligarch oder Demokrat; entscheidend sei dabei vor allem der Vorteil, den jemand für sich mit der jeweiligen Verfassung verbinde.[134] Diese Denkweise des Lysias zeigt, daß derartige Fälle, die im Verlauf des gesamten Krieges präsent waren und zunehmend als Vorbild dafür dienen konnten, wie in der Politik Opportunismus und Egoismus dominieren. Auf diese Weise wurde der Sinn für Solidarität in der Gemeinschaft geschwächt. Besonders folgenschwer war, daß namentlich die jungen Leute dieses Beispiel akzeptierten und mit ihm zugleich ihr eigenes Verhalten rechtfertigten.[135]

Das zweite Charakteristikum, nämlich die Heftigkeit und Brutalität, die ein innerer Krieg mit sich brachte, kann zu dem gleichen Resultat führen wie das erste Merkmal. Denn die Stasis hatte zur Folge, daß die Zahl der Toten und Verbannten meistens sehr groß war, was den Konflikt zusätzlich eskalieren ließ und die Gegensätze vertiefte. Dadurch verloren die gesellschaftlichen Normen und die Moral jede Relevanz.[136] Wie schwerwiegend die Folgen der inneren Kriege sein konnten, zeigen einige Zahlen, die H.-J. Gehrke anführt. Der Anteil der Vertriebenen sei im Extremfall bis auf 20-25% der Bevölkerung angestiegen; meistens sei er zwischen 5 und 10% geblieben.[137] Der Prozentsatz der Verbannten und Toten habe beispielsweise 412 in Samos etwa 7,5% betragen und in Milet sei er im Jahre 405 sogar auf etwa 33% gestiegen. Ein weiteres Exempel für diese Folgen der Stasis ist Athen 404/3. Denn laut Xenophon wurden dort während der achtmonatigen Herrschaft der „Dreißig" mehr Menschen getötet als in den letzten zehn Jahren im Kampf gegen Sparta.[138] Es wurden ca. 2500 Men-

---

132 Zu Theramenes während des Regimes der „Vierhundert" s. W. J. McCoy, The Political Debut of Theramenes, in: Ch. D. Hamilton – P. Krentz (Hrsg.), Polis and Polemos. Essays on Politics, War, and History in Ancient Greece in Honor of Donald Kagan, Claremont 1997, 171-192.

133 Deshalb wurde er wohl auch von Aristophanes als Exempel für ein derartiges Verhalten in seiner Komödie die *‚Frösche'* verspottet (Aristoph. Ran. 534-540; 967-970). Während des Regimes der „Dreißig" änderte Theramenes wieder seine politische Position, was ihn diesmal aber das Leben kostete. In Xenophons *‚Hellenika'* wird Theramenes ähnlich beurteilt wie von Aristophanes (Xen. Hell. 2.3,30-34).

134 Lys. 25,7-12.

135 Ein Exempel für derartiges Denken ist Thrasymachos mit seiner Geschichte über den Hirten, der vor allem seine eigenen Interessen verfolgt (Plat. rep. 343a-344c); vgl. dazu auch Kap. III.6.

136 Vgl. Kecmanovic, 2002, 46-47.

137 Gehrke, 1985a, 219f.

138 Xen. Hell. 2.4,21.

schen umgebracht, davon 1500 Bürger. Der Vergleich der etwa 2600 Hingerichteten während der „terreur"-Ära von 1793/1794 n. Chr. in Paris mit der Anzahl der Getöteten in Athen verdeutlicht das ganze Ausmaß des Konflikts.[139]

Ein wichtiger Grund dafür, daß die Staseis so umbarmherzig und mit großer Leidenschaft geführt wurden, ist mit der Bedeutung verbunden, welche das Individuum in der Gesellschaft und Politik hatte. Aufgrund der bereits erwähnten spezifischen sozialpolitischen Struktur und relativ geringen Größe der Gemeinschaften hatte der Einzelne und sein Ehrgeiz ein großes Gewicht im politischen Bereich.[140] Hinzu kommt noch, daß die politische Sphäre nicht klar von der privaten Sphäre getrennt war, da sie in der Gesellschaft dieser Zeit stark von persönlichen Faktoren beeinflußt wurde.[141] Aus diesen Gründen war eine politische Niederlage oft auch ein persönlicher Rückschlag, weshalb gegebenenfalls der politische Kontrahent auch als persönlicher Feind empfunden wurde.[142] Dies bedingte, daß die Toleranzschwelle gegenüber politischen Feinden gering blieb,[143] besonders in Situationen, in denen Emotionen aufkamen.[144] Das führte wiederum dazu, daß Emotionen gesteigert wurden und die Bürgerkriegsparteien den Kampf noch erbarmungsloser führten.

Das dritte Merkmal der Stasis ist, daß sie demonstriert, wie leicht die Polisordnung veränderbar und manipulierbar ist, was seinerseits zeigt, daß weder die Staatsordnung noch das mit ihr verbundene Recht etwas an sich Gegebe-

---

139 G. A. Lehman, Überlegungen zu den oligarchischen Machtergreifungen im Athen des 4. Jahrhunderts v. Chr., in: W. Eder (Hrsg.), Die athenische Demokratie im 4. Jahrhundert v. Chr. Vollendung oder Verfall einer Verfassungsform?, Stuttgart 1995, 145.

140 S. Kap. II.1. Des weiteren erreichte im Unterschied zu Rom die griechische Aristokratie niemals eine strenge ständische Geschlossenheit. Auch der Demos bildete keine homogene Schicht. Zudem existierten keine umfassenden Geschlechterverbände; vgl. dazu K.–W. Welwei, Adel und Demos in der frühen Polis, Gymnasium 88 (1981), 1-23; Stahl, 1987, 79ff.; Stein-Hölkeskamp, 1989, 10; 24ff.; Spahn, 1977, 73f.; W. Eder, Who Rules? Power and Participation in Athens and Rome, in: A. Molho – K. Raaflaub – J. Emlen (Hrsg.), City States in Classical Antiquity and Medieval Italy: Athens and Rome, Florence and Venice, Stuttgart 1991, 186f. Gewissermaßen war die griechische Gesellschaft „atomisiert", namentlich in den Demokratien bestand sie faktisch aus einer Masse von Individuen; vgl. Eder, 1991, 193ff. Diese Sachverhalte erleichterten oft ebenfalls einem mächtigen Individuum, insbesondere in Krisenzeiten, eine wichtige Rolle zu spielen.

141 Gehrke, 1985a, 348f.; Raaflaub, 1992, 48.

142 Das war auch eine der treibenden Kräfte dafür, daß der größte Teil der Bürgerkriege in kleinen und mittleren Poleis stattfand, wo diese Trennung schwerer zu vollziehen war; vgl. Gehrke, 1985a, 348; s. dazu auch J. Elster, Norms, Emotions and Social Control, in: D. Cohen (Hrsg., unter Mitarb. von E. Müller-Luckner), Demokratie, Recht und soziale Kontrolle im klassischen Athen, München 2002, 4f. Zu der Bedeutung der Rache in inneren Kriegen s. H.-J. Gehrke, Die Griechen und die Rache. Ein Versuch in historischer Psychologie, Saeculum 38 (1987), 126ff.; 143ff.

143 Gehrke, 1985a, 349f.

144 Gehrke, 1985a, 346.

nes und Allgemeingültiges ist.[145] Die Ereignisse in Athen 411 und 404/403 veranschaulichen besonders deutlich diese Entwicklung. Dort wechselte 411 infolge der inneren Wirren die Polisordnung in kürzester Zeit von einer Demokratie zum Regime der „Vierhundert" und später der „Fünftausend" und kehrte schließlich zur demokratischen Ordnung zurück. Vielleicht ist die Tendenz, daß sich bei einer Stasis parallel zwei selbständige Zentren der Macht bildeten, von noch größerer Bedeutung. Die Vertriebenen, die eine eigene Machtstruktur mit deutlichen Zeichen der Staatlichkeit formierten, bekämpften ihre Heimatstadt wie einen äußeren Feind.[146] Dieser Prozeß relativierte eigentlich noch mehr die Ordnung der Polis, denn aus ihr entstanden jetzt zur gleichen Zeit zwei miteinander konkurrierende Zentren der Macht, die sich auf das gleiche Recht berufen. Dies geschah 411, als die athenischen Demokraten auf Samos einen demokratischen Gegenpol zu den Oligarchen in Athen formierten. Seinen Höhepunkt erreichte dieser Prozeß in Athen nach dem Fall der „Dreißig" und dem Friedenschluß der Bürgerkriegsparteien. Attika wurde faktisch in zwei „Staaten" geteilt, die zwei Jahre nebeneinander existierten.[147] Auf diese Weise wurde offensichtlich, daß die Polisordnung und die mit ihr verbundene Gesetzesordnung nicht allgemeingültig ist, daß man sie durchaus manipulieren kann und darf, und daß dieses meistens nur aus Opportunismus erfolgte.

Wegen dieser Eigenschaften der Stasis verwundert es nicht, daß sie wesentlich zu der Depravation des Ethos beitrug. Dieser Prozeß spiegelt sich nach Thukydides vornehmlich darin wider, daß Wörter in der Stasis ihre traditionelle Bedeutung verlieren.[148] Die im Frieden gepriesenen Tugenden wie Vernunft,

---

145 Price, 2001, 34f.

146 Gehrke, 1985a, 227f. Diese Entwicklung kann man auch auf Samos 439 und in Elis 365 beobachten (Thuk. 4.75,1; Xen. Hell. 7.4,16); vgl. Gehrke, 1985a, 140ff.; 54ff. Auch in Syrakus kann man dieses Merkmal der Stasis nach der Errichtung der Gewaltherrschaft konstatieren. Als Dionysios I. die Erhebung der *hippeis* niedergeschlug, flüchteten die „Oligarchen" aus der Stadt. Sie ließen sich in Aitna/Inessa am Fuße des Ätna nieder. Während der großen Revolte rief der syrakusanische Demos die *hippeis* zu Hilfe. Nachdem der Tyrann auch diesen Aufstand niedergeworfen hatte, flohen viele Bürger nach Aitna. Zusammen mit den *hippeis* sollen sich dort etwa 7000 Syrakusaner aufgehalten haben, als der Alleinherrscher eine vollständige Amnestie anbot. Viele Bürger nahmen dieses Angebot an. Dennoch muß eine nicht geringe Anzahl von Gegnern des neuen Regimes in Aitna geblieben sein. Denn Dionysios' I. erstes Unternehmen nach der Unterdrückung der großen Revolte war die Besetzung von Aitna. Anscheinend gelang es jedoch einem großen Teil der Verbannten rechtzeitig zu fliehen. Der neue Sammelpunkt der Emigranten wurde die unteritalische Stadt Rhegion (Diod. 14.8,1; 9,5-8; 14,1-2; 40,2). Vgl. hierzu Deininger, 1993, 63.

147 S. hierzu Kap. VI.

148 Thuk. 3.82,4; vgl. hierzu Leppin, 1999, 189; A. Moulakis, Homonoia. Eintracht und die Entwicklung eines politischen Bewußtseins, München 1973, 33f.; Welwei, 1975, 10f.; L. Edmunds, Thucydides' Ethics as Reflected in the Description of Stasis (3.82-83), HSCPh 79 (1975), 75ff.; Macleod, 1979, 54-60; Raaflaub, 1992, 25.

Besonnenheit, Sittlichkeit und bedachte Tapferkeit werden jetzt als Feigheit und List klassifiziert. Gleichzeitig werden Tücke, Tollkühnheit, Falschheit und Erbarmungslosigkeit zu Tugenden erklärt. Dies ist eine besonders destruktive Entwicklung für das konventionelle Verständnis von Recht und Moral. Denn die traditionellen Tugenden werden auf diese Weise nicht einfach negiert, vielmehr wird ihr moralischer Gegensatz zu ihrem neuen Inhalt und umgekehrt. Dadurch erlebt das gesellschaftliche Wertesystem einen folgenschweren Wandel.[149] Gleichzeitig vertieft sich auf diese Weise die Kluft zwischen Wort und Realität bzw. der Konvention und der Realität.

Diese Pervertierung der Sprache und der Normen weist aufschlußreiche Übereinstimmungen mit dem Recht des Stärkeren des Kallikles und seinem Verständnis der Nomos-Physis-Antithese auf. Nach der sophistischen Theorie ist der *nomos* vom Menschen geschaffen worden, und in diesem Sinne entspricht er der Konvention. Die *physis* entspricht ihrerseits gewissermaßen dem wahren Wesen der Dinge oder der Realität. Während die Sophisten den Unterschied zwischen *nomos* und *physis* konstatieren, mißbraucht Kallikles die Antithese, um sein Recht des Stärkeren zu begründen.[150] In identischer Weise wie in der *‚Pathologie des Krieges'* gibt Kallikles den traditionellen Tugenden neue Werte. Einerseits werden bei ihm die bestehenden Konventionen *(nomos)* zum Inbegriff von Unrecht und List der Schwachen.[151] Andererseits ist er der Meinung, daß es tugendhaft sei und mit der Realität (*physis*) übereinstimme, daß die Stärkeren über die Schwächeren herrschen, mehr besitzen als diese und sich von Schwachen gewaltsam nehmen, was sie sich wünschen.[152] Ähnliche Gedanken wie Kallikles vertritt Glaukon in der *‚Politeia'*.[153]

All diese oben geschilderten Tendenzen der Stasis werden ebenfalls von Euripides ausführlich thematisiert. In den *‚Phoinikerinnen'* deutet Eteokles auf diese Problematik hin, indem er offen zugibt, daß er einzig und allein nach der Macht strebt und den Streit mit den Worten beginnt:[154]

> Ja, wäre eines schön und zugleich für alle,
> es gäbe für die Menschen keinen bittren Streit.

---

149 Vgl. Price, 2001, 39-45; s. auch Kecmanovic, 2002, 46-47.

150 Zu Kallikles und den Unterschieden zwischen ihm, seinem Verständnis der Nomos-Physis-Antithese und der Sophisten s. Kap. III.5.

151 Plat. Gorg. 483b-c; 492a.

152 Plat. Gorg. 483d; 488b.

153 S. Kap. III.6. Eine weitere Ähnlichkeit des Glaukon mit Thukydides ist die Benutzung des Gegensatzes Schein/Sein; s. dazu Kap. III.6. Zwar behauptet auch Thrasymachos, daß das Gerechte der Nutzen des Stärkeren sei. Mit dieser These jedoch konstatiert er, ähnlich wie Thukydides, nur den Wandel der Werte (Plat. rep. 358e-359b; 360b-d). Besonders interessant ist Thrasymachos' Exempel, wie die vollkommene Ungerechtigkeit – die Tyrannis – von Menschen gepriesen wird (Plat. rep. 344a-c).

154 Eurip. Phoen. 499-506 (Übers.: D. Ebener).

Doch jetzt ist ähnlich nichts, nichts gleich den Sterblichen,
es sei der Name bloß. Die Sache ist es nicht.
Ich will es, Mutter ohne alle Umschweif sagen:
Zum Aufgang hin der Sterne zöge ich am Himmel
und in die Unterwelt, wär' ich dazu befähigt,
die größte Gottheit zu erhalten mir, die Macht.

In den darauffolgenden Versen, in denen er sich mit seinem Bruder Polyneikes unterhält, reden beide über dasselbe, aber verstehen offenbar darunter etwas völlig Verschiedenes:[155]

Po. Wie auch dich! Noch einmal fordre ich die Macht, mein Teil am Reich.
Et. Nichts gibt es von mir zu fordern. Ich verwalte selbst mein Haus.
Po. Im Besitz des größren Teiles?
Et. Ja! Nun pack dich aus dem Land!
Po. Herde ihr der Heimgötter,...
Et. Sie zu stürzen bist du hier.
Po. ...hört mich,...
Et. Wer soll dich hören dich, der feindlich rückt ins Vaterland?
Po. ...Tempel auch der Götter hoch auf weißem Roß!
Et. Sie hassen dich!
Po. Aus der Heimat jagt man mich zu...
Et. Sie zu tilgen, kamst du ja!
Po. ...Unrecht, Götter!
Et. In Mykenai, nicht hier ruf die Götter an!
Po. Frevler bist du,...
Et. Aber nicht, wie du, des Vaterlands Feind!

Kennzeichnend in dieser Tragödie ist auch, daß beide Brüder und nicht nur der Machtbesessene Eteokles im Unrecht sind. Von Eteokles kann man nicht erwarten, daß er für das Recht ist, denn er ist ein Befürworter der Tyrannis. Sein Bruder aber wird zunächst positiv dargestellt. Polyneikes liebt sein Vaterland und offenbart großes Heimweh. Er ist nur gekommen, um das erlittene Unrecht zu beenden und das Recht walten zu lassen.[156] Nichtsdestoweniger ist auch seine Auffassung von Recht und Tugend wie das seines Bruders falsch, weil er am Schluß trotz allem bereit ist, aus persönlichen Motiven gegen sein Vaterland Krieg zu führen. Der einzige, der in der Tragödie ein richtiges Verständnis von Recht und Gemeinschaftssinn bekundet, ist ihr Vetter Menoikeus, der sein Leben für das Wohl der Polis freiwillig opfert.[157]

Der Orestes des Euripides wird im gleichnamigen Werk des Jahres 408 als ein Mann dargestellt, der nur den Willen eines Gottes ausführt, den Muttermord

155 Eurip. Phoen. 601-609 (Übers.: D. Ebener).
156 Eurip. Phoen. 355-400; 469-496.
157 Eurip. Phoen. 991-1018.

zutiefst bereut und dem das Recht am Herzen liegt.[158] Trotzdem ist auch er, als die Konfrontation ihren Höhepunkt erreicht, bereit, gegen jedes Recht zu verstoßen und Helena zu ermorden. Orestes ist gewillt, das gleiche mit ihrer unschuldigen Tochter und seiner eigenen Cousine Hermione zu tun.[159] Ebenfalls droht er, das Vaterhaus anzuzünden.[160] In diesen Taten stehen ihm seine tugendhafte Schwester Elektra und der edle Pylades bei, der der Inbegriff eines treuen Freundes ist.[161] Alle drei sehen ihre Handlungen nicht als etwas an, das gegen das Recht verstößt, sie berufen sich sogar mehrmals auf die Gerechtigkeit und die Götter.[162] Die andere Seite sieht diese Taten ganz anders.[163] Diese Diskrepanz zwischen Worten und Handeln offenbart sich im Gespräch des Orestes und Menelaos um so mehr, als festzustellen ist, daß nicht allein Menelaos in seinen Handlungen durch das Streben nach Macht bestimmt wird. Auch Orestes kämpft nicht mehr nur um sein Überleben, sondern um die Herrschaft. Schließlich muß Apollon selbst einschreiten, um den Streit zu bändigen und zu schlichten.[164]

Somit verweisen beide Stücke des Euripides wieder auf die Pervertierung der Sprache sowie auf die essentielle Rolle des Selbstinteresses der Akteure in der Stasis und bestätigen, wie die Akteure deswegen bereit waren, traditionelle Werte bewußt oder unbewußt zu manipulieren und sich davon loszulösen, was zur Folge hatte, daß die gesellschaftlichen Normen destabilisiert wurden. Die Stücke *‚Phoinikerinnen'* und *‚Orestes'* zeigen auch, daß die Protagonisten der Stasis um der eigenen Interessen willen sogar bereit waren zuzulassen, daß überhaupt die Stasis entstehen konnte, die dann ihre eigene Polis an den Rand des Untergangs brachte. Ferner demonstrieren sie, wie der innere Krieg außer Kontrolle geraten konnte und eine eigene Dynamik entwickelte.[165] Diese Dynamik nahm die Kontrolle über die Stasis aus den Händen der Anführer der Stasisgruppen und brachte diese dazu, ganz gleich, ob diese gut oder schlecht waren, Normen zu verletzten, die sie vorgaben beschützen zu wollen.[166] Deshalb

158 Eurip. Or. 396; 416; 555-605; 923-942.

159 Eurip. Or. 1296-1310 (Helena); 1181-1213 (Hermione).

160 Eurip. Or. 1594f.

161 Eurip. Or. 1085-1097.

162 Eurip. Or. 1140-1143; 1240-1245; 1299f.; 1360-1365.

163 Eurip. Or. 1455ff.; 1554ff.

164 Eurip. Or. 1056-1059; 1576-1624 (Menelaos); 1600-1605 (Orestes); 1625-1665 (Apollon).

165 Gehrke, 1985a, 352f.

166 Leppin, 1999, 112ff. Daß Euripides' Stücke die Realität widerspiegeln, zeigt auch das Schicksal des Phrynichos; s. dazu Price, 2001, 246f. Vor dem Staatsstreich der „Vierhundert" gilt er als ein Mensch von Vernunft, der sich als Patriot hervortut, und gegenüber den Umsturzplänen reserviert ist (Thuk. 8,27; 48). In den Wirren von 411 präsentiert sich Phrynichos völlig anders. Hier ist er bereit, wegen seines Zwistes mit Alkibiades und aus Angst vor diesem die ganze athenische Flotte dem Feind zuzuspielen (Thuk. 8.50-51). Die Ereignisse geraten für Phrynichos letztlich außer Kontrolle, ge-

sterben Polyneikes und Eteokles, während ein tragisches Ende in der Tragödie *‚Orestes'* nur durch die Gottheit verhindert wird.[167]

3. Die Fluktuationen innerhalb der Elite

Der Krieg und der Bürgerkrieg beeinflußten die griechische Gesellschaft und die politische Elite, auch indem sie innerhalb dieser Fluktuationen auslösten. Diese wurden dadurch verursacht, daß die politischen Führer oft Opfer von Kampfhandlungen, Intrigen oder Staatsstreichen wurden. Dabei mußten sie nicht immer physisch eliminiert werden, manchmal genügte es, daß sie beispielsweise verbannt wurden. Ein Bild von der Bedeutung dieser Fluktuationen vermittelt die Tatsache, daß auf allen Seiten die Hauptakteure des Konflikts größtenteils eines nicht natürlichen Todes starben.[168] Die Fluktuationen konnten sich auf verschiedenen Ebenen vollziehen. Der Verlust einer oder mehrerer Führungspersönlichkeiten führte oft zu einer Art von Führungsvakuum. Die oder der Nachfolger waren nicht kompetent, charismatisch oder einig genug, um der Polis eine innere und äußere Stabilität zu gewähren. Außerdem verfolgten sie häufig eine unterschiedliche Politik zu ihren Vorgängern. Zudem bekamen junge Leute, die nicht selten schon im öffentlichen Leben wirkten, aber bis dahin nicht dominieren konnten, jetzt da der Kontrahent tot war, die Möglichkeit, eine herausragende Rolle zu spielen und ihren Einfluß in voller Kraft zu entfalten. Deshalb überrascht es nicht, daß die Fluktuationen einen signifikanten Kurswechsel in der Innen- und Außenpolitik der Polis bewirken konnten, wodurch sie ihrerseits die Instabilität förderten, deren Folge sie waren.

In Athen lassen sich die Auswirkungen der Fluktuationen innerhalb der Elite recht gut verfolgen. Zuerst soll auf einige der prominentesten Opfer des Peloponnesischen Krieges in der Führungsschicht Athens hingewiesen werden: Kleon, Lamachos, Demosthenes, Nikias, Alkibiades, Hyperbolos, Androkles, Phrynichos, Antiphon, Peisandros, die acht Strategen im Arginusenprozeß, Theramenes, Kleophon, Charikles und Kritias. Nach D. Hamel fielen während des Peloponnesischen Krieges zwischen 8-12% der athenischen Strategen im Kampf.[169] Sie vertritt auch den Standpunkt, daß dieser Prozentsatz möglicher-

---

nauso wie den „Vierhundert", und am Ende bekämpft er die eigene Polis; vgl. dazu auch Pouncey, 1980, 137.

167 Diese Dynamik offenbart besonders deutlich die Tendenz der Stasis, alle Rahmen des Gemeinschaftslebens und meistens auch der Menschlichkeit zu sprengen. Befreit von allen Normen eskaliert die Stasis noch mehr und am Schluß vernichtet sie ihre eigenen Kinder; vgl. Gehrke, 1985, 252.

168 Wie z. B. Kleon, Nikias, Lamachos, Alkibiades, Theramenes, Hermokrates und Brasidas.

169 D. Hamel, Athenian Generals: Military Authority in the Classical Period, Leiden/ Boston/Köln 1998, 204f. C. A. Powell, Athens and Sparta. Constructing Greek Political

weise noch höher liegt, da aber nicht alle athenischen Strategen und deren Schicksale zwischen den Jahren 431-404 bekannt sind, sei dies nicht genau feststellbar.[170] Dennoch liegt es nahe anzunehmen, daß die Anzahl der gefallenen Strategen höchstwahrscheinlich höher als 8-12% ist. Denn es war in Athen keine Seltenheit, daß jemand mehrmals zum Strategen gewählt wurde – wie z. B. Perikles, Nikias, Alkibiades und Demosthenes.

Der Tod des Perikles hinterließ, laut Thukydides, einen tiefen Einschnitt im politischen Leben Athens.[171] Dem Demagogen Kleon ermöglichte Perikles' Tod, eine dominante Stellung zu erringen und eine extremere Außenpolitik durchzusetzen.[172] Offensichtlich empfanden viele seine Politik als einen Bruch zu der des Perikles, insbesondere wegen seiner „neuen politischen Kultur", seiner Demagogie, wie es die scharfe Kritik von Thukydides und die Komödien des Aristophanes bezeugen.[173] Der Tod des Kleon bei Amphipolis schaffte die Grundlage für eine neue Wende in der athenischen Innen- und Außenpolitik. Die Friedenspolitik des Nikias wurde durchführbar,[174] und Alkibiades hatte nun alle Voraussetzungen, sich erfolgreich in der Politik zu engagieren und einen steilen Aufstieg zu verzeichnen. Nikias, der in den *‚Rittern'* des Aristophanes gegen Kleon machtlos ist, und Alkibiades, der damals noch ein politischer Anonymus ist, wurden nunmehr die wichtigsten Politiker in Athen. Die Ereignisse, die der Sizilischen Expedition vorangingen und von ihr ausgelöst wurden, wie die Verbannung des Hyperbolos, die Flucht des Alkibiades vor der Todesstrafe wegen des Mysterienfrevels und der Tod des Nikias, des Demosthenes sowie des Lamachos in Sizilien, ermöglichten jetzt, daß Peisandros, Antiphon und Phrynichos für kurze Zeit, nämlich während des Umsturzes von 411 die athenische Politik beherrschten.[175] Der Fall der „Vierhundert", der Tod der Protagonisten dieses Staatsstreiches, die Ermordung von Androkles und Hyperbolos, kam dem Aufstieg von Theramenes, Thrasyllos, Thrasybulos und Kleophon entgegen. Außerdem ermöglichten diese Ereignisse Alkibiades die Rückkehr. Das Verschwinden des Alkibiades aus der Politik nach der Niederlage bei Notion 406, der Arginusenprozeß und die Schlacht bei Aigospotamoi 405 verursachten tiefe Einschnitte in der politischen Oberschicht Athens. Diese Verluste erleichterten

---

and Social History from 478 B.C., London 1988, 232-233 verweist auf die hohe Zahl der spartanischen Befehlshaber, die im Kampf gefallen sind. Beispielsweise sind Brasidas (Thuk. 5.10), Mindaros (Xen. Hell. 1.1,18; 23), Kallikratidas (Xen. Hell. 16.32-33), und Lysander (Xen. Hell. 3.517-19) in einer Schlacht gefallen.

170 Hamel, 1998, 204f.

171 Thuk. 2.65. Zu Perikles' Position und Einfluß in Athen s. Welwei, 1999, 163ff.

172 Welwei, 1999, 166ff.

173 Vgl. W. G. Forrest, An Athenian Generation Gap, YCS 24 (1975), 40ff.; Welwei, 1999, 166f.

174 Thuk. 5.14,3-4; 16,1; vgl. Welwei, 1999, 190f.; Ostwald, 1986, 293.

175 Welwei, 1999, 217-227.

vermutlich ihrerseits in beträchtlichem Maße einem politischen Neuling wie Kritias, an die Macht zu kommen.

Wenn man Athen in der Zeit von 431-403 betrachtet, kann man keinen Staatsmann registrieren, der die Geschäfte seiner Polis für einen längeren Zeitraum, etwa ein Jahrzehnt, entscheidend bestimmt hätte. Außerdem konnten nur wenige in dieser Periode überhaupt eine größere Rolle spielen, die sich zudem mit Perikles' Dominanz in keiner Hinsicht vergleichen läßt. Des weiteren kann man beobachten, daß jeder Radikalisierung der athenischen politischen Szene substantielle Verluste im politischen Establishment vorausgingen. Beispiele hierfür sind Kleon, die „Vierhundert" und die „Dreißig".

Eine ähnliche Situation ist auch in Syrakus wahrzunehmen.[176] Auch hier kommt es zu dem Aufstieg des erst fünfundzwanzig Jahre alten Dionysios I. zum Tyrannen, nachdem der demokratische Anführer Diokles verbannt wurde und Hermokrates gefallen war. In Sparta führte der Tod des Brasidas in derselben Schlacht, in der auch Kleon starb, zu einem ähnlichen Richtungswechsel in der Außenpolitik der Spartaner; die Befürworter des Friedens gewannen die Oberhand.[177] Der Krieg hatte vermutlich einen ähnlichen Effekt in vielen Poleis. Die Verluste, welche Mytilene, Kerkyra, Argos, Samos und Milet verzeichneten, deuten darauf hin.

Die Bedeutung der Fluktuation innerhalb der Elite wird auch dadurch unterstrichen, daß eine der ersten Maßnahmen bei einem Umsturz die Eliminierung der politischen Feinde war. Beispielsweise war eine der ersten Handlungen des Dionysios I., nachdem er an die Macht gelangte, die Exekution seiner ehemaligen Kollegen im Strategenamt.

---

176 Bezeichnenderweise wurde allem Anschein nach einer der fünf Strategen in Akragas, welche die Menge wegen eines angeblichen Verrats zu Tode steinigte, einzig aufgrund seiner Jugend verschont (Diod. 13.87,5).

177 Thuk. 5.14,3-4; 16,1.

4. Die Machtkonzentration

Der Krieg förderte das Aufkommen der Jüngeren Tyrannis gleichermaßen, indem er einzelnen Individuen erlaubte, in ihren Händen über das übliche Maß Macht anzusammeln.[178] Schon Aristoteles verbindet die Tyrannis mit dem Amt des Feldherrn.[179] Dies ist aber mit Vorsicht zu bewerten, da sich diese Vorstellung auf die Tyrannentopik zurückführen läßt. Trotzdem kann man in manchen Fällen diese Verbindung nicht leugnen, weshalb der Abschnitt diesem Aspekt gewidmet ist.

Daß militärischer Erfolg den politischen Aufstieg mit sich brachte und die Notwendigkeiten des Krieges die Machtkonzentration in Händen weniger unterstützen, ist kein spezifisches Phänomen des Peloponnesischen Krieges. Dies gab es schon früheren Epochen der griechischen Geschichte z. B. bei Miltiades d. J., Themistokles und Pausanias. Im Gegensatz zu den früheren Auseinandersetzungen war jedoch der Peloponnesische Krieg – wie es Thukydides formuliert – „die größte Erschütterung für die Hellenen und einen Teil der Nichtgriechen". Dies wirkte sich überaus negativ auf Moral und Mentalität der Gesellschaft aus, andererseits begünstigte es um so mehr die Machtkonzentration durch einzelne Menschen.

Wie folgenschwer der Einfluß des Krieges in diesem Sinne sein konnte, offenbart der Umstand, daß sich ein zufälliger Erfolg im Krieg schnell und stark auf der innenpolitischen Ebene reflektieren konnte. Als sich die Stimmung in Athen wegen der Dauer der Belagerung von Sphakteria gegen Kleon wandte und die Kritik an seiner Kriegspolitik stärker wurde, befreite er sich durch einen überraschenden Sieg bei Sphakteria aus der schwierigen Lage. Er wurde gefeiert und konnte seinen Position festigten.[180]

Auch die Hoffnung, die mit den militärischen und diplomatischen Fähigkeiten einer Person verbunden war, macht den Einfluß des Krieges ebenfalls sichtbar. Alkibiades wurde nach dem Hermenfrevel 415, dem Mysterienprozeß und seiner Flucht *in absentia* zum Tode verurteilt.[181] Er lief auf die Seite der Lakedaimonier über, wo er sich dafür einsetzte, daß sich diese auf dem Schlachtfeld Siziliens engagierten und Dekeleia besetzten.[182] Trotz allem konnte sich Alkibiades mehr als nur rehabilitieren, als er den Athenern vortäuschte, daß er über eine große Autorität bei Tissaphernes verfüge. Sie hofften, daß er die

---

178 Ein modernes Beispiel hierfür ist General D. MacArthur; vgl. J. T. Roberts, Warfare, Democracy, and the Cult of Personality, in: D. R. McCann – B. S. Strauss (Hrsg.), War and Democracy: A Comparative Study of the Korean War and the Peloponnesian War, Armonk (New York) 2001, 238-269.

179 Aristot. pol. 1305a 7-27; 1306a 22; vgl. Schütrumpf – Gehrke, 1996, 482; 502.

180 Thuk. 4.26-39; Aristoph. Equ. 280; 709; 766; 1404.

181 S. dazu Kap. V.

182 Thuk. 6.88,9-93; ausführlicher hierzu Welwei, 1999, 207f.

militärische Lage zu ihren Gunsten wenden werde, und wählten ihn erneut zum Strategen.[183] Nach den Erfolgen am Hellespont kehrte Alkibiades im Jahre 407 nach Athen zurück und hielt einen triumphalen Einzug.[184]

Ein Amt, das den Prozeß Machtkonzentration im Krieg am ehesten veranschaulicht, ist das des *strategos autokrator.*[185] Erwähnenswert ist hierbei auch, daß jeder der berühmtesten Inhaber dieses außerordentlichen Amtes, entweder wie Alkibiades und Hermokrates, in Verdacht geriet, daß er die Einzelherrschaft anstrebe, oder aber sich tatsächlich zum Tyrannen machte, wie Dionysios I. Zum ersten Mal begegnen wir diesem Amt 415 bei Thukydides, als die Athener beschließen, 60 Trieren nach Sizilien zu senden.[186] Nikias, Alkibiades und Lamachos wurden zu *strategoi autokratores* ernannt. Die Feldherrn erhielten die politische und diplomatische Vollmacht, die Angelegenheiten auf Sizilien nach ihrem Willen zu regeln, und es wurde ihnen gänzlich überlassen, den Umfang der Aushebungen zu bestimmen.[187] Sie bekamen somit einen viel größeren Freiraum als üblich, da sonst der Demos den Strategen den Charakter ihres Einsatzes vorschrieb.

Die akute Bedrohung führte auch in Syrakus wie in Athen zu energischen Maßnahmen zur Stärkung der militärischen Macht. Die Verbindung von Machtkonzentration und Krieg ist schon in Athenagoras' Rede ein Thema. Denn der Führer (*prostates*) des Demos behauptete, die Nachrichten von einem bevorstehenden athenischen Angriff werden von Personen verbreitet, welche beabsichtigen, auf diese Weise die Befehlsgewalt zu usurpieren.[188] Zu der Einführung des Amtes des *strategos autokrator* kam es, nachdem Nikias zu Beginn des Winters 415/414 im ersten Treffen bei Syrakus gesiegt hatte.[189] Aufgrund dieser Niederlage gelang es Hermokrates, die Bürger zu überzeugen, daß ein Kollegium von drei mit besonderen Vollmachten ausgestatteten Strategen viel handlungsfähiger sei als die üblichen fünfzehn Strategen mit begrenzten Befugnissen. Hermokrates selbst war einer der drei Strategen.[190] Im Unterschied zu Athen hatten in Syrakus die bevollmächtigten Strategen zusätzlich die zivile Gewalt inne.[191] Selbst nach Hermokrates' Absetzung blieb im weiteren Laufe des Krie-

---

183 Thuk. 8.81-82; s. dazu Welwei, 1999, 217; 225.

184 Xen. Hell. 1.4,8-20; s. dazu Welwei, 1999, 233.

185 Vgl. M. Dreher, Die syrakusanische Verfassung im 4. Jh. v. Chr., in: W. Schuller (Hrsg.), Politische Theorie und Praxis im Altertum, Darmstadt 1998, 56.

186 Thuk. 6.8,2.

187 Thuk. 6.26,1; vgl. M. Scheele, ΣΤΡΑΤΗΓΟΣ ΑΥΤΟΚΡΑΤΩΡ. Staatsrechtliche Studien zur griechischen Geschichte des 5. und 4. Jahrhunderts, Diss. Leipzig 1932, 3ff.; 9f.; Dreher, 1998, 53; Hamel, 1998, 201f. Die drei *strategoi autokratores* waren untereinander gleichgestellt; s. dazu Scheele, 1932, 4.

188 Thuk. 6.40.

189 Thuk. 6.67-70; s. dazu Scheele, 1932, 23-31; Dreher, 1998, 53.

190 Thuk. 6.72,4-73,1; Diod. 13.4,1.

191 Scheele, 1932, 31f.; Dreher, 1998, 53ff.

ges die Konzentration der Macht erhalten, da die drei *strategoi autokratores* weiterhin offiziell die höchsten Amtsträger blieben. Außerdem befand sich der Oberfehl auf der sikeliotischen Seite de facto in den Händen des Spartaners Gylippos.[192] Der berühmteste Inhaber des Amtes *strategos autokrator* ist Dionysios I. gewesen. Nach der Invasion der Karthager und der Katastrophe von Akragas 406 agierte der junge Syrakusaner in der Volksversammlung gegen die bisherigen Strategen und wurde anschließend selbst in das neue Strategenkollegium gewählt. Nachdem Dionysios I. die Kriegssituation genutzt und seine Kollegen im Amt öffentlich der Soldunterschlagung und des Hochverrats bezichtigt hatte, wurden sie abgesetzt und er alleine zum *strategos autokrator* ernannt.[193]

Der Krieg und die inneren Krisen führten dazu, daß es in Athen, trotz der starken demokratischen Tradition auch nach der Einführung des Amtes des *strategos autokrator* immer wieder zu einer beträchtlichen Ansammlung von Macht und Befugnissen kam. Im Jahre 415, als die Hermenfrevel und die Profanierung der Mysterien eine innenpolitische Krise auslösten, bekam die *boulé*, welche diese Vorgänge untersuchte, Vollmachten.[194] Die Verschwörer von 411 begründeten ihre Verfassungsänderungen mit den Notwendigkeiten des Krieges und dem daraus resultierenden Bedürfnis der Konzentration der Macht im Staat.[195] Nach Thukydides soll Peisandros beantragt haben, daß der Rat der „Vierhundert" bis zur Einberufung der „Fünftausend" alle Machtbefugnisse erhält.[196] Ähnliches über die Befugnisse des Rates berichtet Aristoteles, welcher außerdem behauptet, daß den neuen Strategen ebenfalls uneingeschränkte Vollmacht erteilt werden sollte.[197] Alkibiades wurde nach seiner Rückkehr nach Athen zum ἁπάντων ἡγεμὼν αὐτοκράτωρ ernannt.[198] Theramenes wurde als bevollmächtigter Unterhändler mit neun anderen gewählten Gesandten nach Sparta geschickt, um den Frieden zu schließen.[199]

---

192 Thuk. 6.103,4; 7.25,1; 46; 50,1; 70,1; 8.26,1; 85,3; Diod. 13.13.2; 6; 34,4; 63,1; Xen. Hell. 1.1,29; 31; 2.8; vgl. W. Hüttl, Verfassungsgeschichte von Syrakus, Prag 1929, 78f. Anm. 88.

193 S. dazu Kap. VIII.1.

194 Andok. 1,15; vgl. Ostwald, 1986, 526; A. Rubel, Stadt in Angst. Religion und Politik in Athen während des Peloponnesischen Krieges, Darmstadt 2000, 183ff.; F. Graf, Der Mysterienprozeß, in: L. Burckhardt – J. v. Ungern-Sternberg (Hrsg.), Große Prozesse im antiken Athen, München 2000, 116ff.

195 Thuk. 8.53.

196 Thuk. 8.67,3-68,1; vgl. Welwei, 1999, 222f.; Ostwald, 1986, 375; 380.

197 Aristot. Athen. pol. 31,1-2; vgl. hierzu P. J. Rhodes, A Commentary on the Aristotelian Athenaion Politeia, Oxford 1981, 401f.; M. Chambers, Aristoteles, Staat der Athener, Übersetzt und erläutert von M. Chambers, Aristoteles Werke in Deutscher Übersetzung, Bd. 10, Teil 1, Berlin 1990, 290f.; Ostwald, 1986, 380f.

198 Xen. Hell. 1.4,20; Diod. 13.68,2-69,3; vgl. Welwei, 1999, 233; Ostwald, 1986, 429.

199 Xen. Hell. 2.2,16-17; vgl. Welwei, 1999, 244; Ostwald, 1986, 451f.

Lysander ist ein besonders gutes Beispiel dafür, wie der Peloponnesischen Krieg ehrgeizigen Einzelnen ermöglichte, eine außerordentlich machtvolle Position zu gewinnen.[200] Diese Entwicklung ist vor allem signifikant, weil sie sichtbar macht, daß selbst Sparta, das für seine Stabilität berühmt war und den Individualismus beschränkte[201] sowie im Unterschied zu Syrakus oder Athen im Krieg triumphierte, sich dieser Entwicklung nicht völlig widersetzen konnte. Hierbei sollte auch berücksichtigt werden, daß Lysander aus keinem der beiden königlichen Häusern stammte.

Im Gegensatz zu Brasidas, der schon vor seinem selbstständigem Kommando in Thrakien hohe staatliche Ämter bekleidete, ist die Nauarchie das erste Amt, das Lysander ausübte.[202] Seinen Aufstieg begünstigte die Tatsache, daß seinen Erfolgen immer Niederlagen seiner Kollegen vorangingen. Lysander wurde 407 in einer Situation, die für Sparta nach der Niederlage bei Kyzikos und den athenischen Erfolgen unter Alkibiades schwierig war, zum spartanischen *nauarchos* ernannt.[203] Die Lage aber verbesserte sich sehr schnell durch die Entscheidung der Perser nach der Schlacht von Kyzikos, nun den Spartanern volle Unterstützung zu geben. Die Gunst der Stunde half ihm, auch eine gute Beziehung zu Kyros dem Jüngeren aufzubauen und die Athener bei Notion zu schlagen.[204] Nach seiner regulären Ablösung durch Kallikratidas tat er alles, um dessen Position zu untergraben.[205] Nach der Niederlage des Kallikratides bei den Arginusen-Inseln wurde zwar Lysander aus formalen Gründen nicht zum zweiten Mal zum Nauarchen gewählt, da dies verboten war, statt dessen wurde er zu dessen Stellvertreter (*epistoleus*) ernannt. Faktisch aber hatte Lysander das

---

200 Auch Brasidas' Karriere ist diesbezüglich beachtenswert, obgleich in seinem Fall nicht die Rede davon sein kann, daß er in seinen Händen Macht über das übliche Maß hinaus angesammelt hat. Dennoch zeigte sein Beispiel, wie Individuen dank ihrer militärischen Erfolge eine herausragende Position erlangen konnten; vgl. Welwei, 1999, 187ff.; 190; E. Heitsch, Geschichte und Situation bei Thukydides, Stuttgart 1996, 31-54.

201 Vgl. J. E. Lendon, Spartan Honor, in: Ch. D. Hamilton – P. Krentz (Hrsg.), Polis and Polemos. Essays on Politics, War, and History in Ancient Greece in Honor of Donald Kagan, Claremont 1997, 105-126; bes. 117-126.

202 D. Lotze, Lysander und der Peloponnesische Krieg, Berlin 1964, 13. Von seinem Leben davor ist nur bekannt, daß er laut der Tradition vom Geschlecht der Herakliden abstammte, und möglicherweise *mothax* gewesen ist, weil sein Vater Aristokritos verarmt war (Plut. Lys. 2,1; 24,3; Diod. 14.13,5-6; Paus. 6.3,14; Phylarch FGrHist 81 F 43 (= Athen. 271e-f); Ael. V. H. 12,43); vgl. D. Lotze, Mothakes, Historia 11 (1962), 427-435; ders., 1964, 11f.; s. dazu auch J.-F. Bommelaer, Lysandre de Sparte. Histoire et traditions, Paris 1981, 36-38; P. Cartledge, Agesilaos and the Crisis of Sparta, London 1987, 28f.; 79.

203 Plut. Lys. 3; Xen. Hell. 1.6,1; s. dazu R. Sealey, Die spartanische Nauarchie, Klio 58 (1976), 346f.; Cartledge, 1987, 79ff.; Lotze, 1964, 13.

204 Xen. Hell. 1.5,11f.

205 Xen. Hell. 1.6,18; Plut. Lys. 6.

Oberkommando inne.[206] Der Sieg bei Aigospotamoi brachte ihn auf den Höhepunkt seiner Macht. Vielen Zeitgenossen erschien es, als hätte ein ehrgeiziger Mann den ganzen Peloponnesischen Krieg entschieden.[207]

Von Anfang an verfolgte Lysander zielstrebig seine eigenen politischen Ziele und versuchte, eine persönliche Machtbasis außerhalb Spartas auszubauen.[208] Er errichtete ein Netz von Beziehungen und pflegte besonders guten Kontakt zu Kyros d. J. Dies stärkte die Kampfkraft seiner Streitkräfte und erleichterte es, die notwendigen Maßnahmen im Kriege zu treffen. Der Konflikt mit Kallikratidas wirft aber auch ein anderes Licht auf das Motiv für diese Handlungen des Lysanders.[209] Denn die Aktionen gegen seinen Nachfolger im Amt grenzen an Hochverrat.[210] Auch der Appell der Ionier offenbart, daß es Lysander bereits während seiner Nauarchie gelungen war, ein System von Parteigängern zu errichten, die ihm persönlich verpflichtet waren.[211] Mit dem Sieg über Athen setzte Lysander jetzt überall in Ionien seine Anhänger als Harmosten ein und konstituierte Dekarchien.[212] Wie erfolgreich er seine Position ausbauen konnte, zeigt, daß er für viele Zeitgenossen der mächtigste Mann in ganz Hellas war, manche von ihnen empfanden ihn sogar als ihren Herrscher.[213]

Die Ehrungen, die Lysander am Ende des Krieges erhielt, weisen ebenfalls auf seine Sonderstellung hin. In Delphi ließ der Spartiate ein imposantes Siegesdenkmal errichten.[214] Neben Lysander waren dort noch dreißig Spartaner und Bundesgenossen durch Statuen dargestellt. Dennoch war die Sonderstellung des Lysander deutlich hervorgehoben. Sein Standbild sowie das seines Sehers und Steuermannes standen in der ersten Reihe zusammen mit den Statuen der olympischen Götter – Poseidon setzte Lysander persönlich den Siegeskranz auf das Haupt. Die Standbilder der Trierarchen befanden sich dagegen an der Rückwand

---

206 Xen. Hell. 2.1,6-7; Diod. 13.100,7-8; Plut. Lys. 7.

207 Plut. Lys. 11.

208 Cartledge, 1987, 81; 93; 151ff.; Ch. D. Hamilton, Spartan Politics and Policy 405-401 B.C., AJPh 91 (1970), 294-314; Bommelaer, 1981, 83-115.

209 Zu den Handlungen, die Lysander gegen Kallikratides unternommen hat, s. Lotze, 1964, 24.

210 Cartledge, 1987, 81f.

211 Xen. Hell. 2.1,6; vgl. Lotze, 1964, 26; Sealey, 1976, 348.

212 Plut. Lys. 13.

213 Plut. Lys. 16; Theop. FGrHist. 115 F20 (= Athen. 543b-c). Seine machtvolle Position äußert sich beispielsweise auch in dem Sachverhalt, daß Theramenes zuerst mit ihm Friedensgespräche führen wollte, und in seiner Rolle in der Errichtung des Regimes der „Dreißig"; vgl. Hamilton, 1970, 299. Charakteristisch ist auch, daß die Gesandten der „Dreißig", die in Lakedaimon um eine spartanische Garnison baten, sich zuerst an Lysander wandten; vgl. Lotze, 1964, 51.

214 Paus. 10.9,7-10; Plut. Lys. 18; vgl. Bommelaer, 1981, 7-23; Cartledge, 1987, 82ff.; Ch. D. Hamilton, Sparta's Bitter Victories. Politics and Diplomacy in the Corinthian War, Ithaca/London 1979a, 71.

der Halle.[215] Ferner durfte Lysander sich selbst auf der Basis seiner Statue als Weihenden nennen, eine Ehre, die Pausanias dem Sieger von Plataiai verweigert wurde.[216] In Samos wurden ihm als erstem lebenden Menschen sogar göttergleiche Ehren zuteil.[217] Daß es sich hier nicht einfach um einen Heroenkult handelte, beweist die Tatsache, daß das nationale Fest zu Ehren der Göttin Hera auf Lysander übertragen wurde und den Namen Lysandreia bekam. Es ist bezeugt, daß Lysander wenigstens an einem dieser Feste teilnahm, und es wurden sogar, wie bei den Tyrannen,[218] dichterische Wettkämpfe zu seinen Ehren ausgetragen.[219] Obwohl Lysander in Sparta selbst keine Ehrungen gewährt wurden, war er der erste Spartiate, der zwei Adler mit Niken weihte. Dies tat er als eine Erinnerung an seine Siege und nicht als Andenken an die militärischen Erfolge von Sparta.[220] Die Ephesier stellten eine Statue des Lysander in Artemision auf, die Samier eine weitere in Olympia.[221] Diese Ehrungen sind zweifellos ein Ausdruck seines Ansehens, aber auch seiner machtpolitischen Ambitionen.[222]

Ein Beleg für die machtvolle Position des Lysander ist auch, daß er 404/403 zum zweiten Mal zum *epistoleus* designiert wurde, während sein Bruder Lybis zum Nauarchen gewählt wurde.[223] Lysander erreichte sogar, daß er zum Harmosten von Athen ernannt wurde und zusammen mit seinem Bruder an der Spitze eines Verbandes nach Athen geschickt wurde, um gegen die Demokraten zu intervenieren.

Wenn manche führenden Männer in Sparta Brasidas beneideten und mißtrauten, ist es nicht verwunderlich, daß Lysander, dessen Erfolge und Macht Brasidas bei weitem übertrafen, das gleiche Schicksal ereilte.[224] Für kurze Zeit im Frühjahr 403 wandten sich beide Könige gegen Lysander, sogar Agis II. war gegen ihn, obwohl er Lysander früher unterstützt hatte.[225] Pausanias erreichte mit Unterstützung der Ephoren, daß sich die Angelegenheiten in Athen anders

---

215 In diesem Siegesmonument kann man aber keine Angleichung Lysanders an die Götter sehen; vgl. Chr. Habicht, Gottmenschentum und griechische Städte, München 1956, 6; Cartledge, 1987, 83; Lotze, 1964, 56f.

216 Lotze, 1964, 56.

217 Plut. Lys. 18; Paus. 6.3,14-15; vgl. Habicht, 1956, 3-7; Cartledge, 1987, 83; D. M. Lewis, Sparta as Victor, CAH VI^2, 1994a, 29; Hamilton, 1979a, 70.

218 Auf diese Möglichkeit verweist D. Lotze, 1964, 56.

219 Plut. Lys. 18.

220 Paus. 3.17,4; vgl. Cartledge, 1987, 82f.

221 Paus. 6.3,14-15; vgl. Habicht, 1956, 6f.

222 Vgl. Cartledge, 1987, 84ff.; Bommelaer, 1981, 25-53.

223 Xen. Hell. 2.4,28; Diod. 14.13,6.

224 Ch. D. Hamilton, On the Perils of Extraordinary Honors: The Cases of Lysander and Conon, AncW 2 (1979b), 87-89; ders., 1979a, 79f.; 85; ders., 1970, 304; 306; 308; W. E. Thompson, Observations on Spartan Politics, RSA 3-4 (1973-4), 47; 52; 54; R. E. Smith, Lysander and the Spartan Empire, Cph 43 (1948), 153.

225 Plut. Lys. 21; vgl. E. David, Sparta Between Empire and Revolution (404-243 B.C.), 1981, 10f.; Cartledge, 1987, 29; 79; Welwei, 1999, 252.

entwickelten, als Lysander es sich erhoffte. Lysander überwand jedoch diese Niederlage schnell, wie der Prozeß gegen König Pausanias beweist.[226] Wie groß Lysanders Einfluß auch in der darauffolgender Zeit blieb, unterstreicht die Tatsache, daß er eine maßgebende Rolle bei der Wahl des Agesilaos zum Nachfolger des Königs Agis II. spielte.[227] Daß er trotzdem in Kleinasien im Jahre 396 mit Agesilaos, welcher früher sein *eromenes* gewesen war,[228] in einen ernsten Konflikt geriet, ist ein weiterer Beleg für seine Macht.[229]

Die Frage, ob Lysander tatsächlich ein Wahlkönigtum einzuführen beabsichtigte, läßt sich nicht eindeutig beantworten.[230] Denn er verfügte, wie es scheint, über genügend Ehrgeiz, um dies zu versuchen.[231] Andererseits sind die Nachrichten über Lysanders Pläne zur Änderung der Verfassung aller Wahrscheinlichkeit nach ein Gerücht, welches von seinen politischen Feinden verbreitet wurde, um ihn zu diffamieren.[232]

---

226 Lewis, 1994a, 40f.; vgl. auch Bommelaer, 1981, 173-197; Hamilton, 1979a, 87.

227 Plut. Lys. 22; Ages. 3; Xen. Hell. 3.3,1-4; vgl. Smith, 1948, 154; Cartledge, 1987, 112f.; Lotze, 1964, 14; Lewis, 1994a, 42f.; Hamilton, 1979a, 121-124; David, 1981, 12.

228 Plut. Lys. 22,3; Ages. 2,1; s. dazu Lotze, 1964, 12.

229 Plut. Lys. 23,5-10; Ages. 7-8; Xen. Hell. 3.4,7-10; vgl. hierzu Cartledge, 1987, 151ff.; Lewis, 1994a, 44; Hamilton, 1979a, 134; David, 1981, 21.

230 Diod. 14.13,2-8; Plut. Lys. 24; 26; 30; Ages. 20. Dies vermuten Cartledge, 1987, 93-98; Berve, 1967, 213f.; David, 1981, 13f.; 17; Bommelaer, 1981, 160; 170; 185-192; 227-234; J. G. DeVoto, Agesilaos II and the Politics of Sparta, 404-377 B.C., Diss. Chicago 1982, 35; Hamilton, 1970, 311; ders., 1979a, 89-97, und P. Oliva, Politische Praxis und Theorie in Sparta, in: W. Schuller (Hrsg.), Politische Theorie und Praxis im Altertum, Darmstadt 1998, 36f. D. Lotze, 1964, 69-71 ist der Ansicht, Lysander habe sich während seiner Amtzeit stets loyal gegenüber dem spartanischen Staat verhalten. Vielleicht hätte sich dies anders entwickelt, wäre er länger im Amt geblieben; vgl. auch W. K. Prentice, The Character of Lysander, AJA 38 (1934), 39-42.

231 D. M. Lewis, 1994a, 44 Anm. 87 vertritt die Meinung, daß Lysander mit diesem Gedanken gespielt habe. Ob er ernsthaft einen derartigen Plan verfolgte, müsse jedoch unbeantwortet bleiben.

232 K.-W. Welwei, Lysandros (1), DNP 7, 1999, Sp. 597.

5. Die indirekten Auswirkungen des Krieges

Der Krieg begünstigte die Entstehung von Willkürherrschaften nicht nur durch die Kriegsrechtverletzungen und die Staseis. Auch andere Charakteristiken und Folgen des Krieges, wie z. B. Belagerung, Verlust der Nächsten, Seuchen, Hungersnot und materielle Verluste konnten zu ernsthaften sozialpolitischen Konsequenzen führen. Denn sie lösten bei den Bürgern häufig Unsicherheit, Ohnmacht, Resignation, Angst und Wut aus. Zum einen untergruben diese die Solidarität der Gemeinschaft und den Glauben an die traditionellen Werte und förderten den Egoismus.[233] Zum anderen konnten diese Emotionen generell, aber insbesondere, wenn sie durch ein weiteres Merkmal des Krieges, nämlich unverhofftes und unerwartetes Eintreten folgenschwerer Ereignisse, oft weitreichende Auswirkungen auf die innere Stabilität einer Polis haben.[234] Denn in diesen Momenten wurde das Verhalten der Massen nicht selten stark von diesen Gefühlen geleitet, wodurch die Bürger anfälliger für Demagogie und Intrigen wurden. Dies erleichterte es wiederum Individuen bzw. Gruppen, mit politischen Feinden abzurechnen oder einen Staatsstreich zu organisieren und durchzuführen.

Im letzten Drittel des 5. Jh.s kann man diesen Sachverhalt des öfteren in verschiedenen Teilen der griechischen Welt beobachten. Das Wüten der Pestepidemie im Jahre 430 trug in beträchtlichem Maße dazu bei, daß es bei den Athenern zu einem Stimmungswandel kam. Zahlreiche Mitbürger des Perikles gaben diesem die Schuld am Ausbruch des Konfliktes und an der schlechten Situation, in der sich Athen zu diesem Zeitpunkt befand. Perikles gelang es auch nicht zu verhindern, daß die Ekklesia eine Friedensgesandtschaft nach Sparta entsandte. Schließlich wurde ein Prozeß gegen Perikles eingeleitet, und man enthob ihn seines Amtes, nachdem er etwa eineinhalb Jahrzehnte Jahr für Jahr zum Strategen gewählt worden war.[235] Ein wesentlicher Faktor dafür, daß die Anschuldigungen gegen Alkibiades vom Demos als fundiert empfunden wurden, war nicht nur dessen Ruf, sondern vor allem die Atmosphäre der Angst, die in breiten Schichten der Bevölkerung herrschte. Der Anlaß hierfür war, daß es fast gleichzeitig mit dem Anfang des größten militärischen Unternehmens auch zu größten Freveln kam, weshalb sich die damalige Lage mit einer schwierigen Kriegssituation vergleichen läßt.[236] Schließlich demonstriert der Arginusenprozeß im Jahre 406, welche schwerwiegende Konsequenzen der Schmerz und die Wut der Verwandten der Schiffsbrüchigen und Gefallenen, die wegen eines heftigen Sturmes nicht geborgen werden konnten, haben konnten. Die siegrei-

233 Vgl. Pouncey, 1980, XII.
234 Vgl. Kecmanovic, 2002, 47-48.
235 Thuk. 2.48-53; 59; 65,3; Diod. 12.45,4; Plut. 35; vgl. Welwei, 1999, 161f.
236 S. Kap. V.

chen Feldherren wurden unter Nichtbeachtung von Verfahrensprinzipien zum Tode verurteilt.[237]

Die Ereignisse auf Sizilien während der Kämpfe gegen Athen und Karthago zeigen gleichermaßen, daß dort die Nervosität der Massen in Kriegszeiten leicht dazu führen konnte, daß Diffamierungen ernst genommen und Politiker wegen vermeintlichem Verrat oder Umsturzplänen verurteilt wurden.[238] Bezeichnenderweise argumentiert Athenagoras in seiner Rede gegen die Wahrscheinlichkeit, daß es zu einer athenischen militärischen Intervention kommt, indem er auch behauptet, diejenigen, die dieses Gerücht verbreiten würden, hofften hierdurch die Mitbürger in Angst zu versetzen, um auf diese Weise die eigenen Umsturzpläne zu verdecken.[239] Als die Athener Syrakus belagerten und Erfolge wie z. B. die Besetzung der strategisch wichtigen Höhe Epipolai verzeichneten, glaubten viele Syrakusaner, eine Niederlage sei unvermeidlich. Gleichzeitig verbreitete sich Mißtrauen unter den Bürgern der Stadt, und die amtierenden Strategen wurden abgesetzt.[240] Im Jahre 408 organisierte Hermokrates die feierliche Überführung der sterblichen Überreste der im Kampf bei Himera gefallenen syrakusanischen Soldaten nach Syrakus zur offiziellen Beisetzung. Als Diokles im Widerspruch zur allgemeinen Stimmung sich der Bestattung widersetzte, wurde er verbannt, obwohl er zu diesem Zeitpunkt der einflußreichste Politiker war. In Akragas wurden 406 aufgrund eines Gerüchtes vier Strategen ohne Gerichtsverfahren von der aufgebrachten Menge zu Tode gesteinigt. Dionysios I., der die Ängste seiner Mitbürger erfolgreich zu Nutzen wußte, um an die Macht zu gelangen, ist ein hervorragendes Beispiel dafür, wie es in kritischen Situationen Individuen bzw. Gruppen gelang, die Gefühle der Masse zu manipulieren, um ihre Ziele durchzusetzen.

Die Bedeutung und der schwerwiegende Effekt der indirekten Auswirkungen des Krieges wird auch von den zeitgenössischen Autoren durchgängig akzentuiert. Auf die Wechselhaftigkeit und Ungewißheit als eine der wesentli-

---

237 Xen. Hell. 1.6,34-35; 7; Diod. 13.100,1-5; 101-102. Ausführlich hierzu L. Burckhardt, Eine Demokratie wohl, aber kein Rechtstaat? Der Arginusenprozeß des Jahres 406 v. Chr., in: L. Burckhardt – J. v. Ungern-Sternberg (Hrsg.), Große Prozesse im antiken Athen, München 2000, 128-143; bes. 137; R. A. Baumann, Political Trials in Ancient Greece, London/New York 1990, 69-76. Zu der religiösen Dimension des Arginusenprozesses s. Rubel, 2000, 307-341. K.-W. Welwei, 1999, 236-240; bes. 239 verweist darauf, daß die Verstöße auf den Stand der damaligen Rechtspflege in Athen und auf die Erregung der Massen zurückzuführen seien.

238 Ausführlicher hierzu in den Kap. VII und VIII. Den gleichen Effekt hat der Krieg in Syrakus auch in früheren Zeiten gehabt. Im Jahre 453 wurde der Stratege Phayllos nach einem Feldzug gegen Elba wegen angeblichem Verrat verbannt (Diod 11.88,4-5). Der Stratege Bolkon wurde wegen einer Niederlage 451 gegen Duketios als Verräter hingerichtet (Diod 11.92,2).

239 Thuk. 6.36-40.

240 Thuk. 6.103,3-4.

chen Eigenschaften des Krieges weist Thukydides vor und nach dem Ausbruch der Feindseligkeiten zwischen Athen und Sparta ständig hin. Dieses Charakteristikum wird in den Reden des Perikles, der Athener, des Archidamos II. und der Korinther in Sparta, des Hermokrates in Kamarina, und des Nikias vor der Sizilischen Expedition hervorgehoben.[241] Daß Staatsmänner, die vom Autor positiv eingeschätzt werden, wie Perikles, Archidamos II. und Hermokrates, vor den Unwägbarkeiten des Krieges warnen, unterstreicht zusätzlich die Relevanz dieses Sachverhaltes.

Thukydides thematisiert diese Unvorhersehbarkeit und Unbeständigkeit auch in der Schilderung wichtiger Kriegsereignisse.[242] Seine Beschreibung der Kämpfe um Pylos ist hierfür ein exzellentes Beispiel.[243] Diese Merkmale des Krieges werden in der Schilderung der Sizilischen Expedition noch stärker hervorgehoben.[244] Die Superlative und Kontraste,[245] die Thukydides in seiner Dar-

241 Thuk. 1.140,1; 78,1-4; 80,1; 82,6; 120,4-5; 122,1; 4.62; 6.9,2-3; s. Schneider, 1974, 95f.

242 Vgl. C. W. Macleod, Thucydides and Tragedy, in: ders., Collected Essays, Oxford 1983a, 141ff.; S. Flory, The Death of Thucydides and the Motif of 'Land on Sea', in: R. M. Rosen – J. Farrell (Hrsg.), Nomodeiktes. Greek Studies in Honor of Martin Ostwald, Ann Arbor 1993, 119ff.; Grant, 1974, 86ff.; J. H. Finley, Three Essays on Thucydides, Cambridge (Massachusetts) 1967, 140ff.; Pouncey, 1980, 16.

243 Der athenische Stratege Phormion habe bei Naupaktos einen spektakulären Sieg über zahlenmäßig weit überlegene Feinde dank eines an der Schlacht unbeteiligten Schiffes errungen, welches zufälligerweise auf hoher See geankert habe (Thuk. 2.91,3). Demosthenes' Vorhaben, bei Pylos ein Bollwerk zu errichten, habe erst ein Sturm ermöglicht, der die athenischen Streitkräfte gezwungen habe, dort an Land zu gehen (Thuk. 4.3). Die Wechselhaftigkeit des Krieges äußerte sich laut Thukydides bei Pylos auch darin, daß sich die Rollen zwischen den Spartanern und Athenern vertauscht hätten. Die Spartaner hätten von der See her ihre eigene Heimat angegriffen, während die Athener nun in Lakedaimon zu Lande gekämpft hätten (Thuk. 4.12,3); vgl. hierzu S. Hornblower, A Commentary on Thucydides, Bd. 2, Oxford 1996, 166f.; H.-P. Stahl, Thukydides. Die Stellung des Menschen im geschichtlichen Prozeß, München 1966, 140-154; Finley, 1967, 145ff.; H. Erbse, Thukydides-Interpretationen, Berlin/New York 1989, 160ff.; Macleod, 1983a, 141ff.; Flory, 1993, 119ff.; Heitsch, 1996, 14; T. Rood, Thucydides. Narrative and Explanation, Oxford 1998, 24-57; bes. 38f. In 4.55 beschreibt Thukydides ausführlich den Schock und die Not, die der athenische Triumph bei Pylos, die Gefangennahme der Spartiaten auf Sphakteria und die Besetzung der Insel bei den Spartanern ausgelöst haben; s. hierzu Hornblower, 1996, 218; Heitsch, 1996, 28.

244 Vgl. Finley, 1967, 145-149; 151; Hunter, 1973, 107-122; W. R. Connor, Thucydides, Princeton 1984, 185-209; S. Hornblower, The Greek World 479-323 B.C., London/New York 1991²b, 141ff.; Rood, 1998, 199.

245 Das athenische Expeditionskorps sei bis zu dieser Zeit die mächtigste griechische Streitmacht gewesen (Thuk. 6.31); vgl. HCT IV, 291-296. Zudem sei dieser Feldzug die größte militärische Operation der hellenischen Geschichte gewesen. Der Kampf habe für die Syrakusaner höchsten Ruhm bedeutet, während er für die Athener tiefstes Leid gebracht habe (Thuk. 7.87,5; vgl. auch 6.43-44; 7.42,1-2; 56-58). Das sizilische Unternehmen habe allen Hellenen entgegen ihren Erwartungen demonstriert, daß die Athener

stellung des Feldzuges anwendet, weisen deutlich darauf hin.[246] Diese Unwägbarkeiten des Krieges werden von Thukydides nach der Niederlage athenischer Truppen in dem letzten Kampf im großen Hafen von Syrakus, und nachdem diese den Rückzug angetreten hatten, noch direkter und expliziter angesprochen.[247] Der athenische Historiker vergleicht den demoralisierenden Effekt des Debakels auf die Athener mit den Auswirkungen, die Pylos auf die Spartaner hatte.[248] Er kommentiert, noch nie zuvor habe ein hellenisches Heer einen größeren Umschwung erleiden müssen. Die Größe dieses Wandels akzentuiert Thukydides auch durch die Bemerkung, die Streitmacht, die gekommen sei, um andere zu unterjochen, sei nun von Syrakus in der Angst abgezogen, selbst dieses Schicksal erleiden zu müssen. Zudem hätten die Athener den Rückmarsch zu Fuß statt per Schiff antreten müssen.[249] Thukydides' Beschreibung der athenischen Armee in diesen Momenten ähnelt stark seiner Darstellung der Athener im Pestexkurs.[250] Jede Art von Solidarität und Freundschaft ging verloren, Verwundete, Sterbende und Tote wurden zurückgelassen.[251] Interessanterweise wird von Thukydides an dieser Stelle die verzweifelte Lage, in der sich die Athener befanden, mit der Situation von Einwohnern, die aus einer eroberten Stadt fliehen, verglichen.[252] Beim Fluß Assinaros erreichte diese Situation ihren Höhe-

---

im Stande seien, zwei Kriege zu führen (Thuk. 7.28,3). Die Nachricht von der Niederlage habe in Athen Unglauben und tiefste Bestürzung ausgelöst (Thuk. 8.1-2). Die Syrakusaner hätten bereits mit den Athenern über eine Kapitulation verhandeln wollen. Dies sei jedoch im letzten Moment durch das Eintreffen des Korinthers Gongylos verhindert worden. Der Eindruck der Unwägbarkeit des Krieges wird an dieser Stelle zusätzlich durch Thukydides' Feststellung bestärkt, Gongylos sei, obwohl sein Schiff als letztes von allen korinthischen ausgefahren war, als erster in Syrakus angekommen (Thuk. 6.103,3-4; 7.2,1-3). Wenig später schreibt Nikias in einem Brief an die athenische Ekklesia, die Situation hätte sich dramatisch zugunsten der Sikelioten und Peloponnesier gewendet. Die Athener seien jetzt faktisch die Belagerten und auch zur See hätten die Feinde die Übermacht (Thuk. 7.10-15); vgl. Rood, 1998, 171ff.; Connor, 1984, 188f. Vor der letzten Seeschlacht habe Nikias in seiner Ansprache an seine Landsleute eindringlich vor den schwerwiegenden Folgen eines Mißerfolges gewarnt, und zeitgleich die Athener daran erinnert, mit welcher Gesinnung sie aufgebrochen seien (Thuk. 6.64,1-2). Auf dem Rückmarsch ins Landesinneren hätten die geschlagenen Athener ihre Lage als unerträglich empfunden, insbesondere bei der Erinnerung an den Glanz und Prunk mit dem Flotte ausgefahren war (Thuk. 7.75,6).

246 Vgl. Hornblower, 1991²b, 141ff.; Rood, 1998, 199.

247 Thuk. 7.59-71.

248 Thuk. 7.71,7; vgl. Finley, 1967, 145ff.; Hunter, 1973, 118ff.; Macleod, 1983a, 141ff.; Connor, 1984, 197; Flory, 1993, 119ff.

249 Thuk. 7.75,7; vgl. Flory, 1993, 121; Rood, 1998, 199.

250 Vgl. J. W. Allison, Word and Concept in Thucydides, Atlanta (Georgia) 1997, 128f.; Pouncey, 1980, 35; Connor, 1984, 204.

251 Thuk. 7.75,2-5.

252 Thuk. 7.75,5. Auch Nikias vergleicht die athenischen Truppen mit einer Stadt. Einmal in seiner Rede vor der letzten Seeschlacht und zweimal in seiner Ansprache an die Solda-

punkt, und die Gemeinschaft brach infolge der drückenden Not völlig zusammen. Die Athener tranken das Wasser aus dem Fluß, ohne dabei Rücksicht darauf zunehmen, daß der Fluß blutig von ihren toten Kameraden war, welche entweder von ihnen selbst bei der Flucht zu Tode getrampelt wurden oder durch die Geschosse der Syrakusaner starben.[253]

Daß extreme Umstände und das Erlebnis der Wechselhaftigkeit des Geschehens sowohl das Gefühl der Unsicherheit und Machtlosigkeit als auch den Egoismus fördern, wird auch in Thukydides' Pestdarstellung erkennbar.[254] Thukydides' Bericht ist diesbezüglich wichtig, weil er allem Anschein nach nicht nur zeigt, wie demoralisierend die Seuche an sich wirkte, sondern auch, welch verheerende Wirkung der Druck der extremen Kriegsumstände auf das gesellschaftliche Gefüge generell haben konnte.[255] Aus diesem Grund könnte der Pest-

---

ten vor dem Rückmarsch (Thuk. 7.64,2; 77,4; 7). Bezeichnenderweise sagt Athenagoras in seiner Rede, als er von der Wahrscheinlichkeit eines Krieges und von der Beschaffenheit einer athenischen Invasionsarmee spricht (Thuk. 6.37,2): „*So daß ich ganz im Gegenteil glaube, selbst wenn sie eine Stadt so groß wie ein zweites Syrakus mitbrächten und in unserer Nachbarschaft aufbauten, um von da aus den Krieg zu führen, sie würden mit Mühe der völligen Vernichtung entgehen* [...]." (Übers.: G. P. Landmann). Zu diesem Vergleich des Thukydides vgl. auch Diodors Schilderung der Räumung von Akragas und insbesondere die Evakuierung von Gela und Kamarina (Diod. 13.91,1; 111,1-3).

253 Thuk. 7.84,2-5

254 Thuk. 2.47-55; vgl. H. Herter, Thukydides und Demokrit über Tyche, WS 89 (1976), 109ff. Zu den verschiedenen Studien und Deutungsversuchen betreffend der medizinischen Natur dieser Krankheit, s. K.-H. Leven, Thukydides und die „Pest" in Athen, MHJ 26 (1991), 128-160; bes. 137-144; Hornblower, 1991a, 316ff. Bezüglich der demographischen Folgen der Epidemie s. Welwei, 1999, 160; Leven, 1991, 144ff. Zu dem religiösen Aspekt der Pestepisode s. Rubel, 2000, 120-156.

255 Die Epidemie war, da sie schon vorher in weiten Teilen von Afrika und Asien wütete, kein direktes Resultat des Konflikts zwischen Athen und Sparta (Thuk. 2.47,3; 48,1). Daß dennoch viele Athener glaubten, zwischen dem Peloponnesischen Krieg und der Krankheit würde eine direkte Verbindung bestehen, bestätigt Thukydides, als er von drei Prophezeiungen berichtet, die zu dieser Zeit in der Stadt kursierten. Die Menge interpretierte diese Weissagungen als Beleg dafür, daß die Krankheit eine Folge des Konflikts sei (Thuk. 2.17,1-3; 54,2-5); s. dazu Rubel, 2000, 135ff.; Leven, 1991, 149f. Diese Überzeugung kommt auch in der Anschuldigung zum Ausdruck, die im Volk gegen Perikles erhoben wurde, dieser habe sie in den Krieg gestürzt und sei Schuld an all dem Unglück, den Verwüstungen und der Pest, welche sie traf (Thuk. 2.59,1-2); vgl. J. W. Allison, Pericles' Policy and the Plague, Historia 32 (1983), 14-23. Auch wenn Thukydides diese Meinung seiner Mitbürger nicht teilte und obgleich den Zeitgenossen die Beziehung zwischen dem Seuchenausbruch und der Ansammlung von großen Menschenmassen vermutlich nicht bekannt war, erscheint es trotzdem als wahrscheinlich, daß der athenische Historiker die schlimmen Auswirkungen der Epidemie mit dem Krieg in Verbindung bringt; vgl. Leven, 1991, 133f.; 151; J. Bellemore – I. M. Plant, Thucydides, Rhetoric and the Plague in Athens, Athenaeum (1994), 394; Rubel, 2000, 147; anders A. J. Holladay – J. C. F. Poole, Thucydides and the Plague of Athens, CQ

exkurs durchaus für das Verständnis der indirekten Auswirkungen des Krieges relevant sein. Dafür spricht auch die in der modernen Literatur des öfteren geäußerte Meinung, zwischen der *,Pathologie des Krieges'* und der Darstellung der Seuche seien Parallelen in der Struktur und in den Folgen feststellbar.[256]

---

73 (1979), 297-300; Erbse, 1989, 141; Hornblower, 1991a, 327. Denn in seiner Pestbeschreibung steht einerseits der durch diese Krankheit verursachte dramatische Verfall der Moral im Mittelpunkt des Interesses, andererseits betont er aber an den zentralen Stellen die Bedeutung der Wechselwirkung zwischen der schwierigen Lage der „Flüchtlinge", der Zerstörung von Landstrichen und der Seuche (Thuk. 2.17,1-3; 52,1-3; 54,1); vgl. Stahl, 1966, 80; Macleod, 1979, 59; Hornblower, 1991a, 62f. Die Invasionen der Peloponnesier zwangen nämlich die Athener, die gesamte Bevölkerung von Attika hinter die Stadtmauern zu evakuieren. Thukydides' ausführliche Beschreibung der schweren Lebensbedingungen der Flüchtlinge und die heftige Reaktion vieler Athener auf den ersten Einfall der Peloponnesier in Attika deuten darauf hin, daß die politische Lage in Athen bereits vor dem Ausbruch der Krankheit prekär war (Thuk. 2.16-17; 21-22,1); vgl. Welwei, 1999, 158. Diese bereits an sich schlimme Situation entwickelte sich allerdings erst mit der Pest zu einer Katastrophe; s. dazu Thuk. 2.53,1 und den Kommentar von S. Hornblower, 1991a, 326 zu dieser Stelle; vgl. auch Stahl, 1966, 78ff.; Bellemore – Plant, 1994, 391f. Demnach entstand, wie es scheint, erst durch die gemeinsame Wirkung dieser Faktoren eine Lage, die laut dem Historiker die Grenzen der menschlichen Natur überstieg (Thuk. 2.50,1); vgl. Pouncey, 1980, 33f.; Price, 2001, 28f.; de Romilly, 1992, 134f.; Ober, 1998, 68. Dieses folgenschwere Zusammenwirken wird sowohl in der Anschuldigung des Perikles als auch in der letzten Rede des großen athenischen Staatsmannes konstatiert (Thuk. 2.59,1-2; 64,1; s. auch 2.62,1; 3; 65,2). Aus diesen Gründen zeigt Thukydides' Pestexkurs auch, welch destruktive Wirkung der Druck extremer Kriegsbedingungen auf die gesellschaftliche Struktur generell haben konnte; vgl. A. Parry, The Language of Thucydides' Description of the Plague, BICS 16 (1969), 115f.; H. R. Immerwahr, Pathology of Power and the Speeches in Thucydides, in: P. A. Stadter (Hrsg.), The Speeches in Thucydides, Chapel Hill 1973, 25; Finley, 1967, 159; Allison, 1983, 14-23; ders., 1997, 66; Bellemore – Plant, 1994, 386; 392; 401; Leven, 1991, 155f.

256 Vgl. Pouncey, 1980, 33; Connor 1984, 99ff.; C. Orwin, Stasis and Plague: Thucydides on the Dissolution of Society, Journal of Politics 50 (1988), 831-847; Finley, 1967, 159f.; Levin, 1991, 155f.; Price, 2001, 28f.; s. auch C. N. Cochrane, Thucydides and the Science of History, New York 1965, 134f. Dies bedeutet nicht, daß keine Unterschiede zwischen den beiden Phänomenen bestehen würden. K.-W. Welwei, 1975, 22 weist darauf hin, daß die im Stasiskapitel beschriebene „moralische Dekomposition" die Folge der Perversion des Machtwillens sei, während die im Pestbericht dargestellten Auswirkungen auf die Unbilden des Krieges zurückzuführen seien. J. J. Price, 2001, 29 macht darauf aufmerksam, daß die Pest dazu führe, daß alle sozialen Normen und Verbindungen aufhören zu existieren. Im Falle der Stasis allerdings bestünden diese weiterhin, nur würde sich deren Bedeutung und Rolle dramatisch verändern. Zu den Ähnlichkeiten des Pestexkurses und der Schilderung des athenischen Rückzuges auf Sizilien nach der endgültigen Niederlage, vgl. Pouncey, 1980, 35; Connor, 1984, 204; Allison, 1997, 128f. Thukydides' Schilderung der verheerenden Auswirkungen der Seuche auf die Gemeinschaft ist auch ein Kontrastbild zu Perikles' Gefallenenrede; vgl. Allison, 1983,

Thukydides schildert in seinem Bericht ausführlich, welche katastrophale soziale Auswirkung das Massensterben in Athen hatte. Die Ungewißheit der Athener, ob sie die Seuche überleben würden, und das Gefühl der Machtlosigkeit ihr gegenüber, führten zu einem Zerfall der gesellschaftlichen Grundwerte. Die Menschen wurden gegenüber dem Gesetz und dem Erlaubten indifferent. Die meisten von ihnen interessierten sich nur für ihre momentane Leidenschaft und Lust. Anstand und Ehre wurden mißachtet, und viele Athener ließen sich nicht mehr durch die Furcht vor den Göttern oder durch das Menschengesetz bändigen. Die Bestattungsriten verwilderten, und die Toten wurden oft ohne Rücksicht auf das erforderliche Ritual beerdigt.[257] Perikles' letzte Rede spiegelt ebenso wider, daß durch die Pest die Pole, an denen sich das gemeinschaftliche Leben bis dahin richtete, ihre Gültigkeit verloren haben und es zu einer „Atomisierung" der Gesellschaft kam.[258] In seiner Rede appelliert er an den Gemeinschaftssinn der Athener und gegen Resignation und Egoismus. Aufschlußreich hierbei ist auch, daß Perikles betont, die Seuche habe auf die Menschen zusätzlich demoralisierend gewirkt, weil diese unerwartet und unvorhersehbar eingetreten wäre. Deswegen sei ihr niederschmetternder Effekt auf die Moral um so stärker gewesen.[259]

Bei Thukydides gibt es keine weiteren Berichte wie den Pestexkurs, die den indirekten Druck des Krieges auf die Gemeinschaft reflektieren. Trotzdem kann man vermutlich davon ausgehen, daß auch in anderen Teilen der griechischen Welt und in anderen Poleis durchaus ähnliche Situationen eintreten konnten, insbesondere, wenn man bedenkt, daß nicht selten auch in anderen Poleis infolge des Krieges die Bevölkerung unter schwersten Bedingungen leben mußte. In Poteidaia soll es z. B. nach Thukydides aufgrund der Belagerung im Winter 429 zu Fällen von Kannibalismus gekommen sein.[260]

Bei Euripides werden die Schrecken des Krieges auf ähnliche Weise beschrieben, aber er schildert sie mehr auf einer individuellen Ebene, indem er die Konsequenzen nennt, die dieser für einzelne Menschen mit sich brachte.[261] Insofern ergänzt er Thukydides. Euripides beschreibt, welch tiefe Erschütterung der Tod der Liebsten für die betroffenen Menschen war. Daher überrascht es nicht, daß eines der wichtigsten Motive in der Tragödie die *,Hiketiden'* die Trauer um

---

14ff.; P. J. Rhodes, Thucydides History II, Warminster 1988, 231f.; Leven, 1991, 153ff.; Welwei, 1999, 160.

257 Thuk. 2.52,2-4; 53.

258 Thuk. 2.60-64.

259 Thuk. 2.61,2-3; 64,1.

260 Thuk. 2.70,1; vgl. Price, 2001, 216 mit Anm. 21.

261 Die Ungewißheit und Unbeständigkeit des Lebens, die Resultate des Krieges sind, findet man in jedem Stück des Euripides, welches sich mit diesem Thema auseinadersetzt: Eurip. Hec. 55-58; 282-285; 488-498; 623-628; 809-823; 957-960; Tro. 508-510; 677-683; 686-696; Hel. 36-48; 704-719; 11344-1164; Andr. 96-102; 461-465; Suppl. 269-270; 329-331; 547-558; 734-750.

die Gefallenen ist.[262] Der athenische Dichter stellt in diesem Drama eindrucksvoll das ganze Leiden der Mütter dar:[263]

> Des Landes Krone. Doch wehe,
> Ohne der Mütter Glück
> Altern wir elend dahin.
> Man zählt uns nicht zu den Toten,
> Nicht zu den Lebenden:
> Fernweg von beiden
> Stieß uns das Schicksal.

In den *,Phoinikerinnen'*, der *,Hekabe'* und den *,Troerinnen'* finden wir eine ähnliche Reaktion der Menschen auf die Schrecken des Krieges.[264] Die Hekabe resümiert in dem gleichnamigen Stück ihren Schmerz mit den Worten:[265]

> Wir sanken in das Nichts mit unserem Stolz.
> Da prahlt der eine noch mit seinem Gold,
> Der andre mit der Huldigung des Volks:
> Dahinter nichts, nur Träume des Gehirns
> Und leere Worte. Höchstes Glück besitzt,
> Wer glimpflich seinen Alltag übersteht.

In den *,Troerinnen'* veranschaulicht Hekabe dies noch besser mit der Schiffsmetapher, welches bei den Griechen in der Regel ein Sinnbild für den Staat war und mit wem sie jetzt ihre Lage vergleicht:[266]

> Noch nie betrat mein Fuß ein Schiff, doch sah
> Ich Bilder, hörte mancherlei Bericht.
> Die Schiffer, wenn der Sturm erträglich ist,
> Tun alles, sich zu helfen aus der Not:
> Der packt das Steuer, der die Segel, der
> Schöpft Wasser aus. Doch wenn die wilde See
> Zum Gipfel steigt, so fügt man sich ins Los
> Und gibt das Schiff dem Sturz der Wogen preis.

---

262 Es trauern Freunde, Mütter um ihre Söhne; eine Frau begeht Selbstmord nach dem Tod ihres Gemahls, der Vater trauert um den Sohn, und der Knabe um seinen toten Vater (Eurip. Suppl. 774ff.; 785-836; 955-979; 990-1030; 1069; 1087ff.; 1113-1164).

263 Eurip. Suppl. 965-970 (Übers.: E. Buschor).

264 In den *,Phoinikerinnen'* begeht Iokaste, die Mutter von Eteokles und Polyneikes, Selbstmord (Eurip. Phoen. 1455ff.) In der Tragödie *,Hekabe'* bemitleidet der Chor der gefangenen Troerinnen die lakonischen Mütter (Eurip. Hec. 651ff.). Der Herold der Griechen, Talthybios, der nur das Schicksal und das Leiden der Hekabe sieht, stellt die Herrschaft des Zeus in Frage und wünscht für sich selbst lieber den Tod als solch ein Los (Eurip. Hec. 488-498).

265 Eurip. Hec. 623-628 (Übers.: E. Buschor).

266 Eurip. Tro. 686-696 (Übers.: E. Buschor).

> So haben mich die Berge meines Leids
> Verstummt, und lautlos treibe ich dahin,
> Das Opfer dieser gottgesandten Flut.

Die Resignation in diesen beiden Zitaten erinnert besonders stark an die Machtlosigkeit und die Ungewißheit, die als Folge der Pest entstehen und bei Thukydides zur Sittenlosigkeit führten.

Auch in den Werken des Aristophanes ist die verherrende Wirkung des Krieges auf die Menschen und deren Gemeinschaft ein sehr präsentes Thema.[267] In den Komödien erscheint der Krieg als unbeherrschbar, er droht alles zu zerstören, nicht nur Athen, sondern alle Staaten.[268] Der Polemos wird von Aristophanes als Mörser dargestellt, der die Poleis zermahlt, nachdem er die Göttin des Friedens in ein tiefes Loch geworfen hat.[269] Die Resignation als Folge des Krieges ist in Aristophanes' Stücken ebenfalls deutlich vernehmbar. Es resignieren nicht nur die Menschen, sondern auch die Götter, die über die Kriegslust der Menschen verärgert sind, und diese deswegen sogar verlassen haben, um ihr Geschick dem Polemos zu überlassen.[270] Ähnlich wie bei Thukydides bedroht der Krieg die Solidarität der Menschen und die Einheit des Gemeinwesens. In den *‚Acharnern'* sondert sich Dikaiopolis aus der Gemeinschaft aus, um seinen eigenen Frieden mit den Feinden zu schließen, und der Megarer verkauft an ihn aus Not seine eigenen Töchter als Ferkel.[271] In der Komödie der *‚Frieden'* sehen wir denselben Prozeß: Die Gesellschaft verliert ihre Einheit und zerfällt in mehrere Gruppen: Kriegsprofiteure, Demagogen, Generäle, Bauern und Theten, Stadt und Land, Kriegs- und Friedenshandwerker.[272]

---

267 P. v. Möllendorf, Aristophanes, Hildesheim 2002, 1-5; bes. 4f. verweist darauf, daß Aristophanes' Komödien trotz der charakteristischen Übertreibungen einen Aussagewert bezüglich der zeitgenössische Entwicklungen und Vorstellungen haben, da sie ihre Impulse aus der damaligen Lebenswirklichkeit zogen; vgl. auch Ch. Schubert, Die Macht des Volkes und die Ohnmacht des Denkens. Studien zum Verhältnis von Mentalität und Wissenschaft im 5. Jahrhundert v. Chr., Stuttgart 1993, 77f.

268 Aristoph. Ach. 978-987; Pax. 62f.; 93f.; 231ff.; 263ff.; 606-614; Lys. 567ff.

269 Aristoph. Pax. 224-234.

270 Aristoph. Pax. 105f.; 196f.; 204-221. Hermes bezweifelt sogar, daß die Menschen jemals wieder den Frieden sehen werden.

271 Aristoph. Ach. 130ff.; 287ff.; 490-499; 763-814.

272 Aristoph. Pax. 395; 500-511; 527ff.; 545-555; 632-648; 1185ff.; 1198-1214.

III. Das geistige Umfeld

Das Recht des Stärkeren ist eine der bedeutendsten und destruktivsten Theorien der Sophistik. Ihre Signifikanz für die Jüngere Tyrannis geht aus mehreren Sachverhalten hervor. Erstens ist die Alleinherrschaft das Ideal der Lehre vom Recht des Stärkeren,[1] obgleich die Lehre selbst keine notwendige Voraussetzung für die Entstehung der Jüngeren Tyrannis ist. Da die These vom Recht des Stärkeren und die Jüngere Tyrannis ungefähr zu derselben Zeit aufkommen, erscheint es aber plausibel, in der ersteren ein Indiz für die Faktoren zu sehen, die die Entstehung der letzteren begünstigt haben. Zweitens ermöglicht das Recht des Stärkeren den Willen nach Macht und die unbeschränkte Ausübung von Macht zu legitimieren, wie es Kallikles und die Athener im Melierdialog tun. Der dritte Sachverhalt bezieht sich in erster Linie auf die psychologische Ebene des Individuums. Das Recht des Stärkeren unterstützt das Gefühl der eigenen Selbstherrlichkeit und Übermacht beim ehrgeizigen Einzelnen. Desgleichen bestätigt diese Lehre mit ihrer Vorstellung, daß im politischen Leben keine andere Wirklichkeit als die des brutalen Machtwillens existiert, das Individuum in seiner Überzeugung, daß egoistisches und mitleidloses Verhalten das einzig mögliche und richtige Verhalten ist.[2] Sofern beide Tendenzen dem Willen des ehrgeizigen Einzelnen, sein Machtstreben in eine politische Realität umzuwandeln, entgegenkommen, intensivieren sie diesen Machttrieb. Demzufolge ist das Recht des Stärkeren nicht nur ein Indikator von Machtgier, sondern zugleich selbst ein Faktor, welcher dem egoistischem Machtstreben eines Individuums oder einer Gruppe zusätzliche Schwungkraft gibt. Dies kommt vornehmlich in der Tendenz zum Ausdruck, die Fiktion zur Realität zu erklären. Dies ist sowohl beim Melierdialog des Thukydides als auch bei Kallikles feststellbar. Obwohl die Athener im Melierdialog darauf bestehen, daß nur die Tatsachen in der Diskussion wichtig seien, gehen sie nicht immer von der Realität aus, sondern orientieren sich an dem Kriterium, wie diese nach dem Recht des Stärkeren sein sollte. Bei ihnen ist also das „Mögliche" des Rechts des Stärkeren zur „Wirklichkeit" geworden.[3] Das gleiche gilt für Kallikles. Die Wirkung dieser Neigung

1 Zu Polos und Kallikles s. Kap. III.5. In Hinsicht auf Thrasymachos und Glaukon s. Kap. III.6; vgl. auch DK Anon. Iambl. 402.25ff.

2 Das gleiche gilt für Gruppen.

3 H. Arendt, Elemente und Ursprünge totaler Herrschaft, München 2001[8], 885f. verweist darauf, daß man eine ähnliche Entwicklung bei den totalitären Ideologien beobachten kann. Ein vergleichbarer Prozeß ist auch bei den Wissenschaftlern in den „think thanks", die mögliche Szenarien eines „heißen" Krieges mit der Sowjetunion durcharbeiteten, erkennbar. H. Arendt, Macht und Gewalt, München 2000[14], 11: *„Der logische Fehler in diesen hypothetischen Konstruktionen möglicher zukünftiger Ereignisse ist immer der gleiche: Was zuerst – je nach dem intellektuellen Niveau mit oder ohne Berücksichtigung der implizit gegebenen Alternativen – als Hypothese erscheint, wird sehr*

äußert sich bei ihm auch dadurch, daß er im Unterschied zu Gorgias und Polos als einziger für die Argumentation des Sokrates völlig unzugänglich bleibt.

Im ersten Abschnitt dieser Studie sollen zunächst in großen Umrissen die Merkmale und Einflüsse der Sophistik skizziert werden. Im zweiten Teil wird auf die Tatsache aufmerksam gemacht, daß Elemente des Rechts des Stärkeren schon im traditionellen (vorsophistischen) Denken vorhanden sind. Der dritte Abschnitt der Untersuchung analysiert die Periode vor dem Peloponnesischen Krieg sowie die Entwicklungen dieser Zeit auf dem politischen Gebiet, die das Aufkommen des Rechts des Stärkeren begünstigten. Im vierten Teil, der sich mit dem Recht des Stärkeren bei Thukydides befaßt, wird versucht zu beweisen, daß man nur im Falle des Melierdialogs von einem voll ausgebildeten Recht des Stärkeren ausgehen kann. Der fünfte Abschnitt behandelt Kallikles und die Frage, wann seine These möglicherweise formuliert wurde und welche Faktoren diese förderten. Nachfolgend wird die These des Thrasymachos untersucht, welche Einflüsse auf sie wirkten, und ob man in ihrem Falle überhaupt von einem Recht des Stärkeren sprechen kann.

Die Chronologie bzw. die Datierung der Genese des Rechts des Stärkeren ist von essentieller Bedeutung, weil sie die Möglichkeit gibt, die Faktoren, die das Aufkommen des Rechts des Stärkeren förderten, näher zu identifizieren. Deshalb ist es von großer Relevanz, festzustellen, ob sich das sophistische Recht des Stärkeren vor oder erst während des Peloponnesischen Krieges voll ausgebildet hat. Denn falls sich das theoretisch fundierte Recht des Stärkeren erst während des Peloponnesischen Krieges voll ausgebildet haben sollte, darf davon ausgegangen werden, daß es ein Resultat der Synthese dreier Einflüsse ist: der Sophistik, des politischen Lebens und des traditionellen griechischen Denkens – insbesondere das der Aristokratie. Aus diesem Grunde ist der Problematik der Chronologie die größte Aufmerksamkeit zu widmen. Da Thukydides am ehesten eine zeitliche Festsetzung ermöglicht, steht sein Werk auch im Mittelpunkt der Untersuchung. Die Problematik der Datierung wird am Anfang des Abschnitts *‚Das Recht des Stärkeren bei Thukydides'* behandelt. Die Abschnitte über Kallikles und Thrasymachos beginnen ebenfalls mit der Erörterung der Frage der Datierung, und in ihnen finden die Resultate der Untersuchung bei Thukydides ihre Bestätigung. Diese Strukturierung der Studie erscheint möglicherweise ein wenig umständlich. Da aber in jedem Abschnitt neben der zeitlichen Einordnung zugleich auch andere wichtige Aspekte des Rechts des Stärkeren untersucht werden, dient die gewählte Gliederung des Kapitels der besseren Übersicht.

Die folgende Analyse der Chronologie des Rechts des Stärkeren unterstützt die Annahme, daß sich die eigentliche Theorie vom Recht des Stärkeren erst während des Peloponnesischen Krieges ausgebildet hat. Das führt dazu, daß

---

schnell, oft nach wenigen Abschnitten, zur „Tatsache", einem Datum, das dann eine ganze Serie ähnlicher Data gebiert, deren hypothetischer Charakter vergessen ist – und damit der rein spekulative Charakter des ganzen Unternehmens."

in der Untersuchung den möglichen anderen Einflüssen – vor allem denen aus der politischen Praxis – große Bedeutung beigemessen wird. Es sei aber angemerkt, daß diese Studie nicht das Ziel hat, die Rolle der Sophistik generell in Frage zu stellen oder abzuwerten. Die starke Akzentuierung der politischen Erfahrung ist eher das Ergebnis der Tatsache, daß in der Forschung meistens faktisch von einem dominierenden Einfluß der Sophistik auf die Entstehung des Rechts des Stärkeren ausgegangen wird.[4] Hier wird deshalb der Einfluß der politischen Erfahrungen hervorgehoben, um auf die Interdependenz, die zwischen ihnen und der Sophistik existiert, hinzuweisen, als deren Folge das Recht des Stärkeren zu betrachten ist. Aus diesem Grund befassen sich auch zwei Abschnitte mit dem Recht des Stärkeren vor dem Peloponnesischen Krieg.[5] Denn schon im traditionellen griechischen Denken lassen sich Ansätze des Rechts des Stärkeren finden, also noch vor dem Beginn der Sophistik. Für die Problematik der Bewertung der möglichen Einflüsse ist es auch von Belang festzustellen, ob einer der bekannten Sophisten, wie z. B. Protagoras, Hippias, Gorgias, Thrasymachos und Polos, ein Exponent des Rechts des Stärkeren ist. Dies gilt insbesondere für Thrasymachos, weshalb auch der größte Teil des Abschnittes über ihn der Beantwortung dieses Sachverhaltes gewidmet ist. Da aber die Thesen der anderen Sophisten ebenfalls durchaus destruktiv in Hinsicht auf die ethischen Werte der Gesellschaft waren, ist es gleichfalls erforderlich zu untersuchen, inwiefern man auch bei ihnen dabei von einer absichtlichen Haltung sprechen kann. Dies wird hinsichtlich der meisten Sophisten im betreffenden Abschnitt über die Grundzüge der Sophistik erörtert.[6] Die Ansichten des Gorgias und Polos werden im Abschnitt ‚*Das Recht des Stärkeren bei Kallikles*' behandelt.

1. Die Grundzüge der Sophistik

Die Sophistik ist ein exzellentes Beispiel dafür, welch starken Einfluß die Theorie auf die Praxis haben kann. Die Sophisten kamen aus allen Teilen der griechischen Welt: Protagoras aus Abdera, Gorgias aus Sizilien, Prodikos aus Kos, Hippias aus Elis und Thrasymachos aus Chalkedon. Manche von ihnen, wie etwa Antiphon, waren Athener. Die Sophisten lehrten in der gesamten griechischen Welt: Gorgias war beispielsweise in Boiotien und Thessalien, Protagoras und Hippias waren zwischenzeitlich in Sizilien, Thrasymachos in Thessalien, und allen ist gemein, daß sie eine Zeitlang auch in Athen gewesen waren.[7] Aber sie unterrichteten nicht nur Menschen in den Gemeinden, in denen sie sich

---

4 Vgl. z. B. Kiechle, 1963, 289-312.

5 S. Kap. III.2; III.3.

6 Neben diesem Abschnitt, s. auch Kap. IV.1.

7 Plat. Prot. 315 a-b; vgl. J. de Romilly, The Great Sophists in Periclean Athens, Oxford 1992, 225.

jeweils aufhielten. Die Schüler kamen auch aus anderen Poleis zu ihnen, um sie zu hören.[8] Wohin sie auch kamen, erregten sie großes Aufsehen.[9]

Im Mittelpunkt des Interesses der Sophisten stand keine philosophische Wahrheit, sondern die Praxis als solche. Als ihr Ziel betrachteten sie, ihre Schüler für das praktische Leben, insbesondere für politisches Handeln, tüchtig zu machen. Protagoras definiert im gleichnamigen Dialog Platons den Hauptgegenstand der sophistischen Belehrung folgendermaßen: „[...] *Wohlberatenheit einerseits in den persönlichen Angelegenheiten, also Kunde dessen, wie das Haus am besten verwaltet wird, andererseits in den öffentlichen Angelegenheiten, also die möglichst große Befähigung, die Staatsangelegenheiten durch Wort und Tat zu leiten*“.[10]

Zwischen den einzelnen Sophisten bestanden große Differenzen, doch hätten die meisten von ihnen wohl mit der Aussage des Protagoras übereingestimmt, daß das Ziel ihrer Belehrung die politische Kunst (πολιτικὴ τέχνη) sei. Damit sind jedoch weder die positiven noch die negativen Reaktionen, die sie begleiteten, erklärbar. Denn selbst zu der Zeit, in der sie als Lehrer sehr gefragt waren, mehrten sich auch die Stimmen, die auf ihren destruktiven Einfluß auf die Gesellschaft hinwiesen. Jede neue geistige Strömung ruft Kritik hervor, aber im Fall der Sophisten war diese viel stärker als eigentlich erwartet. Aristophanes widmet ihnen die ‚*Wolken*‘; Platon, obwohl dessen Lehrer Sokrates selbst Prodikos aufsuchte, greift im größten Teil seiner Dialoge die sophistischen Lehren an. Selbst Euripides, der stark von ihnen beeinflußt wurde, kritisiert sie mehrmals. Isokrates ein Schüler des Gorgias sowie Lehrer der Rhetorik, schrieb ebenfalls eine Schrift gegen die Sophisten.[11]

Bevor die möglichen Gründe für eine derartige Haltung der Zeitgenossen untersucht werden, soll noch auf einen besonderen Sachverhalt hingewiesen werden: Kennzeichnend für diese Kritik ist, daß zwar die Sophisten insgesamt verurteilt wurden, die berühmtesten Sophisten unter ihnen dies aber selbst niemals hören mußten.[12] Demnach wurde schon in den Quellen der Unterschied zwischen dem Effekt, welchen die Sophistik im allgemeinen hatte, und den Lehren der einzelnen Sophisten erkannt und herausgearbeitet. Der Hauptgrund für diese Differenz war, daß viele Thesen und Methoden der Sophisten einen Bruch mit der Tradition bedeuteten und zudem mißbraucht werden konnten. Dieser negative Aspekt wurde zusätzlich durch die Tatsache verstärkt, daß zu dieser

---

8 Isokrates z. B. ging aus Athen nach Thessalien, um Gorgias zuzuhören (DK 82 B 32).

9 Plat. Prot. 310a-b; Gorg. 447.

10 Plat. Prot. 318e-319a (Übers.: O. Apelt). Prodikos bezeichnete nach Platon die Sophisten als Menschen, die ständig auf der Grenze zwischen Philosophen und Staatsmännern seien (Plat. Euthyd. 305c).

11 Vgl. de Romilly, 1992, 26.

12 Vgl. W. K. C. Guthrie, A History of Greek Philosophy, Bd. 3, Cambridge 1969, 37; 39 Anm. 2; 116; 265f.; 284; de Romilly, 1992, 27; 44; Ostwald, 1986, 278.

Zeit alles als wahr angesehen wurde, was als altertümlich galt.[13] Daraus resultierend hatten die Traditionen eine wesentliche sozialpolitische Bedeutung und ihre Destabilisierung tiefe Folgen.

Eine dieser neuen Thesen erklärte beispielsweise den Menschen als belehrungsbedürftig. Der Umstand, daß sich dies an erster Stelle auf den politischen Bereich bezog und die Tugend als lehrbar erklärt wurde, stand im klaren Gegensatz zur Tradition.[14] Wie so manche sophistische Lehre wirkte sich auch diese auf verschiedene Weisen aus. Einerseits war die Ansicht, daß die politische Tugend lehrbar sei, insbesondere der aristokratischen Tradition entgegengesetzt.[15] Sie implizierte die Gleichheit der Menschen, da es nach ihr nicht mehr primär auf die angeborenen Qualitäten ankam. Andererseits aber waren es vor allem die Aristokraten, die über die nötigen finanziellen Mittel verfügten, um sich einen Unterricht bei den Sophisten leisten zu können.[16] Die These hatte somit gleichzeitig zwei gegensätzliche Auswirkungen.[17]

Ein weiteres Merkmal der Sophisten, welches oft kritisiert wurde, war die Tatsache, daß sie für ihre Dienste Geld entgegennahmen. Die Frage, die aus solchem Verhalten hervorging, war: Aus welchem Grund arbeitete der Sophist, der Wahrheit oder des Geldes, der Tugend oder des Eigennutzes wegen.[18]

Die Kunst des guten Redens, die Rhetorik, nahm einen zentralen Platz in der sophistischen Lehre ein.[19] Der Sophist erscheint so als Meister der Kunst, andere zu gewandten Rednern zu machen.[20] Die Rhetorik hatte von Anfang an einen pragmatischen Charakter.[21] Dieser kam durch ihr Ziel und die dabei angewendeten Methoden zum Ausdruck. Das Ziel einer Rede war, den Gegenstand, den sie behandelte, im Sinne und zu Gunsten des Redners auszulegen.[22] Natürlicherweise stand dabei nicht die Wahrheit selbst im Mittelpunkt, sondern das Er-

---

13 G. Beyrodt, Orte, Nicht-Orte und Tyrannis, in: W. Pircher – M. Treml (Hrsg.), Tyrannis und Verführung, Wien 2000, 243.

14 F. H. Tenbruck, Zur Soziologie der Sophistik, Neue Hefte für Philosophie 10 (1976), 63f.; J. Martin, Zur Entstehung der Sophistik, Saeculum 27 (1976), 146; de Romilly, 1992, 45ff.; Guthrie, 1969, 25; 38ff., bes. 250-260.

15 Donlan, 1980, 158.

16 Donlan, 1980, 159.

17 Die Bedeutung der Idee der Lehrbarkeit der Tugend für die Zeitgenossen, spiegelt sich in den Debatten, die ihr folgten wider; vgl. de Romilly, 1992, 45-56.

18 Vgl. Guthrie, 1969, 35-40; de Romilly, 1992, 34.

19 Martin, 1976, 147; Guthrie, 1969, 44f.; 47; 50f.; bes. 176-199; de Romilly, 1992, 57-93.

20 So Protagoras im gleichnamigen Dialog (Plat. Prot. 312d).

21 Vgl. de Romilly, 1992, 58.

22 Gegenstand der Rede waren in erster Linie die Angelegenheiten, über die sowohl in der Rats- und Volksversammlung als auch überhaupt in der Polis beraten wurde. Demnach hatte die Rhetorik in erster Linie einen politischen Charakter (Plat. Prot. 318a-319a; Gorg. 452d-e).

scheinungsbild und der dadurch bei den Zuhörern erzeugte Eindruck. Beides ermöglichte am besten, das Ziel der Rede zu erreichen.[23]

Dieser gegenüber der Moral neutrale Grundton, der die Redekunst charakterisiert und die Neigung, dem Erfolg Vorrang vor der Wahrheit zu geben, begünstigte die Möglichkeit eines Mißbrauchs. Beide, das Ziel wie auch die Methode, kamen diesem entgegen. Die Art und Weise, wie die Rhetorik negativ benutzt werden konnte, offenbart der Dialog *'Gorgias'*. Die Rhetorik sollte namentlich dazu dienen, daß die Polisbürger zu bestimmten Entscheidungen und Verhaltensweisen im Rahmen und für das Wohl der Polis beeinflußt werden.[24] Zugleich aber konnte, wie es die Rede des Gorgias bei Platon demonstriert, der entgegengesetzte Eindruck erweckt werden, nämlich daß es das eigentliche Ziel der Redekunst sei, dem Rhetor selbst größere Macht zum eigenen Wohl zu verschaffen.[25] Insbesondere die Methode des Protagoras, aus dem schwächeren das stärkere Argument zu machen,[26] sowie die These, daß über jeden Gegenstand zwei entgegengesetzte Meinungen bestehen, die zugleich wahr und unwahr sein können,[27] waren bestens zum Mißbrauch geeignet, wie es auch Aristophanes in seinen *'Wolken'* beweist. Der ursprüngliche Sinn der Anwendung dieser beiden Methoden war aber nicht unmoralisch. Es sollte nämlich nicht nur die eine Rede für sich, sondern beide zusammen in einer Gegenüberstellung präsentiert werden, um so die objektiven Gegebenheiten in Erfahrung zu bringen und sie besser bewerten zu können.[28] Beide, Protagoras und Gorgias, können demnach nicht mit einer vorsätzlichen unethischen Anwendung der Rhetorik in Verbindung gebracht werden.[29] Das nötige Werkzeug dafür wurde aber von ihnen unabsichtlich entwickelt.[30]

Protagoras' bekannteste These war: *„Aller Dinge Maß ist der Mensch, der seienden, daß sie sind, der nicht seienden, daß sie nicht sind."*.[31] Diese Lehre ebnete dem Relativismus und dem Subjektivismus den Weg. Denn es sind die Anschauungen und Empfindungen, durch die die Realität gemessen und festge-

---

23 Plat. Phaidr. 267a; Tht. 162d-e; Gorg. 454d-455a; Aristot. rhet. 1402a 18-20.

24 Plat. Tht. 167b-c.

25 Plat. Gorg. 452d-e. Diese Seite der Rhetorik wird auch von Polos hervorgehoben (Plat. Gorg. 466a-c).

26 DK 80 B 6b; Aristot. rhet. 1402a 23ff.

27 Aristot. metaph. 1009a 6ff.; Plat. Tht. 151e-152a; 166d-167d; Euthyd. 286b-c.

28 Vgl. Tenbruck, 1976, 67; de Romilly, 1992, 85f.; 88f.; Guthrie, 1969, 181-188. Zu der Nähe des sokratischen Dialogs zu den Techniken des Protagoras s. de Romilly, 1992, 88f.

29 Vgl. P. Woodruff, Rhetorik und Relativismus: Protagoras und Gorgias, in: A. A. Long (Hrsg.), Handbuch frühe griechische Philosophie. Von Thales bis zu den Sophisten, Stuttgart 2001, 264-284.

30 Das Kap. IV.1 befaßt sich detaillierter mit dem Mißbrauch der Rhetorik von Seiten junger Aristokraten und ihrem negativen Einfluß auf die Jugend.

31 DK 80 B 1.

setzt wird. Durch diese These des Protagoras wurde die objektive Wahrheit und ihre Perzeption grundlegend in Frage gestellt. Die Perspektive einer solchen Auffassung der Dinge zeigt die kleine Schrift *‚Dissoi Logoi'*.

Gleichzeitig konnte aber auch die Existenz der Götter in Zweifel gezogen werden. Wenn nämlich der Mensch das Maß der Dinge ist, gibt es keinen Platz für die Götter. Dies steht in scharfem Kontrast zur Tradition, da die Götter als die Beschützer der Moral und der Gesetze der Polis betrachtet wurden. Ein anderes Fragment aber besagt, daß Protagoras nicht die Existenz der Götter bezweifelte, sondern lediglich behauptete, über sie nichts Sicheres feststellen zu können.[32] Auch sein Mythos über die Entstehung der menschlichen Gesellschaft und ihrer Normen spricht gegen die Auffassung, daß Protagoras den destruktiven Seiten seines Relativismus bewußt entgegenkam.[33] Zugunsten einer derartigen Interpretation wirkt auch das Faktum, daß Protagoras dennoch die Ansicht vertrat, die Rhetorik ermögliche, gute Entscheidungen zu treffen. Die Gefahr des extremen Relativismus wurde dadurch vermieden, daß statt der Doppeldeutigkeit von Wahrheit und Unwahrheit das Kriterium des besseren oder schlechteren Zustandes eingeführt wurde, welches vornehmlich zugunsten der Gemeinschaft gebraucht werden sollte.[34]

In Hinblick auf die Existenz der Götter ging der Sophist Prodikos einen Schritt weiter. Er behauptete nicht nur, daß die Götter nicht existierten, sondern gab eine anthropologische und positivistische Erklärung für den Glauben an diese.[35] Damit wurden die Götter faktisch auf das Niveau einer Schöpfung des menschlichen Geistes herabgesetzt. Trotzdem zeigt der Sinn dieser These – die Menschen haben alle nutzbaren und guten Sachen zu Göttern erhoben – doch einen moralischen Ansatz, da die Götter mit den guten Sachen und Phänomenen identifiziert werden. Dieses spricht zusammen mit den anderen Tatsachen, die wir über ihn wissen, wie z. B. seine berühmte Schrift die *‚Horen'* mit ihren Glanzstück *‚Herakles am Scheidewege'*,[36] gegen die Schlußfolgerung, daß diese These oder Prodikos selbst amoralisch sei.

---

32 DK 80 B 4; vgl. de Romilly, 1992, 104f.

33 Plat. Prot. 320c-322d; vgl. hierzu F. D. Caizzi, Protagoras und Antiphon: Sophistische Erörterungen über Gerechtigkeit, in: A. A. Long (Hrsg.), Handbuch frühe griechische Philosophie. Von Thales bis zu den Sophisten, Stuttgart 2001, 290ff.

34 Plat. Tht. 166d-167d; Gorg. 456a-457c; vgl. Guthrie, 1969, 187f.; 267f.; Martin, 1976, 148; Ostwald, 1986, 241; F. Heinimann, Nomos und Physis. Herkunft und Bedeutung einer Antithese im griechischen Denken des 5. Jahrhunderts, Basel 1945, 116f.; Lesky, 1971³, 391ff. Zu dem Begriff des Nutzens und seiner Verbindung mit der Sophistik s. auch P. Spahn, Das Aufkommen eines politischen Utilitarismus bei den Griechen, Saeculum 37 (1986), 8-21; bes. 17ff.; 20f.

35 DK 84 B 5.

36 DK 84 B 2.

Ein weiteres Fragment aus dem Stück *‚Sisyphos'*, welches entweder Kritias oder Euripides zugeschrieben wird,[37] kann man gewissermaßen als den Höhepunkt des Atheismus betrachten. Darin wird die Existenz der Götter als eine menschliche Erfindung verstanden, die durch eine Lüge begründet wurde.[38] Die Gefahr, die eine derartige These mit sich brachte, ist nicht zu unterschätzen.[39]

Diese drei zuvor skizzierten Thesen demonstrieren insgesamt jedoch auch einige bemerkenswerte Tendenzen und Gemeinsamkeiten. Obwohl sie nämlich die Existenz der Götter in Frage stellen, sind sie alles andere als unmoralisch. Dafür spricht bei Protagoras der Mythos über die Entstehung der menschlichen Kultur. Bei Prodikos werden die Phänomene und Dinge, die für das menschliche Leben und seine Gemeinschaft unentbehrlich sind, zu Göttern erhoben. Demzufolge werden ausgerechnet die Dinge, deren Beschützer in der traditionellen Religion die Götter sind, jetzt mit ihnen gleichgesetzt. Im *‚Sisyphos'* wird sogar die Lüge über die Existenz der Götter dadurch begründet, daß sie notwendig war, um Recht und Gesetz durchsetzen und rechtfertigen zu können. Desgleichen kann man eine Zuspitzung der Thesen von Protagoras über Prodikos bis zu *‚Sisyphos'* verfolgen. Während Protagoras nur behauptet, daß über die Götter nichts Genaueres feststellbar sei, konstatiert Prodikos, daß sie eine Schöpfung des menschlichen Verstandes seien. Das Stück *‚Sisyphos'* ist schließlich am radikalsten.

Diese Thesen könnten für den Relativismus förderlich gewesen sein, andererseits könnten sie aber auch eine entgegengesetzte Wirkung gehabt haben. Protagoras' Überzeugung, daß der Mensch das Maß aller Ding sei und daß über jeden Gegenstand zwei gegensätzliche Meinungen bestehen können, steht direkt im Widerspruch mit der Nomos-Physis-Antithese. Sie geht davon aus, daß die *physis* gewissermaßen dem wahren Wesen der Dinge entspricht.[40] Der Mythos des Protagoras spricht ebenfalls gegen die Nomos-Physis-Antithese, da er auf der Seite des *nomos* steht. Das Drama *‚Sisyphos'* zeigt einige Ähnlichkeiten zu der Nomos-Physis-Antithese bei Antiphon. Denn auch hier ist der *nomos* vom Menschen geschaffen worden, und es wird ein Unterschied zwischen dem Verhalten der Menschen in der Öffentlichkeit und ihren Handeln im Verborgenen festgestellt. Im *‚Sisyphos'* aber wird dieses Handeln im Verborgenen als un-

37 Zu der Verfasserfrage des Sisyphos-Fragments vgl. U. v. Wilamowitz-Moellendorff, Analecta Euripidea, Berlin 1875, 161-172; A. Dihle, Das Satyrspiel »Sisyphos«, Hermes 105 (1977), 28-42; M. Winiarczyk, Nochmals das Satyrspiel „Sisyphos", WS 100 (1987), 35-45; M. Davies, Sisyphus and the Invention of Religion (‚Critias' TrGF 1 (43) F 19 = B 25 DK), BICS 36 (1989), 24-28; de Romilly, 1992, 108; Hoffmann, 1997, 273f.; Scholten, 2003, 238-241.

38 DK 88 B 25.

39 Zum Satyrspiel *‚Sisyphos'*, Kritias und dem Recht des Stärkeren s. Kap. VI.3.

40 Vgl. Heinimann, 1945, 116f.

rechtmäßig bezeichnet, während der *nomos*, als etwas für die Menschen und ihre Gemeinschaft, Gutes und Nützliches charakterisiert wird.[41]

Die sophistische Theorie von einer Art Gesellschaftsvertrag, die von Protagoras, Prodikos und im *‚Sisyphos'* vertreten wird und die das Recht als ein Resultat der menschlichen Übereinkunft betrachtet,[42] besitzt einige Gemeinsamkeiten mit der Nomos-Physis-Antithese, die zu dieser Zeit aufkam.[43] Die Anregungen für die Entstehung der Antithese von *nomos* und *physis* kamen aus dem Bereich der ionischen Geschichtsschreibung, Ethnographie und Naturforschung, die zusammen mit den Einwirkungen aus dem medizinischen und erzieherischen Denken maßgebenden Einfluß ausübten.[44] In dem hippokratischen Traktat *‚Über Lüfte, Wasser und Orte'*, das kurz vor dem Ausbruch des Peloponnesischen Krieges verfaßt wurde, begegnet man zum ersten Mal in den erhaltenen Quellen dem Begriffspaar Nomos-Physis.[45] Hier wurde dieses Begriffspaar nicht als eine Antithese verwendet, sondern es diente lediglich dem fachlichen Verständnis der Unterschiede zwischen den Völkern.[46] Daraus läßt sich schließen, daß die Antithese jüngeren Datums ist und daß sie von den Sophisten die bekannte Form bekam.[47] Allgemein wird angenommen, daß sich die Nomos-Physis-Antithese in der Form, in der sie z. B. bei Antiphon vorhanden ist, erst in den zwanziger Jahren des 5. Jh.s entwickelt hat.[48] Hippias aus Elis bringt seinen Nomos-Physis-Gegensatz in Platons *‚Protagoras'* im Jahre 433 vor, dieses Datum scheint aber zu früh angesetzt zu sein.[49] Hippias propagiert, daß das Gesetz

---

41 Vgl. H. Patzer, Der Tyrann Kritias und die Sophistik, in: K. Döring – W. Kullmann (Hrsg.), Studia Platonica. Festschrift für Hermann Gundert zu seinem 65. Geburtstag, Amsterdam 1974, 17; Hoffmann, 1997, 274-289; K. Döring, Antike Theorien über die staatspolitische Notwendigkeit der Götterfurcht, A&A 24 (1978), 44; 48; G. B. Kerferd – H. Flashar, Die Sophistik, in: H. Flashar (Hrsg.), Philosophie der Antike, Bd. 2/1, Basel 1998, 83f.; Dihle, 1977, 38; M. Dreher, Die Sophistik und die Polisentwicklung. Die sophistischen Staatstheorien des fünften Jahrhunderts v. Chr. und ihr Bezug auf Entstehung und Wesen des griechischen, vorrangig athenischen Staates, Frankfurt a. M. u. a 1983, 64-66; C. Roßner, Recht und Moral bei den griechischen Sophisten, München 1998, 220; 223f.; anders Scholten, 2003, 238-257. Zu dieser Problematik s. auch Kap. VI.3.

42 Es gibt Hinweise, die die Vermutung unterstützen, daß auch Sokrates für Elemente dieser Theorie offen war; vgl. Guthrie, 1969, 140.

43 Vgl. Heinimann, 1945, 116f.

44 Vgl. Heinimann, 1945, 37f.; 97ff.; 119ff.; 127ff.; F. P. Hager, Natur/Antike, HWPh VI, 1984, Sp. 424f.; Guthrie, 1969, 114f.

45 So Heinimann, 1945, 13-41; 170-180; 206ff.

46 So Heinimann, 1945, 28.

47 So Heinimann, 1945, 28f.; 98.

48 Vgl. Heinimann, 1945, 22; 105f.; 141-143; Ostwald, 1986, 260-273; Hoffmann, 1997, 267ff.; 418; Lesky, 1971³, 397.

49 Plat. Prot. 337c-d. Ein Umstand, der dafür spricht, ist, daß Hippias beträchtlich jünger als Protagoras war und Sokrates überlebte. Obwohl er schon um 433 tätig war, konnte er

ein Tyrann der Menschen sei, welcher vieles gegen die Natur erzwingt und die von Natur aus bestehende Wesensverwandtschaft aller Menschen miteinander mißachtet. Diese These ist nicht amoralisch, obwohl sie gegen den *nomos* spricht.[50] Denn hier wird eigentlich nur darauf aufmerksam gemacht, daß diverse Gesetze verschiedener Poleis die Menschen voneinander trennen. Außerdem war Hippias nicht ein grundsätzlicher Gegner des *nomos*.[51] Hinzu kommt, daß Platon und Xenophon ihm nicht feindlich gesinnt sind. Auch die anderen Tatsachen, die über ihn bekannt sind, weisen darauf hin, daß Hippias alles andere als ein Vertreter amoralischer Doktrinen war.[52]

Bei Antiphon treffen wir den Gegensatz von *nomos* und *physis* im klassisch gewordenen Sinne.[53] Da die menschlichen Satzungen die Folge einer Vereinbarung seien, bestehe bei ihnen ein Widerspruch zwischen dem menschlichen Tun und den sich daraus entwickelnden Folgen. Bei den Geboten der Natur aber, die dem für jeden Menschen wahrlich Zuträglichen entsprechen, herrsche eine Übereinstimmung zwischen dem tatsächlichen Handeln und den damit verbundenen Sanktionen. Demzufolge soll man sich in der Öffentlichkeit gesetzeskonform verhalten, und im übrigen den Zwängen der Natur folgen. Diese Zwänge nicht zu berücksichtigen, sei unbedingt schädlich, während sich ein Mißachten menschlicher Satzungen nur nachteilig auswirkt, wenn es den Mitbürgern nicht verborgen bleibt.

Diese These des Antiphon erscheint zunächst unmoralisch. Es gibt aber einige Umstände, die diesen Eindruck bis zu einem gewissen Grad relativieren. Es ist von großer Bedeutung zu differenzieren, ob jemand den Gegensatz zwischen Gesetz und Natur konstatiert oder ob er für eine Seite Partei ergreift. Antiphon

---

eine solche Aussage zu jedem Zeitpunkt der letzten drei Jahrzehnte des 5. Jh.s machen; so Ostwald, 1986, 260f.; s. auch Guthrie, 1969, 280ff. Die andere Tatsache ist, daß er seine Antithese wiedergibt ohne sie näher zu erörtern, was im deutlichen Gegensatz zu Antiphon ist. Nach Heinimann, 1945, 142f., ist er nichts anderes als ein „popularisierender Verkünder"; vgl. auch Lesky, 1971³, 397; Roßner, 1998, 237f. Als eine Indiz für die Datierung der Nomos-Physis-Antithese kann auch die Datierung des Begriffes des Nutzens von Vorteil sein. Dies ist zum einem wegen der Verbindung zwischen der Nomos-Physis-Antithese und des Begriffes des Nutzens der Fall, zum anderen weil der Begriff des Nutzens erst im letzten Drittel des 5. Jh.s aufkommt; vgl. Spahn, 1986, 12ff.; 17-21.

50 Vgl. de Romilly, 1992, 114.

51 Vgl. Hoffmann, 1997, 151-164; bes. 157ff. In einer Diskussion mit Sokrates erklärt Hippias nach einem kurzen Vortrag des Sokrates, in dem dieser behauptet, daß das Gesetzmäßige und Gerechte das Gleiche ist, daß er dessen Meinung darüber teilt (Xen. mem. 4.4,12-18). Danach stimmt Hippias auch mit der Überzeugung des Sokrates überein, daß es ungeschriebene Gesetze gibt, die von den Göttern erlassen wurden und die allgemeingültig und gerecht sind (Xen. mem. 4.4,19-25). Der Quellenwert dieser Passage in den ‚*Memorabilien*' ist jedoch in der modernen Forschung umstritten; s. dazu Hoffman, 1997, 164 Anm. 37.

52 Vgl. Guthrie, 1969, 280-285; bes. 284f.

53 DK 87 B 44a 1-7.

bewegt sich ständig an der Grenze, aber wie es scheint, überschreitet er sie nicht. Denn im Kontrast zu Kallikles oder Glaukon formuliert er kein neues Gesetz bzw. Recht der Natur.[54] Er begnügt sich mit der Konstatierung der Vor- und Nachteile.[55] Von dort aus ist es zweifellos nur ein kleiner Schritt zur Formulierung eines Gesetzes, den Antiphon aber dennoch nicht macht. Andere Fragmente des Antiphon bekunden, daß er einen durchaus moralischen Standpunkt vertritt. Er lobt die Eintracht, kritisiert die Anarchie, schätzt die Freundschaft sehr, ist der Ansicht, daß es keine großen Unterschiede zwischen Barbaren und Hellenen gibt usw.[56] Aus diesen Gründen läßt sich zwar das enorme destruktive Potential der Nomos-Physis-Antithese bei Antiphon, wie es Kallikles und Glaukon verdeutlichen, nicht bestreiten.[57] Wie bereits erwähnt gibt es jedoch Indizien für die Annahme, daß die Frage, ob Antiphon eine solche Interpretation wissentlich vorantrieb, ohne eine eindeutige positive Antwort bleiben muß.

Der Nomos-Physis-Gegensatz hätte sich auch in die entgegengesetzte Richtung entwickeln können. Alkidamas, ein Schüler des Gorgias und selbst ein Sophist, behauptet, daß Gott alle Menschen frei erschaffen habe, da die Natur niemanden zu einem Sklaven gemacht habe.[58] Anonymus Iamblichi, der eine geradezu idealistische Ethik vertritt, benutzt die Antithese, indem er sich für den *nomos* ausspricht, dessen Grundlage er in der *physis* sieht.[59] Überdies versucht er nachzuweisen, daß das Recht des Stärkeren nicht der Realität entspricht und bezeichnet die Tyrannenherrschaft als ein großes Übel, das eine Folge der Gesetzlosigkeit sei.[60]

All diese Beispiele der Anwendung der Nomos-Physis-Antithese verdeutlichen zwei Sachverhalte. Der erste ist, daß sie durchaus eine destruktive Wirkung auf die Gesellschaft und ihre moralischen Normen haben konnte.[61] Dies hing wiederum davon ab, wie der Vertreter die These interpretieren und benutzen wollte. Er konnte mit ihrer Hilfe entweder philanthropische Ansichten formulieren (Hippias), das Recht des Stärkeren begründen (Kallikles) oder die bestehende gesellschaftliche Ordnung verteidigen (Anonymus Iamblichi). Der zwei-

---

54 Vgl. de Romilly, 1992, 124; 127f.

55 S. hierzu de Romilly, 1992, 127. Auch die Argumente, die Antiphon benutzt, um seine Meinung zu stützen, unterscheiden sich sehr stark von denen des Kallikles. Denn während dieser sich z. B. auf Xerxes und Dareios beruft, um seinen Herrschaftsanspruch zu legitimieren, weist Antiphon auf die ungünstige Position des Opfers gegenüber dem Täter hin.

56 Eintracht (DK 87 B 44a); Anarchie (DK 87 B 61); Freundschaft (DK 87 B 64; B 65); Barbaren und Hellenen (DK 87 B 44; B 1); vgl. de Romilly, 1992, 129ff.; 182ff.

57 Zu dem Verhältnis von Kallikles zu Antiphon; s. de Romilly, 1992, 126ff. Zu Glaukon s. Guthrie, 1969, 110f.

58 Vgl. Guthrie, 1969, 311-313; 159ff.

59 DK Anon. Iambl. 6.1.

60 DK Anon. Iambl. 6.2-5; 7.12-16.

61 Zu Antiphon s. Guthrie, 1969, 108; 290.

te Sachverhalt beweist, daß diese destruktive Seite dieser These für die Moral aller Wahrscheinlichkeit nach nicht das eigentliche Ziel der meisten Sophisten war.[62] Für Antiphon scheint ebenfalls eine solche Folgerung zu stimmen, die aber aufgrund der Quellenlage nicht eindeutig beweisbar ist. Des weiteren ist es auch wichtig hervorzuheben, daß sich für keinen der großen Sophisten der Gebrauch der Nomos-Physis-Antithese zugunsten des Rechts des Stärkeren belegen läßt. In allen überlieferten Beispielen, in denen das Recht des Stärkeren vertreten wird – Kallikles, Glaukon, Melierdialog – wird dies nicht von den Sophisten selbst, sondern entweder von ihren Schülern oder von Personen getan, die mit ihrem Gedankengut vertraut waren.[63]

Zum Schluß verdienen einige weitere Sachverhalte unsere Aufmerksamkeit. Die Sophisten waren während eines beträchtlichen Zeitraums sehr angesehen. Erst viel später kamen kritische Stimmen auf. So war Protagoras spätestens in den vierziger Jahren des 5. Jh.s eine angesehene Persönlichkeit.[64] Er verkehrte mit Perikles, und die Verfassung von Thurioi soll sein Werk sein. Das gleiche gilt auch für andere Sophisten. Prodikos war Lehrer von Sokrates und Gesandter seiner Heimatstadt.[65] Die meisten Sophisten verkehrten schon eine beträchtliche Zeit vor dem Peloponnesischen Krieg in Athen und waren dort wohlbekannt. Trotzdem mehrten sich die kritischen Stimmen erst in den zwanziger Jahren, als der Peloponnesische Krieg schon längst begonnen hatte. Aristophanes trug seine *‚Wolken'* erst 423 vor, mehr als zwanzig Jahre nachdem die ersten Sophisten nach Athen kamen. Wie schon ausgeführt wurde, ist keiner der berühmtesten und frühesten Sophisten in den Quellen wegen Verletzung der geltenden Moral angegriffen worden.[66] Man kann mit der Zeit auch einen gewissen Wandel sowie eine Radikalisierung der sophistischen Thesen feststellen.[67] Diese Sachverhalte legen die Vermutung nahe, daß nicht nur die Sophistik ihre Umwelt beein-

62 Vgl. de Romilly, 1992, 132.

63 In bezug auf das Recht des Stärkeren bei Thukydides s. Kap. III.4. Zu Kallikles s. Kap. III.5. Zu Thrasymachos und Glaukon s. Kap. III.6; IV.1; vgl. auch de Romilly, 1992, XIV; 108f.; 116; 139; 148; 156-161; 168f. Auch Platon unterstreicht den negativen Einfluß der Sophisten auf junge Menschen (Plat. rep. 492a-b; 495a-b; leg. 890a).

64 Plat. Men. 91d-92a.

65 Man kann davon ausgehen, daß Prodikos ebenfalls spätestens Ende der vierziger Jahre des 5. Jh.s nach Athen kam.

66 Zu Thrasymachos s. Kap. III.6.

67 J. Martin, 1976, 160ff. registriert drei mögliche Standpunkte in Hinsicht auf die Position des Individuums gegenüber der Polis. Protagoras, Lykophron und Anonymus Iamblichi bejahen eine Verbindung zwischen beiden. Der zweite Standpunkt, für den Antiphon steht, ist die Resignation gegenüber der Polis und der Rückzug in die Privatsphäre. Die dritte Reaktion ist die Betonung des Rechts des starken Individuums gegenüber der Polis. Die Unterschiede in den Handlungszielen der Sophisten kann man nach J. Martin wahrscheinlich in erster Linie durch die Unterschiede in der Lebens- sowie Wirkungszeit und den damit verbundenen Erfahrungen erklären; vgl. de Romilly, 1992, 50; 108f.; 116; 131f.; 138ff.; 148; 158ff.; 168f.; s. auch Spahn, 1986, 17f.

flußte, sondern auch ihr Umfeld umgekehrt auf sie einwirkte. Dabei hat aller Wahrscheinlichkeit nach der Krieg einen wesentlichen Einfluß ausgeübt. Nicht nur, daß er die Gesellschaft und ihre Werte destabilisierte, er demonstrierte auch, daß im wirklichen Leben das Recht des Stärkeren und rücksichtslose Machtpolitik funktionierten und der Realität entsprachen (Plataiai, Mytilene etc.).[68] Es existierte sozusagen eine Interaktion zwischen Theorie und Praxis.[69]

2. Das Recht des Stärkeren im vorsophistischen (traditionellen) griechischen Denken

In diesem Abschnitt soll der Versuch unternommen werden, die Ursachen sowie den Zeitpunkt des Aufkommens der Theorie vom Recht des Stärkeren näher festzustellen. Hierbei ist es von maßgeblicher Bedeutung, einen essentiellen Unterschied zwischen dem vorsophistischen (traditionellen) und dem sophistischen Recht des Stärkeren zu konstatieren. Das vorsophistische (traditionelle) Recht des Stärkeren ist unausgereift und beinhaltet keine moralische Qualität in Form einer philosophischen Ethik, da es weder bewußt noch abstrakt noch theoretisch fundiert ist.[70] In dem vorsophistischen Denken ist das Recht des Stärkeren nur eine von mehreren Verhaltensmöglichkeiten, die zumeist noch negativ bewertet wird. Die sophistische These vom Recht des Stärkeren geht von einem völlig unterschiedlichen Ausgangspunkt aus. Danach ist das Verhalten nach den Regeln des Rechts des Stärkeren nicht nur das einzig mögliche,[71] sondern es ist auch noch das einzig gerechte. Das theoretische Fundament für diese Doktrin ist die Nomos-Physis-Antithese. Aus diesem Grunde erscheint es plausibel, davon auszugehen, daß die Nomos-Physis-Antithese ein wesentlicher Bestandteil des sophistischen Rechts des Stärkeren ist.[72] Dieser Sachverhalt hat wiederum zur

---

68 Die im Kap. II.1 angeführte Liste der Kriegsrechtsverletzungen verdeutlicht, welchen Eindruck die Zeitgenossen vom Krieg bekommen konnten. Xenophons Kyros drückt es in der ‚*Kyrupädie*' treffend aus (Xen. Kyr. 7.5,73): „*Denn unter allen Menschen herrscht ein unumstößliches ewiges Gesetz: Wenn eine Stadt im Krieg erobert wird, gehört sie den Eroberern samt ihren Einwohnern und deren Habe*." (Übers.: R. Nickel).

69 Zur Verbindung von Krieg und Sophistik s. auch de Romilly, 1992, 134f.

70 Hesiod kritisiert beispielsweise das Recht des Stärkeren vom Standpunkt des Nützlichkeitsdenkens aus (Hes. erg. 213ff.). Dabei sind dieses Nützlichkeitsdenken und das mit ihm verbundene Recht *(dike, dikaion)* nicht theoretisch begründet; vgl. Spahn, 1986, 11f.

71 Das ist eine logische Schlußfolgerung der Nomos-Physis-Antithese und des mit ihr eng verknüpften Begriffes des Zwanges der Natur (Thuk. 5.105,2).

72 Die zentrale Bedeutung der Nomos-Physis-Antithese für das Recht des Stärkeren kann man in allen Quellen erkennen, dabei ist nicht von Belang, ob es sich um einen Philosophen (Platon), Historiker (Thukydides) oder Sophisten (Anonymus Iamblichi) handelt. Die Argumentation des Kallikles z. B. wäre ohne die Nomos-Phyis-Antithese unvorstellbar (Plat. Gorg. 482e-484c).

Folge, daß in allen Fällen, in denen von dieser Antithese nicht Gebrauch gemacht wird, auch nicht von dem Recht des Stärkeren im sophistischen Sinne ausgegangen werden kann. An dieser Stelle soll allerdings angemerkt werden, daß in der vorliegenden Untersuchung die Anwendung des Begriffes „sophistische Recht des Stärkeren" nicht mit dem Standpunkt zu verwechseln ist, diese Lehre würde eine sophistische Theorie sein. Denn mit diesem Begriff werden lediglich die bereits erwähnten spezifischen Merkmale dieses Rechts des Stärkeren berücksichtigt. Gleichzeitig werden auf diese Weise die Unterschiede zwischen diesem und dem vorsophistischen Recht des Stärkeren akzentuiert.

Eine genauere Zeitdatierung des Rechts des Stärkeren ist aufgrund der Quellenlage sehr schwer. Nur eine vergleichende Analyse verschiedener zeitgenössischer Quellen könnte ermöglichen, die Datierung mit einiger Sicherheit auf das letzte Drittel des 5. Jh.s zu begrenzen. Die Bedeutung einer näheren Datierung des Rechts des Stärkeren liegt in der Tatsache, daß sie es erlaubt, die Ursachen der Entstehung dieser Theorie präziser festzustellen. Wichtig dabei ist zu betonen, daß auch für den Fall, daß diese Theorie erst während des Peloponnesischen Krieges entstanden sein sollte, wovon hier ausgegangen wird, sie dem früheren griechischen Denken nicht gänzlich fremd ist und man ihre Ansätze bis in die frühesten Epochen verfolgen kann. Hesiod veranschaulicht dies in seinen *‚Werken und Tagen'*. Ein Habicht trägt eine erbeutete Nachtigall hoch in den Lüften dahin. Als sie verwundet jammert, antwortet der Habicht ihr:[73]

> Was denn, Verblendete, schreist du? Ein Stärkerer hält dich gefangen.
> Dorthin mußt du, wohin ich dich bringe, und bist du auch Sänger.
> Fressen tu ich dich, ganz wie ich Lust hab, oder ich laß dich.
> Nur einen Narren verlockt es, mit stärkeren Gegnern zu kämpfen.
> Sieg ist ihm versagt, und zur Schande leidet er Qualen.
> So sprach der Habicht, der schnelle, flügelspreizende Vogel.

Ähnliche Vorstellungen lassen sich auch bei Homer in der *‚Ilias'* finden. Nachdem sein Freund Patroklos im Kampf gefallen war, will Achilleus den jungen Lykaon, den er gefangengenommen hatte, töten. Er bleibt dabei für alle seine Bitten taub:[74]

> Also stirb nun auch du! Warum so klagen, mein Lieber?
> Starb doch Patroklos auch, und er war dir doch weit überlegen.
> Siehest du nicht mich selbst, wie schön ich bin und gewaltig,
> Sohn des edelsten Vaters, mich hat eine Göttin geboren.
> Aber auch mir ist der Tod nicht weit und das mächtige Schicksal.
> Bald erscheint mir der Morgen, der Abend oder der Mittag,

73 Hes. erg. 203-212 (Übers.: A. v. Schirnding); vgl. G. Crane, Thucydides and the Ancient Simplicity: The Limits of Political Realism, Berkeley/Los Angeles 1998, 74f.

74 Hom. Il. 21.106-113 (Übers.: H. Rupé); vgl. Crane, 1998, 72ff.

Wo dann einer auch mir in der Schlacht das Leben wird nehmen,
Ob er mich trifft mit dem Speer oder auch mit dem Pfeil von der Sehne.

Auch wenn der Verlust seines Freundes den Auslöser für das Verhalten des Achilleus darstellte, so war es trotzdem nicht gerecht. Interessanterweise endet seine Rede nicht nur mit der Feststellung, die Stärkeren seien den Schwachen überlegen, sondern auch, daß sie vom Leben selbst mehr zu erwarten hätten.[75] Auch Heraklit drückt ähnliche Gedanken aus, wenn er sagt: *„Brauch ist es, nach dem Willen eines einzelnen zu folgen“* und *„Einer gilt mir Zehntausend, falls er der beste ist“*.[76]

Bei der Bewertung dieser Aussagen ist es notwendig, einige Tatsachen zu akzentuieren, die deren Rolle für die Ausbildung des Rechts des Stärkeren gewissermaßen relativieren. Zum einem stammen alle diese Aussagen aus der archaischen Zeit, für die die Brutalität der Auseinandersetzungen charakteristisch war. Diese Brutalität wurde aber, wie J. Ober und F. Kiechle betonen, durch eine immer „humanere“ Konfliktaustragung in der klassischen Zeit teilweise überwunden.[77] Zum anderen wurde ein derartiges Denken und Verhalten schon in der archaischen Zeit kritisiert, wie es das Werk Hesiods selbst am besten beweist. So folgt direkt auf die Rede des Habichts eine Kritik dieses Verhaltens.[78] Wenn man diese Tatsachen im Auge behält, zeigen die Aussagen dennoch, daß solche eine Weltanschauung den Griechen insgesamt und der griechischen Aristokratie insbesondere nicht fremd blieb.[79]

3. Das Recht des Stärkeren vor dem Peloponnesischen Krieg

Machtpolitisches Denken war den Griechen auch im 5. Jh. vor dem Peloponnesischen Krieg vertraut. Das demonstrieren die Reden der Athener und der Spartaner in Sparta vor dem Anfang der Kriegshandlungen, die uns Thukydides überliefert.[80] Vor allem die Athener stimmen in ihrer Rede sehr deutlich mit der Logik des Rechts des Stärkeren überein, die im Melierdialog zum Ausdruck kommt, weshalb in der Forschung oft die Meinung vertreten wird, daß beide Reden ähnliche Grundthesen enthalten.[81] Aber auch die Spartaner handeln nach machtpolitischem Kalkül.

---

75 Crane, 1998, 73.
76 DK 22 B 33; 49.
77 S. Kap II.
78 Hes. erg. 213-250; vgl. dazu Crane, 1998, 75.
79 Vgl. hierzu auch Martin, 1976, 160f.
80 Thuk. 1.73-86.
81 G. E. M. de Ste. Croix, The Origins of the Peloponnesian War, London 1972, 14; H. Strasburger, Thukydides und die politische Selbstdarstellung der Athener, Hermes 86 (1958), 29ff.; Kiechle, 1963, 302ff.

Zunächst soll aber kurz die Frage nach der Glaubwürdigkeit der Kerngedanken in der Rede der Athener in Sparta erörtert werden, da diese wegen ihres provokativen Charakters und ihrer „Offenheit" zeitweise in Zweifel gezogen worden ist.[82] Dabei vergißt man aber die Umstände, unter denen die athenische Rede stattfand. Denn zwischen Korinth und Athen wäre es wegen Kerkyra bei den Sybota-Inseln fast zu einer offenen militärischen Konfrontation gekommen; zusätzlich wurde die Lage durch den Abfall von Poteidaia verschlechtert, das zugleich eine Kolonie von Korinth und Bundesgenosse von Athen war. Hinzu kam, daß die Megarer von den Häfen im Attischen Seebund und vom Handel in Attika ausgeschlossen wurden. Wie zugespitzt die Lage war, belegen auch die Reden des Archidamos II. und des Sthenelaidas, die nach den Athenern sprachen. Die beiden befanden sich nicht miteinander im Disput wegen der Frage, ob man in den Krieg ziehen soll, sondern wegen der Form und des Zeitpunktes des Kriegsbeginns. Außerdem geht die Rede der Korinther der der Athener voraus. Hier drängen die Korinther die Spartaner zum Krieg und diskreditieren die Athener, indem sie darauf hinweisen, daß diese weder selbst ruhig sein können noch andere in Ruhe lassen wollen und von purem Expansionsstreben erfüllt seien.[83] In einer solchen Situation blieb den athenischen Rednern eigentlich nur, die Flucht nach vorn zu wagen, denn das Publikum, war ihnen feindlich gesinnt und vor allem von der athenischen Schuld und Aggressivität überzeugt. Daß sich die Athener dessen bewußt waren, schildert auch ihre Aussage, sie befänden sich nicht vor einem Gericht und hätten nicht die Absicht, sich zu rechtfertigen.[84] Deshalb ist die athenische „Offenheit" in bezug auf ihre Interessen und auf ihre Macht in dieser Rede nicht so unlogisch, wie sie anfangs erscheinen mag. Denn diese „Offenheit" hat zwei Funktionen.[85] Die erste Funktion ist, daß sie den Athenern ermöglichte, wieder an Glaubwürdigkeit zu gewinnen. Daß eine solche Vorgehensweise nicht ohne Grundlage war, zeigen zwei Beispiele. In seiner Rede an die Akanthier legt Brasidas eine derartige Denkweise an den Tag, als er sie von seinen gutgemeinten Absichten überzeugen will.[86] Ein weite-

---

82 Vgl. de Ste. Croix, 1972, 7-13; Strasburger, 1958, 17-41.

83 Thuk. 1.70.

84 Thuk. 1.73,1.

85 Vgl. Crane, 1998, 266f.

86 Thuk. 4.86.3-6: „*Wenn aber einer aus Angst vielleicht vor irgendeinem persönlichen Feind bedenklich ist, ich könnte die Stadt bestimmten Leuten zuhalten wollen, der soll unbedingt Vertrauen haben. Denn nicht, um mich in Streit einzumischen, kam ich und meine, das wäre ja gar keine richtige Freiheit, die ich bringe, wenn ich, die ererbte Verfassung mißachtend, die Mehrheit den Wenigen oder die Minderzahl der Gesamtheit versklavte. Solche Freiheit wäre schlimmer als Fremdherrschaft und erwürbe uns Spartanern nicht für Mühen Dank, sondern statt Ehre und Ruhm nur Anklage. Die Vorwürfe, deretwegen wir die Athener niederkämpfen wollen, würden wir auf uns selber niederziehen, und um so hassenswerter, als wir zuerst Edelmut vorspielten. Denn mit verbrämtem Betrug etwas zu erraffen ist für ein Volk, das auf sich hält, größere Schande*

res Beispiel ist die Rede des Euphemos in Kamarina. Sie ist ein gutes Exempel dafür, wie man mittels „Offenheit“ die Tatsachen manipulieren kann, um auf diese Weise die Zuhörer zu täuschen.[87] Euphemos benutzt gerade diese „Offenheit“, um die Kamariner davon zu überzeugen, daß es nicht im Interesse der Athener sei, zu versuchen sie zu unterwerfen, und daß sie keine Gefahr für die Sikelioten darstellen würden. Euphemos behauptet dies, obwohl er weiß, daß viele Athener wünschten, Sizilien zu unterwerfen.[88] Ein ähnliches Ziel verfolgen die Athener in Sparta. Auch sie nutzen die „Offenheit“, damit ihre Argumentation an Plausibilität gewinnt. Sie argumentieren, sie hätten nichts anderes getan, als jeder andere an ihrer Stelle und verdienten somit eigentlich den Haß der Hellenen nicht. Die zweite Funktion der „Offenheit“ der Athener in Sparta ist es, die eigene Macht hervorzuheben, um so die Spartaner zu beeindrucken und von einem überstürzten Kriegsentschluß abzubringen.[89] Die Realpolitik der athenischen Redner hat ihre Grundlage nicht einzig in der schweren Lage, in der sie sich befanden. Sie ist auch ein Produkt der athenischen Machtpolitik, dessen Grundzüge sich schon in den vorangegangenen Jahrzehnten erkennen lassen, wie es K. Raaflaub verdeutlicht.[90]

Der Umstand, daß diese „Offenheit“ nicht nur auf der außenpolitischen Ebene ausgeübt wurde, sondern auch auf der innenpolitischen, zeigt, daß sie mehr als nur ein Mittel zum Zweck war. Denn wie die Korinther, die in ihrer Rede während der zweiten Versammlung in Sparta Athen als Tyrann von Hellas bezeichneten, nannten auch Perikles und Kleon in der athenischen Volksversammlung die athenische Herrschaft über ihre Bundesgenossen eine Tyrannis.[91] Daß sich ein solches Bewußtsein durchaus nicht nur auf diese beiden Politiker beschränkte, zeigen die zeitgenössischen Quellen.[92] In den ‚*Wespen*‘ des Aristophanes aus dem Jahre 422 ist auch der aus dem einfachen Volke stammende Philokleon der Überzeugung, daß die athenischen Gerichte und der Demos Herr-

---

als mit offener Gewalt: diese greift an mit dem Anspruch der Kraft, die das Schicksal verlieh, jener mit dem Anschlag ungerechter Gesinnung.“ (Übers.: G. P. Landmann); vgl. Crane, 1998, 260f.

87 Crane, 1998, 268f.

88 Thuk. 6.82-87; s. dazu auch Kap. V.6.

89 Thuk. 1.73,1; 3; 78,1-2; vgl. Crane, 1998, 266f.; 269.

90 K. Raaflaub, Athens >Ideologie der Macht< und die Freiheit des Tyrannen, in: J. M. Balcer – H.-J. Gehrke – K. Raaflaub – W. Schuller (Hrsg.), Studien zum attischen Seebund, Xenia 8, Konstanz 1984, 45-86.

91 Thuk. 1.124,3; 2.63,2; 3.37,2.

92 Vgl. hierzu K. Raaflaub, Die Entdeckung der Freiheit. Zur historischen Semantik und Gesellschaftsgeschichte eines politischen Grundbegriffs der Griechen, München 1985, 168-171; ders., 1984, 73ff.; L. Kallet, Dēmos Tyrannos: Wealth, Power, and Economic Patronage, in: K. A. Morgan (Hrsg.), Popular Tyranny: Sovereignty and Its Discontents in Ancient Greece, Austin (Texas) 2003, 117-153.

scher bzw. Tyrann von Griechenland seien.[93] Ähnliche Vorstellungen finden sich auch in den *,Rittern'*.[94] Sophokles' *,Oidipous Tyrannos'* befaßt sich ebenfalls um 430 mit der Problematik der *polis tyrannos*.[95] Und schon in den Dekreten aus den frühen vierziger Jahren des 5. Jh.s ist die Rede davon, die Athener hätten die Herrschaft bzw. die Gewalt über Städte.[96] Diese Beispiele, die nicht für einen außenpolitischen Gebrauch bestimmt waren, legen den Gedanken nahe, daß sich die Athener und ihre Elite der machtpolitischen Seite ihrer Herrschaft bewußt waren. Sie demonstrieren zugleich, daß sich in dem athenischen Argument, jeder würde an ihrer Stelle auf dieselbe Weise handeln, nicht nur ein außenpolitisches Mittel verbarg, sondern daß die Athener der Meinung waren, diese Behauptung sei von der Wahrheit nicht weit entfernt.

Der Hauptgrund für diese Entwicklung ist der Charakter der athenischen Herrschaft selbst. Denn sie war ein völlig neues Phänomen für die griechische Welt. Zum ersten Mal hatte eine griechische Stadt vor den Augen der gesamten hellenischen Welt über andere Poleis eine echte Herrschaft errichtet, die sich nicht nur quantitativ, sondern auch qualitativ von allen bisherigen griechischen „Hegemonien" unterschied und die äußere und innere Freiheit der anderen Poleis in einem bisher unbekannten Ausmaß begrenzte.[97] Dieser Vorgang, der den bisher bekannten Rahmen der traditionellen Polis sprengte, wurde sowohl in Athen als auch in den anderen griechischen Staaten wahrgenommen, wie die erwähnten Beispiele zeigen. Die Perserkriege brachten die „Entdeckung der Freiheit" mit sich. Der Aufstieg Athens innerhalb nur einer Generation zur ägäischen Großmacht hatte zur Folge, daß um die Mitte des 5. Jh.s die Macht als solche ihre verschiedenen Aspekte wie Gewinnung, Erhaltung, Ausnutzung und Rechtfertigung in den Mittelpunkt der Überlegungen und des Handelns der Athener rückte. Das Handeln Athens, das nur eigene Interessen und die eigene Machterweiterung zum Ziel hatte, brach dermaßen mit überlieferten Vorstellungen und Denkweisen, daß scharfe Kritik und Widerstand unausweichlich waren. Deshalb mußten neue Begriffe und Argumente entwickelt werden, um den

93 Aristoph. Vesp. 517ff.; 546ff.; 575; 577; 700-712.

94 Aristoph. Equ. 797; 965f.; 1086ff.; bes. 1111ff.; 1329ff.; 1333f.; vgl. J. Henderson, Demos, Demagogue, Tyrant in Attic Old Comdey, in: K. A. Morgan (Hrsg.), Popular Tyranny: Sovereignty and Its Discontents in Ancient Greece, Austin (Texas) 2003, 155-179.

95 Vgl. B. M. W. Knox, Oedipus and Thebes, New Haven 1957, 53ff.; Raaflaub, 1984, 75f.; anders R. Seaford, Tragic Tyranny, in: K. A. Morgan (Hrsg.), Popular Tyranny: Sovereignty and Its Discontents in Ancient Greece, Austin (Texas), 2003, 107-111.

96 Vgl. Raaflaub, 1985, 169.

97 Vgl. Crane, 1998, 83ff.; 91f.; 121ff.; Raaflaub, 1985, 148-160; 173-181. Zu dem Charakter der athenischen Seebundpolitik s. auch Welwei, 1999, 77-136; bes. 126-136; ders., „Demos" und „Plethos" in athenischen Volksbeschlüssen um 450 v. Chr., Historia 35 (1986), 177-191.

Machtanspruch Athens zu rechtfertigen.[98] Es entstand um die Mitte des 5. Jh.s eine differenzierte Untertanen- und Herrschaftsterminologie, wie z. B. *douleia*, *autonomia*, „Herrschaft" und „Reich" (*arché*), die Anwendung des Tyrannisbegriffs für Athens Herrschaft.[99] Diese Begriffe waren in den zwischen- und innerstaatlichen Diskussionen sowohl ein Mittel der Argumentation als auch ihr Gegenstand und förderten die Entwicklung des Verständnisses für die verschiedenen Aspekte und die Bedeutung der politischen Macht.

Das Aufkommen eines politischen Konzeptes in den Jahren vor dem Peloponnesischen Krieg, das die Verknüpfung von Herrschaft/Tyrannis und Freiheit vertrat, könnte insbesondere zum Verständnis der Entwicklung des Recht des Stärkeren interessant sein.[100] Auf die Vorwürfe, daß Athen die Griechen versklavt, kam die Antwort: „Wir herrschen, um selber frei zu sein", beziehungsweise: „Nur der Tyrann ist wirklich frei".[101] Die Beweggründe für die Entstehung dieses Konzeptes waren die geistige Auseinandersetzung mit der gewaltigen Macht des persischen Großkönigs als einer Art Übertyrann[102] und insbesondere das Bedürfnis, die Anschuldigung, daß Athen die Griechen knechte, positiv aufzufangen.[103] Gerade aber diese positive Konnotation ist von Bedeutung für die hier behandelte Thematik. Denn durch sie bekam die Tyrannis, die sonst allgemein als solche negativ bewertet wurde, einen positiven Beiklang. Auf diese Weise finden sich in der Argumentation der Athener Anklänge an die Ambivalenz, die schon die Aristokraten in der archaischen Zeit gegenüber der Tyrannis kennzeichnete. Auf der einen Seite haßten zu dieser Zeit alle Aristokraten den Tyrannen, auf der anderen Seite aber nutzten sie jede Gelegenheit, die Macht zu usurpieren, ohne zu zögern.[104] Die Verknüpfung von Herrschaft und Freiheit, welche einige Zeitgenossen wie Perikles, Diodotos, Nikias, Alkibiades und Euphemos im Zusammenhang mit der athenischen Herrschaft hervorheben, spiegelt sich auch in Platons ‚*Gorgias*' wider, nur jetzt auf der Ebene des mächtigen Individuums. So kennzeichnet Polos als positive Seite der Macht des Tyrannen die Möglichkeit (Freiheit), tun zu können, was er will.[105] Der berühmteste Exponent des Rechts des Stärkeren, Kallikles, ist der Meinung, daß es von

98 Vgl. Raaflaub, 1985, 162-207; 321ff.; ders., 1984, 50; 63f.

99 Vgl. Raaflaub, 1985, 162-168; 171-181 (*douleia*); 189-207 (*autonomia*); 168-171 (Herrschaft und Reich); 181-184 (Tyrannis).

100 Raaflaub, 1985, 245; ders., 1984, 69ff.; 77f.

101 Eine ausführliche Behandlung dieser Problematik findet man in den Arbeiten von K. Raaflaub; Raaflaub, 1985, 230-248; ders., 1984, 45-86.

102 Raaflaub, 1985, 241; ders., 1984, 74. Zum perischen König als einer Art Übertyrann s. auch Kap. V.1.

103 Raaflaub, 1985, 245.

104 Vgl. Raflaub, 1984, 73f.; 85 Anm. 103; vgl. auch Stahl, 1987, 104f.; 133ff.; de Libero, 1996, 391; 398ff.

105 Perikles (Thuk. 2.62; 64,3); Diodotos (Thuk. 3.45,6); Nikias (Thuk. 7.69,2); Alkibiades (Thuk. 6.89,6); Euphemos (Thuk. 6.82; 83,4); Polos (Plat. Gorg. 466b-e).

Natur aus schön und recht sei, daß die Herrschernatur ihren Begierden freie Bahn läßt.[106] Hier können wir sehen, daß dieses athenische außenpolitische Konzept und die damit verbundene Wertschätzung von absoluter Macht höchstwahrscheinlich das Aufkommen des Recht des Stärkeren begünstigte. In der Forschung wird aber davon ausgegangen, daß in erster Linie zeitgenössische machtpolitische Theorien auf die Entstehung des Konzeptes „Nur der Tyrann ist wirklich frei" gewirkt haben.[107] Diese Theorien lassen sich in vier Punkten zusammenfassen: (1) Nach den Gesetzen des menschlichen Zusammenlebens herrscht der Stärkere über den Schwächeren; (2) gewisse Menschen und Staaten sind prädestiniert für die Herrschaft, andere für die Position der Untertanen; (3) das Individuum und die Staaten streben nach Herrschaft und Vorteil, wo immer sie können; (4) zwei Mächte können nicht friedlich nebeneinander koexistieren, weil jede versucht, die andere zu unterjochen.[108]

Zweifellos ist mit einem Einfluß der Sophistik und dem der politischen Theorie in dieser Hinsicht zu rechnen.[109] Dies ist z. B. beim Konzept der vollkommen Autarkie, dem man bei der Verbindung von Freiheit und Herrschaft begegnet, ohne weiteres festzustellen.[110] Jedoch sollte man diesen Einfluß nicht überbewerten, insbesondere hinsichtlich der Punkte (1) und (2). Denn von denjenigen Sophisten, von denen wir wissen, daß sie bereits vor dem Peloponnesischen Krieg in Athen gewesen sind, nämlich Protagoras, Hippias und Prodikos, kann man keinen mit dem Recht des Stärkeren in Verbindung bringen. Das Gegenteil ist der Fall.[111] Hinzu kommt, daß das Recht des Stärkeren höchstwahrscheinlich erst etwa in der Mitte des Krieges entstanden ist. Obwohl es gewisse Gemeinsamkeiten zwischen der Rede der Athener in Sparta, der Rede des Hermokrates in Gela und dem Melierdialog gibt, kann man nur beim letzteren wirklich von einem sophistischen Recht des Stärkeren ausgehen.[112]

Die Reden bei Thukydides belegen indessen auch, daß nicht nur die Athener vom Machtkalkül bestimmt sind. Auch die Politik der Spartaner, die als Traditionalisten und Befreier von der athenischen Tyrannis hervortreten, orientiert sich gleichfalls an Interessen und Machtverhältnissen.[113] In der Rede des spartanischen Königs Archidamos II., die laut Thukydides nach der Rede der Athener in Sparta gehalten wurde, dominieren derartige Überlegungen.[114] Archidamos II. ist weniger gegen einen Krieg mit Athen als vielmehr der Ansicht, daß

---

106 Plat. Gorg. 491e-492d.
107 Vgl. Raaflaub, 1984, 54f.; Kiechle, 1963, 289-312.
108 Vgl. Raaflaub, 1984, 54f.; Kiechle, 1963, 289-312.
109 Raaflaub, 1984, 54f.; 63f.; Kiechle, 1963, 302.
110 Raaflaub, 1985, 237-241; ders., 1984, 64f.
111 J. de Romilly, Thukydides and Athenian Imperialism, London 1963, 301.
112 Zu einer ausführlicheren Begründung dieser Stellungnahme s. Kap. III.5.
113 Anders Strasburger, 1958, 36ff.
114 Thuk. 1.80-86.

Sparta dafür noch nicht genügend vorbereitet sei, weil es über wichtige Machtmittel wie Geld und eine Flotte nicht hinreichend verfüge. Deshalb spricht er sich dafür aus, daß man die Athener so lange täuschen solle, bis man alle Kriegsvorbereitungen erfolgreich abgeschlossen habe, indem weiterhin Anklagen gegen sie hervorgebracht werden, die sie weiter diskreditieren und im unklaren lassen würde, ob Sparta einen Krieg wirklich will.[115] Ein Beweis dafür, daß auch das spartanische Handeln durch kaltes machtpolitisches Kalkül dominiert wird, ist das Schicksal der Plataier im Sommer 427. Die Spartaner waren ihres eigenen Vorteils wegen entschlossen, den Forderungen ihrer Verbündeten, der Thebaner, entgegenzukommen und ließen alle gefangengenommene Plataier hinrichten. Der Vorwand, unter dem das geschah, die Frage an jeden Plataier, der kapituliert hatte, ob er den Spartanern in diesem Krieg irgendwelche Dienste oder Nutzen erwiesen hätte,[116] zeigt ebenso die Motive, die die Spartaner bewegten. Auch die Bereitschaft der Spartaner, den „Nikiasfrieden" trotz starker Unzufriedenheit ihrer Verbündeten durchzusetzen, sowie der Symmachievertrag der „Befreier" mit dem „Tyrannen von Hellas" offenbaren, daß machtpolitische Überlegungen das Handeln der Spartanern maßgebend beeinflußten.[117] Der Umstand, daß die Spartaner durchaus vom machtpolitischen Denken geprägt waren, ist wegen einer anderen Tatsache um so bedeutender. Denn als Traditionalisten waren die Spartaner weniger offen für neue Ideen. Deshalb ist nicht mit einem bedeutenden sophistische Einfluß in Lakonien zu rechnen. Dies ist daher ein weiteres Indiz dafür, daß nicht nur die sophistischen machtpolitischen Theorien für die Entstehung einer Theorie des Rechts des Stärkeren verantwortlich sind.

Machtpolitisches Denken war aber nicht nur auf das griechische Mutterland begrenzt. In der Rede des Hermokrates auf dem Kongreß in Gela im Sommer 424 werden Motive wie Furcht, Vorteil und Machtwille angesprochen.[118] In ähnlicher Weise wie die Athener ist auch er der Meinung, daß der Wille zu herrschen in der menschlichen Natur verankert sei.[119]

All diese Beispiele weisen darauf hin, daß machtpolitisches Denken und Handeln nicht nur für die Athener charakteristisch war, obwohl sie von ihm am stärksten geprägt waren und ihm neue Impulse gaben. Gemeinsam mit dem Umstand, daß schon in der archaischen Zeit Ansätze des Rechts des Stärkeren existierten, zeigen diese Tatsachen, daß es bereits vor der Sophistik eine Grundlage für das Recht des Stärkeren im griechischen Denken gab. Es bedurfte nur neuer Impulse, wie der athenischen *arché* und des Peloponnesischen Krieges, damit

---

115 Thuk. 1.82,1-3.

116 Thuk. 3.68,1-2.

117 Thuk. 5.15,1; 22,1-2; 32; Diod. 12.75,2. Ein exzellentes Beispiel für spartanisches machtpolitisches Denken sind auch die Handlungen des Lysander; vgl. Kiechle, 1969, 550f. Anm. 27.

118 Thuk. 4.59-64.

119 Thuk. 1.76,2; 4.61,5.

das Recht des Stärkeren vollkommen zur Geltung gebracht wurde und sich eine theoretisch begründete Doktrin aus dieser bilden konnte.

4. Das Recht des Stärkeren bei Thukydides

Die folgende Untersuchung basiert auf den Reden und auf dem Melierdialog, welche von Thukydides stilisiert wurden. Thukydides selbst berichtet, daß seine Komposition der Reden aufgrund realer Schwierigkeiten nicht immer dem tatsächlich Gesprochenen völlig entspricht.[120] Wenn Thukydides die Reden auch nicht völlig wortgetreu wiederzugeben vermochte, kannte er höchstwahrscheinlich dennoch den Sinn der meisten Reden und die Umstände, unter denen diese stattfanden. Obgleich er vielleicht keine detaillierten Informationen z. B. über die tatsächlichen Verhandlungen mit Melos besaß, ist es denkbar, daß er doch die Umrisse der Argumentation der Athener kannte. Einige Tatsachen sprechen für die Annahme, daß die Wiedergabe der Reden durch Thukydides in vielen Bereichen inhaltlich korrekt ist. Sein Wunsch, die tatsächlichen Ereignisse mit größtmöglicher Präzision zu rekonstruieren, sowie seine Vertrautheit mit dem sophistischen Gedankengut, für die der Melierdialog der beste Beweis ist, sprechen dafür.[121] Außerdem werden Prodikos, der für sein Interesse an der „Sprachforschung" berühmt war[122] und Antiphon als dessen Lehrer genannt.[123] Zum Schluß ist noch zu berücksichtigen, daß die Resultate dieser Untersuchung der Reden bei Thukydides in ihren wichtigsten Grundzügen mit den Informationen aus anderen Quellen übereinstimmen. Da sich aber nicht alle Fakten in Hinsicht auf die Glaubwürdigkeit der Reden mit letzter Sicherheit feststellen lassen, ist eine gewisse Skepsis angebracht.

Um zu zeigen, daß das Recht des Stärkeren in der Form, die von Kallikles verfochten wurde, erst während des Peloponnesischen Krieges entstanden ist, erscheint es erforderlich zu beweisen, daß die Rede der Athener in Sparta und die von Hermokrates in Gela keine sophistische Lehre vom Recht des Stärkeren

---

120 Thuk. 1.22.

121 Thuk. 1,22; vgl. C. W. Macleod, Form and Meaning in the Melian Dialogue, Historia 23 (1974), 385-400; Hudson-Wiliams, Conventional Forms and the Melian Dialogue, AJPh 71 (1950), 156-169.

122 Vgl. A. A. Long, Theorien der Sprache, in: J. Brunschwig – G. E. R. Lloyd (Hrsg., unter Mitarb. von P. Pellegrin), Das Wissen der Griechen. Eine Enzyklopädie, München 2000, 465f.; 469f.; Guthrie, 1969, 224f.; 276f.

123 Vgl. Guthrie, 1969, 223f.; de Romilly, 1992, 74. M. Ostwald, 1986, 361f. bringt Thukydides mit Antiphon in Verbindung. Falls Thukydides auch kein Schüler oder Freund von Antiphon aus Rhamnus war, so erscheint es doch plausibel anzunehmen, daß Thukydides als ein gebildeter Athener mit der Nomos-Physis-Antithese und dem ungefähren Datum ihres Erscheinens vertraut war.

als Grundlage hatten. Diese zwei Reden werden nämlich in der Forschung häufig als Ausdruck des Rechts des Stärkeren gedeutet.[124]

Zwischen der Rede der Athener in Sparta und der athenischen Argumentation im Melierdialog bestehen erhebliche Differenzen. Zunächst fällt auf, daß sich die Athener trotz aller „Offenheit" in Sparta rechtfertigen, was in Melos dagegen nicht der Fall ist. Das Fehlen jeglicher Art von Rechtfertigung durch ethische oder historische bzw. gesellschaftliche Argumente, charakterisiert den Machtanspruch des Kallikles und den der Athener im Melierdialog. Die einzige Rechtfertigung, die Kallikles und die Athener auf Melos äußern, stützt sich auf die konkreten Machtverhältnisse, und dieses ist keine Rechtfertigung im wahren Sinne des Wortes. In der Rede in Sparta aber rechtfertigen die Athener ihre Herrschaft auf mehrere Weisen.[125] Sie begründen ihren Führungsanspruch mit ihren historischen Leistungen im Kampf gegen die Perser.[126] Überdies heben sie hervor, daß sie die Herrschaft nicht gewaltsam an sich gerissen hätten, sondern daß sie ihnen zugefallen sei, weil sich die Spartaner zurückgezogen hätten. Dies steht im offensichtlichen Widerspruch zur Logik des Rechts des Stärkeren. Dazu betonen sie ausdrücklich, daß sie ihre Herrschaft später aus Ehre, Vorteil vor allem aber aus Angst zu sichern suchten.[127] Ferner akzentuieren die Athener, daß sie gegenüber den Bundesgenossen gerechter und maßvoller gewesen seien, als sie aufgrund ihrer Machtstellung eigentlich hätten sein müssen.[128]

Des weiteren bestehen auch substantielle Unterschiede zwischen den Begriffen, die die Athener in ihrer Argumentation in Sparta gebrauchen, namentlich in dem Teil, in dem sie die Logik des Stärkeren direkt ansprechen, und den Begriffen, die im Melierdialog und von Kallikles benutzt werden. Dies bezieht sich vor allem auf den Terminus *physis*, der eine der Schlüsselpositionen im sophistischen Gedankengut innehat. So berufen sich so die Athener in 1.76,2 nicht auf die *physis*, sondern auf „τοῦ ἀνθρωπείου τρόπου". Aus zwei Gründen ist dieses nicht mit dem Gesetz des Stärkeren gleichzusetzen, das gemäß der „Natur" wäre. Da das Wort *physis* nicht verwendet wird, kann diese Stelle nicht „menschliche Natur" bedeuten. Deshalb ist es sinnvoll, diese Wendung als Äqui-

124 HCT I, 236; IV, 515f.; Kiechle, 1963, 302ff.; de Romilly, 1963, 254ff.; Guthrie 1969, 86; A. Rengakos, Form und Wandel des Machtdenkens der Athener bei Thukydides, Stuttgart 1984, 32ff.; 84; Connor, 1984, 122ff.

125 Vgl. Rengakos, 1984, 25ff.

126 Thuk. 1.73,2-75,1.

127 Thuk. 1.75,1-4.

128 Thuk. 1.76,3-77,6. Dies ist ein bedeutender Punkt. Denn Kallikles meint, man solle den eigenen Begierden freie Bahn lassen (Plat. Gorg. 491d-492c). In gleicher Weise lehnen die Athener im Melierdialog jedes maßvolle und gerechte Handeln als ein Zeichen der eigenen Schwäche ab (Thuk. 5.90-97). Auch die ungerechte Rede verwirft gerade an der Stelle, an der die Nomos-Physis-Antithese auftaucht, die Besonnenheit und Sittsamkeit, weil sie den Menschen vom Ausleben seiner Triebe abhielten (Aristoph. Nub. 1071ff.); vgl. Heinimann, 1945, 140; s. auch Welwei, 1975, 22.

valent für „menschliche Art und Weise" (sich zu verhalten) zu verstehen.[129] Der Terminus *physis*, der eine essentielle Bedeutung bei Kallikles, Thrasymachos und im Melierdialog hat, wird also überhaupt nicht in Anspruch genommen. Der zweite Grund ist, daß, selbst wenn hier statt des Wortes *tropos* der Begriff *physis* stehen würde, sich diese Stelle noch immer nur auf das Verhalten der Menschen beziehen würde und nicht auf das Verhalten aller Lebewesen. Später aber in 1.76,3 ist die Rede von „τῇ ἀνθρωπείᾳ φύσει". Aber es ist wieder nur die „menschliche Natur" gemeint, und gerade hier folgt sogleich die Rechtfertigung. Hinzu kommt, daß an keiner Stelle ein Gesetz (*nomos*) oder Recht (*dikaion*) der „Natur" (*physis*) angesprochen wird, was hingegen im Melierdialog und bei Kallikles der Fall ist.[130] Statt dessen wird „καθεστῶτος" benutzt.[131] Es scheint wohl kaum nur ein Zufall zu sein, daß die Stellen 1.76,1-2 und 5.105,1-2 im Sprachgebrauch weitgehend übereinstimmen, wie W. R. Connor feststellt,[132] aber im zentralen Punkt, wie oben gezeigt wurde, substantielle Differenzen vorkommen.[133]

Dieselben Einwände wie für die Rede der Athener in Sparta gelten auch für die Rede des Hermokrates in Gela 424, denn auch hier wird nur die „menschliche Natur" angesprochen, und wieder wird das Gesetz der „Natur" nicht erwähnt.[134]

---

129 Hornblower, 1991a, 121f.

130 Thuk. 5.105,2; Plat. Gorg. 484a-b. Der Einwand, daß die Spartaner aufgrund ihrer spezifischen Verfassung und Gesellschaftsstruktur keine *nomoi* kannten, weshalb die Athener in ihrer Rede diesen Begriff nicht benutzen, ist aus drei Gründen in Frage zu stellen. Erstens bezieht sich die Rede der Athener vor allem auf sie selbst und nicht auf die Spartaner, und die Athener kannten die *nomoi*. Zweitens gab es noch die Möglichkeit, statt *nomos* den Begriff *dikaion* anzuwenden. Drittens kann man davon ausgehen, daß die Spartaner durch den Sophisten Hippias, welcher nach eigenen Worten sehr häufig in Sparta weilte und der ein Vertreter der Nomos-Physis-Antithese war, mit den Elementen dieser sophistischen These vertraut waren (Plat. Hipp. mai. 281 a; Prot. 337c-e).

131 Thuk. 1.76,2; vgl. Hornblower, 1987, 186 mit Anm. 99.

132 Connor, 1984, 151 Anm. 32.

133 Insbesondere, wenn man in Betracht zieht, daß der Begriff der „menschlichen Natur" bei Thukydides des öfteren benutzt wird, ohne daß es sich dabei um ein Recht des Stärkeren handelt, z. B. im Pestexkurs (Thuk. 2.50,1), in der Mytilenaierdebatte (Thuk. 3.39,5; 45,7) und in der ‚*Pathologie des Krieges*' (Thuk. 3.82,2; 84,2). Des weiteren wird der Begriff *physis* auch in einem anderen Kontext verwendet. Thukydides spricht über die *physis* des Themistokles (Thuk 1.138,3); in seiner Leichenrede spricht Perikles über die *physis* der Zuhörer seiner Rede und über die *physis* der Witwen (Thuk. 2.35,2; 45,2). In den ‚*Wolken*' wird Strepsiades gefragt, ob Redegewandtheit in seiner Natur sei (Aristoph. Nub. 486). Bei Herodot der nicht die Nomos-Physis-Antithese gebraucht, ist auch die Rede von der menschlichen Natur (Hdt. 3,65.3; 8.38; 83,1).

134 Thuk. 4.61,5.

Die Bedeutung des Unterschiedes zwischen der „Natur“ insgesamt und der „menschlichen Natur“ ist nicht zu unterschätzen.[135] Die Anwendung des Begriffes *physis* ist eine Folge der sophistischen Nomos-Physis-Antithese, und hier wird gerade von einem unüberbrückbaren Gegensatz zwischen der von den Menschen geschaffenen und der von der Natur insgesamt geschaffenen Ordnung, ausgegangen. Deshalb darf man die „menschliche Natur“ nicht mit der „Natur“ an sich gleichsetzen.[136] Außerdem zeigen verschiedene Exempel, in denen an das Recht des Stärkeren, die Nomos-Physis-Antithese oder beide appelliert wird, eine wichtige Gemeinsamkeit. In allen Fällen wird einzig der Begriff der allgemeinen *physis* und nicht der „menschlichen Natur“ verwendet. Das deutet daraufhin, daß eine solche Anwendung des Begriffs der *physis* kein Zufall ist. Dies belegen die Rede die Athener im Melierdialog, die Argumentation des Kallikles und die Anwendung der Antithese in Aristophanes' *‚Wolken'*. Wenn die Athener vom Recht des Stärkeren sprechen, sagen sie explizit, daß dies nicht nur für die Menschen gilt, sondern auch für die Götter.[137] Sie reden gleichfalls vom Zwang der „Natur“ statt vom Zwang der „menschlichen Natur“.[138] Auch bei Kallikles bezieht sich die *physis* auf Tiere sowie auf Menschen und Staaten.[139] In den *‚Wolken'*, in denen der früheste Beleg des Gebrauchs der Nomos-Physis-Antithese zu finden ist, ist ebenfalls die Rede vom Zwang der „Natur“, der selbst für Zeus gilt.[140] Bei Antiphon und seiner Darlegung der Nomos-Physis-Anthithese und des Zwanges der „Natur“ wird gleichfalls nur die allgemeine *physis* und nicht die „menschliche Natur“ angesprochen, und das obwohl sich seine ganze Darlegung unmißverständlich auf das Verhalten des Menschen bezieht.[141] Das gleiche gilt auch für den Sophisten Hippias und für den Anonymus Iamblichi.[142]

---

135 G. Rechenauer, 1991, 162ff. weist ebenfalls darauf hin, daß Thukydides' Terminus der ἀνθρωπεία φύσις vom dem der Sophisten abweicht.

136 Die „Natur“ umfaßt zwangsläufig als übergreifender Terminus, auch den Begriff der „menschlichen Natur“, wobei aber die „menschliche Natur“ mit der „Natur“ nicht automatisch gleichzusetzen ist.

137 Thuk. 5.105,1-3.

138 Thuk. 5.105,2.

139 Plat. Gorg. 483d. Daß das Berufen auf die Verhaltenweise der Tiere kein Zufall ist, zeigt auch die Tatsache, daß Hesiod ausgerechnet das Verhalten des Habichts als Beispiel nimmt. In den *‚Wolken'* rechtfertigt Pheidippides, nachdem er seinen Vater geschlagen hat, seine Handlungsweise mit der Bemerkung, daß Hähne und andere Tiere das Gleiche tun (Aristoph. Nub. 1427ff.; Av. 753ff.). Die Verteidigung der *physis* durch die Berufung auf die Zustände in der Tierwelt ist ein wichtiges Element der Nomos-Physis-Antithese; vgl. Heinimann, 1945, 145ff.

140 Aristoph. Nub. 1075-1084; vgl. Ostwald, 1986, 260.

141 DK 87 B 44a.

142 Plat. Prot. 337c-e; vgl. Hoffmann, 1997, 151ff. Anonymus Iamblichi löst die Nomos-Physis-Antithese, indem er die Grundlagen des Gesetzes und der Gerechtigkeit in der „Natur“ sieht. Gerade in dem Abschnitt, in dem er dies beschreibt, ist jedoch nur von

Folgerichtig darf man bei keiner dieser beiden Reden davon ausgehen,[143] daß sie das sophistische Recht des Stärkeren vertreten. Sie besitzen gewiß einige Elemente des Rechts des Stärkeren, die man aber eher auf das traditionelle griechische Denken zurückführen kann. Diese Schlußfolgerung unterstützt auch der Umstand, daß die Nomos-Physis-Antithese, welche eine essentielle Rolle für die Entwicklung der Theorie des Stärkeren spielt, erst in den zwanziger Jahren des 5. Jh.s aufkommt, weshalb es eher unwahrscheinlich ist, daß das Recht des Stärkeren im Sinne einer voll ausgebildeten philosophischen These noch vor dem Peloponnesischen Krieg verfochten wurde.

Es gibt noch ein weiteres Indiz, welches demonstriert, daß sich die Theorie vom Recht des Stärkeren höchstwahrscheinlich erst während des Krieges voll ausgebildet hat. Denn keine der anderen Reden bei Thukydides, Perikles, Kleon, Diodotos, Hermokrates etc., appelliert an das Recht des Stärkeren, auch wenn manchmal die Gelegenheit für dessen Anwendung außerordentlich günstig gewesen wäre. In der Mytilenaierdebatte zwischen Kleon und Diodotos 427 benutzt hier interessanterweise der berüchtige Demagoge keine Argumente, die sich auf ein Recht des Stärkeren stützen würden, obwohl er die athenische Herrschaft als eine Tyrannis bezeichnet.[144] Zudem hebt er hervor, daß sich die Athener nicht erlauben dürften, Schwäche oder Mitleid zu zeigen, und daß sie ein Recht darauf hätten, die Mytilenaier zu exekutieren, um so ein Exempel zu statuieren. Von Kleon, dem jedes Mittel Recht war, um sein Ziel zu erreichen, obwohl er den Sophisten nicht zugeneigt war, wäre in einer solchen Situation zu erwarten, sich auf das Recht des Stärkeren zu berufen, um so die Athener von der Notwendigkeit einer solchen Handlung zu überzeugen und diese gleichzeitig zu rechtfertigen. Auch diese Sachverhalte zeigen, daß im Falle der von Thukydides wiedergegebenen Reden aller Wahrscheinlichkeit nach nur im Melierdialog von einem theoretisch begründeten Recht des Stärkeren ausgegangen werden kann.

In der Forschung allerdings wird immer wieder die Ansicht vertreten, daß zwischen dieser Passage bei Thukydides und der These, die Kallikles vertritt, wichtige Abweichungen existieren, weshalb man sie nicht ohne weiteres gleichsetzen könne. Es wird argumentiert, daß im Unterschied zu Kallikles die Athener die Doktrin „might is right" nicht verträten und auf alle Berücksichtigungen des Rechts verzichteten, da sie nicht sagen, daß der Stärkere herrschen solle,

---

der „Natur" allgemein und nicht der „menschlichen Natur" die Rede. Das gleiche kann man feststellen, wenn Anonymus Iamblichi die Meinung vertritt, es sei unmöglich, daß sich ein starkes Individuum – im Sinne eines Kallikles – durchsetzen könne (DK Anon. Iambl. 402.25ff.). Demokrit, bezieht sich sogar auf die „Natur" im allgemeinen Sinne, wenn er in einem Fragment, dessen Kontext unbekannt ist, davon spricht, daß das Herrschen von der Natur aus dem Stärkeren angemessen sei (DK 68 B 267).

143 Thuk. 1.73-78; 4.59-64.

144 Thuk. 3.37,2.

sondern dieses einfach nur feststellen.[145] Dagegen lassen sich drei Einwände erheben.

Erstens ist es nötig, auf die völlig verschiedenen Situationen, in denen diese beiden Dialogen stattfinden, einzugehen. Die Athener müssen eigentlich in den Verhandlungen mit den Meliern nichts nachweisen, denn ihre militärische Übermacht ist so enorm, daß in keinem Moment der Verdacht aufkommt, daß sie das, was sie behaupten, nicht auch durch Waffengewalt in die Realität umsetzten könnten. Es gibt eine Übereinstimmung zwischen den Worten und den Fakten, was durch das endgültige Schicksal der Melier, auf welches die Athener immer wieder hinweisen, bewiesen wird. Kallikles aber befindet sich in einer anderen Position. Er ist eigentlich der Lage der Melier näher als der der Athener. Denn im Dialog ist der wirklich Übermächtige nicht Kallikles, sondern Sokrates. Dies wird schon sehr deutlich klargestellt, bevor Kallikles seine Theorie hervorbringt, da Sokrates zuerst den Lehrer des Kallikles, Gorgias, und dann dessen Schüler Polos in der Diskussion besiegt. Überdies vertritt Polos in diesem Wortgefecht schon Teile der Ansichten des Kallikles. Die Übermacht des Sokrates wird in dem weiteren Meinungsaustausch mit Kallikles noch deutlicher. Alle diese Gründe weisen darauf hin, daß die Ausgangsposition des Kallikles von der der Athener in Melos von Grund aus verschieden war. Er ist der Schwächere und nicht der Stärkere, weshalb er sich so überaus emotional bemüht, seine Theorie zu beweisen. Die Athener müssen an sich nichts nachweisen, weshalb sie auch sagen, daß die ganze Beratung das Heil der Melier zum Ziel hat.[146] Dazu kommt, daß die Athener im Gegensatz zu Kallikles die Gewalt bzw. ihre militärische Übermacht als endgültige Argument für sich sprechen lassen können.

Zweitens darf man nicht vergessen, daß es sich um zwei völlig verschiedene Dialoge handelt. Der Melierdialog ist eine politische Diskussion; er verfolgt nicht, wie der Dialog in Platons ‚*Gorgias*' ein philosophisches Ziel. Er will nicht erfahren, was Recht und Wahrheit, gut oder schlecht ist. Der Melierdialog hat nur das Ziel die Melier davon zu überzeugen, die athenische Herrschaft freiwillig zu akzeptieren. Jedes Gespräch in dieser Diskussion über den Sinn oder über die ethische Grundlage der athenischen Herrschaft ist fehl am Platz und würde die Athener unnötigerweise in eine schlechte Verhandlungsposition bringen. Die Ablehnung der Athener, über die Gerechtigkeit zu sprechen, und der erfolglose Versuch der Melier, die Götter in das Gespräch einzuführen, verdeutlichen dies.[147]

Drittens spricht Kallikles zwar nicht von einem Gesetz *(nomos)* des Stärkeren, sondern von einem Recht *(dikaion)* des Stärkeren. Zuvor jedoch ist bei ihm die Rede von einem Gesetz der Natur.[148] Denn gerade an der Stelle, an der er die

145 Vgl. hierzu de Ste. Croix, 1972, 14f.; Ostwald, 1986, 309f.
146 Thuk. 5.87; 101.
147 Thuk. 5.89-90; 104-105; vgl. Macleod, 1974, 394f.
148 Plat. Gorg. 483e.

Lehre vom Recht des Stärkeren ausführt, zitiert Kallikles ein Lied von Pindar, um seine These zu bekräftigen.[149] Dieses Zitat zeigt, daß sein *dikaion* vom Sinn her anscheinend mit dem *nomos* identifiziert werden kann, denn er sagt: *„Das Gesetz* (νόμος), *der Sterblichen König und Unsterblichen,* [...], *führt von Natur herbei rechtfertigend das Gewaltsamste mit übermächtiger Hand. Ich zeige es an den Taten des Herakles; denn – ungekauft* – [...]".[150] Zudem kann man in den *‚Wolken'* eine ähnliche Tendenz erkennen, obgleich hier keine Rede vom Recht des Stärkeren sein kann. Das schwächere Argument zählt zuerst die Vorteile auf, die man habe, wenn man dem Zwang der Natur folge. Dann erklärt es, daß man unter Berufung auf Zeus behaupten könne, man habe nichts Unrechtes getan, selbst wenn auch man dabei erwischt würde.[151] Das bedeutet, daß man den Zwang der Natur mit dem, was gerecht ist, gleichsetzt. Diese Differenzen zwischen dem Melierdialog und Kallikles sind daher vom Charakter her nicht von unüberbrückbarer Natur, wie es auf den ersten Blick erscheinen mag.[152] Kallikles geht gegenüber den Athenern im Melierdialog einen Schritt weiter, indem er sagt: „might is right", aber es ist vorstellbar, daß einige der athenischen Gesandten in seiner Situation das gleiche getan hätten, was ihre Rücksichtslosigkeit gegenüber ethischen Normen in der Behandlung der Melier zeigt.

Es stellt sich auch die Frage, ob es wegen des hohen Niveaus der Diskussion im Melierdialog realistisch ist anzunehmen, daß Verhandlungen in einer solchen intellektuellen Form stattfinden konnten.[153] Der sophistische Charakter

---

149 Plat. Gorg. 483c-484c.

150 Plat. Gorg. 484b (= Pind. frg. 169 Snell); zitiert nach F. Schleiermacher. Überhaupt geht Kallikles in seiner Rede von der Kritik des *nomos* zu dem *dikaion* des Stärkeren über, ohne dabei einen Unterschied zwischen diesen zwei Begriffen zu machen, was zu erwarten wäre, falls er sie tatsächlich differenzierte (Plat. Gorg. 484a-b). Dasselbe scheint gleichfalls für Anonymus Iamblichi zu gelten. Denn auch bei ihm scheinen *dikaion* und *nomos* gleichartig zu sein, da er sie gemeinsam nennt und keine Differenzen zwischen ihnen macht (DK Anon. Iambl. 402.25ff.). In bezug auf Protagoras (Plat. Prot. 327a) kommt F. Heinimann, 1945, 16, zum gleichen Ergebnis; vgl. auch R. Brandt, Naturrecht (Antike), HWPh VI, 1984, Sp. 564f. In den ‚*Memorabilien*' des Xenophon erklärt Sokrates in einer Konversation mit Hippias, daß das Gesetzmäßige und das Gerechte dasselbe seien (Xen. mem. 4.4,12; 18; 25). Hinzu kommt, daß es eigentlich ein Paradox ist, bei der Nomos-Physis-Antithese vom Gesetz der Natur zu sprechen. Bemerkenswert ist ebenfalls der Umstand, daß Kallikles das Gesetz und die Natur in seiner Antithese mit ethischen Werten gleichsetzt. Die Natur wird mit dem Recht, der *nomos* mit dem Unrecht verknüpft (Plat. Gorg. 483c-d). Demgemäß ist es durchaus möglich, *nomos* mit *dikaion* gleichzusetzen, es hängt nur davon ab, welche Position man in Hinsicht auf die Nomos-Physis-Antithese vertritt.

151 Aristoph. Nub. 1080f.

152 Zu der Problematik, ob Gesetz mit Gerechtigkeit gleichzusetzen ist, s. auch Guthrie, 1969, 146f.

153 So Strasburger, 1958, 17f.; de Ste. Croix, 1972, 10ff.

der athenischen Argumentationsweise ist schon seit langem bekannt.[154] Platons Dialoge sind der beste Beweis dafür, daß Mitglieder der athenischen Elite, die eine sophistische Bildung genossen haben, durchaus fähig waren, solche Gespräche zu führen. Daß die Melier dabei mithalten konnten, ist nicht unwahrscheinlich, denn daß das gesprochene Wort in Melos als einer „face to face society" sowie überhaupt im gesamten Griechenland sehr geschätzt wurde, ist allgemein anerkannt. Ferner stammt z. B. Protagoras aus Abdera, Prodikos aus Kos und Diagoras aus Melos. Darüber hinaus handelt es sich auf Seiten der Melier um Angehörige der Oberschicht, die es sich leisten konnten, der Bildung wegen nach Athen, Thessalien usw. zu verreisen.[155] Schließlich ist zu beachten, daß selbst wenn der Melierdialog von Thukydides maßgeblich stilisiert wurde, dies nicht ausschließt, daß die Athener während der Verhandlungen die Lehre vom Recht des Stärkeren in einer vereinfachten Form verfochten haben.[156]

Die bisherige Untersuchung des Rechts des Stärkeren bei Thukydides hat gezeigt, daß es nur im Falle des Melierdialogs möglich ist, von diesem Recht zu sprechen. Diese Feststellung ist sehr wichtig, da sie die Datierung des Rechts des Stärkeren für mehr als ein Jahrzehnt verschiebt. Demgemäß ist der erste Ausdruck dieses Rechts im sophistischen Sinne bei Thukydides nicht auf das Jahr 432, sondern auf 416 zu datieren. Das bedeutet, daß nicht die Sophistik allein auf die Ausbildung dieses Rechts einen maßgeblichen Einfluß ausübte, sondern auch der Peloponnesische Krieg. Der Umstand, daß fünfzehn Jahre Krieg vergehen mußten, bis die erste theoretische Begründung des Rechts des Stärkeren bezeugt ist, und daß diese im Kontext einer politischen Handlung erfolgte, welche zu einer der brutalsten Kriegsausschreitungen führte, kann kein Zufall sein.

---

154 Vgl. Ostwald, 1986, 307f.; Hudson-Wiliams, 1950, 156-169; Macleod, 1974, 385-400; bes. 387-96.

155 Daß eine politische Diskussion im Kriege auf einem hohen intellektuellen Niveau geführt werden kann, hat neuerdings G. Crane, 1998, 21-35 durch den Vergleich des Melierdialoges mit der Korrespondenz zwischen General W. T. Sherman und General J. B. Hood hinsichtlich des Schicksals von Atlanta während des amerikanischen Bürgerkrieges versucht zu beweisen.

156 Der Simplifikation der Lehre vom Recht des Stärkeren kommen einige Faktoren entgegen. Zunächst war sie, wie das vorsophistische Recht des Stärkeren demonstriert, dem traditionellen griechischen Denken nicht fremd. Hinzu kommt, daß das sophistische Recht des Stärkeren im Grunde nur wenige Elemente hat und keine besonders komplizierte Theorie ist. Deshalb ist es durchaus vorstellbar, daß diese These von den athenischen Gesandten in einer stark popularisierenden Form vorgetragen bzw. mißbraucht wurde.

5. Das Recht des Stärkeren bei Kallikles

Aufgrund der Bedeutung der Datierung des Rechts des Stärkeren ist es eines der Hauptziele dieses Abschnittes zu untersuchen, in welche Zeit Platon den Dialog ‚*Gorgias*' verlegt hat. Die gelegentlichen geschichtlichen Anspielungen im Dialog führen dazu, daß der Zeitpunkt, zu dem dieser nach Platon stattgefunden haben soll, in einer Spanne von zwanzig Jahren liegt – von 427 bis ungefähr 406 – vom ersten Besuch des Gorgias in Athen bis zu der Zeit zwischen der Prytanie der Phyle des Sokrates 406 und dem Tode des Alkibiades.[157] Diese chronologischen Widersprüche verhindern jede präzise zeitliche Ansetzung des Dialogs.[158] Da es, wie schon die Analyse des Rechts des Stärkeren bei Thukydides gezeigt hat, vor allem von Bedeutung ist festzustellen, wann dieser Dialog frühestens anzusetzen ist und es in dieser Hinsicht einige Sachverhalte gibt, die möglicherweise weiterhelfen könnten, konzentriert sich die vorliegende Untersuchung auf diese Problematik. Der zweite Schwerpunkt des Abschnitts ist die Analyse der Funktion dieses Dialogs. Sie soll zum einem die Notwendigkeit der Differenzierung zwischen Kallikles auf der einen und Gorgias und Polos auf der anderen Seite zeigen. Auf diese Weise nämlich soll demonstriert werden, daß die Sophisten nicht die These vom Recht des Stärkeren begründeten, obwohl sie gewissermaßen das Instrumentarium dafür zu Verfügung stellten. Zum anderen soll auf die Relevanz anderer Faktoren wie der zeitgenössischen politischen Erfahrungen und Entwicklungen für die Entstehung des Rechts des Stärkeren hingewiesen werden.

Es soll hier davon ausgegangen werden, daß der Dialog frühestens am Ende der zwanziger Jahre oder am Anfang der darauffolgenden Dekade stattfand. Dafür gibt es mehrere Gründe. Gorgias kam nach Athen 427 als Angehöri-

---

157 Gorgias erscheint in Athen zum ersten Mal 427. Es gibt aber andere Stellen im Dialog ‚*Gorgias*', die für ein späteres Datum sprechen, so z. B. die Berufung auf die Herrschaft von Archelaos (Plat. Gorg. 470d; 525d), der von 413 bis 399 herrschte. Ferner sagt Sokrates in diesem Dialog, er sei im Jahr zuvor Ratsherr gewesen, d. h. 406 (Plat. Gorg. 473d). Die Chronologie des Dialogs birgt viele Widersprüche, so spricht Sokrates z. B. über das Schicksal von Alkibiades nach Notion im Jahr 407, als etwas, das in Zukunft eintreten könne, auf der anderen Seite redet er über seine Prytanie. Ein anderes Beispiel ist die Behauptung des Polos, daß Archelaos trotz seiner schrecklichen Taten glücklich sei und diese Meinung viele Athener teilten. In seiner Argumentation sagt Sokrates, er sei gegen diese Auffassung, auch wenn Nikias, Sohn des Nikeratos, zusammen mit seinen Brüdern als Zeuge auftrete (Plat. Gorg. 472a). Dies ist aber zeitlich und geographisch unmöglich, da Nikias 413 auf Sizilien hingerichtet wurde (Thuk. 7.86). Vgl. dazu E. R. Dodds, Plato, Gorgias, a Revised Text with Introduction and Commentary, Oxford 1959, 17-18; O. Apelt, Platons Dialog Gorgias, in: ders., Platon, Sämtliche Werke, Bd. 1, Herausgegeben und mit Einleitungen, Literaturübersichten, Anmerkungen und Registern versehen von O. Apelt, Hamburg 1920-1922 (ND Hamburg 1998), 9f.

158 Dodds, 1959, 17-18; J. K. Davies, Athenian Propertied Families 600-300 B.C., Oxford 1971, 330.

ger einer Delegation seiner Heimatstadt Leontinoi.[159] Deshalb ist es ist kaum denkbar, daß sich Gorgias damals bei Kallikles aufhielt.[160] Denn wir hören nicht, daß Kallikles Proxenos des Gorgias oder eines anderen Leontiners war. Im Dialog selbst wird nirgendwo auch nur angedeutet, daß Gorgias wegen einer politischen Angelegenheit in Athen war. Hinzu kommt, daß Kallikles im *,Gorgias'* Demos, den Sohn des Pyrilampes, liebt. Dieser wurde um 440 geboren, weshalb er 427 als Liebhaber des Kallikles kaum in Frage kommt. Deshalb beschreibt der Dialog einen späteren Aufenthalt des Gorgias in Athen,[161] der nicht unbedingt unmittelbar nach dem ersten Besuch gewesen sein muß, zumal die Reisen und die Erledigung politischer Aufgaben zu dieser Zeit insgesamt viel Zeit in Anspruch nahmen.[162]

Weitere Argumente beziehen sich auf die Aussagen der attischen Komödie. Aristophanes bezeichnet 422 Demos als *kalos* in den *,Wespen'*, während Eupolis über Demos sagt, daß er dumm sei.[163] Es ist verwunderlich, daß Demos gleich zweimal in zwei verschiedenen Quellen angesprochen wird, während wir über Kallikles nichts hören.[164] Kallikles müßte den Komödienschreibern allein aufgrund seines Verhältnisses zu Demos bekannt gewesen sein. Deswegen ist es verwunderlich, daß diese die Gelegenheit, ein sicherlich interessante Persönlichkeit wie Kallikles zusammen mit Demos, dem Sohne des Pyrilampes, positiv oder negativ zu erwähnen, nicht nutzten. Es ist auch aus anderen Gründen eigenartig, daß Aristophanes in den *,Wolken'*, die 423, also ein Jahr vor den *,Wespen'*, aufgeführt wurden, Kallikles nicht erwähnt. Denn die Persönlichkeit und die Anschauungen des Kallikles bieten sich geradezu als ein ideales Beispiel für

---

159 Plat. Hipp. mai. 282b; Diod. 12.53.

160 Plat. Gorg. 447b.

161 Platon nennt explizit neben dem ersten Aufenthalt des Gorgias 427 noch einen späteren (Plat. Hipp. mai. 282b-c); vgl. W. Nestle, Kritias. Eine Studie, in: ders., Griechische Studien. Untersuchungen zur Religion, Dichtung und Philosophie der Griechen, Stuttgart 1948 (ND Aalen 1968), 309.

162 Diodor erwähnt ausdrücklich, daß Gorgias bis dahin in Athen unbekannt war und daß er sofort danach seine Rückreise nach Sizilien antrat (Diod. 12.53,3-5). Überhaupt entsteht der Eindruck am Anfang des *,Gorgias'*, daß es sich nicht um seinen ersten Besuch von 427 handelt, denn allen Teilnehmern im Dialog ist Gorgias wohlbekannt. Zudem vermittelt Platon im *,Gorgias'* in keiner Weise die Euphorie der Athener, die die Redekunst des Gorgias nach seiner eigenen Darstellung und der des Diodor während seines ersten Besuches ausgelöst haben soll (Plat. Hipp. mai. 282b; Gorg. 447a-c; Diod. 12.53).

163 Aristoph. Vesp. 98; Eupol. frg. 227 K.-A.

164 Erwähnenswert ist, daß im *,Gorgias'* eine der auftretenden Personen neben Sokrates, Gorgias, Polos und Kallikles auch Chairephon ist. Er war ein langjähriger und treuer Anhänger des Sokrates. Chairephon war Aristophanes wohlbekannt, da seine Verbundenheit mit Sokrates in den *,Wolken'* Gegenstand seines Spottes ist (z. B. Aristoph. Nub. 144ff.). Demnach darf man davon ausgehen, daß alle Personen, die im *,Gorgias'* auftreten und mit Kallikles in Verbindung gebracht werden können, Aristophanes bekannt waren.

die Darstellung des negativen Einflusses der Sophisten an. Nicht daß sich im Stück selbst kein Anlaß zur Erwähnung geboten hätte. Der Wettkampf zwischen der stärkeren Rede und der schwächeren Rede wäre eine solche Gelegenheit gewesen, um so mehr, als auch hier die Nomos-Physis-Antithese benutzt wird. Einen weiteren Anlaß gibt der Autor, als Pheidippides begründet, warum er das Recht habe, seinen Vater Strepsiades zu verprügeln und sich wie Kallikles auch auf das Verhalten der Tiere beruft.[165]

Verwunderlich ist auch, daß ein anderes Individuum, das ebenfalls mit dem Recht des Stärkeren in Verbindung gebracht wird, nämlich Thrasymachos, von Aristophanes nicht genannt wird. Denn Thrasymachos war Aristophanes schon von früher bekannt, da dieser ihn in den *,Schmausbrüdern'* 427 erwähnt.[166]

Wenn man Kallikles und Thrasymachos außer Betracht läßt, ist noch ein weiterer Sachverhalt bemerkenswert. Bekanntermaßen haben die *,Wolken'* die negativen Einflüsse der Sophistik zum Thema, von denen Platon als eines der gefährlichsten das Recht des Stärkeren betrachtete. Trotzdem ist diese Theorie in den *,Wolken'* völlig unbeachtet geblieben.[167] Der Umstand, daß die Nomos-Physis-Antithese in den *,Wolken'* im Gegensatz zum Recht des Stärkeren benutzt wird, verstärkt den Eindruck, daß der Schritt von dieser Antithese bis zum Recht des Stärkeren nicht selbstverständlich ist, wie es auf den ersten Blick er-

165 Aristoph. Nub. 1427ff. Zur Nähe dieser Szene zu Kallikles s. auch Heinimann, 1945, 146. Hinsichtlich des Standpunktes, daß Pheidippides das sophistische Recht des Stärkeren vertritt, wenn er seinen Vater schlägt, läßt sich ein Einwand feststellen. Pheidippides nämlich macht dabei nicht von der Nomos-Physis-Antithese Gebrauch, obwohl sie zuvor im Wettkampf der schwächeren (ungerechten) und stärkeren (gerechten) Rede erwähnt wurde.

166 DK 85 A 4.

167 Die Argumentation, daß das Recht des Stärkeren von Aristophanes nicht angesprochen wird, weil diese These für die meisten Athener zu kompliziert und unverständlich gewesen wäre, wird von Aristophanes und seinen *,Wolken'* selbst dementiert. Denn in ihnen werden andere komplizierte sophistische Thesen angesprochen, wie etwa die Nomos-Physis-Antithese, die schwächere (ungerechte) und stärkere (gerechte) Rede oder die Ideen des Anaxogoras. Aus diesem Grunde erscheint es durchaus plausibel, daß Aristophanes neben diesen komplizierten Ideen und Thesen eine weitere, nämlich die Idee des Rechts des Stärkeren benutzt, die zudem der Thematik seiner Komödie durchaus entspricht. Sie tut dies um so mehr, da sie gegenüber den anderen von Aristophanes schon hervorgebrachten philosophischen Ideen nicht minder verständlich war. Dabei sollte man nicht vergessen, daß Aristophanes ferner die Idee des Rechts des Stärkeren wie die anderen von ihm angespielten philosophischen Ideen vereinfachen konnte, um sie auf diese Weise dem Publikum verständlicher zu machen. Überdies besteht die Möglichkeit, daß nicht wenigen im Publikum, die von Homer und Hesiod hier zitierten Stellen schon bekannt waren. Außerdem zeigen die Reden verschiedener athenischer Politiker bei Thukydides, wie z. B. die des Kleon in bezug auf das Schicksal von Mytilene, daß eine durchaus komplizierte Argumentation vor dem athenischen Volk ausgetragen wurde, auch wenn vermutlich dieses hohe Niveau zum größten Teil auf die Stilisierung durch Thukydides selbst zurückzuführen ist.

scheinen mag.[168] Deshalb erscheint es plausibel davon auszugehen, daß die Herausbildung des Rechts des Stärkeren aus der Nomos-Physis-Antithese eben doch einige Zeit in Anspruch genommen hat. Alle diese Tatsachen deuten darauf hin, daß Kallikles seine Ansichten wahrscheinlich nicht vor dem Ende der zwanziger Jahre oder vor dem Anfang des darauffolgenden Jahrzehnts hervorgebracht hat.

Über Kallikles liegen keine weitere Nachrichten vor, außer denen, die im Dialog *,Gorgias'* vorzufinden sind und die schon genannt wurden. Der Dialog selbst aber gibt keine detaillierten Fakten an. Deshalb ist es erforderlich zu versuchen, Kallikles' Lebenslauf umgehend zu datieren, da dieses ein weiteres Indiz für die zeitliche Einordnung des *,Gorgias'* sein könnte. Sokrates berichtet über die Liebe des Kallikles zum jungen Demos.[169] Über Demos selbst wissen wir mehr als über Kallikles.[170] Ein Hinweis des Aristophanes' deutet darauf hin, daß Demos um 440 geboren wurde.[171] Demnach dürfte Kallikles älter sein als Demos, aber kaum viel mehr als einige Jahre. Darauf weist der Kontext des Dialogs sowie die Art der Beziehung zwischen Kallikles und Demos hin. Hinzu kommt, daß Kallikles noch immer ein Schüler des Gorgias ist. Kallikles erweckt wegen seines großen Interesses für Staatsgeschäfte den Eindruck, er beschäftige sich seit längerem mit ihnen. Sokrates' Aussage, Kallikles habe gerade angefangen, sich mit den Staatsgeschäften zu befassen, ist ein weiterer Hinweis für seine Jugend.[172] Aus diesen Gründen ist es schwer vorstellbar, daß Kallikles zum Zeitpunkt des Dialogs viel älter als dreißig war. Deswegen liegt es nahe, seine Geburt einige Jahre vor der des Demos, also ungefähr um die Jahrhundertmitte anzusetzen. Auch die Bezeichnung des Andron, des Sohnes des Androtion, als seinen guten Freund stützt diese Schlußfolgerung.[173] Andron, der selbst den „Vierhundert" angehörte, hatte Antiphon, Onomakles und Archeptolemos wegen Verrats angeklagt.[174] Seine Karriere und die Tatsachen, daß sein Sohn nicht vor 410 geboren wurde, sowie daß er 433 Hippias hörte, zeigen, daß Andron aller Wahrscheinlichkeit nach ebenfalls etwa in der Mitte des 5. Jh.s geboren wurde.[175]

Der Umstand, daß wir bei Platon relativ wenig über Kallikles erfahren und daß andere Quellen völlig über ihn schweigen, führt zu einer weiteren Vermutung. Es ist nicht völlig auszuschließen, daß es sich bei ihm um eine erfundene Figur handelt. Diese Hypothese hat jedoch einige Schwächen. Einige relevante Fakten über Kallikles sind zwar nicht bekannt. Es existieren aber andere relativ

---

168 Das unterstreicht das Beispiel des Sophisten Hippias, der die gleiche Antithese im Gegensatz zu Kallikles benutzt, um die Gleichheit der Menschen hervorzuheben.

169 Plat. Gorg. 481d-e; 513b.

170 Davies, 1971, 329f.

171 Davies, 1971, 330.

172 Plat. Gorg. 515a.

173 Plat. Gorg. 487c.

174 Ostwald, 1986, 246; 401f.

175 Plat. Prot. 315c; s. dazu Ostwald, 1986, 401f., bes. 402 Anm. 223; Davies, 1971, 34.

detaillierte Informationen über ihn selbst und seine Umgebung. Wenn man dabei zusätzlich berücksichtigt, daß der Dialog *,Gorgias'* an erster Stelle für Angehörige der athenischen Oberschicht, und zwar primär für deren intellektuelle Kreise verfaßt wurde,[176] liegt die Vermutung nahe, daß Platon es kaum gewagt hätte, einerseits eine fiktive Persönlichkeit mit ihren Angehörigen oder anderen bekannten Personen wie Andron, Demos und Chairephon zu verbinden, andererseits die erfundene Persönlichkeit selbst als einen ihrer bedeutenden Angehörigen darzustellen. Die Vorstellung, daß Platon Kallikles erfunden hat, ist auch deswegen problematisch, weil dieser in einer engen Beziehung mit Demos steht. Dessen Bruder väterlicherseits aber war Antiphon, ein Halbbruder mütterlicherseits von Glaukon und Adeimantos.[177] Diese beiden waren ihrerseits Brüder von Platon.[178] Eine mögliche Antwort auf die Frage, warum wir nichts über Kallikles Teilnahme in der Politik erfahren, obwohl diese aufgrund seiner Aussagen in Platons Gorgias, zu erwarten gewesen wäre, könnte man durch einen frühen, vielleicht gewaltsamen Tod erklären.[179]

Im weiteren Verlauf dieses Abschnittes soll kurz die Funktion und die Struktur dieses Dialogs erörtert werden, damit die Bedeutung des machtpolitischen Denkens und der Faktoren, die ihn förderten, besser bewertet werden können. Der Umstand, daß Kallikles als Protagonist des Dialogs in gewissem Sinne „neutral" bleibt, weil er nicht wie Alkibiades oder Kritias durch seine spätere politische Aktivität in den Erinnerungen seiner Zeitgenossen positiv oder negativ gefärbt wurde, hat den Vorteil, daß er ein „ideales" Beispiel für gewisse destruktive Strömungen innerhalb der athenischen Elite ist.[180] Dies könnte auch der Grund sein, weshalb Platon jede Art von zeitlicher Festsetzung des *,Gorgias'* vermieden hat und ihn statt dessen in einen Zeitraum von ungefähr zwanzig Jahren (427-405) einordnet,[181] der gerade durch diese destruktiven Tendenzen innerhalb der jüngeren Oberschicht gekennzeichnet wird. Dies ist auch einer der Gründe, weshalb in der Forschung oft geglaubt wird, daß sich hinter dem Namen von Kallikles entweder Alkibiades oder Kritias oder Charikles verstecken würde.[182] Die Vermutung, daß Kallikles von Platon als eine Art Paradigma benutzt wurde, wird von Platons Sokrates selbst bekräftigt. Denn Sokrates sagt nach der berüchtigten Aussage des Kallikles, daß dieser sein ab-

176 Ober, 1998, 16.
177 Plat. Parm. 126a-c.
178 Davies, 1971, 300f.
179 Dodds, 1959, 13; vgl. Hoffmann, 1997, 111f.
180 Vgl. Gribble, 1999, 235 mit Anm. 62 und 63.
181 S. Kap. III.5.
182 Dodds, 1959, 12; Apelt, 1998, 167f. Anm. 1; S. Kriegsbaum, Der Ursprung der von Kallikles in Platons Gorgias vertretenen Anschauungen, Padeborn 1913, 37f.; W. Jaeger, Paideia, Die Formung des Menschen, Bd. 1, Berlin 1954, 410; Roßner, 1998, 177f.; Guthrie, 1969, 299; Vickers, 1999, 267f.

soluter Gegensatz sei und die ideale Prüfung für seine Standpunkte darstelle.[183] Dieser Gegensatz soll anscheinend die Entscheidung verdeutlichen, vor der vor allem die jüngeren Aristokraten in dieser Periode standen. Kallikles und Sokrates sind im *‚Gorgias'* eigentlich zwei entgegengesetzte Pole, die beide Wege aufzeigen, die einem jungen Aristokraten, der der Demokratie nicht gerade freundlich gesinnt war, zur Wahl standen.[184] Der eine Weg bedeutet den Rückzug aus dem politischen Leben der Polis.[185] Er wird hier durch Sokrates repräsentiert, spiegelt aber mehr die persönlichen Anschauungen des Platon wieder als die des historischen Sokrates.[186] Denn der Sokrates des Platon kehrt den politischen Angelegenheiten seiner Heimatstadt den Rücken.[187] Der andere Weg, den Kallikles vertritt, bringt eine Anpassung an die Spielregeln der Demokratie mit sich. Diese Anpassung von Seiten der jungen Aristokraten, wie es Kallikles im Dialog und die Umwälzungen 411 und 404/403 zeigen, war aber allzu oft nur oberflächlich, und sobald die Umstände wechselten, verschwand diese vollends. Daß es sich beim Unterschied zwischen Sokrates und Kallikles nicht um einen oberflächlichen Gegensatz handelt, wird teilweise auch durch Andeutungen des Schicksals dargestellt, das jeder Weg mit sich bringt. Sokrates warnt Kallikles davor, daß ihn zusammen mit Alkibiades nicht wegen der Fehler der früheren Politiker ein schweres Schicksal ereile.[188] Kallikles auf der anderen Seite mahnt Sokrates, indem er Anspielungen auf seinen Prozeß und dessen Ende macht.[189] Natürlich ist es nicht der einzige Sinn des Dialogs, diese verschiedenen Wege darzustellen. Die Tatsache aber, daß sich Platon dieser Problematik bewußt war und daß sie bei ihm einen bedeutenden Platz einnimmt, zeigt sowohl die Signifikanz dieser Frage als auch die Gefahr, die von Seiten der Verfechtern des rücksichtslosen machtpolitischen Denkens drohte. Die Bedeutung, die Platon dieser Problematik beimißt, wird noch offensichtlicher, wenn man betrachtet, wieviel Gesprächsraum Gorgias und Polos im Dialog eingeräumt wird und wieviel Kallikles. Daß Kallikles im Zentrum der Aufmerksamkeit Platons steht, wird auch durch seine Diskussion mit Sokrates bewiesen, welche doppelt so

---

183 Plat. Gorg. 486d-488b; 485a-e; bes. 500c.

184 Vgl. Donlan, 1980, 174; W. R. Connor, The New Politicians of Fifth Century Athens, Princeton 1971, 175-198, bes. 196-197 spricht von insgesamt drei Wegen: Anpassung, Distanzierung und dem Weg des Alkibiades; vgl. Apelt, 1998, 9; Scholz, 1998, 101.

185 Plat. Gorg. 473e; 500c; 507d-508a; s. auch Plat. rep. 495b-c; Xen. mem. 4.1,3-5; vgl. hierzu Scholz, 1998, 79; Apelt, 1998, 7ff.; Ober, 1998, 186; 236.

186 Apelt, 1998, 8f.

187 Diese Distanzierung Platons gegenüber dem politischen Leben der Heimatstadt scheint auf den ersten Blick nicht von grundsätzlichem Charakter zu sein. Denn als Beispiel eines guten Staatsmannes wird Aristeides genannt (Plat. Gorg. 526b). Da aber eine Rückkehr zu den Verhältnissen aus dieser Zeit unmöglich ist, läßt sich feststellen, daß es sich hier doch um eine substantielle Distanzierung handelt.

188 Plat. Gorg. 519a-b.

189 Plat. Gorg. 486a-b.

lang wie die des Polos mit Sokrates und dreieinhalbmal länger als die des Gorgias ist.[190] Diese Tatsache ist um so relevanter, weil Kallikles selbst kein Sophist ist, sondern nur ein Schüler des Gorgias.

Auch die Struktur des Dialogs zeigt eine ähnliche Tendenz, denn sie weist eine graduelle Verschärfung der Ansichten in Richtung Individualismus und skrupelloses Denken in Machtkategorien auf. Am Anfang seines Gesprächs mit Sokrates erklärt Gorgias, daß es das Schönste sei, selbst frei zu sein, und imstande zu sein, andere durch Worte sowohl im politischen als auch in persönlichen Angelegenheiten zu eigenen Gunsten oder von eigenen Ansichten zu überzeugen.[191] Das wird durch die Redekunst erreicht. Auch wenn Gorgias im Gespräch ständig die Verbindung zwischen Rhetorik und Macht unterstreicht, besteht er dennoch darauf, daß man die Redekunst nur zur Abwehr und nicht zum Angriff verwenden dürfe und lehnt jeden unrechtmäßigen Gebrauch ab.[192] Dabei ist es sehr aufschlußreich, daß gerade an der Stelle, an der Gorgias über die unrechte Anwendung der Rhetorik spricht, sie sich vor allem auf den Mißbrauch von Seiten der Schüler bezieht und Gorgias sich von ihnen distanziert. Gorgias bleibt somit auf der Seite der Moral. Polos, Gorgias' Schüler und selbst ein Sophist, setzt die Debatte fort, wobei er in Sachen der Moral schon einen bedenklichen Grad an Leichtfertigkeit verrät. Er zeigt offen, daß ihn die Macht fasziniert, die ein Redner oder Tyrann innehat. Die Persönlichkeit, welche die Möglichkeit hat, nach eigenem Belieben zu herrschen, ohne dabei Rücksicht auf moralische Normen zu nehmen, wie es bei Archelaos der Fall ist, ist nach Polos' Auffassung glücklich und beneidenswert.[193] Hier bringt Polos offenbar die konventionelle Meinung zur Frage der Macht zum Ausdruck,[194] die sich schon bei Solon finden läßt.[195] Das unterstützt auch der Kontext der Aussage des Polos. So würden nach Polos' Worten trotz Archelaos' Verbrechen nur wenige Athener nicht dessen Macht besitzen wollen.[196] Sokrates auf der anderen Seite sagt, daß die meisten Athener und Fremden Polos zustimmen würden. Interessanterweise sind unter ihnen auch Nikias und Aristokrates, obwohl es sich hier um zwei Persönlichkeiten handelt, die sich schwer mit dem skrupellosen Machtwillen und dem

---

190 Vgl. Ostwald, 1986, 244 mit Anm. 169. Das Gespräch des Kallikles umfaßt fünfundvierzig Seiten bei Stephanos (Plat. Gorg. 482c-527e), das des Polos zwanzig Seiten (Plat. Gorg. 461b-481b) und das des Gorgias ist zwölf Seiten lang (Plat. Gorg. 449c-461b).

191 Plat. Gorg. 452d-e.

192 Plat. Gorg. 452d-e; 456a-457c.

193 Plat. Gorg. 468e-472d.

194 S. bes. Plat. Gorg. 468e-469a; 470c-d.

195 Solon frg. 33 West = 29a G.-P.; vgl. auch Archilochos frg. 19 West = 22 D.; 23,17-21 West; Plat. Men. 71e; rep. 332b-d.

196 Plat. Gorg. 471d; vgl. auch 473e.

Streben nach der Tyrannis verbinden lassen.[197] Doch in der weiteren Debatte bringt Sokrates Polos zu dem Geständnis, daß es besser sei, Unrecht zu erleiden als Unrecht zu tun, und daß es, wenn man Schlechtes getan habe, besser sei, bestraft zu werden, als ungestraft davonzukommen. Es ist ebenso bemerkenswert, daß Polos philosophische und theoretische Elemente in seiner Argumentation, wie z. B. die Nomos-Physis-Antithese, vermeidet. Zum Schluß kommt Kallikles als junger, wohlgebildeter und ehrgeiziger Aristokrat zu Wort, der jeden Rahmen gesellschaftlichen Zusammenlebens zu sprengen droht, indem er sich einfach über diesen hinwegsetzt und im Kontrast zu Gorgias und Polos bis zuletzt für jede moralische Argumentation des Sokrates völlig taub bleibt.

Diese Struktur des Dialogs mit der graduellen Steigerung des rücksichtslosen Machstrebens ist ebenfalls ein Hinweis auf die Faktoren, die diesen Prozeß begünstigten, und darauf, wie sich dieser allem Anschein nach abspielte. Die Signifikanz des sophistischen Einflusses, wie ihn *,Gorgias'* zeigt, ist nicht zu leugnen. Es gibt aber im Dialog einige andere Umstände, die gegenüber dem Verständnis, daß namentlich die Sophistik eine dominierende Rolle bei der Entstehung des Rechts des Stärkeren eingenommen habe, einschränkend wirkten.[198] Es wurde schon festgestellt, daß sich Gorgias von der ungerechten Anwendung der Rhetorik deutlich distanziert und darauf hinweist, daß dieses vor allem bei den sophistischen Schülern der Fall ist. Desgleichen sehen wir, daß Polos zwar von der Macht und der Tyrannis fasziniert ist, diese Auffassung aber schon in früheren Epochen des griechischen Denkens existierte und viele Zeitgenossen am Ende des 5. Jh.s das gleiche dachten. Diese Haltung ist jedoch nicht primär auf den Einfluß der Sophistik zurückzuführen. Erwähnenswert ist auch das schon oben angeführte Defizit an sophistischen Elementen bei Polos. Im Gegensatz zu Kallikles oder Glaukon unterstützt Polos seine Ansichten in der Debatte nicht mit der Nomos-Physis-Antithese.[199] Im übrigen gibt er am Ende – wie zuvor sein Lehrer – der moralischen Argumentation des Sokrates nach. Ferner ist nicht zu unterschätzen, daß Kallikles kein Sophist ist und auch keiner sein will. Der letzte Einwand gehört in den Bereich der Chronologie. Es scheint unwahrscheinlich, daß Platon zufällig die Dialoge in *,Gorgias'* und in der *,Politeia'* in der Zeit des Peloponnesischen Krieges stattfinden läßt.[200] Daß aber in *,Gorgias'* selbst nicht direkt von einem Einfluß des Krieges die Rede ist, kann vielleicht daran liegen, daß Platon an erster Stelle ein Philosoph war und nicht

---

197 Plat. Gorg. 472a-b. Aristokrates war unter den „Vierhundert" mit Theramenes ein Führer der Gemäßigten. 410 wurde er mit Theramenes und Thrasyllos zum Strategen gewählt und kündigte die Rückkehr zur Demokratie an. Als Stratege bei den Arginusen wurde er in Athen hingerichtet; vgl. F. Kiechle, Theramenes, KlP 1, 1979, Sp. 568.

198 Natürlich wird dabei die essentielle Rolle der Sophistik für diese Problematik nicht in Frage gestellt.

199 Zu Glaukon s. Kap. III.6.

200 S. Kap. III.6.

Politiker oder Historiker,[201] wie es z. B. die Beurteilung der früheren athenischen Staatsmänner im Dialog zeigt. Dort sehen wir, daß Platon bzw. Sokrates die Politik und die Politiker nach moralischen Maßstäben beurteilt.[202] Des weiteren ist auch zu beachten, daß Platon seinen Lehrer von der Beschuldigung, er übe als Sophist einen negativen Einfluß auf die athenische Jugend aus, entlasten wollte. Darin könnte ebenfalls ein Grund liegen, warum im Dialog die anderen Einflüsse in den Hintergrund geraten.

Hiermit kommen wir zum Problem der Beziehung des Rechts des Stärkeren zu den politischen Erfahrungen aus dem letzten Drittels des 5. Jh.s. Anders ausgedrückt: die Frage ist ob dann, und falls ja, inwiefern diese Erfahrungen das Recht des Stärkeren beeinflußt haben. In der Forschung wird immer der sophistische Einfluß auf die Gesellschaft und das politische Leben akzentuiert. Tatsächlich nimmt die politische Praxis bei den Sophisten einen zentralen Platz ein. Daraus läßt sich aber auch schließen, daß Erfahrungen und Entwicklungen aus dem politischen Bereich ihrerseits einen signifikanten Einfluß auf die Sophisten hatten. Denn es ist schwer zu glauben, daß in einer derartigen Situation die Beeinflussung zwischen diesen nur einseitig bleiben konnte. Schon der älteste Sophist Protagoras zeigte, wie bedeutend das Politische für die Sophisten war, als er im Gespräch mit Sokrates das Ziel der sophistischen Belehrung definierte.[203]

Im *,Gorgias'* können wir ebenfalls erkennen, welche wichtige Rolle das Politische für jeden Teilnehmer der Diskussion einnimmt. Das ist insofern von Bedeutung, weil Argumente bzw. Beispiele, durch die eine Doktrin begründet wird, wahrscheinlich dieselben Argumente bzw. Beispiele sind, die den Schöpfer dieser Doktrin zuvor zu ihrer Formulierung angeregt haben.[204] Bei Gorgias, der sich nur als Lehrer der Rhetorik verstand, stellen die Staatsgeschäfte der eigenen Polis ein Hauptgebiet dar, in der die Rhetorik ihre Anwendung findet.[205] Dabei wird insbesondere die Verbindung zwischen der politischen Macht und der Rhetorik hervorgehoben. Der Einfluß der politischen Sphäre erscheint bei Polos noch offensichtlicher. Denn im Gegensatz zu Gorgias kommen alle seine Beispiele oder Vergleiche – Tyrannis, Archelaos, Perserkönig – mit denen er die Rhetorik charakterisiert und den eigenen Standpunkt stützt, einzig aus dem politischen Bereich.[206] Dazu kommt, daß er von der politischen Macht fasziniert ist, was insbesondere durch seinen Vergleich der Rhetorik mit der Tyrannis klar wird. Die gleichen Ansätze lassen sich auch bei Kallikles erkennen. Der grund-

201 Wie wenig Platon ein Historiker ist und sein will, zeigen auch die zahlreichen chronologischen Widersprüche die diesen Dialog kennzeichnen.

202 Plat. Gorg. 517c-519d.

203 Plat. Prot. 318e-319a; s. auch Hipp. mai. 281c-d; Euthydem. 305c; Xen. an. 2.6,16ff.; vgl. dazu Martin, 1976, 145; Raaflaub, 1992, 18f.; s. auch Kap. III.1.

204 Diese Folgerung bezieht sich in erster Linie auf Polos, Kallikles und Thrasymachos.

205 Plat. Gorg. 452e-d; 456c-d; 457a-b.

206 Zu Gorgias s. auch Plat. Gorg. 456b-457a.

legende Einfluß auf Kallikles und die Bedeutung der politischen Erfahrungen für ihn kommen auf mehrfache Weise zum Ausdruck. Kallikles ist kein Sophist oder Philosoph, und er will auch keiner sein. Für ihn steht das praktische bzw. politische Leben im Mittelpunkt, und als das einzig Wahre sieht er das Leben als Staatsmann an.[207] In seiner Anwendung der Nomos-Physis-Antithese zur Begründung des Rechts des Stärkeren stammen alle seine Beispiele oder Vergleiche primär aus dem sozialpolitischen Bereich.[208] Im Zentrum der Theorie vom Recht des Stärkeren steht eine schrankenlose Herrschaft, nämlich die Tyrannis.[209] Dieser Punkt ist wichtig, weil die beiden anderen Sophisten Polos und Thrasymachos, welche mehr oder weniger mit dem Recht des Stärkeren in Verbindung stehen, gerade die Tyrannis als Beispiel benutzen, um ihre Ansichten zu stützen.[210] Es ist gleichermaßen aufschlußreich, daß laut Platon Kallikles auch wegen seiner innenpolitischen Erfahrung nicht von Sokrates überzeugt wird.[211]

Die Analyse hat somit gezeigt, daß nicht nur die Sophistik mit ihrem Gedankengut Kallikles beeindruckt hat. Seine Anschauungen wurden vermutlich auch stark von den zeitgenössischen politischen Erfahrungen und Entwicklun-

---

207 Plat. Gorg. 484c-486d.

208 Auch wenn er kurz die Tierwelt als Beispiel erwähnt (Plat. Gorg. 483d), basiert doch das Fundament seiner Argumentation auf der Art und Weise, wie sich die Menschen und die Staaten zueinander verhalten (Plat. Gorg. 482e-484c; bes. 483d-e). Desgleichen würde, auch wenn hier nur die Rede von zwischenstaatlichen Beziehungen wäre, dies nicht bedeuten, daß sie keine Richtlinie für das Verhalten eines Individuums sein könnten. Denn auch bei Thukydides kann man z. B. die Tendenz bemerken, daß er Staaten wie Individuen behandelt und dabei die Psychologie des Individuums auf die Ebene der Staaten projiziert; vgl. hierzu Crane, 1998, 108f.; Hunter, 1989, 17-30; J. V. Morrison, A Key Topos in Thucydides: The Comparison of Cities and Individuals, AJPh 115 (1994), 525-541; Hornblower, 1987, 178ff.; bes. 179 Anm. 86; J. Ober, Thucydides Theoretikos/Thucydides Histor: Realist Theory and the Challenge of History, in: D. R. McCann – B. S. Strauss (Hrsg.), War and Democracy: A Comparative Study of the Korean War and the Peloponnesian War, Armonk (New York) 2001, 275. Zu ähnlichen Tendenzen in anderen zeitgenössischen Quellen, wie Platon, Sophokles und Aristophanes, vgl. Morrison, 1994, 531f. mit Anm. 10. Da verschiedene Beispiele bei Thukydides (Thuk. 1.82,6; 124,1; 144,3; 2.64,6; 3.10,1; 82,2; 6.85,1) oder bei Platon (Plat. rep. 368e-369; 434d-435d; 543c-544a; 544d) demonstrieren, daß in den Quellen oft keine signifikanten Unterschiede zwischen dem Verhalten eines Staates und dem eines Individuums gemacht wurden, ist auch eine Projektion in die entgegengesetzte Richtung vorstellbar, nämlich so, daß man die Verhaltensweise der Staaten auf die psychologische Ebene des Individuums projiziert; s. Kap. II.1; 2. Zu dem Überwiegen des Politischen in der Wahrnehmung des Polisbürgers, vgl. auch Chr. Meier, Ein antikes Äquivalent des Fortschrittsgedankens: Das „Können-Bewußtsein" des 5. Jahrhunderts v. Chr., HZ 226 (1978), 311ff.

209 Plat. Gorg. 492a-c. Schon am Anfang seiner Argumentation beruft sich Kallikles auf die Beispiele von Dareios und Xerxes (Plat. Gorg. 483e).

210 Polos (Plat. Gorg. 470d-472d); Thrasymachos (Plat. rep. 344a-c).

211 Plat. Gorg. 513c; vgl. Gribble, 1999, 239; Ober, 1998, 200ff.; bes. 202.

gen beeinflußt. Als Resultat der Synthese dieser beiden Faktoren kann man das Recht des Stärkeren bei Kallikles betrachten.

6. Das Recht des Stärkeren bei Thrasymachos

In der Forschung wird häufig auch der Sophist Thrasymachos aus Chalkedon als Vertreter des Rechts des Stärkeren genannt.[212] Für unsere Untersuchung ist es deshalb von Relevanz, an erster Stelle zwei Fragen zu erläutern. Die erste Frage ist, welche Faktoren Thrasymachos bewogen haben, seine These zu formulieren. Die zweite ist, ob man in Thrasymachos einen wahren Vertreter des Rechts des Stärkeren sehen kann oder nur einen enttäuschten Zeitgenossen, der pessimistisch gegenüber den Motiven, die Menschen und Staaten antreiben, eingestellt ist.

Zunächst soll im Hinblick auf die Datierung der *‚Politeia'* kurz auf zwei Sachverhalte hingewiesen werden. Platon verlegt den Dialog in der *‚Politeia'* aller Wahrscheinlichkeit nach in das letzte Jahrzehnt des 5. Jh.s. Die Brüder Platons, Glaukon und Adeimantos, treten nämlich in ihm als junge Erwachsene auf. Sie wurden um 430 geboren, weshalb man annehmen darf, daß der Dialog nach Platon nicht vor der letzten Dekade des 5. Jh.s stattfand. Platon berichtet in der *‚Politeia'* ferner, daß Glaukon und Adeimantos an einer Schlacht bei Megara teilnahmen, die sich vermutlich 409 ereignete.[213]

Thrasymachos war bekanntlich ein berühmter Sophist. Aus diesem Grunde hat die folgende Analyse nicht zum Hauptziel, den Einfluß anderer Sophisten auf ihn neu zu bewerten. Wie im Falle des Kallikles soll vor allem die Frage beantwortet werden, ob und inwiefern die politischen Erfahrungen am Ende des 5. Jh.s bei der Formulierung, seiner These, das Gerechte sei der Nutzen des Stärkeren, eine Rolle spielten. In der Argumentation des Thrasymachos dominieren Beispiele aus dem politischen Leben noch deutlicher als bei Kallikles. Die Debatte befaßt sich mit der philosophischen Frage: „Was ist Gerechtigkeit". Aber im Zentrum der Aufmerksamkeit des Thrasymachos in Platons *‚Politeia'* sind politische Fragen bzw. Verhältnisse. Er antwortet also auf eine philosophisches Problem, indem er fast nur Verhältnisse bzw. Beispiele aus der politischen Sphäre vergleicht.[214] In seiner ersten Rede sagt Thrasymachos, daß das Gerechte der Nutzen des Stärkeren ist. Als ein Exempel zieht er das Verhalten der herrschenden Elemente und Gruppierungen in verschiedenen Verfassungen heran.[215]

---

212 Vgl. Guthrie, 1969, 88f.; Hoffmann, 1997, 90f.

213 Plat. rep. 368a; Diod. 13.65. Zur Chronologie in bezug auf Adeimantos, Glaukon und die Schlacht bei Megara, s. Davies, 1971, 332f.

214 Vgl. hierzu die spätere Argumentation von Platons Sokrates. Denn diese zeigt, wie dieselbe Frage mit einer Fülle von verschiedenen Argumenten beantwortet wird.

215 Plat. rep. 338c-339a.

Jede Staatsmacht denkt dasselbe: Gerecht ist das, was für sie von Nutzen ist. Da die Staatsmacht selbst am stärksten ist, bedeutet, daß das gerecht ist, was der Nutzen des Stärkeren ist.[216] Auch das Beispiel des Hirten und seiner Herde verdeutlicht dies.[217] Es handelt sich gleichfalls um ein Motiv aus der politischen Domäne.[218] Dies wird auch von Thrasymachos selbst bekräftigt, wenn er sagt, daß die Herrscher in den Staaten mit denselben Intentionen handeln wie die Hirten mit ihren Herden.[219] Wie bereits für Kallikles und Polos ist auch für Thrasymachos die Tyrannis das beste Exempel hierfür.[220] Demnach erscheint es plausibel anzunehmen, daß auch die Anschauungen, die Thrasymachos bei Platon vertritt, nicht nur ein Resultat der Sophistik sind, sondern auch des Einflusses der politischen Sphäre. Denn auch bei ihm stammen die meisten Argumente aus dem politischen Bereich. Hinsichtlich der Frage der Ähnlichkeit gegenüber den Annahmen der „politischen Realisten" besteht der Hauptunterschied darin, daß Thrasymachos die innenpolitischen Verhältnisse interessieren, nicht aber die zwischenstaatlichen Beziehungen.

In der Forschung wird Thrasymachos entweder als ein Vertreter des Rechts des Stärkeren, oder als ein pessimistischer Beobachter der fürchterlichen zeitgenössischen Entwicklungen verstanden, der jede Illusion verloren hat.[221] Die Antwort auf diese Frage ist wichtig, weil sie einerseits ermöglicht zu erläutern, ob die Sophisten als Lehrer bewußt destruktiv waren, andererseits weil sie die Signifikanz und Kraft der anderen Faktoren, die man nicht direkt mit der Sophistik in Verbindung bringen kann, verdeutlicht. In dieser Untersuchung wird davon ausgegangen, daß Thrasymachos lediglich ein Pessimist und nicht ein amoralisches Individuum war. Darauf weisen mehrere Gründe hin. In den zeitgenössischen Quellen lassen sich ähnliche Ansichten wie die des Thrasymachos finden, die aber von Menschen vertreten werden, die keineswegs das Recht des Stärkeren billigten. Sie können gleichwohl zeigen, worin die möglichen Ursachen für einen derartigen Standpunkt des Thrasymachos bestanden. Aus dem ‚*Bellerophontes*' des Euripides, ist uns folgendes Fragment überliefert:[222]

---

216 Plat. rep. 338e-339a.

217 Plat. rep. 343b-344c.

218 Vgl. die Beispiele, die man in den Schriften des Xenophon finden kann oder die Aussage des Sokrates in ‚*Gorgias*' (Xen. mem. 3.2,1; Kyr. 1.1,2; bes. 8.2,14; Plat. Gorg. 516a).

219 Plat. rep. 343b.

220 Plat. rep. 344a-c.

221 Vgl. G. B. Kerferd, The Doctrine of Thrasymachos in Plato's <Republic>, DUJ (1947), 19-27; Guthrie, 1969, 88f.

222 Eur. frg. 286 (Übers.: G. A. Seeck). Mit diesem Fragment vergleiche insbesondere die Aussage des Thrasymachos in der ‚*Politeia*', in der er, am Beispiel der Tyrannis, auf die Unzulänglichkeiten der traditionellen Moralvorstellungen verweist (Plat. rep. 344a-c); vgl. Leppin, 1999, 142; s. auch die Aussagen des Polos (Plat. Gorg. 468e-469a; 470c-d).

> Meint jemand, es gebe Götter im Himmel? – Sie gibt es nicht!
> Nein! Es sei denn, daß jemand in seiner Torheit an alten Redensarten festhalten will.
> Überlegt selbst, und vertraut nicht nur auf meine Worte. Die Tyrannen, behaupte ich, bringen Menschen scharenweise um und rauben ihr Hab und Gut, und sie brechen Eide und verwüsten Städte. Und obwohl sie all dies tun, geht es ihnen besser als denjenigen, die fromm und ruhig ihre Tage verbringen.
> Ich kenne kleine, gottesfürchtige Städte, die größeren, gottlosen gehorchen müssen, unterworfen durch die größere Zahl der Lanzen.

Sokrates äußert im Gespräch mit seinem Freund Aristippos ähnliche Gedanken wie Thrasymachos:[223]

> Sofern du jedoch unter den Menschen weder herrschen möchtest noch beherrscht werden noch den Herrschenden gutwillig dienen willst, dann wirst du sehen, so glaube ich, wie die Stärkeren die Schwächeren, denen es im öffentlichen und im Privatleben nicht gut geht, sich untertan zu machen wissen. Oder ist es dir nicht bekannt, daß sie ernten und abholzen, was andere an Getreide gesät und an Bäumen gepflanzt haben, und auf alle Weise die Schwächeren, die ihnen nicht dienen wollen, solange bedrängen, bis sie diese überzeugt haben, es sei besser den Stärkeren zu dienen als gegen sie zu kämpfen? Und weißt du nicht, wie auch im Privatleben wiederum die Mutigen und Starken die Ängstlichen und Schwachen unterdrücken und auspressen?“

Beachtenswert ist ebenso, daß sich beide Beispiele, wie bei Thrasymachos, primär auf die Verhältnisse im politischen Bereich beziehen. Euripides spricht über die Tyrannis und die zwischenstaatlichen Beziehungen, während Sokrates über Herrschaftsverhältnisse diskutiert, die zwischen Individuen bestehen.

Aber auch die Aussagen des Thrasymachos, die Platon nicht überliefert hat, stellen das Bild von ihm als Protagonisten des Rechts des Stärkeren in Frage. So ist es schwer vorstellbar, daß jemand, der diese Auffassung teilte, die Gerechtigkeit als größtes Gut der Menschen bezeichnen würde und trauern

223 Xen. mem. 2.1,12-13 (Übers.: P. Jaerisch). Anhand des Verhältnisses des Hirten zu den Schafen, versucht Thrasymachos in Platons ‚*Politeia*' zu zeigen, daß die Herschenden einzig auf deren Eigeninteresse bedacht sind (Plat. rep. 343b-c). Diese Meinung des Thrasymachos kann man auch mit einer Aussage des Lysias vergleichen, in der er den Standpunkt vertritt, daß kein Mensch von Natur aus ein Oligarch oder Demokrat sei, sondern die Art von Verfassung unterstützt, die ihm vom Nutzen sei (Lys. 25.7-12). H. Leppin, 1999, 141f. weist darauf hin, daß die desillusionierte Beurteilung des Thrasymachos, daß die verschiedenen Staatsformen einzig dem Interessen der Herrschenden dienen, einige Gemeinsamkeiten mit der Verfassungsdebatte bei Herodot hat.

würde, wenn diese nicht mehr angewendet würde.[224] Zudem ist auch die Rede, die Thrasymachos 411 für einen jungen Athener verfaßte, in der er für die bürgerliche Eintracht eintritt und die väterliche Verfassung (*patrios politeia*) empfiehlt, schwer vereinbar mit diesem Bild.[225] Aus diesen Gründen erscheint es durchaus plausibel, daß Thrasymachos kein Exponent des Rechts des Stärkeren ist wie Kallikles.

Dafür sprechen auch einige weitere Tatsachen. Ein essentieller Unterschied charakterisiert die Ausgangsposition des Thrasymachos im Vergleich zu der des Kallikles. Während Kallikles die Gesetze bzw. die Gerechtigkeit verwirft als etwas, das einzig der Menge (den Schwachen) helfe, setzt sich Thrasymachos mit der Gerechtigkeit auseinander, gerade weil sie nur der regierenden Gewalt (den Starken), zugute kommt.[226] Ferner spricht Thrasymachos weder von einem von Natur bestehenden Gesetz, demzufolge sich der Stärkere durchsetzen soll, noch beruft er sich in seinen Ausführungen auf die *physis*. Im übrigen führt Thrasymachos nicht seine Lehre, wie Kallikles, bis zu ihrer letzten Konsequenz aus.[227] Denn er beschränkt sich im Unterschied zu Kallikles auf eine scharfe Kritik des Idealismus und auf die Feststellung, daß dieser im Konflikt mit der Realität steht.[228] Kallikles aber geht einen Schritt weiter, indem er nicht nur die Differenz konstatiert, sondern ein neues Gesetz der Natur postuliert. Es darf nicht vergessen werden, daß die Konstatierung einer Relation, die möglicherweise die Relativierung der Werte impliziert, nicht ohne weiteres mit der Relativierung dieser Werte selbst gleichzusetzen ist. Das destruktive Potential der These des Thrasymachos gegenüber der traditionellen Moral läßt sich hiermit nicht bestreiten, aber es ist wichtig, noch einmal zu betonen, daß Thrasymachos dennoch im Gegensatz zu Kallikles nicht den Versuch unternimmt, die traditionelle

---

224 DK 85 B 8.

225 DK 85 B 1. In beiden Fällen handelt sich um Werte die vor allem der Gemeinschaft zugute kommen und nicht dem starkem Individuum; vgl. de Romilly, 1992, 179f.; Guthrie, 1969, 298.

226 Plat. Gorg. 483b-c; rep. 338c-339a; 343b-c; vgl. Kriegsbaum, 1913, 19ff.; de Romilly, 1992, 120.

227 Wäre dies der Fall gewesen, würde Platon es nicht für nötig gehalten haben, die These des Thrasymachos zu ergänzen und sie in eine geistige Nähe zu Kallikles zu bringen. Dies geschieht durch Glaukon und Adeimantos (Plat. rep. 358b-362c; 362d-367b). Insbesondere ist die Aussage des Glaukon zu beachten. Im Kontrast zu Thrasymachos benutzt Glaukon die Nomos-Physis-Antithese, und erst dessen Aussage kann man mit den Ansichten des Kallikles gleichsetzen (Plat. rep. 358e-359b). Auch Adeimantos vertritt Ansichten, die von Kallkikles sein könnten, z. B. wenn er behauptet, daß die Schwachen die Gerechtigkeit nicht aus Überzeugung unterstützen, sondern weil sie nicht ungerecht handeln können, ohne bestraft zu werden (Plat. rep. 366c-d). Zu der Aussage des Thrasymachos in der ‚*Politeia*' (Plat. rep. 348d) s. de Romilly, 1992, 120f.; bes. 121 Anm. 20.

228 Vgl. de Romilly, 1992, 120; Guthrie, 1969, 96f.

Moral durch eine neue zu ersetzen.[229] Diese Gründe sowie die vorher genannten Vergleiche mit den Abschnitten aus Euripides, Xenophon und mit den anderen Fragmenten des Thrasymachos führen zu folgenden Schlußfolgerungen. Erstens trägt Thrasymachos seinen Standpunkt im deskriptiven und nicht normativen Sinne vor.[230] Zweitens handelt es sich bei ihm eher um einen desillusionierten Moralisten, als um einen wahren Protagonisten des Rechts des Stärkeren.[231]

Auch ein anderer Umstand könnte vielleicht ermöglichen, die Faktoren, die Thrasymachos beeinflußt haben, besser zu erfassen. In dem Abschnitt über die Stasis wurde schon auf den Werteverfall, den sie mit sich bringt, hingewiesen. Das Auseinanderklaffen von Wort und Wirklichkeit ist ein wichtiger Aspekt, der diese Entwicklung begleitet.[232] Auf die Verbindung des Thrasymachos mit dieser Problematik wurde in der Forschung schon hingewiesen. Dabei wird besonders auf die Rede aus dem Jahre 411 aufmerksam gemacht.[233] Denn in dieser Rede des Thrasymachos wird das gleiche Problem angesprochen wie von Euripides in den *‚Phoinikerinnen'* und von Thukydides in der *‚Pathologie des Krieges'*.[234] Thrasymachos beschwert sich nämlich, daß beide Seiten einschließlich ihrer Redner prinzipiell dasselbe wollen, aber durch Worte von der Einsicht dieser Tatsache abgehalten werden.[235] Wie bei Euripides und Thukydides hat auch hier der Konflikt dazu geführt, daß eine Diskrepanz zwischen den Worten und der Realität entstanden ist. Diesbezüglich könnten, neben dieser Rede, auch die Thesen der Brüder Platons, Glaukon und Adeimantos, in der *‚Politeia'* von Relevanz sein. Deren Ausführungen haben nämlich zum Ziel, die These des Thrasymachos zu ergänzen, indem sie sowohl die Impulse als auch die Anregungen, die diese förderten, präsentieren.[236] Bei beiden Brüdern Platons

---

229 Bei Thrasymachos fehlt gänzlich die Nomos-Physis-Antithese, und seine Ansichten versucht er nicht wie Kallikles durch sie zu begründen. J. de Romilly, 1992, 158f. weist darauf hin, daß der gleiche Unterschied (normativ/deskriptiv) zwischen Kallikles und Antiphon existiert.

230 Vgl. Leppin, 1999, 142; Raaflaub, 1992, 45; Brandt, 1984, Sp. 563-565; bes. Sp. 565.

231 Hinzu kommt, daß man in bezug auf die These, die Thrasymachos bei Platon vertritt, aufgrund späterer Aussagen, die er dort im Gespräch mit Sokrates macht, nicht sicher sein kann, inwiefern diese seine persönlichen Ansichten widerspiegelt; vgl. Guthrie, 1969, 88ff.; 298; de Romilly, 1992, 121.

232 S. Kap. II.2.

233 Vgl. Moulakis, 1973, 34f.

234 S. Kap. II.2.

235 DK 85 B 1.

236 Dies wird auch von Glaukon unmißverständlich ausgesprochen (Plat. rep. 358b-d). Natürlich ist die Kritik berechtigt, daß die Anschauungen des Glaukon und Adeimantos eher die des Platons sind, als die des Thrasymachos. Doch es ist schwer vorstellbar, daß Platon diese Anschauungen darstellen würde, wenn er nicht der Überzeugung gewesen wäre, daß sie die Impulse demonstrierten, die tatsächlich auf die Entstehung der Doktrin des Thrasymachos anregend gewirkt haben. Dies bedeutet allerdings nicht, daß die Überlegungen von Glaukon und Adeimantos Thrasymachos' Gedanken widerspiegeln.

spielt der Gegensatz von Schein und Sein eine wesentliche Rolle.[237] Dieser Gegensatz bringt sie beide und dadurch indirekt auch den Thrasymachos der *,Politeia'* in die Nähe des Thrasymachos aus dem Jahr 411 und der Beispiele aus Euripides und Thukydides. Denn sowohl Glaukon und Adeimantos als auch Euripides, Thukydides und Thrasymachos benutzen in ihren Ausführungen den Gegensatz Schein-Wahrheit.[238] Deswegen könnte diese Anwendung des Gegensatzes Schein-Sein in der *,Politeia'*, trotz seiner Ursprünge im traditionellen (vorsophistischen) griechischen Denken und der Verwandschaft mit der Nomos-Physis-Antithese,[239] ein weiterer Sachverhalt sein, welcher auf die Bedeutung der politischen Praxis für die Formulierung der These des Thrasymachos hinweist.

Neben dem Gegensatz Schein-Sein wird von Adeimantos auch auf den negativen Einfluß der traditionellen Erziehung und Bildung Wert gelegt.[240] Aufschlußreich ist ebenso, daß hier bei beiden Brüdern noch einmal die Relevanz der politischen Erfahrung auffällt. In der Darlegung des Glaukon nimmt die Geschichte des Ringes des Gyges und der Errichtung seiner Herrschaft als Exempel aus der politischem Praxis eine signifikanten Stelle ein.[241] Die Ausführung, inwieweit das vollkommen Ungerechte dem vollkommen Gerechten überlegen sei, nennt als eines der Hauptziele des vollkommen Ungerechten, die Gewalt im eigenen Gemeinwesen auszuüben.[242] Adeimantos weist auf den negativem Einfluß der traditionellen Erziehung hin – insbesondere auf die jungen Menschen – und verknüpft hiermit die destruktiven Implikationen auf der politischen Ebene.[243]

In der bisherigen Untersuchung über das Recht des Stärkeren bei Kallikles und Thrasymachos wurde den möglichen Einflüssen aus der politischen Praxis große Aufmerksamkeit gewidmet. Die Tatsache, daß sich das Recht des Stärkeren erst während des Peloponnesischen Krieges vollständig ausgebildet hat, weist ebenso wie die Erkenntnis, daß die Sophistik nicht der einzige relevante Einfluß

Denn sie weichen zweifelsohne von Thrasymachos' Ausführungen ab bzw. gehen über diese hinaus.

237 Vgl. z. B. Plat. rep. 361b-d; 363a; 365b-d.

238 F. Heinimann, 1945, 42-58 verweist darauf, daß der Gegensatz Schein-Wahrheit vor allem in drei Formen formuliert wurde: Wort-Tat, Benennung-Wirklichkeit, sowie Schein-Sein. Eurpides und Thukydides veranschaulichen die Merkmale und Folgen des Stasis anhand des Gegensatzes Wort-Tat. Glaukon und Adeimantos verwenden in ihren Überlegungen den Gegensatz Schein-Sein.

239 F. Heinimann, 1945, 42-58 hat bereits darauf aufmerksam gemacht, daß der Gegensatz Schein-Sein schon vor der Nomos-Physis-Antithese im griechischen Denken existierte, und daß er mit dieser inhaltlich verwandt ist. Die Nähe des Schein-Sein Gegensatzes zur Nomos-Physis-Antithese äußert sich auch in der Tatsache, daß in der Beweisführung von Glaukon die Antithese einen wichtigen Platz einnimmt (Plat. rep. 358e-359b).

240 Plat. rep. 362d-363e; 364a-366b.

241 Plat. rep. 359c-360d. Die Herrschaft des Gyges war für die Griechen ein Exempel für die Tyrannis, s.o.

242 Plat. rep. 362b.

243 Plat. rep. 362e-363a; bes. 365d.

ist, darauf hin, daß das Recht des Stärkeren ein Ergebnis der Interaktion zwischen den Einflüssen aus der politischen Praxis und der Sophistik ist. Der Peloponnesische Krieg und die Voraussetzungen, die im traditionellen Denken, im politischen Leben und im Relativismus der Sophistik schon gegeben waren, intensivierten sich gegenseitig und trieben so die Ausbildung der These stark voran.

Der Einfluß des Krieges manifestierte sich auf zwei Weisen. Einerseits stellten die Konflikte die Auffassung von Recht und Moral durch das Ignorieren und Brechen der Regeln der Kriegsführung und der Normen des Gemeinschaftslebens in Frage. Gleichzeitig demonstrierten sie allzu deutlich die wahre Bedeutung der Macht, mit der sich politische Akteure über alle Normen hinwegsetzten, wenn es nur von Interesse für sie war, wie z. B. nach der Kapitulation von Plataiai und Mytilene.[244] Andererseits verstärkte der Krieg das Bedürfnis, diese schrankenlosen Machtanwendungen und die damit verbundenen Exzesse zu legitimieren bzw. zu begreifen. Da dies durch ethische Argumente immer schwieriger wurde, begünstigte diese Entwicklung Argumente, die ihrerseits die schon in Frage gestellten moralischen Normen zusätzlich destabilisierten. Dies bezieht sich vornehmlich auf Athen.[245] Insbesondere das Konzept, daß „nur der Tyrann wirklich frei sei“, hatte vermutlich einen intensivierenden Effekt auf die These vom Recht des Stärkeren. Zudem war das traditionelle Denken ein Faktor, der vorzugsweise bei jungen Aristokraten wegen ihrer agonalen Ethik Gehör fand.

Ohne den Einfluß der Sophistik aber wäre die These vom Recht des Stärkeren niemals entstanden. Die Sophistik wirkte mehrfach. Erstens unterstützte und intensivierte sie durch den Relativismus, den sie selbst evozierte, die Ausbildung der These vom Recht des Stärkeren. Zweitens stellte die Sophistik das hierfür nötige theoretische „Instrumentarium“, z. B. in Gestalt der Nomos-Physis-Antithese, zur Verfügung. Ohne sie wäre es dem Kallikles niemals möglich gewesen, das Recht des Stärkeren theoretisch zu konzipieren. Die potentielle dritte Wirkung ist ebenfalls von Relevanz. Es ist denkbar, daß die Sophistik auch durch ihre anthropozentrische Weltansicht, ihren Individualismus und ihr Interesse am politischen Leben als Intensivierungsfaktor gewirkt hat. Dadurch, daß sie die Entwicklungen auf der Ebene der zwischenstaatlichen Beziehungen und im politischen Leben, in welchem faktisch das Recht des Stärkeren angewendet wurde, erkannte, begrenzte sich die Sophistik nicht nur auf die theoretische Abstrahierung der Verhältnisse auf dieser Ebene. Die Sophistik hat es nämlich zur gleichen Zeit auch auf das Niveau des einzelnen Individuums übertragen,

---

244 Man darf aber auch nicht das Verhalten der Spartaner bei der Belagerung Plataiais vergessen. Sie bemühten sich, ebenfalls den Schein der Legitimität zu bewahren.

245 Ihr Verhalten gegenüber den anderen griechischen Staaten führte schon vor dem Peloponnesischen Krieg zu der Entwicklung einer Herrschaftsterminologie und des politischen Konzepts, das die Verbindung zwischen Herrschaft bzw. Tyrannis und Freiheit herstellte, um ihre Herrschaftsausübung zu begründen; s. Kap. III.3.

wodurch diesem de facto neue Richtlinien des politischen Handelns zur Verfügung gestellt wurden.[246]

Dies berechtigt zu dem Schluß, daß alle drei Faktoren – politisches Leben, Sophistik und traditionelles Denken – sich in ständiger Interaktion befanden und sich gegenseitig Impulse gaben. Dies war ein längerer Prozeß, der während des Peloponnesischen Krieges seinen Höhepunkt erreicht hatte. Er hat wahrscheinlich auf dieselbe Weise, wie er die Ausbildung des Rechts des Stärkeren unterstützte, auch die Atmosphäre für das Aufkommen einzelner Alleinherrschaften begünstigt.

246 Hier ist es erforderlich, einige Begrenzungen hervorzuheben. Denn es wäre falsch, davon auszugehen daß diese Entwicklung bewußt gefördert wurde, da keiner der bekannten Sophisten wirklich ein Protagonist des Rechts des Stärkeren war. Dieser Einfluß war eine Folge der Tatsache, daß die Sophisten bei ihren Lehren vom Menschen und für den Menschen ausgegangen sind. J. Martin, 1976, 151 hebt mit Recht hervor, daß im Zentrum der Aufmerksamkeit der Sophisten das Handeln des Individuums innerhalb der Polis stand. Dabei spielte das Verhältnis des Einzelnen zur Gemeinschaft beziehungsweise zu Recht und Gesetz eine essentielle Rolle. Man erinnere sich nur, wie Antiphon die Nomos-Physis-Antithese in erster Linie in bezug auf das Individuum erstellte; vgl. Raaflaub, 1992, 27f. Auf diese Weise gab ihre anthropozentrische Weltansicht und ihr Individualismus wieder einmal das „Instrumentarium“ mit dessen Hilfe ihre Schüler ihre eigenen Schlußfolgerungen auch auf die Ebene des Individuums übertragen konnten.

IV. Die Jugend

Die beiden ersten Faktoren, die die Verbreitung des rücksichtslosen und egoistischen machtpolitischen Denkens begünstigten, der Krieg und die Sophistik, wurden zusätzlich von einem dritten verstärkt: dem der Jugend. Die Jugend wird in den Quellen mehrmals als ein Faktor der Destabilisierung angesprochen, denn sie war viel offener für die Einflüsse des Krieges und der Sophistik. Von einem Generationenkonflikt kann jedoch nicht die Rede sein. Die vorliegende Studie wird statt dessen zeigen, daß der Terminus „Jugend“ in den zeitgenössischen antiken Zeugnissen häufig als eine Art Synonym für skrupellose und eigennützige Machtsucht bzw. Machtpolitik benutzt wurde. Es ist auch erforderlich darauf hinzuweisen, daß unter dem Begriff „Jugend“ nicht die Jugend im allgemeinen verstanden wird, sondern vor allem junge Angehörige der Oberschicht, die meistens eine gute Ausbildung genossen und sich schon durch ihre soziale Stellung politisch aktiv betätigten. Selbstverständlich bedeutet dies nicht, daß dem Terminus „Jugend“ zwangsläufig alle jungen Mitglieder der Führungsschicht zuzurechnen sind.

1. Die Jugend und der Krieg

Bei Thukydides wird an mehreren Stellen auf die Unterschiede zwischen alt und jung angesprochen.[1] Die Jugend kennzeichnen danach Übermut, Unerfahrenheit, Gewaltbereitschaft und Leichtsinnn. Die älteren Menschen besitzen hingegen Erfahrung und üben einen mäßigenden Einfluß auf die Politik aus. Schon am Anfang des Werkes wird in der Rede der Korinther in Athen der Gegensatz zwischen alt und jung erwähnt; das gleiche tun die Athener in ihrer Rede in Sparta.[2] Thukydides selbst erzählt, wie sich die Jugend auf beiden Seiten aufgrund ihrer Unerfahrenheit bereitwillig in den Krieg stürzte.[3] Der spartanische König Archidamos II. meinte, daß niemand, der den Krieg erlebt habe, von ihm begeistert sei.[4] Während der Peloponnesischen Invasion in Attika, die er im Sommer des Jahres 431 leitete, rechnete er damit, daß die zahlreich versammelte athenische Jugend bei der Verwüstung Attikas nicht ruhig zusehen könne und deshalb ganz Athen in einen Kampf drängen würde.[5] Die athenische Jugend drängte tatsächlich auf einen direkten Kampf, aber sie konnte sich nicht gegen Perikles durchsetzen.[6] Am Vorabend der Sizilischen Expedition benutzte

---

1 Vgl. Leppin, 1999, 121.
2 Thuk. 1.42,1; 72,1.
3 Thuk. 2.8,1.
4 Thuk. 1.80,1.
5 Thuk. 2.20,1.
6 Thuk. 2.21,2-3.

Nikias den Gegensatz von alt und jung, um vor diesem Unternehmen zu warnen. Er mahnte ausdrücklich die älteren Athener, nicht unter dem Druck der Jüngeren den Krieg zu wählen, da die Vernunft der Älteren besser sei als die Gier der Jüngeren nach Macht und Reichtum.[7] Der „junge" Alkibiades, der für die Expedition plädiert, antwortete Nikias, indem er sich für die Zusammenarbeit der Jungen und der Alten einsetzt.[8] Als sich die Athener trotz der Warnungen des Nikias zur Expedition entschlossen hatten, bewegten dennoch unterschiedliche Motive alt und jung.[9] Zu derselben Zeit brachte in Syrakus der Demokrat Athenagoras nach Thukydides die Jugend mit der Gefahr einer inneren Auseinandersetzung und eines oligarchischen Umsturzes in Verbindung.[10] Eine der ersten Reaktionen der Athener auf die Nachricht über ihre Niederlage auf Sizilien war die Einsetzung einer Kommission von zehn älteren Männern, die die anstehenden öffentlichen Entscheidungen vorberaten sollte.[11] Im Verlauf des oligarchischen Umsturzes von 411 in Athen förderten die jungen Leute die Gewaltanwendung, während die älteren Leute die Situation zu beruhigen versuchten. Junge Menschen hatten beispielsweise den Anführer der Demokraten Androkles ermordet.[12] Bei dem Sturz des Rates der Fünfhundert waren neben den „Vierhundert" noch 120 bewaffnete junge Leute dabei, falls Gewaltanwendung notwendig werden würde.[13] Als unter der Führung des Theramenes und des Aristokrates die Gruppe der „gemäßigten" Oligarchen mit jungen Leuten zum Peiraieus aufbrach, um die Befestigung der Eetioneia niederzureißen, entstand die Gefahr eines offenen Kampfes, und nur durch die Einmischung der Älteren wurde dies verhindert.[14]

Diese von Thukydides geschilderten Tatsachen verdeutlichen vier Sachverhalte. Der erste ist, daß die Jugend im Gegensatz zu den Älteren leichter in eine äußere oder innere Auseinandersetzung hineingezogen wurde und eher Gebrauch von Gewalt machte. Der zweite Sachverhalt ist, daß deshalb die Jugend ein Faktor der Destabilisierung und nicht der Stabilisierung war. Der dritte ist, daß die von Thukydides verallgemeinerten Bemerkungen über die Jugend in den Reden des Archidamos II. und des Athenagoras sowie der Plan des Archidamos II. und die Ereignisse in Athen zeigen, daß sich die ersten beiden Sachverhalte nicht nur auf Athen beziehen, sondern aus der Sicht der Thukydides auch einen allgemeingültigen Charakter haben.[15] Der vierte Sachverhalt ist, daß

7 Thuk. 6.12,2; 13,1.
8 Thuk. 6.17,1; 18,6-7.
9 Thuk. 6.24,3.
10 Thuk. 6.38,5; 39,2.
11 Thuk. 8.1,3-4.
12 Thuk. 8.65,2.
13 Thuk. 8.69,4.
14 Thuk. 8.92,6-10.
15 Vgl. Forrest, 1975, 48.

von einem wesentlichen Konflikt der Generationen bei Thukydides nicht die Rede sein kann, da keine essentiellen Unterschiede in den Interessen zwischen alt und jung erwähnt werden. Die letzteren lassen sich nur aufgrund ihrer Unerfahrenheit und ihres Temperaments leichter zu gewalttätigen Auseinandersetzungen hinreißen.[16]

Bei Xenophon zeichnet sich eine ähnliche Situation ab: In den ‚*Hellenika*' werden von Kritias die besonders mutigen Draufgänger unter den jungen Leuten dazu benutzt, um die anderen Ratsherren mit Waffengewalt einzuschüchtern, damit Kritias seine Anklage gegen Theramenes durchsetzen kann.[17] Als die Demokraten bei Phyle ankamen, versuchten ebenfalls einige jugendliche Draufgänger unter den „Dreißig" erfolglos einen Angriff auf die Befestigung.[18] Die Kühnheit der jungen Menschen aus verschiedenen Teilen Griechenlands wird auch in der ‚*Anabasis*' deutlich, indem die Motive der Anführer der griechischen Söldner im Feldzug des Kyros d. J. aufgezeigt werden. Denn diese nahmen an einem Unternehmen teil, dessen Erfolg alles andere als sicher galt. Bei ihnen handelte es sich überwiegend um junge Menschen. Proxenos aus Theben, der Freund des Xenophon und Schüler des Gorgias, der hoffte, sich einen großen Namen zu machen, viel Macht zu erlangen und viel Geld zu gewinnen, war etwa dreißig Jahre alt, als er starb.[19] Menon aus Pharsalos, der Macht begehrte, der Stolz auf seine Fähigkeiten, zu betrügen und zu lügen war, und der die Leute, die dies nicht machten, als „Schwächlinge" und „Ungebildete" ansah, war nach den Worten des Xenophons noch in der Jugendblüte.[20] Agias aus Arkadien und Sokrates aus Achaia waren ungefähr fünfunddreißig Jahre alt, als sie getötet wurden.[21] Xenophon selbst war ebenfalls etwa dreißig Jahre alt – wie er selbst sagt – alt genug, um das Unheil von sich selbst abzuwehren.[22] Der einzige Ältere unter den Anführern, der Spartaner Klearchos, war etwa fünfzig Jahre alt, als er umgebracht wurde.[23] Dennoch muß das nicht im Gegensatz zu dem schon vorher erwähnten Standpunkt über die Jugend stehen. Denn Klearchos, der nach übereinstimmendem Urteil all seiner Gefährten sowohl die Tüchtigkeit im Krieg als auch die „Leidenschaft" zu diesem in höchstem Maße hatte und als der „geborene Führer" empfunden wurde, war demnach ungefähr zwanzig Jahre alt, als der Peloponnesische Krieg begann.[24] In diesem wurde er ausgezeichnet und wie Alkibiades, Lysander und Kritias sicherlich auch stark von diesem geprägt.

---

16 Vgl. Leppin, 1999, 122.
17 Xen. Hell. 2.3,23-24; 50-51.
18 Xen. Hell. 2.4,2-3.
19 Xen. Hell. 2.6,16-20.
20 Xen. Hell. 2.6,21-29.
21 Xen. Hell. 2.6,30.
22 Xen. Hell. 3.1,25.
23 Xen. Hell. 2.6,15.
24 Xen. Hell. 2.6,1-15.

In den *‚Hiketiden'* des Euripides, die 421 im zehnten Kriegsjahr aufgeführt wurden, ist der Übermut der Jugend eine der Hauptursachen des Kriegsunglücks.[25] Das Gespräch des argivischen Königs Adrastos mit Theseus zeigt, daß der Plan des spartanischen Königs Archidamos II., vor dem ersten Einfall der Peloponnesier in Attika eine reale Grundlage hatte, denn sie konstatieren, daß schon manchen Feldherrn der Lärm der Jugend zu Fall brachte, indem er ihn betäubte und *„der starke Mut den starken Rat besiegte"*.[26] Der Dichter kritisiert die Jugend, weil sie aus Ehrbegier, Machtgier, Verlangen nach Gewinn und aus Übermut Kriege häuft, ohne dabei auf andere und auf den Schaden, den sie damit verursacht Rücksicht zu nehmen.[27] Zugleich aber fordert Euripides dazu auf, der Jugend zu verzeihen, weil den jungen Menschen verziehen werden müsse.[28] Euripides weist in keinem Moment auf einen Konflikt der Generationen hin. Der jugendliche Wagemut wird sogar von Theseus als Feind der Tyrannis dargestellt.[29]

Das Draufgängertum, die Gewaltbereitschaft und der Übermut, welche die junge Generation nach Auffassung der antiken Autoren charakterisiert,[30] zeigen, daß sie für die negativen Auswirkungen des Krieges besonders empfindlich waren. Außerdem ist an dieser Stelle anzumerken, daß diese Generationen die Schrecken des Krieges meistens in einem Alter erlebte, in dem sich der menschliche Charakter formt. Hinzu kommt, daß viele von ihnen überhaupt nicht die Zeit vor dem Peloponnesischen Krieg kannten.

2. Die Jugend und die Sophistik

Für das Verhältnis zwischen der Jugend und der Sophistik sind insbesondere zwei Quellen aufschlußreich: die *‚Wolken'* des Aristophanes und die *‚Memorabilien'* des Xenophon. Beide Werke befassen sich mit dem Lehrer – Schüler Verhältnis und mit der Art und Weise der Dialogführung des Sokrates, welche der sophistischen sehr ähnlich kommt. Aristophanes stellt diesen mit den Sophisten gleich und kritisiert seine Argumentationsweise. Xenophon befaßt sich ebenfalls mit der Art und Weise der Dialogführung des Sokrates, sieht aber die Gefahr darin, daß diese nicht von Sokrates, sondern von dessen unmoralischen Schülern mißbraucht wird. Obwohl es sich bei den *‚Wolken'* um eine Komödie handelt und ihre Bemerkungen über Sokrates, die Sophisten und ihre

---

25 Eurip. Suppl. 737ff.
26 Eurip. Suppl. 160-163.
27 Eurip. Suppl. 232ff.
28 Eurip. Suppl. 251f.
29 Eurip. Suppl. 442ff.
30 In der *‚Rhetorik'* betont Aristoteles immer wieder, daß die jungen Menschen dazu tendieren, jähzornig, ehrgeizig, siegessüchtig, hitzig und übermütig zu sein sowie sich ihren Leidenschaften wie z. B. lieben oder hassen im Übermaß zu überlassen (Aristot. reth. 1389a 1ff.).

Schüler meistens Übertreibungen sind, besitzen sie dennoch einen Kern Wahrheit. Die *,Memorabilien'* des Xenophon entstanden zwar ein paar Jahrzehnte nach dem Tod des Sokrates, sind aber dennoch eine bedeutende Quelle. Obwohl ihr Inhalt vielleicht teilweise eine literarische Fiktion ist, basiert er jedoch größtenteils auf dem tatsächlich Erlebten und Gehörten. Deshalb scheint es plausibel anzunehmen, daß Xenophon in vielen Bereichen zuverlässige Fakten überliefert.[31]

In den *,Memorabilien'* wird deutlich, daß Sokrates junge Menschen für das Engagement in der Politik vorbereiten wollte. Diese Tatsache kommt auf unterschiedliche Weise zum Ausdruck: entweder durch die Äußerung des Sokrates selbst, wie z. B. in den Gesprächen mit Antiphon und Euthydemos;[32] oder sie wird durch Beispiele dargestellt, wie Sokrates bestrebt war, junge Angehörige der athenischen Elite für die Politik tüchtig zu machen,[33] beziehungsweise durch den Versuch nachzuweisen, wie diese aus eben diesem Grund zu ihm kommen;[34] hinzu kommt, daß Sokrates beschuldigt wurde, für die späteren politischen Tätigkeiten seiner Schüler, welche dem Staat großen Schaden zufügten, verantwortlich zu sein.[35]

Gerade in Hinsicht auf diese politische Komponente der Lehre des Sokrates gibt sich Xenophon sichtlich Mühe, seinen Lehrer von dem Vorwurf zu befreien, er übe einen negativen Einfluß auf seine Schüler aus. Dabei lassen sich zwei Elemente in der Lehre des Sokrates kontrastieren, die Sokrates laut Xenophon selbst hervorgehoben hat:[36]

> Seine Freunde redegewandt, lebensklug und geschickt
> zu machen, damit beeilte er sich allerdings nicht,
> sondern er glaubte vielmehr, es sei vorerst notwendig,
> daß ihnen die rechte sittliche Haltung (Besonnenheit)
> zuteil werde. Denn wer diese Fähigkeiten habe, ohne
> die rechte sittliche Haltung zu besitzen, der würde
> um so ungerechter und um so mehr befähigt sein zu
> schlechtem Tun; so glaubte er.

Die essentielle Bedeutung dieses Kontrastes zwischen den beiden Elementen in der Lehre des Sokrates – der Gewandtheit im Reden und Handeln und der richtigen sittlichen Haltung (*sophrosyne*) – wird deutlich, indem Xenophon in seiner Darstellung des Kritias und Alkibiades darauf insistiert.[37] Während Kritias unter

---

31 Vgl. P. Jaerisch, Xenophon, Erinnerungen an Sokrates, Übersetzung, Einführung und Erläuterungen von P. Jaerisch, München/Zürich 1987, 330ff.

32 Xen. mem. 1.6,15; 4.2,2.

33 Xen. mem. 3.1; 5; 7; 4.2.

34 Xen. mem. 1.2,15-16; 47.

35 Xen. mem. 1.2,12.

36 Xen. mem. 4.3,1 (Übers.: P. Jaerisch).

37 Xen. mem. 1.2,17.

den Oligarchen der habsüchtigste, unbarmherzigste und mordlustigste war, galt Alkibiades als der zügelloseste, übermütigste und gewalttätigste der Demokraten.[38] Beide verkehrten in ihrer Jugend mit Sokrates, und die Ankläger warfen Sokrates vor, daß er damals einen maßgebenden Einfluß auf sie gehabt habe und somit auch für ihre spätere Entwicklung verantwortlich sei.[39] Xenophon verteidigt Sokrates gegen diese Anschuldigungen, indem er darauf besteht, daß Sokrates sie durchaus durch sein persönliches Handeln in der Besonnenheit unterwiesen habe, und daß sie, solange sie mit ihm zusammen waren, auch verständig gewesen seien.[40] Darüber hinaus verweist er darauf, daß Kritias und Alkibiades von Natur aus die ehrgeizigsten von allen Athenern waren und einzig auf ein Element der sokratischen Lehre Wert legten, nämlich besonders geschickt im Reden und Handeln zu werden.[41] Die ethische Seite war für sie von geringerer Bedeutung. Wie sie das von Sokrates Gelernte anwendeten, beziehungsweise mißbrauchten, wird von Xenophon anschließend im Dialog zwischen Alkibiades und Perikles aufgeführt. Darin nutzt Alkibiades, der zu diesem Zeitpunkt nicht einmal zwanzig Jahre alt war, die sokratische Methode der Dialogführung dazu aus, um seine Spitzfindigkeit dem Perikles vorzuführen.[42] Dieses Beispiel, welches sich mit der Frage: „Was ist das Gesetz“ auseinandersetzt, zeigt, wie die sokratische Rede, deren eigentliches Ziel die Wahrheit ist, mißbraucht werden kann, um aus dem schwächeren das stärkere Argument zu machen, und wie leicht dadurch die Normen in Frage gestellt werden konnten.

Es ist bedeutungsvoll, daß Xenophon in den ‚*Memorabilien*' immer wieder der Problematik des Mißbrauchs durch junge Menschen große Aufmerksamkeit beimißt, wie zum Beispiel im Gespräch zwischen Sokrates und Euthydemos oder an der schon zitierten Stelle.[43] Vor dem Dialog mit Euthydemos betont Sokrates, daß die begabtesten und energischsten jungen Naturen ohne die richtige Erziehung, die ihnen ermöglicht zu lernen und zu beurteilen, was gut und schlecht sei, zu schlechtesten und schädlichsten Menschen werden. Deshalb begehen sie dann auch die größten Übeltaten.[44] Diese Konstatierung ist auch auf Alkibiades und Kritias anwendbar, denn die beiden sind ebenfalls ehrgeizig, jung, reich und stolz auf ihre Herkunft.[45] Das und die daraus folgende Offenheit gegenüber den negativen Einflüssen der Macht sind nach Xenophon die Hauptursachen für ihr späteres Verhalten. Euthydemos z. B. hatte zwar viele Schriften

---

38 Xen. mem. 1.2,12.
39 Xen. mem. 1.2,12.
40 Xen. mem. 1.2,17-18; 24-25.
41 Xen. mem. 1.2,14-16; 39; 47.
42 Xen. mem. 1.2,40-46.
43 Xen. mem. 4.2; 3,1.
44 Xen. mem. 4.1,3-4; vgl. auch Plat. rep. 489d-495c; bes. 492b-c; 494c-d; 495a-b; Gorg. 525e-526a; leg. 691c-d.
45 Xen. mem. 1.2,14; 25-26.

der berühmtesten Sophisten gesammelt, weshalb er glaubte, seinen Altersgenossen an Wissen überlegen zu sein; und er beabsichtigte, eine staatsmännische Laufbahn einzuschlagen. Im Gespräch mit ihm betont Sokrates allerdings noch einmal, daß insbesondere die zukünftigen Staatsmänner einer guten Erziehung bedürfen.[46]

Alle diese Beispiele bei Xenophon weisen einige wichtige Gemeinsamkeiten auf. Eine ist, daß viele, die Sokrates unterrichtete, sehr jung waren. Glaukon ist beispielsweise nicht einmal zwanzig Jahre alt und Euthydemos ist zu jung, um überhaupt an einer Volksversammlung teilzunehmen, geschweige denn, um dort zu Reden zu halten.[47] Dennoch sind sie ehrgeizig und bestrebt, eine Rolle im politischen Leben zu spielen. Diese Beispiele lassen ferner erkennen, daß Sokrates, Xenophon und andere Zeitgenossen sich der zwei Elemente der Lehre des Sokrates bewußt waren. Das gleiche gilt für die daraus resultierende Gefahr, daß junge Menschen die praktischen Seiten dieser Lehre mißbrauchen. Außerdem beweist die Anklage von 399 gegen Sokrates sowie die Tatsache, daß diesem auch von den „Dreißig", deren Anführer sein ehemaliger Schüler Kritias war, verboten wurde, die Kunst des Redens zu lehren und sich mit jungen Menschen zu treffen, daß diese Gefahr nicht unterschätzt wurde.[48] Eine weitere Gemeinsamkeit ist, daß in den Quellen unter dem Begriff „Jugend" an erster Stelle junge und ehrgeizige Angehörige der Oberschicht verstanden werden.[49]

Aristophanes' *‚Wolken'* weisen einige Gemeinsamkeiten mit den *‚Memorabilien'* auf. Der junge Pheidippides, der unter dem Druck seines Vaters Strepsiades Schüler des Sokrates wird, unterscheidet sich kaum von den Schülern, die Xenophon beschreibt: Wie sie ist er jung, von guter Abstammung. Aufgrund seines Namens und Benehmens ist er ebenfalls ein Angehöriger der athenischen Elite.[50] Obwohl Sokrates von Strepsiades verlangt, daß dieser andere Dinge lernt, bevor er sich die Kunst aneignet, Unrecht zu Recht zu machen, ist Aristophanes weit entfernt davon, die feinen Unterschiede in der Lehre des Sokrates, die Xenophon betont, festzustellen.[51] Da der „Sophist" Sokrates bei Aristophanes in einem schlechten Licht dargestellt wird, konzentriert sich dieser vor allem auf die Argumentationsweise, die man bei Sokrates lernt, und ihre negativen Folgen, nämlich auf die schwächere und die stärkere Rede. Das Ziel ist zu demonstrieren, wie die erstere, selbst wenn sie das Unrecht vertritt, gewinnen

---

46 Xen. mem. 4.2,1; 11.

47 Xen. mem. 3.6,1; 4.2,1.

48 Xen. mem. 1.2,31; 33-35.

49 All diese Charakteristiken sind auch bei Kallikles feststellbar: er ist jung, aus guter Familie, ehrgeizig, interessiert vor allem an der Politik, und er mißbraucht die Lehren der Sophisten; s. dazu Kap. III.5.

50 Aristoph. Nub. 14-31; 45ff.; 63ff.; 119f.

51 Aristoph. Nub. 657ff.

kann.[52] Als eines der primären Ziele, warum man die Redekunst lernt, wird in den *'Wolken'* der Erfolg in der Volksversammlung genannt,[53] womit Aristophanes wieder in die Nähe zu Xenophon rückt. Auch wenn Strepsiades zuerst zu Sokrates geht, um von ihm zu lernen, ist der Akzent auf den Wandel gesetzt, den sein Sohn Pheidippides erlebt. Denn Strepsiades ist schon von vornherein wie ein „comic hero" dargestellt,[54] der nicht von moralischem Denken geprägt ist, der nur seine eigenen Ziele verfolgt und eigentlich von tieferen Einflüssen des Sokrates frei bleibt, soweit sie ihm nicht nutzen. Deshalb endet der Versuch, ihn zu bekehren, in einem völligen Fiasko. Im Kontrast dazu erfährt Strepsiades' Sohn Pheidippides, der erst auf dessen Drängen zu Sokrates geht, eine viel tiefere Verwandlung. Von einem typisch aristokratischen Jüngling, der entsprechend seinem Alter mit charakteristischen Konflikten mit seinem Vater belastet ist, geht er dazu über, seinen Vater zu schlagen und sich auch noch durch die neue Kunst des Redens von der Verantwortung dafür freizusprechen.[55] Folglich trägt die neue Erziehung dazu bei, daß Pheidippides offen und bewußt grundlegende traditionelle Normen bricht. Ein noch schwerwiegenderer Aspekt mag sein, daß sie diesem darüber hinaus die Instrumente gibt, mit denen er in der Lage ist, sich zu rechtfertigen.

Daß vor allem die jungen Menschen durch die Lehren der Sophisten gefährdet sind, wurde schon davor in den *'Wolken'* hervorgehoben, und zwar in einem Gespräch zwischen Vater und Sohn, dessen Resultat ist, daß Pheidippides zu Sokrates geht. Im Mittelpunkt steht hier der Dialog bzw. der Wettkampf der allegorischen Figuren der stärkeren (gerechten) und schwächeren (ungerechten) Rede.[56] In diesem Abschnitt kommt es dazu, daß die schwächere Rede die Existenz des Rechts in Frage stellt.[57] Dabei werden die beiden Reden und die Art der Erziehung, die sie jeweils vertreten, miteinander konfrontiert. Die stärkere Rede tritt für die traditionelle Art der Erziehung ein, welche die Marathonkämpfer hervorgebracht hat, während die schwächere Rede die neue Art der Erziehung befürwortet, welche eine negative Auswirkung auf die jungen Menschen hat. Der Dialog endet, indem die schwächere Rede alles, was nicht sittlich und tugendvoll ist, propagiert und dadurch den Wettkampf gewinnt. Auch wenn es sich bei den *'Wolken'* des Aristophanes um eine Komödie handelt und sie somit durch deutliche Übertreibungen charakterisiert wird, muß sie dennoch einen Bezug zur Realität haben.[58] Aus diesem Grunde ist es plausibel anzunehmen,

52 Aristoph. Nub. 112ff.
53 Aristoph. Nub. 431ff.
54 Vgl. K. J. Reckford, Father Beating in Aristophanes' Cloudes, in: S. Bertman (Hrsg.), The Conflict of Generations in Ancient Greece and Rome, Amsterdam 1976, 96.
55 Aristoph. Nub. 1321-1350; 1399-1444.
56 Aristoph. Nub. 886-1114.
57 Aristoph. Nub. 900ff.
58 Vgl. Möllendorf, 2002, 1-5; bes. 4f.; Schubert, 1993, 77f.

daß um 423, als die *,Wolken'* aufgeführt wurden, die Athener sich der negativen Seite der Sophistik bewußt waren, insbesondere in Hinsicht auf ihren Mißbrauch von Seiten junger Angehöriger der athenischen Elite. Zumindest vermittelt Aristophanes einen solchen Eindruck, der zudem durch Xenophon bekräftigt wird.

Die jungen Menschen gingen vor allem zu den Sophisten, um die Kunst des Überzeugens zu lernen. Ob sie, wie W. G. Forrest vermutet,[59] auch der politischen Prinzipien wegen kamen, ist fraglich. Denn bei den Sophisten wird an erster Stelle die praktische Seite ihres Unterrichts betont, Gorgias verstand sich selbst sogar nur als Lehrer der Rhetorik. Bei Aristophanes und Xenophon wird ebenfalls namentlich die Verbindung zwischen der Jugend und der Kunst des Redens akzentuiert. Prinzipien werden dabei nicht erwähnt, oder sie sind nur von zweitrangiger Bedeutung. Die Theorie vom Recht des Stärkeren könnte einen Einfluß gehabt haben, aber sie hat erst in der Mitte des Peloponnesischen Krieges eine konkrete Form erhalten und keiner der bekannten Sophisten ist ein Vertreter dieser Lehre gewesen.[60] Auf der anderen Seite ist nicht zu unübersehen, daß die neue Erziehung förderlich für das Gefühl der Überlegenheit der jungen Angehörigen der Oberschicht war, die die nötigen Mittel und die notwendige Zeit für diese Paideia hatten.[61]

W. G. Forrest hat betreffend der Jugend in Athen im letzten Drittel des 5. Jh.s die These von einem Generationenkonflikt erstellt.[62] Es gibt einige Gründe, weshalb man diese Idee anzweifeln kann.[63] B. S. Strauss weist mit Recht darauf hin, daß die Beschwerden über den Ungehorsam der Söhne eher in einer Zeit auftreten, in der die Söhne größtenteils noch gehorchten, als in einer Zeit, in der die Autorität des Vaters in Frage gestellt wird. Denn wenn dies anders wäre, hätte die Rhetorik des Konfliktes zwischen Vater und Sohn, wie sie z. B. durch das Stück die *,Wolken'* wiedergegeben wird, keine wirkliche emotionale Bedeutung und Stärke.[64] Das gilt insbesondere für die Komödien des Aristophanes, während bei Thukydides, Euripides und Xenophon ohnehin nicht von einer Konfrontation der Generationen die Rede sein kann. Deswegen erscheint es angemessen, den „Konflikt" zwischen jung und alt als Ausdruck der Spannung zwischen neu und alt zu verstehen.[65] An erster Stelle forderten zwei neue Faktoren, die Sophistik und der Krieg, die Tradition heraus.[66] In beiden Fällen sind die jungen Menschen, wie es die Quellen zeigen, diejenigen, die in

59 Forrest, 1975, 42f.
60 S. Kap. III.1; 4; 5; 6.
61 Forrest, 1975, 43.
62 Forrest, 1975, 37-52.
63 Vgl. hierzu M. Reinhold, The Generation Gap in Antiquity, in: S. Bertman (Hrsg.), The Conflict of Generations in Ancient Greece and Rome, Amsterdam 1976, 30.
64 Vgl. B. S. Strauss, Fathers and Sons in Athens. Ideology and Society in the Era of the Peloponnesian War, London 1993, 15; 136; 143ff.
65 Vgl. Strauss, 1993, 145f.
66 Strauss, 1993, 146.

erster Linie für diese anfällig sind und schließlich auf sie wie ein Katalysator wirken. Hinzu kommt als ein weiterer Faktor die Fluktuation innerhalb der Elite, die der Krieg verursachte, und das damit insbesondere in Athen verbundene Aufkommen einer neuen Kategorie von Politikern, die am deutlichsten von Kleon repräsentiert wird.[67] Daher liegt die Schlußfolgerung nahe, daß mit dem Terminus „Jugend" bzw. „Jung" vornehmlich skrupellose und eigennützige Machtsucht bzw. Machtpolitik assoziiert wird.[68] In den *,Memorabilien'* wird so der „negative Einfluß" des Sokrates auf die Jugend vornehmlich mit Kritias und Alkibiades verbunden, zwei Protagonisten des rücksichtslosen und egoistischen Machtwillens. In den *,Hiketiden'* des Euripides wird die Machtgier und Selbstsucht der Jugend angesprochen.[69] Desgleichen wird der Begriff „Jung" in Zusammenhang mit einer negativen moralischen Bewertung gebraucht z. B. in bezug auf Alkibiades und Kleon, die gar nicht mehr jung sind. So werden, wie B. S. Strauss hinweist, Alkibiades' Motive und Führungsqualitäten von Nikias vor der Sizilischen Expedition, in Frage gestellt, obwohl Alkibiades zu diesem Zeitpunkt schon etwa fünfunddreißig Jahre alt war, während der konservative Kimon 479 bei Mykale etwa einunddreißig Jahre alt war und Kleon, der in den *,Wespen'* angegriffen wurde, in den Fünfzigern war.[70] In den *,Fröschen'* werden, als Dionysios, Euripides und Aischylos über Alkibiades befragt werden, wieder die Jugend und das selbstsüchtige Machtstreben zugleich angesprochen. Aischylos nennt Alkibiades, der damals Mitte vierzig war, einen jungen Löwen, während Euripides dessen Egoismus kritisiert.[71]

Die These von B. S. Strauss von einer Dominanz der Jugend in Athen bis 413, die nach der Sizilischen Katastrophe von einer Wiederherstellung der väterlichen Autorität abgelöst wurde,[72] scheint indessen zu zugespitzt. Denn Alkibiades wurde vor der Katastrophe in Sizilien verbannt und auch nach 411 hatte er eine wichtige Rolle in der athenischen Politik und war weiterhin beliebt. Derselbe Aristophanes, der die Jugend kritisiert, zeigt in den *,Fröschen'*, die 405 aufgeführt wurden, die ambivalente Haltung der Athener gegenüber Alkibiades, der ja zu diesem Zeitpunkt bereits politisch ausgeschaltet war.[73] Auch Theramenes, ein junger Politiker, der am Umsturz von 411 beteiligt war, behielt selbst in den Jahren danach, eine wichtige Position in der athenischen politischen Szene.

Somit ist der Terminus „Jugend", der in den Quellen als ein Faktor der Destabilisierung dargestellt wird, ein relativ komplexer Begriff. Er umfaßt nicht nur das Verhältnis zwischen der Jugend auf der einen und dem Krieg und der

67 Strauss, 1993, 146f.
68 Vgl. Strauss, 1993, 148.
69 Eurip. Suppl. 232ff.
70 Aristoph. Vesp. 1099f.; vgl. Strauss, 1993, 148.
71 Aristoph. Ran. 1426ff.
72 Strauss, 1993, 128f.; 176.
73 Aristoph. Ran. 1424ff.

Sophistik auf der anderen Seite. Er kann zugleich auch als ein Zeichen für das Aufkommen des rücksichstlosen und egoistischen machtpolitischen Denkens gelten.

Zweiter Teil

Die Vorläufer und ersten Repräsentanten der Jüngeren Tyrannis

V. Alkibiades

In bezug auf das folgende Kapitel sei vorab angemerkt, daß auf eine detaillierte und umfassende Behandlung des Lebens und des Charakters Alkibiades verzichtet wird. Die Aufmerksamkeit richtet sich auf sein Leben bis zu seinem ersten Sturz, da vornehmlich seine Lebensweise und seine Aktivitäten vor dem ersten und nicht vor dem zweiten Exil mit dem Streben nach der Tyrannis in Verbindung gebracht wurden.[1] Diese Studie befaßt sich ausschließlich mit dem Thema, weshalb die Zeitgenossen des Alkibiades befürchtet haben, er strebe die Einzelherrschaft an. Hierbei sollte man möglichst jede Gleichsetzung dieses Verdachts mit einem tatsächlichen Streben nach der Tyrannis vermeiden. Alkibiades war zwar ein außergewöhnliches Individuum mit ausgeprägtem Ehrgeiz und Machtwillen, jedoch gibt es keine konkrete politische Handlung oder Aussage, die eindeutig belegen würde, daß er wirklich beabsichtigte, eine Gewaltherrschaft zu errichten.

Des weiteren ist zu berücksichtigen, daß der Unterschied in der Haltung zwischen einer ehrgeizigen und machtvollen, aber noch immer gesetzeskonformen Person und einem „tyrannischen Menschen" schwer eindeutig zu erkennen ist. Selbstverständlich unterscheidet sich ein Tyrann schon durch seine Position in der Polis sowie durch die Machtausübung und die Mittel der Herrschaftsabsicherung deutlich von einem Privatmann. Dieser Gegensatz hat aber bezüglich der persönlichen Lebensweise (sexuelles Verhalten, Trinken, Essen, Prunk) und der geistigen Haltung (Zügellosigkeit, Ambition, Egoismus) eher einen graduellen als einen substantiellen Charakter. Dies bedingt, daß man etwaiges exzessives Verhalten leicht als tyrannisch bezeichnen kann. Dieser Sachverhalt aber sollte nicht dazu führen, daß man den Tyrannisverdacht, welchen die Mitbürger gegenüber Alkibiades empfanden, ohne weiteres als unverständlich oder irrational verwirft. Der Hauptgrund, weshalb Alkibiades' Mitbürger befürchteten, er strebe die Alleinherrschaft an, ist, daß sein gesamtes Verhalten, sowohl in der Privatsphäre als auch in der Öffentlichkeit, darauf hinzudeuten schien. Jede einzelne seiner Überschreitungen der gesellschaftlichen Normen an sich war anfechtbar, und hätte für einen Tyrannisverdacht nicht ausgereicht. Alle Überschreitungen zusammen aber schienen die Befürchtungen zu rechtfertigen. Gleichwohl bedurfte es noch der Hermen- und Mysterienfrevel sowie der Intrigen von Alkibiades' Feinden, damit dieser schließlich verurteilt wurde.

---

1 Die Ursache für seinen zweiten Sturz war die Schlacht bei Notion. Ob Alkibiades danach seines Amtes enthoben oder bei der nächsten Strategenwahl nicht wiedergewählt wurde, ist nicht klar; vgl. Welwei, 1999, 234f.

In der modernen Literatur wird meistens angenommen, daß das Mißtrauen der Athener primär durch Alkibiades' Privatleben geweckt wurde.[2] Sein Unvermögen oder mangelnder Wille, seine Leidenschaften zu zügeln und zu beherrschen, wurde als gefährlich eingestuft, weil es seinen Zeitgenossen fraglich erschien, ob jemand, der seine Leidenschaften im privaten Leben nicht bändigen konnte, imstande oder bereit war, seinen allgemein bekannten, außerordentlichen politischen Ehrgeiz unter Kontrolle zu halten.[3] Dieser Standpunkt der Forschung ist zu einseitig. Denn wie bereits erläutert wurde, kann man den Tyrannisvorwurf nicht ausschließlich durch Überschreitungen in der Privatsphäre erklären. Der Verdacht wurde zusätzlich durch Alkibiades' öffentliche bzw. politische Aktivitäten und von der dabei offenbarten Gesinnung bestärkt. An dieser Stelle soll darauf aufmerksam gemacht werden, daß sein Auftritt in Olympia wie auch seine auswärtigen Beziehungen zur politischen und nicht zur privaten Sphäre gehören. Alkibiades selbst läßt in seiner Rede bei Thukydides erkennen, daß seine Teilnahme an den Olympischen Spielen in erster Linie als ein politischer Akt zu verstehen ist.[4] In bezug auf seine auswärtigen Beziehungen läßt sich feststellen, daß sie in den Quellen immer im politischen Zusammenhang genannt werden. Entsprechend rief primär diese politische Komponente in den auswärtigen Beziehungen den Argwohn der athenischen Bürgern hervor.[5]

---

2 R. Seager, Alcibiades and the Charge of Aiming at Tyranny, Historia 16 (1967), 7ff.; J. N. Davidson, Kurtisanen und Meeresfrüchte. Die Verzehrenden Leidenschaften im klassischen Athen, Berlin 2002, 336ff.; Gribble, 1999, 70; Strauss, 1993, 175f.; Leppin, 1999, 157f.; Pouncey, 1980, 105f.; Frolov, 1973a, 237.

3 Die Gleichsetzung der Unfähigkeit, seine Begierden zu beherrschen, mit der Unfähigkeit zu regieren, wird vom Sokrates bei Xenophon immer wieder betont. Sokrates meint, solch einem Menschen könne man nicht die Führung im Kriege, die Erziehung der Söhne, die Behütung der unverheirateten Töchter und die Aufbewahrung des eigenes Vermögens anvertrauen. Er könne auch kein wahrer Freund sein. Ferner vergleicht ihn Sokrates mit einem unbeherrschten Sklaven (Xen. mem. 1.5,1-5). Im Gespräch über die Erziehung eines Herrschers sind sich Sokrates und Aristippos einig, daß dieser sein Bedürfnis nach Essen, Schlaf, Trinken und Geschlechtsverkehr beherrschen muß (Xen. mem. 2.1,1-10; 17-20). Danach benutzt Sokrates die berühmte Schrift des Prodikos über Herakles, um seine Ansichten zusätzlich zu belegen (Xen. mem. 2.1,20-33). Zu einer ähnlichen Schlußfolgerung kommt er auch in einem Gedankenaustausch mit Euthydemos (Xen. mem. 4.5,2-6). Ein zügelloser Mensch sei ohne jede Tugend und Besonnenheit. Außerdem sei er völlig unfrei, unterscheide sich nicht von einem unvernünftigen Tier und würde in schlimmste Knechtschaft fallen, die ihn zwinge besonders schlimme Handlungen zu begehen. Zu Sokrates und der Kontrolle der Leidenschaften in den *‚Memorabilien'* s. V. Gray, The Framing of Socrates: The Literary Interpretation of Xenophon's Memorabilia, Stuttgart 1998, 53-58.

4 Thuk. 6.16,1-3; vgl. E. F. Bloedow, „Not the Son of Achilles, but Achilles himself": Alcibiades' Entry on the Political Stage at Athens II, Historia 39 (1990), 5. Der politische Kontext eines Auftritts bei den Spielen in Olympia ist ebenso bei Kylon, Kimon und Miltiades d. Ä. klar erkennbar; s. dazu Kap. V.4.

5 S. Kap. V.5.

Ein Faktor, der wesentlich zum Tyrannisverdacht beigetragen hat, war, daß Alkibiades im privaten und öffentlichen Leben nach damaligen Vorstellungen sich wie ein Mensch mit tyrannischen Charakterzügen verhielt. Deswegen wird in dieser Untersuchung Alkibiades' Verhalten oft mit Elementen der Tyrannentypologie verglichen, um auf diese Weise darzulegen, weshalb viele Menschen dachten, er stelle eine Bedrohung für die bestehende Staatsordnung dar. Nach dem klassischen Tyrannenbild charakterisierte den Autokraten Selbstsucht, Willkür, Verantwortungslosigkeit, Gesetzlosigkeit, Hybris, Reichtum und die Dominanz der Begierden, namentlich der sexuellen. Zudem wird häufig die beneidenswerte Stellung des Despoten hervorgehoben.[6] In diesem Kapitel werden aber nur die Elemente der Tyrannentypologie bearbeitet, die für Alkibiades von Relevanz sind. Zudem ist es geboten zu betonen, daß einige dieser Elemente im 5. Jh. nicht vollständig ausgebildet sind. Zwar kann man meistens ihre Ansätze schon zu dieser Zeit konstatieren, sie sind aber erst in den Quellen des 4. Jh.s vollständig entwickelt.

Diese Studie stützt sich auf zahlreiche Anekdoten aus dem Leben des Alkibiades, griechischer Tyrannen, athenischer Politiker und orientalischer Herrscher.[7] Der Wahrheitsgehalt dieser Geschichten steht hier nicht zur Diskussion. Unabhängig von deren Historizität ist es vor allem von Relevanz, daß diese Anekdoten verbreitet waren, bei den breiten Massen Gehör fanden und vermut-

---

6 Vgl. Berve, 1967, 190-206; 352-372; 625-629; 698-704; de Libero, 1996, 23-38.

7 Zu den persischen Königen als Exempel für tyrannisches Verhalten vgl. H. Sonnabend, Geschichte der antiken Biographie. Von Isokrates bis zur Historia Augusta, Darmstadt 2003, 24; Berve, 1967, 193; 625f.; R. Bichler, Die „Reichsträume" bei Herodot. Eine Studie zu Herodots schöpferischer Leistung und ihre quellenkritische Konsequenz, Chiron 15 (1985), 125-147; ders., Herodots Welt. Der Aufbau der Historie am Bild der fremden Länder und Völker, ihrer Zivilisation und ihrer Geschichte, Berlin 2000, 275ff.; 282ff.; K. F. Stroheker, Zu den Anfängen der monarchischen Theorie in der Sophistik, Historia 2 (1953/4), 382ff.; 390ff.; J. M. Alonso–Núñez, Die Verfassungsdebatte bei Herodot, in: W. Schuller (Hrsg.), Politische Theorie und Praxis im Altertum, Darmstadt 1998, 19 mit Anm. 2; 25; 27ff.; D. Lateiner, The Historical Method of Herodotus, Toronto 1989, 163-186; Raaflaub, 1984, 74; ders., 1985, 67; 123-125; 323; Heuß, 1971, 25; K. H. Waters, The Purpose of Dramatisation in Herodotos, Historia 155 (1966), 151-171; bes. 168; S. Borzsák, Persertum und griechisch-römische Antike. Zur Ausgestaltung des klassischen Tyrannenbildes, Gymnasium 94 (1987), 289-297; G. Walser, Zum griechisch-persischen Verhältnis vor dem Hellenismus, HZ 220 (1975), 529-542; bes. 531ff.; 536ff.; H. Klees, Herren und Sklaven. Die Sklaverei im oikonomischen und politischen Schrifttum der Griechen in klassischer Zeit, Wiesbaden 1975, 22ff.; 208ff.; 212ff.; H. Drexler, Thukydides-Studien, Darmstadt 1976, 23ff.; 66f.; B. Snell, Aischylos und das Handeln im Drama, Philologus Suppl. 20,1, Leipzig 1928, 66-77. Daß das griechische Tyrannenbild in der Realität kaum mit den persischen Verhältnissen übereinstimmt, ändert nichts. In erster Linie war wichtig, was man in Athen empfand; vgl. dazu Raaflaub, 1985, 124 Anm. 251.

lich ein Teil des kollektiven Gedächtnisses bzw. der Identität waren.[8] Diese Geschichten sind repräsentativ dafür, was nach den üblichen Vorstellungen charakteristisch für das Verhalten eines Tyrannen oder eines korrupten Politikers war. Sie werden hier in großer Anzahl zitiert und paraphrasiert, um auf diese Art zu veranschaulichen, wie präsent und einflußreich sie im täglichen Denken der Mitbürgern des Alkibiades gewesen sein mußten.[9]

Dieses Kapitel ist in sieben Abschnitte gegliedert. Zunächst sollen die Invektiven gegen Perikles erörtert werden. Danach richtet sich die Aufmerksamkeit auf das private Leben des Alkibiades und auf die Gründe, weshalb man es als „tyrannisch" auffaßte. Der darauffolgende Abschnitt befaßt sich mit der Verbindung zwischen lasterhaftem Leben bzw. Verschwendungssucht, Korruption und Tyrannis. Im Teil über die öffentliche Auftritte des Alkibiades steht seine Teilnahme an den Wettkämpfen in Olympia im Mittelpunkt. Alkibiades' gastfreundschaftliche Beziehungen gehören zwar nicht zum Tyrannentopos, können aber trotzdem mit der Tyrannis assoziiert werden. Diese Verbindung wird im Abschnitt über die auswärtigen Beziehungen erläutert. Da es nicht möglich ist, eindeutig festzustellen, inwiefern die Rede des Alkibiades in der Siziliendebatte dessen tatsächlicher Argumentation entspricht und inwieweit sie Thukydides' Gedankengut reflektiert, wird diese Rede in einen besonderen Abschnitt erörtert.[10] Im Zentrum des Interesses steht hier Alkibiades' politischer Anspruch und seine Ichbezogenheit. Schließlich werden Alkibiades' Überschreitungen in der religiösen Sphäre sowie die Intrigen seiner politischen Gegner untersucht, um deren Signifikanz für seinen Sturz darzulegen. Aufgrund des Charakters des Themas läßt sich nicht vermeiden, daß trotz der hier angewendeten Gliederung manche Aspekte der Problematik gleichzeitig verschieden Abschnitten zugeordnet werden können. Alkibiades Teilnahme an den Olympischen Spielen ist hierfür ein Beispiel, da es gleich in drei Abschnitten analysiert werden kann.

Alkibiades war jedoch nicht der erste, gegen den in der entwickelten athenischen Demokratie des 5. Jh.s der Tyrannisvorwurf erhoben wurde. Bereits Perikles wurde mit derartigen Vorwürfen konfrontiert.

---

8 Vgl. hierzu H.-J. Gehrke, Myth, History, and Collective Identity: Uses of the Past in Ancient Greece and Beyond, in: N. Luraghi (Hrsg.), The Historian's Craft in the Age of Herodotus, Oxford 2001, 286-313; J. Assmann, Das kulturelle Gedächtnis. Schrift, Erinnerung und politische Identität in frühen Hochkulturen, München 2000³, 34-42.

9 Es ist auffallend, daß Thukydides gerade im Kontext der Verurteilung des Alkibiades erwähnt, daß das Volk bei seiner Entscheidung von Geschichten über die Herrschaft der Peisistratiden beeinflußt wurde (Thuk. 6.53,3). Daß die Furcht vor der Tyrannis von Aristophanes in seinen Komödien immer wieder parodiert wird, ist ein weiterer Beweis für die verbreitete Präsenz dieser Geschichten; s. Kap. VI.1.2. A. J. Podlecki, Perikles and His Circle, London/New York 1998, 175 betont, daß manche Motive des Komödienspottes auch Jahrzehnte danach allgemein bekannt waren.

10 Vgl. C. W. Macleod, Rhetoric and History (Thucydides 6.16-18), in: ders., Collected Essays, Oxford 1983b, 68ff.

1. Perikles und der Vorwurf der Tyrannis

Das Beispiel des Perikles demonstriert, wie leicht es war, einen einflußreichen Politiker einen Tyrannen zu nennen oder ihn des Strebens nach Alleinherrschaft zu bezichtigen. Einerseits zeigt dies, daß diese Anschuldigungen meistens nicht zu ernst genommen werden sollten. Der Umstand, daß Perikles mit einem Alleinherrscher verglichen wurde, obwohl dessen privates und öffentliches Leben keine reale Grundlage dafür bot, beweist andererseits, wie gefährlich diese Beschuldigungen für Alkibiades sein konnten, da dessen Verhalten tatsächlich den üblichen gesellschaftlichen Rahmen verletzte.

Der Vorwurf der Tyrannis gegen Perikles wurde wahrscheinlich hauptsächlich nach dem Ostrakismos des Thukydides Melesiou im Jahre 443 erhoben.[11] In den darauffolgenden Jahren dominierte Perikles die politische Szene Athens und wurde Jahr für Jahr zum Strategen gewählt.[12] Die Invektiven gegen ihn äußerten sich auf unterschiedliche Weise. Er wurde nicht nur aufgrund seiner Redegewalt, sondern auch wegen seiner politischen Macht als „Zeus“ und „Olympier“ verspottet.[13] Herodot überliefert die Anekdote, daß Perikles’ Mutter Agariste vor dessen Geburt geträumt haben soll, einem Löwen das Leben zu schenken.[14] Perikles und seine Anhänger wurden als die „neuen Peisistratiden“ bezeichnet.[15] Der Alkmaionide wurde von den Komödiendichtern auch aufgefordert zu schwören, daß er nicht nach der Einzelherrschaft trachte.[16] Die Assoziation des Perikles mit einem Tyrannen war besonders in Kratinos’ Werken präsent und ist auf dessen persönliche und parteiische Motive zurückzuführen.[17]

Ein zentrales Merkmal dieser Angriffe auf Perikles ist aber, daß seine Loyalität zum Demos dabei überhaupt nicht in Zweifel gezogen wurde. Im Gegenteil, die demokratische Grundlage seiner Vormachtstellung wurde sogar un-

---

11 V. Ehrenberg, Sophokles und Perikles, München 1956, 106; T. Morawetz, Der Demos als Tyrann und Banause. Aspekte antidemokratischer Polemik im Athen des 5. und 4. Jahrhunderts v. Chr., Frankfurt a. M. u. a. 2000, 86-93; vgl. hierzu auch P. A. Stadter, A Commentary on Plutarch’s Pericles, Chapel Hill/London 1989, LXIIIff.; 95.

12 Ehrenberg, 1956, 95ff.

13 Kratin. frg. 73; 114; 118; 171; 258 K.-A.; Aristoph. Ach. 530ff.; s. dazu Ehrenberg, 1956, 105f.; J. Schwarze, Die Beurteilung des Perikles durch die attische Komödie und ihre historische und historiographische Bedeutung, München 1971, 28-40; 44ff.; 59f.; 66; 96f.; 171; Podlecki, 1998, 169.

14 Hdt. 6.131,2. Zwei andere Löwen-Träume stehen bei Herodot in Verbindung mit Tyrannen (Hdt. 5.56,1; 5.92,3); vgl. P. Spahn, Perikles – Charisma und Demokratie, in: W. Nippel (Hrsg.), Virtuosen der Macht. Herrschaft und Charisma von Perikles bis Mao, München 2000, 25; Ch. Schubert, Perikles, Darmstadt 1994, 7-8.

15 Plut. Per. 16,1.

16 Plut. Per. 16,1.

17 Vgl. Podlecki, 1998, 175-176.

terstrichen.[18] Dies ist ein besonders wichtiger Unterschied zum Tyrannisverdacht bei Alkibiades.[19] Telekleides akzentuiert in seiner Darstellung der Tyrannis, daß diese Perikles vom Demos gegeben worden sei. Daraus läßt sich die Schlußfolgerung ableiten, daß dieser in deren Namen und zu deren Wohl herrschen soll. Weiter wird offensichtlich, daß sich dieser Tyrannisvorwurf in erster Linie auf das Verhältnis zu den athenischen Bundesgenossen bezieht:[20]

> Ihm lieferten aus die Athener
> der Städte Tribut und die Städte zugleich, die zu binden und jene zu lösen,
> die Macht, die steinernen Mauern zu bau'n und dieselben auch niederzulegen,
> die Verträge, die Macht, den Frieden, die Kraft, den Reichtum, das Glück und den Wohlstand.

In Kratinos' ‚*Cheirones*' erfährt der Zuschauer, daß der „größte Tyrann" Perikles aus dem Verhältnis des Kronos mit der Stasis entstanden sei.[21] Dieses Tyrannenbild zeigt noch deutlicher, daß Perikles, der Tyrannis bezichtigt wurde, weil er Anführer des Demos ist und in den Augen seiner Gegner vornehmlich die Interessen des Volkes vertritt.[22] Die ‚*Plutoi*', eine weitere Komödie des Kratinos, bestätigt diesen Eindruck.[23] Dieser Sachverhalt muß einer der Hauptgründe gewesen sein, weshalb diese Invektiven gegen Perikles im Gegensatz zu denen gegen Alkibiades niemals von den breiten Massen ernst genommen wurden.

Perikles war auch wegen seines Verhältnisses mit Aspasia Opfer des Spottes der Komödiendichter.[24] Aspasias Bildung, fremde Herkunft und Unab-

---

18 Vgl. Schwarze, 171; 185ff.; R. Klein, Die innenpolitische Gegnerschaft des Perikles, in: G. Wirth (Hrsg.), Perikles und seine Zeit, Darmstadt 1979, 504ff.

19 S. Kap. V.3; 5; 6.

20 Plut. 16,1-2; Telekleid. frg. 45 K.-A. (Übers.: O. Weinreich); vgl. dazu Schwarze, 1971, 96ff.; Klein, 1979, 503f.; s. auch Aristoph. Equ. 164ff. wo die Macht des Wursthändlers auf ähnliche Weise dargestellt wird. Zu der Nähe des Perikles Bildes zum Bild des Demagogen bei Aristophanes vgl. Schwarze, 1971, 171f. In Plut. Per. 12 wird der Tyrannisvorwurf gegenüber Perikles ebenfalls mit dessen Politik gegenüber den Bundesgenossen in Verbindung gebracht; vgl. Ch. Schubert, Athen und Sparta in klassischer Zeit, Stuttgart 2003, 118f.

21 Kratin. frg. 258 K.-A.

22 Vgl. Schwarze, 1971, 59ff.; Klein, 1979, 505; Morawetz, 2000, 89.

23 Schwarze, 1971, 40-54; 191; Klein, 1979, 505ff.; anders Morawetz, 2000, 86-87; bes. 87 Anm. 192, der die Meinung vertritt, mit „Tyrann" sei in der Komödie der Demos und nicht Perikles gemeint.

24 Dabei ging man soweit, daß verbreitet wurde, Perikles verdanke seinen politischen Aufstieg und seine Beredsamkeit Aspasia (Plut. Per. 24); vgl. Schwarze, 1971, 91-93; 122; 170; Podlecki, 1998, 111-115. Zudem wurde behauptet, Perikles sei stark von Aspasia beeinflußt gewesen (Plut. Per. 24-25,1); vgl. Podlecki, 1998, 111f.; Ehrenberg, 1956, 106; Schwarze, 1971, 15; 136; 170; 194; D. Kagan, Pericles of Athens and the Birth of

hängigkeit haben sicherlich zu diesen Angriffen nicht unwesentlich beigetragen.[25] Daß ein Prozeß gegen sie geführt wurde, wird in der Forschung neuerdings bezweifelt.[26]

Wie später Alkibiades wurde auch Perikles sexuelle Zügellosigkeit vorgehalten.[27] Phidias soll ihm Frauen zugeführt haben, während Pyrilampes den Geliebten des Perikles Pfaue geschenkt haben soll.[28] Perikles soll auch ein Verhältnis mit der Frau des Strategen Menippos gehabt haben.[29] Selbst Aspasia soll die Liebhaberinnen ihres Ehemannes bei sich aufgenommen haben.[30] In Kratinos' ,*Dionysalexandros*' tritt der Alkmaionide als der eitle Liebhaber Dionysos auf.[31] Telekleides' ,*Hesiodoi*' berichtet über die Liebe des athenischen Staatsmannes zu einer gewissen Korintherin Chrysilla.[32] Stesimbrotos beschuldigte Perikles, eine Affäre mit der Frau seines Sohnes Xanthippos zu haben.[33]

Eine weitere Anschuldigung war, Perikles habe Kriege aus persönlichen Gründen angestiftet.[34] Kratinos hat diesen Vorwurf als erster erhoben.[35] Hermippos spricht von gewaltigen Kriegsreden des Perikles.[36] Aristophanes unterstellt Perikles in den ,*Acharnern*', er habe den Peloponnesischen Krieg ausgelöst, weil die Megarer Aspasia zwei Prostituierte aus ihrem Etablissement entführt hatten.[37] Im ,*Frieden*' behauptet Aristophanes aber, Perikles habe den Konflikt verursacht, um Phidias zu retten.[38]

Die Quellen zeigen aber auch ein gänzlich anderes Bild von Perikles. Die Perikles-Vita von Plutarch ist trotz der Überlieferung zahlreicher negativer Stim-

---

Democracy, New York 1991, 183. Die Anschuldigung, Aspasia sei seine Prostituierte, entbehrt nach A. Podlecki, 1998, 115-117 jeder Grundlage.

25 Schwarze, 1971, 92; 169f.; Podlecki, 1998, 112ff.; Kagan, 1991, 182.

26 R. W. Wallace, Private Lives and Public Enemies: Freedom of Thought in Classical Athens, in: L. Boegehold – A. C. Scafuro (Hrsg.), Athenian Identity and Civic Ideology, Baltimore 1994, 131-132; Podlecki, 1998, 109-117; K. Raaflaub, Den Olympier herausfordern? Prozesse im Umkreis des Perikles, in: L. Burckhardt – J. v. Ungern-Sternberg (Hrsg.), Große Prozesse im antiken Athen, München 2000, 106f.; anders Schwarze, 1971, 110ff.; Klein, 1979, 509-510; Kagan, 1991, 186.

27 Podlecki, 1998, 111.

28 Plut. Per. 13,15; vgl. Schwarze, 1971, 110f.

29 Plut. 13,15.

30 Plut. Per. 32,1.

31 P. Oxy. 663; vgl. Schwarze, 1971, 6-24; bes. 13f.

32 Telekleid. frg. 18 K.-A.; vgl. Schwarze, 1971, 94; Podlecki, 1998, 111.

33 Plut. Per. 13,16; FGrHist. 107 F 10.

34 Vgl. Schwarze, 1971, 171f.; 187.

35 Vgl. Schwarze, 1971, 7ff.; 37ff.; 172.

36 Plut. Per. 33,8; Hermipp. frg. 47; s. dazu Schwarze, 1971, 101-109; 172.

37 Aristoph. Ach. 515-539; vgl. de Romilly, 1963, 17; Schwarze, 1971, 135-139; Raaflaub, 2000, 101f.

38 Aristoph. Pax 605ff.; vgl. de Romilly, 1963, 17; Schwarze, 1971, 139-155; Raaflaub, 2000, 102.

men durchaus positiv. Ihr zufolge soll Perikles ein zurückhaltendes Leben geführt haben. Er sei nur auf dem Wege zum Rat oder zur Volksversammlung anzutreffen gewesen. Auch das übliche prunkvolle Leben seiner Schicht habe er gemieden.[39] Als Beispiel für dessen Tugend erzählt Plutarch eine Anekdote, nach der Perikles einmal Sophokles, als dieser einen schönen Knaben lobte, mit den Worten getadelt haben soll, ein Feldherr müsse nicht nur die Hände, sondern auch die Augen sauber halten.[40] Ferner soll Perikles in Geldangelegenheiten ehrenhaft gewesen sein. Er habe auch ein bescheidenes Leben ohne großen finanziellen Aufwand geführt. Die Einnahmen und Ausgaben seien sorgfältig kontrolliert worden.[41] Thukydides würdigt Perikles ebenfalls als einen großen Staatsmann.[42] Obwohl Platons Bewertung des athenischen Staatsmannes starke Kritik enthält, gibt sie indirekt aber auch einige positive Eindrücke wieder.[43] Denn Platon kritisiert, daß Perikles den Demos moralisch verdorben habe, insbesondere durch die Einführung der *misthophoria*.[44] Dies ist ein weiterer Hinweis dafür, daß Perikles' Loyalität gegenüber dem Demos nie grundsätzlich in Frage gestellt wurde und daß diese ein Dorn im Auge seiner Gegner war.[45] Platon berichtet aber auch, daß Perikles am Ende seines Lebens vom Demos wegen Unterschlagung verurteilt worden sei.[46] Diese Behauptung wird von anderen Quellen aber nicht belegt.[47] Zudem muß man den Kontext von Sokrates' Aussage in *‚Gorgias'* berücksichtigen, die ihren historischen Wert relativiert.[48]

39 Plut. Per. 7,5.

40 Plut. Per. 8,5.

41 Deshalb geriet er auch in Konflikte mit seinen Frauen und Söhnen (Plut. Per. 15,4; 16; 36).

42 Vgl. J. de Romilly, Der Optimismus des Thukydides und das Urteil des Historkers über Perikles (Thuk. II 65), in: G. Wirth (Hrsg.), Perikles und seine Zeit, Darmstadt 1979, 290-311; H. D. Westlake, Individuals in Thucydides, Cambridge 1968, 23-42; Schubert, 1994, 11-16; ders., 2003, 118-120; E. F. Bloedow, Alcibiades 'Brilliant' or 'Intelligent', Historia 41 (1992), 140-142; ders., 'An Alexander in the Wrong Place': Alcibiades 'the Ablest of All the Sons of Athens'?, SCO 41 (1991a), 199ff. Thukydides' Beurteilung des Perikles wird in Kap. V.3. näher erörtert.

43 Vgl. Schubert, 1994, 9-11.

44 Plat. Gorg. 515b-516d.

45 Plat. Gorg. 515e; vgl. Dodds, 1959, 357; de Romilly, 1963, 150.

46 Plat. Gorg. 515e-516a.

47 Thuk. 2.65,3; Plut. Per. 35.

48 Plat. Gorg. 515e-516e. Denn Sokrates versucht bei Platon, Kallikles gerade mit der Strafe, welche dem Perikles vom Volk auferlegt wurde, zu verdeutlichen, daß Perikles den Demos zügelloser machte, und daß sich dies schließlich auch an diesem rächte. So meint Sokrates im Dialog zu Kallikles (Plat. Gorg. 516c): *„Und doch hat er sie wilder gemacht als er sie vorgefunden hatte, und zwar gegen ihn selbst, was er doch selbst am wenigsten wollte."* (Übers.: F. Schleiermacher). Die Ostrakisierung des Themistokles und Kimon wird in gleicher Weise von Sokrates als Beweis für deren schlechte Politik und die Zügellosigkeit der Menge genommen (Plat. Gorg. 516c-d). Schließlich ist zu berücksichtigen, daß diese ganze Argumentation als eine Einleitung für Sokrates' Voraus-

Selbst wenn Perikles wegen finanziellen Unregelmäßigkeiten angeklagt war, ist dies kein zwingender Beweis für seine Bestechlichkeit, da der Vorwurf der Korruption ein beliebtes Mittel im politischen Kampf war und Perikles kurz Zeit danach wieder zum Strategen gewählt wurde. An Platons Kritik ist jedoch bemerkenswert, daß es – außer Perikles' Verhalten dem Demos gegenüber – keine weiteren negativen Äußerungen über dessen persönliche Lebensweise oder politisches Handeln gibt. Platon bemängelt nur, Perikles habe sich, wie Themistokles und Kimon vor ihm, einzig um Schiffe, Mauern, Werften und Bauwerke, d. h. um das „leibliche Wohl" der athenischen Mitbürger gekümmert, wobei er deren „geistiges Wohl" vernachlässigt habe.[49] Diese Kritik ist, wenn man den philosophischen Standpunkt des Platon außer acht läßt, aus heutiger Sicht eigentlich ein Lob, da er in keiner Weise andeutet, daß Perikles sich nicht ausreichend um die üblichen Pflichten eines Staatsmannes gekümmert habe.

Die Berichte über ein lasterhaftes Leben des Perikles und der Tyrannisvorwurf stammen fast ausschließlich aus den zeitgenössischen Komödien, während die wichtigsten Quellen – Thukydides, Plutarch – ein völlig anderes Bild wiedergeben. Dies zeigt, daß es sich bei den Komödien entweder um Invektiven oder um Übertreibungen handelt. Daraus aber dieselbe Schlußfolgerung bezüglich der Anekdoten über Alkibiades zu ziehen, wäre falsch. Denn es gibt wichtige Differenzen zwischen den Berichten über Perikles und seinen Neffen. Bei Alkibiades sind sich alle Quellen – Plutarch, Platon, Xenophon, Thukydides – einig, daß dieser die gesellschaftlichen Normen verletzte und sowohl von Ehrgeiz als auch von Selbstsucht stark geprägt war. Überdies kommt im Gegensatz zu Perikles die Mehrheit dieser negativen Angaben nicht aus dem Bereich der attischen Komödie. Dies ist ein Beleg dafür, daß die Gerüchte über Alkibiades nicht gänzlich unbegründet gewesen sind, und erklärt zum Teil, weshalb ihnen auch Glauben geschenkt wurde.

---

sage über das Schicksal, welches Kallikles und Alkibiades erwartet, dient (Plat. Gorg. 519a-b). Deshalb erscheint die Anklage wegen Täuschung des Volkes wahrscheinlicher; vgl. Schubert, 1994, 138-139; s. auch HCT II, 182-183; Raaflaub, 2000, 112-113.

49 Plat. Gorg. 514a-d; 517b-519a.

2. Die private Lebensweise des Alkibiades

Alkibiades' Extravaganzen im persönlichen Leben stießen auf breite Ablehnung. Insbesondere sein sexuelles Verhalten erzeugte großes Mißtrauen. Über seine Zügellosigkeit sind zahlreiche skandalöse Anekdoten überliefert, von denen nicht wenige erfunden sind. Gleichwohl können sie als ein Indiz dafür gelten, was man ihm zugetraut hat. Es ist überliefert, daß Alkibiades gewissermaßen sogar den *eros* zu seinem Wappen gemacht habe. Nach Plutarch und Athenaios soll auf seinem goldgeschmückten Schild ein *eros* mit einem Donnerkeil dargestellt gewesen sein.[50]

Die sexuellen Exzesse, die Alkibiades zugeschrieben werden, präsentieren eine Persönlichkeit, welche von ihren Begierden bestimmt war und die gesellschaftlichen Normen mißachtete. Er hatte sich aus den Kriegsgefangenen aus Melos, eine Frau ausgesucht, die später ein Kind von ihm bekam.[51] Dabei wird Alkibiades' Verhalten von Seiten des Andokides mit dem des Aigisthos verglichen.[52] Alkibiades soll auch zusammen mit seinem Onkel Axiochos nach Abydos gereist sein. Dort heirateten beide dieselbe Frau. Diese gebar eine Tochter, doch konnte sie nicht sagen, wer von den beiden der Vater sei. Dies hinderte Alkibiades und Axiochos nicht, mit dem Mädchen zu verkehren, als es ins heiratsfähige Alter kam. Jeder behauptete dabei, der andere sei ihr Vater.[53] Alkibiades soll überhaupt viel mit Hetären verkehrt haben. Die Hetäre Timandra soll er überall mit sich geführt haben. Diese hat ihn dann auch, als er in einem Dorf in Phrygien umkam, bestattet.[54] Alkibiades ging soweit, daß er Hetären und Sklavinnen nach Hause brachte. Seine Frau, die Schwester des reichen Kallias, wollte sich deshalb von ihm scheiden lassen.[55] Was man Alkibiades alles zutraute, wird auch aus einer weiteren Version seiner Ermordung bei Plutarch erkennbar. Hiernach soll er von den Brüdern eines jungen Mädchens aus guter Familie, welches er verführt hatte, getötet worden sein.[56]

Seine Affären mit verheirateten Frauen aber ließen ihn insbesondere als zügellos und die gesellschaftlichen Normen verachtend erscheinen.[57] Ehebruch war in Athen eine sehr gefährliche Angelegenheit. Der betrogene Ehemann

---

50 Plut. Alk. 16; Athen. 534e.

51 Andok. 4,22-23; Plut. Alk. 16.

52 Vgl. hierzu P. J. Wilson, The Use of Tragedy in the Fourth Century, in: M. S. Silk (Hrsg.), Tragedy and the Tragic: Greek Theatre and Beyond, Oxford 1996, 310-331; bes. 319-320; Gribble, 1999, 77.

53 Athen. 525b; 534f-535a; 574e.

54 Plut. Alk. 39; Athen. 535b; 574e.

55 Andok. 4,14; Demosth. 59,22; vgl. E. Hartmann, Heirat, Hetärentum und Konkubinat im klassischen Athen, Frankfurt a. M./New York 2002, 216f.

56 Plut. Alk. 39.

57 Ein gutes Beispiel hierfür ist in den ,*Memorabilien*' vorzufinden (Xen. mem. 2.1,5). Zu dieser Thematik s. Davidson, 2002, 187f.

durfte den Liebhaber, falls er ihn auf frischer Tat ertappte, sogar straffrei töten. Dabei durfte der Ehemann diesen aber nicht in eine Falle gelockt haben, und dem Ehebrecher durfte es auch nicht gelungen sein zu flüchten.[58] In der Regel jedoch konnte sich der Ehebrecher sein Leben für eine große Summe erkaufen. Hierdurch wurde der Ehebruch zu einer sehr kostspieligen Angelegenheit.[59] Ein Beleg für die zahlreichen Affären des Alkibiades ist Xenophons Kommentar, er sei von vielen schönen und vornehmen Frauen verfolgt worden.[60] Alkibiades soll sogar im Exil in Sparta Timaia, die Gemahlin des spartanischen Königs Agis II., verführt und mit ihr ein Kind gezeugt haben.[61] In der attischen Komödie wird der junge Alkibiades als berüchtigter Verführer von Ehefrauen anderer Männer verspottet.[62]

Alkibiades' physische Attraktivität und elegante Kleidung konnten von seinen Zeitgenossen als ein zusätzliches Zeichen für ehebrecherisches Verhalten gedeutet werden, da diese Äußerlichkeiten nach dem allgemein verbreiteten Klischee als charakteristisch für einen Ehebrecher betrachtet wurden.[63] Die Schönheit des Alkibiades konnte aus einem weiteren Grund problematisch sein, da oft *kalos* mit *katapygon* oder *pornos* verknüpft wurde.[64] Die Berichte, Alkibiades habe zahlreiche männliche Liebhaber gehabt, deuten ohnehin an, daß der Eindruck verbreitet war, Alkibiades sei ein *katapygon* bzw. *kinaidos*.[65] Einer seiner Liebhaber soll sogar sein Onkel Axiochos gewesen sein.[66]

58 U. Manthe, Die Tötung des Ehebrechers, in: L. Burckhardt – J. v. Ungern-Sternberg (Hrsg.), Große Prozesse im antiken Athen, München 2000, 219-233; Davidson, 2002, 188f.

59 Vgl. Davidson, 2002, 129; 188f.

60 Xen. mem. 1.2,24; vgl. auch Andok. 4,10; Athen. 535b. Zu Alkibiades und den Ehefrauen fremder Männer s. Gribble, 1999, 75.

61 Plut. Alk. 25; Athen. 535b-c; 574d-e; vgl. Cartledge, 1987, 113.

62 Pherekr. frg. 164 K.-A.

63 Vgl. Davidson, 2002, 189-191.

64 Vgl. dazu J. J. Winkler, The Constraints of Desire, New York/London 1990, 62. Die Schönheit des Alkibiades wird in den Quellen ständig hervorgehoben (Plat. Prot. 309a-c; Alk. I. 104a; Symp. 216d-e; 217a; 218e; 219c; Athen. 534b-535; 574d-e; Xen. mem. 1.2,24; Diod. 13.68,5; Plut. Alk. 1; 4; Nep. Alc. 1,2). Dabei wird seine Schönheit oft mit einem Liebesverhältnis oder einem Wunsch nach ihm assoziiert (Plat. Prot. 309a-c; 218e; 219c-d; Xen. mem. 1.2,24; Plut. Alk. 4). Auch sonst ist solch eine Verknüpfung belegt (Plat. Symp. 210a-b; 213d; 216d-e; 223a; Charm. 154a-d; Men. 76b). Der Geliebte des Kallikles Demos, Sohn des Pyrilampes, wurde ebenfalls *kalos* genannt; s. dazu Kap. III.5. Sokrates mahnt so Kritobulos und Xenophon, sich in Liebesdingen von den Schönen fernzuhalten. Der Anlaß für diese Konversation ist Kritobulos' Beziehung zu dem schönen Sohn des Alkibiades (Xen. mem. 1.3,8-14).

65 Aristoph. Ach. 716; Eupol. frg. 171 K.-A.; Pherekr. frg. 164 K.-A.; Plat. Alk. I. 103a-104c; Plut. Alk. 4; 5; Athen. 534e-535b; vgl. hierzu Gribble, 1999, 74f. Kennzeichnend ist diesbezüglich auch, daß Sokrates für das Leben, welches Kallikles vorschwebt, den Begriff *kinaidos* gebraucht. Vermutlich taucht dieser Begriff zum ersten Mal in Platons ‚*Gorgias*' auf (Plat. Gorg. 494e); so Davidson, 2002, 199. Unter *kinaidos*, der den Be-

Alkibiades' sexuelle Zügellosigkeit erweckte auch großes Mißtrauen, weil sie auffällige Gemeinsamkeiten mit dem aufwies, was als charakteristisch für das Verhalten eines Tyrannen angesehen wurde. Es überrascht deshalb nicht, daß Alkibiades bei Platon weniger Gemeinsamkeiten mit dem philosophischen *eros* des Sokrates im ‚*Symposion*' aufweist als mit dem tyrannischen *eros* der ‚*Politeia*'.[67] In der spätklassischen Zeit ist das Bild des von seinen Begierden

---

griff *katapygon* ersetzt, wird eine Person verstanden, die nicht nur ihr sexuelles Leben, sondern ihr ganzes Dasein nicht kontrollieren kann; vgl. Davidson, 2002, 192-215; bes. 199-201; 213. J. N. Davidson, 2002, 193-215; 288f., argumentiert ferner überzeugend gegen den Standpunkt, daß ein *kinaidos/katapygon* wegen seiner passiven und untergeordneten Rolle während des Geschlechtsaktes verachtet wurde; anders K. J. Dover, Greek Homosexuality, London 1978, 52f.; 84f.; 100-109; Winkler, 1990, 45-70; bes. 53f.; D. M. Halperin, Why is Diotima a Woman? Platonic Eros and the Figuration of Gender, in: D. M. Halperin – J. J. Winkler – F. I. Zeitlin (Hrsg.), Before Sexuality: The Construction of Erotic Experience in the Ancient Greek World, Princeton 1990, 266f.; 270.

66 Athen. 574e.

67 Plat. rep. 573b-575a. In seiner Lobrede über den *eros* geht Sokrates von dem Verlangen nach dem einzelnen, sinnlich Schönen zu einem *eros* des philosophischen Erkenntnisses des Schönen selbst über (Plat. symp. 210a-212a; vgl. auch Prot. 309a-c). Dieser *eros* ist der des Philosophen (Plat. symp. 204b); vgl. J. Schwab, Die Gestalt des Verdrängten in der Figur des Eros, in: W. Pircher – M. Treml (Hrsg.), Tyrannis und Verführung, Wien 2000, 210-216; bes. 213. Die Art und Weise, auf die Alkibiades im Dialog in Erscheinung tritt und die darauffolgende Darlegung seiner „Liebe" zu Sokrates demonstriert, wie weit Alkibiades eigentlich entfernt von dem *eros* des Sokrates ist. Alkibiades erscheint stark betrunken, er weigert sich, die Regel des Symposions anzunehmen, er ernennt sich selbst zum Symposiarchen und versucht die anderen zu zwingen, möglichst schnell einen ebensolchen Zustand des Rausches zu erreichen (Plat. symp. 212d-214b); vgl. hierzu Gribble, 1999, 250f.; Davidson, 2002, 68-70. Sokrates hat „Angst" vor Alkibiades, daß dieser ihm, aus Begierde, Gewalt antut (Plat. symp. 213c-d). Alkibiades „Liebe" ist gerade die des einzelnen und nicht des allgemein Schönen (er begehrt nur Sokrates) und des Körpers, da er gerade auf diese Weise versucht, Sokrates zu verführen. Dies ist auch aus der Antwort des Sokrates auf dessen Versuche ihn zu verführen, zu entnehmen. Sokrates sagte zu ihm, er versuche wahre Schönheit gegen schönen Schein einzutauschen, und daß er dabei in Wirklichkeit nicht mal die wahre Schönheit bzw. den wahren *eros* erkennt (Plat. symp. 218d-219a); vgl. Gribble, 1999, 243f. mit Anm. 88. Der Kontrast wird durch die Selbstbeherrschung des Sokrates zusätzlich akzentuiert. Sokrates verfällt nicht, wie so viele, der Schönheit des Alkibiades, er ist niemals betrunken, er ist nicht korrumpierbar und im Ertragen der Strapazen des Krieges ist er allen überlegen (Plat. symp. 214a; 216a-c; 217a-d; 219d-220b). Im Gegensatz zu Sokrates ist Alkibiades selbstgefällig, hochmütig und kann seine Begierde zu ihm nicht beherrschen, die zu einem nicht unwichtigen Teil auf seine Gekränktheit wegen Sokrates Ablehnung und dem Gefühl der eigenen Unterlegenheit zurückzuführen ist (Plat. symp. 213c-d; 215b-e; 219c-d). Alkibiades besitzt aber auch das „Potential" für die Philosophie; vgl. Gribble, 1999, 218-222; 237; 244. Denn Sokrates Worte üben durchaus einen starken Einfluß auf ihn aus, und gerade deshalb empfindet Sokrates Zuneigung ihm gegenüber (Plat. symp. 215e-216c; Gorg. 481d; Alk. I. 127d; 131c-d); vgl.

beherrschten Tyrannen ein wesentliches Element der Tyrannentypologie.[68] Ein Hinweis für eine frühere Datierung dieser Vorstellung könnten Kallikles' Aussagen bei Platon und Euthydemos' bei Xenophon sein.[69] Es läßt sich aber nicht eindeutig belegen, da es nicht möglich ist festzustellen, inwiefern diese Äußerungen authentisch sind. Bei Kallikles erscheint es jedoch plausibel, dies anzunehmen. Denn seine Bemerkung, daß es für die Starken, unter denen er Tyrannen, Dynasten und Königssöhne versteht, das von Natur Schöne und Gerechte sei, ihre Begierden so groß wie möglich werden zu lassen und ihnen zu dienen, scheint ein fester Bestandteil der Lehre vom Recht des Stärkeren zu sein.[70]

Bei Solon ist der Vergleich der Tyrannis mit einem Netz voller Fische anzutreffen, der als Beleg dafür gelten kann, daß schon in der archaischen Epoche Gewaltherrschaft mit Genußsucht in Verbindung gebracht wurde.[71] Der Dichter Simonides von Keos hält die Tyrannis ohne Freude (ἡδονή) für nicht erstrebenswert.[72] In den *‚Wespen'* wird der Verdacht der Tyrannis in Athen mit Ge-

---

Gribble, 1999, 237; W. M. Ellis, Alcibiades, London/New York 1989, 20-23. Zugleich aber verspürt Alkibiades einen anderen noch stärkeren Drang, der ihn vom Weg und vom *eros* des Sokrates abbringt. Dieser Drang ist die Liebe zum athenischen Demos und seinen Ehrungen (Plat. symp. 216c; Alk. I. 132a); vgl. Gribble, 1999, 238-245. In dieser Hinsicht gleicht Alkibiades dem ihm auch ansonsten in vielen Dingen ähnlichen Kallikles. Dieser ist ebenfalls ehrgeizig, hochmütig, eitel, und verachtet den *nomos*. Wie bereits erwähnt wurde, vertritt Kallikles auch die Meinung, man solle seine Begierden so groß wie möglich werden lassen und ihnen dann dienen. Hinzu kommt, daß auch Kallikles laut Sokrates den athenischen Demos liebt (einen *eros* für ihn empfindet) (Plat. Gorg. 481d; 513c). Diesbezüglich sollte man noch Platons Ansicht berücksichtigen, daß die edelsten Naturen, welche für die Philosophie besonders begabt sind, wenn sie von der Menge verdorben werden, sich zu schlimmsten Menschen entwickeln. Dann werden sie hochmütig, begehren über andere zu herrschen und werden zu Auslösern größten Übels (Plat. rep. 489d-495c; bes. 492b-c; 494c-d; 495a-b; s. auch Gorg. 525e-526a; leg. 691c-d). Diese Beschreibung paßt sehr gut zu Alkibiades; vgl. Gribble, 1999, 219 mit Anm. 15. Alle diese Gründe belegen, daß allem Anschein nach den Kriterien des Platon der *eros* des tyrannischen Menschen für den „verdorbenen" Alkibiades angemessener ist, als der *eros* des Sokrates; vgl. H. Kuhn/Red. K.-H. Nusser, Liebe (Antike), HWPh V, 1980, Sp. 294; Schwab, 2000, 214f. Zur Darstellung des Alkibiades bei den Sokratikern s. Gribble, 1999, 214-262.

68 Aristot. pol. 1314b 28ff.; 1312a 4-20; b20 ff.; Plat. rep. 571a-575a; Xen. Hier. 1,17-38; 2,2; Isokr. or. 2,31-32; 3,38ff.; 8,91; ep. 7,4; vgl. auch Schütrumpf – Gehrke, 1996, 593f. Bezeichnend ist, daß Theopompos über Lysander sagt, daß dieser ein maßvolles Leben führte und sich auch als Herrscher über ganz Hellas weder der Trinksucht noch den sexuellen Leidenschaften hingegeben habe (Athen. 543b-c); s. dazu I. A. F. Bruce, Theopompus, Lysander and the Spartan Empire, AHB 1 (1987), 2.

69 Plat. Gorg. 491e-492c; Xen. mem. 4.2,38f.

70 Hier besteht eine wichtige Ähnlichkeit zur schwächeren (ungerechten) Rede in den *‚Wolken'* (Aristoph. Nub. 1075ff.). Denn auch sie rechtfertigt das lasterhafte Leben mit dem Zwang der Natur.

71 Sol. frg. 33 West = 29a G.-P.

72 Sim. frg. 57 D.

wohnheiten des Fischessens verknüpft.[73] In demselben Werk gelang es Bdelykleon, die Ansicht seines Vaters, daß der Demos der Herrscher von Hellas sei, in Zweifel zu ziehen, als er darlegte, daß sich der Demos mit den Überresten begnügen müsse, während die korrupten Politiker von den Bundesgenossen großzügig bewirtet werden.[74] Auch Herodot bringt an mehren Stellen die Zwangherrschaft in Zusammenhang mit dem Wohlleben.[75] Euripides warnt vor den schrecklichen Begierden, die den Tyrannen von allen Seiten bedrohen würden.[76]

Daß aber von allen Begierden hauptsächlich die sexuelle Zügellosigkeit mit Tyrannis assoziiert wurde, war für Alkibiades besonders folgenschwer.[77] Diese Verknüpfung ist nicht nur für das 4. Jahrhundert charakteristisch.[78] Sowohl bei Herodot als auch bei Euripides ist eines der zentralen Elemente des Tyrannenbildes die Vorstellung vom Tyrannen, der Frauen vergewaltigt.[79] An einer Reihe von Beispielen akzentuiert Herodot, wie Alleinherrscher die gesellschaftlichen

---

73 Aristoph. Vesp. 486-499. Herodot berichtet, wie der Tyrann Polykrates den besten Fisch als Geschenk von einem Fischer bekommt, weil dieser seiner Herrschaft würdig sei (Hdt. 3.42,1-3). Bei Kleon bringt Aristophanes dessen Macht mit starken Leidenschaften im privaten Leben in Verbindung. Kleon ist ein *opsophagos*, der heiße Thunfische verzehrt, dem man den Tod durch heißen Tintenfisch wünscht (Aristoph. Equ. 353-355; 928ff.). Kleon ist außerdem auch ein Säufer. Zu Kleon und dem Begriff *opsophagos* vgl. Davidson, 2002, 42f.; 47- 49; 55-57; 167-176.

74 Aristoph. Vesp. 515ff.; 655-725.

75 Kyros soll die Perser zur Machtergreifung überredet haben, indem er ihnen zuerst befahl, ein mit Dornen bewachsenes Land zu roden, um sie am Tage darauf fürstlich zu bewirten. Auf diese Weise erreichte Kyros laut Herodot, daß die Perser den Unterschied zwischen Knechtschaft und Herrschaft einsehen konnten (Hdt. 1.126; vgl. auch 9.122). Von den Persern soll als Kambyses' größte Charakterschwäche seine übermäßige Trinkgewohnheit empfunden worden sein (Hdt. 3.34,1-3); s. hierzu Bichler, 2000, 269-277; bes. 274ff. Der ägyptische König Amasis, ein Verbündeter des samischen Tyrannen Polykrates, soll nach Herodot als Privatmann ein maßloses Leben geführt haben (Hdt. 2,174). In der Verfassungsdebatte behauptet der persische Noble Otanes, daß den Tyrannen alle Laster befallen würden (Hdt. 3.80,3).

76 Eurip. frg. 850 (1284).

77 Vgl. Seager, 1967, 7; Gribble, 1999, 73ff.

78 Aristot. pol. 1314b 24-35; 1315a 14-24; 1315b 1-10; Plat. rep. 573b-575a; Xen. Hier. 1,26-28; Aischin. 1,191; Isokr. or. 3,36-42; vgl. hierzu Schütrumpf – Gehrke, 1996, 593. Den gewalttätigen Kritias ermahnt Sokrates wegen seiner mangelnden Selbstbeherrschung gegenüber Euthydemos (Xen. mem. 1.2,29-30). Der makedonische König Archelaos, der in ‚*Gorgias*' Beispiel für einen Tyrannen ist, soll von einem gedemütigten Liebhaber ermordet worden sein (Aristot. pol. 1311b 8f.). Ein nicht bekannter Tyrann von Kephallenia soll für sich das *ius primae noctis* erzwungen haben; s. hierzu de Libero, 1996, 223. Agathokles wurde unterstellt, in seiner Jugend ein Lustknabe gewesen zu sein und sich prostituiert zu haben; vgl. Berve, 1967, 441; 728; Davidson, 2002, 204.

79 Hdt. 3.80,5; Eurip. Hik. 452ff.

Normen in dieser Hinsicht überschreiten.[80] Bei Aristophanes erklärt Philokleon, daß einer der wichtigsten Vorzüge der uneingeschränkten Herrschaft der athenischen Geschworenen über Griechenland sei, sich ungestraft sexuell an den Töchtern der Prozeßteilnehmer zu vergreifen.[81] In Thukydides' Peisistradidenexkurs, der auf die Darstellung der Abberufung des Alkibiades und die Furcht des Volkes vor einer Tyrannis anknüpft, weist Thukydides darauf hin, daß sich Aristogeiton und Harmodios zum Anschlag gegen die athenischen Tyrannen entschlossen haben, weil Harmodios von Hipparchos bedrängt wurde.[82]

3. Die Kostspieligkeit der Lebensweise des Alkibiades

Leidenschaften offenbarten nicht nur einen unbeherrschten und „tyrannischen“ Charakter, sie waren zugleich auch sehr kostspielig. Neben der zügellosen Lebensart war auch der demonstrative Konsum, wie Kleidung und Pferdezucht, sehr kostenintensiv. Das Bewußtsein, daß Alkibiades' Lebensstil und seine Auftritte in der Öffentlichkeit mit hohen Kosten verbunden waren, stellt auch eine der Hauptursachen für seinen ersten Sturz dar.[83] Dies wird explizit von Thukydides behauptet, wenn er konstatiert, Alkibiades' Leidenschaften würden dessen Vermögen übersteigen.[84] Allein Alkibiades' Teilnahme an den Wettkämpfen in Olympia muß ein Vermögen gekostet haben.[85] Thukydides berichtet außerdem, daß eines von Alkibiades' Hauptmotiven für den Sizilischen Feldzug

80 Der persische König Kambyses, der bei Herodot ein Beispiel für einen Tyrannen ist (Hdt. 3.80,2-3), zwingt seine Schwester zu einer Ehe mit ihm, da er seine Liebe zu ihr nicht mehr kontrollieren kann. Später heiratete Kambyses eine weitere Schwester (Hdt. 3.41-42). Xerxes erscheint ebenfalls als jemand, der nicht imstande war, seine Leidenschaften zu beherrschen. Zunächst gefiel ihm die Frau seines Bruders, die zugleich die Schwiegermutter seines Sohnes Dareios war. Als er von dieser abgewiesen wurde, hatte er mit der Tochter seines Bruders, die auch die Frau seines Sohnes war, ein Verhältnis (Hdt. 9,108). Auch über den Tyrannen Periander gibt es eine Anekdote, die seine Mißachtung der Gesetze der Natur und der Gesellschaft beschreibt. In Sosikles' Rede nimmt die Anschuldigung, der Tyrann habe mit seiner toten Gattin Melissa, die er umbrachte, geschlechtlich verkehrt, neben Morden, einen zentralen Platz ein (Hdt. 5.92,η1-3). Der ägyptische Pharao Mykerinos soll in seine eigene Tochter verliebt gewesen sein, die Selbstmord beging, als er ihr Gewalt antat (Hdt. 2,131).

81 Aristoph. Vesp. 578ff.; s. dazu bes. 500ff., denn an dieser Stelle wird die Tyrannis noch expliziter mit sexuellen Verhalten in Verbindung gebracht.

82 Thuk. 6.54,1-4; 56,1; 59,1.

83 Vgl. Davidson, 2002, 337f.; Gribble, 1999, 70ff.; 77; S. Forde, The Ambition to Rule: Alcibiades and the Politics of Imperialism in Thukydides, Ithaca/London 1989, 168f.; Pouncey, 1980, 112f.

84 Thuk. 6.15,3.

85 Das wird auch dadurch deutlich, daß sich der Aufwand, den er in Olympia betrieb, nur mit dem Prunk der Gesandtschaft des Hieron oder des Dionysios I. bei den Spielen vergleichen läßt.

die Hoffnung gewesen sei, neben Ruhm auch Reichtum zu erwerben.[86] Wie problematisch Alkibiades' verschwenderische Lebensweise war, unterstreicht auch Nikias' Rede, in der diese als einer der wichtigsten Argumente gegen Alkibiades angeführt wurde.[87] Aufschlußreich ist ebenso, daß Xenophon in den *,Memorabilien'* seinen Ausführungen über Sokrates' positiven Einfluß auf Alkibiades und Kritias bezüglich der Unterdrückung ihrer Begierden folgende Bemerkung vorausschickt:[88]

> Denn Viele, die mit ihren Geldmitteln sparsam umgehen
> konnten, bevor sie sich in Liebesgeschichten einließen,
> vermögen dies nicht mehr, sobald sie sich verliebt haben;
> und wenn sie dann ihr Vermögen vergeudet haben,
> dann scheuen sie sich nicht mehr von Erwerbsmöglichkeiten,
> von denen sie sich früher fernhielten, weil sie ihnen als
> schimpflich galten.

Ein lasterhaftes und luxuriöses Leben wird traditionell als gefährlich eingestuft, weil es zu ungesetzlichem Handeln und im schlimmsten Fall zur Tyrannis führt. Die Vorstellung, daß die Kostspieligkeit der Leidenschaften zu ungesetzlichem Handeln zwingt, ist schon im 5. Jh. weit verbreitet. Man begegnet ihr bei Eurpides, Aristophanes, Kritias, Andokides, Prodikos und Gorgias.[89] Auch im 4. Jh. war dies der Fall.[90]

---

86 Thuk. 6.15,2.

87 Thuk. 6.12,2.

88 Xen. mem. 1.2,22 (Übers.: P. Jaerisch).

89 Zu Euripides s. Eurip. frg. 201. Strepsiades wird in den *,Wolken'* durch die Leidenschaft seines Sohnes für Pferde in den Ruin getrieben. Dieser drohende Ruin ist der Grund, weshalb auch Strepsiades seinen Sohn Pheidippides zu Sokrates bringt. Sokrates soll Pheidippides die Redekunst lehren, damit er seinen Vater auf ungesetzliche Weise von seinen Schulden befreien kann. In den *,Wespen'*, im Abschnitt, in dem beschrieben wird, wie der Vater die Rolle eines zügellosen jungen Mannes bzw. Sohnes übernimmt, verspricht der Vater einer Hetäre, sie sofort freizukaufen, sobald sein Sohn sterben würde und er sein Erbe bekäme (Aristoph. Vesp. 1341ff.). Zu Kritias s. DK 88 B 6. Andokides behauptet, Kallias habe das riesige Vermögen seines Vaters Hipponikos für sein ausschweifendes Leben verschleudert (Andok. 1.131-132). In Prodikos' Werk die *,Horen'* trifft Herakles die Tugend und die Schlechtigkeit. Die letztere verspricht Herakles ein lasterhaftes Leben, und daß er nie unter Mangel leiden werde, weil sie ihm ermöglichen wird, aus der mühsamen Arbeit anderer Menschen leichten Gewinn zu ziehen (DK. 84 B 2). In der imaginären Verteidigung des Palamedes, deren Verfasser Gorgias ist, weist Palamedes beispielsweise die Anschuldigungen, er habe von den Troianern Geld angenommen, zurück, indem er behauptet, da er kein Sklave seiner Triebe sei, brauche er auch keine Bestechungsgelder (DK 82 11a15).

90 In Platons *,Symposion'* erklärt Diotima, daß die Mutter des *eros* die Armut sei (Plat. symp. 203b-c). Ein Vorteil der strengen spartanischen Lebensweise ist nach Xenophon, daß die Möglichkeit, sich durch unmäßiges Trinken von Wein und durch Unersättlich-

Der Topos aber, daß eine lasterhafte und luxuriöse Lebensart zu einer Tyrannis führen kann, ist erst in der spätklassischen Epoche vollständig ausgebildet.[91] Ansätze dieser Denkweise sind jedoch auch für die Zeit davor bezeugt. Die häufige Betonung des Reichtums des Tyrannen und die gleichzeitige Akzentuierung seiner üppigen Lebensweise ist ein Beleg dafür, daß man sich der Kostspieligkeit solcher Lebensführung durchaus schon vor dem 4. Jh. bewußt war. Von dieser Bemerkung ist die Schlußfolgerung nicht entfernt, daß eine luxuriöse Lebensweise ihrerseits zur Tyrannis führen kann. Im sogenannten ‚*Frauenkatalog*' des Semonides von Amorgos heißt es im Zusammenhang mit dem „Pferdeweib", welches extravagant, eitel und zu fein zum Arbeiten ist:[92]

> Eine solche Frau ist sicherlich für andere ein schöner Anblick,
> dem Besitzer wird sie zum Verderben,
> wenn er nicht ein Tyrann oder Szepterträger ist,
> der daran sein Herz erfreut.

Demnach kann sich einzig der Alleinherrscher den Luxus leisten, eine solche Frau zu haben. Herodot zufolge ging der ägyptische König Amasis, als er noch Privatmann war, zum Diebstahl über, als ihm die Mittel für seine Gelüste ausgingen.[93] In Sophokles' ‚*Elektra*' beschwert sich Orestes über Aigisthos, der im Stück als Gewaltherrscher dargestellt wird, daß dieser sein väterliches Erbe vergeudet habe.[94]

Nikias spricht in seiner Rede einen weiteren Aspekt des Tyrannentopos – die Assoziierung von Tyrannis und Gewinnsucht – an, als er Alkibiades' verschwenderische Lebensweise mit dessen Absicht, materiellen Nutzen auf Kosten der Gemeinschaft zu erzielen, verknüpft.[95] In einer dem Theognis von Megara zugeschriebenen Elegie warnt der Dichter vor Hybris, Gewinnsucht und Machtstreben der *hegemones*, die zur Stasis führt und mit einer Tyrannenherrschaft

---

keit zu ruinieren, ausgeschlossen ist (Xen. Lak. pol. 5,4-5). In seiner Rede ‚*Gegen Timarchos*' stellt Aischines dar, wie die Hemmungslosigkeit des Timarchos dazu führte, daß er seinen Körper verkaufte, sein väterliches Erbe und das Geld seiner Liebhaber verschleuderte, korrupt wurde und gegen die Staatsinteressen handelte (Aischin. 1,40-42; 53-65; 107-108; 110; 113-114). In einer Rede des Demosthenes streitet Mantitheos ab, seinen Anteil vom Haus an Kriton verkauft zu haben, indem er behauptet, Kriton habe die dafür notwendigen Mittel überhaupt nicht, da er ein lasterhaftes Leben führe. Diese Lebensweise hat nach Mantitheos nicht nur Kritons Vermögen aufgezehrt, sondern auch das der anderen Bürger (Demosth. 40,58).

91 Plat. rep. 573d-575e; Aristot. pol. 1305b 40-1306a 1; Aischin. 1,190-191. Zu anderen Beispielen vgl. Davidson, 2002, 282.

92 Semonid. frg. 7,57ff.; 67-70 (Übers.: H. Willenbrock).

93 Hdt. 2,174. Als er König wurde, hatte er dieses Problem nicht mehr.

94 Soph. El. 661; 1288ff.

95 Thuk. 6.12,2.

endet.[96] An einer anderen Stelle mahnt Theognis davor, einen Tyrannen aus Hoffnung auf Gewinn zu unterstützen.[97] In der *'Antigone'* meint Sophokles, der Tyrann liebe den schimpflichen Gewinn.[98] Im zweiten Buch bei Thukydides ist möglicherweise ebenfalls eine Assoziation der Korruption mit der Gefahr einer Tyrannis feststellbar. Thukydides berichtet in diesem Buch, wie Perikles die Athener davor warnte, sich in riskante Unternehmungen zu stürzen. Der athenische Historiker führt aus, daß die Athener unter seinen Nachfolgern, die von persönlichem Ehrgeiz und persönlicher Gewinnsucht geführt wurden, genau das Gegenteil taten.[99] An dieser Stelle unterstreicht Thukydides, daß genau die Unbestechlichkeit und die vorbildliche Führung der eigenen Geldangelegenheiten eine der großen Tugenden des Perikles neben seinem Ansehen und seiner Einsicht gewesen sei, die es ihm ermöglichte, seine Politik durchzusetzen und nicht der Willkür der Massen ausgeliefert zu sein.[100] Dann folgte Thukydides' berühmte Feststellung über die Demokratie in Athen unter Perikles, in der er Perikles politische Führungsposition im Gemeinwesen hervorhebt.[101] Trotz dieser Dominanz und der Tatsache, daß auch gegen Perikles der Tyrannisvorwurf erhoben wurde, kam dieser selbst nie in eine vergleichbare Situation wie Alkibiades. Aus diesem Grunde liegt die Schlußfolgerung nahe, daß neben seiner unbestreitbaren Treue dem Demos gegenüber auch der Umstand, daß er seine Geldangelegenheiten in Ordnung hielt, dafür verantwortlich war.

4. Alkibiades' öffentliche Auftritte

Alkibiades erschien in der Öffentlichkeit in kostbaren Purpurkleidern und angeblich sogar soll eine bestimmte Art von Schuhen nach ihm benannt worden sein.[102] Das Tragen von purpurnen Gewändern von Seiten des Alkibiades konnte aus mehreren Gründen seinen Mitbürgern negativ aufgefallen sein. Denn Ge-

96 Thgn. 39-52.

97 Thgn. 823-824. Daß sich *kerdos* auf Gewinn bezieht, zeigt St. v. der Lahr, Dichter und Tyrannen im archaischen Griechenland. Das Corpus Theognideum als zeitgenössische Quelle politischer Wertvorstellungen archaisch-griechischer Aristokraten, München 1992, 91ff.

98 Soph. Ant. 1056.

99 Thuk. 2.65,7; 10-11; vgl. HCT II, 191ff.; Rengakos, 1984, 40; 42; Hornblower, 1991a, 342-347.

100 Thuk. 2.65,8. Perikles selbst beruft sich in seiner Rede zuvor auf seine Einsicht und Erhabenheit in Geldangelegenheiten (Thuk. 2.60,5; vgl. Plut. Per. 15,4); vgl. hierzu HCT II, 192f.; Price, 2001, 238.

101 Thuk. 2.65,9.

102 Plut. 16; Athen. 534c. Zu Alkibiades Kleidungsgewohnheiten s. Gribble, 1999, 71ff.; W. Schuller, Alkibiades, in: K. Brodersen (Hrsg.), Grosse Gestalten der griechischen Antike: 58 historische Portraits von Homer bis Kleopatra, München 1999, 344.

wänder in dieser Farbe wurden mit dem Großkönig assoziiert und galten seit den Kriegen mit Persien als Attribut eines Gewaltherrschers.[103] Ferner konnte Purpurkleidung als Zeichen der Dekadenz und des weibischen Verhaltens gedeutet werden.[104] Als Choregos soll Alkibiades seinen Konkurrenten Taureas in aller Öffentlichkeit geschlagen haben.[105] Bei Alkibiades' Zeitgenossen hinterließ aber seine Teilnahme an den Olympischen Spielen den stärksten Eindruck sowohl in positiver als auch in negativer Hinsicht. Aus diesem Grund steht dieser Auftritt im Mittelpunkt des Abschnittes.

Panhellenische Wettkämpfe spielten eine wichtige Rolle als Medium für ehrgeizige Personen. Sie ermöglichten diesen, vor der gesamten griechischen Öffentlichkeit und somit auch vor den Bürgern ihrer Polis ihr Prestige zu demonstrieren.[106] Alkibiades' Auftritt bei den Olympischen Spielen 416 kam auf mehrfache Weise dem Aufkommen eines Tyrannisverdachtes entgegen.[107] Eine Teilnahme an den Panhellenischen Wettkämpfen gehört nicht zum Tyrannentopos. In Athen aber konnte man Olympische Spiele mit der Tyrannis in Verbindung bringen. Sowohl Herodot als auch Thukydides erwähnen ausdrücklich, daß der athenische Tyrannisaspirant Kylon Sieger bei den Olympischen Spielen war.[108] Unter Peisistratos' Herrschaft konnte der Aristokrat Kimon erst nach Athen zurückkehren, nachdem er seinen zweiten olympischen Sieg im Wagen-

---

103 Vgl. dazu A. Alföldi, Gewaltherrscher und Theaterkönig. Die Auseinandersetzung einer attischen Ideenprägung mit persischen Repräsentationsformen im politischen Denken und in der Kunst bis zur Schwelle des Mittelalters, in: K. Weitzmann (Hrsg.), Late Classical and Mediaeval Studies in Honor of Albert Mathias Friend, Jr., Princeton 1955, 15-55; bes. 24. H. Blum, Purpur als Statussymbol in der griechischen Welt, Bonn 1998, 42-67; bes. 156-175. Auch Alkibiades' Schuhe konnten als Symbol der Verweichlichung und des tyrannisches Verhalten verstanden werden; vgl. Alföldi, 1955, 50-52.

104 Plut. 16; vgl. Blum, 1998, 161.

105 Plut. Alk. 16; Andok. 4,20; Isokr. 16,35; vgl. Gribble, 1999, 68f.; s. auch P. Wilson, The Athenian Institution of the *Khoregia*. The Chorus, the City and the Stage, Cambridge 2000, 148ff.

106 Stein-Hölkeskamp, 1989, 111; 119ff.; Murray, 1982, 254-257.

107 Daß es auch andere Möglichkeiten gab, eigenes Prestige vor der gesamten griechischen Öffentlichkeiten zu bekunden und dabei als gottesfürchtiger und guter Bürger zu erscheinen, zeigt Nikias, Alkibiades' damaliger Hauptkonkurrent; vgl. D. Kagan, The Peace of Nicias and the Sicilian Expedition, Ithaca/London 1981, 153-155; Ellis, 1989, 50-52; M. Munn, The School of History: Athens in the Age of Socrates, Berkeley/Los Angeles 2000, 58f. Nikias hat nämlich die Festgesandtschaft für Delos mit großen Aufwand ausgestattet und angeführt. Ferner stiftete Nikias Apollon ein Grundstück (Plut. Nik. 3,4-6). Nikias' Loyalität zu seiner Polis wurde dabei zusätzlich durch den Umstand unterstrichen, daß die Athener im Zusammenhang mit der Pest in Athen 426 eine rituelle Reinigung der Insel durchführten (Thuk. 3.104; Diod. 12.58,6-7), denn Apollon wurde traditionell als pestsendender Gott betrachtet, wie die ‚*Ilias*' und die Tragödie ‚*König Ödipus*' zeigen; s. dazu Rubel, 2000, 153-155; Davidson, 2002, 322.

108 Hdt. 5.71,1; Thuk. 1.126,3-6.

rennen dem athenischen Alleinherrschers gewidmet hatte.[109] Als Kimon nach Peisistratos' Tod zum dritten Mal einen Sieg in Olympia errang, aber ablehnte, diesen an Hippias und Hipparchos abzutreten, wurde er von den Tyrannen ermordet.[110] Kimons Halbbruder war Miltiades der Ältere, der auf der thrakischen Chersones ein Tyrannenregime gründete.[111] Herodot bemerkt, daß Miltiades d. Ä. wegen eines Sieges bei den Wagenrennen in Olympia großen Einfluß in Athen genoß, selbst unter der Herrschaft des Peisistratos.[112] Dieser Sieg soll laut Herodot auch Miltiades d. Ä. erleichtert haben, in Athen genügend Leute zu sammeln, um auf der Chersones seine Herrschaft zu errichten.[113]

Dennoch sind Zweifel angebracht daraus zu schließen, daß allein die Erinnerung an diese Ereignisse ausreichte, um Alkibiades des Strebens nach Alleinherrschaft zu bezichtigen. Es war eher die Art und Weise, wie sich Alkibiades an den Wettkämpfen vor der gesamten hellenischen Öffentlichkeit präsentierte, die als gefährlich eingestuft werden konnte.[114] In seinem Namen nahmen sieben Viergespanne an den Wettrennen teil. Sie erlangten den ersten, zweiten und vierten Platz.[115] Die Siege wurden von prunkvollen Feierlichkeiten begleitet. Alkibiades betont in seiner Rede bei Thukydides, daß kein Privatmann bis dahin mit so vielen Viergespannen angetreten war und einen derart großen Erfolg verzeichnen konnte. Zum Vergleich errang der sizilische Tyrann Hieron 468 in Olympia nur den ersten Platz mit dem Viergespann.[116] Auch Miltiades d. Ä. konnte sich nur ein Viergespann leisten.[117] Mit Alkibiades läßt sich am ehesten der Aufwand, den Dionysios I. fast dreißig Jahre später betrieb, vergleichen.[118]

Ein weiterer Aspekt dieses überdurchschnittlichen Aufwandes war, daß man leicht den Eindruck gewinnen konnte, Alkibiades konkurriere auf diese Weise mit seiner eigenen Vaterstadt.[119] Dies wird aus der Behauptung des Soh-

---

109 Hdt. 6.103,1-2; vgl. Stahl, 1987, 118f.; Stein-Hölkeskamp, 1989, 121.

110 Hdt. 6.103,3; vgl. Stahl, 1987, 119f.; Stein-Hölkeskamp, 1989, 121.

111 Hdt. 6.34-38,1.

112 Hdt. 6.35,1; 36,1.

113 Hdt. 6.36,1.

114 Vgl. Gribble, 1999, 65; s. auch H. Bengtson, Griechische Geschichte von den Anfängen bis in die Römische Kaiserzeit, München 1960², 233.

115 Thuk. 6.16,2; Plut. Alk. 11; Isokr. or. 16,33-34.

116 Bakchyl. 3; vgl. Berve, 1967, 151; 606.

117 Hdt. 6.35,1; 36,1.

118 Dionysios I. entsandte 388 eine prunkvollen Gesandtschaft unter der Führung seines Bruders Thearides mit mehreren Viergespannen nach Olympia (Diod. 14.109,1-5); vgl. Stroheker, 1958, 24f.; 137f.; Berve, 1967, 248.

119 Vgl. L. Weniger, Das Hochfest des Zeus in Olympia, Klio 4 (1904), 144f.; Gribble, 1999, 64ff.; 133f.; Seager, 1967, 8; 14f. Da hier insbesondere Andokides' vierte Rede ‚*Gegen Alkibiades*' ins Gewicht fällt, s. zu ihrem Wert als Quelle D. Gribble, Rhetoric and History in [Andocides] 4, Against Alcibiades, CQ 47 (1997), 367-391; bes. 378f.; 386-389; ders., 1999, 154-158. H. Heftner, Ps.-Andokides' Rede gegen Alkibiades ([And.] 4) und die politische Diskussion nach dem Sturz der ‚Dreißig' in Athen, Klio 77

nes des Alkibiades ersichtlich, sein Vater habe mit seinem Prunk bei den Opfern und Feierlichkeiten nicht nur alle Individuen, sondern auch die größten Poleis in den Schatten gestellt.[120] Der Eindruck, Alkibiades konkurriere mit der eigenen Heimatstadt, ermöglichte die Folgerung, ihn verlange danach, sich mit ihr gleichzusetzen, eine für einen Tyrannen charakteristische Haltung.[121]

Dieser Schluß wurde durch den Eindruck, Alkibiades usurpiere einige Vorrechte der Polis Athen, in beträchtlichen Maße verstärkt. Es war hauptsächlich sein Verhalten außerhalb der Wettkämpfe, das als Wunsch nach größeren Vorrechten, als es einem gesetztreuen Bürger zusteht, wahrgenommen wurde.[122] Das Verhältnis der athenischen Bundesgenossen in Olympia zu Alkibiades konnte als deren persönliche Abhängigkeit von ihm empfunden werden.[123] Ephesos steuerte ein persisches Zelt bei, das zugleich die Zelte aller Poleis an Pracht und Größe übertraf.[124] Chios besorgte das Futter für die Pferde. Kyzikos gab die Schlachtopfer, während Lesbos Alkibiades mit Wein und anderen Dingen des täglichen Bedarfs versorgte. Die Signifikanz der Beziehungen des Alkibiades zu den athenischen Bundesgenossen wird bei Aristophanes erkennbar. In den ‚*Wespen*' wird die Herrschaft des athenischen Demos mit dessen Verhältnis zu den Verbündeten gleichgestellt.[125] Zudem ist zu beachten, daß die Zuwendungen, die Alkibiades von Ephesos, Chios und Lesbos erhielt, an persische Verhältnisse erinnern konnten.[126] Themistokles erhielt nach der antiken Tradition nämlich vom Großkönig drei Städte für seinen Unterhalt – Magnesia für das Brot, Lampsakos für den Wein und Myous für die Zuspeise.[127]

(1995), 75-104, meint, diese Rede sei ein politisches Pamphlet aus der Zeit um 400 und stelle eine wichtige Quelle dar.

120 Isokr. or. 16,34.

121 Soph. Ant. 738; Oid. T. 330ff.; 629f.; vgl. Berve, 1967, 616.

122 Vgl. Gribble, 1999, 64f.; 84-86; ders., 1997, 385f.

123 Andok. 4,30-31; Plut. Alk. 12; Athen. 534d.

124 Daß Alkibiades' Zelt persisch war, konnte als weiteres Argument für das Streben nach Tyrannis angesehen werden; vgl. Gribble, 1999, 61; 84f. Diese persische Komponente wird von Andokides in der Geschichte von Agatharchos aufgegriffen (Andok. 4,17; Plut. 16,7). Auch die Delegation des Dionysios I. war mit einem luxuriösen Zelt ausgestattet (Diod. 14.109,1). Der tyrannische Charakter des spartanischen Regenten Pausanias soll sich laut der antiken Tradition auch in seiner Akzeptanz persischer Kleidung und Gewohnheiten offenbart haben (Thuk. 1.130; 132,2; vgl. Athen. 535e); vgl. Gribble, 1999, 61. Zu der Problematik des persischen Zeltes und den diesbezüglichen Kenntnissen der Griechen s. M. C. Miller, Athens and Persia in the Fifth Century BC. A Study in Cultural Receptivity, Cambridge 1997, 49-53; 235f.

125 Aristoph. Vesp. 515ff.; 547ff.; 576ff.; 615ff.; 655-725; s. auch 498f. wo Tyrannis, Nahrung und Tribut gemeinsam genannt werden; vgl. auch Ps.-Xen. Ath. pol. 1,13; 15-18; 2,9. Zu dieser Thematik s. Kallet, 2003, 121-144.

126 Vgl. Davidson, 2002, 331.

127 Thuk. 1.138,5-6; Plut. Them. 29. In ‚*Alkibiades I.*' erzählt Sokrates, wie verschiedene Gegenden im Perserreich für verschieden Teile der Kleidung und des Schmucks der

Alkibiades usurpierte die Vorrechte Athens auch, als er sich von den athenischen Architheoren kunstvolle goldene Opfergefäße, Schalen und Räuchergefäße, die dem athenischem Staate gehörten, auslieh, um sie für sein privates Trinkgelage zu nutzen.[128] Ferner gab er sie nicht rechtzeitig zurück, sondern brachte mit ihnen Privatopfer dar. Als sich die athenischen Vertreter an der feierlichen Prozession zum großen Hauptopfer beteiligten, glaubten viele Anwesende, Athen hätte die Prunkgefäße von Alkibiades entliehen und nicht umgekehrt.[129] Zum Schluß lud Alkibiades alle Versammelten zu sich ein. Auf diese Weise lag die Schlußfolgerung nahe, daß Alkibiades nicht nur ein mächtiges Individuum sei, sondern daß er sich selbst mit Athen auf der gleichen Ebene sah, wenn nicht sogar sich überlegen fühlte.[130]

5. Alkibiades' auswärtige Beziehungen

Alkibiades' auswärtige Beziehungen haben ebenfalls dazu beigetragen, daß er von seinen Zeitgenossen als potentielle Gefahr für die bestehende Polisordnung wahrgenommen wurde. Nicht nur Alkibiades' Verhältnis zu den athenischen Bundesgenossen in Olympia konnte Argwohn erwecken. Ein weiterer Anlaß waren Alkibiades' gastfreundschaftliche Beziehungen, die zwar eine aristokratische Tradition bildeten und nicht zum Tyrannentopos gehörten,[131] aber in Athen in einen Zusammenhang mit der Tyrannenherrschaft gebracht werden konnten.[132]

Königin aufkommen müssen (Plat. Alk. I 123b-c); vgl. dazu auch Hdt. 6.70,1-3; 8.85; Paus. 3.7,8; Xen. Kyr. 8.6,3-6. Zu Themistokles in Persien s. Miller, 1997, 98f.; Gribble, 1999, 85.

128 Andok. 4,29.

129 Andok. 4,29.

130 Andok. 4,29; Isokr. or. 16,34; vgl. Seager, 1967, 8; 14; Gribble, 1999, 65; 133f.; 136; Davidson, 2002, 337; Forde, 1989, 80f.

131 Vgl. hierzu Stahl, 1987, 96-99; Gehrke, 1985a, 292-297; Chr. Ulf, Die homerische Gesellschaft. Materialien zur analytischen Beschreibung und historischen Lokalisierung, München 1990, 202-207.

132 Vgl. D. Braund, Friends and Foes: Monarchs and Monarchy in Fifth-century Athenian Democracy, in: R. Brock – S. Hodkinson (Hrsg.), Alternatives to Athens. Varieties of Political Organization and Community in Ancient Greece, Oxford 2000, 113-118; Munn, 2000, 116; 385 mit Anm. 47. Daß gastfreundschaftliche Beziehungen auch zur Zeit des Alkibiades eine große politische Rolle haben konnten, zeigt das Verhalten des spartanischen Königs Agis II. im Kampf gegen Argos 418. Denn als es Agis II. gelang, das argivische Heer zu umzingeln und in eine schwierige Lage zu bringen, erklärte er sich trotzdem auf die Initiative eines argivischen *proxenos* von Sparta und eines der fünf argivischen Feldherrn bereit, einen viermonatigen Waffenstillstand zu schließen. Auf diese Weise sollten spartafreundliche Kreise in Argos die Gelegenheit bekommen, einen

Kylon hat mit Hilfe seines Schwagers Theagenes, des Tyrannen von Megara, versucht, die Herrschaft in Athen an sich zu reißen.[133] Peisistratos kam zum dritten und letzten Mal an die Macht mit der Hilfe aus Argos, Eretria, Theben, Naxos und anderen Poleis.[134] Seine Söhne wehrten 511 den ersten Angriff der Spartaner mit Hilfe der Thessaler ab, die diesen auch bei der zweiten spartanischen Intervention 510 beistanden, dieses Mal aber ohne Erfolg.[135] Später haben die Spartaner ihre Meinung geändert und beabsichtigt, Hippias mit Gewalt erneut zum Tyrannen zu machen. Dies scheiterte erst am Widerstand der spartanischen Bundesgenossen.[136] Es war außerdem allgemein bekannt, daß in der Schlacht bei Marathon Hippias auf der Seite der Perser stand, in der Hoffnung mit ihrer Hilfe die Alleinherrschaft zurückzugewinnen.[137] Daß die athenischen Tyrannen gute Beziehungen zu Argos und zeitweise auch zu Sparta pflegten,[138] war für Alkibiades ein weiterer unglücklicher Umstand, da auch er mit einflußreichen Bürgern dieser beiden Poleis gute gastfreundschaftliche Beziehungen unterhielt. Auswärtige Beziehungen spielten eine wichtige Rolle auch im Konflikt zwischen Kleisthenes und Isagoras. Denn Isagoras rief seinen Gastfreund, den spartanischen König Kleomenes I., zu Hilfe, als er im Kampf gegen Kleisthenes unterlag.[139]

Bezüglich der Anzahl seiner auswärtigen Beziehungen übertraf Alkibiades bei weitem jeden seiner Mitbürger. Mehr als die Hälfte der bezeugten *xeniai* und *proxeniai* führender Athener zur Zeit des Peloponnesischen Krieges beziehen sich auf ihn.[140] Dieser Umstand mußte in Athen um so mehr auffallen, als in den Jahrzehnten zuvor gerade derartige Traditionen in Athen einen Wandel erlebten und beschränkt wurden.[141] Das Bürgerrechtsgesetz des Perikles erschwerte die Pflege panhellenischer aristokratischer Beziehungen. Perikles selbst begrenzte, wie es scheint, während des Peloponnesischen Krieges bewußt solche Bezie-

---

Friedensvertrag mit Sparta in ihrer Heimatstadt durchzusetzen (Thuk. 5.58-61); s. dazu Kagan, 1981, 105-109.

133 Thuk. 1.126,3-5.

134 Hdt. 1.61,3-64,2; vgl. de Libero, 1996, 88-93.

135 Hdt. 5.63,3-64; vgl. Welwei, 1992, 257-258.

136 Hdt. 5.91; 93.

137 Thuk. 6.59,4; Hdt. 6.102; 107; 109,3; 121,1.

138 Aristot. Athen. pol. 17,3-4; Hdt. 5.63,2; 91,2.

139 Hdt. 5.66; 70; 72; Aristot. Athen. pol. 20,1-4; vgl. Welwei, 1999, 1-10.

140 Vgl. G. Herman, Ritualised Friendship and the Greek City, Cambridge 1987, 179-181; Gribble, 1999, 83f.

141 Vgl. P. J. Rhodes, Political Activity in Classical Athens, JHS 106 (1986), 139f.; Connor, 1971, 87-198; bes. 117-119; Stein-Hölkeskamp, 1989, 225; Nippel, 1980, 66f.; S. C. Humphreys, The Family, Women and Death. Comparative Studies, London 1993², 24f.; 29f.; ders., The Nothoi of Kynosarges, JHS 94 (1974), 93f.

hungen.[142] Bezeichnend für diese Entwicklung ist ebenfalls, daß Alkibiades' Großvater derjenige war, der die traditionelle Gastfreundschaft mit der Familie des spartanischen Ephoren Endios vierzig Jahre zuvor aufgekündigt hatte.[143] Diese Gastfreundschaft wurde von Alkibiades erneuert.[144] Zusätzlich wurden die Ängste der Menge vor diesen Kontakten gefördert, weil Alkibiades zeigte, daß er nicht einmal davor zurückschreckte, sich dieser auswärtigen Beziehungen zu bedienen, um seinen Einfluß auf Kosten Athens zu demonstrieren, wie z. B. bei den Olympischen Spielen. Auch sein Prahlen damit, daß er Argos, Mantineia und Elis gegen Sparta zusammenbrachte, konnte in diesem Sinne kontraproduktiv sein.[145] Denn es förderte das Gefühl, diese Poleis seien nur Alkibiades gegenüber verpflichtet.[146] Zu einer ähnlichen Folgerung konnte man auch aufgrund seines Verhaltens in Olympia kommen. Dieser Eindruck ließ die Furcht vor einem Umsturz realer erscheinen, da man zum Schluß kommen konnte, Alkibiades verfüge durchaus über die Mittel, einen Staatsstreich auszuführen.[147]

Daß Alkibiades' auswärtige Beziehungen einer der Gründe für seinen Sturz waren, zeigt die Angst, die sich unter den Athenern ausbreitete, als sie im Sommer 415 erfuhren, daß eine spartanische Abteilung zum Isthmos marschierte. Die Athener glaubten nämlich, die Spartaner kämen Alkibiades zu Hilfe, weil dieser die Stadt verraten wollte. In Wirklichkeit aber rückten diese aufgrund einer Aufforderung der Thebaner vor.[148] Die Athener versuchten, auch Alkibiades zu verhaften ohne großes Aufsehen zu erregen, weil sie nach Thukydides befürchteten, daß die Truppen aus Argos und Mantineia, die an der Sizilischen Expedition teilnahmen, abziehen würden.[149] Ferner gerieten Alkibiades' argivische Gastfreunde, bei den Athenern unter den Verdacht, einen Umsturz zu

142 Während des ersten spartanischen Einfalls in Attika bestand die Möglichkeit, daß die Spartaner Perikles' Landbesitz wegen seiner Gastfreundschaft zu König Archidamos II. verschonten. Perikles' Bereitschaft, in diesem Falle seine Besitztümer dem Staat zu vermachen, um seine Loyalität dem Demos gegenüber unter Beweis zu stellen, deutet möglicherweise auf eine Distanzierung in bezug auf gastfreundschaftliche Verpflichtungen hin (Thuk. 2.13). An dieser Stelle muß aber hinzugefügt werden, daß Perikles' Handlungsweise auch stark durch den Krieg bestimmt wurde. Zu dieser Thematik vgl. Rhodes, 1986, 139f.; Stein-Hölkeskamp, 1989, 225; Nippel, 1980, 66f.; Raaflaub, 1985, 275; Munn, 2000, 68.

143 Thuk. 5.43,2; 6.89,2. Die Aufkündigung der Gastfreundschaft ist vermutlich eine Folge des Aufstandes in Messenien 462 und der damit verbundenen Streitigkeiten zwischen Athen und Sparta; vgl. HCT IV, 49f.; 361.

144 Thuk. 6.89,2.

145 Thuk. 6.16,6.

146 Thuk. 6.61,5.

147 Der Eindruck, daß Alkibiades sehr mächtig sei, konnte die Schlußfolgerung nach sich ziehen, er könne einen Umsturz wagen. Diese Folgerung ist bei Isokrates belegt (Isokr. or. 16,38).

148 Thuk. 6.61,2.

149 Thuk. 6.61,5.

planen, obwohl sie demokratisch gesinnt waren. Zugleich wurden 300 prospartanische Argiver, welche die Athener als Geiseln festhielten, an den Demos von Argos zur Hinrichtung ausgeliefert.[150]

6. Alkibiades' politischer Anspruch in der Siziliendebatte bei Thukydides

Die Rede, die Alkibiades nach Thukydides vor der Sizilischen Expedition gehalten haben soll, ist von einer gefährlichen Ambivalenz geprägt.[151] Denn zum einen bemüht sich Alkibiades, sein Verhalten zu rechtfertigen, was darauf schließen läßt, daß ihm durchaus bewußt war, daß man seine Lebensweise und insbesondere seinem Auftritt in Olympia mit Argwohn begegnete.[152] Zum anderen weist aber diese Rede Elemente auf, die den Argwohn seiner Mitbürger nur vertiefen konnten, da diese eine Persönlichkeit zeigen, die von Selbstsucht geprägt ist und es nicht vermag, ihren Ehrgeiz und ihre Ruhmsucht auf den üblichen bürgerlichen Rahmen zu begrenzen.[153]

Alkibiades behauptet am Anfang seiner Rede, er sei des Amtes des Strategen würdig. Das hier verwendete Wort *arché* wird zurecht an dieser Stelle mit „Amt" übersetzt.[154] Es ist unwahrscheinlich, daß dieser Terminus wegen seiner Mehrdeutigkeit auch als „Herrschaft" verstanden werden konnte.[155] Denn sowohl Thukydides als auch Nikias verwenden den Begriff *arché* für das Strategenamt.[156] Des weiteren widerspricht auch der Kontext in dem Alkibiades diesen Terminus gebraucht einem derartigen Verständnis.

Gegen Alkibiades konnte sich jedoch sein Argument richten, daß die Pracht, die er bei Feierlichkeiten und sonstigen Gelegenheiten entfaltete, bei vielen Mitbürgern Neid erwecken würde.[157] Aus dem Kontext wird deutlich, daß hier vor allem die Olympischen Spielen gemeint sind.[158] Einerseits greift Alkibiades hier ein traditionelles Motiv auf, welches schon Pindar benutzt hatte, als er die Siege des Alkmaioniden Megakles pries.[159] Andererseits ist eines der

---

150 Thuk. 6.61,3; vgl. Gehrke, 1985a, 30.

151 Thuk. 6.16-18.

152 Thuk. 6.16,1-3.

153 Thuk. 6.16,4-6; vgl. Gribble, 1999, 60f.; 140f.; 210f.; Forde, 1989, 81-85; Ober, 1998, 110f.; Ostwald, 1987, 319; Seager, 1967, 8; Donlan, 1980, 169f.

154 Thuk. 6.16,1; vgl. Macleod, 1983b, 71f.

155 Vgl. Forde, 1989, 78; s. auch Munn, 2000, 120.

156 Thuk. 6.8,4; 12,2. In 6.15,2 verwendet Thukydides für das Strategenamt das Verb στρατηγέω.

157 Thuk. 6.16,3.

158 Thuk. 6.16,1-4.

159 Pind. Pyth. 7.

frühesten Elemente der Tyrannentypologie die Überzeugung, der Gewaltherrscher sei beneidenswert.[160]

Auch Alkibiades' Standpunkt, es sei kein Unrecht *(adikon)*, wenn jemand, der eine hohe Meinung von sich hat, es ablehnt, mit anderen gleichgestellt zu werden, erinnert an den spartanischen Regenten Pausanias nach der Schlacht bei Plataiai.[161] In diesem Sinne ist Alkibiades gleichermaßen mit Kallikles vergleichbar. Denn dieser lehnt ebenfalls eine Gleichstellung mit den anderen Bürgern ab und zählt sich zu den starken Naturen, die andere führen.[162] Wie gewagt Alkibiades' Behauptung sein konnte, wird ironischerweise aus Isokrates' Rede *'Über das Pferdegespann'* erkennbar. In ihr weist Isokrates den Verdacht, Alkibiades habe die Tyrannenherrschaft angestrebt, mit der Begründung zurück, dieser habe geglaubt, daß alle Bürger den gleichen Anteil an der Polisverwaltung haben sollen.[163]

Alkibiades' begründet seine Ablehnung, mit anderen gleichgestellt zu werden, mit dem Argument, die Menschen würden nicht das Unglück anderer teilen wollen, weshalb sie auch kein Recht besäßen, das Glück anderer für sich zu beanspruchen. Dieser Erklärungsansatz ist ebenfalls problematisch. Es ist zwar keine unübliche Argumentationsweise,[164] man muß aber auch berücksichtigen, daß der Alleinherrscher besonders oft als glücklich galt. Außerdem wird,

---

160 Archil. frg. 19; 23,17-21 West; Pind. Pyth. 1,85f.; Simonid. frg. 584 Page; Hdt. 3.52,5; Soph. Oid. T. 380ff.; 1524ff.; Aischyl. Pers. 709f.; Plat. Gorg. 469a; Xen. Hier. 1,9; 7,10; 11,6. Als Kroisos Solon fragt, ob er selbst der glücklichste Mensch sei, verneint Solon dies und verweist darauf, daß die Götter neidisch und unbeständig seien (Hdt. 1,32). Polykrates von Samos soll ebenfalls von den Göttern beneidet worden sein (Hdt. 3.40,1-2). Vgl. hierzu J. Cobet, König, Anführer, Herr, Monarch, Tyrann, in: E. Ch. Welskopf (Hrsg.), Soziale Typenbegriffe im alten Griechenland und ihr Fortleben in den Sprachen der Welt, Bd. 3, Berlin 1981, 49ff.

161 Thuk. 6.16,4; 1.130; vgl. Gribble, 60f. Macleod, 1983b, 75. J. Ober, 1998, 110 macht auf die Tatsache aufmerksam, daß Alkibiades in seiner Rede öffentliches und privates Leben gleichstellt und das Ideal der demokratischen Gleichheit in Frage stellt; vgl. hierzu auch Leppin, 1999, 165. P. Spahn, Individualisierung und politisches Bewußtsein im archaischen Griechenland, in: K. Raaflaub – E. Müller-Luckner (Hrsg.), Anfänge des politischen Denkens in der Antike. Die nahöstlichen Kulturen und die Griechen, München 1993, 345f. weist darauf hin, daß der Prozeß der Individualisierung, den man bei den Adligen in der archaischen Zeit feststellen kann, zu der gleichen Zeit die Wertschätzung von Gleichartigkeit förderte.

162 Plat. Gorg. 483b-484a. Ähnlich wie Alkibiades, der seinen Standpunkt mit seinen konkreten politischen Erfolgen auf der Peloponnes begründet, fordert auch Kallikles, daß nur die in den Staatsangelegenheiten einsichtsvollen und tatkräftigen Individuen herrschen sollen (Plat. Gorg. 491c-d). Es wird aus dem Dialog *'Gorgias'* aber auch klar, daß Kallikles, dessen Ideal die Tyrannis war, bereit war, innerhalb der Demokratie Politik auf legale Art und Weise zu betreiben (Plat. Gorg. 481d-e). Vgl. hierzu Hoffmann, 1997, 149f.

163 Isokr. or. 16,38.

164 Xen. Symp. 4.51; vgl. HCT IV, 247f.

wie bei Alkibiades, das Glück des Tyrannen häufig gemeinsam mit dem Neid genannt, welchen dieses Glück verursacht.[165]

Ein Vergleich dieser Rede mit der letzten des Perikles[166] vertieft den negativen Eindruck von Alkibiades und unterstreicht zugleich ein weiteres Merkmal dieser Rede: Alkibiades' Ichbezogenheit.[167] Äußerlich sind sich beide Reden ähnlich, deshalb fallen die Differenzen zwischen ihnen um so mehr auf. Beide sprechen von Ehre, Neid und Glück sowie von Ruhm, welcher der Nachwelt in Erinnerung bleiben würde. Während aber bei Perikles das Individuum im Hintergrund und die Polis im Vordergrund steht,[168] ist Alkibiades' Ansatz diametral entgegengesetzt.[169] Alkibiades behauptet, sein Auftritt in Olympia würde dem Staat Ansehen und Nutzen bringen, seine Mitbürger und Athen würden stolz auf ihn sein, die kommenden Generationen würden sich mit ihm rühmen, und die Stadt habe auch von seiner Politik auf der Peloponnes profitiert.[170] Perikles fordert dagegen die Bürger auf, weiterhin dem Wohl der Polis zu dienen und im Kampf gegen Sparta standhaft zu bleiben. Denn die Ehre, welche Athen dadurch erlange, würde sie alle mit Stolz erfüllen und der Glanz der Stadt würde sich auch auf sie übertragen. Ferner meint Perikles, der Ruhm Athens würde der Nachwelt nachhaltig in Erinnerung bleiben.[171] Perikles spricht gleichfalls von Neid, nur bezieht er sich jetzt auf die athenische Herrschaft, die er zuvor als eine Tyrannis bezeichnete.[172] Im Gegensatz zu Alkibiades, der sein Glück mit niemanden teilen möchte, ist Perikles der Ansicht, das Glück des Einzelnen sei wertlos, wenn es dem Staat schlecht ergehe.[173] Des weiteren wertet Perikles im Unterschied zu Alkibiades die Relevanz des Reichtums einzelner für das Wohl des Staates ab.[174]

Alkibiades' Ichbezogenheit wird auch dadurch deutlich, daß er seine Ablehnung einer Gleichstellung mit anderen Bürgern damit begründet, daß es ihm gelang, eine Koalition gegen Sparta zu schmieden.[175] Insofern erreichte er

165 Sol. frg. 23,1-7 D; Hdt. 1.30; 2.161,2; 3.40-44,1; Aischyl. Pers. 709ff.; Soph. Oid. T. 1525f.; Plat. Gorg. 470d-471d.

166 Thuk. 2.60-64.

167 Vgl. dazu J. Friedrichs, Aufschlußreiche Rhetorik. Ein Versuch über die Redekultur und ihren Verfall bei Thukydides, Würzburg 2000, 72ff.; R. K. Balot, Greed and Injustice in Classical Athens, Princeton 2001, 166ff.; s. auch McGlew, 1993, 188ff.

168 Vgl. Pouncey, 1980, 77f.

169 Vgl. L. Kallet, Money and the Corrosion of Power in Thucydides, Berkeley/Los Angeles 2001, 35-39; s. auch Gribble, 1999, 208f.; Macleod, 1983b, 75; 86.

170 Thuk. 6.16; vgl. dazu Pouncey, 1980, 111; Forde, 1989, 80f.; 84f.

171 Thuk. 2.62,2; 63,1; 64,3; 6.

172 Thuk. 2,63,2; 64,4-5.

173 Thuk. 2.60,2-4; vgl. Rengakos, 1984, 39ff.; Gribble, 1999, 208.

174 Thuk. 2.62,2-3; vgl. Kallet, 2001, 39.

175 Thuk. 16.6,6. Dieses Argument war auch problematisch, weil Alkibiades mit seiner antispartanischen Politik auf der Peloponnes ein Fiasko erlitt. Sparta gewann nach der

nämlich, daß er sich als ein Politiker präsentiert, der unabhängig von der Polis agiert.[176] Wenn dazu in Betracht gezogen wird, daß Alkibiades dabei primär aus eigensüchtigen Motiven handelte wird dieser Eindruck nur noch verstärkt, denn sein verletztes Ehrgefühl ist das Hauptmotiv für seine Intrigen gegen den Frieden des Nikias[177].

Wenn sich Alkibiades mit den bisher angeführten Begründungen bemüht, Nikias' Kritik abzuweisen, daß sein Beweggrund für den Sizilischen Feldzug Eigennutz sei und daß dieser auch sein Verhalten in Olympia bestimmt habe, so muß der Erfolg dieses Versuches aus den hier ausgeführten Überlegungen doch fraglich bleiben.[178] Der Ruf, von egoistischen Motiven geleitet zu werden, ist aber aus zwei Gründen für einen Politiker gefährlich. Der erste ist, daß man als schlechter Bürger und damit als schlechter Staatsmann erscheinen würde. Der zweite und folgenschwerere Grund ist, daß im schlimmsten Fall Selbstsucht als ein Zeichen für tyrannische Tendenzen gedeutet werden konnte, da Eigennutz als charakteristische Eigenschaft der Einzelherrschaft angesehen wurde.[179]

Ein Kommentar des Thukydides macht auf ein weiteres Merkmal in Alkibiades' Haltung aufmerksam, das Mißtrauen bei den Massen hervorrief:

> Denn da die Menge erschrak vor dem Übermaß
> seiner persönlichen, ganz überbürgerlichen
> Lebensführung wie auch vor der Agilität (τῆς διανοίας),
> womit er jedes einzelne vorkommende Geschäft betrieb,
> so wurden sie, als wolle er Tyrann werden, seine Feinde, [...].[180]

Diese Agilität (*dianoia*),[181] von der bei Thukydides die Rede ist, kann sich nicht auf Alkibiades' Lebensweise beziehen, sonst würde sich Thukydides innerhalb

Schlacht bei Mantineia sogar vorübergehend die Kontrolle über Argos (Thuk. 5.64-74; 81,2-82,2; Diod. 12.80,2-3). Dafür spricht auch der Umstand, daß Alkibiades schon im Frühjahr 418 vermutlich wegen eines Mißerfolges auf der Peloponnes nicht wieder zum Strategen gewählt wurde (Thuk. 5.61,2; Diod. 12.79); vgl. E. F. Bloedow, Alcibiades Reexamined, Wiesbaden 1973, 7; Welwei, 1999, 198; Kagan, 1981, 90-91; Ellis, 1989, 43; anders HCT IV, 88.

176 Vgl. Gribble, 1999, 82ff.; Forde, 1989, 73f.

177 Thuk. 5,43-45; 6.89,2-3.

178 Thuk. 6.12,2.

179 Thuk. 1.17; Hdt. 5.78; Isokr. or. 8,91; ep. 7,4; Aristot. pol. 1279a 17ff.; 1279b 5-10; 1295a 19ff.; 1310b 40ff.; s. hierzu Seager, 1967, 8.

180 Thuk. 6.15,4; zitiert nach G. P. Landmann, der aber διάνοια mit „geistiger Schwung" übersetzt.

181 Daß diese Frage nicht ohne Relevanz ist, sieht man auch an dem spartanischem Regenten Pausanias. Er soll nach dem Sieg bei Plataiai die Tyrannis angestrebt haben und war laut Thukydides nicht imstande, seine *dianoia* zu verbergen. Sie manifestierte sich in einem persischem Gewand, einer persischen und ägyptischen Leibwache, Hochmut und der Unmöglichkeit für andere Griechen, Zutritt zu Pausanias zu bekommen (Thuk.

eines Satzes wiederholen.[182] Hinzu kommt, daß Thukydides in den vorhergehenden Sätzen nicht nur auf Alkibiades' kostspielige Lebensart, sondern ebenso auf dessen politische Ambitionen aufmerksam macht.[183] Diese *dianoia* bezieht sich dann aller Wahrscheinlichkeit auch auf Thukydides' Überzeugung, Alkibiades begehrte Sizilien und Karthago zu erobern.[184] Aus diesen Gründen erscheint es

---

1.130). Die Inschrift, die Pausanias auf dem Dreifuß in Delphi anbringen ließ, wurde ebenfalls als Ausdruck seiner *dianoia* verstanden (Thuk. 1.132,2-3); vgl. Gribble, 1999, 60f.; Hornblower, 1991a, 216-219. Zu Pausanias s. auch P. Cartldege, The Spartans: An Epic History, New York 2003, 120-124. Themistokles' *dianoia* wurde nach Thukydides auch vom Großkönig bewundert, sie ermöglichte es ihm, auch am persischen Hof zu großer Macht zu kommen (Thuk. 1.138,1-3).

182 Bloedow, 1990, 4 mit Anm. 10.

183 Thuk. 6.15,2.

184 Thuk. 6.15,2. Daß Alkibiades Sizilien und Karthago unterwerfen wollte, kann man bezweifeln, da es sehr schwer gewesen wäre, diesen Plan in die Realität umzusetzen. Thukydides' Überzeugung, Alkibiades habe intendiert, Sizilien und Karthago zu unterwerfen, könnte durch den Umstand erklärt werden, daß Alkibiades absichtlich die athenischen Pläne übertrieb, um die Spartaner zu einer Intervention auf Sizilien zu bewegen (Thuk. 6.90,2-3); s. Ellis, 1989, 63; 66; Welwei, 1999, 202; anders Bloedow, 1992, 147f. Zweifelsohne war ein derartiges Vorhaben mehr als wagemutig. Das war aber auch der ganze sizilische Feldzug an sich, trotzdem glaubte selbst Thukydides, daß Alkibiades Erfolg gehabt haben könnte (Thuk. 2.65,11; s. auch 6.103,3; 104; 7.42,2); s. dazu de Romilly, 1963, 208. Ferner ist zu berücksichtigen, daß Karthago erst nach der Eroberung Siziliens angegriffen werden sollte (Thuk. 6.90,2-3). Dann hätten die Athener mit der Unterstützung der Sikelioten rechnen können und damit durchaus über eine militärische Kraft verfügt, die eine ernstzunehmende Bedrohung für Karthago gewesen wäre. Dies setzt voraus, daß die Athener es tatsächlich geschafft hätten, die sizilischen Griechen zu besiegen und dauerhaft zu unterwerfen. Einerseits ist es mehr als berechtigt, die Ausführbarkeit dieses Planes anzuzweifeln. Andererseits glaubten sowohl Alkibiades und Thukydides als auch viele Athener, daß dies erreichbar sei. Alkibiades hätte andernfalls nie den Feldzug befürwortet, und Thukydides wäre ansonsten nicht der Meinung gewesen, daß das Unternehmen hätte gelingen können. Daß viele Athener Sizilien erobern wollten, belegt ihre Zustimmung zur Expedition, obwohl sie von Nikias ausdrücklich vor der Stärke der Sikelioten und der Gefahr der Überdehnung der eigenen Kräfte gewarnt wurden (Thuk. 6.10-11,1; 20,2-4). Diese Absicht der Athener bestätigt auch Thukydides' Kommentar am Anfang des sechsten Buches (Thuk. 6.1,1; 6,1; s. auch 6.8,4; 24,3; 8.1,1; 2,1). Thukydides behauptet ebenfalls, daß die Athener bereits während der ersten Sizilischen Expedition Sizilien unterwerfen (ὑποχείριος) wollten (Thuk. 3.86,5; vgl. Diod. 12.54,3). Plutarch berichtet ebenso über den Wunsch vieler Athener, noch unter Perikles Sizilien zu beherrschen (Plut. Per. 20,3-4; Alk. 17). Anscheinend wurde in Athen auch über Italien und Karthago nachgedacht. Isokrates und Plutarch erwähnen dies (Isokr. or. 8.85; Plut. Per. 20,4). Aristophanes spottet in den *‚Rittern'* über Hyperbolos, weil dieser den Vorschlag unterbreitete, Karthago mit 100 Schiffen anzugreifen (Aristoph. Equ. 1303ff.); vgl. hierzu K. Raaflaub, Herodot und Thukydides. Persischer Imperialismus im Lichte der athenischen Sizilienpolitik, in: N. Ehrhardt – L.-M. Günter (Hrsg.), Widerstand – Anpassung – Integration. Die griechische Staatenwelt und Rom. Festschrift für Jürgen Deininger zum 65. Geburtstag, Stutt-

plausibel anzunehmen, daß vielen Athenern Thukydides zufolge Alkibiades' Expansionspolitik ebenfalls suspekt war.

---

gart 2002, 32; G. Cawkwell, Thucydides and the Peloponnesian War, London/New York 1997, 80f.; Hornblower, 1991²b, 136f.; Munn, 2000, 98. Hermokrates geht in seiner Rede in Syrakus sogar davon aus, die Sikelioten könnten die Karthager als Verbündete gewinnen, weil diese schon lange einen athenischen Angriff befürchten würden (Thuk. 6.34,2); vgl. hierzu L.-M. Hans, Karthago und Sizilien. Die Entstehung und Gestaltung der Epikratie auf dem Hintergrund der Beziehungen der Karthager zu den Griechen und den nichtgriechischen Völkern Siziliens (VI.-III. Jahrhundert v. Chr.), Hildesheim/Zürich/New York 1983, 52f.; H. B. Mattingly, The Athenian Empire Restored: Epigraphic and Historical Studies, Ann Arbor 1996, 277f. Daß der offizielle Interventionsbeschluß nicht einmal einen Angriff auf Syrakus erwähnt, ganz zu schweigen von einer Absicht Sizilien zu erobern muß nicht zwingend maßgebend sein; vgl. K.-W. Welwei, Das Problem des „Präventivkrieges" im politischen Denken des Perikles und Alkibiades, Gymnasium 79 (1972), 302. Das Schicksal der drei athenischen Strategen 424, welche die erste Flotte nach Sizilien anführten ist ein Indiz dafür. Diese wurden vom Demos bestraft, weil sie die Insel nicht unterworfen hatten, obgleich sie weder den Auftrag dazu hatten, noch über ausreichende Kräfte für eine derartiges Unterfangen verfügten (Thuk. 4.65,3-4). Zudem sollte man bedenken, daß ein derartiger Beschluß im voraus jede Möglichkeit, Verbündete unter den Sikelioten zu gewinnen, zunichte machen würde. Ein Beleg dafür sind Hermokrates' und Euphemos' Reden in Kamarina und die Ablehnung dieser Polis, Athen zu unterstützen (Thuk. 6.76-88; s. auch 4.60-61,5). Hinzu kommt, daß Thukydides betont, daß der Beschluß der athenischen Volksversammlung ein Vorwand und nicht das wahre Motiv für den Feldzug war (Thuk. 6.6,1; s. auch 8,4; 3.86,3-4). Daß viele Athener, die meinten Sizilien erobern zu können, in ihrem Glauben nicht alleine waren, beweist auch der Erfolg von Alkibiades' Rede in Sparta. Auch die Kamariner dachten, die Athener wollen ganz Sizilien unterjochen (Thuk. 6.88,1). Somit sollte für die Beurteilung der Worte des Thukydides über die Pläne des Alkibiades nicht die Realität entscheidend sein, sondern was Thukydides und viele seiner Zeitgenossen für realisierbar hielten; vgl. dazu Bloedow, 1990, 11f.; 17; ders., 1992, 147ff.; de Romilly, 1963, 150; 201; 208; Connor, 1984, 159; 161. Die Begründung, daß Alkibiades' Pläne über Karthago und Unteritalien nicht allgemein bekannt waren ist, unbedeutend; vgl. dazu HCT IV, 363; Raaflaub, 2002, 24 Anm. 46. Denn die logische Schlußfolgerung aus dem Ausdehnungsdrang, den Alkibiades in der Siziliendebatte vertritt, ist, daß mit Sizilien die Eroberungen nicht beendet sein würden. In *‚Alkibiades I.'* wird sogar behauptet, Alkibiades strebe die Weltherrschaft an (Plat. Alk I. 105a-c). Alkibiades erwähnt in seiner Rede auch die Möglichkeit eines Rückzuges im Falle, daß sich die Angelegenheiten auf Sizilien für die Athener schlecht entwickeln (Thuk. 6.18,4). Diese Aussage sollte man ebenfalls nicht überbewerten; vgl. Macleod, 1983b, 83f. Denn man darf durchaus davon ausgehen, daß ein Rückzug von Alkibiades wegen der politischen Folgen nicht ernsthaft in Erwägung gezogen wurde. Nachdem der Betrug der Egestaner bekannt wurde schlug Nikias vor, sich auf eine Aktion gegen Selinus und eine friedliche Demonstration der athenischen Macht gegenüber den anderen Sikelioten zu begrenzen. Bezeichnenderweise lehnte Alkibiades dies aber ab mit der Begründung, dies würde über sie nur Schande bringen (Thuk. 6.47-48). Welche Konsequenzen Alkibiades erwarten würden, zeigen außerdem die Bestrafung der Strategen von 424 und Nikias' Angst vor dem Demos, falls er erfolglos nach Athen zurückkehren würde (Thuk. 7.14,4; 48,3-4). Diese Sachverhalte demonstrieren, daß Thukydides und

Auf den ersten Blick könnte man meinen, daß in dieser Hinsicht keine nennenswerten Differenzen zwischen Alkibiades und Perikles bestehen.[185] Alkibiades' Argumentationsweise ist aber abstrakt.[186] Er entwickelt eine Theorie der Eigendynamik imperialistischer Expansion, nach der sich ein Reich keinen Stillstand leisten könne. Jedes Hilfegesuch müsse erwidert werden, jeder mögliche Feind sei zwangsläufig durch einen „Präventivangriff" auszuschalten.[187] Es sei nicht möglich, der Expansion selbst eine Grenze zu setzen.[188] Mit seinen Argumenten steht Alkibiades dem Kleon und den Athenern im Melierdialog näher als dem Perikles.[189] Denn dieser geht im Unterschied zu ihm von der unmittelbaren Situation aus, in der sich Athen befand.[190] Auch wenn Perikles die athenische Herrschaft eine Tyrannis nennt und von der Unausweichlichkeit der Auseinandersetzung mit Sparta, bzw. von der Notwendigkeit der Fortsetzung des Krieges überzeugt ist, sollte man das nicht mit einem grenzenlosen Ausdehnungsdrang verwechseln.[191] Perikles hat schon am Anfang des Krieges ausdrücklich vor riskanten Eroberungen während des Konfliktes gewarnt.[192] Daß sich die Athener laut Thukydides insbesondere mit der Sizilischen Expedition über Perikles' Empfehlung hinweggesetzt haben, wird aus dessen Würdigung des großen athenischen Staatsmannes deutlich.[193]

---

viele seiner Zeitgenossen meinten, es sei möglich, Sizilien zu unterwerfen. Diese Meinung sollte aber nicht als Maßstab der tatsächlichen Realisierbarkeit dieses Vorhabens gelten. Des weiteren wird deutlich, daß Thukydides und viele Athener zudem glaubten, Alkibiades habe ebenso die Ambition gehabt, Sizilien und Karthago zu unterwerfen. Aufgrund der Quellenlage ist es aber nicht möglich, eindeutig festzustellen, welche Ansichten Alkibiades tatsächlich vertrat. Deshalb muß diese Frage letztlich offen bleiben. Zwischen Thukydides' persönlicher Meinung zu diesem Thema, Alkibiades' eventuellen Übertreibungen in seiner Rede in Sparta und seinen wirklichen Absichten kann man kaum klar differenzieren.

185 Zu den Ähnlichkeiten s. de Romilly, 1963, 204; 210. In bezug auf den „Präventivkrieg" im politischen Denken des Perikles und Alkibiades und auf die Gemeinsamkeiten bzw. Differenzen zwischen diesen beiden Staatsmännern in dieser Hinsicht vgl. auch Welwei, 1972, 289-302.

186 Vgl. HCT IV, 246.

187 Thuk. 6.18.

188 Vgl. Rengakos, 1984, 107ff.

189 Vgl. Connor, 1984, 166; de Romilly, 1963, 210ff.; Macleod, 1983b, 79ff.; Rengakos, 1984, 109f.; J. Ober, Civic Ideology and Counterhegemonic Discourse: Thucydides on the Sicilian Debate, in: A. L. Boegehold – A. C. Scafuro (Hrsg.), Athenian Identity and Civic Ideology, Baltimore 1994, 111-113; Bloedow, 1990, 9; ders., 1991a, 211ff.

190 Vgl. de Romilly, 1963, 212; Raaflaub, 2002, 25; Gribble, 1999, 208.

191 Vgl. Kallet, 2001, 41; de Romilly, 1963, 140f.; 163; s. auch Gribble, 1999, 208; Forde, 1989, 32; 55f.; anders E. F. Bloedow, The Implications of a Major Contradiction in Pericles' Career, Hermes 128 (2000), 294-309.

192 Thuk. 1.144,1; vgl. HCT I, 462; de Romilly, 1963, 144f.; Schubert, 1994, 12.

193 Thuk. 2.65,7; 11; vgl. hierzu Hornblower, 1991a, 342f.; 348; HCT II, 190ff.; 195f.; de Romilly, 1979, 294f.; ders., 1963, 114f.

Alkbiades' Verknüpfung der Notwendigkeit einer fortwährenden Expansion mit der athenischen Lebensart – die Athener müßten ihre Lebensweise aufgeben, wenn sie nicht bereit seien, ständig ihr Reich zu vergrößern – ist eine weitere Anschauung, die bei Perikles nicht anzutreffen ist. Allerdings besteht diesbezüglich eine gewisse Ähnlichkeit mit Kleons Ansichten, der zwischen der politischen Ordnung in Athen und dem Charakter der athenischen Herrschaft eine Verbindung herstellt.[194] Diese Aussage ist deswegen bedeutsam, weil Alkibiades selbst zwischen außenpolitischen Aktionen einerseits und innenpolitischem Handeln sowie persönlicher Lebensführung andererseits eine Verbindung zieht. Auf diese Weise legt er auch die Vorstellung nahe, daß die Politik, für die sich ein Individuum einsetzt, Rückschlüsse auf dessen Charakter erlaubt: Eine Auffassung, die die Athener nach dem bereits angeführten Zitat des Thukydides über die *dianoia* des Alkibiades teilten. Alkibiades' Standpunkt von der Unvermeidbarkeit ständiger Expansion konnte daher auch als Zeichen eines tyrannischen Charakters empfunden werden, zum einen, weil Alkibiades in der Rede wie ein Tyrann in seiner Hybris keine Grenzen der Macht kannte, zum anderen, da Athen schon vor Alkibiades als *polis tyrannos* bezeichnet wurde.[195] Wenn der Tyrannisbegriff von einem Individuum und aus dem innenpolitischen Bereich auf die Herrschaft eines Staates und auf die zwischenstaatlichen Beziehungen übertragen werden konnte,[196] ist der gleiche gedankliche Prozeß auch in umgekehrter Richtung vorstellbar – daß die Persönlichkeit, welche diese Machtpolitik repräsentiert, mit der Tyrannis assoziiert wird.[197] Dies kann man zum Teil schon bei Perikles bemerken.[198] Diese Assoziation wurde bei Alkibiades dadurch wesentlich erleichtert, daß er sich für die radikalste Form dieser Machtpolitik einsetzte. Hinzu kommt, daß sein privates Leben ohnehin Besorgnis erregte.

Daß dieser gedankliche Prozeß plausibel ist, kann man bei Herodot erkennen. K. Raaflaub hat neuerdings auf die auffälligen inhaltlichen und strukturellen Parallelen zwischen der Debatte im Kronrat des Xerxes bei Herodot vor dem Feldzug gegen Griechenland und der Siziliendebatte bei Thukydides hingewie-

---

194 Thuk. 6.18,3; 7; 3.37,1-3; 40.4; vgl. de Romilly, 1963, 163 Anm. 3; 212f. Daß Kleon trotz seiner Rücksichtslosigkeit niemals von der Menge als Gefahr betrachtet wurde, liegt daran, daß seine Loyalität dem Demos gegenüber nie in Frage gestellt wurde.

195 Zur Datierung der „*polis tyrannos* Metapher" vgl. K. Raaflaub, Polis Tyrannos. Zur Entstehung einer politischen Metapher, in: G. Bowersock – W. Burckert – M. C. J. Putnam (Hrsg.), Arktouros, Hellenic Studies Presented to Bernard M. W. Knox on the Occasion of His 65th Birthday, Berlin/New York 1979, 245; ders., 1984, 69-78. Zu der Identifikation der athenischen *arché* mit der Tyrannis s. auch P. Barceló, Thukydides und die Tyrannis, Historia 39 (1990), 416; 419ff.

196 Vgl. Raaflaub, 1979, 243ff.

197 Vgl. Leppin, 1999, 157 Anm. 5; Forde 1989, 168ff.

198 S. das bereits zitierte Fragment des Telekleides und Plut. Per. 12,2; vgl. Raaflaub, 1979, 242-243; Schubert, 2003, 117f.

sen.[199] Es ist aber nicht nur diese Diskussion bei Herodot, in der ein orientalischer Herrscher – der als Exempel für einen Tyrannen dient[200] – von grenzenlosem Ausdehnungsdrang und von Hybris gekennzeichnet wird. Diese Verhaltensweisen charakterisieren auch Kroisos, Kyros, Kambyses und Dareios.[201] Nicht entscheidend für diese Untersuchung sind die Motive oder Eindrücke, die Herodot beeinflußt haben könnten, wie z. B. der Wunsch, die Niederlagen dieser Despoten zu erklären, oder persönliche Erfahrungen, zeitgenössische Diskussionen über die athenische Machtpolitik und der erste Sizilienfeldzug 427-424. Wichtig ist aber, daß die Herrscher bei Herodot in dem Moment, in dem sie einen grenzenlosen Eroberungsdrang bekunden, der an sich ein Zeichen der Hybris ist,[202] auch privat einen tyrannischen Charakter offenlegen.[203] Die Signifi-

199 Raaflaub, 2002, 11-40.

200 S. Kap. V.1.

201 Vgl. hierzu Bichler, 2000, 247-359; Raaflaub, 2002, 28; W. Marg, 'Selbstsicherheit' bei Herodot, in: ders., Herodot. Eine Auswahl aus der neueren Forschung, Darmstadt 1982³, 290-301; Lateiner, 1989, 163-186; C. Dewald, Form and Content: The Question of Tyranny in Herodotus, in: K. A. Morgan (Hrsg.), Popular Tyranny: Sovereignty and Its Discontents in Ancient Greece, Austin (Texas) 2003, 32-35; 47-49; Balot, 2001, 100ff.; H. R. Immerwahr, Tat und Geschichte bei Herodot, in: W. Marg (Hrsg.), Herodot. Eine Auswahl aus der neueren Forschung, Darmstadt 1982³, 497-540.

202 Daß dieser Drang nach Expansion ein Zeichen der Hybris der Herrscher ist, manifestiert sich in der Ablehnung, Warnungen zu akzeptieren, der Selbstüberschätzung, im Mißdeuten von Träumen, bösen Zeichen und Orakeln, der Gier sowie in der Überschreitung der jeweiligen „Grenze"; s. dazu Bichler, 2000, 247-359.

203 Kroisos meinte, er sei der glücklichste Mensch, und brüstete sich mit seinem Reichtum (Hdt. 1.29-30). Seine Selbstüberschätzung verführte ihn dazu, mehrmals gegen die Götter zu freveln (Hdt. 1.34-52; 90,2-4); vgl. Bichler, 2000, 248-250; 253; Marg, 1982, 292-295. Er ließ auch seinen Halbbruder ermorden (Hdt. 1.92). Kyros frevelte vor dem Feldzug gegen die Massageten. Denn als zuvor eines seiner heiligen Rosse im Fluß Gyndes ertrunken war, verbrachte er den Sommer damit, diesen Fluß umzuleiten, um sich am Fluß zu rächen, indem er diesem seine Kraft auf diese Weise nahm (Hdt. 1.189,1-4). Dies war ein Sakrileg, da den Persern die Flüsse heilig waren (Hdt. 1.138,2); vgl. Bichler, 2000, 267. Ähnlich ging er mit dem Fluß Araxes um, der die Grenze zu den Massageten bildete (Hdt. 1.202,2-3). Als einen der Gründe, der Kyros zu diesem Krieg trieb, nennt Herodot auch den Glauben, er sei allen Menschen überlegen, und das Vertrauen an das eigene Glück (Hdt. 1.204,4); vgl. Bichler, 2000, 267; Marg, 1982, 296. Kambyses wollte das Ammon-Orakel in Brand stecken und die Bewohner versklaven (Hdt. 3.25,3). Er schändete die Leiche des Amasis (Hdt. 3.16). Den Höhepunkt seiner religiösen Verstöße bildete der Frevel am Apis-Stier und seinen Verehrern (Hdt. 3.27-29). Er brachte auch seinen Bruder Smerdis um (Hdt. 3.30,1-3). Von seiner sexuellen *paranomia* und Trunksucht war bereits die Rede; s. dazu Kap V.2. Im Zorn soll er den Sohn des Prexaspes getötet und befohlen haben, zwölf der vornehmsten Perser grundlos lebendig zu begraben (Hdt. 3.35). Ferner soll er das Standbild des Hephaistos ausgelacht und die Götterbilder im Heiligtum der Kabiren verbrannt haben (Hdt. 3.37). Dareios tötete alle drei Söhne des persischen Noblen Oiobazos, weil dieser ihn bat, einen von seinen Söhnen vor dem Kriegsdienst zu verschonen (Hdt. 4.84). Am Fluß Tearos ließ

kanz dieser Verknüpfung von grenzenlosem Expansionsdrang und tyrannischem Verhalten bei Herodot wird zusätzlich durch den Umstand unterstrichen, daß diese Herrscher nicht immer als Tyrannen geschildert werden. Sie werden durchaus vor oder nach dem „Überschreiten der Grenze", welches ihren Ausdehnungsdrang kennzeichnet, auch als gute oder einsichtvolle Monarchen bzw. Menschen dargestellt.[204]

Dareios während des Skythenfeldzuges eine Säule errichten, auf der geschrieben stand, er sei der beste und schönste Mann unter allen Menschen (Hdt. 4.91,2). Xerxes frevelt nach Herodot, indem er sich durch Mardonios zum Krieg überhaupt überreden läßt (Hdt. 7.10,η). Einzig die Tatsache, daß Artabanos der Bruder seines Vaters sei, habe ihn daran gehindert, diesen zu töten, weil sich er dem Krieg gegen die Hellenen widersetzt habe (Hdt. 7.11,1). Der Stolz auf die edle Abstammung macht Xerxes blind für die Risiken des Feldzuges (Hdt. 7.11,2). Die Überbrückung des Hellesponts schildert Herodot als einen despotischen Akt (Hdt. 7.35). Als die erste Brücke von einem Unwetter zerstört wurde, soll Xerxes befohlen haben, den Hellespont auszupeitschen, ihm Fußfesseln anzubinden und Brandmale aufzudrücken. Auch die Worte, welche die Diener auf sein Geheiß dabei äußerten, demonstrieren seinen Übermut und seine Unfrömmigkeit (Hdt. 7.35,2; vgl. auch 8.109,3). Der Großkönig soll im ganzen Heer der schönste und beste Mann gewesen sein (Hdt. 7.187,2). Xerxes schändete auch den Leichnam des spartanischen Königs Leonidas (Hdt. 7.238; 9.78,2-3). Er soll ferner versucht haben, Delphi zu plündern. Das Orakel wurde aber, wie das Ammon-Heiligtum vor Kambyses, durch göttliche Einwirkung gerettet (Hdt. 8.35-38). J. F. Lazenby, The Defence of Greece 490-479 BC, Warminster 1993, 151-152 verweist auf den zweifelhaften historischen Wert dieser Nachricht. In Athen verwüstete der persische König die Tempel auf der Akropolis (Hdt. 8.53-55). Xerxes wies schon vor dem Feldzug tyrannische Züge auf (Hdt. 1.183,3; 4,43), erlebte aber insbesondere nach der Rückkehr nach Asien einen moralischen Niedergang. Er bricht alle sexuellen Normen und infolgedessen bringt er schließlich auch den eigenen Bruder und dessen Familie um (Hdt. 9.108-113); s. Kap. V.2; vgl. auch Bichler, 2000, 357-359.

204 Die Niederlage gegen Kyros und die letzte Antwort der Pythia führten Kroisos endlich zur Einsicht (Hdt. 1.86-91). Kyros wird als der Befreier der Perser und Begründer ihrer Herrschaft gewürdigt (Hdt. 1.95,1; 114-115; 122-128). Ferner zeigte z. B. Kyros seine Weisheit mit dem Entschluß, Kroisos zu verschonen und zum Berater zu ernennen. Selbst Kambyses wird am Ende seines Lebens vernünftig und bereut seine Untaten (Hdt. 3.64-65). Dareios zeigt Mut, Entschlossenheit und Klugheit während der Verschwörung gegen die Magier, in der Verfassungsdebatte, vor der Wahl zum König und bei der Neuorganisation des Reiches (Hdt. 3.69-96). Es gelingt ihm sogar die Grenzen der Expansion zu erkennen und rechtzeitig umzukehren (Hdt. 4.134). Xerxes ist anfangs einem Feldzug gegen Hellas nicht zugeneigt (Hdt. 7.5,1). Er wird aber durch seinen Vetter Mardonios, die Aleuaden, die Peisitratiden und durch die falschen Prophezeiungen des Onomakritos zum Krieg gedrängt (Hdt. 7.5-6). Hinzu kommt der Wunsch, den Leistungen der Vorfahren nicht nachzustehen und seine Jugend (Hdt. 7.8,α1-2; 13,2). Xerxes kommt auch nach dem ersten Kronrat zu dem Schluß, es sei doch nicht sinnvoll gegen die Griechen zu ziehen, und ändert seine Meinung (Hdt. 7.12,1; 13). Bevor Artabanos die Kleidung und das Bett mit dem König wegen der Traumgestalt wechselt, verdeutlicht er mit einem Kommentar, daß sich der junge König am Scheideweg zwischen

Aus all diesen angeführten Gründen erscheint es einleuchtend anzunehmen, daß der Verdacht, Alkibiades strebe nach Alleinherrschaft, auch durch dessen politischen Anspruch, seine Ichbezogenheit und außenpolitische Haltung gefördert wurde.

7. Alkibiades' Überschreitungen in der religiösen Sphäre

In der bisherigen Untersuchung wurden die Elemente im privaten und öffentlichen Verhalten des Alkibiades erläutert, die als tyrannisch interpretiert werden konnten. Man muß jedoch auch anmerken, daß trotz dieser *paranomia* der athenische Demos Alkibiades lange Zeit Vertrauen schenkte. Dies beweist auch seine Zustimmung zu der Sizilischen Expedition und zu Alkibiades' Wahl zu einem der drei *strategoi autokratores*.[205]

Möglicherweise wurde aber schon im Frühjahr 416,[206] noch vor den Olympischen Spielen und dem Hermen- und Mysterienfrevel, Alkibiades' Verhalten in der Bevölkerung mit Bedenken aufgenommen. Ein Hinweis dafür könnte Hyperbolos' Beantragung der *ostrakophoria* sein.[207] Da dieser vermutlich in erster Linie Alkibiades' politischer Konkurrent war, kann man voraussetzen, daß dieser Antrag gegen diesen gerichtet war.[208] Die Vereinigung der Anhängerschaften von Nikias und Alkibiades zeigt, daß Alkibiades die Gefahr durchaus als real einschätzte. Diesem „Bündnis" verdankte er auch, daß an seiner Stelle Hyperbolos verbannt wurde. Gleichwohl ist es zutreffender davon auszugehen, daß Alkibiades' *paranomia* zu diesem Zeitpunkt noch nicht zum politischen Thema geworden war, sonst hätte Thukydides aller Wahrscheinlichkeit nach dies im Kontext der Siziliendebatte erwähnt sowie die Ostrakismos Episode detaillierter behandelt.[209]

Wenig später während der Siziliendebatte ist Alkibiades' Verhalten zwar schon Gegenstand öffentlicher Diskussion, es bedurfte aber noch eines politisch-religiösen Vorfalls – des Hermen- und des Mysterienfrevels –, daß seine private Lebensführung und öffentlichen Auftritte konkrete politische Konsequenzen verursachten bzw. daß sich der Tyrannisverdacht endgültig durchsetzen konnte.[210] Die Bedeutung seines früheren Verhaltens in dieser Affäre wird aus Thu-

Übermut und Besonnenheit befindet (Hdt. 7.15,3-16,α-β1). Demnach ist Xerxes der Hybris bis dahin noch nicht völlig verfallen.

205 Bengtson, 1983, 176.

206 Zur Datierung der Ostrakisierung des Hyperbolos s. Kagan, 1981, 144f.; Ellis, 1989, 45f.; A. Andrewes, The Peace of Nicias and the Sicilian Expedition, CAH V², 1992, 442.

207 Thuk. 8.73,3; Plut. Alk. 13,4-8; Nik. 11.

208 Welwei, 1999, 199; s. auch Ostwald, 1986, 302-305; bes. 304.

209 Zu den möglichen Hintergründen dieser *ostrakophoria* vgl. Ellis, 1989, 45-49; Ostwald, 1986, 302-305; Kagan, 1981, 143-147; HCT V, 257-264.

210 Vgl. Ostwald, 1986, 323 mit Anm. 108; 326.

kydides' Bemerkung erkennbar, Alkibiades' zweifelhafter Ruf sei von Anfang an als Beleg für dessen Beteiligung an den Sakrilegen und an einem eventuellen Umsturzplan benutzt worden.[211]

Zur Schändung der Hermen kam es am Vorabend der Sizilischen Expedition.[212] Dieses Ereignis führte zur Aufdeckung der Profanierung der eleusinischen Mysterien durch Alkibiades.[213] Diese Sakrilege wurden von der athenischen Bevölkerung auf verschiedene Weise interpretiert. Die Hermenfrevel wurden als ein böses Omen für den bevorstehenden Feldzug angesehen, da nun das Verhältnis zwischen Menschen und Göttern gestört sei.[214] Daß diese Schlußfolgerung für die Zeitgenossen glaubwürdig war, kann man bei Herodot erkennen. Bei ihm wird bekanntlich eine Niederlage oder ein Sturz eines Herrschers meistens von schlechten Vorzeichen angekündigt.[215]

Folgenschwer für Alkibiades war auch, daß man diese religiösen Verstöße als Indiz für eine Konspiration gegen die bestehende demokratische Ordnung hielt.[216] Noch ernster für Alkibiades war allerdings, daß die Verletzung religiö-

---

211 Thuk. 6.28,2.

212 Die Verstümmelung der Hermen ist vermutlich nicht auf eine antidemokratische Konspiration zurückzuführen. A. Rubel, 2000, 210-215 ist der Ansicht, das Sakrileg sei im Zusammenhang mit den symposiastischen Gebräuchen und einer Mutprobe junger Aristokraten zu verstehen. Diese Mutprobe wurde vermutlich durch politische Sympathien und Respektlosigkeit bzw. Revolte gegenüber älteren Generationen und ihren Traditionen beeinflußt. Daraus aber auf eine bewußt durchgeführte, politische, antidemokratische Aktion oder Verschwörung zu schließen, erscheint zugespitzt; vgl. Rubel, 2000, 190; 197-215; Welwei, 1999, 204. Überdies wurden die Frevler wegen Asebie und nicht wegen Hochverrats angeklagt; vgl. Rubel, 2000, 184; 215-220; C. A. Powell, Religion and the Sicilian Expedition, Historia 28 (1979), 21-22; s. auch Graf, 2000, 121-123; Baumann, 1990, 62-67.

213 Thuk. 6.27-30. Zu den möglichen Motiven der Zelebrierung der Mysterien in Privathäusern s. Rubel, 2000, 228-229, der vermutet, daß der Kult zwischen 423 und 415 zum Symbol einer Friedenspolitik wurde oder Alkibiades sich über Nikias lustig machen wollte. W. M. Ellis, 1989, 59 geht davon aus, daß die Entweihung der Mysterien eine Art Spiel oder eine Initiation für einen politischen Klub gewesen sei. Bei der letzteren Möglichkeit wurden aber seiner Ansicht nach keine umstürzlerischen Pläne verfolgt. F. Graf, 2000, 126 meint, daß es sich hierbei vielleicht um eine Mode handeln könnte.

214 Thuk. 6.27,3; s. hierzu Powell, 1979, 21; HCT IV, 284; Graf, 2000, 115f.; Rubel, 2000, 215ff.

215 Hdt. 1.53; 209; 3.124; 7.12; 14; 17; 19. Daß es sich bei Herodot hauptsächlich um Orakel oder Träume handelt, die vom jeweiligen Herrscher falsch gedeutet worden seien, ändert nichts an der Sachlage. Denn das einzig Relevante ist, daß Herodot glaubte, der Sturz eines Herrschers oder eine militärische Niederlage werde von den Göttern angekündigt. Wie diese Ankündigung von den Menschen verstanden wurde, ist für das hier behandelte Thema zweitrangig.

216 Thuk. 6.27,3; 53,3; 60,1; 61,1.

ser Normen als typisches Merkmal tyrannischer Hybris galt.[217] Aus diesen Gründen ist die heftige, wenn auch übertriebene Reaktion des Demos nicht gänzlich unverständlich. Ferner muß man berücksichtigen, daß die Religionsfrevel erst mit dem Bekanntwerden der Beteiligung des Alkibiades ihre politische Dimension bekamen.[218] Daß einer der führenden Politiker, dessen Lebensführung ohnehin fragwürdig erschien, in einen derartigen Skandal verwickelt war, konnte durchaus beunruhigend wirken. Alkibiades hatte nämlich bis dahin nur Tendenzen im privaten und öffentlichen Bereich demonstriert, die als tyrannisch empfunden oder bezeichnet werden konnten, die aber kein eindeutiger Nachweis dafür waren, daß er tatsächlich eine Tyrannenstellung anstreben würde. Die Profanierung der Mysterien änderte jedoch die Lage. Alkibiades offenbarte jetzt auch auf religiösem Gebiet eine tyrannische Gebärde. Diese Tat konnte von seinen Mitbürgern gewissermaßen auch als erster konkreter Beweis dafür verstanden werden, daß der Tyrannisverdacht begründet sein könnte.

Die Intrigen der politischen Gegner des Alkibiades leisteten sicherlich einen wesentliche Beitrag zu seinem ersten Sturz; diesen sollte man jedoch nicht überbewerten. Thukydides' Darstellung könnte in dieser Hinsicht trügen. Laut Thukydides haben Alkibiades' Gegner ein Verfahren in seiner Abwesenheit angestrebt, da sie sonst einen Freispruch befürchteten.[219] E. F. Bloedow weist aber darauf hin, daß Alkibiades schon vor der Ausfahrt der Flotte beträchtlich an Einfluß eingebüßt habe. Ansonsten hätte er mit seinem Antrag über eine sofortige gerichtliche Untersuchung einen Erfolg verzeichnen müssen.[220] Außerdem muß man bemerken, daß Alkibiades' politische Kontrahenten wahrscheinlich ein Verfahren zu verzögern versuchten, nicht nur um freie Hand nach dessen Abreise zu haben, sondern auch weil sie sich eine bessere Beweislage erhofften. Denn die Mehrheit der Denunziationen erfolgte nach der Ausfahrt der Flotte, und erst dann wurde auch die Hauptmasse der Informationen über diese religiösen Vergehen bekannt.[221]

Ein weiterer Faktor, der neben den Verleumdungen und Alkibiades' Ruf eine wichtige Rolle dabei spielte, daß die Gefahr eines Umsturzes oder einer Tyrannis in Athen als fundiert empfunden wurde, war die allgemeine Verunsicherung im Volk. Ein gutes Beispiel dafür, daß die Nervosität der Massen in Kriegszeiten leicht dazu führen konnte, daß Diffamierungen ernst genommen und Politiker wegen vermeintlichem Verrat oder Umsturzplänen verurteilt wurden, sind die Ereignisse auf Sizilien und in Syrakus in der letzten Dekade des

---

217 Aischyl. Pers. 743ff.; 800-834; Soph. Ant. 740ff.; 872ff.; 1339ff.; Oid. T. 350-403; Ai. 1350. Zur Frevelhaftigkeit des Tyrannen bei Sophokles s. Ehrenberg, 1956, 63-91; vgl. auch die bereits oben angeführten Frevel der orientalischen Herrscher bei Herodot.

218 Ostwald, 1986, 326; Rubel, 2000, 226f.

219 Thuk. 6.28,2-29.

220 Bloedow, 1973, 15f.

221 Thuk. 6.53,2-3; 60-61,4; Andok. 1.37ff.; vgl. Graf, 2000, 117.

5. Jh.s. Die Lage in Athen läßt sich mit der Atmosphäre in einer schweren Kriegssituation vergleichen, da es fast gleichzeitig mit dem Anfang des größten militärische Unternehmens auch zu den größten Freveln kam. Wie stark die Angst in Athen war, äußerte sich z. B. darin, daß die Bürger den Denunziationen Glauben schenkten, daß man in Erwägung zog, das Verbot der Folterung von Bürgern aufzuheben und daß man die Athener zu den Waffen rief.[222] Der irrationale Charakter dieser Angst kommt auch in dem Umstand zum Ausdruck, daß Bürger in Erwartung eines Umsturzes zu den Waffen gerufen wurden, obwohl sich der Hauptverdächtige Alkibiades schon außerhalb Athens befand.[223]

Mehrere Gründe verdeutlichen somit, warum zahlreiche Athener Umsturzpläne des Alkibiades für durchaus möglich hielten. Die Ansicht, daß ihm die Gewaltherrschaft nicht fremd war, könnte insofern zutreffen.[224] Trotzdem muß man zur gleichen Zeit feststellen, daß es nicht einen einzigen konkreten Beweis für derartige Pläne des Alkibiades gibt und daß er einzig der Entweihung der Mysterien für schuldig erklärt wurde.[225] Zudem wußte Alikibiades zweifellos, wie schwer es war, eine Tyrannenherrschaft in Athen zu errichten.[226] Im übrigen ergeben sich keine Belege für die Annahme, daß der Gegensatz zwischen arm und reich bzw. soziale Spannungen eine Rolle bei der Entstehung des Tyrannisverdachtes spielten. Des weiteren besteht zwar kein Zweifel, daß Alkibiades sich mit den sophistischen Lehren auskannte.[227] Die Quellenauswertung zeigt aber auch, daß keine antiken Zeugnisse darauf hindeuten, daß seine Vertrautheit mit dem sophistischen Gedankengut an sich von den Athenern als eine Gefahr angesehen wurde und zum Aufkommen des Vorwurfes eine Einzelherrschaft anzustreben, wesentlich beigetragen hat.

---

222 Thuk. 6.53,2; 60,2-5; Andok. 1.43.

223 Thuk. 6.61,2.

224 Vgl. Berve, 1967, 208f.

225 Thuk. 6.61,7; Plut. Alk. 22,4; vgl. Graf, 2000, 117; Rubel, 2000, 227; Powell, 1979, 24.

226 Bengtson, 1983, 149f.; Berve, 1967, 209. Diese Frage läßt sich letzten Endes auch nicht endgültig beantworten, da sich Alkibiades in beiden Fällen, als die innen- und außenpolitische Lage für einen Putsch in Athen günstig war, außerhalb seiner Vaterstadt befand und damit überhaupt nicht in der Position war, einen Umsturz zu organisieren.

227 Sowohl Platon als auch Xenophon berichten, Alkibiades habe eine Zeitlang zum Kreis des Sokrates gehört und eine gute Bildung genossen; s. hierzu die Angaben im Kap. V.2 und Kap. IV.1. Der antiken Tradition zufolge soll auch Sophilos, der Vater des Antiphon aus Rhamnus, der Lehrer von Alkibiades gewesen sein (Plut. or. 10.832c); vgl. hierzu Ostwald, 1986, 291f.; 361.

VI. Die „Dreißig"

Das Regime der „Dreißig" wird in der Forschung auf sehr unterschiedliche Weise klassifiziert.[1] Denn es ist umstritten, ob die Herrschaft der „Dreißig" eine Oligarchie oder eine Tyrannis war.[2] In einigen Untersuchungen wird dieses Terrorregime sogar sowohl als Oligarchie als auch als Tyrannis bezeichnet.[3] Die Tendenz, das Herrschaftssystem der „Dreißig" unterschiedlich zu bewerten, beschränkt sich freilich nicht nur auf die moderne Forschungsliteratur. Sie ist schon in den antiken Zeugnissen feststellbar.[4] Bei ihnen kann man ebenfalls beobachten, daß verschiedene Autoren nicht nur unterschiedliche verfassungstheoretische Begriffe benutzen, sondern daß bei ihnen auch häufig unterschiedliche Begriffe für die „Dreißig" simultan gebraucht werden.

---

1 Hinsichtlich der Chronologie der Herrschaft der „Dreißig" wird in dieser Arbeit Xenophon der Vorzug vor Aristoteles gegeben; vgl. hierzu Rhodes, 1981, 420-422; 450f.; 462-464; C. A. Hignett, A History of the Athenian Constitution to the End of the Fifth Century B.C., Oxford 1952, 384-389; dagegen P. Krentz, The Thirty at Athens, Ithaca/London 1982, 131-152; Ostwald, 1986, 481ff. Bezüglich der Objektivität des Xenophon und seines Philolakonismus vgl. Tuplin, 1993, 31f.; 35; 41; 45ff.; 95-96; Dillery, 1995, 147f.; 159ff. Zur Glaubwürdigkeit der Rede des Theramenes vgl. Rhodes, 1981, 421; Dillery, 1995, 151; 280f. Anm. 82. S. Usher, Xenophon, Critias and Theramenes, JHS 88 (1968), 128-135 vertritt zudem den Standpunkt, die Rede des Kritias sei die verkürzte Version der originalen Rede. P. Krentz meint, die Reden seien Konstrukte des Xenophon, Krentz, 1982, 145; ders., Xenophon Hellenika II.3.11 – IV.2.8, Edited with an Introduction, Translation and Commentary, Warminster 1995, 130; 132.

2 Nippel, 1980, 81; Krentz, 1982, 15; 144; ders., 1995, 122; Ostwald, 1986, 460-496; Bengtson, 1960², 252f.; G. A. Lehmann, Oligarchische Herrschaft im klassischen Athen. Zu den Krisen und Katastrophen der attischen Demokratie im 5. und 4. Jahrhundert v. Chr., Opladen 1997, 9-128; ders., Überlegungen zur Krise der attischen Demokratie im Peloponnesischen Krieg: Vom Ostrakismos des Hyperbolos zum Thargelion 411 v. Chr., ZPE 69 (1987), 54; Ch. Tuplin, Imperial Tyranny: Some Reflections on a Classical Greek Political Metaphor, in: P. Cartledge – F. D. Harvey (Hrsg.), Crux. Essays Presented to G. E. M. de Ste. Croix on His 75th Birthday, Exeter 1985, 368; 373; Powell, 1988, 279; P. J. Rhodes, Oligarchs in Athens, in: R. Brock – S. Hodkinson (Hrsg.), Alternatives to Athens. Varieties of Political Organization and Community in Ancient Greece, Oxford 2000, 119-136, und Munn, 2000, 235f.; 244, fassen die Herrschaft der „Dreißig" als eine Oligarchie auf. D. M. Lewis, 1994a, 30 ist der Ansicht, sie sei eine Dekarchie gewesen. Berve, 1967, 211; R. J. Buck, Thrasybulus and the Athenian Democracy. The Life of an Athenian Statesman, Stuttgart, 1998, 62; D. Whitehead, Sparta and the Thirty Tyrants, AncSoc13/14 (1983/2), 113; Frolov, 1973a, 255, und H. Friedel, Der Tyrannenmord in Gesetzgebung und Volksmeinung der Griechen, Stuttgart 1937, 59f., sehen in ihr primär eine Tyrannis.

3 M. H. Hansen, Die athenische Demokratie im Zeitalter des Demosthenes. Struktur, Prinzipien und Selbstverständnis, Berlin 1995, 41; Lehmann, 1972, 201-233; bes. 218 Anm. 45; 225; Schubert, 2003, 156f.

4 Ausführliche Angaben zu den Termini, mit denen in der Antike die „Dreißig" bezeichnet wurden, bietet auch Tuplin, 1985, 368f.; ders., 1993, 44 mit Anm. 7.

Im ersten Teil der folgenden Studie wird daher zunächst der Versuch unternommen, das Regime der „Dreißig" begriffsmäßig zu erfassen. Dieser Teil beginnt mit einer kurzen Darlegung der Termini, welche die einzelnen antiken Autoren für das Herrschaftssystem der „Dreißig" benutzten, um auf diese Weise die Ambivalenz der Klassifizierung der „Dreißig" zu veranschaulichen.

Ein verfassungstheoretischer Begriff, der weiterhelfen könnte, ist der Terminus *dynasteia*. Er wird hier ausführlich behandelt, um zu demonstrieren, daß sich die Griechen durchaus Herrschaftsformen vergegenwärtigen konnten, die einer kollektiven Tyrannis ähnlich sind, und einen Begriff entwickelten, der nicht einfach mit dem modernen Terminus der „kollektiven Tyrannis" gleichzusetzen ist, diesem aber dennoch sehr nahesteht. Ferner soll hierdurch verdeutlicht werden, daß die alleinige Klassifizierung der „Dreißig" durch die Begriffe Oligarchie und Tyrannis unzureichend ist, da keiner dieser Begriffe alle Charakteristiken des Regimes von 404/403 umfaßt. Der Terminus *dynasteia* und der moderne Begriff „kollektive Tyrannis" erfassen hingegen diese wesentlichen Merkmale der „Dreißig".[5] Üblicherweise wird unter *dynasteia* in erster Linie die extremste Form der Oligarchie verstanden; dabei werden jedoch ihre Gemeinsamkeiten mit der Tyrannis oftmals vernachlässigt. Gerade deswegen erscheint es erforderlich, diese Gemeinsamkeiten der *dynasteia* mit der Tyrannis zu erörtern. Dies soll durch eine detaillierte Untersuchung der Bedeutung des Wortes *dynasteia* für einzelne griechische Autoren erreicht werden. Die Tatsache, daß bei Aristoteles das ausführlichste Material zum Thema *dynasteia* vorzufinden ist, hat zur Folge, daß die Erläuterung dieses Begriffes nicht auf der Basis seiner verschiedenen Charakteristiken und Bedeutungen gegliedert ist. Statt dessen werden die einzelnen griechischen Autoren und ihre Meinungen zu dieser Fragestellung nacheinander behandelt. Daher ist die Aufzählung zahlreicher Quellenstellen unvermeidbar. Hierdurch wird möglicherweise die Übersichtlichkeit des Textes erschwert, dennoch sind ausführliche Paraphrasierungen der Quellen notwendig, weil man nur auf diese Weise der Komplexität des Begriffes *dynasteia* gerecht werden kann. Gleichzeitig können die Mißverständnisse, die aufgrund seiner Mehrdeutigkeit möglich sind, vermieden werden.

Der zweite Teil dieser Studie untersucht die tyrannischen Elemente und die Unterschiede zwischen einer Oligarchie und der Herrschaft der „Dreißig". Der Charakter dieses Regimes wird nicht mehr nach verfassungstheoretischen Erwägungen bewertet. Statt dessen sind jetzt die *Realpolitik* bzw. die konkrete Struktur des Herrschaftssystems der „Dreißig" sowie dessen konkrete Maßnahmen die Grundlage für die Einordnung des Regimes als Tyrannis. Die Ana-

5 In bezug auf die „Dreißig" als kollektive Tyrannis oder *dynasteia* s. Gehrke 1985a, 318-319; bes. Anm. 53; Cartledge, 1987, 90f.; bes. 281; Frolov, 1973a, 255; Berve, 1967, 211; R. Osborne, Changing the Discourse, in: K. A. Morgan (Hrsg.), Popular Tyranny: Sovereignty and Its Discontents in Ancient Greece, Austin (Texas) 2003, 251; 262ff.; Friedel, 1937, 59f.

lyse der Machtübernahme der „Dreißig“ sowie ihr Verhältnis zu den Staatsorganen und zu den „Dreitausend“ sollen zeigen, daß sich wie bei einer kollektiven Tyrannis die gesamte Macht in ihren Händen konzentrierte. Zudem soll verdeutlicht werden, daß die Anzahl der Machthaber im Falle der „Dreißig“ nicht maßgebend für eine Einordnung dieses Regiments als eine Oligarchie sein kann. Dieselben Argumente zeigen außerdem, daß die Differenzen zwischen einer kollektiven Tyrannis und einer „normalen“ Tyrannis nicht von essentieller Bedeutung sind. Anschließend werden die einzelnen Maßnahmen und Handlungen der Machthaber im Lichte der Tyrannentypologie bewertet, um auf diese Weise die Gemeinsamkeiten des Regimes von 404/403 zu einer Tyrannis zu unterstreichen. In der modernen Forschung stößt insbesondere die These auf breite Zustimmung, daß die Despoten aus ihren ehemaligen Mitbürgern Perioiken machen und eine Oligarchie nach dem Vorbild von Sparta in Athen installieren wollten. Eine Reihe von Gegenargumenten soll auf die Schwächen dieser These hinweisen und zugleich beweisen, daß die Handlungen der „Dreißig“ gegenüber allen, die nicht mehr zu den Vollbürgern zählten, vorrangig von ihrer Sorge um die eigene Sicherheit bestimmt waren. Der darauf folgende Vergleich der Staatsstreiche von 411 und 404/403 dient ebenfalls einzig dem Zweck, den Kontrast des Herrschaftssystems der „Dreißig“ gegenüber einer Oligarchie zu akzentuieren. In diesem Sinne wird auch auf die Frage eingegangen, ob es einen grundlegenden Konflikt zwischen reich und arm gab, da dieser Konflikt nach der aristotelischen Theorie eine Oligarchie kennzeichnet. Danach werden die Ursachen für die Loyalität der „Dreitausend“ erläutert. Denn deren Verhältnis zu den Machthabern ist ebenfalls von großer Relevanz für die Einordnung des Herrschaftssystems der „Dreißig“. Schließlich befaßt sich die Arbeit mit Kritias als einer der Schlüsselfiguren des Umsturzes sowie mit der Frage ob er ein Vertreter des Rechts des Stärkeren war.

1. Terminologische Probleme

1.1. *Dynasteia* und Tyrannis

Eine Tendenz zur unterschiedlichen Bewertung des Regimes der „Dreißig" läßt sich schon in den antiken Zeugnissen erkennen. Der Sophist Polykrates nennt sie als erster die „Dreißig Tyrannen".[6] In Xenophons *‚Hellenika'* wird das Regime der „Dreißig" einerseits Oligarchie und Aristokratie genannt, andererseits aber als auch tyrannisch bezeichnet.[7] Bei Diodor ist dieser Widerspruch noch offensichtlicher. Die Herrschaft der „Dreißig" ist bei ihm eine Tyrannis, eine Oligarchie und eine *dynasteia.*[8] Selbst im aristotelischen *‚Staat der Athener'* werden für die „Dreißig" verschiedene verfassungstheoretische Begriffe gebraucht. Meistens wird der Begriff Oligarchie benutzt, gelegentlich aber auch die Termini *dynasteia* und Tyrannis.[9] Auch Lysias, welcher sonst nur den Begriff Oligarchie anwendet, vergleicht in seiner Rede *‚Gegen Eratosthenes'* die „Dreißig" mit einer Tyrannis.[10]

Wegen dieser Ambivalenz in der Literatur und in den Quellen wird sich dieses Kapitel im ersten Teil mit der Frage befassen, welcher Verfassungsform das Regime der „Dreißig" entspricht. Ein verfassungstheoretischer Begriff aus dem 5. und 4. Jh., der möglicherweise weiterhelfen könnte, ist der Terminus *dynasteia.* Er soll hier behandelt werden, um zu demonstrieren, daß sich die Griechen durchaus tyrannische Herrschaftsformen vorstellen konnten, bei denen sich die Macht in den Händen eines kleinen Personenkreises befindet und sich zur Bezeichnung dieser Art von Machtausübung des Begriffs *dynasteia* bedienten. Die Annahme, das Terrorregime der „Dreißig" könne keinesfalls als Tyrannis gelten, ist daher unzutreffend. Die Griechen verstanden zu dieser Zeit unter einer Tyrannis zwar in aller Regel die Herrschaft eines Einzelnen oder aber einiger, in verwandtschaftlicher Beziehung stehender Personen. Andererseits war

---

6 Aristot. rhet. 1401a 34.

7 Oligarchie (Xen. Hell. 2.3,1-2; 17-18; 24; 26; 30; 32; 51); Aristokratie (Xen. Hell. 2.3,47); tyrannisch (Xen. Hell. 2.3,16; 48; 4,1). Dabei ist besonders interessant, daß Kritias im Kreis seiner engsten Mitkämpfer meint, ihre Herrschaft sei eine Tyrannis, während er sie in seiner Rede vor der *boulé* als eine Oligarchie bezeichnet (Xen. Hell. 2.3,16; 26; 51). R. Seager, 1967, 9 verweist darauf, daß Kritias in den *‚Memorabilien'* zwei tyrannische Eigenschaften zugeschrieben werden: Habsucht und Gewalttätigkeit (Xen. mem. 1.2,12); vgl. auch Tuplin, 1993, 43.

8 Tyrannis (Diod. 14.2,1; 4; 3,7; 5,6; 32,1-2; 33,2; 4; 15.25,4); Oligarchie (Diod. 14.3,3-4; 4,6); *dynasteia* (Diod. 14.32,6).

9 Tyrannis (Aristot. Ath. pol. 41,2); Oligarchie (Aristot. Ath. pol. 34,3; 37,1; 38,4; 53,1); *dynasteia* (Aristot. Ath. pol. 36,1).

10 In dieser Rede behauptet Lysias, falls Eratosthenes, der ein Mitglied der „Dreißig" war, für unschuldig erklärt worden wäre, dies für alle in Athen anwesenden Fremden ein Beispiel sein würde, wie man ungestraft versuchen könne, sich zum Tyrannen der eigenen Poleis aufzuschwingen (Lys. 12,35).

man sich schon damals bewußt, daß die *dynasteia* eine Herrschaftsform ist, die der Tyrannis wegen der Art der Machtausübung am nächsten steht. Der Hauptunterschied zwischen Tyrannis und *dynasteia* lag für sie vornehmlich in der Anzahl der Machthaber. Ein Begriff aus dem modernen Sprachgebrauch, welchen die Griechen nicht kannten und der dem Terminus *dynasteia* wahrscheinlich am besten entspricht, ist der Begriff der „kollektiven oder korporativen Tyrannis".

Unter einer *dynasteia* wird meistens eine extreme Oligarchie verstanden, die wichtige Gemeinsamkeiten mit der Tyrannis aufweist. Dies ist in der Beschreibung des Thukydides der innenpolitischen Ordnung Thebens zur Zeit der Kriege mit Persien erkennbar:

> Theben hatte damals weder eine auf Gleichheit und Gesetz beruhende Oligarchie (ὀλιγαρχίαν ἰσόνομον) noch eine Demokratie, sondern was Gesetz und weiser Ordnung am fernsten steht und am nächsten der Tyrannis: eine dynasteia weniger Männer (δυναστεία ὀλίγων ἀνδρῶν) besaß alle Gewalt.[11]

Der Gebrauch des Begriffs *dynasteia* bei Thukydides weist verschiedene Merkmale auf. Erstens wird dieser Begriff in keiner Weise in der Darstellung des oligarchischen Umsturzes von 411 benutzt. Zweitens wird der Begriff *dynasteia*, wenn er in Hinsicht auf die innenpolitische Situation in „entwickelten" Gemeinwesen (Theben, Syrakus) angewandt wird, in die Nähe der Tyrannis gerückt.[12] *Dynasteia* wird drittens auch in bezug auf archaische und „vorstaatliche" politische Ordnungen (Thessalien/Illyrer) gebraucht.[13] Bemerkenswerterweise hebt Thukydides neben dem Umstand, daß die *dynasteia* eine traditionelle Regierungsform in Thessalien sei, ihren Gegensatz zur *isonomia* hervor.[14] Denn

---

11 Thuk. 3.62,3; zitiert nach der Übersetzung von J. Martin, Dynasteia. Eine begriffs-, verfassungs- und sozialgeschichtliche Skizze, in: R. Koselleck (Hrsg.), Historische Semantik und Begriffsgeschichte, Stuttgart 1979, 228.

12 Zu Theben (Thuk. 3.62,3) s. unten. In seiner Rede verknüpft Athenagoras die Gefahren einer Tyrannis und einer *dynasteia* (Thuk. 6.38,3-4). Vgl. auch die Rede des Alkibiades in Sparta (Thuk. 6.89,4); s. dazu HCT IV, 362; Berve, 1967, 629; Leppin, 1999, 68f.

13 Thuk. 4.78,2-3; 126,2; vgl. Plat. leg. 680b. Eine derartige Anwendung des Begriffs *dynasteia* stellt nach J. Martin, 229f., eine Erweiterung der aristotelischen Konzeption dar. In der Rede des Brasidas bezieht sich *dynasteia* auf die Barbaren und nicht auf die Peloponnesier (Thuk. 4.126,2); vgl. HCT III, 614f.; Hornblower, 1996, 398f.

14 Thuk. 4.78,3. Auch bei Platon wird *dynasteia* der Isonomie gegenübergestellt (Plat. rep. 291c-d). In bezug auf den Gegensatz von Alleinherrschaft und Gleichheit vor dem Gesetz in den Quellen s. z. B. die Verfassungsdebatte bei Herodot (Hdt. 3.80,5-6). In den zwei Skolien zu Ehren der Tyrannenmörder Harmodios und Aristogeiton erscheint die adjektivische Variante *isonomos* (Athen. 695a-b).

der Terminus *isonomia* ist im Zusammenhang mit der aristokratischen Opposition gegen die Willkür der Tyrannen entstanden.[15]

Der Gebrauch des Begriffes *dynasteia* bei Thukydides stimmt in den wichtigsten Merkmalen mit den Ansichten des Aristoteles zu dieser Thematik in der ‚*Politik*' überein. Unter ihr versteht er die vierte und äußerste Form der Oligarchie.[16] Der erste Typus der Oligarchie ist gegeben, wenn eine größere Zahl von Bürgern einen erforderlichen gemäßigten Zensus für die Ämter erfüllt. Dabei herrschen die Gesetze und nicht die Amtsinhaber. Der zweite Typus besteht dann, wenn sich die Anzahl der politisch Berechtigten verringert, während sich ihr Vermögen in gleichem Maße vergrößert. Für die Ämter herrscht das Prinzip der Kooptation. Dennoch sind deren Inhaber noch nicht einflußreich genug, weshalb noch immer das Gesetz die oberste Autorität innehat. Die dritte Form der Oligarchie besteht aus einer noch kleineren Anzahl von Bürgern, die noch vermögender sind. Die Ämter werden aufgrund eines Gesetzes vom Vater auf den Sohn vererbt. Für die vierte und letzte Form gilt überdies, daß die Macht der Oligarchen aufgrund ihres Vermögens und ihrer Anhängerschaft jedes Maß überschreitet. Statt der Gesetze herrschen hier einzelne Bürger. Diese Form der Oligarchie ist eine *dynasteia*, sie kommt der Tyrannis nahe.[17]

Daß die *dynasteia* als Herrschaftsform bedeutende Gemeinsamkeiten mit der Tyrannis aufweist, wird an mehreren Stellen in der ‚*Politik*' deutlich. Nach Aristoteles kommt es auf Kreta zu einer *dynasteia*, als die Kosmoi, die oberste Behörde, von den „Mächtigen", die sich den Gerichten entziehen wollen, aus dem Amt vertrieben werden. In diesem Falle kann der Staat nicht mehr als Staat

---

15 Vgl. hierzu G. Vlastos, Isonomia, AJPh 74 (1953), 337ff.; V. J. Rosivach, The Tyrant in Athenian Democracy, QUCC 30,3 (1988), 47-57; Spahn, 1993, 359f.; Meier, 1995³, 293f.; 297ff.; W. Lengauer, Die politische Bedeutung der Gleichheitsidee im 5. und 4. Jahrhundert v. Chr. – Einige Bemerkungen über *isonomia,* in: W. Will – J. Heinrichs (Hrsg.), Zu Alexander d. Gr. Festschrift G. Wirth zum 60. Geburtstag, Amsterdam 1987, 53-87; J. Bleicken, Die athenische Demokratie, Paderborn/München/Wien/Zürich 1995⁴, 66f.; 338ff.; Leppin, 1999, 22f.; Martin, 1979, 232ff.; M. Ostwald, Nomos and the Beginnings of the Athenian Democracy, Oxford 1969, 96-120; 180-182; Nippel, 1980, 33; K. Raaflaub, Einleitung und Bilanz: Kleisthenes, Ephialtes und die Begründung der Demokratie, in: K. H. Kinzl (Hrsg.), Demokratia. Der Weg zur Demokratie bei den Griechen, Darmstadt 1995, 49-51; ders., 1985, 115-118; Barceló, 1990, 414ff.; Welwei, 1999, 8f.; 338 Anm. 33; Schubert, 2003, 15-19.

16 Aristot. pol. 1292a 39 - 1292b 10; 1293a 12-34.

17 Aristoteles sagt einmal, *dynasteia* stehe der Tyrannis nahe, während er später behauptet sie sei mit der Monarchie vergleichbar (Aristot. pol. 1292b 5-10; 1293a 30-34). Da Aristoteles aber an anderen Stellen explizit ausführt, der wesentliche Unterschied zwischen der Tyrannis und einer Monarchie sei, daß bei der letzteren nach Gesetzen und zugunsten der Beherrschten regiert würde, erscheint es plausibel anzunehmen, daß an dieser Stelle unter Monarchie eine ungesetzliche Alleinherrschaft verstanden wird, nicht aber ein gesetzliches Königtum (Aristot. pol. 1285a 17-1285b 4; 1295a 5-24; 1310b 40-1311a 5).

gelten, und die Bindungen der staatlichen Gemeinschaft werden geschwächt.[18] Die Tyrannis ist ebenfalls als schlechteste Staatsform am weitesten von einer Verfassung entfernt.[19] Ähnlichkeiten lassen sich auch aus Aristoteles' Ansicht schließen, daß keine Verfassungsform eine wirkliche Verfassung sei, wenn in ihr nicht das Gesetz herrsche.[20] Das gilt nach Aristoteles ebenso für die Tyrannis wie für die *dynasteia*, und für die extreme Demokratie.[21] Ein wichtiger Maßstab für die Beurteilung der Verfassungen ist das Kriterium, ob zum Vorteil der politisch Berechtigten regiert wird oder einzig zugunsten der Machthaber.[22] Auch hier gleichen sich Tyrannis und *dynasteia.*[23] Die Tyrannis hat nach Aristoteles mit der Oligarchie mehrere Eigenschaften gemeinsam: Reichtum als Endzweck,[24] die Entwaffnung der Menge sowie ihre Unterdrückung und Vertreibung aus der Stadt in entfernte Wohngebiete.[25] Die Verwandtschaft zwischen der *dynasteia* und der Tyrannis wird in der *‚Politik'* auch durch die These verdeutlicht, eine Tyrannis entwickle sich oft aus einer extremen Oligarchie bzw. einem Dynastenregiment.[26] Dies läßt sich bei der Darstellung des Wandels der Verfassungen beobachten. Dieser zufolge entwickelte sich aus dem Königtum eine Verfassung, in der zunächst die Bürger die Staatsgeschäfte führten, die aber dann in eine Oligarchie überging.[27] Aus der Oligarchie entstand eine Tyrannis, die schließlich zu einer Demokratie wurde.[28] In der Aufzählung der Vorteile der Verfassung, welche sich auf die *mesoi* stützt, nennt Aristoteles auch den, daß aus ihr selten eine Tyrannis erwachse, während dies bei der extremen Demo-

18 Aristot. pol. 1272b 1-15.

19 Aristot. pol. 1289b 1-5; 1293b 25-30.

20 Aristot. pol. 1292a 30-34.

21 Aristot. pol. 1289b 1-5; 1292a 15-39; 1292b 5-10. Aischines vertritt einen ähnlichen Standpunkt. Auch er sagt, daß sowohl in der Tyrannis als auch in der Oligarchie die Machthaber herrschen und nicht die Gesetze. In einer Demokratie aber herrschen demgegenüber die Gesetze (Aischin. 1,4-5).

22 Aristot. pol. 1279a 17-23.

23 Aristot. pol. 1310b 40 - 1311a 11; 1279b 5-10. Dies ist auch am Exempel der Entstehung der *dynasteia* auf Kreta zu beobachten, s.o.

24 Vgl. Schütrumpf – Gehrke, 1996, 553.

25 Aristot. pol. 1311a 8-15. Die Tatsache, daß Aristoteles hier und an anderen Stellen den Terminus Oligarchie verwendet und nicht den Begriff *dynasteia*, ist nicht von größerer Relevanz. Denn da *dynasteia* die äußerste Form der Oligarchie ist, darf man davon ausgehen, daß die Merkmale, welche die Oligarchie mit der Tyrannis gemeinsam hat, in der *dynasteia* um so mehr gelten.

26 Bemerkenswert ist, daß nach Herodot Dareios in der Verfassungsdebatte eine sehr ähnliche Argumentation anwendet, um die Oligarchie zum Vorteil der Alleinherrschaft zu diskreditieren (Hdt. 3.82,3); vgl. auch Thuk. 8.89,3.

27 Da der Wandel der Verfassungen erfolgt, weil sich jeweils die bestehende Staatsform verschlechterte, erscheint es plausibel anzunehmen, daß hier unter der schlechtesten Form der Oligarchie auch die *dynasteia* verstanden werden kann.

28 Aristot. pol. 1286b 7-20.

kratie und der Oligarchie in reiner Form oft der Fall sei.[29] Zu einem Übergang eines Dynastenregiments in eine Tyrannis kann es auch kommen, wenn die Dynasten lange im Amte sind.[30] Aristoteles sagt zudem über die Tyrannis, sie sei eine Zusammensetzung aus der äußersten Oligarchie und der Demokratie.[31] Die aussagekräftigste Behauptung des Aristoteles für die hier behandelte Problematik ist, daß es zwischen der reinen und extremen Oligarchie und der Tyrannis keine qualitativen, sondern nur quantitative Unterschiede gibt:[32]

> Um die Hauptpunkte zusammenzufassen: alle Ursachen, die wir (für den Sturz) der radikalen und letzten Form von Oligarchie und der extremen Demokratie genannt haben, muß man auch als Ursachen (für den Sturz) der Tyrannis angeben. Denn diese beiden Regierungsformen sind tyrannische Systeme, deren Machtausübung lediglich auf viele Menschen verteilt ist.

Daß die Anzahl der Machthaber bei Aristoteles allem Anschein nach zumeist das einzige Kriterium zur Unterscheidung zwischen Tyrannis und *dynasteia* ist, läßt sich auch in seiner Beschreibung der Umwandlung einer Oligarchie im Verlauf eines Krieges beobachten.[33] Nach dieser Beschreibung handelt es sich dann um eine Tyrannis, wenn ein Oberbefehlshaber mit Hilfe von Söldnern die Macht ergreift. Wenn dagegen mehrere Befehlshaber gemeinsam die Herrschaft

---

29 Aristot. pol. 1295b 40 – 1296a 8.

30 Aristot. pol. 1308a 13-24.

31 Aristot. pol. 1310b 1-8.

32 Aristot. pol. 1312b 34-38 (Übers.: E. Schütrumpf). Es ist besonders erwähnenswert, daß Xenophon eine ähnliche Denkweise für Kritias und seine Anhänger überliefert. So sagt Kritias zu Theramenes (Xen. Hell. 2.3,16): „*Wenn du dir aber einbildest, weil wir dreißig sind und nicht Einer, hätten wir auch nur den leisesten Grund, für diese Herrschaft weniger als wie für eine Tyrannis besorgt zu sein, so bist einfältig.*" Theramenes sagt in seiner Rede ähnliches (Xen. Hell. 2.3,48): „[...]; *auf der anderen Seite aber war ich stets ebenso der Gegner derer, die die Auffassung vertreten, eine gute Oligarchie lasse sich erst dann verwirklichen, wenn sie die Stadt unter die Tyrannis einiger Weniger gebracht hätten.*" (Übers.: G. Strasburger).

33 Wahrscheinlich kann man die Tatsache, daß die Tyrannis in den Quellen in erster Linie mit der Alleinherrschaft verbunden wird, vor allem auf zwei Gründe zurückführen. Der erste ist, daß dies der Tradition entsprach. Der zweite Grund ist, daß der Gegensatz „Gemeinwesen – mächtiges Individuum" zweifelsohne besonders faszinierend ist. Denn die Vorstellung von dem großen Einzelnen, der rücksichtslos seinen Willen dem Gemeinwesen aufzwingt, ist viel spektakulärer und schärfer als der Kontrast zwischen der Gemeinschaft und einer Gruppe; s. dazu auch Kap. VI.1.2. Dies ist auch in den antiken Zeugnissen in denen vorrangig von großen Tyrannen die Rede ist zu beobachten, während die zahlreichen Fälle von Regimes, in denen mehrere Personen die Macht haben und als Tyrannen bezeichnet werden, oft doch einigermaßen in den Hintergrund geraten; s. hierzu auch Kap. VI.2.2.

erringen, spricht man von einer *dynasteia*.[34] Die essentielle Bedeutung des Unterschiedes in der Anzahl der Herrschenden, kann man in der ‚*Politik*' neben den schon aufgezählten Exempeln an einem weiteren Kommentar des Aristoteles bezüglich der Oligarchie in Elis erkennen. In seiner Aufzählung der Formen der Auflösung von Oligarchien nimmt Aristoteles Elis als ein Beispiel für die Bildung einer Oligarchie innerhalb einer Oligarchie. Dort nämlich regierte einzig der Adelsrat, der „90" Mitglieder zählte.[35] Die Wahl der Ratsmitglieder kennzeichnet Aristoteles bezeichnenderweise als dynastisch.[36]

Thukydides und insbesondere Aristoteles geben die präzisesten und ausführlichsten Angaben zum Begriff *dynasteia* und seinen Gemeinsamkeiten mit der Tyrannis. Diese Nähe zu einer Alleinherrschaft ist aber auch von anderen Autoren bezeugt, die entweder selbst Zeitgenossen der „Dreißig" waren (Xenophon, Lysias, Isokrates) oder zeitgenössische Quellen benutzten (Diodor).

Bei Diodor wird nicht nur in seiner Beschreibung der „Dreißig" in Athen die *dynasteia* mit der Tyrannis de facto gleichgesetzt. Auch in seiner Darlegung der Herrschaft des Dionysios I. in Syrakus verwendet er häufig diesen Begriff statt des Terminus Tyrannis.[37] Die kurze Harmostie des Spartaners Klearchos 403 in Byzanz wird ebenfalls als Tyrannis und Dynastenregime bezeichnet.[38] Die Tatsache, daß Diodor in drei verschiedenen Fällen – „Dreißig", Dionysios I., Klearchos – nicht zwischen Tyrannis und *dynasteia* unterscheidet, ist signifikant, weil ihm verschiedene Quellen als Vorlage dienten. Insbesondere ist die Erwägung interessant, daß die Nutzung des Begriffes *dynasteia* möglicherweise auf Philistos zurückzuführen ist.[39] Neben Xenophon, Lysias und Isokrates wäre Philistos noch ein weiterer Zeitgenosse der „Dreißig", der für die Tyrannis diesen Begriff nutzt.[40]

Auch in den Schriften des Isokrates hat die *dynasteia* die Konnotation einer Tyrannis. Ein Beispiel dafür ist sein Brief an Timotheos. Dessen Vater Klearchos war Isokrates` Schüler und errichtete später in seiner Heimatstadt He-

---

34 Aristot. pol. 1306a 20-25.

35 Aristot. pol. 1306a 13-19. Aufschlußreich ist dabei auch, daß Aristoteles dieses Kollegium mit der Gerousia in Sparta vergleicht. In der Forschung wird häufig angenommen, daß sie als Vorbild für die Bildung des Gremiums der „Dreißig" gedient hat; vgl. Krentz, 1982, 67f.; Whitehead, 1982/83, 120.

36 Vgl. Schütrumpf – Gehrke, 1996, 501.

37 Diod. 13.96,4; 14.8,4; 9,4; 10,2; 14,2; 18,1.

38 Diod. 14.12,2-4; s. dazu Kap. X.

39 Dafür, daß dies der Fall sein könnte, spricht erstens, daß *dynasteia* ein wesentlich „neutralerer" Begriff ist als Tyrannis, weshalb er möglicherweise für Philistos eher in Betracht kam. Hinzu kommt, daß in der Darstellung der Befestigung von Syrakus die Herrschaft des Dionysios I. als *dynasteia* beschrieben wird (Diod. 14.18,1). Dieser Bericht stammt höchstwahrscheinlich von Philistos; vgl. Stroheker, 1958, 63; Meister, 1967, 86.

40 Dies ist um so relevanter, weil Diodor das Regime der „Vierhundert" nur als eine Oligarchie bezeichnet (Diod. 13.36,2; 38,1).

rakleia eine gewalttätige Alleinherrschaft. Aufschlußreich ist dabei nicht nur, daß Isokrates die Herrschaft des Timotheos ein Dynastenregime nennt, sondern auch indirekt die seines Vaters, die als sehr grausam bekannt war.[41] Auf die gleiche Weise bezeichnet er die Herrschaft des Tyrannen von Methymna, Kleommis.[42] Im ersten Brief an Philipp nennt Isokrates die Macht der persischen Könige eine *dynasteia.*[43] Im *,Panathenaikos'* kennzeichnet er die Einzelherrschaft des Peisistratos als ein Dynastenregime, wobei interessanterweise betont wird, daß der Tyrann sowohl gegen die Oligarchen als auch gegen den Demos vorgegangen ist.[44] Auch die Tyrannis des Dionysios I. wird von Isokrates als eine *dynasteia* angesehen.[45] *Dynasteia* wird gleichermaßen für königliche und tyrannische Herrschaft benutzt, die Gesetze bricht und nur den eigenen Vorteil sucht.[46] Der tyrannische Charakter des Begriffes *dynasteia* ist auch erkennbar, wenn Isokrates die außenpolitische Macht von Athen und Sparta anspricht. So fordert Isokrates die Athener auf, ihre tyrannische Herrschaft und *dynasteia* aufzugeben.[47] Von einer spartanischen *dynasteia* ist bei Isokrates die Rede, indem er die Vorteile der früheren athenischen Hegemonie aufzählt und sie mit den schlechten Erfahrungen der spartanischen Vorherrschaft kontrastiert.[48] In der Schrift *,Antidosis'* wird Athens Herrschaft *(dynasteia)* direkt mit einer Alleinherrschaft verglichen.[49] Im *,Panegyrikos'* wird davon berichtet, wie Athen mit seiner Herrschaft viele Griechen von der Gesetzlosigkeit und der *dynasteia* befreite.[50]

Auch in den Werken anderer Zeitgenossen der „Dreißig" hat die *dynasteia* die Bedeutung einer Tyrannis. Bei Lysias wird der Begriff *dynasteia* nur im *,Epitaphios auf die Gefallenen des Korinthischen Krieges'* in bezug auf die Herrschaft der Peisistratiden gebraucht.[51] Andokides bezeichnet die Oligarchie der „Vierhundert" sowohl als eine Tyrannis als auch als ein Dynastenregime.[52] In Platons *,Gorgias'* spricht Kallikles, der Vertreter des Rechts des Stärkeren, von Individuen, die es aufgrund der Kraft ihrer Natur vermochten, ein Reich, eine *dynasteia* oder eine Tyrannis zu gründen.[53] In den *,Nomoi'* werden die In-

41 Isokr. ep. 7,1.

42 Isokr. ep. 7,8; vgl. Berve, 1967, 337.

43 Isokr. ep. 2.408,8. Die Herrschaft der persischen Könige wurde oft in den Quellen als eine Tyrannis angesehen; s. dazu Kap. V.1.

44 Isokr. or. 12,148.

45 Isokr. or. 6,45.

46 Isokr. or. 12,242-244.

47 Isokr. or. 8,142.

48 Isokr. or. 12,68.

49 Isokr. or. 15,64; s. auch Kap. III.3.

50 Isokr. or. 4,39.

51 Lys. 2,18.

52 Andok. 1,75; 2,27. H. Berve, 1967, 632 ist der Meinung der Terminus *dynasteia* beziehe sich auf die „Dreißig".

53 Plat. Gorg. 492b.

haber einer *dynasteia* zusammen mit Despoten und Tyrannen genannt.[54] Xenophon nutzt den Terminus *dynasteia* in den ‚*Hellenika*' nur für die Oligarchie in Theben 382-379, die er gleichzeitig aber auch als Tyrannis bezeichnet.[55] Diese Oligarchie in Theben ist auch deshalb interessant, weil sie Ähnlichkeiten mit dem Regime der „Dreißig" kennzeichnen.[56] Auch hier herrschte eine kleine Gruppe, relativ gewalttätig,[57] unter der Führung von Leontiades, Philippos, Hypates, Archias und ihrer Hetairie.[58] Ihre Machtübernahme wurde erst durch eine spartanische Intervention möglich. Wie in Athen wurde auch in Theben auf der Kadmeia eine spartanische Garnison installiert.[59]

Die bisherigen Ausführungen haben somit die wesentlichen Merkmale der *dynasteia* gezeigt. Darunter wird also eine gewalttätige Herrschaft einer kleinen „Clique" verstanden, in deren Händen sich die gesamte Macht konzentriert und die die bestehenden Gesetze und die Rechte der anderen Polisbürger mißachtet. Hinzu kommt, daß die wichtigsten Ämter vererbt werden.[60] Diese Charakteristiken sowie die dargelegten Quellenbefunde demonstrieren ihre Nähe zu der Tyrannis. Die bisherige Untersuchung deutet darauf hin, daß der moderne Begriff, welcher vielleicht der *dynasteia* am nächsten kommen könnte, der der „kollektiven Tyrannis" ist.[61] Daß mit diesem Begriff auch die Herrschaft der „Dreißig" umfaßt werden kann, ist offensichtlich. Die Tatsache, daß in einer *dynasteia* die Ämter vererbt wurden, ist hinsichtlich der „Dreißig" nicht von größerer Bedeutung, da dieses Regime aufgrund seiner kurzen Herrschaftsdauer nicht in der Lage war, alle seine Formen und Elemente auszubilden.[62]

---

54 Plat. leg. 777e.

55 Xen. Hell. 4.4,46; 5.4,1-2; 9; 7.3,7; 13. Zu den anderen Quellen s. Gehrke, 1985a, 177. In der modernen Literatur wird dieses Regime vorrangig als eine kollektive Tyrannis aufgefaßt; vgl. H.-J. Gehrke, Jenseits von Athen und Sparta. Das Dritte Griechenland und seine Staatenwelt, München 1986, 63ff.; ders., 1985a, 168-180; 317-319; Berve, 1967, 299f.; 674.

56 Vgl. Gehrke, 1985a, 318 mit Anm. 52; 53; Berve, 1967, 300.

57 Relativ nur in Hinsicht auf die Herrschaft der „Dreißig".

58 Vgl. R. J. Buck, A History of Boeotia, Edmonton 1979, 69-71; Gehrke, 1985a, 175-180; 318; Berve, 1967, 299f.; 674.

59 Berve, 1967, 300.

60 Vgl. dazu die kurze Zusammenfassung zur Bedeutung dieses Begriffs von J. Martin, 1979, 231.

61 Vgl. Gehrke, 1985a, 318-319; ders, 1986, 63; 65.

62 Vgl. L. Whibley, Greek Oligarchies: Their Character and Organisation, London 1896 (ND Rom 1968), 124.

1.2. Die „Dreißig" und die *dynasteia*

Trotz aller Gemeinsamkeiten des Regimes der „Dreißig" mit einer *dynasteia* wurde es in den Quellen primär als Oligarchie angesehen. Deshalb ist es erforderlich, die Gründe, aus denen der Terminus Oligarchie gegenüber dem Begriff *dynasteia* in den antiken Zeugnissen Vorrang hat, zu analysieren.

Eine der Ursachen dafür könnte der Umstand sein, daß der Terminus *dynasteia* später entstanden ist als der Begriff für die Oligarchie.[63] Nach Chr. Meier geschah dies ungefähr zu derselben Zeit, als auch der Begriff *politeia* aufkam – um 430.[64] Bei Herodot begegnen wir in der Verfassungsdebatte dem Terminus *dynasteia* überhaupt nicht.[65] Herodot benutzt nur das Verb δυναστεύω, um die machtvolle Stellung einzelner Aristokraten oder Staaten darzustellen.[66] Bei Thukydides tritt sie ebenfalls deutlich in den Hintergrund gegenüber *oligarchia*, obwohl er eine einheitliche und präzise Vorstellung vom Terminus *dynasteia* hat. Der erstere Begriff wird sechsundzwanzig Mal, der letztere aber nur viermal benutzt.[67] Bei anderen Autoren ist dieser Kontrast oft noch deutlicher.[68]

Ein weiterer Faktor, welcher die Verbreitung des Begriffs *dynasteia* behindert haben könnte, war der Umstand, daß auch später diesem Terminus manchmal verschiedene Bedeutungen gegeben wurden. Denn unter diesem Begriff konnte außer einer engen gewalttätigen Oligarchie auch Herrschaft im allgemeinen Sinne, Vorherrschaft, Hegemonie, Vasallenfürstentum verstanden werden. Isokrates ist ein besonders gutes Exempel für diese Tendenz, da bei ihm fast das gesamte Spektrum der verschiedenen Bedeutungen des Begriffes *dynasteia* vorzufinden ist. Isokrates setzt die spartanischen Vorherrschaft bis zur Schlacht bei Leuktra mit einer *dynasteia* gleich.[69] Oft versteht er unter *dynasteia* auch nur Macht im allgemeinen.[70] *Dynasteia* kann sich ebenfalls auf die Dominanz egoistischer Redner in Athen beziehen, die in der eigenen Polis Schaden anrichten, oder auf die Macht der Staatsmänner, die Athen groß machten.[71] Ferner kann dieser Begriff auch ein Synonym für Oligarchie oder ein Königtum

---

63 Meier, 1995, 286, 299ff.; 304f.

64 Vgl. Chr. Meier, Der Wandel der politisch-sozialen Begriffswelt im 5. Jahrhundert v. Chr., in: R. Koselleck (Hrsg.), Historische Semantik und Begriffsgeschichte, Stuttgart 1979, 211; 214; ders., 1995³, 299f.; 304f. Der früheste Beleg für den Terminus *dynasteia* ist bei Sophokles zu finden. Er bedeutet „Herrschaft im allgemeinen Sinne" (Soph. Oid. T. 593).

65 Hdt. 3.80-82.

66 Hdt. 5.66,1; 97,1; 6.35,1; 66,2; 9.2,2-3.

67 Davon einmal für Thessalien und einmal für die Barbaren; s. Kap. VI.1.1

68 Bei Lysias wird die *dynasteia* zwei Mal gebraucht, *oligarchia* aber an über zwanzig Stellen.

69 Isokr. or. 5,47.

70 Isokr. or. 5,133; 145.

71 Isokr. or. 8,121; 15,316.

sein.[72] Sie ist oft auch gleichbedeutend mit dem Wort Hegemonie.[73] Die verschiedenen Bedeutungen erschwerten die Anwendung dieses Begriffes. Dies zusammen mit dem Umstand, daß dieser Terminus weniger verbreitet war als der Begriff Oligarchie, führte wahrscheinlich dazu, daß er für den Gebrauch in Reden, die vor den breiten Massen gehalten wurden, relativ ungeeignet war. Hinzu kommt, daß der Begriff Oligarchie die *dynasteia* als seine Unterform letztlich umfaßte.

Der letzte Faktor, welcher einen wesentlichen Einfluß auf die Auffassung der Herrschaft der „Dreißig" als eine Oligarchie ausübte, ist, daß die Oligarchie statt der Tyrannis seit dem Peloponnesischen Krieg als der wichtigste Gegensatz zur Demokratie betrachtet wurde. Während des 5. Jh.s war es aber lange Zeit die Tyrannis, die vornehmlich als Gegensatz zur innenpolitischen Freiheit bzw. der Demokratie gewertet wurde. Auch als der realitätsnähere Gegensatz zur Oligarchie aufkam, konnte sich die Tyrannis bis 411 dennoch als ein wichtiges Kontrastbild behaupten.[74] Aristophanes und Thukydides spiegeln dies gut wider.[75] In den ‚*Wespen*' wird treffend die von Kleon geschürte Angst vor einer Tyrannis karikiert.[76] Auch in anderen Komödien des Aristophanes wird immer wieder diese Furcht parodiert.[77] Die Angst vor einer Tyrannis in der Zeit vor der

---

72 Isokr. or. 4,105; 12,126. Dies ist ein besonders beachtenswertes Beispiel, da Isokrates an dieser Stelle näher erläutert, was er unter einer *dynasteia* versteht und diese Beschreibung zum Teil den „Dreißig" nahekommt, aber nur zum Teil, da diese wesentlich radikaler waren (Isokr. or. 4,105): „*Wir hatten zwar die Führung des Bundes insgesamt, in den eigenen Angelegenheiten der Poleis aber ließen wir jeder freie Entscheidungsmöglichkeit. Wir unterstützten das Volk, Alleinherrschaften* (ταῖς δυναστείαις) *bekämpften wir. Wir hielten es für unerträglich, wenn wenige über viele herrschten, wenn die ärmeren, aber ansonsten keineswegs minderwertigeren Bürger von Ämtern ausgeschlossen würden, wenn trotz des gemeinsamen Vaterlandes eine Gruppe herrschte, die andere nur Metöken-Status hätte und wenn Menschen, die von Natur aus Bürger einer Polis waren, durch willkürliche Satzung von der Teilhabe an der Regierung ausgeschlossen würden.*" (Übers.: C. Ley-Hutton).

73 Isokr. or. 6,110.

74 Vgl. E. Ruschenbusch, Athenische Innenpolitik im 5. Jahrhundert v. Chr., Bamberg 1979, 33ff.; R. Brock, Athenian Oligarchs: The Number Game, JHS 109 (1989), 160-164; Rosivach, 1988, 47ff.; Meier, 1995³, 285f.; K. Raaflaub, Stick and Glue: The Function of Tyranny in Fifth-Century Athenian Democracy, in: K. A. Morgan (Hrsg.), Popular Tyranny: Sovereignty and Its Discontents in Ancient Greece, Austin (Texas) 2003, 59-94; ders., 1985, 258ff.; H. Heftner, Der oligarchische Umsturz des Jahres 411 v. Chr. und die Herrschaft der Vierhundert in Athen. Quellenkritische und historische Untersuchungen, Frankfurt a. M. u. a. 2001, 122; Rubel, 2000, 199f. mit Anm. 64.

75 Für die Belege in den Quellen s. Berve, 1967, 197ff.; 627ff.; Welwei, 1986, 179f.; 190; Brock, 1989, 160-164; Ruschenbusch, 1979, 33-40; Barceló, 1990, 412ff.

76 Aristoph. Vesp. 417; 463-507.

77 Aristoph. Equ. 257; 447; 452; 475ff.; Av. 483; 1072ff.; 1605; Lys. 616ff.; 630ff.; Thesm. 335ff.; 1136ff.

Sizilischen Expedition ist auch bei Thukydides deutlich greifbar.[78] Insbesondere ist das Dekret des Demophantos beachtenswert. Diese Psephisma wurde nach dem Sturz der „Vierhundert" zum Schutz der Demokratie beschlossen.[79] Die Bürger wurden mit einem Schwur zur gnadenlosen Verfolgung der Feinde der Demokratie verpflichtet. Es ist besonders aufschlußreich, daß selbst nach einer offensichtlich oligarchischen Revolution in diesem Schwur die Rede von einer Tyrannis ist.[80] Schon zwanzig bis dreißig Jahre vor 411 existierten oligarchische Ansichten bzw. Konzepte,[81] die eine viel realere Alternative zur Demokratie als die Tyrannis darstellten.[82] Daß trotzdem die Tyrannis als Gegenteil der Demokratie betrachtet wurde, demonstriert, wie häufig alte Gegensätze vorherrschen, auch wenn sie nicht mehr völlig den veränderten Umständen der Zeit entsprechen. Kommentare des Aristophanes und Andokides lassen erkennen, daß sich auch die Zeitgenossen dessen bewußt waren.[83]

Einer der Gründe, weshalb die Tyrannis als Kontrastbild über eine größere Attraktivität verfügte, ist wohl darin zu sehen, daß im Gegensatz zu einer gemäßigten Oligarchie die Unterschiede zur Demokratie viel auffälliger und somit leichter zu konstatieren waren.[84] Bei gemäßigten Oligarchien kamen aber die Differenzen zur Demokratie weniger deutlich zum Ausdruck. Mit ihnen wird weit weniger Willkür oder Terror in Verbindung gebracht. Hinzu kommt, daß die Oligarchien meistens größere Gruppen von Menschen umfaßten. Der Umstand, daß beide Umstürze in Athen nicht von Seiten eines mächtigen Einzelnen, sondern von einer Gruppe – „Vierhundert", „Dreißig" – welche eine Oligarchie anstrebte, durchgeführt wurden,[85] demonstrierte dem durchschnittlichen Athener eindrucksvoll, daß der demokratischen Ordnung die Gefahr in Wirklichkeit von dieser Seite drohte. Dies hat sicherlich dazu beigetragen, daß sich nun die Dichotomie „Oligarchie – Demokratie" durchsetzen konnte. Dieser Prozeß wurde auch dadurch maßgebend erleichtert, daß diese Machtwechsel bedeutende Elemente einer Tyrannis aufwiesen, wie z. B. Willkür und Gewaltbereitschaft.[86]

---

78 Thuk. 6.15,5; 27,3; 53,3; 60,1.

79 Welwei, 1999, 405 Anm. 305; 311; B. Bleckmann, Athens Weg in die Niederlage. Die letzten Jahre des Peloponnesischen Krieges, Stuttgart/Leipzig 1998, 432-442; A. Dössel, Die Beilegung innerstaatlicher Konflikte in den griechischen Poleis vom 5.-3. Jahrhundert v. Chr., Frankfurt a. M. u. a. 2003, 56-69.

80 Andok. 1.96-98.

81 Vgl. hierzu Raaflaub, 1985, 270-277; M. Ostwald, Oligarchia: The Development of a Constitutional Form in Ancient Greece, Stuttgart 2000, 21ff.; Welwei, 1986, 190.

82 Vgl. Raaflaub, 1985, 258f.

83 Aristoph. Vesp. 488ff.; Andok. 4,27. Zu Andokides s. Brock, 1989, 161 Anm. 5.

84 Vgl. Meier, 1995³, 285f.; Raaflaub, 1985, 259.

85 Im Falle der „Dreißig" wird später gezeigt, daß dies nur für einen Teil der neuen Machthaber gilt; der andere Teil wollte das nur offiziell; s. Kap. VI.2.2; 5; 7.

86 Insbesondere die Herrschaft der „Dreißig"; s. dazu Kap. VI.2.3; Raaflaub, 1985, 301f.

Dies verringerte Differenzen zwischen diesen Regimes und einer Tyrannis, während sie zugleich die Unterschiede zur Demokratie deutlicher werden ließ.

Eine weitere Ursache, weshalb die Oligarchie als Gegenmodell der Herrschaft des Volkes wesentlich an Attraktivität gewann, besteht darin, daß die „Dreißig“ von den Spartanern an die Macht gebracht wurden. Spätestens seit dem Peloponnesischen Krieg galten die Spartaner als Vorkämpfer der Oligarchie, während sich die Athener als Beschützer der Demokratie verstanden. Deshalb ist es auch zu erwarten, daß die meisten Athener zu dem Schluß kamen, daß das Herrschaftssystem, welches die Spartaner in Athen installierten, nur eine Oligarchie sein kann. Dies wurde zusätzlich durch die Tatsache begünstigt, daß die Spartaner den Ruf hatten, Feinde der Tyrannenherrschaften zu sein.[87]

Daß aber der Gegensatz „Oligarchie – Demokratie“ bei den „Dreißig“ nicht unbedingt der Realität entsprechen muß, wie es zuvor der Fall mit der Dichotomie „Tyrannis – Demokratie“ war, zeigen mehrere Sachverhalte. Erstens wurde zu dieser Zeit, wie schon G. Kaibel erkannte, der Kontrast „Oligarchie – Demokratie“ zu einer üblichen Redewendung.[88]

Zweitens werden die „Dreißig“ immer wieder in einem Zusammenhang mit den „Vierhundert“ genannt. So wird in den antiken Zeugnissen häufig akzentuiert, daß alle oder die meisten der „Dreißig“ auch den „Vierhundert“ angehörten.[89] Desgleichen wird die Bedeutung des Verhaltens der „Dreißig“ während der Regierung der „Vierhundert“ hervorgehoben.[90] Von Relevanz ist auch, daß oft von den „Vierhundert“ als von der ersten bzw. vorhergegangenen Oligarchie gesprochen wird.[91]

Drittens läßt sich ein Unterschied zwischen den Reden (Lysias) und den historischen Werken (Xenophon, Diodor, Aristoteles) konstatieren.[92] In den Re-

---

87 Thuk 1.18,1; 6.53,3; 59,4; Aristoph. Lys. 1149-1156; Aristot. pol. 1312b 7; Isokr. or. 4,125; vgl. dazu R. Bernhardt, Die Entstehung der Legende von der tyrannenfeindlichen Außenpolitik Spartas im sechsten und fünften Jahrhundert, Historia 36 (1987), 257-289; s. auch Barceló, 1990, 409f.; ders., 1993, 188f.

88 Lys. 12,78; 25,17; Andok. 1,99; Isokr. or. 15,27; Aristot. Ath. pol. 38,4; G. Kaibel, Stil und Text der ΠΟΛΙΤΕΙΑ ΑΘΗΝΑΙΩΝ des Aristoteles, Berlin 1893, 196; s. auch Rhodes, 1981, 461f.

89 Lys. 12,77; 13,74; 25,9.

90 Andok. 1,101; Xen. Hell. 2.3,30-31; 48-49; Aristot. Ath. pol. 37,1.

91 Lys. 12,65; 25,9; Aristot. Ath. pol. 37,1; s. auch Lys. 12,42; 78; 25,27; 34,1-2; 4; Isokr. or. 8,123.

92 Es ist kein Zufall, daß gerade in den historischen bzw. theoretischen Werken die „Dreißig“ mit verschiedenen Verfassungsformen nebeneinander beschrieben werden. Platon ist ein spezifischer Fall. Er vermeidet jede detaillierte Schilderung der „Dreißig“ und bezeichnet sie als eine Oligarchie, aber auch als *autokratores* (Plat. apol. 32c; ep. 324d). Im siebten Brief ist seine Ablehnung dieses Regimes mehr als deutlich. Die Herrschaft des Demos, die er als „ungerecht“ apostrophiert, erschien Platon als „Gold“ gegenüber der Herrschaft der „Dreißig“, als diese alle seine Hoffnungen enttäuschten und ihn nach seinen Worten ein Widerwille ihnen gegenüber befiel (Plat. ep. 7,324c-325a). Daß er

den sind diese zuvor beschriebenen Tendenzen besonders ausgeprägt. Wahrscheinlich ist das auf den Umstand zurückzuführen, daß die Reden in geringerem zeitlichen Abstand zu den darin beschriebenen Staatsstreichen und vor breiten Massen gehalten wurden. Dieser Sachverhalt erschwerte ein tieferes Differenzieren zwischen den „Vierhundert" und den „Dreißig". Gleichzeitig war er förderlich für die Verbreitung von Phrasen und typischen Vorstellungen.[93] Er erschwerte auch die Benutzung von relativ komplexen Begriffen, z. B. *dynasteia* sowie das Erfassen von Nuancen in der Herrschaft der „Dreißig".[94] So sind die „Dreißig" bzw. die Oligarchen die einzigen Schuldigen für die Schrecken des Bürgerkrieges und die Niederlage im Krieg.[95] Eine weitere, mehrfach geäußerte Behauptung war, daß der ganze Demos ins Exil getrieben worden sei und gegen die Repressionen der „Dreißig" gekämpft habe.[96] Dieser Prozeß der Förderung von typischen Vorstellungen brachte noch eine andere Entwicklung mit sich. Ein wichtiges Merkmal des kollektiven Gedächtnisses ist sein selektiver Charakter. Gewisse Umstände im kollektiven Gedächtnis werden behalten, andere werden beiseite geschoben oder sogar vergessen.[97] Natürlich kann dieses Verdrängen nicht vollständig sein.[98] Dies sind vermutlich die Faktoren, aufgrund derer das Regime der „Dreißig" meistens als Oligarchie und nicht als Tyrannis oder *dynasteia* in den Quellen bezeichnet wird.

Schließlich ist erwähnenswert, daß faktisch aufgrund der Zahl der Machthaber, die den Umsturz initiierten und dann die Herrschaft ausübten, ein neuer, verfassungstheoretisch „neutraler" Begriff „οἱ τριάκοντα" entstanden ist, der weitaus größere Verbreitung als der Terminus „Oligarchie" gefunden hat. Es ist bezeichnend, daß die Athener nach 403 die Zahl der Demenrichter eigens von

---

Kritias und Charmides nicht stärker verurteilt, sondern sogar in anderen Dialogen durchaus positiv darstellt, liegt vermutlich an seinen verwandtschaftlichen Beziehungen zu ihnen und an ihrer Bekanntschaft mit Sokrates. Interessant ist, daß auch Aristoteles ebenso wie Platon, in seiner Darstellung der „Dreißig" Kritias überhaupt nicht nennt; vgl. Rhodes, 1981, 420f.; 429f.; A. Wolpert, Remembering Defeat. Civil War and Civic Memory in Ancient Athens, Baltimore 2002, 19; Guthrie, 1969, 299f. Aristoteles gibt vielleicht sogar ein gewissermaßen positives Urteil über Kritias ab, als er sagt, daß dann, wenn man Kritias loben wolle, seine Taten erzählen solle, die aber nur wenigen Menschen bekannt seien (Aristot. rhet. 1416b 28).

93 Eine besonders aufschlußreiche Darlegung dieser Problematik ist bei A. Wolpert, 2002, 75-141 vorzufinden. Wichtig ist hierbei hervorzuheben, daß A. Wolpert vor allem Reden untersucht und sich seine Resultate in erster Linie auf diese beziehen; Wolpert, 2002, XII – XV.

94 Vgl. Wolpert, 2002, 146 Anm. 8.

95 Wolpert, 2002, XVf.; 84; 115; 120ff.; 128f.; 138.

96 Wolpert, 2002, 88; 90; 93; 101; 109f.; 117; 126f.

97 Vgl. Wolpert, 2002, XIVf.; 76-87.

98 Dies wird dadurch demonstriert, daß jemand, der zu den *hippeis* unter den „Dreißig" gehört hatte oder ins Exil gegangen war, aber nicht gegen die „Dreißig" gekämpft hatte, schlecht angesehen wurde (Lys. 26,10; Isokr. or. 18,48-50; 16,14).

dreißig auf vierzig erhöhten um zu vereiteln, daß eine staatliche und demokratische Behörde den Namen „die Dreißig" trägt.[99] Da diese Bezeichnung in verfassungstheoretischer Hinsicht noch nicht fixiert war, erleichterte dies einerseits mit verschiedenen Formen der Verfassung (Oligarchie, Tyrannis, *dynasteia*) verbunden zu werden. Andererseits zeigt dieser Begriff, daß die Zahl der Machthaber wahrscheinlich der entscheidende Faktor dafür war, daß dieses Regime vor allem als Oligarchie gebrandmarkt wurden.

2. Tyrannische Elemente in der Herrschaft der „Dreißig"

Die wichtigsten Eigenschaften der Tyrannenherrschaft sind Gewaltanwendung, Willkür und die Selbstsucht der Machthaber.[100] Alle diese Merkmale kennzeichnen das Regime in Athen. Die folgende Studie wird diese und andere Gemeinsamkeiten der „Dreißig" mit einer Tyrannis genauer beleuchten. Zugleich wird der Versuch unternommen zu zeigen, warum die Argumente, die zur Klassifizierung der Herrschaft der „Dreißig" als Oligarchie angeführt werden, nicht überzeugend sind.

2.1. Die Machtübernahme und Machtkonzentration

Schon die Machtübernahme der „Dreißig" zeigt, daß es sich um einen Staatsstreich handelt, obwohl die Verschwörer versuchten, den Eindruck der Legalität zu wahren. Hierbei spielte Lysander eine entscheidende Rolle. Er kam von Samos, um an der Volksversammlung teilzunehmen, in der die „Wahl" der „Dreißig" erfolgte. Zu diesem Zeitpunkt waren die innenpolitischen Auseinandersetzungen in Athen noch nicht entschieden.[101] Erst auf die Drohung des Lysander hin, gegen die Athener vorzugehen, weil diese seiner Meinung nach den Friedensvertrag durch die Verzögerung der Zerstörung der Mauern gebrochen haben sollen, konnten sich die Verschwörer durchsetzen.[102] Auf Antrag des Drakontides von Aphidnai wurde beschlossen, ein Gremium von dreißig Männern zu wählen. Diese Behörde sollte als *syngrapheis* die Kodifizierung und Vereinheitlichung der von den Vätern überkommenen Gesetze ausführen, nach

---

99 Aristot. Ath. pol. 53,1.

100 Aischyl. Pers. 211ff.; Prom. 150ff.; 187; 324; 401ff.; 939ff.; Hik. 347; Soph. Ant. 504ff.; 690ff.; 738; O. T. 629f.; Hdt. 3.80,3-6; Thuk. 1.17; Eurip. Suppl. 426-455; Xen. mem. 4.6,12; Kyr. 1.3,18; Hier. 2.11-12; 4.11; 5.1-2; Isokr. or. 8,91; 10,32-37; ep. 7,4; Plat. Gorg. 469c; 473c; 491e-492c; rep. 344a-c; 565e; 567b-c; 568-569c; Aristot. pol. 1295a 17-24.

101 Lys. 13,6-8; 13-17; 34-35; 30,13; 12,71-72; 74; vgl. Th. Lenschau, οἱ τριάκοντα, RE 6 A, 2, 1937, Sp. 2363; Welwei, 1999, 248; Lehmann, 1972, 211f.

102 Aristot. Ath. pol. 34,3; Lys. 12,74f.; Diod. 14.3,6-7; vgl. Rhodes, 1981, 433f.

denen sie die öffentlichen Angelegenheiten leiten sollten.[103] Allem Anschein nach erfolgte die Wahl der dreißig Mitglieder dieser Kommission wirklich nach dem Prinzip, daß von den Ephoren, Theramenes und der Ekklesia jeweils zehn Mitglieder bestimmt wurden.[104] Trotzdem ist erkennbar, daß es sich in beiden Fällen um ein Täuschungsmanöver handelte, um dem Verfassungsumsturz Legalität zu geben. Denn die „Dreißig“ wurden nicht zur Konstituierung einer neuen Verfassung bzw. *patrios politeia* befugt.[105] Indem sie aber vorgaben, eine Gesetzrevision durchführen zu wollen, konnten sie ihren Handlungen den Anschein der Legalität geben. Auch wenn die „Dreißig“ wirklich von den Ephoren, dem Theramenes und der Ekklesia ernannt wurden, ändert dies nichts an der Tatsache, daß die ganze Wahl eine im voraus abgesprochene Sache und illegal war. Sie kam nämlich erst unter dem massiven Druck von Lysander zustande. Ferner macht es keinen essentiellen Unterschied, ob die „Dreißig“ faktisch sich selbst gewählt haben oder sie von drei unterschiedlichen Gruppen – Ephoren, Theramenes, Ekklesia – auserwählt wurden. Denn man kann davon ausgehen, daß Theramenes zu diesem Zeitpunkt mit den radikalsten Gegnern der Demokratie – den Emigranten – zusammenarbeitete und sie nicht bekämpfte.[106] Die Ekklesia war demzufolge in beiden Fällen dem gleichen Druck ausgesetzt.

Das Verhältnis der „Dreißig“ zu anderen Staatsorganen und den „Dreitausend“ zeigt, daß sich die ganze Macht des Staates in ihren Händen konzentrierte. Die „Dreißig“ haben möglicherweise schon Kompetenzen usurpiert, indem sie

103 Xen. Hell. 2.3,2.

104 Lys. 12,76; vgl. Rhodes, 1981, 434; Welwei, 1999, 248; Chambers, 1990, 303; Krentz, 1982, 50; Ostwald, 1986, 476f.; Lenschau, 1937, Sp. 2364; Lehmann, 1972, 213f.

105 Aristot. Ath. pol. 34,3; Diod. 14.3,2-7; vgl. hierzu Lehmann, 1972, 208; 213f. mit Anm. 33; Welwei, 1999, 248; bes. 408 Anm. 352; Chambers, 1990, 302ff.; Lenschau, 1937, Sp. 2361; Nippel, 1980, 82; 85f. Anm. 3; Rhodes, 1981, 427f.; Bleckmann, 1998, 609; anders W. J. McCoy, Theramenes, Thrasybulus and the Athenian Moderates, Diss. Yale 1970, 168ff.; ders., Aristotle's *Athenaion Politeia* and the Establishment of the Thirty Tyrants, YCS 24 (1975), 133-141; Krentz, 1982, 42; Ostwald, 1986, 372; 458; 469-470; 476; 478f.; Cartledge, 1987, 280f.; Munn, 2000, 209; Osborne, 2003, 262ff.

106 Dafür spricht, daß es zu einem offenen Konflikt zwischen Kritias und Theramenes erst relativ spät kam, als schon einige der schwersten Verbrechen der „Dreißig“ begangen worden waren; vgl. Lehmann, 1997, 51f. Des weiteren ist auch der Bericht des Diodor, Lysander habe mit der Drohung, Theramenes zu töten dessen angeblichen Widerstand seinen Plänen gegenüber gebrochen, mehr als zweifelhaft (Diod. 14.3,6; s. auch Aristot. Ath. pol. 34,3). Sonst hätte Theramenes in einer Situation, in der er in einen offenen Konflikt mit Lysander hineingeriet, niemals die gleiche Zahl von Männern in das Gremium, wie die Emigranten wählen dürfen, da diese zu diesem Zeitpunkt die volle Unterstützung des allmächtigen spartanischen Oberbefehlshabers genossen; vgl. Rhodes, 1981, 433f.; Lenschau, 1937, Sp. 2364; Lehmann, 1972, 206f. mit Anm. 15; 213f.; Welwei, 1999, 248; Chambers, 1990, 303; anders McCoy, 1975, 141-144; Ostwald, 1986, 476f.; Krentz, 1982, 49; O. Armbruster, Über die Herrschaft der Dreißig zu Athen 404/3 v. Chr., Freiburg im Bresgau 1913, 1-2.

sich die Funktionen einer „Interimsregierung“ aneigneten.[107] Wahrscheinlicher ist jedoch, daß sie von Anfang an die Vollmacht hatten, die Polis zu leiten,[108] was sie gleichwohl nicht dazu ermächtigte, die gesamte Staatsgewalt zu usurpieren, den Staat nach eigenem Gutdünken umzugestalten und einen Staatsstreich durchzuführen.[109]

Offiziell kam es zu keiner tiefgreifenden Neugestaltung der Institutionen, doch gelang es den „Dreißig“, die gesamte Staatsmacht an sich zu reißen. Ihre primäre Funktion als *syngrapheis*, weshalb sie eigentlich gewählt worden waren, vernachlässigten sie dabei.[110] Sie schränkten die Befugnisse der Geschworenengerichte einer bedeutenden Institution der Demokratie stark ein, unter dem Vorwand, Manipulationen und Denunziantentum verhindern zu wollen. Der Rat ersetzte die Geschworenengerichte in ihrer Funktion, was faktisch mit der Abschaffung der „Souveränität“ der Gerichte gleichzusetzen ist. Die Machthaber sollen Aristoteles zufolge auch die Gesetze des Ephialtes, Archestratos und die des Solons, die widersprüchlich waren, aufgehoben haben.[111] Inwiefern diese Angaben stimmen, läßt sich nicht feststellen. Der Areopag übte unter den „Dreißig“ keine wichtige Rolle aus.[112] Die *boulé*, ein zentrales Koordinierungsgremium, wurde dadurch, daß neue Ratsmitglieder aus den Reihen der Gefolgsleute der Umstürzler gewählt wurden, unter die Kontrolle der „Dreißig“ gebracht.[113] Die *boulé* ersetzte jetzt die Volksversammlung, deren Sitzungen überhaupt nicht mehr stattfanden.[114] Die „Dreißig“ benutzten die *boulé*, um ihren Entschlüssen einen legalen Charakter zu geben, indem diese nun in der Funktion eines neuen politischen Entscheidungsorgans ihren Willen zu offiziellen Beschlüssen erhob.[115] Die *boulé* fungierte jetzt auch als Gerichtshof.[116] Sie wurde

107 Vgl. Nippel, 1980, 82; Lenschau, 1937, Sp. 2365.

108 Vgl. Rhodes, 1981, 434f.; Krentz, 1982, 50; ders., 1995, 123f.; Lehmann, 1972, 213; Ostwald, 1986, 478.

109 M. Ostwald, 1986, 478, weist aber daraufhin, daß auch, wenn der Sachverhalt mit der *patrios politeia* übereinstimmen würde, dies trotzdem nicht bedeutet, daß die „Dreißig“ ein Mandat für die Errichtung einer Oligarchie bekamen.

110 Xen. Hell. 2.3,11; Diod. 14.4,2; vgl. Lehmann, 1972, 214.

111 Aristot. Ath. pol. 35,2.

112 Zu den Maßnahmen der „Dreißig“ bezüglich des Rechtswesens s. Rhodes, 1981, 442; Chambers, 1990, 306f.; Lehmann, 1972, 214; Krentz, 1982, 61f.; Welwei, 1999, 249; 409f. Anm. 372.

113 Lys. 13,20; Xen. Hell. 2.3,11-12; Diod. 14.4,1-2; vgl. Lehmann, 1997, 49f.; ders., 1972, 214; Krentz, 1995, 124.

114 Nippel, 1980, 82; Welwei, 1999, 249.

115 Aristot. Ath. pol. 37,1; Lys. 13,20; vgl. Rhodes, 1981, 452; Welwei, 1999, 248f. Auch unter der Herrschaft des Dionysios I. tagte die syrakusanische Volksversammlung. So wurde der Schein der Legalität aufrechterhalten, da in Wirklichkeit auch hier nur der Wille des Tyrannen maßgeblich war. Wahrscheinlich existierte auch eine *boulé*; vgl. Stroheker, 1958, 149f.

insbesondere in dieser Funktion von den neuen Machthabern mißbraucht. Durch offene Abstimmung und nachher auch faktisch durch offene Drohung mit Gewalt wurde aus dem Rat ein gehorsames Instrument der „Dreißig" und später der radikalen Elemente um Kritias.[117] So wurden die schon vor dem Umsturz verhafteten Strategen und Taxiarchen sowie später auch Theramenes offiziell durch die *boulé* zum Tode verurteilt.[118] Dadurch, daß sie neue „Unterbehörden" – die „Elf" und die „Zehn" – schufen sowie die bestehenden mit treuen Gesinnungsgenossen besetzten, wurden die Magistrate gleichermaßen zu gehorsamen Vollstreckern ihres Willens.[119] Das Schweigen der Quellen über eventuellen Ungehorsam der Ratsmitglieder gegenüber den „Dreißig" bestätigt dies.

Daß die „Dreißig" keine Rechenschaft ablegten und eigenmächtig herrschten, ist ebenfalls aus ihrem Verhältnis zu den „Dreitausend" zu erkennen. Die neue „Regierung" sollte ein Verzeichnis der politisch berechtigten Bürger aufstellen, welche dann die oberste politische Autorität in Athen darstellen sollten. Aber erst auf das energische Drängen des Theramenes hin erklärten sich nach längerer Zeit Kritias und seine Parteigänger bereit, eine Liste mit 3000 Bürgern zu erstellen.[120] Wer auf der Liste stehen sollte, entschieden die „Dreißig" allerdings nach eigenem Ermessen, da kein geregeltes Verfahren existierte.[121] Auch als beschlossen wurde, den Katalog zu verfassen, wurde seine Veröffentlichung immer wieder verzögert, um weitere Manipulationen im Verzeichnis vornehmen zu können.[122] Ein exzellentes Beispiel für die Allmacht des Kritias und seiner Mitkämpfer in dieser Angelegenheit ist ihr eigenwilliges Streichen des Theramenes aus dieser Liste.[123] Wie zweitrangig die politische Macht der „Dreitausend" gegenüber der neuen politischen Führung war, offenbart aber vor allem die Tatsache, daß nur zwei Versammlungen der „Dreitausend" stattfanden.[124] Eine Versammlung fand unter der Androhung von Gewalt von Seiten des Kritias statt, damit diese die festgenommenen Bewohner von Eleusis zum Tode verurteilen sollten.[125] Die andere Versammlung erfolgte erst nach dem Tode von Kri-

---

116 Lys. 12,77; 13,35-38; 30,12-14; Xen. Hell. 2.3,12; 23-56; Diod. 14.4,5-7; vgl. Krentz, 1995, 125.

117 Lys. 13,37-38; Xen. Hell. 2.3,50-51; 55; Diod. 14.4,5-7; vgl. Lehmann, 1972, 214.

118 S. Kap. VI.2.1.

119 Xen. Hell. 2.3,11; 55-56; Lys. 12,43; Aristot. Ath. pol. 35,1; Diod. 14.4,1-2; s. hierzu Krentz, 1982, 57-60; ders., 1995, 145; Welwei, 1999, 249; 409 Anm. 370.

120 Aristot. Ath. pol. 36,1.

121 Krentz, 1982, 64f.; Lenschau, 1937, Sp. 2367.

122 Aristot. Ath. pol. 36,2; Isokr. or. 18,16; 21,2.

123 Xen. Hell. 2.3,51-52.

124 Vgl. Krentz, 1982, 126f. M. Ostwald, 1986, 491 geht von nur einer Versammlung der „Dreitausend" aus.

125 Xen. Hell. 2.4,9-10. Bezeichnend ist, daß auch hier die Stimmabgabe öffentlich war und die spartanischen Wachen präsent waren. Die inhaftierten Einwohner von Eleusis wurden im März 403 exekutiert; vgl. Welwei, 1999, 215.

tias und Charikles, um die „Zehn“ zu wählen.[126] Diese Beispiele demonstrieren, daß sowohl die Initiative als auch die Exekutive sich einzig in den Händen der „Dreißig” befand.

2.2. Die Zahl der Machthaber als Klassifizierungskriterium eines Regimes

Eines der Hauptargumente für die Bewertung der „Dreißig“ als Oligarchie ist die Zahl der Mitglieder dieses Gremiums. Aus diesem Grund soll kurz dargestellt werden, weshalb diese Einteilung neben der bisherigen Argumentation für die „Dreißig“ nicht zweckmäßig ist.

Erstens kann man feststellen, daß meistens in jedem politischen Gremium ein noch kleinerer Kreis von Personen oder gar nur eine einzige Person vorhanden ist, die über eine dominante Position verfügt.[127] Ein modernes Beispiel dafür könnte das kommunistische Politbüro sein. Auch hier hat offiziell eine kleine Gruppe die Leitung des Staates inne, in Wirklichkeit aber befindet sich diese in den Händen eines noch kleineren Kreises von Personen bzw. nur einer einzigen Person, wie z. B. bei Stalin und Tito.[128] Einige Indizien weisen darauf hin, daß bei

126 Xen. Hell. 2.4,23; Aristot. Ath. pol. 38,1; Diod. 14.33,5. Diese „Zehn“ wiederum führten ihre eigene Politik und waren ebenfalls nicht unter der Kontrolle der „Dreitausend“. Denn sie wurden gewählt, um einen Frieden mit der Peiraieuspartei zu schließen, statt dessen haben sie den Kampf und die Exekutionen fortgesetzt.

127 In bezug auf die Oligarchie s. auch die im Kap. VI.1.1 zitierte Stelle aus der Verfassungsdebatte bei Herodot; vgl. ebenso Thuk. 8.89.

128 Den Vergleich mit einem Politbüro benutzt auch D. Whitehead, 1982/83, 111. H. Arendt, 2001[8], 836-849, weist daraufhin, daß auch wenn Stalin oder Hitler mit der Hilfe einer Clique an die Macht gekommen sind, die sie auch später umgab, die gesamte Macht einzig und allein beim jeweiligen Diktator blieb. Deswegen kann von einem Cliquenregime nicht die Rede sein. Ferner behauptet sie, daß sowohl das nationalsozialistische als auch das bolschewistische System strukturlos waren. Mit relativ simplen Methoden erreichte der jeweilige Machthaber, daß er die gesamte Macht in seinen Händen konzentrieren konnte. Durch die Multiplikation aller wichtigen Ämter und Instanzen des Staats- und Parteiapparats wurden diese in Wirklichkeit entmachtet und die totale Macht eines Einzelnen (Stalin, Hitler) erwirkt. Diese Methode konnte sogar förderlich für die Effizienz des Machtapparats in Hinblick auf die Durchführung des Willens des Despoten sein. Diese Beispiele sind für unsere Thematik deshalb von Bedeutsamkeit, weil sie zeigen, daß sogar Herrschaftssysteme, die weit aus größere organisatorische Anforderungen an den Herrschaftsapparat stellten als dies zu Zeiten der griechischen Tyrannen der Fall war, mit einfachen Mittel zum Vorteil eines Einzelnen manipuliert werden konnten. Ein vielleicht noch besseres Beispiel könnte das Regime des Demetrios von Phaleron in Athen sein. Dieses Regime wurde von seinen demokratischen Gegnern ausnahmslos als Oligarchie bezeichnet, während Demetrios selbst es eine verbesserte Demokratie nannte. In Wirklichkeit war es aber die Herrschaft eines einzigen Mannes, nämlich des Demetrios von Phaleron selbst, was auch in den Quellen ihren Ausdruck fand (Plut. Dem. 10,2; Paus. 1.25,6). Zu dieser Problematik und einer detaillierten

den „Dreißig“ von ähnlichen Verhältnissen ausgegangen werden kann. Diesen Eindruck vermitteln die Quellen, indem sie entweder von den „Dreißig“ oder nur von Kritias und Charikles reden.[129] Dabei geraten die anderen Mitglieder völlig in den Hintergrund. Sie werden überwiegend als Vollstrecker bzw. Mitläufer dargestellt.[130] Meistens werden diese Parteigänger des Kritias und Charikles nur in den Gerichtsreden einzeln beim Namen genannt und dann hauptsächlich wegen ihrer Bedeutung für das konkrete Verfahren.[131] Eine der neben Kritias und Charikles am häufigsten genannten Personen ist Theramenes. Er wird allerdings niemals als einer der Anführer des Gremiums, sondern immer nur als Individuum oder als Kontrahent des Kritias bzw. der „Dreißig“ angeführt.[132]

Auch die Existenz der fünf Ephoren, welche vorrangig eingesetzt wurden, um die Aktionen der zurückgekehrten Emigranten zu koordinieren, weist auf eine Konzentration der Macht in den Händen einer kleineren Gruppe als der „Dreißig“ hin.[133] Daß diese Entwicklung nicht zufällig war, veranschaulicht auch der Umstand, daß selbst nach dem Terror und den Mißerfolgen der „Dreißig“ diese nicht durch ein größeres Staatsorgan ersetzt wurden, wie z. B. die „Vierhundert“ durch die „Fünftausend“, sondern durch das noch kleinere Kollegium der „Zehn“.

Quellenangabe s. Lehmann, 1995,139-150; bes. 147f. mit Anm. 19-21; ders., 1997, 62-85; bes. 71f.; Chr. Habicht, Athen. Die Geschichte der Stadt in hellenistischer Zeit, München 1995, 62-75; bes. 75.

129 Kritias (Xen. Hell. 2.3,2; 15ff.; 24ff.; 50ff.; 2.4,8ff.; 19; mem. 1.2,12; 31; Diod. 14.4,5-6; 33,3; Lys. 12,43; 55); vgl. hierzu Rhodes, 1981, 429-431; Whitehead, 1982/3, 114-117; Davies, 1971, 326-329; Lehmann, 1972, 210; Krentz, 1982, 45-46; ders., 1995, 126f.; Ostwald, 1986, 402f. mit Anm. 226-231; 428 mit Anm. 65; 431 mit Anm. 80; 462-465; 542f. mit Anm. 29-30. Charikles (Xen. Hell. 2.3,2; mem. 1.2,31; Lys. 12,55; Andok. 1.101; Isokr. or. 16,42). Aristoteles behauptet sogar, daß Charikles mit seinem Anhang durch Demagogie die „Dreißig“ anführte (Aristot. pol. 1305b 25-26). Zu Charikles s. Davies, 1971, 502-503; Whitehead, 1982/83, 112; Ostwald, 1986, 311 mit Anm. 68; 461; Rhodes, 1981, 430; Krentz, 1982, 55.

130 Xen. Hell. 2.3,2; 22-23; 50f.

131 Ein Beispiel dafür ist Eratosthenes, der bei Xenophon nur einmal erwähnt wird und über den wir Näheres wissen dank Lysias und seiner Rede ‚*Gegen Eratosthenes*‘. Zu den anderen Angehörigen der „Dreißig“, von denen meistens nur ihre Namen oder einzelne Details aus ihren Leben überliefert sind, vgl. D. Whitehead, The Tribes of the Thirty Tyrants, JHS 100 (1980), 208-213; ders., 1982/3, 111-114; Ostwald, 1986, 466-468; Krentz, 1982, 52-56.

132 Xen. Hell. 2.3,2; 15ff.; 24ff.; 34ff.; 51ff.; Diod. 14.3,6-4,1; 5,1-4; Aristot. Ath. pol. 36,1-37,1.

133 Lys. 12,43f. Daß innerhalb der Ephoren gleichfalls nicht alle vergleichbar einflußreich waren, belegt der Umstand, daß Eratosthenes aller Wahrscheinlichkeit nach von der Anklage frei gesprochen wurde, obwohl er einer der fünf Ephoren war; vgl. Ostwald, 1986, 468; W. R. M. Lamb, Lysias, Edited and Translated by W. R. M. Lamb, Cambridge (Massachusetts)/London 1988, 225.

Die Art der Wahl der „Dreißig“, von denen jeweils zehn von den Ephoren, Theramenes und der Volksversammlung gewählt wurden,[134] indiziert, daß es vornehmlich einige einzelne waren (die Ephoren, Theramenes), die entschieden, wer den neuen Staatsorganen angehören sollte. Diese Art und Weise der Besetzung des neuen Staatsorgans war gleichzeitig eher hinderlich als förderlich für seine Homogenität. Daraus aber zu schließen, daß drei feste politische Gruppierungen existierten, wäre übertrieben.[135] Daß es aber dennoch verschiedene Fraktionen gab, kann als sicher gelten. Der Konflikt zwischen Kritias und Theramenes bestätigt vielmehr, daß man vermutlich in erster Linie mit zwei einflußreichen Lagern innerhalb dieses Kollegiums rechnen kann.[136] Kritias und Theramenes haben zwar während des Umsturzes und den darauffolgenden Monaten zusammengearbeitet.[137] Langsam verschärfte sich aber der Gegensatz zwischen ihnen, als die Differenzen über die Gestaltung der politischen Ordnung Athens deutlicher wurden.[138] Letztlich kam es zum offenen Konflikt.

Ein weiteres Zeichen für Spaltungen innerhalb der „Dreißig“ könnte das Verhalten der „Dreitausend“ sein. Es ist plausibel anzunehmen, daß die Meinungsunterschiede, welche den Quellen nach innerhalb der neuen Bürgerschaft existierten,[139] die Meinungsverschiedenheiten bei den „Dreißig“ reflektieren. Auf der einen Seite fand in den Reihen der „Dreitausend“ die Politik der Gemäßigten beachtliche Zustimmung. Die Art, wie die Verurteilung des Theramenes durchgesetzt wurde, demonstriert dies. Ein weiteres Argument ist die Wahl der „Zehn“. Nach Lysias seien diese unter den Gegnern der „Dreißig“ gewählt worden, um einen Frieden mit den Demokraten zu schließen.[140] Einer der „Zehn“, Pheidon, war aber selbst zuvor Mitglied der „Dreißig“.[141] Auf der anderen Seite fanden auch die extremen Elemente unter den Putschisten breiten Anklang. Eine ihrer aktivsten Stützen waren jüngere *hippeis*, die sich besonders gewaltbereit

134 S. Kap. VI.2.1.

135 Die Hauptgründe dafür sind, daß hierbei ein modernes Parteienverständnis vorausgesetzt wird und die Schilderung im *‚Staat der Athener'* zu schematisch ist (Aristot. Ath. pol. 34,3); vgl. P. Funke, Homónoia und Arché. Athen und die griechische Staatenwelt vom Ende des Peloponnesischen Krieges bis zum Königsfrieden (404/3-387/6 v. Chr.), Wiesbaden 1980, 1- 16; Nippel, 1980, 85ff.

136 Lys. 12,55; 57. Einer der „Dreißig“ der mit Theramenes in Verbindung stand, ist wahrscheinlich Eratosthenes (Lys. 12,43; 62-64); vgl. Whitehead, 1982/3, 114; Krentz, 1982, 46; Ostwald, 1986, 467f.

137 Lehmann, 1972, 215; ders., 1997, 51f.; Krentz, 1982, 48; Lintott, 1982, 161f.; R. J. Buck, The Character of Theramenes, AHB 9,1 (1995), 22.

138 Xen. Hell. 2.3,15-20.

139 Lys. 25,21-22; 26,17-20; Isokr. or. 18,17; Plat. apol. 32c-d; ep. 7,324d-325a.

140 Lys. 12,54-55; Diod. 14.33,5; Xen. Hell. 2.4,23-24; vgl. Lehmann, 1972, 220; Ostwald, 1986, 491; Welwei, 1999, 251; Rhodes, 1981, 456f.

141 Xen. Hell. 2.3,2.

zeigten.[142] Nicht nur die Wahl der „Zehn“, sondern auch deren späteres Verhalten deutet auf einen Dissens innerhalb der „Stadtpartei“ hin. Denn bald nach ihrer Wahl widersetzen sie sich der Friedenspolitik und führten den Kampf eigenmächtig fort, wobei ihre Maßnahmen bei Teilen der *hippeis* und Hopliten Unterstützung fanden.[143]

Der zweite Grund, weshalb die Zahl der Machthaber kein eindeutiges Kriterium für die Klassifizierung der „Dreißig“ als eine Oligarchie sein muß, ist die Tatsache, daß der Tyrann niemals wirklich allein ist. In seinem Umkreis ist immer eine Gruppe von Gefolgsleuten vorzufinden, mit deren Unterstützung er an die Macht kam.[144] Diese Personen haben meistens auch bedeutende Positionen in seinem Apparat inne und bilden somit eine der wichtigsten Stützen des Tyrannen. Bei Dionysios I. sind es seine „Freunde“ (*philoi*) und die nächsten Verwandten, welche diesen Platz einnehmen.[145] Natürlich war allein der Wille des Dionysios I. maßgebend,[146] aber dies steht nicht im Widerspruch zu der Tatsache, daß seine „Freunde“ und Brüder, obwohl sie eine gegenüber ihm untergeordnete Positionen einnahmen, gleichzeitig führende Ämter in der Polis bekleideten.[147] Dieser harte Kern in Syrakus umfaßte, den Tyrannen eingerechnet, mindestens acht Personen.[148] Es gibt mehrere Gründe weshalb die Zahl nicht höher war. Dieser Kreis umfaßte wirklich nur seine engsten Mitkämpfer und Verwandten. Ferner wurde in Syrakus auch „offiziell“ eine Tyrannis errichtet und nicht die Herrschaft eines Gremiums. Außerdem duldete der mißtrauische und machthungrige Charakter des Dionysios I. keine Art von Konkurrenz oder

142 Xen. Hell. 2.3,24; 50-51; 4,2; 8-10; 24; 31; 3.1,4.

143 Lys. 12,55-60; Diod. 14.33,5; Xen. Hell. 2.4,24-29; 31f.

144 Diese Unterstützung ging manchmal soweit, daß die engsten Mitkämpfer bereit waren, mit ihrem gescheiterten Tyrannen ins Exil zu gehen, wie es im Falle eines Lygdamis von Naxos, Maiandros von Samos und Pindaros von Ephesos war. Natürlich wäre deshalb zu erwarten, daß diese treuen Gefolgsleute auch beträchtlichen Einfluß bei der Ausübung der Tyrannis besaßen; s. dazu de Libero, 1996, 393; 237 (Lygdamis); 299 (Maiandrios); 370 (Pindaros).

145 Vgl. Kap. VIII; Frolov, 1973c, 107f.

146 Vgl. Stroheker, 1958, 158f. Der Standpunkt von L. J. Sanders, Dionysios I. of Syracuse and Greek Tyranny, London/New York/Sydney 1987, 53, die Herrschaft des Dionysios I. sei eine *dynasteia* gewesen, entbehrt jeder Grundlage; vgl. Berve, 1967, 651.

147 Die Relevanz des Einflusses der *philoi*, kommt insbesondere im Verlauf der großen Revolte zum Ausdruck. Nach dem Bericht des Philistos, hat Dionysios I. während der berühmten Beratung der „Freunde“ jede Hoffnung auf die Behauptung der Alleinherrschaft verloren (Diod. 14.8,4-6). Die verschiedenen folgenschweren Ratschläge sowie die Befolgung eines dieser Vorschläge von Seiten des Tyrannen lassen erkennen, daß die Gefolgsleute auch bei einer so starken und mißtrauischen Persönlichkeit wie Dionysios I. einen beträchtlichen Einfluß ausüben konnten.

148 Dionysios I., Philistos, Hipparinos, Thearides, Polyxenos, Heloris, Leptines, und Megakles. Vergleiche das mit der Zahl der Putschisten in Theben 382-379; s. hierzu auch Kap. VI.1.1.

Machtteilung.[149] Hinzu kommt, daß es sicherlich noch Persönlichkeiten gab, die wichtige Posten besetzten, z. B. hohe Offiziere, über die wir aber aufgrund der relativ spärlichen Quellenlage nichts Näheres wissen.

Schließlich ist zu beachten, daß in den antiken Zeugnissen und in der modernen Literatur mehrere Regimes als Tyrannis klassifiziert werden, obwohl bekannt ist, daß in diesen Fällen mehrere Personen gemeinsam herrschten. Dies ist das dritte Argument gegen das traditionelle Bild von der Tyrannenherrschaft als einer Herrschaft eines mächtigen Einzelnen.[150] Bei diesen Regimes haben Familienmitglieder bzw. Brüder oder mächtige Aristokraten ihre Gefolgsleute vereint, um eine Tyrannis zu errichten und zu sichern. Solche Regimes sind sowohl zur Zeit der Älteren als auch der Jüngeren Tyrannis vertreten.[151]

---

149 Wie bedeutend dieser Umstand ist, machen gerade der Konflikt mit Philistos und Leptines 386 und das Schicksal seines Sohnes und Nachfolgers, des Dionysios II., sichtbar. Zum Mißtrauen des Dionysios I. s. Berve, 1967, 652.

150 Vgl. W. Pircher, Das Gesetz des Tyrannen, in: W. Pircher – M. Treml (Hrsg.), Tyrannis und Verführung, Wien 2000, 126f.

151 Vgl. Berve, 1967, 360; de Libero, 1996, 409-411. In Athen waren es die Söhne des Peisistratos, die sich die Macht teilten; vgl. Berve, 1967, 64; K.-W. Welwei, Athen. Vom neolitischen Siedlungsplatz zur archaischen Großpolis, Darmstadt 1992, 247; de Libero, 1996, 116f. In Samos und Sikyon kamen Polykrates und Kleisthenes zuerst gemeinsam mit ihren Brüdern an die Macht. Hinsichtlich Polykrates s. Berve, 1967, 107f.; de Libero, 1996, 261f. Zu Kleisthenes s. Berve, 1967, 28; de Libero, 1996, 186-188. In der zweiten Hälfte des 6. Jh.s herrschten Athenagoras und Komas einträchtig als Tyrannen über Ephesos; vgl. Berve, 1967, 100; de Libero, 1996, 371f. In Erythrai setzten sich Iros, Ortyges und Echaros mit ihrer Hetairie an die Spitze ihrer Vaterstadt; vgl. Berve, 1967, 96f.; de Libero, 1996, 375f. Nach dem Tode des Jason von Pherai führten zunächst seine Brüder Polydoros und Polyphron gemeinsam die Herrschaft. Zur Samtherrschaft kam es in Pherai erneut nach der Ermordung des Alexander, als sich die Söhne Jasons die Macht teilten; vgl. Berve, 1967, 289; 293f.; Gehrke, 1985a, 194f. Die Ereignisse in Theben 382-379 wurden schon angesprochen. Auf Euboia kam es in Eretria zweimal und in Hestiaia einmal zu Samtherrschaften; vgl. Berve, 1967, 300-303; Gehrke, 1985a, 65f.; 74f. mit Anm. 10. In Herakleia machte der Sohn des Klearchos seinen Bruder Dionysios zum Mitregenten. Auch Dionysios' Söhne übten gemeinsam die Macht aus; vgl. Berve, 1967, 319; 322f. In Eresos wurden zuerst drei Brüder Tyrannen, deren Beispiel später zwei andere Männer folgten; vgl. Berve, 1967, 337f. Hier wird unter dem Begriff Samtherrschaft keine Herrschaft im staatrechtlichen Sinne verstanden, sondern eine Tyrannis, die zugleich von mehreren Personen ausgeübt wird, natürlich konnte sich dabei der Grad des Einflusses einzelner Personen auf die Staatsgeschäfte unterscheiden; vgl. Welwei, 1992, 247.

2.3. Die tyrannischen Handlungen der „Dreißig“

Im folgendem Abschnitt wird dargelegt, welche Handlungen der „Dreißig“ als typisch tyrannische Maßnahmen gelten können. Hierdurch sollen die Übereinstimmungen zwischen der Herrschaft der „Dreißig“ und einer Tyrannis verdeutlicht werden.

Zu den ersten und wichtigsten Maßnahmen eines Tyrannen gehörte die Sicherung seiner Herrschaft. Sie beinhaltete meistens eine Leibwache, Söldner und die Besetzung der Akropolis.[152] Eine der ersten Anordnungen, welche die „Dreißig“ trafen, war die Konstituierung der Truppe der sogenannten 300 Peitschenträger.[153] Diese waren faktisch ihre Leibwächter, da sie angesichts ihrer Ausrüstung nicht für militärische Kämpfe, sondern nur für innenpolitische Zwecke eingesetzt werden konnten. Eine Leibwache ist charakteristisch für eine Tyrannis.[154] So kam Peisistratos in Athen kurzfristig mit Hilfe seiner „Keulenträger“ an die Macht. Auch nach der dritten, endgültigen Machtübernahme verfügte er, wie seine Söhne nach ihm, über eine Leibwache.[155] Eine Leibgarde ist auch für die meisten anderen Tyrannen bezeugt, so z. B. für Periander, Kleisthenes, Jason von Pherai und Dionysios I.[156] Bei der Machtergreifung des Dionysios I. war seine von der Volksversammlung beschlossene Leibwache ebenfalls ein wichtiger Rückhalt des Usurpators.[157] Da es niemals ein Problem war, die erforderliche Anzahl an Söldnern anzuwerben, wenn man nur über die nötigen finanziellen Ressourcen verfügte, waren sie ideal als Instrument für einen Umsturz und den späteren Machterhalt, da ihre Loyalität vornehmlich ihrem Finanzier galt. Daß Söldner einer der maßgebenden Faktoren waren, sieht man daran, daß die meisten Alleinherrscher sie mindestens auf eine der beiden vorher genannten Weisen benutzten.[158]

---

152 Da die Leibwache meistens aus Söldnern zusammengesetzt war, bestanden zwischen diesen keine wesentlichen Unterschiede.

153 Aristot. Ath. pol. 35,1.

154 Aristot. pol. 1311a 10ff.; 1285a 25-30; rhet. 1366a 5; Xen. Hier. 4,9-11; 5,3; 6,10-11; 10,1-4; Plat. rep. 567d-e. Laut Aristoteles verdankte Kypselos dem Verzicht auf eine Leibwache die lange Dauer seiner Herrschaft (Aristot. pol. 1315b 28); vgl. Schütrumpf – Gehrke, 1996, 552f.; 585; 603. P. Krentz, 1995, 125f. sieht in dem spartanischen Garnison eine Art Leibwache der „Dreißig“ und einen tyrannischen Akt.

155 Berve, 1967, 47f.; de Libero, 1996, 66; 117.

156 (Periander) Berve, 1967, 24; de Libero, 1996, 151f.; (Kleisthenes) Berve, 1967, 32; de Libero, 1996, 192f.; (Jason von Pherai) Berve, 1967, 287; (Dionysios I.) Stroheker, 1958, 156.

157 S. Kap. VIII.

158 (Athen) Berve, 1967, 52; de Libero, 1996, 65-66; 117; (Naxos) Berve, 1967, 78-79; de Libero, 1996, 237-238; (Samos) Berve, 1967, 108; de Libero, 1996, 263-264; (Syrakus) Bengtson, 1983, 231; Deininger, 1993, 67-68; Stroheker, 1958, 154-156; Berve, 1967, 238; s. auch Kap. VIII; (Korinth) Berve, 1967, 304f.; Westlake, 1952, 54; Gehrke, 1985a, 87-88 mit Anm. 31; (Thessalien) Berve, 1967, 287-288; s. auch Kap. IX.3.2.

Von den „Dreißig" wurden tatsächlich keine Söldner angeworben. Da sie aber die Unterstützung Spartas und Lysanders genossen, bekamen sie eine spartanische Garnison von 700 Mann unter der Führung des Harmosten Kallibios.[159] Diese übte de facto die gleiche Funktion aus wie eine Söldnerstreitmacht. Die neuen Machthaber kamen nämlich selbst für die Verpflegung der spartanischen Besatzung auf.[160] Diese Truppen unterstützten ihrerseits die „Dreißig" bei allen ihren Vorhaben. Gleich nach dem Eintreffen der Spartaner in Athen weiteten die Putschisten ihre Verfolgungen und Hinrichtungen aus.[161] Daß die Lakedaimonier wie Söldner nur den Machthabern treu waren, welche sie bezahlten, ist aus der Art und Weise der Verurteilung der Bewohner von Eleusis und Salamis zu entnehmen.[162] Sie standen dort als Wache, um den Willen der „Dreißig" bei der Versammlung der „Dreitausend" durchzusetzen.[163] Die Spartaner haben schon zuvor bei der Entwaffnung aller Athener geholfen, die nicht den „Dreitausend" angehörten.[164] Auch die Hinrichtung des Theramenes wurde mit ihrer Hilfe erwirkt.[165] Die Besatzungstruppen wurden nicht nur innerhalb Athens eingesetzt. Als der Angriff der „Dreißig" auf Phyle infolge eines Schneesturmes scheiterte, entsandten sie gegen die Demokraten den Großteil der Lakedaimonier mit Reiterei. Diese konnten ein Lager in der Nähe von Phyle aufschlagen, bevor sie anschließend von Thrasybulos besiegt wurden.[166] Am Kampf um die Munichia waren sie gleichfalls maßgeblich beteiligt.[167]

Die Stationierung der spartanischen Garnison auf der Akropolis ist eine weitere Handlung der „Dreißig", die als „tyrannisch" angesehen werden kann. Denn eine oft von Tyrannen ergriffene Maßnahme zur Herrschaftssicherung ist die Besetzung der Festung, die eine militärische und symbolische Funktion hat.[168] Dieses Vorgehen ist z. B. für Kylon, Peisistratos, Syloson den Älteren, Polykrates, Maiandrios und Dionysios I. bekannt.[169] Des weiteren ist im 4. Jh. oft auch eine militärische Unterstützung einer Tyrannenherrschaft, z. B. in Sikyon,

159 Xen. Hell. 2.3.13-14; Aristot. Ath. pol. 37,2; Lys. 12,94; Diod. 14.4,4; Plut. Lys. 15. Zur Datierung des Eintreffens der spartanischen Garnison vor der Hinrichtung des Theramenes s. Rhodes, 1981, 454f.; Chambers, 1990, 311f.; Welwei, 1999, 250; 410 Anm. 373; Lehmann, 1972, 216; Lewis, 1994a, 35; Lenschau, 1937, Sp. 2366; anders Krentz, 1982, 87; ders., 1995, 125f.; Ostwald, 1986, 481ff.

160 Xen. Hell. 2.3,13; 4,28.

161 Xen. Hell. 2.3,14; Diod. 14.4,4-5.

162 Vgl. Lys. 12,94.

163 Xen. Hell. 2.4,10.

164 Xen. Hell. 2.3,20.

165 Xen. Hell. 2.3,55.

166 Xen. Hell. 2.4,3-7.

167 Xen. Hell. 2.4,10-12.

168 Vgl. Berve, 1967, 355; 505; de Libero, 1996, 395f.

169 In bezug auf die Ältere Tyrannis s. Berve, 1967, 42; 48; 51; 114; de Libero, 1996, 46f.; 62-64; 252f.; 262; 299. Zu Dionysios I. s. Kap. VIII; Stroheker, 1958, 52.

Eretria, Theben, Pellene, durch eine fremde Schutzmacht (Sparta, Makedonien) feststellbar.[170]

Der Anlaß für den Terror der „Dreißig" war neben der „Säuberung" der Bürgerschaft auch der daraus resultierende materielle Vorteil für die Machthaber. Ein Motiv für ein solches Vorgehen der Despoten könnte das Bestreben sein, genügend Geldmittel für den Unterhalt der spartanischen Besatzungstruppen aufzubringen.[171] Ein mehrmonatiger Aufenthalt einer Truppe von 700 Lakedaimoniern war sicherlich sehr kostspielig. Dazu kamen 300 Peitschenträger. Das Darlehen von 100 Talenten, welches den „Zehn" von den Spartanern bewilligt wurde, zeigt deutlich, wie hoch die Kosten der neuen Machthaber waren.[172] Die Notwendigkeit, ausreichend finanzielle Mittel für den Unterhalt einer Leibwache und der Söldner zu beschaffen, ist nach der Tyrannentypologie ein wichtiges Motiv, aus dem heraus ein Alleinherrscher versucht, Geldmittel auf jede erdenkliche Weise zu beschaffen.[173]

Die Quellen vermitteln jedoch den Eindruck, daß das eigentliche Hauptmotiv für die Gewalttätigkeit der Despoten ihr persönlicher Bereicherungswille war.[174] Diese Begründung mag vielleicht als simplifiziert und naiv erscheinen.[175]

---

170 Vgl. Gehrke, 1985a, 65f.; 147-149; 176f. Zu den Ereignissen auf Rhodos 395 v. Chr. s. Gehrke, 1985a, 136f.; 318f. mit Anm. 58. H. Berve, 1967, 307 vermutet, daß der makedonische Befehlshaber Korrhegos den Tyrannen Chairon von Pellene bei der Usurpation unterstützt hat. Die Verbindung eines Tyrannen und einer Großmacht kann man schon bei der Älteren Tyrannis finden. Wie der Exkurs von L. de Libero *‚Die perserfreundlichen Tyrannen'* zeigt, so steht es für zwölf Tyrannen fest, daß sie mit den Persern kooperierten. Manche von ihnen waren vom Großkönig (faktisch) unabhängig, andere verdankten vor allem ihm ihre Herrschaft; de Libero, 1996, 414-417. Hinsichtlich der Fremden als Stütze der Tyrannis, s. Xen. Hell. 7,45; Hier. 5,3; 6,5; Diod. 11.72,3; Plat. rep. 567d-e; Aristot. pol. 1314a 10; vgl. Schütrumpf – Gehrke, 1996, 552f.

171 Xen. Hell. 2.3,21.

172 Xen. Hell. 2.4,28; Lys. 12,59; Isokr. or. 7,68; Aristot. Ath. pol. 38,1; vgl. Rhodes, 1981, 457.

173 Aristoteles nennt den Unterhalt seiner Leibwache explizit als einen der zwei Gründe, weshalb Reichtum das Ziel eines Tyrannen sei (Aristot. pol. 1311a 10f.). Der *‚Hieron'* des Xenophon drückt diese Verbindung noch ausführlicher aus. Er sagt, daß die Tyrannen meistens gezwungen seien, Kultstätten ebenso wie Menschen widerrechtlich auszuplündern, weil sie für ihre notwendigen Ausgaben immer mehr Geld brauchten. Denn wie im Kriegzustand sind sie immer gezwungen, ein Heer zu unterhalten. Andernfalls müssen sie zugrunde gehen (Xen. Hier. 4,11; s. auch 8,10). Es ebenfalls von Interesse, daß gerade über die Methoden der Geldbeschaffung des Dionysios I., der von allen Tyrannen am häufigsten Kriege führte und viele Söldner unterhielt, besonders viele Anekdoten verbreitet waren; vgl. Stroheker, 1958, 161ff.; Berve, 1967, 645f.

174 Lintott, 1982, 162f.; 165.

175 M. Ostwald, 1986, 483 ist der Meinung, daß Xenophons Erklärung des Verhaltens der „Dreißig" durch den Wunsch nach Rache und Macht sowie durch Habgier zu naiv und zu vereinfacht ist. Deshalb sollte man der Version des Aristoteles Vorrang geben. Eine Erklärung für die Habgier der neuen Machthaber könnte die Schrift das *‚Symposium'*

Dies bedeutet aber nicht, daß sie unbedingt falsch sein muß. Denn Xenophon steht mit seiner Darstellung der Beweggründe für den Terror nicht allein.[176] Lysias apostrophiert ebenfalls mehrmals die Bereicherung als Motiv für Verfolgungen und Hinrichtungen.[177] Diese Darstellung unterstützen ferner Diodor und Isokrates.[178] Es wurde schon darauf hingewiesen, daß Reichtum eine Charakteristik sowohl der Oligarchie als auch der Tyrannis ist.[179]

Ein weiterer typischer Zug der Tyrannis ist die Entwaffnung der Bürgerschaft.[180] Sie wurde z. B. von Peisistratos, Polykrates, Dionysios I., Dionysios II. und Klearchos von Herakleia praktiziert.[181] Auch die „Dreißig" entwaffneten alle athenische Bürger außer den „Dreitausend".[182]

Die Feindseligkeit des Tyrannen gegenüber herausragenden Bürgern bzw. Aristokraten sowie deren Verfolgung werden in den Quellen als eine beliebte Methode der Herrschaftssicherung des Autokraten oder als Ausdruck seiner Willkür und Grausamkeit angesehen.[183] Der berühmteste Ausdruck dieser Vorgehensweise ist der Rat des Thrasybulos an Periander, man solle die herausragenden Getreidehalme abschlagen.[184] Insbesondere in der Konsolidierungsphase des Usurpators wurden gewaltsame Mittel angewandt.[185] Später ging der Allein-

---

des Xenophon geben. Die Darlegung des Antisthenes bei Xenophon über die Bereitschaft des Tyrannen, Untaten zu begehen, um sich zu bereichern, folgt auf die Rede des Charmides (eines der „Zehn" im Peiraieus), in der dieser erklärt, wie er arm wurde und wie die Reichen von dem Demos und Sykophanten verfolgt werden (Xen. Symp. 4,29-32; 36). Vgl. auch P. Krentz, 1982, 80ff., der den politischen Motiven und der Angst Vorrang vor der Habgier als Motiv gibt. D. Whitehead, 1982/83, 128f. vergleicht die Ermordung der Metoiken mit der spartanischen *krypteia*.

176 Xen. Hell. 2.3,21; 43; 4,1.

177 Lys. 12,7-15; 19-20; 93; 25,16; 34,4-5.

178 Diod. 14.2,1; 5,5-7; Isokr. or. 18,67.

179 Aristot. pol. 1311a 9-11; 1311a 25-30; 1312a 14-25; 1324a 5ff.; 1321a 41ff.; rhet. 1366a 5; Isokr. or. 2,4; Plat. Gorg. 470d; 473c; Xen. Symp. 4,36; Kyr. 1.3,18; 6,45; Eur. frg. 286; Ion. 629f.; Theogn. 823; vgl. dazu Schütrumpf – Gehrke, 1996, 553; 555f.; Krentz, 1995, 128f.

180 Aristot. pol. 1311a 12f.; 1315a 38; Plat. rep. 569b; Xen. Hier. 5,3; Isokr. ep. 7,9; vgl. Krentz, 1995, 128.

181 (Peisistratos) Berve, 1967, 52; 66; Chambers, 1990, 206f.; de Libero, 1996, 64f.; (Polykrates) Berve, 1967, 108; (Dionysios I.) Berve, 1967, 236; Stroheker, 1958, 56; (Dionysios II.) Berve, 1967, 268; (Klearchos von Herakleia) Berve, 1967, 316f.

182 Xen. Hell. 2.3,20; 41; Lys. 12,95; Aristot. Ath. pol. 37,2.

183 Hdt. 1.89,1-2; 3.30; 35,5; 80,4; 134,1-2; Eurip. Hik. 444ff.; Aristot. pol. 1311a 16ff.; 1313a 39ff.; 1314a 19ff.; Xen. Kyr. 5.4,35-36; 8.1,46-48; Hier. 5,1-2; mem. 3.9,13; Plat. rep. 567b; vgl. hierzu Schütrumpf – Gehrke, 1996, 554f.; 583.

184 Hdt. 5,92; Aristot. pol. 1284a 27ff.; 1311a 20.

185 Vgl. de Libero, 1996, 398.

herrscher mit den Kooperationswilligen toleranter um, wobei die Adligen oft einen beachtlichen Spielraum behielten.[186]

In ähnlicher Weise zielte der Terror der „Dreißig" vornehmlich auf die athenische Elite ab.[187] Denn es wurden nach den Verfolgungen der Sykophanten neben den reichen Metoiken vor allem Angehörige der Oberschicht ermordet.[188] Die Existenz einer „Schwarzen Liste" (κατάλογος μετὰ Λυσάνδρου) unterstreicht, daß das neue Regime schon von Anfang an bewußt eine Politik der Ausschaltung aller potentiellen Feinde verfolgte.[189] Kritias selbst drückt bei Xenophon dieselbe Motivation für diese Hinrichtungen aus, wie sie nach der Tradition für Alleinherrscher üblich war.[190] Beachtenswert ist hierbei, daß Kritias gleich danach die Herrschaft der „Dreißig" mit einer Tyrannis vergleicht.[191] Der Eindruck der tyrannischen Art dieser Exekutionen wird zusätzlich dadurch verstärkt, daß Kritias und seine Anhänger nach der Hinrichtung der inhaftierten Strategen und Taxiarchen auf keinen Widerstand in Athen stießen.[192] Auch der Umstand, daß bei Phyle zuerst nur 70 Emigranten waren, deren Anzahl verhältnismäßig langsam wuchs, läßt erkennen, daß für einen relativ langen Zeitraum in Athen keine nennenswerte Opposition existierte.[193]

---

186 Vgl. de Libero, 1996, 398-400; Stahl, 1987, 106-136; bes. 111; 115; 117-120; 131; 133-136.

187 In bezug auf den Demos hören wir, daß er „nur" seine Bürgerrechte verlor und in den Peiraieus vertrieben wurde. Die Hinrichtung der Bürger von Eleusis und Salamis geschahen erst nach der Niederlage bei Phyle.

188 Xen. Hell. 2.3,14-17; 21; 38-40; 47; Aristot. Ath. pol. 35,4; Diod. 14.4,4; 5,5-6. Zu einer detaillierte Angabe der Quellen s. Rhodes, 1981, 446; Chambers, 1990, 307f.

189 Lys. 25,16; Isokr. or. 18,16-17; 21,2; vgl. hierzu Lehmann, 1972, 215; ders., 1997, 28; Rhodes, 1981, 449.

190 Xen. Hell. 2.3,16. Theramenes wurde von Kritias vornehmlich eliminiert, weil dieser befürchtete, um Theramenes könnten sich die Feinde des Regimes sammeln und dieser somit zum Ausgangspunkt einer Konterrevolution werden. Dies wird aus seiner Rede deutlich, in der Kritias die Rolle des Theramenes 411 und gleichzeitig immer wieder die Gefahr eines Verrats anspricht; vgl. Buck, 1995, 23f.

191 Xen. Hell. 2.3,16.

192 Die Hinrichtung des Theramenes offenbart insbesondere den tyrannischen Charakter der Machtausübung der „Dreißig". Sie brachen nämlich ihre eigenen Gesetze und frevelten in aller Öffentlichkeit. Theramenes selbst weist daraufhin (Xen. Hell. 2.3,52-53): *„Als Theramenes diese Worte hörte, sprang er auf die Stufen des Altars und sagte: „Ich aber, ihr Männer, flehe bei dem, was am stärksten von allem die Gesetzlichkeit verkörpert, daß es nicht in der Hand des Kritias liegen darf, weder mich noch von Euch, wen er will, aus der Liste zu streichen, sondern daß nach eben dem Gesetz, welches diese Männer in betreff der auf der Liste Stehenden verordnet haben, das Urteil über euch oder über mich ergehen muß."* (Übers.: G. Strasburger).

193 Aristot. Ath. pol. 37,1; Xen. Hell. 2.3,51. Da in den Reden unterstrichen wird, der ganze Demos sei im Exil gewesen und habe gegen die „Dreißig" gekämpft (s. dazu Wolpert, 2002, 88; 91ff.; 101; 110; 117; 126f.), könnte man folglich erwarten, daß sie jedes Beispiel des Widerstandes vor Phyle, wie klein oder bedeutungslos es auch sein mag, wie-

Insbesondere erscheinen die Maßnahmen der neuen Herrscher gegenüber dem Demos als tyrannisch. Die Bürger, die außerhalb der Liste der „Dreitausend" standen, verloren nicht nur ihre politischen, sondern auch ihre zivilen Rechte und konnten sogar auf Befehl der Despoten ohne Gerichtsbeschluß hingerichtet werden.[194] Der Exekution des Theramenes folgte eine neue Terrorwelle. Allen Landbewohnern, die keine Bürgerrechte mehr besaßen, wurde verboten, die Stadt zu betreten. Zugleich sahen sich mehr als 5000 Athener, die nicht zu den „Dreitausend" gehörten, gezwungen, in den Peiraieus zu fliehen, wobei sie ihre Familien zurücklassen mußten.[195] Für die Ausweisung des Demos aus Athen erscheint aus diesen Gründen eine andere Erklärung plausibler, die zugleich dem tyrannenfeindlichen Topos angehört.[196] In den Zeugnissen aus dem 4. Jh. ist für die Tyrannen von Korinth, Kephallenia und Erythrai ein Stadtverbot für die Landbevölkerung überliefert.[197] Der Grund für dieses Stadtverbot soll die Angst der Tyrannen vor der Ansammlung großer Menschenmassen gewesen sein, die dann zu deren Sturz hätte führen können. Dieses Stadtverbot ist jedoch ein Anachronismus in der politischen Theorie des 4. Jh.s.[198]

Auch für den Fall, daß das Stadtverbot für die Ältere Tyrannis nicht historisch ist, muß dies kein zwingender Beweis gegen die Annahme sein, daß die Machthaber von 404/403 das Stadtverbot aus demselben Grund erließen, wie es nach der Tradition die Tyrannen der archaischen Zeit getan haben sollen. Dies

---

dergeben. Dies ist aber nicht der Fall. Es ist bezeichnend, daß Lysias in seiner Rede *‚Gegen Eratosthenes'* nur Geld als den Grund für seine eigene Verhaftung sowie für die Hinrichtung seines Bruders Polemarchos nennt (Lys. 12,6-7). Die Ermordung des Nikeratos wird ebenfalls nicht mit einer Handlung gegen das Regime der „Dreißig" in Verbindung gebracht (Lys. 18,4-7). Interessant ist, daß in Theramenes' Rede bei Xenophon die Tatsache angesprochen wird, daß Leon aus Salamis, Nikeratos und Antiphon umgebracht wurden, ohne daß sie etwas Konkretes verschuldet hätten (Xen. Hell. 2.3,39-40). Den „tyrannischen" Charakter unterstreicht auch ein Vergleich mit Dionysios I., der gewissermaßen der Inbegriff eines gewalttätigen und mißtrauischen Tyrannen war. Dieser ging erst gewaltsam gegen die „Oligarchen" in Syrakus vor, als diese nach der Schlacht bei Gela versuchten, ihn zu stürzen, aber auch dann nur gegen diejenigen, die gegen ihn kämpften. Desgleichen versuchte Dionysios I. noch im Moment seines Sieges während der großen Revolte, weiteres Blutvergießen unter den Aufständischen zu verhindern. Den geflohenen Gegnern bot er eine vollständige Amnestie im Falle ihrer Rückkehr an, welche die meisten akzeptierten. Die im Kampf gefallenen Bürger ließ er ehrenvoll beerdigen; s. dazu Kap. VIII; Stroheker, 1958, 56.

194 Chambers, 1990, 310f.; Rhodes, 1981, 452.

195 Xen. Hell. 2.4,1; Diod. 14.32,4; Isokr. or. 7,67; Lys. 25,21-22; 31,8.

196 Aristot. pol. 1311a 14; s. auch 1262a 40ff.; 1319a 25ff. Diese Maßnahme der „Dreißig" erinnert zum Teil an deren Zeitgenossen Dionysios I. Dieser vertrieb aber nicht die Bevölkerung aus Syrakus, sondern siedelte die Bewohner aus anderen griechischen Städten und Söldner nach seinem Belieben an; vgl. Berve, 1967, 228; 231-234; 640-642.

197 Vgl. de Libero, 1996, 80f.; 158; 223; 375f.; Berve, 1967, 23; 31; 39; 55; 96.

198 Vgl. de Libero, 1996, 402; Chambers, 1990, 209; Schütrumpf – Gehrke, 1996, 553f.

zeigen mehrere Sachverhalte. Diodor und Justin begründen die Vertreibung mit den gleichen Motiven wie die Tyrannentypologie. Ihrem Bericht zufolge entfernen die Radikalen die Masse der aus der neuen politischen Ordnung Ausgeschlossenen, weil sie befürchten, diese könnten einen Umsturz wagen.[199] Bezeichnenderweise apostrophiert Xenophon gerade in Zusammenhang mit diesem Vorgehen die Herrschaft der „Dreißig" als tyrannisch.[200] Ferner ist zu beachten, daß die ausgewiesenen Athener in erster Linie in den Peiraieus geflohen sind.[201] Da die dortigen Bewohner als besonders demokratisch eingestellt galten, wurde der Hafen am Anfang der Herrschaft der Despoten in der „Verwaltung" von Athen abgetrennt und den „Zehn" unter der Führung des Charmides unterstellt.[202] Der Peiraieus war dennoch für die Zwecke der „Dreißig" besonders günstig, da alle seine Befestigungsanlagen, wie auch die langen Mauern in der Länge von zehn Stadien, im Gegensatz zu denen der Stadt kurz vor der Machtübernahme zerstört wurden.[203] In diesem Sinne ist die Tatsache, daß die Familien der Geflohenen in der Stadt blieben, – vermutlich als Geiseln – als Sicherheitsvorkehrung zu verstehen.[204] Die zynische an Theramenes gerichtete Erklärung des Kritias zum Charakter der Herrschaft, welche sie ausübten, sowie seine spätere Rede, in der insbesondere die Rolle des Theramenes beim Sturz der „Vierhundert" akzentuiert wird, bestätigen, wie stark die Besorgnis der Machthaber um ihre Macht und ihre Angst vor einem möglichen Umsturz waren.[205]

Weitere Maßnahmen unterstützen die Annahme, daß die Ausweisung des Demos vorrangig durch das Bedürfnis der „Dreißig", ihre Macht zu sichern, bestimmt war. Insbesondere ist das Schicksal der Bewohner von Eleusis und Salamis bezeichnend. Auch hier waren die Handlungen der neuen Führung primär von der Sorge um die eigene Sicherheit gekennzeichnet. In dem Moment, in dem die Despoten ihre erste Niederlage erlitten, entschlossen sie sich, Eleusis zu

199 Diod. 14.32,4; Just. 5.9,12; s. dazu Kap. VI.2.4.

200 Xen. Hell. 2.4,1. Der tyrannische Charakter wird an dieser Stelle besonders deutlich, da den Bürgern nicht nur alle ihre politischen Rechte genommen wurden, sondern sie auch kein Gesetz gegen die Willkür der „Dreißig" beschützte.

201 Xen. Hell. 2.4,1.

202 Xen. Hell. 2.4,19; Aristot. Ath. pol. 35,1.

203 Xen. Hell. 2.3,11. Lysias nennt dafür als Motiv der Despoten den Willen, ihre Macht zu sichern (Lys. 12,40).

204 Nach dem offenkundig übertriebenen Bericht eines Besatzungsmitgliedes der Staatstriere Paralos über die Verbrechen der „Vierhundert", beabsichtigten die Oligarchen 411, auf die gleiche Weise die Familien der athenischen Seeleute und Soldaten auf Samos als Geisel zu benutzen (Thuk. 8.74,3; 86,3). Der samische Autokrat Polykrates soll diejenigen Bürger als militärische Hilfe an Kambyses geschickt haben, denen er nicht traute. Ihre Familien behielt der Tyrann aber als Geiseln für den Fall, daß diese Samier zurückkehren und sich gegen ihn auflehnen (Hdt. 3.45). Peisistratos nahm nach der Machtübernahme ebenfalls Geisel (Hdt. 1.64).

205 Xen. Hell. 2.3,16; 24-34. Die Angst als Motiv für die Hinrichtungen wurde schon angesprochen (Aristot. Ath. pol. 35,4); vgl. Krentz, 1982, 80ff. Zu den Reden s. Kap. VI.1.

ihrem Zufluchtsort für den Notfall zu machen.[206] Anscheinend hatte ihr Terror bis dahin Eleusis größtenteils verschont. Die Bevölkerung wurde nicht wie in Athen in den Peiraieus oder in andere Gebiete von Attika vertrieben, sonst wären nur die Anhänger des Regimes dort geblieben. Die Verschonung der Bewohner läßt sich höchstwahrscheinlich dadurch erklären, daß bis zu diesem Zeitpunkt keine Notwendigkeit für ein gewalttätiges Vorgehen gegen sie bestand. Mit der Niederlage änderte sich die Situation drastisch, da sich die Lage für Kritias und seine Parteigänger beträchtlich verschlechterte. Deshalb entschieden sie sich, die Bewohner nicht auszuweisen, da dies nur die Reihen der Demokraten stärken würde, sondern alle Eleusinier hinzurichten. Wie in Athen bei der Ausweisung der „Nichtbürger" wurden hier einzig die waffenfähigen Bürger exekutiert.

Ein ähnliches Ziel verfolgte auch das Dekret, welches Sparta auf Drängen der „Dreißig" hin erließ, wonach alle Flüchtlinge aus Athen in Griechenland an die neuen Machthaber übergeben werden sollten.[207] Dadurch wollten die Despoten wahrscheinlich entweder weitere Aktivitäten des Thrasybulos eindämmen oder versuchen, einen Aufstand zu verhindern, falls er zu diesem Zeitpunkt noch nicht ausgebrochen war.

Eine weitere Anordnung der „Dreißig", der in der Forschung bisher wenig Beachtung geschenkt wurde, war die Beschränkung der Begräbniszeremonien.[208] Bestattungsfeierlichkeiten waren, insbesondere für Angehörige der Oberschicht ein Anlaß für die Selbstdarstellung ihrer persönlichen Macht und ihres Reichtums. Wie wichtig solche Feierlichkeiten im gesellschaftlichen und politischen Sinne sein konnten, beweisen schon die für die archaische Zeit bezeugten Vorschriften, die die Dauer und Prachtentfaltung solcher Zeremonien begrenzten.[209] In diesem Sinne waren sie für die „Dreißig" eine Gefahr, zumal viele der Getöteten zu der athenischen Elite gehörten.[210] Die Bedrohung manifestierte sich auf mehrfache Weise. Die Begräbnisse ermöglichten, den Einfluß der Ermordeten vor aller Öffentlichkeit zu demonstrieren und machte hierdurch die Verbrechen der Despoten noch offenkundiger.[211] Gleichzeitig kam es zur Versammlung ei-

---

206 Xen. Hell. 2.4,8.

207 Diod. 14.6,1; Lys. 12,95; 97; vgl. Krentz, 1982, 84ff.

208 Lys. 12, 17-18; 87-88; 96.

209 Vgl. Stein-Hölkeskamp, 1989, 49; 117f. mit Anm. 59.

210 Es ist nicht sicher ob sogar Peisistratos ein Gesetz erließ, um den Luxus und damit die Selbstdarstellung der Aristokraten während der Begräbnisfeier zu beschränken; s. dazu Berve, 1967, 58; 551; Stein-Hölkeskamp, 1989, 148f.; de Libero, 1996, 75f. Aufschlußreich ist aber, daß Demetrios von Phaleron ebenfalls die Bestattungsfeierlichkeiten beträchtlich begrenzte; vgl. Habicht, 1995, 64-66.

211 Die Bedeutung dieses Umstandes ist bei Lysias erkennbar. Die „Dreißig" erlaubten nämlich, daß die Zeremonien für seinen Bruder Polemarchos nur in einer bescheidenen Hütte stattfinden durften und nicht in einem der drei Häuser, die seiner Familie gehör-

ner großen Anzahl von Verwandten und Freunden des Ermordeten. Im besten Fall beschränkten sich diese Zusammenkünfte darauf, daß die Versammelten die Chance bekamen, problemlos miteinander zu kommunizieren.[212] Sie konnten aber den Gegnern der Machthaber auch die Gelegenheit zu einer öffentlichen Demonstration ihrer Empörung und Stärke geben.

In den *,Memorabilien'* schildert Xenophon, wie Charikles und Kritias versuchten, Sokrates an seiner Lehrtätigkeit zu hindern. Sie erließen ein Gesetz, das das Lehren der Rhetorik untersagte.[213] Natürlich war dieses Gesetz nicht nur wegen Sokrates verfaßt worden. Dieses Verbot erinnert ebenfalls an autokratische Maßnahmen. Denn nach dem tyrannenfeindlichen Topos versucht der Tyrann, die freie Meinungsäußerung zu unterbinden.[214] Der Tradition zufolge handelt der Despot auf diese Weise auch, weil er ein Feind der Bildung sei, da diese Selbstbewußtsein, gegenseitiges Vertrauen und Tugend fördern würde.[215]

2.4. Sparta als Modell für die „Dreißig"?

In der Forschung ist der Standpunkt weit verbreitet, daß das Vorgehen der „Dreißig" gegen den Demos mit deren Absicht, einen Staat nach dem Vorbild Spartas zu gründen zu erklären ist.[216] In ihm wären sie und die „Dreitausend" die Homoioi gewesen, während der Rest der Athener auf den Status der Perioiken herabgesetzt worden wäre.[217] Dieses würde den Standpunkt, das Stadtverbot sei eine reine Sicherheitsmaßnahme und die Herrschaft der „Dreißig" sei

---

ten. Desgleichen lehnten es die Despoten ab, die für die Bestattung gebrauchten Utensilien, die ebenfalls der Familie gehörten, dieser zurückzugeben (Lys. 12,18).

212 Wie folgenschwer die Verhinderung der Kommunikation sein konnte, zeigt der Putsch von 411, in dem gerade die allgemeine Atmosphäre des Mißtrauens und der Unsicherheit den Verfassungswechsel wesentlich erleichterte (Thuk. 8.66).

213 Xen. mem. 1.2,31.

214 Hdt. 1.100,2; 3.35-6; 5.78; Aischyl. Pers. 590ff.; Ag. 1616ff.; Prom. 310ff.; Soph. Ant. 504ff.; 690ff.; Eurip. Hik. 429ff.; Xen. mem. 1.2,32-38; Plat. rep. 567b; Aristot. pol. 1313b 11-15.

215 Aristot. pol. 1313a 39ff.; Plat. symp. 182b-d; vgl. hierzu Schütrumpf – Gehrke, 1996, 583; Berve, 1967, 356.

216 Krentz, 1982, 64-68; ders., 1995, 127f.; Whitehead, 1982/83, 105; 112-114; 116-121; 123-130; Ostwald, 1986, 485ff.; Lehmann, 1987, 37; ders., 1997, 51f. mit Anm. 60; Scholz, 1998, 78; Munn, 2000, 218; 226f.; 229f.; Scholten, 2003, 232; 234; 256f.; 272; anders Cartledge, 1987, 282; Lewis, 1994a, 34f.; vgl. auch Lintott, 1982, 164.

217 Das Zweifeln an der Hypothese der Imitation der Homoioi und Peroiken in Athen bedeutet nicht, daß hier der Wille der „Dreißig", den athenischen Staat umzustrukturieren, in Frage gestellt wird. Diese beiden Sachverhalte sind nicht gleichzusetzen. Sicherlich wollten Kritias und seine Gesinnungsgenossen Athen umgestalten, und der Einfluß Spartas als Vorbild läßt sich nicht leugnen. Dennoch sind ihre Maßnahmen primär von dem Bestreben motiviert, die Macht in ihren Händen zu konzentrieren und zu sichern.

eine *dynasteia* bzw. eine kollektive Tyrannis gewesen, in Frage stellen. Aus diesem Grunde ist es notwendig, diese Problematik näher zu erörtern. Der Philolakonismus des Kritias und seiner Gesinnungsgenossen wird hier nicht grundsätzlich angezweifelt, aber es gibt einige Vorbehalte gegenüber der Vorstellung, die Despoten hätten vorgehabt, das Perioikensystem in Athen einzuführen.

Die landwirtschaftlichen Voraussetzungen in Attika waren für ein derartiges System sehr ungünstig. Denn Attika war dichter besiedelt und weniger fruchtbar als Lakonien.[218] Die Athener mußten schon früh Getreide importieren. Hinzu kommt, daß mit Messenien die Spartaner ein deutlich größeres Territorium kontrollierten.[219] Das gab ihrem System eine größere wirtschaftliche Basis. Das wiederum verringerte den ökonomischen Druck auf die Perioiken und die Heloten, wodurch das System dort wesentlich einfacher funktionieren konnte als dies in Attika der Fall gewesen wäre.

Der Aufstand von Ithome 462 und die Verschwörung des Kinadon 399 demonstrieren ziemlich deutlich, wie schwer sich rechtlose Bewohner selbst in Lakedaimon ihrem Schicksal fügten.[220] Da in Athen die „neuen Perioiken" aus den Reihen der eigenen Bürger gebildet werden sollten, welche wie keine anderen Politen in Griechenland erfahren hatten, was Freiheit und Herrschaft über andere bedeutet,[221] ist es schwer vorstellbar, daß sie ohne weiteres diesen neuen Status akzeptiert hätten. Dessen waren sich die prospartanischen Kreise in Athen bewußt.[222]

Kennzeichnend ist auch, daß kein Zeugnis für diese kühnen Pläne in den Quellen zu finden ist. So hätte beispielsweise Theramenes diese Pläne in seiner Rede erwähnen können, da er bereits kritisiert, daß die Menge entwaffnet wurde, unschuldige Menschen umgebracht wurden und eine spartanische Garnison in Athen Einzug erhielt.[223] Ebenso hätten die Demokraten, wie z. B. Lysias, in ihren Reden dieses Argument aufgreifen können, um den verbrecherischen Charakter der „Dreißig" bloßzustellen.[224] Die Quellen berichten aber nur vom Philo-

218 Daß die wirtschaftliche Grundlage des perioikischen Gemeinwesens Landwirtschaft und Fischfang waren, während Handel und Handwerk keine so wichtige Rolle spielten, wie früher angenommen wurde, betonen M. Dreher, Athen und Sparta, München 2001, 40, und G. Shipley, Perioikos: The Discovery of Classical Lakonia, in: J. M. Sanders (Hrsg.), Philolakon. Lakonian Studies in Honour of Hector Catling, London 1992, 221.

219 Nach K. Raaflaub, City-State, Territory, and Empire in Classical Antiquity, in: A. Molho – K. Raaflaub – J. Emlen (Hrsg.), City States in Classical Antiquity and Medieval Italy: Athens and Rome, Florence and Venice, Stuttgart 1991, 572 hatte Attika etwa 2650 km^2, während Sparta ein Territorium von 8400 km^2 beherrschte.

220 Thuk. 1.101-103; Xen. Hell. 3.3,4-11.

221 Thuk. 8.68,4.

222 Xen. Hell. 2.3,24; vgl. Krentz, 1995, 130.

223 Xen. Hell. 2.3,38-44.

224 Lys. 12,1-2; 7; 21; 32-34; 39-40; 95; 13,46-47; 26,2. Ein gutes Beispiel ist die von Xenophon überlieferte Rede des Thrasybulos vor der Schlacht bei Munichia. Obwohl er alle

lakonismus des Kritias und seiner Gefolgsleute.[225] Über einen Plan jedoch, ein Perioikensystem einzuführen, schweigen die Quellen.

Zudem ist zu beachten, daß es noch immer sehr zweifelhaft ist, ob diese Sympathien so tiefgehend waren wie bei Kritias, auch wenn viele Mitglieder des Gremiums Sympathien für Sparta hegten.[226] Denn nicht wenige von ihnen hatten sich während der Demokratie aktiv in der Politik beteiligt und sogar wichtige Posten eingenommen.[227] Da die meisten der „Dreißig" den „Vierhundert" angehörten, wäre es außerdem wahrscheinlich, daß ein sorgsamer Beobachter wie Thukydides zumindest irgendeine Art der Manifestierung dieses Philolakonismus im Zusammenhang mit der Oligarchie im Jahr 411 konkret schildert. Statt dessen konstatiert er nur persönlichen Vorteil und Machtgier als Hauptmotive der „Vierhundert".[228]

Ferner darf man nicht vergessen, daß dieser Philolakonismus wenigstens zum Teil der Selbstdarstellung eines Teiles der athenischen Elite diente und nicht nur eine Folge persönlicher Überzeugung war. W. Donlan weist darauf hin, daß in Gesellschaften, die demokratisch sind und großen Wert auf Gleichheit ihrer Bürger legen, bei den Aristokraten stets die Betonung ihres Lebensstils

---

Verbrechen der „Dreißig" detailliert aufzählt, deutet er in keiner Weise an, daß diese beabsichtigten, ein Perioikensystem einzuführen (Xen. Hell. 2.4,13-17).

225 Xen. Hell. 2.3,25; 33-34.

226 Wichtig ist auch, zwischen der Sympathie für die spartanische Lebensweise und der Sympathie für Sparta zu unterscheiden. Die Bemerkung von W. Nippel, 1980, 94f. hinsichtlich des Philolakonismus des Kritias und seiner Anhänger ist aufschlußreich: *„Auch für ihre Bewunderung Spartas ist bezeichnend, daß sie sich mehr auf spartanische Disziplin und die Organisation des gesellschaftlichen Lebens zu beziehen scheint als auf ein Interesse an politischen Institutionen."*; vgl. auch de Romilly, 1992, 221f.; Lintott, 1982, 171; Patzer, 1974, 10ff. P. Cartledge, 1987, 282 weist ebenfalls darauf hin, daß ein grundsätzlicher Philolakonismus mit vielen intellektuellen und religiösen Ansichten des Kritias, sowie mit seinen früheren politischen Initiativen nicht wirklich vereinbar ist, und daß dieser Philolakonismus partiell eine Pose war. Überdies ist die Anziehungskraft von Sparta wahrscheinlich zum Teil auch auf ihren militärischen Triumph zurückzuführen. Dieser legitimierte auf diese Weise das spartanische System; vgl. dazu Xen. Lak. pol. 1,1. Dieser Umstand aber konnte schwer zu einer festen Überzeugung führen; vgl. Lehmann, 1997, 51. K. Raaflaub, 1991, 581 weist auf die Verbindung zwischen der Legitimation eines politischen Systems und des Erfolges im Kriege hin.

227 Charikles etwa war Mitglied der Kommission, die zur Untersuchung des Hermen- und Mysterienfrevels eingesetzt wurde; 414/413 war er sogar zum Strategen gewählt worden. Aristoteles war beispielsweise einer der *hellenotamiai* 421/420, während Sophokles als Stratege 426/425 und 425/424 amtierte. Zu den offiziellen Stellungen, die Onomakles, Kleomedes und Theogenes unter der Demokratie möglicherweise innehatten und zu näheren Quellenangaben für diese, sowie zu den Ämtern die Charikles, Aristoteles und Sophokles bekleideten, s. Krentz, 1982, 53-56; Ostwald, 1986, 460-466; Whitehead, 1982/3, 112f.

228 Thuk. 8.89,3; 92,3; vgl. hierzu Leppin, 1999, 135-137. Auf ähnliche Weise drückt sich auch Lysias über die Beteiligten beider Staatsstreiche aus (Lys. 25,8-10).

und ihrer Exklusivität besonders ausgeprägt ist.[229] Dies bezieht sich vor allem auf Athen, wo das Selbstbewußtsein der Aristokraten am stärksten herausgefordert wurde.[230] Sophistische Bildung, Kleidung, luxuriösere Lebensweise usw. benutzten die dortigen Aristokraten, um ihre Exklusivität gegenüber dem Demos hervorzuheben.[231] Die Tatsache, daß in Athen im 5. Jh. insbesondere durch Perikles traditionell aristokratische Werte und adliger Lebensstil in beträchtlichem Ausmaß entweder begrenzt oder vom Demos übernommen wurden, könnte möglicherweise eine Erklärung für die Anziehungskraft des Philolakonismus bieten.[232] Denn Sparta konnte in mehrfacher Weise ein Ideal bzw. Vorbild für die athenischen Aristokraten sein. Die Spartaner waren der große Kontrahent des athenischen Demos, dem sie im Felde überlegen waren und, wie das Ende des Peloponnesischen Krieges zeigt, zuletzt auch zur See.[233] Gleichzeitig war die Vorstellung weit verbreitet, die Spartiaten herrschen in erster Linie Dank ihrer Tugend über die zahlenmäßig weit überlegenen Heloten und Perioiken.[234] Es ist aber sehr zweifelhaft, ob diese Bewunderung für Sparta langfristig von Bestand gewesen wäre, wenn es die athenischen Aristokraten geschafft hätten, die Herrschaft des Demos dauerhaft zu brechen. Denn dann wäre die Exklusivität der Adeligen gegenüber den Massen gesichert gewesen.

Ein weiteres Argument gegen die These von der Einführung des Perioikensystems ist, daß nur die Bewohner von Athen ausgewiesen wurden, und das nur in den Peiraieus. Es wurden keine ähnlichen Erlasse gegen den Rest der Bevölkerung in Attika beschlossen. Sie durften zwar nicht nach Athen kommen, wurden aber auch nicht ausgewiesen. Die Bewohner von Eleusis und Salamis, denen man, wie es ihr Schicksal offenbart, offensichtlich nicht vertraute, wurden beispielsweise später eliminiert.

---

229 Donlan, 1980, 155. Zu der Problematik der Selbstdarstellung der Aristokraten vgl. auch Stein-Hölkeskamp, 1989, 104-138.

230 Vgl. Donlan, 1980, 155f.; Ober, 1998, 6f.; Ostwald, 1986, 235f.

231 Vgl. Donlan, 1980, 157-168.

232 Dafür spricht auch die Tatsache, daß dieser Philolakonismus relativ spät in Erscheinung tritt. Zu der Art, wie Perikles den panhellenischen Handlungsspielraum der Aristokraten mit dem neuem Bürgergesetz beschnitt und die aristokratische Patronage begrenzte; vgl. Stein-Hölkeskamp, 1989, 224-230; Nippel, 1980, 66ff.; s. auch Kap. V.5. Zu dem schon früher vollzogenen Wandel der aristokratischen Selbstdarstellung unter dem Einfluß bürgerlicher Adelskritik s. Stein-Hölkeskamp, 1989, 123-138.

233 Die Bedeutung dieses Umstandes offenbart auch die Verbindung, die der „Alte Oligarch" zwischen der Macht des Demos und seiner militärischen Leistung zieht. Deshalb haben die Aristokraten keine Vorrechte, sondern nur die gleichen Rechte wie die Menge (Ps.-Xen. Ath. pol. 1,2; 11; 2,1).

234 Die Faszination der Tatsache, daß die Spartaner trotz ihrer geringen Zahl in Griechenland dominierten, kann man z. B. bei Xenophon am Anfang seiner Schrift vom ‚*Staat der Lakedaimonier*' erkennen (Xen. Lak. pol. 1,1).

Die Existenz von Perioiken setzt zudem das Vorhandensein von Homoioi voraus. Die „Dreitausend" sollten in diesem Fall die Homoioi sein; wie aber schon zuvor erwähnt, kam der Katalog der Vollbürger erst unter dem Druck von Theramenes zustande, und ihre Gleichheit blieb auch danach eine Illusion.[235] Desgleichen versuchten die Radikalen unter den „Dreißig" – im Gegensatz zu den Spartanern – nicht, die Gemeinsamkeiten der Vollbürger zu fördern um so „konstruktiv" eine Einheit der „Dreitausend" zu bilden. Statt dessen wurde versucht, auf „destruktive" Weise eine Einheit zu formieren. Die „Dreitausend" wurden durch offene Androhung von Gewalt zu Mittätern der Verbrechen der Radikalen gemacht. Die Tötung des Theramenes und der Bürger von Eleusis demonstrieren dies deutlich.[236] Die Manipulation der politisch Berechtigten durch die Radikalen mit Hilfe der Liste der Vollbürger war ebenfalls für die Einheit wenig förderlich.

In Athen müßten neben Perioiken ebenso Heloten existieren, was in keinem Fall zutrifft. Bekanntermaßen bilden die Heloten die wirtschaftliche Grundlage des spartanischen Systems. Sie sind dessen unverzichtbarer Bestandteil. Hinzu kommt, daß den Perioiken eine nicht unbedeutende militärische Rolle im spartanischen System zuteil wurde, während der Demos in Athen völlig entwaffnet wurde.

2.5 Die „Dreißig" und die „Vierhundert"

Ein kurzer Vergleich der Staatsstreiche von 411 und 404/3 kann für die Erörterung der These, die „Dreißig" seien keine Oligarchie, hilfreich sein, insbesondere, weil beide Regimes einige Gemeinsamkeiten haben. Ein militärisches Debakel ging jeweils dem Machtwechsel voraus und weniger als ein Jahrzehnt trennte sie. Ferner waren die „Dreißig" entweder selbst an dem ersten Umsturz beteiligt oder haben diesen zumindest erlebt. Diese Gemeinsamkeiten unterstreichen aber ihrerseits die Signifikanz der Abweichungen zwischen den beiden Regimes.

Hinsichtlich des Einflusses der außenpolitischen Konstellation enden die Gemeinsamkeiten mit der militärischen Niederlage, die den beiden Staatsstreichen voranging. Denn für den Umsturz von 404/403 war der Einfluß Spartas bestimmend. Die Unterstützung durch die Spartaner 404/403 ermöglichte die Machtergreifung der „Dreißig". Das Auftreten Lysanders vor der athenischen Volksversammlung sowie die Aussage des Kritias, die Verfassung würde mit dem Einverständnis der Spartaner beschlossen, reflektieren den Einfluß Spartas deutlich genug.[237] Eine der wichtigsten Stützen des neuen Regimes war die spar-

---

235 S. Kap. VI.2.7.

236 S. Kap. VI.2.7.

237 Xen. Hell. 2.3,25; s. auch Lys. 12,74; vgl. hierzu Whitehead, 1982/3, 122.

tanische Garnison.[238] Selbst die „Zehn" wandten sich mit der Bitte um militärische Hilfe an Sparta. Auch für die Einigung der Bürgerkriegsparteien war der Einfluß Spartas bzw. der innerspartanische Konflikt richtungsweisend.

Im Unterschied dazu blieb der Machtwechsel von 411 eigentlich eine rein innenathenische Angelegenheit.[239] Kennzeichnend für die Oligarchen ist auch, daß vor und nach dem Verfassungswechsel 411 die erfolgreiche Beendigung des Krieges ein wichtiges Motiv blieb.[240] Trotz des Mißerfolges der Verhandlungen mit Tissaphernes und Alkibiades bestand weiterhin der Wille zur Fortführung des Krieges.[241] Die radikalen Oligarchen neigten mehr als die gemäßigten zu einem Friedensschluß, wofür neben dem hohen Preis, den die Kampfhandlungen abforderten, namentlich ihre prospartanische Haltung verantwortlich war. Wichtig aber ist, daß auch sie zuerst wünschten, den Delisch-Attischen Seebund zu erhalten. Erst als unter dem Druck der Demokraten und gemäßigten Oligarchen ihr Machterhalt immer fraglicher wurde, zeigten sie sich bereit, den Seebund aufzugeben, um den Frieden zu schließen. Dies ist aber nicht mit der Bereitschaft, sich den Spartanern zu unterwerfen, gleichzustellen.[242] Die Situation der radikalen Oligarchen unterscheiden sich damit merklich von der der „Dreißig", die gänzlich von den Spartanern abhängig waren.[243]

Bei ihrem Umsturz benutzten die „Vierhundert" ebenfalls Terror als Mittel, um bei der Bevölkerung eine Stimmung der Einschüchterung und des Mißtrauens zu verbreiten.[244] Bedeutsam ist aber, daß Thukydides' Schilderung dieses Terrors relativiert werden kann.[245] Selbst wenn dies nicht stimmen würde, könnte man trotzdem feststellen, daß das Ausmaß dieser Terrorakte und Morde denen von 404/403 bei weitem nachstand und sich nur auf die Anfangsphase des Staatsstreiches beschränkte.[246] Dazu kommt, daß die Verschwörer von 411 mit

---

238 Einen zwingenden Bedarf an einer Garnison gab es nicht, wenn man eine Oligarchie errichten wollte, da mindestens 3000 Hopliten mobilisiert werden konnten. Beabsichtigte man aber eine kollektive Tyrannis zu konstituieren, war eine spartanische Besatzungsmacht unumgänglich, wie es das spätere Vorgehen der „Dreißig" demonstriert.

239 Whitehead, 1982/3, 107f.

240 Vgl. Heftner, 2001, 49; 62; 128f.; 325f.

241 Vgl. Heftner, 2001, 87f.; 126; 128f.; 241; 329f.

242 Heftner, 2001, 67-71; 249f.; 261ff. Hinsichtlich der Befestigungsmaßnahmen auf der Eetioneia weist H. Heftner mit Recht daraufhin, daß sie primär als Fluchtburg dienen sollte, da die extremen Oligarchen auch ohne sie Athen verraten konnten; Heftner, 2001, 272f.

243 Es wird aus einem Kommentar des Thukydides deutlich, daß Verrat erst als letzter Schritt gedacht war (Thuk. 8.92,3).

244 Thuk. 8.66.

245 Vgl. Heftner, 2001, 109-115; 117-123; 167; 329f.

246 Thukydides selbst sagt, daß die Zahl der Ermordeten nicht groß war (Thuk. 8.70,2).

stärkerem Widerstand rechnen mußten als die Putschisten von 404/403, die außerdem Sparta als Schutzmacht hatten.[247]

Die „Vierhundert“ haben die Zahl der politisch Berechtigten begrenzt. Die übrigen Bürger haben sie aber weder aus der Stadt vertrieben noch entwaffnet, noch nahmen sie allen ihre privaten Bürgerrechte, indem sie ein Gesetz erließen, nach dem diese ohne Gericht zu Tode verurteilt werden konnten.[248]

Bezüglich der Art der Wahl, des Zeitpunktes der Wahl und der Befugnissen der „Fünftausend“ sowie der Frage, ob diese Zahl das obere oder untere Limit der angestrebten Bürger war, weichen Thukydides und Aristoteles voneinander ab.[249] Als sicher kann gelten, daß die radikalen Oligarchen in der Öffentlichkeit vorgaben, die Konstituierung der „Fünftausend“ zu akzeptieren.[250] Falls die „Vierhundert“ nach der Versammlung auf dem Kolonos tatsächlich eine provisorische Liste der „Fünftausend“ erstellt haben, so wurde diese Körperschaft jedoch unter ihnen nicht konstituiert.[251] Auch wenn hier gewisse Ähn-

---

247 Heftner, 2001, 64f.

248 W. Nippel, 1980, 83: „*Die entscheidende Konsequenz der Konstituierung dieser Bürgerliste war unmittelbar, daß diejenigen, die nicht auf der Liste standen, rechtlich diskriminiert wurden; es handelt sich hier also weniger um eine Abstufung der politischen Rechte, als um einen zumindest faktischen Entzug des Bürgerrechts für die Mehrheit der Bevölkerung.*“ Ein Vergleich der Rechte eines athenischen Bürgers mit den Rechten der Nicht-Athener, die in Athen lebten, zeigt, daß das Bürgerrecht nicht nur das Recht auf politische Partizipation umfaßte; vgl. hierzu Ph. B. Manville, The Origins of Citizenship in Ancient Athens, New Jersey 1990, 10-13. W. Eder, 1991, 172 mit Anm. 4, weist in bezug auf die Bürgerrechte der Frauen in Athen darauf hin, daß sie keine politischen Rechte hatten, aber alle anderen zivilen Rechte besaßen und daß das Bürgerrecht nicht unbedingt mit der Existenz gleicher politischer Chancen gleichzusetzen ist. Dieser Unterschied, ob man die Bürger nur der politischen oder auch aller anderen Rechte beraubt, ist von essentieller Bedeutung. Denn Ersteres ist für eine Oligarchie üblich, welche die politischen Rechte auf eine kleinere Gruppe begrenzt, aber allen anderen Bürgern trotzdem ihre zivilen Rechte läßt. Letzteres ist typisch für eine Tyrannis bzw. eine *dynasteia*, in der die Bürger der Willkür des Despoten ausgeliefert sind. Die Kritiken und Forderungen des „Alten Oligarchen“ weisen ebenfalls bedeutende Differenzen gegenüber den Handlungen der „Dreißig“ auf, wohingegen sie mit dem Vorgehen der Oligarchen 411 im beträchtlichen Maße übereinstimmen. Er verlangt die Abschaffung der Diäten, die Beteiligung allein der vermögenden Bürger an den Regierungsgeschäften und eine härtere Behandlung der Sklaven und Metoiken, aber an keiner Stelle die Ausweisung des Demos aus Athen, seine Entwaffnung oder gesetzlose Hinrichtungen von Bürgern und Metoiken (Ps.-Xen. Ath. pol. 1,6; 9-10; 12); vgl. E. Herrmann-Otto, Das andere Athen. Theorie und politische Realisation eines „antidemokratischen“ Oligarchenstaates, in: W. Eder – K.-J. Hölkeskamp (Hrsg.), Volk und Verfassung im vorhellenistischen Griechenland (Beiträge zu Ehren von Karl-Wilhelm Welwei, Bochum, 1.-2. März 1996), Stuttgart 1997, 146f.

249 Heftner, 2001, 144f.; Nippel, 1980, 77; Welwei, 1999, 223.

250 Welwei, 1999, 226f.

251 Heftner, 2001, 179.

lichkeiten zu dem Verhältnis zwischen den „Dreißig“ und den „Dreitausend“ bestehen, gibt es auch bedeutende Unterschiede. Die „Fünftausend“ nahmen in den Verfassungsänderungsplänen der „Vierhundert“ von Anfang an zumindest offiziell einen wichtigen Platz ein. Im Unterschied zu ihnen vermieden die „Dreißig“ nicht nur, den „Dreitausend“ bedeutenden Einfluß einzuräumen. Sie legten nicht einmal den zukünftigen Charakter der Verfassung näher fest.[252] Selbst wenn 411 die Zahl von 5000 Bürgern die obere Grenze war, so sind das noch immer erheblich mehr Bürger, als das Regime von 404/403 festsetzte.[253] Ferner waren die Oligarchen anscheinend unter Druck bereit, die „Fünftausend“ zu konstituieren und die abwechselnde Bestellung der Mitglieder des Rates aus deren Reihen zu akzeptieren. Sollte es sich hierbei nur um ein Manöver gehandelt haben, um Zeit oder Sympathien zu gewinnen und wenn man bei den „Vierhundert“ nur von einer engen Oligarchie ausgehen kann, unterscheidet sich diese dennoch sehr stark von den „Dreißig“. Dies ist besonders hinsichtlich des Wandels der Rolle der *boulé* erkennbar. Die *boulé* war 411 das zentrale Staatsorgan, von den „Dreißig“ wurde sie dagegen zum gehorsamen Vollstrecker ihres Willens degradiert.

Eine weitere Erklärung für die Ambivalenz der Quellen und Forschung bezüglich des Charakters des Regimes der „Dreißig“ besteht darin, daß selbst die Führung dieses Terroregimes sich in einem Dilemma hinsichtlich der Gestaltung des zukünftigen Regierungssystems befand. Die Führung mußte sich die Frage stellen, ob man eine kollektive Tyrannis oder eine Oligarchie errichten wolle. Hauptbefürworter der ersten Staatsform war Kritias, der zweiten Theramenes.[254] Der Konflikt zwischen diesen beiden ermöglicht es, die wichtigsten Differenzen zwischen den „Dreißig“ und einer Oligarchie zu erfassen. Dies ergänzt den oben aufgeführten Vergleichs der „Vierhundert“ mit den „Dreißig“. Daß die Initiative für die radikalsten Maßnahmen auf Kritias und seine Gesinnungsgenossen zurückzuführen ist, steht außer Zweifel. Theramenes war eher ein Repräsentant der gemäßigten Strömung.[255] Seine aktive Beteiligung am Staatsstreich von

---

252 Krentz, 1982, 57.

253 Die Erklärung, die den Unterschied in der Anzahl der Vollbürger zwischen den beiden Revolutionen auf die großen Verluste Athens zwischen 411 und 404 zurückführt, wird durch den Umstand relativiert, daß die Gefallenen größtenteils aus den unteren Schichten stammten; vgl. B. S. Strauss, Athens After the Peloponnesian War: Class, Faction and Policy 403-386 BC, London/Sydney1986, 70-86; bes. 80f.

254 Vgl. Whitehead, 1982/3, 113f.

255 Daß Theramenes ein Repräsentant der gemäßigten Richtung war, soll mit Vorbehalt gesehen werden; vgl. Buck, 1995, 23f.; Dillery, 1995, 144; 162; Nippel, 1980, 86f. mit Anm. 4. Theramenes kam mit Kritias nicht aus moralischen oder ideologischen Gründen in Konflikt. Er wollte vermutlich aus zwei Gründen eine Oligarchie. Ein Grund ist, daß er dachte, die Oligarchie habe eher eine Zukunft. Der zweite Grund ist, daß Theramenes in einer gemäßigten Oligarchie eine größere Chance hatte, einen stärkeren Anhang zu

404/403, an der Verurteilung der Strategen und Taxiarchen sowie an den Verfolgungen der Sykophanten zeigen aber, daß die Beweggründe seines Konfliktes mit Kritias nicht moralischer, sondern politischer Natur waren. Seine Rede bei Xenophon basiert ebenfalls auf dem Argument der Zweckmäßigkeit.[256] Da er ein erfahrener Politiker war, dessen politische Überlebensfähigkeit bekannt war, läßt sich seine Kritik nicht als unrealistisch oder als Demagogie abweisen. Wenn Theramenes in der Rede behauptet, sein politischer Standpunkt sei immer derselbe gewesen, nämlich der einer gemäßigten Oligarchie,[257] dann unterstützt seine Kritik der „Dreißig" dies. Sie läßt zugleich auch wesentliche Übereinstimmungen mit der Oligarchie von 411 erkennen. Theramenes kritisiert nämlich, daß nur 3000 Bürger politische Rechte hatten und alle anderen Bürger entwaffnet wurden. Seine Kritik richtet sich auch gegen den Einzug der spartanischen Besatzung und die Ausweitung der „Säuberungen". Daß die Herrschaft der„Dreißig" tatsächlich mit der Zeit immer weniger eine Oligarchie war, falls sie dies überhaupt jemals war, beweist insbesondere die Tatsache, daß Theramenes mit seiner Kritik nicht allein war. Denn im zweifellos oligarchisch gesinnten Rat fand seine Kritik ganz offenkundig Gehör, und Kritias bedurfte der Anwesenheit seiner Dolchträger, um den Rat umzustimmen.

2.6. Die „Dreißig" und die sozialen Gegensätze

Obgleich die Schreckensherrschaft der „Dreißig", wie es scheint, eine kollektive Tyrannis war, bezeugen deren Handlungen gegenüber den breiten Bevölkerungsschichten, daß in diesem Falle von einer sozialen Demagogie nicht die Rede sein kann. Die Frage, von welcher Bedeutung die sozialen Gegensätze 404/403 waren, ist jedoch aus einem anderen Grund relevant. Denn nach der aristotelischen Theorie kennzeichnet das Vorgehen der Reichen gegen die Armen eine Oligarchie. Die Maßnahmen der Despoten gegen den Demos und die Beschränkung der Zahl der Bürger könnten zu der Schlußfolgerung führen, die „Dreißig" seien eine Oligarchie gewesen. Um zu beweisen, daß das Regime der „Dreißig" dennoch keine Oligarchie war, soll gezeigt werden, daß nicht ein grundlegender Konflikt zwischen den oberen und den unteren Schichten in Athen 404/403 bestand.

Ein grundsätzlicher Gegensatz zwischen Oligarchen und Demokraten würde eine längere Existenz eines Verfassungskonfliktes in Athen voraussetzen. Die

---

mobilisieren und sich gegen die immer stärkere Dominanz des Kritias zu behaupten. Das Verhalten des Rates nach seiner Rede unterstützt dies.

256 Vgl. hierzu J. v. Ungern-Sternberg, >Die Revolution frißt ihre eigenen Kinder< Kritias vs. Theramenes, in: L. Burckhardt – J. v. Ungern-Sternberg (Hrsg.), Große Prozesse im antiken Athen, München 2000, 153.

257 Xen. Hell. 2.3,48-49.

demokratische Verfassung als solche wurde aber in Athen seit den Reformen des Ephialtes bis 411 nicht ernsthaft in Frage gestellt.[258] Die Opposition des Thukydides Melesiou läßt sich nicht durch eine grundlegende Ablehnung der Demokratie oder der Seebundspolitik erklären. Für sie war auch nicht etwa ein eventueller materieller Interessenkonflikt verantwortlich, sondern die Tatsache, daß die Politik des Perikles die aristokratischen Standestraditionen zu gefährden schien und den traditionellen Einfluß mächtiger Aristokraten in bestimmten Bereichen beschränkte.[259] Der Peloponnesische Krieg verschärfte sicherlich die Kluft zwischen der Elite und dem einfachen Volk. Die Oberschicht wurde stärker materiell belastet, und da ihre Repräsentanten die wichtigsten öffentlichen Funktionen übernahmen, war sie leichter politisch angreifbar.[260] Dies und andere Faktoren führten insbesondere bei manchen Vertretern der aristokratischen Jugend zu einer sinkenden Loyalität gegenüber der bestehenden Verfassung. Gleichwohl bedurfte es in Athen erst der sizilischen Katastrophe, damit ein ernster Konsens, das bisherige politische System zu ändern, sich innerhalb der Elite verbreiten konnte. Der Ablauf des Staatsstreiches von 411 zeigt aber nicht nur, daß sich nicht alle Angehörigen der Oberschicht von der Demokratie abwandten, sondern auch, daß es innerhalb des Kreises derer, die dies taten, keinen Konsens darüber gab, wie dieser Wechsel aussehen sollte.[261] Hinzu kommt, daß die Hauptmotive vieler Verschwörer, wie schon in der Antike erkannt wurde, persönlicher Vorteil und Ehrgeiz waren, nicht aber die Verteidigung der Interessen ihres „Standes".[262]

Hinsichtlich der Herrschaft der „Dreißig" widerlegen die Indizien die Annahme eines grundlegenden Konfliktes zwischen arm und reich. Viele der Opfer

---

258 Vgl. H. Wolff, Die Opposition gegen die radikale Demokratie in Athen, ZPE 36 (1979), 279ff.; 295f.; 301f.; Leppin, 1999, 40f.; Nippel, 1980, 73f.; Forrest, 1975, 37ff. Eine detaillierte Argumentation gegen die Annahme, daß die Hermenfrevel eine organisierte Aktion oligarchischer Klubs zum Sturz der Demokratie oder zur Verhinderung der Sizilienexpedition war, bietet mit zahlreichen Literaturangaben A. Rubel, 2000, 178-232, bes. 188-191 mit Anm. 36-37; 198f.; 201ff.; 207 mit Anm. 93; 210; 213f.; 218f.; 221f.; 228ff.; anders J. F. McGlew, Politics on the Margins: The Athenian Hetaireiai in 415 B.C., Historia 48 (1999), 1-22; Lehmann, 1987, 33-73.

259 Vgl. K.-J. Hölkeskamp, Parteiungen und politische Willensbildung im demokratischem Athen: Perikles und Thukydides, Sohn des Melesias, HZ 267 (1998), 1-27; Nippel, 1980, 66ff.; Stein-Hölkeskamp, 1989, 226f.; H.-J. Gehrke, Zwischen Freundschaft und Programm. Politische Parteiung im Athen des 5. Jahrhunderts v. Chr., HZ 239 (1984), 560f.

260 Vgl. Kap. II.3; Nippel, 1980, 70f.

261 Der Wille der gemäßigten Oligarchen, die zahlenmäßig überwogen, den Krieg fortzusetzen, die Diätenzahlungen abzuschaffen, die Gefahr übereilter Beschlüsse zu bannen sowie die Zahl der Bürger zu begrenzen zeigt, daß sie in erster Linie eine bessere Kriegsführung und eine gerechtere Verteilung der Kriegslasten anstrebten. Deshalb kann nicht von einer prinzipiellen Feindschaft gegenüber dem Demos die Rede sein.

262 Vgl. Nippel, 1980, 96-98; s. auch Kap. II.2.

waren angesehene Athener, die nicht nur wegen ihrer politischen Sympathien, sondern wie die Metoiken, auch oft nur ihres Reichtums wegen verfolgt wurden. Die „Dreißig" führten bewußt keine timokratische Verfassung ein, um zu vermeiden, daß wohlhabende aber andersdenkende Athener eine Möglichkeit zu legalem politischen Wirken bekommen könnten. Die Existenz „Gemäßigter" unter den Putschisten, die für die Bildung einer breiten Basis für die Oligarchie eintraten, stellt gleichfalls die Vorstellung eines unüberwindbaren Konfliktes zwischen arm und reich in Frage. Innerhalb der Elite herrschte kein Konsens hinsichtlich der Verfassungsänderungen, und nicht wenige ihrer Angehörigen hielten nichts von einem radikalen Kurs gegen den Demos.[263] Erwähnenswert ist auch, daß die Anführer der demokratischen Opposition ebenfalls aus der athenischen Oberschicht kamen.

2.7. Die Loyalität der „Dreitausend"

Wenn es sich bei den „Dreißig" tatsächlich um eine kollektive Tyrannis handelt, ist es notwendig, die Loyalität der „Dreitausend" näher zu erklären, da in diesem System ihr Status bzw. Einfluß sicherlich beträchtlich schwächer war als in einer Oligarchie.

Hier muß man zwischen zwei Phasen differenzieren. In der Anfangsphase erhofften höchstwahrscheinlich viele der „Dreitausend" neben einer größeren Einflußnahme auf die Regierungsgeschäfte auch, wie es Platon in seinem siebenten Brief ausdrückt, eine insgesamt bessere und gerechtere Leitung der Polis.[264] Die anfängliche Verfolgung der Sykophanten stieß ebenso auf eine positive Resonanz bei den neuen Bürgern.[265] Die Situation änderte sich, als die „Säuberungen" ausgeweitet wurden.

In der zweiten Phase dominierte nun die Angst sowohl vor den Radikalen unter den „Dreißig" als auch vor der demokratischen Opposition. Schon die Tatsache, daß laut Xenophon diese Ausweitung der „Säuberungen" von den Machthabern bewußt erst nach den Hinrichtungen von Sykophanten und nach dem Eintreffen der spartanischen Besatzung in Athen erfolgte,[266] weist darauf hin, daß einerseits diese Maßnahmen keine uneingeschränkte Unterstützung durch die „neuen Bürger" genoß und andererseits, daß die neuen Machthaber sich weitgehend zurückhielten, bis sie hinreichende Mittel hatten, ihren Willen den „Dreitausend" aufzuzwingen.[267] Das Bedürfnis des Kritias und seiner Parteigänger, bei der Verurteilung des Theramenes und der Bürger von Eleusis durch die Anwesen-

---

263 S. Kap. VI.2.2; 7.
264 Plat. ep. 7,324d.
265 Nippel, 1980, 95.
266 Xen. Hell. 2.3,12-13; Aristot. Ath. pol. 35,2-4.
267 Vgl. Lehmann, 1997, 52f. mit Anm. 61; Krentz, 1982, 46; 63.

heit der spartanischen Soldaten Druck auszuüben, offenbart, daß Angst und Einschüchterung nun die Mittel waren, um die Unterstützung der „Dreitausend" zu bekommen. Die Tatsache, daß die „Dreißig", d. h. Kritias und seine Mitkämpfer, nach Belieben eine Person aus der Liste der politisch Berechtigten streichen konnten, war ebenso ein starkes Druckmittel, um Gehorsam zu erreichen.

Die Wahl der „Zehn" zeigt deutlich, daß sich die Mehrheit der „Stadtpartei" für eine gemäßigtere Politik aussprach, sobald diese Bedrohung durch den Tod des Kritias verschwand.[268] Daß es dennoch erst später zu einem Friedensschluß kam, dürfte zeigen, daß die „Dreitausend" nun auch Angst vor der Rache der Demokaten hatten.[269] Schließlich hatte Kritias sie, wie z. B. in Eleusis, zu Mittätern seiner Verbrechen gemacht. Wie groß die Angst und wie tief die Entfremdung beider Parteien war, zeigt der Friedensvertrag.[270] Die meisten seiner Klauseln sollten in erster Linie mögliche Racheakte der Demokraten an den Mitgliedern der „Dreitausend" verhindern.[271] Außerdem führte er faktisch zu der Teilung Attikas in zwei Staaten, die zwei Jahre nebeneinander existierten.[272] Der Umstand, daß ein Massenexodus der ehemaligen „Dreitausend" nur durch Archinos' eigenmächtige Verkürzung der Frist für die Übersiedlung nach Eleusis verhindert werden konnte,[273] zeigt, wie groß das Mißtrauen auf Seiten der ehemaligen Anhänger der „Stadtpartei" war. Ein weiteres Zeichen dafür ist auch die spätere Rückkehr vieler Oligarchen aus Eleusis, als sie erkannten, daß die Amnestie in Athen eingehalten wurde.[274] Diese Sachverhalte lassen vermuten, daß die „Dreitausend" durchaus für eine Oligarchie waren, aber nicht für die von Kritias intendierte Regierungsform und den Terror, der dieses Regime kennzeichnete.

Ein weiteres Moment, das die „Loyalität" der „Dreitausend" verständlich macht, ist das Fehlen einer Führung, um die sich mögliche Unzufriedene sammeln konnten. Bekanntlich blieben die gemäßigten Kräfte durch die Hinrichtung des Theramenes,[275] wie zuvor die Demokraten durch die Ausschaltung des Kleo-

---

268 Dies ist aber nicht mit einer Rückkehr zur Demokratie gleichzusetzen.

269 Funke, 1980, 15; Nippel, 1980, 95.

270 Zum Friedensvertrag s. Th. C. Loening, The Reconciliation Agreement of 403/402 B.C. in Athens: Its Content and Application, Stuttgart 1987; Dössel, 2003, 89-146; bes. 89-112.

271 Aristot. Ath. pol. 39,1-5. Fünf der sechs Klauseln beziehen sich auf den Oligarchenstaat in Eleusis, während die sechste die Sicherung der Einhaltung der Amnestie in Athen behandelt; vgl. Ostwald, 1986, 498.

272 Aristot. Ath. pol. 40,4; vgl. Lehmann, 1972, 221-225.

273 Aristot. Ath. pol. 40,1f.

274 Lehmann. 1972, 232.

275 Dieser wurde von Kritias gerade deswegen eliminiert, damit verhindert wird, daß er zum Mittelpunkt einer Oppositionsbewegung innerhalb der „Stadtpartei" wird (Xen. Hell. 2.3,30-31; 34).

phon und der demokratisch gesinnten Strategen, Trierarchen und Taxiarchen ohne eine Führung, die einen wirksamen Widerstand hätte organisieren können.[276]

Um das Verhalten der „Dreitausend" realistisch bewerten zu können, ist es ferner erforderlich, diese von den Aktionen der jüngeren *hippeis* zu trennen. Denn das Reiterkorps war im Gegensatz zu den „Dreitausend" neben den spartanischen Söldnern ein Hauptträger des neuen Regimes in Athen.[277] Da zwischen ihnen und den „Dreitausend" in den Quellen kein nennenswerter sozialer oder politischer Unterschied erkennbar ist, kann man ihre erfolgreiche Verführung und Instrumentalisierung von Seiten des Kritias namentlich auf die für die Jugend charakteristische Unerfahrenheit, Begeisterungsfähigkeit und ihr Draufgängertum zurückführen.[278]

---

276 Zu einem demokratischen Widerstand kommt es deshalb auch erst mit der Rückkehr des Thrasybulos und seiner Gefolgsleute nach Attika; vgl. Nippel, 1980, 95f. In Syrakus ist eine ähnliche Situation feststellbar; s. Kap. VIII.2.

277 In der Ratsversammlung, in der Theramenes verurteilt wurde, waren auf Anordnung Kritias' auch einige junge bewaffnete Aristokraten anwesend, welche vermutlich dem Reiterkorps angehörten, mit deren Hilfe Kritias der *boulé* seinen Willen aufzwingen konnte (Xen. Hell. 2.3,23; 50-51). Die *hippeis* kämpften bei Phyle gegen Thrasybulos (Xen. Hell. 2.4,2; 4; 6-7). Sie inhaftierten auch die Bürger von Eleusis (Xen. Hell. 2.4,8-10). Selbst nach der Absetzung der „Dreißig" kämpften vor allem sie und die spartanische Garnison gegen die Demokraten (Xen. Hell. 2.4,24; 26-27; 31-32; Aristot. Ath. pol. 38,2). Ihre Bedeutung unter dem Regime der „Dreißig" spiegelt sich auch in ihrer Unbeliebtheit bei dem Demos wider. Noch in den neunziger und achtziger Jahren des 4. Jh.s war im Verfahren der *dokimasia* die Anschuldigung, *hippeis* unter den „Dreißig" gewesen zu sein, schwerwiegend (Lys. 16,3-8; 26,10). Auch die Auswahl der Reiter für das Hilfskontingent, das auf die Forderung des Thibron 400 nach Kleinasien geschickt wurde, erfolgte nur aus den Reihen der *hippeis*, da man erhoffte, ihr eventueller Tod könne nur zum Vorteil der Demokratie sein (Xen. Hell. 3.1,4). Zu der Rolle der *hippeis* s. auch Ostwald, 1986, 491f.; Funke, 1980, 190; Lehmann, 1997, 52; Rhodes, 1981, 458; Krentz, 1995, 140f.

278 Vgl. Lehmann, 1997, 52.

3. Kritias

In der bisherigen Untersuchung wurden die Faktoren, welche den Staatsstreich von 404/3 gefördert haben, nicht näher analysiert. Dies bezieht sich insbesondere auf den Einfluß des Krieges, der bereits in dem Kapitel II (*'Der Krieg'*) erläutert wurde, so daß hier auf eine ausführliche Darstellung dieser Problematik verzichtet werden kann. Da das Regiment der „Dreißig" erst nach der Kapitulation Athens konstituiert wurde, stellt zudem außer Frage, daß die Entstehung dieses Terrorregimes eine Folge des Krieges war. Eine kurze Charakterisierung des Kritias ist dennoch erforderlich, da er faktisch der Anführer des radikalen Flügels der „Dreißig" und dadurch der Hauptverantwortliche für die Bildung der kollektiven Tyrannis war.

Da Kritias um 460 geboren wurde, kann man seine radikalen Ansichten und sein erbarmungsloses Abrechnen mit Gegnern nicht auf traumatische politische Erfahrungen aus seiner Jugend zurückführen. Auf der anderen Seite übte der Peloponnesische Krieg sicherlich einen starken Einfluß auf seine Denkweise aus, allein schon deshalb, weil dieser fast die gesamte zweite Hälfte seines Lebens hindurch andauerte.

Kritias verdient nicht nur als brutaler Revolutionär Aufmerksamkeit. Seine politische Entwicklung ist ebenso interessant, wenn nicht sogar noch bemerkenswerter. Daß Kritias als *philolakon* und Gegner der uneingeschränkten Herrschaft des Demos nicht, wie sein Freund Alkibiades, eine aktive politische Laufbahn einnahm, ist nicht verwunderlich. Nicht wenige Aristokraten wählten diesen Weg. Die Tatsache aber, daß er auch später, als die innenpolitische Lage in Athen immer instabiler wurde und als die Oligarchen 411 für kurze Zeit an die Macht kamen, der Politik faktisch fern blieb, ist überraschend. Denn er war kein unbedeutender Mitläufer des Regimes der „Dreißig", sondern dessen Schlüsselfigur.[279] Zusammen mit seiner 404/3 offengelegten gnadenlosen Feindschaft gegenüber dem Demos macht dieser Umstand eine politische Aktivität des Kritias gegen die Demokratie in den Jahren zuvor sehr wahrscheinlich. Und doch gibt es kein Beweis dafür, daß er zu dieser Zeit politisch tätig war. In den Hermenfrevel war Kritias nicht verwickelt.[280] Es könnte sein, daß er ein Mitglied der „Vierhundert" war. Seine Rolle war aber damals sicherlich unbedeutend, da er auch nach dem Sturz der Oligarchie ohne Folgen in Athen bleiben

---

279 Alle anderen Persönlichkeiten, die schon am Anfang des Staatsstreiches an der Seite der Putschisten eine bedeutende Stellung einnahmen (wie Theramenes, Charikles, Aristoteles oder Eratosthenes) waren zumindest schon früher aktiv in der Politik tätig oder wegen ihrer Teilnahme an der Herrschaft der „Vierhundert" zum Exil verurteilt. Charmides ist hier nicht von Bedeutung, da man argumentieren kann, daß er seine Position als einer der „Zehn" im Peiraieus seiner Verwandtschaft mit Kritias zu verdanken hatte.

280 Andok. 1,47.

konnte.[281] Es ist durchaus möglich, daß seine eventuelle Beteiligung an diesem Regime primär durch seine Freundschaft mit Alkibiades und nicht durch seine politischen Ansichten motiviert war. Sein Antrag, den radikalen Oligarchen Phrynichos als Hochverräter zu verurteilen und dessen sterbliche Überreste zu exhumieren,[282] unterstützt dies, wie auch sein Antrag auf Rückberufung des Alkibiades aus dem Exil.[283] Auch seine Verbannung – wahrscheinlich um 407/6 – durch Kleophon steht anscheinend mit keiner politischen Handlung in Verbindung, möglicherweise aber mit seiner Freundschaft zu Alkibiades.[284]

Der drastische Wandel in der Haltung des Kritias vor und nach seiner Verbannung muß folglich vor allem durch das Exil selbst verursacht worden sein. Zwei Sachverhalte scheinen hier von Bedeutung gewesen zu sein.[285] Der erste ist die Art seiner Verbannung. Diese muß vermutlich die Ressentiments eines so stolzen und selbstbewußten Aristokraten wie Kritias gegen die Demokratie um so mehr verstärkt haben, je weniger er nach seiner eigenen Meinung das Exil mit einem konkreten politischen Vergehen verschuldet hat.[286] Der zweite Sachver-

---

281 Xen. mem. 1.2,25; vgl. dazu Whitehead, 1982/3, 114f.; Rhodes, 1981, 429; Lehmann, 1972, 210; Krentz, 1982, 46; ders., 1995, 126; Ostwald, 1986, 403 mit Anm. 229; 463f. Vor allem beziehen H. C. Avery und G. Adeleye eindeutige Positionen. H. C. Avery, Critias and the Four Hundred, CPh 58 (1963), 165-67 spricht sich kategorisch gegen eine Zugehörigkeit des Kritias zu den „Vierhundert“ aus, während G. Adeleye, Critias: Member of the Four Houndred?, TAPA 104 (1974), 1-9 das Gegenteil behauptet.

282 Dieser Antrag ist ebenfalls ein Beweis dafür, daß Kritias keine exponierte Position unter den „Vierhundert“ hatte. Im Gegensatz zu Theramenes war er auch nicht an deren Sturz beteiligt.

283 Plut. Alk. 33,1; vgl. Lehmann, 1972, 210; Ostwald, 1986, 428; 464; Krentz, 1982, 46.

284 Aristot. rhet. 1375b 31-35; Xen. Hell. 2.3,36; mem. 1.2,24; vgl. dazu Krentz, 1982, 46; Ostwald, 1986, 431; 464; Welwei, 1999, 247; Lehmann, 1972, 210.

285 Infolge der dürftigen Quellenlage bleiben beide Argumentationen dennoch nur Hypothesen.

286 Daß Kritias aufgrund seiner Freundschaft zu Alkibiades verbannt wurde, ist aus zwei Gründen problematisch: Zum einem, weil er nach seiner Verbannung nicht zu Alkibiades ging, der sich auf der thrakischen Chersones im Exil befand, zum anderen, da Kritias allem Anschein nach hauptverantwortlich für Alkibiades' Ermordung war (Plut. Alk. 38,5-39,9; Iust. 5,8; Nep. Alc. 10; Xen. Hell. 2.3,42; Diod. 14.11,4); vgl. Lehmann, 1972, 210 mit Anm. 24; Lotze, 1964, 59f.; Hamilton, 1979a, 77; Ostwald, 1986, 464; Krentz, 1995, 135; Ellis, 1989, 95-97; Munn, 2000, 234. Seine Verbannung könnte deshalb eher das Resultat einer Aktion der Sykophanten gewesen sein. Nach dem Sturz der „Vierhundert“ entwickelte die Verfolgung der Oligarchen eine eigene Dynamik, weshalb zahlreiche, auch unschuldige Angehörige der athenischen Oberschicht der Willkür der Sykophanten ausgeliefert waren. Dies wurde wohl als eine Schwäche der Demokratie empfunden, so daß die schon bestehende Feindschaft so mancher Athener ihr gegenüber vertieft wurde (Lys. 17,9; 20,6-7; 17-19; 25,3; 19; 24-27; Xen. Hell. 2.3,12; Symp. 29-32; Aristoph. Ran. 687ff.; 708f.); vgl. dazu Bleicken, 1995^4, 420f.; Lehmann, 1972, 203f.; ders., 1997, 40; 51; Bleckmann, 1998, 609-613; Schütrumpf – Gehrke, 1996, 478; 481f.; Welwei, 1999, 231; Krentz, 1995, 124f.; D. M. Lewis, Oligarchic

halt ist sein Aufenthalt in Thessalien. Dort war Kritias, wenn man Xenophon und Philostratos Glauben schenken darf, im Gegensatz zu seinem Leben in Athen durchaus politisch aktiv. Seine Aktivitäten während seines Thessalienaufenthaltes lassen sich aufgrund der Quellenlage indessen nicht genau rekonstruieren.[287] Vermutlich war der athenische Aristokrat in Thessalien in einen Konflikt zwischen verschiedenen Adelsfaktionen verwickelt. Vielleicht waren er und Prometheus auch Verbündete des Tyrannen Lykophron. Inwieweit Kritias durch die zu dieser Zeit in der Praxis gesammelten politischen Erfahrungen geprägt wurde, bleibt unklar. Deshalb läßt sich die Entwicklung des Kritias von einem selbstbewußten Aristokraten, der der Politik den Rücken kehrte, zu einem rücksichtslosen Machtmenschen, der seine Heimatstadt terrorisierte, nicht vollständig nachvollziehen.

Die Tatsachen, daß Kritias' politische Aktivitäten weitgehend unbekannt sind und für keinen anderen der sogenannten Vorläufer der Jüngeren Tyrannis eine so umfangreiche Bildung und starkes Interesse an den zeitgenössischen geistigen Entwicklungen bezeugt ist, macht die Frage besonders interessant, ob zwischen seinem politischen Handeln und den sophistischen Theorien, namentlich der Lehre vom Recht des Stärkeren, ein Zusammenhang besteht.

Seine Ausbildung und seine Werke bezeugen eine exzellente Kenntnis der sophistischen Lehren. In Platons *'Protagoras'* trifft er gemeinsam mit Alkibiades im Haus des Kallias ein, um dem berühmten Sophisten zuzuhören.[288] Später soll Kritias, genau wie Thukydides, ein Schüler des Gorgias gewesen sein, von dem er seine Redegewandtheit gelernt haben soll.[289] Die Dialoge *'Kritias'* und *'Charmides'* sowie die *'Memorabilien'* des Xenophon deuten darauf hin, daß der athenische Aristokrat eine Zeitlang auch zu dem Kreis des Sokrates gehörte.[290] Die unter dem Namen des Kritias überlieferten Textfragmente zeigen einen höchst gebildeten Menschen, indizieren gleichzeitig aber auch, daß man in

---

Thinking in the Late Fifth Century, in: R. M. Rosen – J. Farrell (Hrsg.), Nomodeiktes. Greek Studies in Honor of Martin Ostwald, Ann Arbor 1993, 207-211; D. Harvey, The Sykophant and Sykophancy: Vexatious Redefinition?, in: P. Cartledge – P. Millet – S. Todd (Hrsg.), Nomos: Essays in Athenian Law, Politics and Society, Cambridge 1990, 103-121; bes. 116-119, mit ausführlichen Quellenangaben auf den Seiten 119-121. Zu der Behandlung ehemaliger Mitglieder der „Vierhundert" nach 410 und den Prozessen, die gegen diese geführt wurden s. auch Dössel, 2003, 72-88. Daß eine der ersten Maßnahmen des Kritias die Hinrichtung der Sykophanten war, spricht dafür, daß er selbst vermutlich eines der „unschuldigen Opfer" der Sykophanten war (Xen. Hell 2.3,12; Aristot. Ath. pol. 35,3). Dies unterstützt die Tatsache, daß die „Dreißig" auch vorgaben, die „Gerechtigkeit" in Athen wieder einführen zu wollen (Lys. 12,5; Plat. ep. 7,324d).

287 Zu Kritias' Aufenthalt in Thessalien und der Quellenlage s. Kap. IX.3.1.

288 Plat. Prot. 316a.

289 Philostr. ep. 73; DK 88 A 17.

290 Bezeichnenderweise sah Aischines in Sokrates den Erzieher des Kritias (Aischin. 1,173).

ihm keinen Sophisten im engeren Sinne sehen sollte.[291] Er pflegte die hexametrische und elegische Dichtung und schrieb Tragödien und Satyrspiele.[292] Kritias verfaßte auch Abhandlungen in Prosa, darunter befinden sich drei Schriften über die Verfassungen von Athen, Sparta und Thessalien.[293] Er soll auch der Autor von je einer Sammlung von *‚Aphorismen'* und *‚Gesprächen'* gewesen sein.[294] Im Gegensatz zu den Sophisten oder zu Antiphon lehrte Kritias nicht.[295] Sein Philolakonismus steht ebenso in einem starken Kontrast zu dem für die Sophisten üblichen Relativismus sowie zu deren Distanz gegenüber Verfassungen.[296]

In der Forschung wurde früher des öfteren der Standpunkt vertreten, daß Kritias ein Protagonist des Rechts des Stärkeren gewesen sei und seine skrupellose Machtpolitik von dieser Theorie maßgebend bestimmt worden sei.[297] Gegen diese Anschauung wurden allerdings in den letzten Jahrzehnten schwerwiegende Argumente hervorgebracht.[298] Nichtsdestoweniger hat kürzlich H. Scholten die These formuliert, in dem Sisyphosfragment werde die Kulturentstehungslehre ironisiert und als Lüge entlarvt, weshalb, dem Verfasser dieser Schrift zufolge, nur das seit der Urzeit bestehende Recht des Stärkeren Gültigkeit beanspruchen kann.[299] Für die Diskussion der Frage, ob Kritias ein Vertreter des Rechts des Stärkeren sei, ist das Problem des Verfassers des Satyrspiels *‚Sisyphos'* und der Übereinstimmung der in diesem Text geäußerten Ansichten mit der tatsächlichen Meinung des Autors indessen von sekundärer Bedeutung.[300] Denn selbst wenn Kritias dieses Stück geschrieben hat und dieses seine Gedanken wiedergibt, läßt sich die These, daß er ein Befürworter des Rechts des Stärkeren sei, aller Wahrscheinlichkeit nach nicht halten.

---

291 Vgl. Guthrie, 1969, 301; Patzer, 1974, 3f.; de Romilly, 1992, 108f.; 216; Scholten, 2003, 228; s. auch A. Momigliano, Lebensideale in der Sophistik: Hippias und Kritias, in: C. J. Classen (Hrsg.), Sophistik, Darmstadt 1976, 466f.; G. B. Kerferd, The Sophistic Movement, Cambridge 1981, 52f.

292 Guthrie, 1969, 301f.; Patzer, 1974, 4; 6-10; Scholten, 2003, 237f.

293 Guthrie, 1969, 302; Patzer, 1974, 4; 10f.; Scholten, 2003, 237.

294 Patzer, 1974, 4.

295 Guthrie, 1969, 301; de Romilly, 1992, 108f.; 216; Scholten, 2003, 228.

296 Vgl. Patzer, 1974, 10f.

297 Nestle, 1968, 284f.; 314ff.; M. Untersteiner, The Sophists, Oxford 1954, 334ff.; W. Schmid, Geschichte der griechischen Literatur I 3, München 1940, 179ff.; 184f.

298 Vgl. Patzer, 1974, 3-19; Hoffman, 1997, 273-290; s. auch die Argumente und die Literaturangaben, die im Kap. III.1 angeführt wurden.

299 Scholten, 2003, 228-257. Daß das Stück keine Parodie ist, glaubt H. Patzer, 1974, 16.

300 Der Auffassung, daß der Text nicht die Anschauungen des Verfassers repräsentiert, sind: D. F. Sutton, Critias and the Atheism, CQ n. s. 31 (1981), 33-38, und M. Davies, 1989, 30. Kerferd – Flashar, 1998, 83 übernehmen die Meinung von E. Pöhlmann, Sisyphos oder der Tod in den Fesseln, in: P. Neukam (Hrsg.), Tradition und Rezeption, Klassische Sprachen und Literaturen, Bd. 18, München 1984, 7-20, der vermutete, bei der Rede des Sisyphos handele sich um eine Trugrede; anders Scholten, 2003, 252f. Zu dieser Problematik vgl. auch Hoffmann, 1997, 274. Zu der Autorenfrage s. Kap. III.1.

Die Nomos-Physis-Antithese ist, wie bereits dargelegt wurde, ein wesentlicher Bestandteil der Doktrin vom Recht des Stärkeren. Deswegen ist es verwunderlich, daß im Sisyphosfragment an keiner Stelle diese Antithese explizit erwähnt wird, so daß diese allenfalls aus dem Kontext erschlossen werden muß.[301] Ferner bestehen sowohl zu Antiphon als auch zu Kallikles bzw. Glaukon essentielle Differenzen hinsichtlich der Vorstellung von der Rolle des *nomos*. Auch im ‚*Sisyphos*' sind die Gesetze vom Menschen geschaffen worden. Es wird darin ebenso ein Unterschied zwischen dem Verhalten der Individuen in der Öffentlichkeit und ihrem Handeln im Verborgenen festgestellt. Desgleichen wird wie bei Antiphon und Glaukon konstatiert, daß die menschlichen Satzungen diese heimlichen Verstöße nicht verhindern können. Während Antiphon jedoch konstatiert, die geheimen Übertritte würden für den Einzelnen von Nutzen sein, werden diese im ‚*Sisyphos*' als unrechtmäßig bezeichnet. Um diese zu unterbinden, wird auch die Furcht vor den Göttern „erfunden".[302] Des weiteren wird in dem Text deutlich die konstruktive Rolle der *nomoi* für die Gemeinschaft hervorgehoben und die Auffassung geäußert, daß diese von den Menschen generell nicht in Frage gestellt werden.[303] Desgleichen wird im Stück eine rationalistische Erklärung des Glaubens an die Götter gegeben, die aber auf keine Kritik der menschlichen Konventionen schließen läßt. Daß in der Satire die Erfindung der Götter positiv beurteilt wird, obwohl die Erfindung eine Unwahrheit darstelle (ψευδὴς λόγος), ist daran erkennbar, daß sie nach der Auffassung des Verfassers eine überaus nützliche Lüge sei, die zu einer gerechteren Gesellschaft führe. Diese Schlußfolgerung unterstützt auch, daß der „Erfinder" verständig und weise genannt wird.[304]

Die Gründe, weshalb es zum Überwinden des Urzustandes und der Schaffung des *nomos* im Satyrspiel kommt, unterscheiden sich diametral von denen, die von Kallikles und Glaukon angeführt werden.[305] Bei Kallikles und Glaukon schließen sich die Schwachen zusammen, weil sie allein nicht stark genug sind, und erschaffen die menschlichen Gesetze, um sich vor den Starken zu schützen und diese zu beherrschen.[306] Im Drama werden die *nomoi* einzig erschaffen, um den tierhaften Urzustand zu beenden und somit eine menschliche Gemeinschaft möglich zu machen. Überdies werden diejenigen, die die Gesetze einführen, nicht als die Schwachen oder die Menge, sondern einfach nur als Menschen

---

301 Vgl. Hoffmann, 1997, 275; 287f.

302 Vgl. Döring, 1978, 48; Hoffmann, 1997, 280; s. auch Kap. III.1.

303 Vgl. Patzer, 1974, 17; Dihle, 1977, 38; Döring, 1978, 44; 48; Roßner, 1998, 220; 223f.; Dreher, 1983, 64-66; Hoffmann, 1997, 274-289; Kerferd – Flashar, 1998, 83f.

304 DK 88 B 25 v. 12; vgl. Dreher, 1981, 65; Hoffmann, 1997, 281ff.; Kerferd – Flashar, 1998, 83f.

305 Vgl. Hoffmann, 1997, 278f.

306 Plat. Gorg. 483b-484c; rep. 358e-359b.

(ἄνθρωποι) bezeichnet.[307] Die Tatsache, daß die Gerechtigkeit eine Tyrannin genannt wird, welche die Hybris zur Sklavin hat, ist kein Zeugnis für die Unterdrückung der Starken durch die Gesetze.[308] Daß die *dike* auf diese Weise bezeichnet wird, soll die Hoffnung der Menschen zeigen, der Zuchtlosigkeit der Starken bzw. Schlechten Herr zu werden. Darauf deutet ebenso der Umstand hin, daß sich die Hybris, von der in diesen Versen die Rede ist, nicht auf die Gerechtigkeit, sondern auf den Übermut der Schlechten bezieht. Wichtig ist darüber hinaus zu betonen, daß hierbei in keiner Weise auch nur angedeutet wird, daß die starken Naturen durch die menschlichen Konventionen generell unterdrückt werden und diese mit dem Zwang der Natur *(physis)* in Konflikt stehen. Die *nomoi* sollen die Starken nur daran hindern, weitere Ungerechtigkeiten zu begehen.

Ein weiterer Hinweis dafür, daß im *‚Sisyphos'* nicht das Recht des Stärkeren verfochten wird, ist die Art und Weise, in der die Starken dargestellt werden. Denn diesbezüglich weicht der Verfasser dieses Werkes vollkommen von der Lehre des Rechts des Stärkeren ab. Bei Kallikles werden die starken Naturen mit den besseren und einsichtvolleren Menschen gleichgesetzt.[309] Dementsprechend sind diese Individuen den Schwachen sowohl in physischer als auch in geistiger Hinsicht überlegen. Im Satyrspiel aber werden unter den Starken einzig die körperlich Kraftvollen verstanden. Dies wird aus der Schilderung der Zeit, bevor die ersten Gesetze verfaßt wurden, ersichtlich.[310] Daß diese Starken nicht den „Schwindel" von den allwissenden Gottheiten durchschauen, und diese die Furcht vor den Göttern nicht nur daran hindert, heimlich Unrecht zu begehen, sondern sogar darüber nachzudenken,[311] spricht gleichermaßen dafür, daß diese Starken nichts mit den überlegenen Naturen des Kallikles gemeinsam haben. In diesem Sinne ist ebenso aufschlußreich, daß der Erfinder der allwissenden Götter, welcher der Gegner der Starken bzw. Schlechten und Vertreter des *nomos* ist, als schlauer und gedankenkluger Mann beschrieben wird.

---

307 DK 88 B 25 v. 5.

308 Scholten, 2003, 242ff.

309 Plat. Gorg. 489c: „*Glaubst du denn, daß ich etwas anderes meine unter dem Bessersein als das Würdigsein? Sage ich dir nicht schon immer, ich setze dies als einerlei, würdiger und besser? Oder glaubst du, ich meine, wenn sich ein Haufen Knechte versammelt oder allerlei andere Leute, an denen weiter gar nichts ist, als daß sie vielleicht körperliche Kräfte haben und diese es behaupten, daß dann eben dieses das Gesetzliche sei?*"; Plat. Gorg. 490a: „*Eben das ist es auch, was ich meine. Denn dies denke ich, ist das Gerechte von Natur, daß der Bessere und Einsichtvollere herrsche und mehr habe als die Schlechteren.*" (Übers.: F. Schleiermacher); vgl. auch Plat. Gorg. 489e; 491b-d. Aussagekräftig sind auch die Termini, die Kallikles in seiner Rede in bezug auf die Starken Naturen benutzt (Plat. Gorg. 483d-e; 484c; 488b-d; 489c-490a; 491a-b). Zu Kallikles und dieser Problematik vgl. auch Hoffmann, 1997, 128f.

310 Vgl. Scholten, 2003, 242.

311 DK 88 B 25 v. 9-26.

Ein anderer Umstand, der es verdient, hierbei ebenfalls in Erwägung gezogen zu werden, ist, daß die Starken von den Autoren des Stücks zweimal als die Schlechten *(kakoi)* bezeichnet werden.[312] Dies ist ebenfalls ein gravierender Unterschied zu Kallikles, der für die Individuen, die sich gegen die menschlichen Satzungen auflehnen und über sie hinwegsetzen, durchweg positive Termini verwendet. Diese Abweichung verdeutlicht, daß die Benutzung des Wortes *kakoi* nicht notwendigerweise nur darauf zurückzuführen ist, daß die Schlechten Verstöße begehen, die im Text verurteilt werden.[313] Denn in denselben Versen, die die vorzivilisatorische Phase des menschlichen Zusammenlebens und die Dominanz der Starken schildern, wird das Antonym des Begriffes *kakoi*, der Terminus *esthloi*, angeführt.[314] Beide Begriffe haben eine ausgeprägte gesellschaftliche, moralische und intellektuelle Konnotation. Der Terminus *esthlos* ist eines der Synonyme für die Aristokratie.[315] In den frühesten Zeiten sind die Merkmale der *esthloi* persönlicher Erfolg, Reichtum, Ansehen und Einfluß. Im Laufe des 6. Jh.s kommt es zu einer Verschiebung der aristokratischen Wertmaßstäbe und Statusmerkmale.[316] Reichtum ist zwar noch immer erstrebenswert, aber er fungiert nicht mehr an sich als ein Zugehörigkeitsmerkmal zu den *esthloi*. Die Aristokraten definieren sich jetzt durch intellektuelle, moralische und ethische Kriterien. Einen *esthlos* charakterisieren Eigenschaften wie Besonnenheit, Mäßigung, Weisheit, Rechtschaffenheit, usw.[317] Soziale Aufsteiger, die aufgrund ihrer materiellen Ressourcen zu der Oberschicht gehören, werden *kakoi* genannt.[318] Diese *kakoi* kennzeichnen nach Auffassung von Vertretern der traditionellen Elite Gewinnsucht, Habgier, Ungerechtigkeit, Schamlosigkeit, Zuchtlosigkeit, Undankbarkeit, und Untreue aus. Ferner seien die Schlechten eine Gefahr für die Polis.[319] Auf ähnliche Weise werden die *kakoi* und *esthloi* auch in dem Sisyphosfragment charakterisiert. Die Gesetze werden erschaffen und die Götter erfunden, um die Zuchtlosigkeit, Hybris, und Gewalttätigkeit der *kakoi* zu bändigen.[320] Den *kakoi* kommt das Fehlen der Gesetze sowie deren Unzulänglichkeiten gelegen. Sie sind demnach Gegner einer wohl funktionierenden

---

312 DK 88 B 25 vv. 4; 14.

313 DK 88 B 25 vv. 4-8; 14-15; 23.

314 Vgl. Hoffmann, 1997, 287. Dazu, daß die Antonyme von *agathos* und *esthlos* die Termini *kakos* und *deilos* sind, s. Stein-Hölkeskamp, 1989, 91f.

315 Vgl. Stein-Hölkeskamp, 1989, 8f.; 54f.; 90 mit Anm. 14; 92; 110; 129; 132; 187.

316 Zu dieser Entwicklung kommt es, weil viele „Altadlige“ wegen der wirtschaftlichen Veränderungen ihr Vermögen und ihre gesellschaftliche Position einbüßten, während es vielen „Neureichen“, die zuvor nie zu der Oberschicht gehörten, gelang, sozial aufzusteigen. Ein weiterer Grund ist, daß in dieser Zeit der Lebensstil und das Wertesystem der Aristokraten stark kritisiert wurde. Vgl. hierzu Stein-Hölkeskamp, 1989, 57-93; 123-133.

317 Vgl. Stein-Hölkeskamp, 1989, 135ff.

318 Vgl. Stein-Hölkeskamp, 1989, 84; 87ff.; 90-93 mit Anm. 14; 116; 135ff.

319 Vgl. Stein-Hölkeskamp, 1989, 135ff.; Lahr, 1992, 20-22; Donlan, 1980, 93.

320 DK 88 B 25 vv.4-15.

Gemeinschaft. Im Gegensatz zu den Schlechten in der Satire und zu Kallikles' besseren und einsichtvolleren Naturen bringt die gesetzeslose Zeit aber keinen Nutzen für die *esthloi*, die somit nur Befürworter der Ordnung sein können.[321] Deshalb erscheint es plausibel anzunehmen, daß die Schlechten bzw. Starken des Satyrspiels nicht die „Herrenmenschen" des Kallikles sind. Daraus läßt sich die Schlußfolgerung ziehen, daß im ‚*Sisyphos*' kein Recht des Stärkeren vertreten wird.

Wenn Kritias tatsächlich ein Protagonist des Rechts des Stärkeren war, so ist es aufgrund seiner erheblichen literarischen Tätigkeit und seiner Berühmtheit als Anführer eines der berüchtigtsten Gewaltregimes verwunderlich, daß nicht bereits in der Antike behauptet wurde, die Lehre vom Recht des Stärkeren habe das theoretische Fundament seiner skrupellosen Machtpolitik gebildet oder sei zumindest von ihm befürwortet worden.[322]

Platon gibt ein verhältnismäßig positives Urteil über Kritias ab. In seinen Dialogen stellt er seinen Onkel als einen gebildeten und begabten Aristokraten dar, der aber auch zu ehrgeizig gewesen sei.[323] Obwohl Platon im siebten Brief seine Enttäuschung über die Schreckensherrschaft von 404/3 bekundet, nennt er interessanterweise Kritias dabei nicht beim Namen, sondern sagt einzig, einige der Machthaber seien mit ihm verwandt gewesen.[324] Aristoteles erwähnt Kritias in seiner Schilderung dieses Terrorregimes überhaupt nicht.[325] Er sagt sogar über den Mächtigsten der „Dreißig", daß, wenn man Kritias loben wolle, seine Taten erzählen solle, die aber nur wenigen Menschen bekannt seien.[326] Platons Haltung ist vermutlich auf seine verwandtschaftlichen Beziehungen und Kritias' Verbindungen zu Sokrates zurückzuführen. Es ist möglich, daß diese Sachverhalte auch Aristoteles' Meinung beeinflußt haben. Da einer der Hauptgründe für Sokrates' Verurteilung dessen Bekanntschaft mit Kritias war,[327] wäre es trotzdem denkbar, daß Platon, um die Unschuld seines Lehrers zu bekräftigen, zumindest auf einen negativen Einfluß der sophistischen Theorien auf den Anführer der „Dreißig" hingewiesen hätte. Denn Platon kritisiert in seinen Dialogen ohnehin vielfach die Sophisten,[328] und zwei prominente Repräsentanten dieser Bewegung, Gorgias und Thrasymachos, bringt er in ‚*Gorgias*' und ‚*Politeia*' indirekt in einen Zusammenhang mit dem Recht des Stärkeren.

321 DK 88 B 25 vv.1-4.

322 Vgl. Patzer, 1974, 3.

323 Vgl. Scholten, 2003, 236f.; Scholz, 1998, 77f.

324 Plat. ep. 7,324b-325a; vgl. Scholz, 1998, 77f.

325 Rhodes, 1981, 420f.; 429f.; Guthrie, 1969, 299f.; Wolpert, 2002, 19.

326 Aristot. rhet. 1416b 28.

327 Vgl. hierzu P. Scholz, Der Prozeß gegen Sokrates. Ein >Sündenfall< der athenischen Demokratie?, in: L. Burckhardt – J. v. Ungern-Sternberg (Hrsg.), Große Prozesse im antiken Athen, München 2000, 157-173; s. auch Dihle, 1977, 31f.; anders Rubel, 2000, 345-348.

328 Vgl. Woodruff, 2001, 264ff.

Wenn Platon und Aristoteles Kritias vielleicht aus persönlichen Gründen mit besonderer Rücksicht behandelt haben, so läßt sich dieses Motiv für Xenophon ausschließen. Wie V. J. Gray in ihrer Studie feststellt, verteidigt Xenophon in seinen *‚Memorabilien'* Sokrates vor dem Vorwurf, für die politischen Handlungen des Kritias und Alkibiades verantwortlich zu sein, indem er die Verdorbenheit der beiden hervorhebt, anstatt daß er versucht, diese zu mindern oder zu vertuschen.[329] Gleichzeitig betont Xenophon, daß Sokrates Kritias und Alkibiades zur Besonnenheit und Selbstbeherrschung anregte, und daß es ihm gelang, die Begierden und den Übermut der beiden, solange sie mit ihm verkehrten, zu unterdrücken.[330] Die äußerst negative Darstellung des Kritias in den *‚Memorabilien'* sowie in den *‚Hellenika'* lassen keine Zweifel darüber, daß Xenophon gezögert hätte zu behaupten, daß Kritias ein Verfechter des Rechts des Stärkeren gewesen sei.[331] Denn eine derartige Erklärung für Kritias' rücksichtslose Politik würde Sokrates von der Anschuldigung befreien, er sei für Kritias' Taten mitverantwortlich. Sokrates wurde zwar im Jahre 399 der Asebie angeklagt, und wahrscheinlich haben nicht wenige Athener geglaubt, er sei tatsächlich ein Atheist oder seine religiösen Vorstellungen würden von den Traditionen abweichen. Nichtsdestoweniger zeigen aber sowohl Sokrates' Lebensart als auch seine Lehre, daß er kein Befürworter des Rechts des Stärkeren gewesen ist.[332] Deswegen hat wohl kaum einer seiner Mitbürger in ihm einen Reprä-

---

329 Vgl. Gray, 1998, 41-59; s. auch Kap. IV.2.

330 Xen. mem. 1.2,17-18; 24-25.

331 Beispielsweise sagt Xenophon, Kritias sei von allen Oligarchen der habsüchtigste, gewalttätigste und mordlustigste gewesen (Xen. mem. 1.2,12). Darüber hinaus soll diesen großer Stolz aufgrund seiner Abstammung und übertriebener Ehrgeiz ausgezeichnet haben (Xen. mem. 1.2,14). Das spätere Haupt der „Dreißig" soll zu Sokrates auch einzig deshalb gekommen sein, um von diesem die Methode der Dialogführung zu lernen. Laut Xenophon hatte er bereits zu diesem Zeitpunkt die Absicht gehabt, den Staat zu regieren. Auf die ethische Seite von Sokrates' Lehre soll Kritias keinen Wert gelegt haben (Xen. mem. 1.2,14-16; 39). Die Liebesgeschichte mit dem jungen Euthydemos nutzt Xenophon aus, um auf Kritias' Unbeherrschtheit und alleiniges Interesse am Physischen hinzuweisen (Xen. mem. 1.2,29-20). Daß Kritias in Thessalien mit Menschen Umgang hatte, die mehr Unrecht begingen als sich an Recht und Ordnung zu halten, ist für Xenophon auch ein Indiz für dessen Verdorbenheit (Xen. mem. 1.2,24). Die Skrupellosigkeit und die Verbrechen des Kritias werden auch in den *‚Hellenika'* in aller Deutlichkeit thematisiert und hervorgehoben (Xen. Hell. 2.3,13-18; 21-24; 32; 38-43; 47-55; 4,1; 8-10; 20-22).

332 Dies ist in Platons *‚Gorgias'* deutlich erfaßbar. Gerade der berüchtigte Kallikles wirft Sokrates vor, ein eines wahren Mannes unwürdiges Leben zu führen (Plat. Gorg. 484c-485d). Sokrates sagt seinerseits, Kallikles sei seine Antipode und stelle demnach den idealen Prüfstein für seine Standpunkte dar (Plat. Gorg. 486d-488b; bes. 500c). Die Tatsache, daß Sokrates das allgemein akzeptierte Prinzip der Talion stark kritisiert, bekundet deutlich, wie entfernt seine Lehre von den Anschauungen des Kallikles ist. Zu Sokrates' Ablehnung des Vergeltungsschemas, welches ein wichtiges Element der Moral-

sentanten dieser Theorie gesehen. Zudem sollte man berücksichtigen, daß Xenophon in seiner Kritik des Kritias keine Bedenken hegte zu übertreiben.[333]

Ein Kommentar des Philostratos deutet gleichermaßen darauf hin, daß in Kritias' Schriften keine Herrenmenschenmoral vertreten wurde. Dieser konstatiert nämlich, daß Kritias' Weisheit und Gedanken von den Hellenen nicht ernst genommen wurden, weil sie mit seinem Charakter und Lebensweg unvereinbar gewesen seien.[334] Eine derartige Feststellung hätte Philostratos vermutlich kaum zu äußern gewagt, wenn entweder in irgendeinem Schriftstück des Kritias das Recht des Stärkeren propagiert worden wäre oder jemand behauptet hätte, dies sei der Fall gewesen. Ferner führt Philostratos seine Bemerkung, Kritias' Exzesse seien nicht auf den Mangel an guter Bildung zurückzuführen, nicht weiter aus und behauptet an dieser Stelle nicht, daß gerade dessen theoretische Kenntnisse die Ursache der Verbrechen waren.[335] Er sah somit keine Verbindung zwischen Kritias' Taten und der Sophistik.

Schließlich sollte man berücksichtigen, daß, wie aus den überlieferten literarischen Fragmenten erkennbar wird, eines der Ideale des Kritias das selbstbeherrschte und zuchtvolle Individuum gewesen ist und dies im deutlichen Kontrast zu den Anschauungen des Kallikles steht.[336]

Wenn auch im Sisyphosfragment kein Recht des Stärkeren vertreten wird, so ist trotzdem das Menschenbild, das in diesem Werk wiedergegeben wird, zu einem gewissen Grad pessimistisch.[337] Die menschliche Natur wird ambivalent dargestellt. Einerseits sind es die Menschen, die die Gesetze geschaffen haben. Andererseits müssen die Menschen über Strafen und Belohnungen zum sittlichen Handeln motiviert werden, was ihre triebhafte und unvollkommene Natur zeigt. Überdies bedarf es des verständigen und weisen Erfinders, um den Urzustand endgültig zu überwinden. Es kann sein, daß dieses Menschenbild ein Zeichen für Kritias' elitäre Denkweise ist. H. Patzer ist der Meinung, ‚*Sisyphos*' und andere Werke des Kritias würden belegen, daß eines seiner Grundideale die selbstbeherrschte und maßvolle Lebensweise gewesen sei. Ferner soll der An-

---

vorstellung der Griechen ist, vgl. G. Vlastos, Socrates: Ironist and Moral Philosopher, Cambridge 1991, 179-199.

333 Wie schon am Anfang dieses Abschnitts erläutert wurde, gibt es keine Anhaltspunkte dafür, daß Kritias vor seiner Verbannung politisch tätig war. Demzufolge ist Xenophons' Behauptung, Kritias hätte noch, bevor er Umgang mit Sokrates hatte, eine politische Laufbahn angestrebt, eine Unterstellung. Das gleiche gilt für die Aussage, Kritias habe kein Interesse für die ethische und sittliche Seite von Sokrates' Lehre gehabt. Dies widerlegen sowohl Platons Dialoge als auch die Fragmente, die unter Kritias' Namen überliefert sind; vgl. Patzer, 1974, 6-12.

334 Philostr. soph. 1,502; DK 88 A 1; vgl. Guthrie, 1969, 300; Patzer, 1974, 12.

335 Philostr. soph. 1,501; DK 88 A 1.

336 Vgl. Patzer, 1974, 3-19; bes. 4ff.; 12.

337 Vgl. Hoffmann, 1997, 286f.; s. dazu auch Patzer, 1974, 18; Döring, 1978, 48f.; Scholten, 2003, 254.

führer der „Dreißig" die Ansicht vertreten haben, den Massen würde eine fundierte sittliche Gesinnung fehlen.[338] Falls dies tatsächlich zutrifft, könnte diese elitäre Denkart ein Grund für den „puritanischen" Zug bzw. die Radikalität im Programm der „Dreißig" gewesen sein.[339] Denn laut Lysias sollen die neuen Machthaber propagiert haben, die Stadt von ungerechten Menschen zu befreien und die übrigen Bürger zu einer tugendhaften und gerechten Lebensführung zu bewegen.[340] Der Einfluß der elitären Denkweise auf Kritias' Handeln 404/3 läßt sich dennoch wegen der Quellenlage nicht nachweisen und kann deswegen nur eine Spekulation bleiben.

338 Patzer, 1974, 3-19.

339 Vgl. Ostwald, 1986, 465; Lehmann, 1987, 37 Anm. 9; Scholz, 1998, 77 Anm. 15.

340 Lys. 12,5. Platon berichtet, daß er glaubte, die Machtübernahme der „Dreißig" würde die Polis aus ihrer ungerechten Lebensart zu einem gerechten Charakter führen (Plat. ep. 7,324d).

VII. Hermokrates

Hermokrates erfährt in der antiken Tradition im allgemeinen und insbesondere bei Thukydides eine positive Charakterisierung.[1] Auf der anderen Seite aber wurde der einflußreiche Politiker und fähige Feldherr aus seiner Vaterstadt verbannt und des Strebens nach der Tyrannengewalt bezichtigt. Er kam in Straßenkämpfen um, als er versuchte, mit Gewalt seine Rückkehr zu erzwingen. Darüber hinaus gehörte zu seinen Anhängern Dionysios I., dessen engste Mitstreiter ebenfalls ehemalige Parteigänger des Hermokrates waren. Diese Sachlage hat zur Folge, daß in der modernen Forschung verschiedene Ansichten bezüglich Hermokrates' Patriotismus und Loyalität gegenüber der Polisordnung vertreten werden.[2] Auch hinsichtlich der Motive, aus denen heraus er sich zum

1 Thukydides zufolge besitzt der syrakusanische Politiker die wichtigsten Tugenden eines guten Staatsmannes. Hermokrates zeichnet ein analytischer Verstand aus und somit auch die Fähigkeit, die jeweils anstehende Situation zu durchschauen (Thuk. 6.33-34; 72,2; 7.73). Er besitzt eine weitere wichtige Eigenschaft, die für die Durchsetzung von Plänen unerläßlich ist, nämlich das Können, sich der Masse mitzuteilen und seine Gedanken zu vermitteln. Hermokrates' Reden in Gela, in Syrakus nach der ersten Niederlage, und in Kamarina, demonstrieren diese Gabe (Thuk. 4.58-65,2; 6.72,2-5; 76-80; 88,1). Es ist auch namentlich sein Verdienst, daß die Syrakusaner beschließen, eine Flotte nach Ionien zu entsenden (Thuk. 8.26,1). Als sich in Syrakus Gerüchte von einer drohenden athenischen Invasion verbreiten, gelingt es dem syrakusanischen Staatsmann zwar nicht, seine Mitbürger wegen erheblicher Widerstände gänzlich zu überzeugen, trotzdem erreicht er, daß Abwehrmaßnahmen eingeleitet werden (Thuk. 6.33-34; 41,2-3). Thukydides lobt ausdrücklich Hermokrates' Entschlossenheit sowie dessen Kompetenz auf dem militärischen Gebiet (Thuk. 6.72,2). Diese Meinung unterstreicht er durch seine Beschreibung von Hermokrates' Taten auf Sizilien und in Ionien (Thuk. 6.72,3-5; 7.21,3; 5; 73; 8.26-27; 28,2; 29,2; 45,3; 85,2-4; 104-106,3). Schließlich gewinnt man aus Thukydides' Darstellung den Eindruck, daß der Syrakusaner trotz verschiedener Rückschläge seiner Vaterstadt loyal blieb. Zu Thukydides' Urteil über Hermokrates vgl. Leppin, 1999, 143-170; bes. 143-145; 148-149; 154-155; 161-162; 167-170. Auch Xenophon rühmt in seinen *‚Hellenika'* Hermokrates. Denn in seiner Schilderung von Hermokrates' Umgang mit den Schiffsmannschaften, als die Syrakusaner die Nachricht von seiner Verbannung erreicht, stilisiert Xenophon diesen zu einem einsichtigen und tüchtigen Feldherrn, der die Zuneigung der Untergebenen zu gewinnen weiß und die Gesetze bzw. Beschlüsse seiner Heimatstadt respektiert (Xen. Hell. 1.1, 27-31); vgl. Sordi, 1992, 6. Zu den Charakteristiken und Handlungsmaximen eines guten Feldherrn und Herrschers bei Xenophon s. auch Kap. IX.1. Bei Diodor wird Hermokrates ebenso positiv beurteilt (Diod. 13.63; 75); vgl. Stroheker, 1958, 34; 195 Anm. 17; Pearson, 1987, 154.

2 G. F. Bender, Der Begriff des Staatsmannes bei Thukydides, Würzburg 1938, 82-103; Stroheker, 1958, 34; H. D. Westlake, Hermocrates the Syracusan, in: ders., Essays on the Greek Historians and Greek History, Manchester 1969, 177-200, und Berve, 1967, 215f., sehen in Hermokrates einen großen Patrioten. Dagegen spricht sich F. Grosso, Ermocrate di Siracusa, Kokalos 12 (1966), 103-143 aus; vgl. auch Diesner, 1956, 156 Anm. 232. E. Frolov, 1973c, 90f.; M. Sordi, 1992, 5-8, und S. N. Consolo Langher, Un imperialismo tra democrazia e tirannide. Siracuse nei secoli V e IV a. C., Roma 1997,

Umsturz entschlossen hatte, und in bezug auf die Frage, ob er eine Einzelherrschaft anstrebte, werden unterschiedliche Thesen aufgestellt.[3] Deshalb steht im Mittelpunkt der vorliegenden Untersuchung die Frage, wie es dazu kam, daß sich dieser hochverdiente Staatsmann gewaltsam den Beschlüssen seiner Polis widersetzte und beabsichtigte, sich zum Tyrannen aufzuwerfen.

Bevor jedoch diese Problematik erörtert werden soll, wird die Bedeutung der Auseinandersetzung mit Athen für die darauffolgenden Entwicklungen in der größten sizilischen Stadt erläutert. Daß zwischen den Konflikten, die Syrakus gegen Athen und Karthago austrug, und den inneren Wirren, die dieses Gemeinwesen zur gleichen Zeit erschütterten, eine Verbindung besteht, ist in der modernen Literatur längst erkannt.[4] Im zweiten Kapitel wurde die destabilisierende Wirkung des Krieges im allgemeinen dargestellt. Dennoch sind noch einige Einflüsse, die nicht oder nicht ausreichend in bezug auf Syrakus analysiert wurden, zu untersuchen. Der Kampf gegen Athen steht zwar nicht in einem direkten Zusammenhang mit Hermokrates' Staatsstreichversuch und der Machtergreifung des Dionysios I., hat aber trotzdem in mancherlei Hinsicht die Vorraussetzungen für diese geschaffen. Die Bedeutsamkeit der Konfrontation mit Athen soll anhand ihrer Auswirkungen auf der außen- und innenpolitischen Ebene dargelegt werden.

Im außenpolitischen Bereich kam es infolge der kriegerischen Handlungen von 415-413 zu grundlegenden Veränderungen. Schon zu Beginn des Peloponnesischen Krieges soll Sparta von seinen Verbündeten auf Sizilien und in Italien militärischen Beistand gefordert haben.[5] Die Syrakusaner leisteten dem spartanischen Gesuch allerdings keine Folge. Selbst nach der ersten Sizilischen Expedition der Athener nahmen die Syrakusaner nicht an dem Peloponnesischen Krieg

---

104-108; 112, sind der Überzeugung, daß Hermokrates nach seiner Verbannung begonnen hat, die patriotischen Gefühle seiner Mitbürger zu manipulieren.

3 S. N. Consolo Langher, 1997, 104-108; 112, meint, Hermokrates habe mit dem Staatsstreichversuch nicht beabsichtigt, sich zum Tyrannen aufzuwerfen, sondern sei zu dieser Aktion vor allem von seinen machtgierigen *philoi* überredet worden. H. Berve, 1967, 216 äußert die Ansicht, der gewaltsame Tod habe den syrakusanischen Staatsmann daran gehindert, daß dieser „fast wider Willen" die Alleinherrschaft an sich riß. Ein sehr ähnliches Urteil ist auch bei H. D. Westlake, 1969, 197-200 vorzufinden. Dieser vertritt die Auffassung, daß sich Hermokrates in erster Linie aus patriotischen Motiven zum Putsch entschieden habe. K. F. Stroheker, 1958, 33-35 vermutet, daß sich der Syrakusaner sowohl aus patriotischen Gefühlen als auch unter dem Einfluß der Sophistik sowie des näheren Kontaktes mit den persischen Verhältnissen, entschieden habe, Einzelherrscher zu werden. Daß der syrakusanische Politiker eine Tyrannis begründen wollte glauben Diesner, 1956, 155f.; Grosso, 1966, 103-143; bes. 135ff.; Sordi, 1992, 8. M. Hofer, 1999, 194 Anm. 2 läßt die Frage, ob Hermokrates eine Einzelherrschaft anstrebte, nach eigener Angabe bewußt offen.

4 Berger, 1992, 84f.; Deininger, 1993, 57; Stroheker, 1958, 32; Berve, 1967, 221; 378; Frolov, 1973c, 89f.; 103; Finley, 1979, 100; Lintott, 1982, 190; 199; Hofer, 1999, 36f.

5 Thuk. 2.7,2; Diod. 12.41,2; vgl. Westlake, 1969, 176; Hornblower, 1991a, 244.

teil. Dies belegen mehrere Passagen bei Thukydides.[6] Die zweite athenische Intervention brachte einen fundamentalen Wandel in der außenpolitischen Haltung von Syrakus mit sich. Unmittelbar nach der Vernichtung der athenischen Streitmacht auf Sizilien griffen die Syrakusaner nun auch in die Kampfhandlungen im griechischen Mutterland ein und entsandten dorthin ein Flottengeschwader.[7]

Der Sieg über Athen hat auch die Kraftverhältnisse auf Sizilien zugunsten von Syrakus und seinen Verbündeten wie Selinus stark verändert. Diese Entwicklung war ihrerseits aller Wahrscheinlichkeit nach ein wichtiger Beweggrund für den karthagischen Feldzug 410/409. Denn einerseits förderte sie bei den Karthagern das Bedürfnis, Stärke zu demonstrieren und die eigenen Positionen in Westsizilien zu sichern. Da Karthago andererseits keine Konfrontation mit Syrakus plante, verringerte der Umstand, daß die Syrakusaner bereits in der Ägäis engagiert waren, die Möglichkeit, daß es zu kriegerischen Handlungen zwischen diesen beiden Mächten kommen würde.[8]

Auf der innenpolitischen Ebene hatte der Kampf gegen Athen ebenfalls beträchtliche Folgen. Er stärkte nämlich zur gleichen Zeit sowohl Hermokrates als auch Diokles und förderte auf diese Weise indirekt den Zusammenstoß der beiden einflußreichsten Politiker von Syrakus. Hermokrates' Auftritt bei dem Friedenskongreß der Sikelioten in Gela im Jahre 424 zeigt, daß er schon zu dieser Zeit eine bedeutende Persönlichkeit in seiner Heimatstadt war. Die Sizilische Expedition ermöglichte ihm, seine militärischen und staatsmännischen Fähigkeiten unter Beweis zu stellen und sein Ansehen weiter zu steigern. Als die Syrakusaner 415 die ersten Nachrichten über einen Feldzug der Athener erreichten, demonstrierte Hermokrates laut Thukydides seine Tüchtigkeit, indem er vor dem bevorstehenden Angriff warnte und Ratschläge erteilte, wie man diesem am besten zuvorkommen könne.[9] Nach dem ersten Rückschlag im Kampf gegen die Athener ermutigte Hermokrates die Syrakusaner und schlug vor, die Zahl der Strategen auf drei zu begrenzen, sie aber mit unumschränkter Gewalt auszustatten. Gewählt wurde er selbst, Sikanos und Herakleides. Das Amt übernahmen sie aber erst im Frühjahr 414.[10] Auf diplomatischem Gebiet erreichte Hermokrates durch seine Rede in Kamarina, diese Polis wenigstens zur Neutralität zu bewegen.[11] Falls der Bericht von Polyainos zutrifft, hat er darüber hinaus

---

6 Thuk. 6.6,2; 10,1; 11,2-4; 18,1; 34,8; 36,4; vgl. hierzu H. D. Westlake, Athenian Aims in Sicily, 427-424 B.C., in: ders., Essays on the Greek Historians and Greek History, Manchester 1969, 113ff.

7 Thuk. 6.26,1; Diod. 13.34,4.

8 Zu den Ursachen dieses Konfliktes und den Bemühungen der Karthager und der Syrakusaner, einen direkten militärischen Zusammenstoß zu vermeiden, s.u.

9 Thuk. 6.32-34; vgl. dazu E. F. Bloedow, Hermocrates' Strategy Against the Athenians in 415 B.C., AHB 7 (1993), 115-124.

10 Polyain. 1.43,1; vgl. Hüttl, 1929, 78f.

11 Thuk. 6.76,3-80; 88,1-2.

durch eine List einen Sklavenaufstand verhindert.[12] Als aber Nikias schließlich direkt gegen Syrakus vorging, konnten Hermokrates und seine Amtskollegen das athenische Heer nicht am Bau eines Belagerungsringes hindern. Wegen dieser Mißerfolge wurden sie des Verrats verdächtigt und durch drei andere Strategen ersetzt. Später unterstützte Hermokrates energisch Gylippos, der faktisch den Oberbefehl innehatte, und zeichnete sich in den darauffolgenden Kämpfen aus.[13] Hermokrates gelang es auch, den Rückzug der Athener zu verzögern, bis die Sikelioten alle Wege besetzen konnten und die endgültige Niederlage der athenischen Expeditionstruppen unvermeidbar war.[14] Daß Hermokrates während des Krieges trotz der Amtsenthebung nicht an Prestige eingebüßt, sondern im Gegenteil, gewonnen hatte, zeigt auch die Tatsache, daß er sich nach der Vernichtung der athenischen Armee auf Sizilien für die Unterstützung von Sparta einsetzte und erreichte, daß ein beträchtliches Flottengeschwader entsandt wurde.[15] Dieser Flottenverband wurde von ihm selbst angeführt. Auch auf diesem Kriegsschauplatz konnte sich Hermokrates hervortun. Seine Ankunft in Ionien zwang die Athener, ihre Belagerung von Milet aufzugeben.[16] Bei der Einnahme von Iasos erwarben sich die Syrakusaner unter ihrem Feldherrn den meisten Ruhm.[17] Als später Tissaphernes nicht den vollen Sold zahlen wollte, widersetzte sich Hermokrates und setzte die Zahlung durch.[18] Auch danach war der Syrakusaner mit dem persischen Satrapen konfrontiert. Nachdem Tissaphernes auf Alkibiades' Vorschlag den Sold verminderte, protestierte Hermokrates und ging später nach Sparta, um die hinterlistige Politik des Persers aufzudecken.[19] In der Schlacht von Kynossema 411 befehligte Hermokrates den rechten Flügel der peloponnesischen Flotte.[20] Daß Hermokrates' Erfolge in der Ägäis sein Ansehen auch zu Hause steigerte, wird dadurch belegt, daß er für 410 erneut zum Strategen gewählt wurde.[21] Erst die Niederlage bei Kyzikos 410 än-

---

12 Polyain. 1.43,1; vgl. Th. Lenschau, Hermokrates (1), RE 8,1, 1912, Sp. 884; Stroheker, 1958, 152f.; K.-W. Welwei, Unfreie im antiken Kriegsdienst. Teil II: Die kleineren und mittleren griechischen Staaten und die hellenistischen Reiche, Wiesbaden 1977, 31; Grosso, 1966, 125; Consolo Langher, 1997, 101; 106; D. M. Lewis, Sicily, 413-368 B.C., CAH VI^2, 1994b, 124.

13 Thuk. 7.21; Diod. 13.11,3-6.

14 Thuk. 7.73,3-74; Diod. 13.18,3-6.

15 Thuk. 8.26,1; Diod. 13.34,4; vgl. Grosso, 1966, 126; Lintott, 1982, 193.

16 Thuk. 8.26-27.

17 Thuk. 8.28,2.

18 Thuk. 8.29,2.

19 Thuk. 8.45,3; 85,2-4.

20 Thuk. 8.104-106,3; Diod. 13.39,4-40,6.

21 Thuk. 8.26,1; Diod. 13.34,4; 63,1; Xen. Hell. 1.1,31; vgl. Hüttl, 1929, 78f. mit Anm. 88; Grosso, 1966, 129.

derte dies, obwohl es den Sikelioten unter Hermokrates' Kommando als einzigen gelang, ihre Schiffe in Brand zu setzen, bevor diese in Feindeshand gerieten.[22]

In Athen war die Niederlage auf Sizilien eine der Hauptursachen für den oligarchischen Umsturz von 411. In Syrakus hingegen steigerte der Erfolg im Krieg das Selbstbewußtsein des Demos. Infolgedessen kam es zu wichtigen institutionellen Veränderungen.[23] Der Anführer des Demos, Diokles, erwirkte 412/411 durch seine Gesetzgebung eine Reform der Verfassung.[24] Kernstück der Verfassungsänderung war die Einführung des Losverfahrens bei der Bestellung der Ämter mit der Ausnahme der Strategie.[25] Ferner wurde das Strategenkollegium von drei auf zehn Amtsträger erhöht.[26] Statt der Strategen übernahmen nun die Archonten die Leitung der Volksversammlung.[27] Die Staatsordnung von Syrakus wandelte sich durch diese Reformen von einer gemäßigten zu einer voll ausgebildeten Demokratie.[28]

---

22 Xen. Hell. 1.1,18.

23 Aristot. pol. 1304a 27-29; vgl. Hüttl, 1929, 85; Lintott, 1982, 193; 199; Berger, 1992, 39f.; 89; J. L. O'Neil, The Origins and Developments of Ancient Greek Democracy, Lanham 1995, 75; Schütrumpf – Gehrke, 1996, 473f.; Consolo Langher, 1997, 101.

24 E. Manni, Diocle di Siracusa fra Ermocrate e Dionisio, Kokalos 25 (1979), 220-231 ist der Auffassung, Diokles der Gesetzgeber und Diokles der demokratische Reformator seien nicht ein und dieselbe Person; vgl. auch Lewis, 1994b, 125; anders Schütrumpf – Gehrke, 1996, 473.

25 Diod. 13.34,6; 35,1-2; 92,1.

26 Thuk. 6.72,4-73,1-2; Plat. ep. 8,354d.

27 Thuk. 6.41,1; Diod. 13.92; vgl. Hüttl, 1929, 77ff.; 85f.; S. Berger, Democracy in the Greek West and the Athenian Example, Hermes 117 (1989), 306-308; ders., 1992, 39f. mit Anm. 202; Lewis, 1994b, 125f.; Schütrumpf – Gehrke, 1996, 473f.

28 In der modernen Literatur sind die Meinungen bezüglich des Charakters der politischen Ordnung, die in Syrakus zwischen den Jahren 466-412/11 existierte, geteilt. Die Hauptgründe hierfür sind die lückenhafte Überlieferung und die widersprüchlichen Kommentare des Aristoteles, der von *politeia*, Oligarchie, guter Ordnung und Demokratie spricht (Aristot. pol. 1304a 27-29; 1305b 39-1306a 2; 1312b 6-9; 1316a 32-33). Diodor und Thukydides hingegen bezeichnen das politische System in der größten sizilischen Polis ausnahmslos als eine Demokratie (Diod. 11.67-68; 72; 86-87; 92,2; Thuk. 6.38-39; 7.55,2; vgl. auch Diod. 11.92; 13.33; Thuk. 6.34ff.; 72-73; 103). Zur Quellenlage s. insbesondere N. K. Rutter, Syracusan Democracy: ‚Most Like the Athenian'?, in: R. Brock – S. Hodkinson (Hrsg.), Alternatives to Athens. Varieties of Political Organisation and Community in Ancient Greece, Oxford 2000, 137-151. In der Forschung überwiegt der Standpunkt, in Syrakus habe zwischen dem Sturz der Deinomeniden und den Reformen des Diokles eine gemäßigte Demokratie bestanden, in der aller Wahrscheinlichkeit nach die Aristokraten und die Besitzenden einen beträchtlichen Einfluß ausübten; vgl. hierzu Finley, 1979, 88f.; 96f.; Lintott, 1982, 185-191; Berger, 1989, 306f.; ders., 1992, 37-40; O'Neil, 1995, 43f.; 73ff.; Schütrumpf – Gehrke, 1996, 473f.; Rutter, 2000, 137-151; bes. 150f. E. Robinson, Democracy in Syracuse, 466-412 B.C., HSCPh 100 (2000), 189-205; ders., The First Democracies: Early Popular Government Outside Athens, Stuttgart 1997, 120-122; P. A. Brunt, H. Wentker: Sizilien und Athen. Die Begegnung der attischen Macht mit den Westgriechen, Heidelberg 1956, CR 7 (1957), 244; Hüttl, 1929,

Der Kampf gegen Athen kam auch Diokles' persönlichem politischen Aufstieg entgegen. Der Sachverhalt, daß sich Diokles nach der Kapitulation der athenischen Truppen mit seinem Antrag, die Kriegsgefangenen hart zu behandeln und Nikias und Demosthenes hinzurichten, gegen die Ratschläge von Hermokrates und Gylippos durchsetzen konnte, weist darauf hin, daß er bereits zu diesem Zeitpunkt über eine beträchtliche Autorität in der Bevölkerung verfügte.[29] Des weiteren ist Diokles nach der Vernichtung der athenischen Streitmacht Führer (*prostates*) des Demos, eine Position, die Athenagoras vor der athenischen Invasion einnahm. Dies bedeutet, daß nicht nur das Ansehen des Hermokrates, sondern auch das des Diokles während der Kämpfe im Volke stieg. Möglicherweise wurde Diokles auch zum Volksführer, weil Athenagoras an einem frühzeitigen bzw. gewaltsamen Tod starb. Aufgrund der dürftigen Quellenlage läßt sich dies allerdings nicht klären. Die Fortsetzung des Krieges mit Athen kam Diokles ebenfalls gelegen. Denn mit Hermokrates gingen gewiß auch viele seiner Parteigänger in die Ägäis, was den Widerstand gegenüber Diokles' Reformen und Plänen zweifelsohne stark schwächte.[30] Vielleicht noch wichtiger ist, daß Diokles jetzt, da sein einziger Kontrahent – Hermokrates – abwesend war, die Gelegenheit bekam, ungestört seinen Einfluß weiter auszubauen und zu festigen. Denn ansonsten ist kein anderer Gegenspieler bekannt, der zu dieser Zeit gegen Diokles ernsthaft opponieren konnte. Dies könnte eine Erklärung dafür sein, weshalb Hermokrates trotz beachtlicher Erfolge nach Kyzikos verbannt wurde, während Diokles selbst nach dem Debakel von 409 im Kampf gegen Hannibal die führende Position in Syrakus behaupten konnte.

Des weiteren soll die Frage untersucht werden, wie es zu Hermokrates' Putschversuch kam und ob dieser dabei beabsichtigte, eine Tyrannenherrschaft zu errichten. Bald nach der Schlacht bei Kyzikos 410 erreichte Hermokrates und seine Amtskollegen die Nachricht, daß sie aus ihrer Heimatstadt verbannt worden waren.[31] Hermokrates lehnte die vor allem von den Trierarchen und Schiff-

---

65-99, und Westlake, 1969, 184, vertreten die Ansicht, daß schon vor den Verfassungsänderungen von 412/411 eine Demokratie, in welcher der Demos dominierte, existierte; vgl. auch Andrewes, 1956, 136f. H. Wentker, Sizilien und Athen. Die Begegnung der attischen Macht mit den Westgriechen, Heidelberg 1956, 52f.; B. Caven, Dionysius I, Warlord of Syracuse, New Haven/London 1990, 12ff.; 25f. Consolo Langher, 1997, 51-53; 101, und Hofer, 1999, 143-151; bes. 151, gehen von einer *politeia* bis 412/411 aus. Zu beachten ist freilich, daß der Begriff Demokratie hier nur mit Einschränkungen angewendet werden kann, da es unwahrscheinlich ist, daß dieser Terminus bereits in den sechziger Jahren des 5. Jh.s in Syrakus Verbreitung gefunden hat; vgl. Bleicken, 1995[4], 64ff.; 72f.; Welwei, 1999, 95; 128; Raaflaub, 1995, 46-48.

29 Diod. 13.19,4; 33; Thuk. 7.86,2; Plut. Nik. 27-28. Zu der Überlieferung bezüglich der Tötung von Nikias und Demosthenes, s. Pearson, 1987, 28; 141; 144-146.

30 Vgl. O'Neil, 1994, 75.

31 Thuk. 8.85,3. Diese Abberufung des Hermokrates ist in das Jahr 410 und nicht 411 zu datieren; vgl. dazu Bleckmann, 1998, 231-235.

soldaten vertretene Forderung ab, trotzdem ihr Anführer zu bleiben.[32] Dabei ist wichtig zu bemerken, daß es sich bei den Trierarchen und Schiffssoldaten eher um Syrakusaner aus den oberen Schichten handelte, welche dem Diokles und den Demokraten nicht unbedingt wohlgesonnen waren.[33] Hermokrates war wahrscheinlich ein Opfer des wachsenden politischen Einflusses der demokratischen Kreise, die den Verlust der Flotte bei Kyzikos nur als einen Vorwand nutzten, um ihn zu verbannen.[34] Zwei Tatsachen sprechen für ein derartiges Szenario. Zum einen wurden zwischen der Zeit der Abfahrt des Hermokrates nach Griechenland und dem Zeitpunkt seiner Verbannung die demokratischen Reformen des Diokles in Syrakus durchgeführt. Zum anderen wurde Demarchos, der nach der Verbannung des Diokles Anführer der Demokraten wurde, als einer der Amtsnachfolger des Hermokrates bestimmt.[35]

Aus dem Umstand, daß Hermokrates' Verbannung aller Wahrscheinlichkeit nach das Resultat des Agierens der Demokraten war, läßt sich jedoch nicht zwingenderweise ableiten, der Syrakusaner sei wegen einer oligarchischen Gesinnung oder seiner außenpolitischen Orientierung bestraft worden.[36] Die antike

---

32 Xen. Hell. 1.1,28.

33 Das wird auch deutlich, wenn Xenophon beschreibt, wie Hermokrates sich täglich mit den Fähigsten unter ihnen im Kriegsrat zu beraten pflegte (Xen. Hell. 1.1,30-31).

34 Vgl. Stroheker, 1958, 32; J. Seibert, Die politischen Flüchtlinge und Verbannten in der griechischen Geschichte: Von den Anfängen bis zur Unterwerfung durch die Römer, Darmstadt 1979, 238; Westlake, 1969, 197-200; Manni, 1979, 226; Consolo Langher, 1997, 102f. F. Grosso, 1966, 133ff. vertritt den Standpunkt, daß der Entschluß, Hermokrates zu verbannen, auch von der oligarchischen Partei unterstützt wurde.

35 Xen. Hell. 1.1,29; Thuk. 8.85,3; Diod. 13.96,3; s. hierzu Stroheker, 1958, 43; Berve, 1967, 224; Berger, 1992, 40 Anm. 210; Consolo Langher, 1997, 105. F. Grosso, 1966, 134 meint hingegen, Demarchos sei ein Oligarch gewesen.

36 Es ist nicht auszuschließen, daß der syrakusanische Staatsmann eine gemäßigte Oligarchie oder eine demokratische Ordnung, in der die Oberschicht einen größeren Einfluß ausüben würde, einer „radikalen" Demokratie vorzog. Es existieren jedoch in den Quellen keine Belege dafür, daß eine Änderung der Staatsordnung zu irgendeinem Zeitpunkt sein Ziel war und er ein extremer Oligarch gewesen sei – derartige Thesen vertreten M. Hofer, 1999, 35, und F. Grosso, 1966, 103-143. H. Berve 1967, 215f. meint, Hermokrates sei oligarchisch gesinnt gewesen; allerdings zweifelt er nicht an dessen Loyalität gegenüber der damaligen syrakusanischen Verfassung. Gegen die Vorstellung von Hermokrates als einem Oligarchen sprechen sich Stroheker, 1958, 195 Anm. 14; Westlake, 1969, 185, und Caven, 1990, 21, aus. In bezug auf die Vorwürfe des Athenagoras sollte berücksichtigt werden, daß es sich hier um eine politische Rede handelt, die demagogische Aspekte aufweist. Ferner destabilisierte in der Regel, wie schon erwähnt wurde, die Gefahr eines Krieges die politische Lage und begünstigte so das Erheben von derartigen Anschuldigungen. Aus diesen Gründen können Athenagoras' Behauptungen kein eindeutiger Beweis dafür sein, daß Hermokrates tatsächlich bereits 415 ein Feind der bestehenden politischen Ordnung war oder von den breiten Massen auf diese Weise empfunden wurde. Dem widerspricht auch, daß zu diesem Zeitpunkt keine

Überlieferung deutet in keiner Weise an, Hermokrates habe sich feindselig gegenüber den Reformen des Diokles oder der bestehenden demokratischen Ordnung verhalten und sei deshalb aus seinem Vaterland verwiesen worden. In Xenophons *‚Hellenika'* lehnt Hermokrates es nicht nur ab, sich gegen seine Heimatstadt aufzulehnen. Er beschwert sich darüber hinaus in keiner Weise, daß die Änderung der Verfassung für den Beschluß seiner Verbannung verantwortlich ist. Auch für die Zeit nach seiner Rückkehr nach Sizilien liegen keine Angaben über eine Abneigung gegenüber der herrschenden Polisordnung vor. Gleichermaßen ist es schwer vorstellbar, daß der Demos später die Rückkehr des Hermokrates nach Syrakus gewünscht hätte, wenn dieser antidemokratisch gesinnt gewesen wäre. Schließlich ist bemerkenswert, daß es nicht die Demokraten, sondern die „Oligarchen" waren, die eine Aufhebung der Verbannung des Hermokrates verhinderten. Das einzige „politische Programm" des Hermokrates, von dem berichtet wird, ist von „Patriotismus" geprägt. Diese „nationale" Demagogie wurde aber niemals mit einer sozialen Demagogie verknüpft.[37]

Der Konflikt zwischen Hermokrates und den Demokraten läßt sich ebensowenig durch einen Streit über die außenpolitischen Orientierung von Syrakus erklären.[38] Denn auch die Demokraten setzten sich für die Fortführung des Krieges mit Athen ein. Darauf weisen die 5 Schiffe aus Syrakus und die zwei Trieren aus Selinus hin, die im Frühjahr 409 in Ionien als Verstärkung eintrafen.[39] Überdies wird weder von Xenophon noch von Diodor Hermokrates' Verbannung und spätere Aktionen in einen derartigen Kontext gesetzt. Aus diesen Gründen erscheint als die plausibelste Erklärung für den Verbannungsbeschluß, daß sich auf diese Weise Diokles des einzig gefährlichen Konkurrenten entledigen wollte, um in Syrakus eine uneingeschränkte Vorherrschaft ausüben zu können.[40]

Nachdem Hermokrates ins Exil geschickt worden war, ging er zu dem persischen Satrapen Pharnabazos. Mit dessen Geld konnte er 5 Schiffe bauen lassen und 1000 Söldner anwerben.[41] Diodor berichtet, daß Hermokrates 409 nach Sizi-

---

Maßnahmen gegen Hermokrates ergriffen wurden und er zum *strategos autokrator* gewählt wurde.

37 S. unten; vgl. auch Kap. VIII.2.

38 Anders Grosso, 1966, 130f.; vgl. auch Manni, 1979, 228f.; Cawkwell, 1997, 85ff.

39 Xen. Hell. 1.2,8; vgl. Lewis, 1994b, 126.

40 Das heißt nicht, daß hierbei innen- und außenpolitische Differenzen völlig irrelevant gewesen sind, sie waren aber aller Wahrscheinlichkeit von zweitrangiger Bedeutung; s. dazu auch Kap. II.2.

41 Diodor berichtet, daß Hermokrates in Messana in Sizilien Söldner anwarb (Diod. 13.63,2), während dies nach Xenophon im ägäischem Raum erfolgte (Xen. Hell. 1.1,31). Th. Lenschau, 1912, Sp. 885 vertritt die Meinung, daß es sich bei Diodor um eine Verwechslung handelt. Dabei soll dieser Messenien mit Messana verwechselt haben. Nach Diodor nahmen auch 5 sizilische Schiffe an der spartanischen Rückeroberung von Pylos teil. Einige Sachverhalte könnten dafür sprechen. Erstens könnte ihm hier ebenfalls ein Fehler unterlaufen sein, da Diodor mit der Chronologie bei Hermokrates nicht zuverläs-

lien zurückkehrte. Da er aber nach anderen Quellen noch im Frühjahr 408 in die Geschehnisse des Peloponnesischen Kriegsschauplatzes verwickelt war,[42] erscheint es begründet, die Rückkehr des Hermokrates in das Jahr 408 zu datieren.[43]

In der Zeit zwischen der Verbannung des Hermokrates und seiner Anwerbung von Söldnern und Schiffen hat sich anscheinend ein Wandel seiner Ansichten vollzogen. Hermokrates' Bemühungen in der Darstellung Xenophons, einen offenen Konflikt mit seiner Vaterstadt zu vermeiden, steht in deutlichem Kontrast zur späteren Aufstellung einer Streitmacht. Der Frage, ob man dabei wirklich von einem Gegensatz ausgehen kann, gilt das besondere Interesse, da sie vielleicht einen Eindruck über die Absichten, die Hermokrates zu diesem Zeitpunkt verfolgte, vermitteln könnte. Einige Indizien deuten darauf hin, daß er mit seiner Anwerbung von Söldnern keine Umsturzpläne verfolgte, wenigstens nicht zu diesem Zeitpunkt.[44] Erstens hätte Hermokrates nicht die Besatzungen der Trieren aufgefordert, unter den neuen Strategen weiterhin einsatzfreudig zu sein. Ebenso hätte er nicht ihre Forderung, das Kommando zu behalten, mit den Worten, man dürfe sich gegen die Heimatstadt nicht auflehnen, zurückge-

---

sig ist. Falls 5 Schiffe der Syrakusaner wirklich in Messenien waren, ist es wahrscheinlicher, daß diese ihrer Heimatstadt zu Hilfe eilten, als Syrakus von den Karthagern bedrängt wurde. Tatsächlich berichtet Diodor in 13.61,1, daß 25 sizilische Trieren nach Himera kamen, als diese von Hannibal 409 belagert wurde. Da aber die neuen Strategen Hermokrates erst im Frühjahr 409 ablösten, müssen sie wahrscheinlich kurz darauf nach Sizilien aufgebrochen sein, um rechtzeitig bei Himera anzukommen. Zweitens sagt Diodor in 13.64,5, daß 5 sizilische Schiffe am Angriff auf Pylos in Messenien teilnahmen. Die gleiche Zahl von Schiffen hatte Hermokrates. Drittens war es für eine private Person sicher viel schwieriger wegen des Krieges mit Karthago, in Messana Schiffe zu bauen und Söldner zu finden als auf der Peloponnes, wo auch Dionysios I. später notgedrungen Söldner anheuerte. Es könnte sein, daß Hermokrates zuerst in Messenien war und dann später in Messana landete, was zu der Verwechslung bei Diodor führt. Schließlich aber läßt sich die These von Th. Lenschau (Messana – Messenien) nicht mit letzter Sicherheit beweisen, da Xenophon nichts über ein eventuelles Engagement des Hermokrates oder der Syrakusaner bei Pylos sagt. Dennoch spricht für diese These der Bericht des Xenophon, die Vorbereitungen des Hermokrates hätten im ägäischen Raum stattgefunden; vgl. auch Caven, 1990, 39. Gegen die These von Th. Lenschau argumentiert neuerdings Bleckmann, 1998, 235-240.

42 Im Frühjahr 408 gehörte Hermokrates mit seinem Bruder Proxenos zur Begleitung einer spartanischen Delegation, die zu Pharnabazos ging, welcher sie weiter zum Großkönig begleiten sollte (Xen. Hell. 1.3,13; 4,1-4). Hermokrates wollte wahrscheinlich nur zu Pharnabazos; vgl. Lenschau, 1912, Sp. 885.

43 Vgl. Seibert, 1979, 239; Hans, 1983, 56; Stroheker, 1958, 33; Lenschau, 1912, Sp. 885f.; bes. 886. S. Berger, 1992, 40 setzt die Rückkehr 409/408 an. D. Lotze, 1964, 84 vertritt die Ansicht, die Rückkehr Hermokrates sei erst ins Jahr 407 zu datieren. D. M. Lewis, 1994b, 130 ist der Meinung, daß sich Hermokrates noch in den letzten Monaten von 408 in der Ägäis befand und teil der Gesandtschaft zum persischen König war.

44 Vgl. Seibert, 1979, 239.

wiesen.[45] Statt dessen hätte Hermokrates eher versucht, die Mannschaften, oder wenigstens einen Teil von ihnen, für sich zu gewinnen. Zweitens war seine neu angeworbene Streitmacht zu klein für einen solchen Umsturz, und in diesem Moment bestand keine ernste Krise in Syrakus, so daß er keine größere Anhängerschaft gewinnen konnte. Wenn Hermokrates tatsächlich schon im Frühjahr 409 eine eigene Streitmacht besaß, hätte es drittens nahegelegen, daß er schon in diesem Jahr, als die Kämpfe in Sizilien noch im Gange waren, intervenierte, und nicht erst 408, als die Kampfhandlungen beendet waren.[46] Viertens war es eine sehr kostspielige Angelegenheit, 5 Schiffe und 1000 Söldner ein Jahr lang zu finanzieren. Deswegen mußte es schon einen wichtigen Grund dafür geben, daß die Anwerbung von Söldnern bereits zu einem so frühen Zeitpunkt erfolgte.[47] Fünftens ist es schwer vorstellbar, daß die Lakedaimonier oder Pharnabazos gewagt hätten, einen Bürgerkrieg bei einem so mächtigen und wichtigen Verbündeten wie Syrakus zu tolerieren oder gar zu fördern.[48]

Ein derartige Handlungsweise des Hermokrates und des Pharnabazos ist aus diesen Gründen nur erklärbar, wenn einige andere Umstände berücksichtigt werden. Hermokrates pflegte zwar gute Beziehungen zu Pharnabazos, nicht aber zu dessen Konkurrenten Tissaphernes.[49] Pharnabazos unterstützte im Gegensatz zu Tissaphernes die Spartaner und ihre Verbündeten vorbehaltlos in ihrem Kampf gegen Athen. Dies bewies Pharnabazos auch nach der Schlacht bei Kyzikos, als er neue Schiffe bauen ließ. In dieser Zeit zeichneten sich die Syrakusaner unter Hermokrates für ihr Engagement aus.[50] Offenbar hatte dieser aufgrund seiner Leistungen nicht nur bei den Griechen, sondern auch bei Pharnabazos einen guten Eindruck hinterlassen.[51] Da Hermokrates während seiner Anwerbung von Söldnern in der Ägäis blieb, möglicherweise am Angriff auf Pylos teilnahm und im Frühjahr 408 wieder bei Pharnabazos anzutreffen ist,[52] erscheint es plausibel, daß er das Geld erhielt, um eine Streitmacht aufzustellen,

---

45 Xen. Hell. 1.1,27-28.

46 Hermokrates' Nachfolger im Amt haben beispielsweise die 25 sizilischen Trieren aus der Ägäis nach Himera geführt, um die dortigen syrakusanischen Streitkräfte im Kampf gegen Karthago zu unterstützen (Diod. 13.61,1).

47 Sogar Dionysios I. warb, als er schon Tyrann von Syrakus war, die meisten Söldner für seinen Krieg gegen die Karthager erst kurz vor dessen Beginn 397 an, als alle anderen Vorbereitungen bereits abgeschlossen waren (Diod. 14.43,4).

48 Nicht nur, daß Syrakus aufgrund der Stasis sicherlich eine Zeitlang nicht in der Lage gewesen wäre, außenpolitisch aktiv zu sein, es bestand auch das Risiko, daß Hermokrates' Vorhaben mißlingt, was möglicherweise die Demokraten in Syrakus auf die Seite von Athen gebracht hätte. F. Grosso, 1966, 136f. meint, daß Hermokrates für sein Vorhaben die Unterstützung von Pharnabazos hatte, nicht jedoch die von Sparta.

49 Vgl. Lenschau, 1912, Sp. 884f.

50 Xen. Hell 1.1,26.

51 Diod. 13.62,2.

52 Xen. Hell. 1.3,13; 4,1-4.

deren Einsatz in erster Linie für den ägäischen Raum gedacht war. Erst als ihn Nachrichten über die schweren Niederlagen der Sikelioten im Kampf gegen Hannibal erreichten, ist vermutlich seine Entscheidung gereift, in die dortigen Geschehnisse aktiv einzugreifen. Denn im Unterschied zum Vorjahr war die Lage für ihn wesentlich günstiger. Seine Gegner waren kompromittiert, und der Kampf mit den Karthagern gab ihm die Gelegenheit, sich in den Augen seiner Mitbürger zu rehabilitieren, ohne dabei einen Bürgerkrieg auszulösen.[53] Ein derartiges Szenario unterstützt auch sein Vorgehen auf Sizilien nach seiner Rückkehr.

Vor einer Behandlung der Aktionen des Hermokrates in Sizilien ist es erforderlich, den Feldzug des Hannibal zu erläutern. Dabei hat die Frage, welche Ziele die Karthager bei diesem Unternehmen verfolgten, maßgebende Bedeutung. Sie ermöglicht, die Motive und die Rolle des Hermokrates besser zu verstehen. Die Elymerstadt Egesta in Westsizilien, die von ihrem stärkeren Nachbarn Selinus bedrängt wurde, wandte sich schon 416 an Karthago, ihr Hilfegesuch wurde dort aber abgelehnt. Die Forderung von Egesta nach militärischem Beistand akzeptierten die Athener schließlich als Vorwand für eine Intervention auf Sizilien. Nachdem die Sizilische Expedition gescheitert war, brach der Konflikt zwischen Egesta und Selinus 411 von neuem aus. Da Syrakus Verbündeter von Selinus war, blieb einzig Karthago als eventuelle Schutzmacht für die Elymer übrig. Dieses Mal wurde ihr Hilfegesuch von Karthago angenommen.

Einen bedeutenden Einfluß auf diese Entscheidung hatte sicherlich Hannibal, Sohn des Gisgo, der von persönlichen Motiven getrieben wurde.[54] Doch dies ist nicht der entscheidende Grund. Das Scheitern der athenischen Expedition demonstrierte Karthago deutlich die Macht der Sikelioten.[55] Anscheinend beabsichtigte Karthago, den expansiven Tendenzen der Griechen rechtzeitig Einhalt zu gebieten, um eigenes Gebiet im westlichen Teil der Insel zu sichern und einen größeren Konflikt zu verhindern. Dabei wollten sowohl Karthago als auch Syrakus es nicht zu einer direkten Konfrontation kommen lassen.[56] Eine karthagisch-egestanische Delegation in Syrakus beabsichtigte, eine Ausbreitung des Krieges und die Beteiligung von Syrakus zu vermeiden.[57] In Syrakus selbst vertrat man ähnliche Vorstellungen.[58] Beide Seiten unterschätzten jedoch die Gefahr einer Ausbreitung des Konflikts. Hannibal glaubte, die Syrakusaner

---

53 Die Spartaner und Pharnabazos haben Hermokrates vermutlich unterstützt, weil sie sich hofften, daß mit seiner Rehabilitation Syrakus wieder in der Ägäis aktiv werden würde.

54 Diod. 13.43,5-6; s. dazu W. Huss, Die Karthager, München 1994², 66.

55 Diod. 13.43,4.

56 Vgl. Hans, 1983, 53-55; Huss, 1994², 66; Lewis, 1994b, 127f.; 130f.; Consolo Langher, 1997, 105. E. Manni, 1979, 229 ist jedoch der Ansicht, daß Hannibal tatsächlich zeitweise beabsichtigte, auch Syrakus anzugreifen.

57 Diod. 13.43,4; 6.

58 Diod. 13.43,7.

würden ihren Bündnisverpflichtungen gegenüber Selinus nicht nachkommen. Die Syrakusaner dagegen vermittelten den Selinuntinern den Eindruck, sie würden deren Polis in einem Konflikt unterstützen. Syrakus versuchte nämlich, zugleich ein Bündnis mit Selinus und den Frieden mit Karthago aufrecht zu erhalten. Syrakus festigte auf diese Weise zusätzlich Selinus' unnachgiebige Haltung gegenüber Egesta und Karthago.[59]

Nachdem Hannibal im Sommer 410 und im Winter 410/409 Truppen in Karthago, Libyen und Spanien ausgehoben hatte, landete er mit seinem Heer im Frühling bei Lilybaion. Demonstrativ ließ er die Flotte bei Motye an Land ziehen, um den Syrakusanern zu zeigen, daß der Feldzug nicht gegen sie gerichtet sei.[60] Danach zog Hannibal sofort gegen Selinus und begann die Stadt zu belagern. Die Syrakusaner reagierten ihrerseits auf die Hilfegesuche von Selinus nur zögernd.[61] Denn die Selinuntiner hatten gleich nach der Nachricht von der Landung des karthagischen Heeres Boten nach Syrakus gesandt und militärischen Beistand gefordert. Nachdem die Hilfe nicht kam und Selinus schon belagert wurde, wurden Akragas, Gela und Syrakus noch einmal um Entsendung von Truppen gebeten.[62] Als die 3000 Mann starke syrakusanische Vorhut in Akragas eintraf und sich dort mit den Hilfskontingenten aus Gela und Akragas vereinte, war Selinus bereits nach einer Belagerung von nur neun Tagen gefallen.[63] 16000 Bewohnern sollen dabei umgekommen sein, weitere 5000 gerieten in Gefangenschaft, und nur 2600 konnten sich durch Flucht nach Akragas retten. Eine Gesandtschaft der griechischen Hilfsverbände aus Akragas forderte Hannibal auf, die Gefangenen zum Rückkauf freizugeben und nicht gegen die dortigen Tempel zu freveln.[64] Diese maßvolle Forderung offenbart noch einmal, daß die Syrakusaner eine Ausweitung des Konflikts verhindern wollten. Hinsichtlich der Tempel kam Hannibal diesen Bitten nicht nach, erlaubte aber den geflohenen Selinuntinern die Rückkehr in ihre Stadt.[65]

Danach entschloß sich Hannibal, gegen Himera vorzugehen. Diese Aktion Hannibals war im Unterschied zu der Einnahme von Selinus nicht politisch oder militärisch motiviert. Sie diente lediglich der Wiederherstellung der Familienehre des Hannibal, da es sein Großvater war, der dort 480 durch Gelon eine vernichtende Niederlage erlitten hatte.[66] Die Kontingente aus Syrakus, Gela und

59 Vgl. Hans, 1983, 53f.
60 Diod. 13.54,5.
61 Vielleicht war man in Syrakus der Ansicht, daß das karthagische Heer keine Bedrohung für Syrakus darstellen würde, oder man fürchtete seine militärische Überlegenheit; vgl. hierzu Hans, 1983, 54; Huss, 1994², 68f.
62 Diod. 13.54,3; 55,1-5; 56,1.
63 Diod. 13.59,9.
64 Diod. 13.59,1-2.
65 Diod. 13.59,2-4.
66 Vgl. M. Zahrnt, Die Schlacht bei Himera und die sizilische Historiographie, Chiron 23 (1993), 353-390.

Akragas unter der Führung des Diokles folgten ihm dorthin. Weitere 25 syrakusanische Trieren trafen ein, die aus der Ägäis zurückgekehrt waren.[67] Die Truppen des Diokles nahmen an kleineren Kämpfen bei Himera teil, während die Stadt von den Karthagern belagert wurde.[68] Indessen verbreitete sich bei den Griechen das Gerücht, Hannibal beabsichtige, mit seinen Schiffen und besten Einheiten einen Angriff auf das ungeschützte Syrakus zu unternehmen.[69] Dieses Gerücht verursachte den raschen Abzug der von Diokles geführten Verbände. Es ist unwahrscheinlich, daß das Gerücht von Diokles selbst in Umlauf gebracht wurde.[70] Nach dem Fall von Selinus wäre ein solcher Abzug der Syrakusaner zweifellos als Mißerfolg gedeutet worden. Denn man wußte, welches Schicksal Himera von Hannibal zu erwarten hatte. Zudem hatte diese Polis den anderen Griechen demonstriert, daß man erfolgreich gegen die Karthager kämpfen konnte.[71] Ferner waren jetzt die besten syrakusanischen Truppen, die einige Jahre zuvor erfolgreich gegen die Athener waren, zu Hilfe gekommen.[72] Möglicherweise ist das Gerücht in der Situation der allgemeinen Angst und Unsicherheit auch spontan entstanden. Es ist aber ebenso denkbar, daß Hannibal dieses Gerücht ausstreuen ließ. Dies tat aber er dann wohl kaum aus Furcht vor dem Gegner, sonst hätte er niemals Himera angegriffen. Im Gegenteil, eine solche Maßnahme könnte von Hannibal vorgenommen worden sein, um eine unnötige Ausbreitung des Konflikts zu verhindern.[73] Dies würde sich in seine Politik gegenüber Syrakus einfügen. Diokles gelang es, einen Teil der Bevölkerung von Himera nach Syrakus zu evakuieren. Himera wurde bald danach von den Karthagern erobert und dem Erdboden gleichgemacht.[74] Hannibal ließ 3000 gefangene Bürger von Himera an dem Ort, an dem sein Großvater Hamilkar gefallen war, hinrichten.[75] Nach der Zerstörung von Himera erklärte er den Feldzug für beendet. Die sizilischen Verbündeten schickte er nach Hause, ließ ausreichend starke Einheiten zu ihrem Schutz dort zurück und verließ mit dem Heer Sizilien.[76] Da Selinus und Himera zerstört waren, gab es keine griechische Polis

67 Diod. 13.61,1.

68 Diod. 13.61,1-3; 6; 75,2; vgl. Hans, 1983, 54.

69 Diod. 13.61,2-3.

70 W. Huss, 1994², 70 vermutet, daß genau das der Fall war. Nach ihm wollte Diokles die Erhaltung des Vertrauens in die Politik von Syrakus erreichen und zugleich einen guten Grund für den Rückzug geben.

71 Diod. 13.60.

72 Hans, 1983, 54f. Die Verbannung von Diokles ein Jahr später ist ein Beweis dafür, welch schwerwiegender Mißerfolg die Evakuierung von Himera war.

73 Es kann auch sein, wie L.-M. Hans, 1983, 55 glaubt, daß es sich hier um ein von Hannibal an Diokles gerichtetes „Ultimatum" handelt, welches Diokles in ein Gerücht umwandeln ließ.

74 Diod. 13.62,2-4.

75 Diod. 13.62,4-5.

76 Diod. 13.62,5-6.

mehr, die an die karthagische Epikratie angrenzte und eine Bedrohung darstellte. Zugleich waren neue Verbündete in Sizilien gewonnen. Die Familienehre des Hannibal war ebenfalls wiederhergestellt. Hannibal hatte somit alle seine Ziele erreicht. Sein Rückzug beweist, daß die Eroberung ganz Siziliens, oder wenigstens die Errichtung einer Vorherrschaft von Karthago, keines dieser Ziele war. Dementsprechend drohte von Karthago aus keine existentielle Gefahr für das Griechentum auf Sizilien.[77]

Im Sommer 408, als Hannibals Feldzug bereits beendet war, landete Hermokrates in Messana. Dort schlossen sich ihm 1000 geflüchtete Bürger von Himera an. Diodor berichtet, daß Hermokrates sofort nach seiner Ankunft einen erfolglosen Angriff auf Syrakus unternahm.[78] Dieser Bericht erscheint aus mehreren Gründen zweifelhaft.[79] Es ist schwer vorstellbar, daß die Flüchtlinge aus Himera, die sich Hermokrates angeschlossen haben, es wagen würden, gegen die einzige Polis vorzugehen, die ihnen hätte helfen können.[80] Des weiteren hätte Hermokrates mit einer derartigen Handlung einen Krieg an zwei Fronten – gegen Syrakus und gegen Karthago – riskiert. Zweifelhaft ist dies auch, weil kurz danach die Mehrheit der Syrakusaner geneigt war, Hermokrates aus dem Exil zurückzuberufen, obwohl Diokles noch immer an der Macht war.[81] Als Hermokrates die sterblichen Überreste der Gefallenen nach Syrakus brachte, fürchteten die Syrakusaner zwar, daß dieser eine Tyrannis anstrebe, allerdings waren sie sich dessen noch immer nicht ganz sicher.[82] Überhaupt ist diese Nachricht von einem Angriff des Hermokrates auf Syrakus unvereinbar mit seiner gesamten Politik, die seine politische Rehabilitation und die Diskreditierung seiner Gegner zum Ziel hatte.[83] Auffällig ist in dieser Hinsicht seine Haltung, als er die Gebeine der gefallenen syrakusanischen Soldaten zur feierlichen Beisetzung nach Syrakus brachte. Hermokrates respektierte nämlich dabei das Verbot, als Verbannter die Polisgrenze zu überschreiten, was im klaren Gegensatz zu dem angeblichen Angriff auf Syrakus steht. Aus Messana ging er demzufolge direkt nach Selinus, baute einen Teil der zerstörten Stadtmauern wieder auf und forderte alle noch lebenden Selinuntiner auf, sich ihm anzuschließen.[84]

In Selinus, das jetzt als seine Basis fungierte, konnte er eine Streitmacht von 6000 Mann aufstellen. Von dort aus unternahm er Angriffe auf die karthagische Epikratie. Die Bewohner von Motye schlug er in einer Schlacht und zwang

77 Vgl. Berve, 1967, 216.
78 Diod. 13.63,3.
79 Anders Berve, 1967, 215; Pearson, 1987, 154f.; Lewis, 1994b, 130.
80 In den Quellen wird an keiner Stelle ein Konflikt zwischen den Flüchtlingen aus Himera und Syrakus auch nur angedeutet.
81 Diod. 13.63,5-6.
82 Diod. 13.75,5-6.
83 Diod. 13.75,4-5; vgl. Hans, 1983, 56.
84 Diod. 13.63,3-4.

sie zum Rückzug in ihre Stadt. Das Territorium von Panormos wurde ebenfalls verwüstet. Auf diese Weise gewann er die Sympathien der Sikelioten und bewirkte in Syrakus einen starken Stimmungswandel zu seinen Gunsten.[85] Danach zog Hermokrates mit seinem Heer nach Himera. Auf dem Schlachtfeld von Himera ließ Hermokrates 408 die Gebeine der im Jahr zuvor gefallenen Syrakusaner einsammeln und zur Bestattung nach Syrakus bringen. Er selbst begleitete den feierlichen Zug bis zur Grenze seiner Heimatstadt.[86] Diokles widersetzte sich der allgemeinen Befürwortung einer Beisetzung der sterblichen Überreste und wurde deswegen selbst verbannt. Hermokrates verzeichnete dadurch seinerseits einen beachtlichen Erfolg. Denn er gewann wieder an Ansehen, während sein bedeutendster Widersacher ins Exil getrieben wurde. Dennoch berief man ihn nicht nach Syrakus zurück, da er verdächtigt wurde, die Tyrannis anzustreben.[87] Kurze Zeit später, vermutlich im Frühjahr 407, versuchte Hermokrates mit Hilfe seiner Söldner und der Parteigänger in Syrakus, gewaltsam in die Stadt einzudringen.[88] In den Straßenkämpfen aber fand er den Tod.[89] Auch ein Großteil seiner Mitkämpfer wurde getötet, während die Überlebenden zur Verbannung verurteilt wurden.

Ein derartiger Verlauf der Ereignisse wirft zwei Fragen auf: Erstens, ob Hermokrates wirklich die Alleinherrschaft angestrebt hat; zweitens, warum seine Rückkehr aus dem Exil in Syrakus nicht akzeptiert wurde. Diese beiden Fragen sind eng miteinander verbunden.

Wie schon am Anfang bemerkt wurde, wird Hermokrates in den Quellen durchweg positiv beurteilt. Vor allem das Urteil von Thukydides über ihn als großen Staatsmann ist von Gewicht.[90] Dieses muß aber mit Vorsicht betrachtet werden. Aufschlußreich ist ein Vergleich mit Thukydides' Urteil über Phrynichos und Antiphon. Thukydides beschreibt Phrynichos als Menschen von Vernunft, als Patrioten und jemanden, der anfangs gegenüber den Umsturzplänen von 411 zurückhaltend war.[91] Bald danach wurde Phrynichos wegen seines Konflikts mit Alkibiades und aus Furcht vor diesem einer der eifrigsten Oligarchen.[92] Des weiteren versuchte er die gesamte athenische Flotte den Lakedaimoniern zuzuspielen.[93] Thukydides hat auch eine sehr hohe Meinung von dem bekannten Redner Antiphon. Nach Thukydides stand dieser keinem Athener an Wert nach und war in der Planung und der Formulierung politischer Ziele mei-

85 Diod. 13.63,5-6.
86 Diod. 13.75,2-3.
87 Diod. 13,75,5-6.
88 Stroheker, 1958, 34; Lenschau, 1912, Sp. 885f.
89 Diod. 13.75,7-9.
90 Vgl. Leppin, 1999, 143-170; bes. 143-145; 148-149; 154-155; 161-162; 167-170.
91 Thuk. 8.27; 48,4-7.
92 Thuk. 8.68,3-4; 90,1; 92,2.
93 Thuk. 8.50-51. Zu Phrynichos s. Leppin, 1999, 149; 160f.; 164ff.

sterhaft.[94] Und obwohl Thukydides wußte, daß Antiphon der führende Geist und Kopf des ganzen Umsturzes von 411 war, hinderte dies ihn nicht an einer solchen Einschätzung.[95] Diese Beispiele demonstrieren, daß die hohe Meinung von Thukydides über Hermokrates nicht unbedingt mit der Möglichkeit, daß dieser die Tyrannis anstrebte, im Widerspruch stehen muß. Hinzu kommt, daß Thukydides' Geschichtswerk nicht über das Jahr 410 hinausgeht und in seiner Darstellung auch keine Kommentare zu Hermokrates' Aktivitäten nach dessen Rückkehr auf Sizilien vorzufinden sind. Aus diesen beiden Gründen bleibt unbeantwortet, wie der athenische Historiker Hermokrates' umstürzlerische Handlungen bewertet hätte und ob seine Beurteilung des Syrakusaners vielleicht in diesem Falle anders ausgefallen wäre.[96]

Im Jahre 410 wurde Hermokrates von den Demokraten verbannt.[97] Der Hauptgrund für diese Maßnahme dürfte die weitere Steigerung seines Einflusses während des Krieges mit Athen gewesen sein. Hermokrates' Autorität war ohnehin schon vor dieser Konfrontation groß.[98] Seine Rückkehr 408 nach Syrakus wurde aber letztlich nicht von den Demokraten verhindert. Zu diesem Zeitpunkt hatten nämlich die „oligarchisch" eingestellten Kreise die Oberhand gewonnen.[99] Dieser Machtwechsel manifestierte sich dadurch, daß zu dieser Zeit Diokles verbannt wurde und daß 406 das griechische Heer, welches Akragas zu Hilfe kam, unter dem Befehl des „oligarchisch" gesinnten syrakusanischen Strategen Daphneios stand.[100] Das bedeutet, daß es 408/407 in erster Linie die konservative Gruppierung war, die die Rückberufung von Hermokrates vereitelte.[101] Demnach waren nicht nur die Demokraten gegen Hermokrates, sondern auch die „oligarchischen" Kreise glaubten möglicherweise, daß dieser eine Gefahr darstelle.[102]

---

94 Thuk. 8.68,1-3.

95 Thuk. 8.68,1. Zu Antiphon s. Leppin, 1999, 159f.; 163f.

96 Vgl. Leppin, 1999, 162. Möglicherweise könnten Athenagoras' Anschuldigungen ein Indiz dafür sein, daß Hermokrates der Idee einer Einzelherrschaft nicht gänzlich verschlossen war. Diese Ansicht vertreten F. Grosso, 1966, 112ff.; 141ff., und M. Hofer, 2000, 35 mit Anm. 3.

97 Diese Maßnahme ist aber nicht als Beweis für die tyrannischen Absichten des Hermokrates zu verstehen. Diese war wahrscheinlich vom Sinn her dem Ostrakismos in Athen näher.

98 Ein deutliches Zeichen ist die Bedeutung, die ihm Thukydides beimißt, sowie die Beschuldigung von Athenagoras.

99 Vgl. Grosso, 1966, 139; Consolo Langher, 1997, 108.

100 Diod. 13.86,4-5. Im Jahr 409 hatte Diokles diese Position inne. Zu Daphneios s. auch Aristot. pol. 1305a 26-28; Polyain. 5,7.

101 Vgl. Grosso, 1966, 138f.; Frolov, 1973c, 90f.; Consolo Langher, 1997, 106; 108.

102 Die Tatsache, daß Athenagoras in bezug auf Hermokrates nur von der Gefahr einer Tyrannis oder *dynasteia*, nicht aber von der Gefahr einer Oligarchie spricht, ist ein zusätzliches Indiz dafür (Thuk. 6.38,3-4).

Mehrere Gründe könnten solch eine Überzeugung zusätzlich gefördert haben. Die Handlungen, die Hermokrates vornahm, nachdem er nach Sizilien zurückgekommen war, könnten dabei insbesondere von Belang gewesen sein. Hermokrates wird oft in der Forschung als echter sikeliotischer Patriot angesehen, und seine Aktionen in den Jahren 408/407 werden damit erklärt, daß sie gerade durch diesen Patriotismus motiviert waren.[103] Diese Auffassung steht jedoch im Widerspruch zu einigen Sachverhalten. Es ist zwar richtig, daß seine mitreißende Rede von 425 in Gela von sikeliotischem Patriotismus gekennzeichnet ist. Dieser Appell hatte aber vor allem zum Ziel, die athenische Einmischung in die sikeliotischen Angelegenheiten zu verhindern und diente somit letztlich primär den Interessen seiner eigenen Polis.[104] Den manipulativen und demagogischen Charakter dieser Rede unterstreicht ferner die Tatsache, daß Syrakus zwei Jahre zuvor Leontinoi angegriffen und damit den ganzen Konflikt ausgelöst hatte.[105] Als eine Stasis in Leontinoi kurz danach ausbrach (424 – 422), nutzten die Syrakusaner zudem diese Gelegenheit aus und annektierten die Stadt.[106] In beiden Fällen darf man davon ausgehen, daß Hermokrates auf die Gestaltung der Außenpolitik von Syrakus starken Einfluß ausübte. Ein Hinweis dafür könnte Thukydides' Bemerkung sein, Hermokrates habe sich im Kriege durch Erfahrung bewährt und sei wegen seiner Tapferkeit berühmt gewesen.[107] Die Tatsache, daß Thukydides diese Äußerung macht, bevor er von der zweiten Sizilischen Expedition berichtet, weist darauf hin, daß sich der syrakusanische Staatsmann in anderen früheren militärischen Auseinandersetzungen ausgezeichnet haben muß. Deshalb liegt es nahe, die Vermutung anzustellen, Thukydides' Aussage bezieht sich auf die Konflikte die Syrakus in den zwanziger Jahren des 5. Jh.s führte.

Hermokrates manipulierte auch 408 mit patriotischen Gefühlen der Bevölkerung.[108] Denn in diesem Moment drohte von Karthago keine Gefahr, weder für das Griechentum auf der Insel noch für Syrakus.[109] Deswegen waren Hermokrates' Angriffe auf die Epikratie keine Antwort auf eine karthagische Provokation und dienten einzig seinen eigenen innenpolitischen Zielen. Seine Intention war, wie bereits erwähnt, sich durch diese Streifzüge gegen die Karthager politisch zu rehabilitieren und seine Widersacher in Syrakus zu diskreditieren, ob-

---

103 So Stroheker, 1958, 33f.; Berve, 1967, 215f.; Westlake, 1969, 177-200; F. T. Hinrichs, Hermokrates bei Thukydides, Hermes 109 (1981), 46-59; bes. 50; 58; anders Grosso, 1966, 103-143.

104 Vgl. Welwei, 1999, 185; Wentker, 1956, 125ff.

105 Thuk 3.86,2-3; Diod. 12.53,1; vgl. S. Berger, Great and Small Poleis in Sicily: Syracuse and Leontinoi, Historia 40 (1991), 136.

106 Thuk. 5.4,2-4; s. hierzu Berger, 1991, 137.

107 Thuk. 6.72,2.

108 Vgl. Hans, 1983, 57; Frolov, 1973c, 90f.; Sordi, 1992, 5-8; 16ff.; Consolo Langher, 1997, 104-108; 112.

109 Stroheker, 1958, 33; Berve, 1967, 216.

wohl ihm dabei bewußt gewesen sein muß, daß er dadurch eine neue Konfrontation mit Karthago heraufbeschwor. Die Ähnlichkeit des Hermokrates in dieser Hinsicht zu dem späteren Verhalten von Dionysios' I. ist unübersehbar.[110]

Anscheinend war man sich des demagogischen Charakters dieser Politik auch in Syrakus bewußt. Zusammen mit dem Umstand, daß dieselbe Person eine private Söldner- und Freiwilligenarmee führte, muß zumindest bei den „oligarchisch" eingestellten Kreisen die Gefahr eines Staatstreiches bzw. einer Tyrannis als durchaus real empfunden worden sein. Dies bedeutet aber nicht, daß Hermokrates bis zu diesem Zeitpunkt wirklich entsprechende Absichten verfolgte. Wahrscheinlich wünschte er nur, seine frühere führende Position wiederzubekommen. Hier ist der innere Bruch von Hermokrates anzusetzen.[111] Als er auch nicht unter den Konservativen seine Wiederaufnahme in seine Heimatstadt auf legale Weise durchsetzen konnte, muß ihm klar geworden sein, daß der Versuch, mit Gewalt nach Syrakus einzudringen, die einzige Lösung blieb.[112] Von diesem Zeitpunkt an darf man zweifellos annehmen, daß Hermokrates eine tyrannische Position anstrebte. Mehrere Sachverhalte unterstützen dies. Die Demagogie, der Aufbau einer persönlichen Streitmacht und die Anwendung von offener Gewalt sind typische Merkmale für die Errichtung einer Alleinherrschaft.[113] Außerdem waren seine Möglichkeiten sehr begrenzt, falls er wirklich Erfolg gehabt hätte. Denn sowohl die Demokraten als auch die Konservativen waren zuvor schon gegen ihn, und nachdem er zu offener Gewalt gegriffen hatte, war eine friedliche Einigung mit ihnen äußerst unwahrscheinlich. Hinzu kommt, daß nur ein Jahr später Hermokrates' Anhänger einen Mitstreiter aus ihren Reihen – Dionysios I. – unterstützten,[114] damit dieser Tyrann werde. Es ist schwer vorstellbar, daß sich in der Zwischenzeit ein drastischer Wandel ihrer Ansichten vollzogen hat.

---

110 Vgl. Sordi, 1992, 8; 16ff.; 21.

111 Vgl. Stroheker, 1958, 34; Westlake, 1969, 200.

112 Das ausgeprägte Selbstbewußtsein und die Kühnheit des Hermokrates könnten ebenfalls einen wesentlichen Einfluß auf dessen Entscheidung gehabt haben, nicht mehr friedlich auf eine Rückberufung zu warten; vgl. Stroheker, 1958, 34; Grosso, 1966, 124f. Der Wagemut des Hermokrates ist des öfteren in seinen Reden bei Thukydides feststellbar (Thuk. 6.34,8-9; 72,4; 7.21,4); s. hierzu Bender, 1938, 83ff.; Grosso, 1966, 110f.; 124f.

113 Die Demagogie, der Aufbau einer persönlichen Streitmacht und die Anwendung von offener Gewalt sind typische Merkmale für die Errichtung einer Alleinherrschaft. Das beste Exempel hierfür ist Dionysios I. Dessen Angriffe auf die Strategen und später auf die Kollegen sind ein deutlicher Ausdruck seiner Demagogie. Durch großzügige Bezahlung der Söldner und die Aufstellung einer Leibgarde in Leontinoi gelang es ihm, eine persönliche Streitmacht aufzustellen. Zu offener Gewalt griff Dionysios I. nach der Machtergreifung, als er Demarchos und Daphneios hinrichten ließ und den Aufstand der *hippeis* blutig niederschlug.

114 Unter ihnen war auch der Schwager von Hermokrates.

Aus diesen Gründen ist es plausibel anzunehmen, daß Hermokrates 407 wirklich versuchte, eine Tyrannis zu errichten.[115] Dies bedeutet nicht, daß dies von Anfang an sein Ziel gewesen sein muß. Man darf eher von einer allmählichen Entwicklung ausgehen, in der die letzte Ablehnung seiner Rehabilitierung durch eine Aufhebung seiner Verbannung den endgültigen Wendepunkt darstellt. Daß hierbei der Einfluß der Sophistik möglicherweise von Bedeutung gewesen ist,[116] läßt sich allerdings nicht nachweisen. Hermokrates' Reden bei Thukydides und Xenophon indizieren nicht nur rhetorisches Talent, sondern weisen auch auf eine entsprechende Schulung hin. Ferner wird Hermokrates in Platons Dialog *'Timaios'* von Sokrates als ein sehr gebildeter Mann vorgestellt.[117] Da der berühmte Syrakusaner um 470 geboren wurde,[118] und seine Heimatstadt durchaus in Verbindung mit zeitgenössischen kulturellen Entwicklungen stand,[119] kann man davon ausgehen, daß dieser schon früh mit dem sophistischen Gedankengut in Berührung gekommen ist. Daher erscheint es unwahrscheinlich, daß die sophistischen Theorien einen plötzlichen Gesinnungswandel bei Hermokrates ausgelöst haben könnten. Die Tatsache, daß er überdies ein Mann mit reicher Erfahrung war, der sich in einem reifen Alter befand, spricht ebenfalls gegen die Vorstellung, er sei leicht zu beeinflussen gewesen. Des weiteren existieren in den Quellen keine Anhaltspunkte dafür, daß Hermokrates' politische Ansichten schon in den Jahren bzw. Jahrzehnten vor seiner Verbannung stark von sophistischen Thesen geprägt wurden. In seiner Rede auf dem Friedenskongreß in Gela 425 kommt Hermokrates dem Recht des Stärkeren sehr nahe.[120] Dennoch wird in dieser Rede keine sophistische Lehre vom Recht des Stärkeren verfochten. Denn die in Gela von Hermokrates geäußerten Ansichten entsprechen in vielen Bereichen dem traditionellen griechischen Denken.[121] Außerdem ist zu berücksichtigen, daß sich Hermokrates' Ausführungen auf zwischenstaatliche Beziehungen und nicht auf innenpolitische Verhältnisse beziehen.

---

115 Vgl. Stroheker, 1958, 34f.; Frolov, 1973c, 90; anders Berve, 1967, 216.

116 So Stroheker, 1958, 35; vgl. auch Sordi, 1992, 4f.; 19f.

117 Sokrates (Plat. Tim. 20a): „*Vom Kritias aber wissen wir hierzulande alle, daß ihm von dem, wovon wir sprechen, nichts fremd ist; von des Hermokrates Naturanlage und Erziehung ferner muß man auf Grund vieler Zeugen glauben, daß sie für all dies vollkommen geeignet sei.*" (Übers.: F. Schleiermacher). Selbstverständlich hat Hermokrates wohl kaum jemals an einer derartigen Diskussion teilgenommen; vgl. dazu Grosso, 1966, 125; Sordi, 1992, 5; 19.

118 Wentker, 1956, 173 Anm. 366; Grosso, 1966, 121.

119 S. dazu Kap. VIII.3.

120 Thuk. 4.61,5: „*Und daß die Athener so um sich greifen und Pläne schmieden, ist höchst verzeihlich, und nicht, daß einer herrschen will, tadle ich, aber wenn einer zu schnell bereit ist zu dienen; denn so ist Menschennatur allezeit: zu unterwerfen, was nachgibt, vor Angreifenden sich zu wahren.*" (Übers.: G. P. Landmann); vgl. dazu Bender, 1938, 92; Rengakos, 1984, 32 Anm. 75.

121 S. hierzu Kap. III.2; 4.

VIII. Dionysios I.

Die mächtigste Gewaltherrschaft in der Epoche der Jüngeren Tyrannis wurde von Dionysios I. gegründet. Daher überrascht es nicht, daß seine Machtergreifung das Tyrannenbild sowohl in der Antike als auch in der Gegenwart nachhaltig geprägt hat und oft als ein mustergültiges Beispiel betrachtet wurde. Zusammen mit dem verhältnismäßig vollständigen und glaubwürdigen Quellenmaterial veranschaulichen diese Sachverhalte die immense Bedeutung der Analyse des Machtantrittes von Dionysios I. für das Verständnis der Anfänge der Jüngeren Tyrannis. Deswegen ist das folgende Kapitel in drei Abschnitte gegliedert. Im ersten Abschnitt liegt der Schwerpunkt auf der Erörterung der Bedeutung des Krieges für die Entstehung der Tyrannis in Syrakus. Hierbei wird auch auf die Gemeinsamkeiten mit den Entwicklungen im griechischen Mutterland hingewiesen. Anschließend wird die Frage erläutert, inwieweit grundlegende soziale Gegensätze bei der Errichtung der Einzelherrschaft in Syrakus eine Rolle spielten bzw. ob Dionysios I. als Anführer des Demos im Kampf gegen die Oberschicht an die Macht gelangte. Im dritten Abschnitt soll gezeigt werden, daß die sophistischen Theorien in Syrakus bekannt waren und Dionysios I. die zeitgenössischen geistigen Strömungen nicht fremd waren.[1]

1. Der Krieg und die Tyrannis des Dionysios I.

In dem Kapitel *‚Hermokrates'* wurde erörtert, auf welche Weise der Kampf mit Athen wichtige Veränderungen auf der außen- und innenpolitischen Ebene begünstigt hat und so dem Aufkommen der Jüngeren Tyrannis in Syrakus entgegenkam. An dieser Stelle soll kurz auf eine weitere Bedeutung dieses Konfliktes aufmerksam gemacht werden. Es handelt sich um den Einfluß des Krieges auf die Jugend von Syrakus. Der Grund dafür ist, daß der künftige Autokrat Dionysios I. sich zu dieser Zeit in den entscheidenden Entwicklungsjahren befand, da er ungefähr um 432 geboren wurde. Das gleiche gilt auch für einige seiner wichtigsten *philoi* wie Philistos und Polyxenos.[2] Die Quellen sagen zwar nichts über die Jugend des Dionysios I. und seiner Mitstreiter aus, aber es ist anzunehmen, daß derart erschütternde Erlebnisse eine junge Persönlichkeit in

1 Diese Studie soll aber keine Bewertung der Bedeutung der Sophistik für die Entwicklungen in Syrakus am Ende des 5. Jh.s sein, da dies wegen der dürftigen Quellenlage nicht möglich ist.

2 Philistos wurde ca. 430 geboren; vgl. hierzu R. Laqueur, Philistos (3), RE 19,2, 1938, Sp. 2409; Pearson, 1987, 20; K. Meister, Philistos, DNP 9, 2000, Sp. 818. H. Schäfer, Polyxenos (7), RE 21,2, 1952, Sp. 1856 meint Polyxenos sei ein Generationsgenosse des Tyrannen gewesen.

erheblichem Maße beeinflußt haben.[3] Dieser Einfluß wurde dadurch intensiviert, daß sich – im Unterschied zu Athen – der Peloponnesische Krieg in Syrakus innerhalb kürzerster Zeit von seiner schlimmsten Seite zeigte. Vielleicht noch signifikanter ist, daß der Krieg gegen Athen mit allen seinen entsetzlichen Begleiterscheinungen, seiner demoralisierenden Wirkung auf die Massen und seiner starken Förderung von inneren Zwistigkeiten für diese jungen Menschen die erste wirkliche politische Erfahrung war. Die destruktiven Einflüsse des Krieges auf die syrakusanische Gesellschaft konnten sie ohnehin aus nächster Nähe beobachten.[4] Es ist aber genauso wahrscheinlich, daß Dionysios I., Philistos und Polyxenos damals ihre ersten Kampferfahrungen machten. Denn wie Diodor berichtet, beteiligten sich an den Gefechten auch Knaben, die für den Kriegsdienst noch nicht reif waren. Selbst wenn dies nicht zutrifft, wurden die schwersten Kämpfe vor den Stadtmauern und im Hafen von Syrakus ausgefochten. Dadurch konnten sich auch die Bewohner, die nicht an den Kampfhandlungen teilnahmen, ein sehr intensives Bild von den Schrecken des Krieges machen.[5] Der Umstand, daß Dionysios I. mit nur fünfundzwanzig Jahren als erfolgreicher Demagoge auftrat und der Herrscher einer der größten griechischen Poleis wurde, weist auf überdurchschnittliche politische Erfahrung und Reife hin, die mutmaßlich zu einem beträchtlichen Teil das Resultat der schweren Erlebnisse dieser Epoche sind. Eine ähnliche Schlußfolgerung wäre gleichermaßen für Philistos und Polyxenos möglich, da beide von Anfang an bei der Machtergreifung des Dionysios I. zu seinen engsten Mitstreitern gehörten.

Diese Betonung der zweiten Sizilischen Expedition sollte nicht mit dem Standpunkt verwechselt werden, die dramatischen Kämpfe mit Karthago und die inneren Krisen der folgenden Jahre hätten eine unwesentliche oder gar keine Bedeutung für die persönliche Entwicklung und Weltsicht des Dionysios I. gehabt. Während man über den Einfluß der Konfrontation mit Athen nur spekulieren kann, läßt sich mit einer an Sicherheit grenzenden Wahrscheinlichkeit annehmen, daß die darauffolgenden innen- und außenpolitischen Auseinandersetzungen Dionysios I. maßgeblich geprägt haben. Die Überlieferung berichtet, der spätere Tyrann habe auf der Seite des Hermokrates gekämpft, als dieser versuchte, nach Syrakus zurückzukehren, und er sei dabei gefährlich verwundet worden.[6] Dies zeigt, daß Dionysios I. bereits vor Hermokrates' mißglücktem Umsturzversuch am politischen Leben aktiv teilnahm. Die Geschehnisse dieser Zeit ermöglichten ihm, sich einen aufschlußreichen Einblick in die Macht der

---

3 Vgl. Stroheker, 1958, 38f.; Frolov, 1973c, 95.

4 Plutarch spricht in seiner Nikias-Vita von Philistos als einem Augenzeugen der damaligen Geschehnisse in Syrakus, im konkretem Fall in bezug auf die Ankunft des Gylippos (Plut. Nik. 19); s. dazu Pearson, 1987, 19.

5 Diod. 14,5; 15,5; 16,7; vgl. auch Thuk. 6.69,1; 97,4-5; 99,3; 102,1; 7.22,2; 25,5-6; 36,3; 5; 37,2; 39; 42,1-2; 71,1-4.

6 Diod. 13.75,9.

Intrigen und der Demagogie zu verschaffen. Denn sowohl Hermokrates' als auch Diokles' Verbannung demonstrierten, wie die Massen in Momenten der Erregung von Gefühlen geleitet wurden und dadurch besonders anfällig für Manipulation waren. Aus der Fähigkeit, das Vertrauen des Demos zu gewinnen und gleichzeitig die Gegner zu diffamieren, wie dies Dionysios I. 406/405 demonstrierte, läßt sich schließen, daß die Machtkämpfe in Syrakus zwischen 410 und 407 eine wichtige Schule für den jungen Syrakusaner waren. Das gleiche kann man auch in bezug auf Hermokrates' fehlgeschlagenen Staatsstreich sagen, da Dionysios I. damals seine ersten Erfahrungen in bezug auf Vorbereitung und Austragen einer Stasis machte.

Laut Diodor soll sich Dionysios I. während des zweiten Krieges mit Karthago hervorgetan haben.[7] Da er bereits 410/409 wehrfähig war, kann man davon ausgehen, daß die damaligen Kämpfe mit Karthago ebenso einen Einfluß auf ihn gehabt haben. Der erste karthagische Feldzug war auch auf eine andere Weise eine Vorbereitung für den Aufstieg des Dionysios I. Das Debakel, das Syrakus in diesem Krieg zu verzeichnen hatte, führte zur ersten ernsthaften innenpolitischen Krise und zu wichtigen Veränderungen innerhalb der politischen Führung. Die Zerstörung von Selinus und Himera löste einen schweren Schock bei der sikeliotischen Bevölkerung aus, der nachhaltig in ihrer Erinnerung blieb. Noch bedeutender war, daß Diokles' militärisch-politische Mißerfolge Hermokrates den Weg zu einer möglichen Wiederkehr eröffneten.[8] Seine Rückkehr aber brachte drei wichtige innenpolitische Folgen. Die erste war, daß Diokles verbannt wurde. Zweitens führte Hermokrates' Rückkehr, wie bereits erwähnt, zu der Stasis, in der er starb. Die dritte Folge war, daß nun die „oligarchischen" Kreise die Oberhand in Syrakus bekamen.[9] Zudem führte die Rückkehr des Hermokrates dazu, daß die Karthager zum zweiten Mal innerhalb weniger Jahre in Sizilien intervenierten.[10] Der Krieg hatte somit sowohl substantielle Verluste in der Führungsschicht als auch einen Wandel der realen Machtverhältnisse innerhalb dieser Gruppe ausgelöst.[11] Denn Syrakus verlor in kurzer Zeit zwei seiner bis dahin bedeutendsten Politiker – Diokles und Hermokrates – die über Jahre einen maßgebenden Einfluß auf die Gestaltung der Politik von Syrakus ausübten.[12] Ohne diese Entwicklung hätte Dionysios I. niemals die Möglichkeit gehabt, einen derart rasanten Aufstieg zu vollziehen. Wie folgenschwer diese Entwicklung war, zeigt auch der Umstand, daß Dionysios I. zuerst versuchte, die

7 Diod. 13.92,1.

8 Auf die Verbindung von Innen- und Außenpolitik wurde schon oben hingewiesen.

9 S. Kap. VII.

10 S. Kap. VII.

11 S. auch Kap. II.3. Hermokrates ist außerdem interessant, weil er auch ein Exempel dafür ist, wie jemandem die Ereignisse außer Kontrolle geraten können, wie es auch bei Phrynichos der Fall war.

12 Vgl. auch Lintott, 1982, 200.

Bestrafung seiner Kollegen im Amt durchzusetzen. Nachdem er Tyrann wurde, war eine seiner ersten Maßnahmen, seine Hauptkonkurrenten Demarchos und Daphneios hinrichten zu lassen.

Alle Merkmale des Krieges, wie z. B. seine Verbindung mit inneren Spannungen, Machtkonzentration und Fluktuationen innerhalb der Führungsschicht, lassen sich besonders deutlich bei der zweiten Auseinandersetzung mit Karthago beobachten. Die Bedeutung dieses Konflikts liegt aber hauptsächlich darin, daß in Syrakus 406/405, ähnlich wie in Athen 411, die katastrophalen Mißerfolge und die Gefahr der endgültigen Niederlage direkt zu einem Umsturz führten. Syrakus konnte zwar trotz der großen militärischen Anstrengungen in den zwei Kriegen zuvor seine innere Stabilität im wesentlichen behalten. Die traumatischen Ereignisse von 406/405 destabilisierten aber die Polis endgültig und bereiteten den Weg für den Aufstieg des Dionysios I.

Die Angriffe des Hermokrates auf die Epikratie aktivierten erneut die karthagische Sizilienpolitik.[13] Offenbar ist man in Karthago zu dem Schluß gekommen, daß aus Syrakus die größte Gefahr drohe, weshalb dieser Feldzug in erster Linie gegen Syrakus gerichtet war.[14] Die Karthager landeten im Frühjahr 406 unter der Führung von Hannibal und Himilkon in Sizilien. Die traumatische Wirkung dieser Ereignisse auf die Menschen kann man schon beim Kampf um Akragas beobachten. Als die Akragantiner Hannibals Forderung ablehnten, ein Waffenbündnis zu schließen oder zumindest neutral zu bleiben, begann er sie zu belagern.[15] Trotz hochentwickelter Belagerungstechnik dauerte die Belagerung acht Monate, weil das Gelände ungünstig war und in Akragas der Spartaner Dexippos mit 1500 Söldnern aus Gela eintraf. Hinzu kommt, daß bei den Karthagern bald eine Seuche ausbrach, der auch Hannibal erlag.[16] Danach übernahm Himilkon, Sohn des Hanno, das Kommando. Die Syrakusaner schickten ebenfalls ein starkes Heer unter der Führung des Daphneios Akragas zu Hilfe. Himilkon erlitt in einer Schlacht gegen Daphneios eine schwere Niederlage.[17] In Akragas kam es währenddessen zu starken inneren Spannungen. Die sikeliotischen Truppen waren über ihre Feldherrn aufs äußerste aufgebracht, weil sich diese weigerten, die von Daphneios geschlagenen Feinde, die zu ihren Lager vor Akragas flüchteten, anzugreifen. Daraufhin verbreitete sich das Gerücht, die

13 Vgl. Hans, 1983, 58; 60; K. F. Stroheker, Die Karthagergesandtschaft in Athen 406 v. Chr., Historia 3 (1954/55), 164; ders., 1958, 35.

14 Stroheker, 1954/55, 164; ders., 1958, 35f.; Huss, 1994^2, 74; Lewis, 1994b, 128f. Auch die Unterschiede gegenüber dem ersten Krieg mit Karthago deutet darauf hin; s. dazu Kap. VII.

15 Diod. 13.85,2. Diese Forderung zeigt, daß Syrakus das Hauptziel des karthagischen Feldzuges war.

16 Diod. 13.86,2-4.

17 Diod. 13.87,1-3.

Strategen seien von Himilkon bestochen worden.[18] Auf einer spontanen Versammlung der empörten Soldaten wurden diese in Akragas nicht nur von einem gewissen Menes aus Kamarina des Verrats beschuldigt, sondern vier von ihnen wurden sogar ohne Urteil von den erbitterten Massen zu Tode gesteinigt.[19] Selbst Dexippos wurde verdächtigt, mit den Karthagern zusammenzuarbeiten, und mußte Schmähungen erfahren.[20] Dies demonstriert deutlich, wie destabilisierend der Krieg sich selbst dann auswirken konnte, wenn man Erfolge zu verzeichnen hatte. Himilkon gelang es bald, die Lage erneut zu seinen Gunsten zu wenden. Er erbeutete einen syrakusanischen Getreidetransport, wodurch die Griechen in Versorgungsschwierigkeiten gerieten, während er selbst die erbeuteten Vorräte zur Verfügung hatte. Wieder kursierte das Gerücht vom Verrat, welchen angeblich der Lakedaimonier Dexippos für 15 Talente begangen haben soll.[21] Es kam nun zu Uneinigkeiten im griechischen Lager. Die unteritalischen Verbände zogen ab, während die Kampaner die Seite wechselten.[22] Schließlich entschlossen sich die verbliebenen Feldherrn, Akragas kurz vor dem Winter zu evakuieren.[23]

Die überstürzte Räumung der Stadt wurde von erschütternden Szenen begleitet, die an die *‚Pathologie des Krieges'* von Thukydides erinnern.[24] Die Kunde vom Fall von Akragas löste so große Angst unter der sikeliotischen Bevölkerung aus, daß viele ihre Familien und ihren Besitz nach Unteritalien brachten.[25] Aus dem Bericht des Diodor geht hervor, daß der ungeheuere Flüchtlingsstrom ein maßgebender Faktor für die Zuspitzung der innenpolitischen Lage in Syrakus war. Die geflohenen Akragantiner beschuldigten nicht nur ihre Feldherrn des Verrats.[26] Es wurden auch Vorwürfe von Seiten der anderen Sikelioten

---

18 Der Vorwurf der Bestechung wurde auch später von Dionysios I. erhoben; s.u. Dieser Vorwurf begrenzte sich nicht nur auf Sizilien. Auch in Athen wurden drei athenische Feldherrn, die die erste Flotte nach Sizilien anführten, bestraft, weil sie Sizilien nicht unterworfen hatten, trotz der Tatsache, daß dies weder ihr Auftrag war, noch daß sie für solch eine Unterfangen über ausreichende Kräfte verfügten. Man war in Athen der Meinung, sie seien zurückgekehrt, weil sie durch Geschenke bestochen worden waren (Thuk. 4.65). Aufschlußreich sind auch Nikias' Gedanken zu diesem Thema (Thuk. 7.48,3-4). Der argivische Stratege Thrasyllos wurde fast gesteinigt, weil er mit einem anderen Strategen eigenhändig in einer schwierigen Lage für das argivische Heer einen Waffenstillstand mit Agis II. schloß (Thuk 5.59-60). Der spartanische König Pleistoanax wurde verdächtigt, sich 445 zum Rückzug durch Bestechung bewegt haben zu lassen (Thuk. 2.21,1; 5.16,3).

19 Diod. 13.87,2-3; 5.

20 Diod. 13.86,3-5.

21 Diod. 13.88,3-8.

22 Diod. 13.88,5; 7.

23 Diod. 13.88,8; 91,1.

24 Diod. 13,89.

25 Diod. 13.91,1.

26 Diod. 13.91,2.

gegen die syrakusanische Führung laut, in denen diese für die ganze Lage verantwortlich gemacht wurden, obwohl gerade der syrakusanische Feldherr Daphneios einen Sieg gegen die Karthager errungen hatte.[27]

In dieser Atmosphäre der Angst, der Ratlosigkeit und des allgemeinen Mißtrauens trat die Volksversammlung zusammen, um über die Kriegslage zu beraten. Diese Stimmung nutzte der junge Dionysios I. für sich aus und ergriff die Initiative. Die Verknüpfung der außenpolitischen Gefahr mit innenpolitischen Angelegenheiten und die demagogische Manipulation mit der Angst der Massen sind die wichtigsten Merkmale in den ersten beiden der drei Etappen seiner Machtergreifung.[28] Er beschuldigte die amtierenden Strategen, daß ihr Verrat Schuld am Debakel bei Akragas sei, und verlangte, daß sie vor dem Ablauf ihrer Amtzeit ohne Rücksicht auf die vorgeschriebene Prozedur abgesetzt und bestraft würden. Als ihm deswegen eine Strafe von den Leitern der Volksversammlung auferlegt wurde, erklärte sich sein Mitstreiter Philistos bereit, für diese und jede weitere Geldbuße aufzukommen. Daraufhin wiederholte Dionysios I. seine Anschuldigungen und empfahl dem Volk, die neuen Strategen nicht aus den Reihen der „Mächtigen" zu wählen. Die Versammlung enthob schließlich die amtierenden Feldherrn ihres Amtes und wählte neue. Dionysios I. und sein Freund Hipparinos gehörten zu ihnen.[29] Auffällig ist, daß bei der Wahl des Dionysios I. zum Strategen für die Menge dessen ungewöhnliche Tapferkeit im Kampfe gegen die Karthager im Vordergrund stand und das Volk nach der Wahl dachte, man habe endlich einen standfesten Führer gefunden.[30] Dennoch kann diese Absetzung der früheren Strategen auch als ein Zeichen für die innere Stärke von Syrakus angesehen werden. Die Strategen wurden zwar wie 414 abgesetzt, aber sie erlitten weder das Schicksal der Strategen von Akragas noch wurden sie, wie von Dionysios I. verlangt worden war, bestraft.[31] Im Gegenteil, die Mehrheit des Feldherrnkollegiums kam noch immer aus den Reihen der politischen Gegner des Dionysios I. Dieser verzichtete auf jede Zusammenarbeit mit ihnen und begann sogleich ihr Ansehen zu untergraben, indem er verbreitete, sie stünden in Kontakt mit dem Feind.[32]

Die Angst des Volkes vor dem Feind machte er sich zudem zunutze, um seine erste Maßnahme durchzusetzen. Mit der Begründung, durch die Rückbe-

---

27 Diod. 13.91,2.

28 Die dritte Etappe war der Übergang zur Tyrannis in Leontinoi; vgl. Stroheker, 1958, 39. Hier war ihm Hermokrates sicherlich ein Vorbild; s. auch Kap. VII.

29 Diod 13.91,3-92,1; Plut. Dion. 3.

30 Diod. 13.92,1; 3.

31 J. Seibert, 1979, 241; 559 Anm. 136, weist darauf hin, daß Diodor nichts von einer Bestrafung sagt, daß dagegen Polyainos berichtet, einige seien mit dem Tod bestraft worden, andere mit der Verbannung, während Platon behauptet, alle zehn Strategen seien gesteinigt worden (Polyain 5.2,2; Plat. ep. 8,354d). K. F. Stroheker, 1958, 196 Anm. 28, lehnt diese Überlieferung ab.

32 Diod. 13.92,2.

rufung der zahlreichen Verbannten stärke man die Abwehrkräfte der Polis, erzwang Dionysios I. die Rückkehr der Exulanten.[33] Unter den zurückkehrenden Verbannten zählten die meisten zu den Anhängern des Hermokrates, weshalb ihre Rückkehr vor allem der Position des Dionysios I., der ebenso ein ehemaliger Mitkämpfer des Hermokrates war, zugute kam.[34] Sicherlich kehrten auch Parteigänger des Diokles mit ihnen zurück. Da aber zu diesem Zeitpunkt die „Oligarchen" die Hauptgegner des Dionysios I. darstellten,[35] war das nicht von größerer Relevanz.

In der nächsten Etappe – der Wahl zum *strategos autokrator* – nutzte Dionysios I. erneut erfolgreich die Angst seiner Mitbürger vor der äußeren Bedrohung und der Gefahr eines Verrats aus. Kennzeichnend für diese Etappe ist, daß sie zu einem wichtigen Teil außerhalb von Syrakus in Gela stattfand. Da Himilkon mit seinem Heer den Winter 406/405 in Akragas verbracht hatte, war Gela die Polis, die im Frühjahr als erste angegriffen wurde. Auf ihre Bitte um Unterstützung wurde Dionysios I. mit 2400 Soldaten entsandt. Als er ankam, war die Lage in Gela äußerst angespannt,[36] denn der Demos befand sich im Streit mit den „Oligarchen". Der junge Syrakusaner stellte sich sogleich auf die Seite des Demos und erwirkte die Verurteilung und Exekution der „Reichen". Der Demos von Gela ließ Dionysios I. hohe Ehren zuteil werden und benachrichtigte Syrakus von dessen Handeln. Durch diese Maßnahmen in Gela steigerte Dionysios I. ebenso sein Ansehen beim syrakusanischen Demos. Er erweckte den Eindruck, er kümmere sich um die Interessen des Demos und bemühe sich um eine energische Kriegsführung.

Der Krieg begünstigte Dionysios' I. Pläne auch auf andere Weise. Indem er den Bedarf an Söldnern steigen ließ, erleichterte er es dem Tyrannisaspiranten, eine von dessen Vaterstadt unabhängige Machtbasis zu formieren. Dionysios I. gab sich von Anfang an größte Mühe, die Söldner für sich zu gewinnen. Sie bildeten von Anfang an eine der wichtigsten Stützen seiner Macht.[37] Dionysios I. zahlte den Söldnern des Dexippos den rückständigen Sold aus Mitteln, die er durch den Verkauf der konfiszierten Güter der „Reichen" bekam.[38] Seinen eigenen Soldaten versprach Dionysios I. die Verdoppelung ihres Soldes. Auf diese Weise sicherte er sich die Unterstützung seiner Soldaten und die der Söld-

33 Diod. 13.92,4-5.
34 Seibert, 1979, 242.
35 Diod. 13.92,3.
36 Ein Hinweis dafür ist auch, daß die Söldner des Dexippos nicht bezahlt waren (Diod. 13.93,2).
37 Deininger, 1993, 67f.; Finley, 1979, 103; Berger, 1992, 89f.
38 Diod. 13.93,1-2.

ner des Dexippos.[39] Selbst Dexippos versuchte der junge Syrakusaner zu überzeugen, sich ihm anzuschließen, allerdings erfolglos.[40]

In Syrakus angelangt, unternahm Dionysios I. sofort einen entscheidenden Schritt auf dem Weg zur Herrschaft. Erneut nutzte er die durch den Krieg verursachte Unsicherheit der Massen und diffamierte öffentlich all seine Kollegen im Amte, außer Hipparinos. Er behauptete, sie würden sich an den öffentlichen Geldern vergreifen und den Soldaten keinen Sold zahlen. Zudem beschuldigte er seine Kollegen, daß sie absichtlich in Absprache mit dem Feind keine Kriegsvorbereitungen träfen. Deswegen erklärte er, er wolle sein Amt niederlegen, worauf die Bürger angsterfüllt nach Hause gingen. Am folgenden Tag wiederholte Dionysios I. diese Beschuldigungen erfolgreich und wurde zum Strategen mit unbeschränkter Vollmacht – *strategos autokrator* – ernannt.[41] Er hatte somit die größtmögliche Macht im Staat gewonnen, die noch innerhalb der Grenzen der Legalität blieb.

Die Situation war jetzt außerordentlich günstig für einen Umsturz. Dionysios I. verfügte über zuverlässige Gefolgsleute, der Demos war offensichtlich ihm gegenüber wohlwollend gestimmt, die Sympathie der Söldner hatte er mit der Verdoppelung ihres Soldes gesichert, und er bekleidete das Amt des *strategos autokrator*.[42] Dennoch gab es noch immer eine Opposition. Deshalb und wegen der bevorstehenden Kämpfe mit Karthago wartete Dionysios I. nicht lange mit dem letzten Akt seines Staatsstreiches. Ähnlich wie 411 in Athen sollte dieser außerhalb der Polis – in Leontinoi – erfolgen.[43] Die dortige Atmosphäre war durch die Anwesenheit von Verbannten und Flüchtlingen, wie bei seinem ersten Auftritt vor der syrakusanischen Volksversammlung, besonders günstig für ihn.[44] Um völlig sicher zu gehen, berief er nur die jüngeren Jahrgänge des Heeresaufgebots, deren Zustimmung er am ehesten erwarten konnte, nach Leontinoi. Dionysios I. hoffte auch, daß die Mehrheit der Syrakusaner aufgrund der Entfernung nicht kommen würde. Mit diesen Maßnahmen ereichte er, daß die Möglichkeit eines geschlossenen und organisierten Widerstands auf ein Minimum sank. Die Nacht vor dem festgelegten Tag verbrachte Dionysios I. in der Nähe von Leontinoi und täuschte einen Anschlag auf sein Leben vor. Als die Syrakusaner in der Morgenfrühe kamen, wurde ihnen erklärt, daß in dieser Nacht ein Attentat auf Dionysios I. verübt worden sei. Dionysios I. trat vor und hielt eine lange Rede. Es gelang ihm, die anwesenden Truppen davon zu überzeugen, ihm eine Leibwache von 600 Mann zum Schutz zu gewähren. Er begann

---

39 Diod. 13.93,3.

40 Diod. 13.93,4-5.

41 Diod. 13.94-95,1. Daß einzig Dionysios I. zum *strategos autokrator* ernannt wurde, betont Zahrnt, 1997, 162f.; anders Caven, 1990, 56; Lewis, 1994b, 133.

42 Diod. 13.95,1.

43 Diod. 13.95,3-6.

44 Seibert, 1979, 243.

sofort mit der Aufstellung seiner Leibgarde, die er vorzüglich bewaffnete und eigenmächtig auf 1000 Mann erhöhte.[45] Dionysios' I. weitere Handlungen dienten weiterhin seiner Machtsicherung.[46] Die wichtigsten militärischen Positionen besetzte er sofort mit treuen Anhängern. Den Spartaner Dexippos schickte er nach Griechenland zurück. Gleichzeitig rief er dessen Söldner aus Gela zu sich und zog sie, wie auch die anderen Söldner zuvor, auf die eigene Seite. Dann kehrte er nach Syrakus zurück. Dort residierte er im Hafen und trat zum ersten Mal offen als Tyrann auf.[47] Anschließend heiratete er die Tochter des Hermokrates, während er dessen Schwager Polyxenos mit seiner Schwester Theste vermählte.[48] Durch diese zwei Hochzeiten verband sich Dionysios I. mit einem vornehmen Haus und festigte seine Beziehungen zum Freundeskreis von Hermokrates. Sein nächster Schritt demonstrierte, daß er nun Herr der Stadt war. Dionysios I. berief die Volksversammlung ein, welche auf seine Anweisung hin seine zwei bedeutendsten Widersacher Daphneios und Demarchos, die Anführer der „Oligarchen" und der Demokraten, zum Tode verurteilte.[49]

Am Anfang des Sommers 405 rückten die Karthager gegen Gela vor und plünderten auf dem Weg die umliegende Gegend.[50] Die Bewohner von Gela hielten ihren Angriffen ohne größere Schwierigkeiten stand, bis die syrakusanische Hilfe eintraf.[51] Die Fußtruppen des Tyrannen waren zahlenmäßig annähernd so stark wie die des Daphneios bei Akragas, aber in der Reiterei war Dionysios I. diesem deutlich unterlegen.[52] Nach zwanzig Tagen entschied sich Dionysios I. zu einer offenen Schlacht mit den Karthagern, obwohl diese zahlenmäßig stark überlegen waren. Er entwarf einen komplizierten und neuartigen Plan, der völlig von der traditionellen Phalanxtaktik abwich. Es sollten die Eigenschaften des Terrains ausgenutzt werden, um durch überraschende Angriffe aus verschiedenen Richtungen den Feind zu überwältigen. Da aber die verschiedenen Gruppen nicht gleichzeitig angriffen, scheiterte der Plan.[53] Dionysios I. berief sofort einen Kriegsrat seiner „Freunde" (*philoi*) ein, und man entschloß sich einstimmig, Gela zu räumen.[54] Die Bevölkerung wurde noch in derselben Nacht nach Syrakus evakuiert. Das gleiche Schicksal ereilte die Einwohner von Kamarina.[55]

---

45 Diod. 13.96,1.
46 Diod. 13.96,1-2.
47 Diod. 13.96,2.
48 Diod. 13.96,3.
49 Diod. 13.96,3.
50 Diod. 13.108,2-3.
51 Diod. 13.108,8-9.
52 Vgl. Stroheker, 1958, 44ff.; Caven, 1990, 62.
53 Diod. 13.109,4-110.
54 Diod. 13.111,1.
55 Diod. 13.111,1-3.

Die Einflüsse des Krieges, die bis dahin den Plänen und der Demagogie des jungen Syrakusaners zugute kamen, wendeten sich jetzt gegen ihn. Die Soldaten, die das erschütternde Schicksal der Bewohner der beiden Poleis mit ansehen mußten, waren jetzt auf den Tyrannen wütend und verdächtigten dieses Mal Dionysios I., er habe den ganzen Rückzug mit den Karthagern abgesprochen und benutze die Furcht vor den Karthagern, um seine Macht zu sichern.[56] Die Italioten verließen das Heer und marschierten nach Hause. Die syrakusanischen *hippeis*, die vornehmlich „oligarchisch" gesinnt waren, beabsichtigten, Dionysios I. auf dem Rückweg zu töten. Da dieser aber von seinen Söldnern gut bewacht wurde, eilten sie nach Syrakus. Dort plünderten sie sein Haus und mißhandelten seine Frau derart, daß sie sich anschließend das Leben nahm. Sie fühlten sich ihrer Sache dermaßen sicher, daß sie keine ernsten Sicherheitsvorkehrungen trafen. Dionysios I. erahnte das Vorhaben der *hippeis* wegen ihrer eigenwilligem Entfernung aus dem griechischen Heer und entschloß sich schnell zu handeln, um die Reiter selbst zu überraschen.[57] Mit nur 100 Reitern und 600 Mann Fußvolk erreichte Dionysios I. im Eilmarsch gegen Mitternacht Syrakus. Es gelang ihm, in die Stadt einzudringen, da das Tor von Achradina nicht bewacht wurde. Die *hippeis*, die seine Ankunft nicht erwartet hatten, waren überrascht und unfähig, geschlossenen Widerstand zu organisieren. Auf der Agora sammelte sich ein Teil von ihnen, wo sie von Dionysios I. getötet wurden. Zerstreute Gruppen auf den Straßen wurden ebenfalls vernichtet. Unterdessen drangen die Söldner des Tyrannen auch in die Häuser bekannter Gegner seines Regiments ein und ermordeten diese. Der größte Teil der *hippeis* flüchtete aus der Stadt und ließ sich am Fuße des Ätna in Aitna – Inessa nieder.[58] Die Revolte war hiermit zerschlagen. Als der Hauptteil des Heeres ankam, war die Herrschaft von Dionysios I. bereits gesichert. Die Flüchtlinge aus Gela und Kamarina waren erbittert über den Tyrannen und gingen nach Leontinoi.

Der Krieg mit den Karthagern fand bald ein Ende. Im karthagischen Heer brach eine schwere Seuche aus. Himilkon war gezwungen, den Abschluß eines

56 Diod. 13.111,5; 112,1-2. In der Rede des Theodoros werden Dionysios I., gegen den sich 397 in Syrakus wieder Widerstand regte, neben seinen Gewalttaten namentlich die Niederlagen im Kriege mit Karthago vorgehalten. Kennzeichnend dabei ist, daß jetzt faktisch dem Alleinherrscher Verrat vorgeworfen wird, als man behauptete, die Mißerfolge seien vom Tyrannen gewollt und geplant worden (Diod. 14.66-70). Daß diese Rede vermutlich gänzlich ein Produkt des Timaios ist, ändert nichts, da Timaios hier nur eine Denkweise aufgreift, die anscheinend in Sizilien insbesondere in Kriegszeiten weit verbreitet war, nämlich, daß man hinter jeder Art von militärischem Versagen sofort Verrat sah. L. J. Sanders vertritt die Meinung, diese Rede sei ein Produkt von Philistos; Sanders, 1987, 134ff.; ders., Diodorus Siculus and Dionysios I of Syracuse, Historia 30 (1981), 401-411. Daß die Rede von Timaios stammt, vermuten Stroheker, 1958, 16-18; 78; Berve, 1967, 641; Meister, 1967, 93, und Pearson, 1987, 178f.

57 Diod. 13.112,3-5; Plut. Dion 3.1.

58 Diod. 13.112,5-113,4.

Friedens vorzuschlagen.[59] Dionysios I., der sich ebenfalls aufgrund der innenpolischen Ereignisse in schwieriger Lage befand, akzeptierte dies bereitwillig. Zwei Merkmale dieses Vertrags sind besonders aufschlußreich. Zum einen zeigt der Vertrag, daß die Karthager einzig die Sicherung ihrer Position auf Sizilien im Auge hatten und nicht die Eroberung der gesamten Insel.[60] Zum anderen wurde die Herrschaft des Dionysios I. über Syrakus von den Karthagern vertraglich anerkannt.[61]

Die traumatische Intensität dieser Ereignisse bekundet die Tatsache, daß Isokrates und Platon die Abwehr der karthagischen Expansion als großes Verdienst des Dionysios I. betrachteten und daß die Vertreibung der Karthager auch nach dem Tode des Dionysios I. ein Ziel für die Griechen blieb.[62] Die Schlußfolgerung aber, daß die Herrschaft des Dionysios I. eine unausweichliche Notwendigkeit für die Rettung des Griechentums auf Sizilien war, wäre irreführend. Die Perserkriege, die Sizilische Expedition und die Erfolge des Timoleon zeigen, daß Syrakus durchaus noch andere Möglichkeiten zur Verfügung standen, um sich im Kriege erfolgreich zu behaupten.[63]

2. Dionysios I. und die sozialen Gegensätze

In seinem ersten Auftritt vor der syrakusanischen Volksversammlung verhielt sich Dionysios I. wie ein Demagoge, der die Interessen der breiten Massen vor den reichen „Oligarchen" beschützt. Dies und sein späteres Verhalten erweckten den Eindruck, Dionysios I. verdanke seinen Aufstieg einem sozialen Konflikt zwischen den armen Massen und den begüterten „Oligarchen".[64] Einer derartigen Interpretation kam Aristoteles' Urteil über Dionysios I. und seine These vom demagogischen Tyrannen entgegen.[65] Die Frage, inwiefern ein sozialer Gegensatz in Syrakus existierte und sich auf innenpolitischer Ebene wider-

---

59 Diod. 13.114,1-2.

60 Vgl. Stroheker, 1958, 51f.

61 StV II² 210; Diod. 13.114,1; s. dazu M. Zahrnt, Die Verträge zwischen Dionysios I. und den Karthagern, ZPE 71 (1988), 209-212.

62 Isokr. or. 3,23; Plat. ep. 8,353a-c; 7,332d-333a; 336a; Diod. 22.10,6; vgl. Stroheker, 1958, 181; Ungern-Sternberg, 1988, 1139-1146; bes. 1145.

63 Vgl. Frolov, 1973c, 88f.; 92.

64 Stroheker, 1958, 37; 39ff.; 53; 150ff.; Frolov, 1973c, 90f.; 96ff.; 106; Finley, 1979, 89; 102f.; Lintott, 1982, 199f.; 260f.; Austin – Vidal-Naquet, 1984, 117-119; Sanders, 1987, 133f.; Berger, 1992, 41ff.; 57f.; 64; Sordi, 1992, 20; O'Neil, 1995, 44; 54; 73; 75; bes. 81; Demandt, 1995, 173; M. Zahrnt, Der Demos von Syrakus im Zeitalter der Dionysioi, in: W. Eder – K.-J. Hölkeskamp (Hrsg.), Volk und Verfassung im vorhellenistischen Griechenland (Beiträge zu Ehren von Karl-Wilhelm Welwei, Bochum, 1.-2. März 1996), Stuttgart 1997, 162f.; s. hierzu auch Berve, 1967, 216; 222-226; Deininger, 1993, 58ff.; Hofer, 2000, 215.

65 S. hierzu Kap. II.2.

spiegelte, ist aus zwei Gründen signifikant. Erstens könnte die Existenz von sozialen Konflikten darauf hinweisen, daß der Krieg nicht der wichtigste Faktor war. Zweitens würde dies die Bedeutung der lokalen Faktoren und Eigentümlichkeiten für die Entstehung der Alleinherrschaft in Syrakus noch stärker in den Vordergrund rücken.[66] Daher ist die Frage, ob und inwiefern man von einem politischen Konflikt zwischen den niederen und höheren Schichten in Syrakus ausgehen kann, sehr relevant. Die folgende Untersuchung soll zeigen, daß es keinen grundlegenden Konflikt dieser Art in Syrakus gab. Die Existenz von Ressentiments zwischen den verschiedenen Schichten wird dabei nicht in Zweifel gezogen. Sie wurden durch den Krieg sicherlich bestärkt und von Dionysios I. genutzt. Trotzdem besteht zwischen Animosität und Konflikt ein essentieller Unterschied.

Es ist aufschlußreich, daß Alkibiades, der der eigentliche Initiator der Sizilischen Expedition war, den Schwerpunkt seiner Argumentation vor der Volksversammlung auf die mangelnde patriotische Solidarität der sizilischen Griechen legt.[67] Alkibiades deutet dabei in keiner Weise den Konflikt zwischen Demos und Oligarchen oder zwischen arm und reich als Schwäche der Sikelioten an. Man darf davon ausgehen, daß er auf ein so günstiges Argument niemals verzichtet hätte, wenn es begründet gewesen wäre. Andererseits betont sein Kontrahent Nikias die Stabilität der sizilischen Poleis.[68] Ähnliches behauptet auch Thukydides.[69]

In der Rede des Athenagoras bei Thukydides werden die politischen Gegensätze in Syrakus sehr akzentuiert dargestellt.[70] Darin ist die Rede von Konspiration, Tyrannis und *dynasteia*. Es wurde aber schon auf die Tatsache hingewiesen, daß sich der Krieg oder sein möglicher Ausbruch negativ auf die innen-

66 Hiermit soll allerdings die Bedeutung der lokalen Besonderheiten für die Entstehung der Alleinherrschaft in Syrakus insgesamt nicht bezweifelt werden.

67 Ei στασιάζουσιν (Thuk. 6.17,4) bezieht sich nach HCT IV, 251 wahrscheinlich eher auf die Kämpfe zwischen den griechischen Poleis auf Sizilien als auf Konflikte innerhalb dieser. Kennzeichnend ist in dieser Hinsicht auch, daß Hermokrates die Auseinandersetzungen zwischen den sikeliotischen Poleis als Stasis bezeichnet (Thuk. 4.61,1; 64,5); vgl. Diesner, 1956, 135; Westlake, 1969, 177. Ferner ist zu beachten, daß Thukydides sonst nichts über derartige Konflikte berichtet. Außerdem kann man davon ausgehen, daß Alkibiades sich nicht davor scheute, seine Argumente zu überspitzen, um seine Politik durchsetzen zu können. Dies werden auch später die Ereignisse in Sizilien beweisen. Bezüglich der Unrichtigkeit von Alkibiades' Kommentar über die Stabilität der Bürgerverbände auf Sizilien s. auch Deininger, 1993, 55-76; bes. 72f.; anders Zahrnt, 1997, 153ff.

68 Thuk. 6.20,2.

69 Thuk. 7.55,2.

70 A. Lintott, 1982, 192 ist der Ansicht, daß in Athenagoras' Rede die Reichen an sich und als eine Gruppe nicht angegriffen werden.

politische Stabilität auswirkte.[71] Die Worte des Athenagoras werden auch dadurch relativiert, daß die Strategen trotz seiner Warnungen zu dem Entschluß kamen, Vorbereitungen für eine militärische Auseinandersetzung zu treffen.[72] Während des Kampfes mit Athen hören wir nichts von eventuellen Spannungen zwischen Demos und Elite in Syrakus.

Die Verbannung des Hermokrates ist gleichermaßen nicht durch Feindseligkeit gegenüber den Reformen des Diokles oder der demokratische Ordnung zu erklären, wie im Kapitel *,Hermokrates'* gezeigt wurde. Desgleichen hat zwar Hermokrates durch seine Aktivitäten 408/407 die patriotischen Gefühle seiner Mitbürger ausgenutzt, hierbei ist aber keine soziale Demagogie feststellbar.

In Syrakus kam es in der Zeit zwischen der Konfrontation mit Athen und dem Aufstieg des Dionysios I. nicht zu innenpolitischen Konflikten. Als der Krieg mit Athen endete, führte Diokles innenpolitische Reformen durch. Die Quellen überliefern aber nicht, daß es dabei in Syrakus zu signifikanten inneren Auseinandersetzungen oder Spannungen kam. Die Verbannung des Diokles wird ebenso nicht mit inneren Konflikten in Verbindung gebracht. Im Gegenteil, der Führer (*prostates*) des Demos wurde faktisch wegen seines außenpolitischen Debakels verbannt. Der Anlaß dafür war, wie bereits erwähnt,[73] daß sich Diokles der feierlichen Bestattung der Gebeine der im Jahr zuvor in der Schlacht bei Himera gefallenen Syrakusaner widersetzte. Der dadurch ausgelöste Zorn der Menge war für den Sturz des Diokles bestimmend. Noch wichtiger ist, daß später, als Daphneios als Vertreter der „Oligarchen" zum wichtigsten Politiker wurde, in keiner Weise ein Versuch unternommen wurde, die demokratischen Reformen rückgängig zu machen. Jedenfalls berichten die antiken Zeugnisse nicht darüber. Folglich gibt es in der Überlieferung keine relevanten Hinweise, die auf scharfe sozialpolitische Gegensätze zwischen dem Demos und den „Oligarchen" in der Zeit zwischen der Sizilischen Expedition und dem zweiten Krieg mit Karthago schließen lassen.

Eine Analyse des Aufstieg des Dionysios I. und seiner ersten Maßnahmen als Alleinherrscher soll gleichermaßen zeigen, daß das Bild von ihm als sozialem Demagogen irreführend ist. Bereits in seiner ersten Rede vor der syrakusanischen Volksversammlung agitierte Dionysios I. gegen die Strategen und gegen die mächtigen und wohlhabenden Bürger. Damit wollte er offensichtlich eine

71 S. Kap. II.5; VII; VIII.1. Interessanterweise wurde sogar Dionysios I. selbst des Verrats verdächtig, als er Gela und Kamarina evakuieren ließ (Diod. 13.112,1-2).

72 Thuk. 6.41. H. Leppin, 1999, 93 ist der Meinung, daß die Rede des Athenagoras, weil sie zu abstrakt sei, nicht die syrakusanischen Verhältnisse reflektiere, weshalb sie vor allem als ein Dokument des demokratischen Denkens gelten könne. Desgleichen wurde in der Forschung auch der Standpunkt vertreten, daß die Rede des Athenagoras nicht die innenpolitische Situation von Syrakus, sondern die von Athen behandelt; vgl. hierzu E. F. Bloedow, The Speeches of Hermocrates and Athenagoras at Syracuse in 415 B.C.: Difficulties in Syracuse and in Thucydides, Historia 45 (1996), 141- 158.

73 S. Kap. VII.

politische Krise provozieren. Von einer sozialen Krise kann aber keine Rede sein. Als Dionysios I. Daphneios und die anderen Feldherrn des Verrates bezichtigte, brachte er das in keiner Weise mit innenpolitischen Umständen in Verbindung. Dies offenbart sich insbesondere in der Anschuldigung, die Strategen hätten Geld von den Karthagern genommen, um Akragas im Stich zu lassen. Hier knüpft Dionysios I. an die Ereignisse in Akragas an, wo die Strategen wegen der gleichen Anschuldigungen hingerichtet wurden.[74] Des weiteren ist zu berücksichtigen, daß die Flüchtlinge aus Akragas schon zuvor behauptet haben, syrakusanische Strategen seien Verräter. Dionysios' I. Unterstellung, die wohlhabenden Bürger seien der Oligarchie zugeneigt und würden die allgemeinen Interessen nicht bestmöglich vertreten, ist seine einzige Argumentation, die auf innenpolitische bzw. sozialpolitische Gegensätze zielte. Aufschlußreich aber ist hierbei, daß er vor allem die Solidarität der Oberschicht in Frage stellt. Zudem bringt Dionysios I. keine konkreten Anschuldigungen vor, er fordert auch keine Maßnahmen, die einer eventuellen oligarchischen Gefahr zuvorkommen würden. Die angeklagten Strategen wurden zwar abgesetzt, aber wie schon erwähnt, nicht bestraft. Außerdem beantragte Dionysios I. auch keine materielle oder politische Forderung zugunsten des Demos. Ferner ist zu beachten, daß bei der Wahl des Dionysios I. zum Strategen für die Menge insbesondere seine ungewöhnliche Tapferkeit im Kampfe gegen die Karthager ausschlaggebend war und daß man sich erhoffte, endlich einen standfesten Führer gefunden zu haben.

In Gela stellte sich Dionysios I. im Verlauf der inneren Unruhen in dieser Polis auf die Seite des Demos und setzte die Verurteilung und Hinrichtung der Reichen durch. Zwei Umstände sprechen gegen die Schlußfolgerung, daß Dionysios I. hier vornehmlich als Demagoge der armen Bevölkerungsschichten handelte. Zum einem wurden nach Diodor nur die reichsten und mächtigsten Bürger hingerichtet, nicht die gesamte Oberschicht. Zum anderen benutzte er die aus der Konfiszierung der Güter der Reichen gewonnenen Mittel einzig für die Bezahlung der Söldner. Es wird in den Quellen von keiner eventuellen sozialen Umschichtung in Gela berichtet, die dem Vorgehen des Dionysios I. folgte.

Die Wahl zum *strategos autokrator* erfolgte nach ähnlichem Muster wie die Wahl zum Strategen. Dionysios I. beschuldigte seine Kollegen der Zusammenarbeit mit den Karthagern und verlangte eine harte Bestrafung. Sie wurden ihres Amtes enthoben, aber in keiner Weise zur Verantwortung gezogen. Dabei kann man davon ausgehen, daß viele von ihnen aus den Reihen der Demokraten kamen, da Dionysios I. die früheren Strategen, die wahrscheinlich „oligarchisch" gesinnt waren, mit Erfolg diffamierte. Dionysios I. hat in seiner Agitation in keiner Weise die „Reichen" angegriffen, denn dann hätte er auch als „Anführer" der armen Massen den vermeintlichen Anschlag auf sein Leben in Leontinoi in

74 Diod. 13.87,3.

erster Linie mit den „Oligarchen“ in Verbindung gebracht. Außerdem wäre dies ein guter Vorwand gewesen, um gegen die „Oligarchen“ vorzugehen.

Wenn Dionysios I. seinen Aufstieg einem Antagonismus zwischen dem Demos und der Führungsschicht verdanken würde, wäre es sehr wahrscheinlich, daß er spätestens nach dem Umsturz harte Maßnahmen gegen die letzteren ergriffen hätte. Auf diese Weise hätte er gleichzeitig seine Popularität bei den Massen gesichert und seine zu diesem Zeitpunkt noch nicht gesicherte Machtstellung gefestigt. Von diesen Vorgängen erfahren wir aber nichts. Dionysios I. hat zwar Daphneios und Demarchos hinrichten lassen, doch der letztere war der Anführer der Demokraten. Erst als die *hippeis* nach dem Mißerfolg bei Gela gegen Dionysios I. rebellierten, ging dieser gegen sie vor. Als die „Oligarchen“ in Syrakus ankamen, trafen sie aber keine ernsthaften Vorkehrungen, um die Stadt zu sichern, da sie nicht damit rechneten, daß Dionysios I. zurückkehren würde. Dies spricht gegen die These, daß Dionysios I. der Anführer des Demos gewesen sei. Denn hätte dieser einen starken Rückhalt beim Volk besessen, wäre es unausweichlich gewesen, daß sie zusammen versucht hätten, in seine Heimatstadt zurückzukommen. Die antiken Autoren unterstreichen dagegen, daß der Tyrann nur einige wenige der loyalsten Einheiten bzw. die Söldner aus dem gesamten Herr mit sich nahm, um die Rebellion zu zerschlagen.

Dionysios I. führte nach dem Friedenschluß von 405 eine Reihe von innenpolitischen Maßnahmen durch. Hierzu zählten Konfiskationen, Landverteilung, Befreiung von Sklaven und die Erweiterung der Bürgerschaft.[75] Es gibt einige Einwände, die gegen eine Interpretation dieser Handlungen als „soziale Revolution“ sprechen.[76] K. F. Stroheker hat schon darauf hingewiesen, daß nicht alle Besitzenden, sondern nur die am Aufstand Beteiligten von den Enteignungen betroffen waren.[77] Auch die Neuverteilung der konfiszierten Besitztümer und Güter zeigt deutlich, daß eine „soziale Revolution“ nicht das Ziel des Dionysios I. war. Die Insel Ortygia, der älteste Teil der Polis, der auch der Sitz der angesehensten aristokratischen Familien war, aus deren Reihen wahrscheinlich die meisten Gegner des neuen Machthabers kamen, ließ er in eine große Festung umgestalten, die zum Zentrum und Sitz seiner Herrschaft wurde.[78] Die besten Besitzungen übergab er seinen „Freunden“ und seinen hohen Offizieren. Den Rest verteilte er zu gleichen Teilen unter Fremde, Bürger und freigelassenen Sklaven, welche er zu syrakusanischen Bürgern machte.[79] Die Tatsache, daß der größte und beste Teil der Besitzungen nicht an den Demos vergeben wurde und dieser sogar den Rest unter den gleichen Bedingungen wie Fremde und freige-

75 Diod. 14.7,4-5; s. auch 66,5; vgl. Stroheker, 1958, 53; Welwei, 1977, 28ff.
76 Stroheker, 1958, 53; Mossé, 1969, 117; 130.
77 Stroheker, 1958, 53.
78 Stroheker, 1958, 52.
79 Zu der Problematik der Neubürger s. Berger, 1992, 59f.; 64ff.; Deininger, 1993, 55-76; Seibert, 1979, 228f.

lassene Sklaven erhielt, läßt nicht auf eine privilegierte Behandlung des Demos von Syrakus durch den Tyrannen schließen.[80] Dieser Umstand gewinnt zusätzlich an Bedeutung, wenn man berücksichtigt, daß die Integration von Söldnern und Fremden in den syrakusanischen Bürgerverband sowohl im 5. als auch im 4. Jh. auf beachtlichen Widerstand stieß.[81] Daß Dionysios I. durch diese Maßnahmen unter der Stadtbevölkerung sich nicht eine breite Gefolgschaft verpflichtete und dies auch gar nicht beabsichtigte, beweist auch die große Revolte wenige Monate später. Denn es ist unwahrscheinlich, daß dieselben Elemente, die von dieser „sozialen Revolution" des Dionysios I. profitiert haben sollen, kurz danach bereit waren, gegen ihren „Wohltäter" zu rebellieren und sich mit enteigneten „Oligarchen" zu verbinden.

Daß der Demos bis zur großen Revolte passiv blieb, ist primär dadurch zu erklären, daß er keine Führung hatte, die imstande gewesen wäre, den Widerstand effizient zu organisieren.[82] Mit der Verbannung des Diokles hatten die Demokraten und der Demos ihren bedeutendsten Anführer verloren. Dionysios I. nutzte dies, indem er durch seine „nationale" Demagogie und seine Distanzierung gegenüber der „oligarchischen" Gruppierung bei dem Volk den Eindruck erweckte, er vertrete die Interessen der gesamten Gemeinschaft. Als sich dieser Eindruck als falsch erwies, war aber Dionysios I. bereits an der Macht. Eine der ersten Maßnahmen des Usurpators war die Exekution des Demarchos, des Anführers der Demokraten. Dadurch verlor die Menge in weniger als zwei Jahren zwei ihrer einflußreichsten Führer. Bezeichnend ist, daß wir danach von keinem neuen Vorkämpfer der Demokraten oder des Demos hören.

Ein weiterer Grund für die Passivität des Demos war auch dessen Angst vor den Karthagern und den Söldnern des Dionysios I.[83] Dies erklärt auch, daß Dionysios I. dieses Mal – im Unterschied zu den früheren Volksversammlungen – die Verurteilung seiner Gegner zum Tode durchsetzen konnte. Die Zurückhaltung des Demos während der Erhebung der „Oligarchen" ist sicherlich auch auf Kommunikationsprobleme zurückzuführen. Das Heer befand sich auf dem Rückzug, und die Rebellion der *hippeis* brach spontan aus. In einer solchen Lage war schon die Kommunikation zwischen verschiedenen Gruppen ein großes Problem. Einen koordinierten Widerstand zu organisieren war fast unmöglich, zumal noch die Söldner des Despoten anwesend waren.

Die Vorgänge während der großen Revolte 404/403 weisen ähnliche Tendenzen auf. Kennzeichnend ist, daß die Bürger es wagten, sich gegen den Gewalthaber zu erheben, sobald keine äußere Gefahr bestand und sie bewaffnet waren. Daß es dem Demos zu diesem Zeitpunkt ebenfalls an einer organisierten

80 Vgl. Berger, 1992, 71; 103f.; s. auch Diod. 14.66,5.

81 Vgl. Deininger, 1993, 55-76; bes. 67ff.

82 Vgl. Stroheker, 1958, 56f. Dasselbe Problem existierte in Athen 411; s. hierzu Nippel, 1980, 93.

83 Diod. 13.96,2-3.

Führerschaft mangelte, belegen zwei Sachverhalte. Als Anführer des Aufstandes wurden die Bürger gewählt, die während eines spontanen Streites, der die Rebellion auslöste, ihren Offizier töteten.[84] Außerdem war es ein Fremder aus Korinth namens Nikoteles, den die Spartaner später an den Tyrannen als Anführer seiner Gegner in Syrakus verrieten.[85]

Die Aufständischen riefen die vertriebenen „Oligarchen" aus Aitna herbei. Als sich später die Syrakusaner des Sieges sicher fühlten, schickten sie die *hippeis* wieder weg. Diese Entwicklung weist auf Ressentiments zwischen den Demokraten und den „Oligarchen" hin. Von einem grundlegenden Gegensatz kann trotzdem nicht die Rede sein, weil die Syrakusaner sonst nicht zuerst die *hippeis* zu Hilfe gerufen hätten. Außerdem kam es zu keiner Auseinandersetzung zwischen ihnen. Nachdem die Revolte scheiterte, schlossen sich 7000 Syrakusaner den *hippeis* in Aitna an.

Die Verbindungen des Dionysios I. zu der syrakusanischen Elite stehen ebenfalls in einem auffälligen Kontrast zu der Vorstellung, er sei ein Demagoge gewesen, der die Massen gegen die Oberschicht aufgewiegelt habe.[86] Seine engsten Mitstreiter bzw. *philoi* gehörten der Elite der syrakusanischen Gesellschaft an. Philistos stammte aus einer sehr wohlhabenden Familie.[87] Hipparinos war ein hochangesehener, aber verarmter Aristokrat.[88] Polyxenos war der Schwager des Hermokrates, und Heloris galt auch als Adoptivvater des Dionysios I.[89] Selbst wenn dies nicht stimmen sollte, bleibt festzuhalten, daß Heloris, da er später Feldherr der Rhegier und Oberbefehlshaber der Streitkräfte der italiotischen Griechenstädte war, nicht von niederer Abstammung sein konnte.[90] Ein weiterer Hinweis für Dionysios' I. Verbindungen zur Oberschicht ist auch, daß ihm während des Aufstandes der „Oligarchen" ein Teil der *hippeis* treu geblieben war.[91]

Dionysios I. war auch ein Gefährte des Hermokrates.[92] Nach seiner Wahl zum Strategen beantragte er die Rückberufung der zahlreichen Verbannten, die vor allem dem Lager des Hermokrates angehörten. Später heiratete er Hermokrates' Tochter, während er seine Schwester dem Polyxenos, dem Schwager des Hermokrates, zur Frau gab. Die Verbindungen des Dionysios I. zu dem Kreis des Hermokrates konnten dem Volk selbst vor dem Staatsstreich nicht verborgen bleiben. Diese Kontakte stehen ebenfalls im deutlichen Widerspruch zum Bild

---

84 Diod. 14.7,7-8,1.

85 Diod. 14.10,3.

86 Vgl. Stroheker, 1958, 39; Frolov, 1973c, 96f.; Finley, 1979, 102. Dionysios I. selbst soll von guter Herkunft gewesen sein (Cic. Tusc. 5.22,58); s. dazu Berve, 1967, 638.

87 Diod. 13.91,4. Zur möglichen Verwandtschaft mit dem Tyrannen s. Laqueur, 1938, Sp. 2410.

88 Diod. 16.6,2; Aristot. pol. 1305b 39 - 1306a 2.

89 Diod. 13.96,3; 14.8,5; vgl. Th. Lenschau, Heloris, RE 8,1, 1912, Sp. 198-199.

90 Diod. 14.87,1-2; 90.4-7; 103,5-104,3.

91 Diod. 13.112,5; 113,1; vgl. Frolov, 1973c, 97.

92 Diod. 13.76,9.

von Dionysios I. als Anführer der unteren Schichten insbesondere dann, wenn man noch in Betracht zieht, daß Hermokrates von den Demokraten verbannt wurde und als Usurpator in Straßenkämpfen starb.

Die bisherige Untersuchung läßt somit nicht darauf schließen, daß es einen grundlegenden Konflikt zwischen arm und reich gab, der die Errichtung der Willkürherrschaft in Syrakus ermöglichte, und daß der neue Machthaber eine „soziale Revolution" durchführte. Hieraus folgt auch, daß von einer „sozialen Demagogie" des Dionysios I. nicht die Rede sein kann. Sicherlich hat er die Vorurteile der Massen gegen die Oberschicht genutzt, um seine Ziele zu erreichen. Aber nur bei seinem ersten Auftritt vor der Volksversammlung ist ein Angriff auf die „Oligarchen" überliefert. Seine Verleumdungen gipfelten in der unglaublichen Beschuldigung, die „Mächtigen" würden sogar vom Unglück der Stadt profitieren. Hierdurch und durch Dionysios' I. Diffamierung seiner Gegner als Verräter sowie seiner Selbstdarstellung als Vertreter einer energischen Kriegsführung wird deutlich, daß man eher von einer „Kriegsdemagogie" bei ihm ausgehen kann als von einer „sozialen Demagogie".[93] Denn die Grundlage seiner Agitation war die Manipulation der Angst der Mitbürger vor dem Feind und der Mißbrauch von patriotischen Parolen.[94] Das Hauptmerkmal von Dionysios' I. Demagogie ist somit die Ausnutzung der außenpolitischen Gefahr für den persönlichen Machtgewinn. In diesem Sinne war er der wahre Nachfolger des Hermokrates.[95] Es überrascht deshalb nicht, daß Aristoteles in der ‚*Politik*' und Platon in der ‚*Politeia*' das Auslösen von Kriegen als bewährtes Mittel des Tyrannen nennen, um sich die Untertanen gehörig zu halten.[96] Bei Diodor wird in der Rede des Theodoros dem Autokraten die gleichen Absichten vorgeworfen.[97] Theophrast nennt Dionysios I. als Beispiel für einen Tyrannen, der Kriege anstiftet, um sowohl die finanziellen Mittel der Bürger als auch die eigenen zu verbrauchen und auf diese Weise Verschwörungen zu verhindern.[98] Da diese Vorgehensweise nicht zu der Tyrannentypologie des 5. Jh.s gehört, ist es plausibel anzunehmen, daß sie vor allem unter dem Eindruck der zahlreichen Kriege des syrakusanischen Despoten entstanden ist.[99]

93 Ein interessantes Beispiel dafür, wie ein Demagoge den Krieg für eigene Ziele benutzen kann, ist auch Kleon; vgl. Nippel, 1980, 69ff.

94 Auch später appellierte der Tyrann an den Patriotismus der Sikelioten; s. Diod. 14.41,1; 6; 42,1; 43,1; 44,3; 45,2-46,4; 47,1-2.

95 Vgl. Sordi, 1992, 8; 16ff.; 21; anders Hinrich, 1981, 56. E. Manni, 1979, 230f. ist der Meinung, daß Dionysios I. Diokles' demagogische Politik übernommen hat; vgl. Hüttl, 1929, 96.

96 Aristot. pol. 1313b 28; Plat. rep. 566e-567a; vgl. dazu Schütrumpf – Gehrke, 1996, 587; Berve, 1967, 357.

97 Diod. 14.68,1-4.

98 Theophr. frg. 609 FHSG.

99 So spricht Aristoteles direkt vor dieser Stelle von einer anderen Methode der Machterhaltung, die darin besteht, die Bürger arm zu halten. Er verweist dabei auf Dionysios I.

3. Dionysios I. und das geistige Umfeld

In der Forschung wird allgemein akzeptiert, daß die Sophistik einen starken und teilweise negativen Einfluß auf sozialpolitische Entwicklungen in Athen hatte. Im Gegensatz zu Athen gab es in Syrakus bekanntermaßen keinen Aristophanes, Euripides, Xenophon oder Platon, der über die Wirkung der Sophisten auf die dortige Gesellschaft hätte näher berichten können. Deshalb besteht die Gefahr, diesen Einfluß auf Syrakus zu unterschätzen. Der vorliegende Abschnitt soll zeigen, daß man davon ausgehen kann, daß man mit dem sophistischen Gedankengut in Syrakus vertraut war und der junge Dionysios I. die zeitgenössischen geistigen Strömungen gekannt haben dürfte. Dies soll mit Hilfe einer Reihe von Indizien deutlich werden. Es wird aber nicht versucht, den Einfluß der Sophistik in Syrakus generell zu rekonstruieren, da dies wegen der Quellenlage nicht möglich ist.

Einer der berühmtesten Sophisten war Gorgias, der nach Platon auch Lehrer des Kallikles war und aus Leontinoi, der Nachbarstadt von Syrakus, stammte. Gorgias kam zum ersten Mal 427 nach Athen, als er etwa fünfzig Jahre alt gewesen sein muß und schon ein berühmter Rhetor war.[100] Deswegen ist anzunehmen, daß er in den Jahrzehnten zuvor auch Syrakus, eine der größten und reichsten griechischen Städte, besuchte und dort lehrte. Möglicherweise war Gorgias sogar der Schüler des Syrakusaners Korax oder des Teisias gewesen.[101] In jedem Fall erscheint Gorgias in Platons ‚*Phaidros*' zusammen mit Teisias als Vertreter der Theorie, in der Rhetorik sei die Wahrscheinlichkeit wichtiger als die Wahrheit.[102] Polos, ein Schüler des Gorgias, der nahezu die gleichen Ansichten wie Kallikles hatte, kam aus Akragas.[103] Protagoras soll auch eine gewisse Zeit auf Sizilien verbracht haben.[104] Diogenes Laertios berichtet ferner, Protagoras sei später auf einer anderen Reise nach Sizilien verunglückt oder gestorben.[105] Hippias aus Elis soll auf Sizilien 150 Minen verdient haben. Damals hielt er sich sogar in dem kleinem Städtchen Inykos auf.[106] Der Sophist Euenos von Paros ist nicht nur in Syrakus gewesen, sondern er war auch der Lehrer des Phi-

als Beispiel für solches Handeln (Aristot. pol. 1313b 27). Daß sich sowohl Aristoteles als auch Platon vor allem an der Tyrannis des Dionysios I. orientieren, bemerkt A. Heuß, 1971, 29; 34f.; vgl. hierzu auch Berve, 1967, 357; Ungern-Sternberg, 1988, 1145f.; 1151; L. J. Sanders, Plato's First Visit to Sicily, Kokalos 25 (1979), 207ff.

100 Zu seinem Geburtsjahr s. Guthrie, 1969, 269.

101 O. Baumhauer, Die sophistische Rhetorik. Eine Theorie sprachlicher Kommunikation, Stuttgart 1986, 96; vgl. auch Lesky, 1971³, 399.

102 Plat. Phaidr. 267a; s. dazu Guthrie, 1969, 270; Baumhofer, 1986, 135ff.

103 R. L. Fowler, Polos of Akragas: Testimonia, Mnemosyne 50 (1997), 27-34.

104 Plat. Hipp. Mai. 282d-e.

105 Diog. Laert. 9.8,55.

106 Plat. Hipp. Mai. 282d-e.

listos, einer der *philoi* des Dionysios I.[107] Euenos war ebenso mehrmals in Athen und dort wohlbekannt.[108]

Eine weiteres Indiz dafür, daß man in Syrakus über die neuesten kulturellen Ereignisse in Athen trotz der Entfernung Bescheid wußte, ist auch die Popularität der attischen Tragiker auf Sizilien, insbesondere des Euripides.[109] Aischylos war zweimal auf Sizilien und ist dort auch gestorben.[110]

Syrakus war indessen nicht nur eine Polis, die berühmte Gelehrte aus der gesamten hellenischen Welt besuchten, sie soll auch die Geburtstädte der Rhetorik gewesen sein. Nach der antiken Tradition gelten die Syrakusaner Korax und Teisias als Begründer der Redekunst. Sie sollen die Rhetorik auch als erste gegen Bezahlung gelehrt haben.[111] Inwiefern dies der Wahrheit entspricht und welche Rolle Korax und Teisias dabei spielten, läßt sich nicht genauer feststellen. Teisias soll auch in Athen unterrichtet haben. Die Behauptung des Pausanias, dieser sei sogar zusammen mit Gorgias 427 nach Athen gereist, ist allerdings wenig glaubhaft.[112] Die Möglichkeit, daß er zu einem späteren Zeitpunkt in Athen weilte, erscheint eher wahrscheinlich. Einer seiner Schüler soll auch Isokrates gewesen sein.[113] Zusammenfassend läßt sich feststellen, daß Syrakus durchaus mit den kulturellen Entwicklungen dieser Zeit in Verbindung stand und dabei einen wichtigen Beitrag leistete.

In bezug auf Dionysios I. existieren ebenfalls indirekte Hinweise, die auf eine für damalige Verhältnisse entsprechend gute Bildung hindeuten. Über seine Erziehung ist indes nichts Näheres bekannt. Er bekundete aber schon mit fünfundzwanzig Jahren, noch bevor er Tyrann wurde, in drei Reden vor größeren Menschenmassen – in zwei Volksversammlungen und nach dem simulierten Anschlag auf sein Leben in Leontinoi – eindrucksvoll seine Überzeugungskraft

---

107 Suda s.v.Φίλιστος;s. hierzu Pearson, 1987, 22.

108 Plat. apol. 20a-b; Phaid. 60d; 61b; Phaidr. 267a.

109 Vgl. Sanders, 1987, 4; 33; C. W. Dearden, Fourth-Century Tragedy in Sicily. Athenian or Sicilian, in: J.-P. Descoeudres (Hrsg.), Greek Colonists and Native Populations, Oxford 1990, 231-233; O. Taplin. Comic Angels: and Other Approaches to Greek Drama through Vase Paintings, Oxford 1993, 97-99; P. T. Stevens, Euripides and the Athenians, JHS 76 (1956), 90-91. P. E. Easterling, Euripides Outside Athens: A Speculative Note, ICS 19 (1994), 73-80 stellt die Hypothese auf, daß Euripides manche Werke sogar absichtlich so verfaßt hat, daß sie auf Sizilien aufgeführt werden konnten.

110 Vgl. Easterling, 1994, 73; Lesky, 1971³, 280; Sanders, 1987, 32f.; Dearden, 1990, 231. Plutarch erklärt die Rückkehr weniger athenischer Soldaten nach der Niederlage auf Sizilien mit der unglaubwürdigen Geschichte, die Athener, welche einige Chöre des Euripides auswendig hersagen konnten, seien freigelassen worden (Plut. Nik. 29,2). Ungeachtet der Historizität dieser Anekdote, reflektiert diese die Berühmtheit des Euripides bei den Sikelioten; s. Sanders, 1987, 33.

111 Quint. inst. 2.17,7; vgl. Hofer, 2000, 159-169; Th. Cole, Who was Corax?, ICS 16.1-2 (1991), 65-84.

112 Paus. 6.17,8; anders Lesky, 1971³, 399.

113 Quint inst. 2.15,4; s. dazu W. Stegemann, Teisias (5), RE 5 A 1, 1934, 140.

als Rhetor. Da er bis dahin über keine praktische Erfahrung in diesem Sinne verfügen konnte und sehr jung war, kann man seinen Erfolg schwer nur mit seinem Talent und seinem Charisma erklären. Wahrscheinlicher ist, daß er eine entsprechende Schulung – vermutlich eine sophistische – genossen hat.[114] Daß er das Amt des Sekretärs (γραμματεύς) des Strategenkollegiums innehatte, bevor er zum Strategen gewählt wurde, spricht ebenfalls für eine gewisse „Bildung".[115]

Auch sein Interesse an der Kultur in seiner Zeit als Tyrann läßt dies vermuten. Dionysios I. soll sich für Geschichtsschreibung, Dichtung, Musik und Medizin interessiert haben. Er schrieb Tragödien und zeigte auf diesem Gebiet großen Ehrgeiz. Überliefert sind allerdings nur Fragmente seiner Tragödien.[116] Seine Tragödien wurden schon Zeit seines Lebens, aber auch später stark kritisiert. Die Ereignisse während der Olympischen Spiele 388, wie auch sein erster Preis bei den Lenaien 367 in Athen, sind ein Beleg dafür, daß politische Motive bei der Beurteilung seiner Werke eine Rolle spielten.[117] Er lud aus der gesamten griechischen Welt Dichter zu sich ein. Selbstverständlich hatte dies, wie bei anderen Alleinherrschern, eine politische Komponente. Die Anwesenheit berühmter Dichter erhöhte die Pracht des Hoflebens, demonstrierte den Glanz des Herrschers und war dadurch auch eine Art Legitimation seiner Herrschaft.[118] Es scheint jedoch, daß sich hinter diesen Einladungen auch wirkliches intellektuelles Interesse an einer Kommunikation mit den Dichtern und Gelehrten seiner Epoche verbarg. Dies läßt ebenfalls vermuten, daß Dionysios I. über eine entsprechende zeitgenössische Bildung verfügte, sonst wäre in den Quellen nicht seine Eitelkeit in bezug auf seine eigenen Werke, sondern der Vorwurf von Ignoranz Gegenstand der Invektiven gewesen. Am Hof des Tyrannen verkehrten der Dithyrambiker Philoxenos von Kythera, der attische Redner Andokides, der Tragiker Antiphon, der Mimendichter Xenarchos und Sokrates' Schüler Platon und Aristippos.[119] Die Namen der Töchter des Despoten Arete, Dikaiosyne und Sophrosyne werden von K. F. Stroheker mit Recht als ein Echo der zeitgenössischen Staatstheorie und Bekenntnis zu den Tugenden des guten Herrschers gedeutet.[120]

---

114 Vgl. Stroheker, 1958, 38; 87; Frolov, 1973c, 94f.; Caven, 1990, 52.

115 Diod. 13.96,4; 14.66,5; Polyain. 5.2,2; Demosth. 20,161; s. dazu Pearson, 1987, 169.

116 Diod. 14.109,1ff.; 15.6,1ff.; 74,1ff.; Cic. Tusc. 5.22,63; Suda s.v. Διονύσιος; vgl. dazu Berve, 1967, 249; 252f.; 255; 655; Stroheker, 1958, 38, 97ff.; 196; 214; Frolov 1973c, 94f.

117 Vgl. Stroheker, 1958, 97. Eine besonders aufschlußreiche Behandlung dieser Problematik ist bei L. J. Sanders, Dionysius of Syracuse and the Validity of the Hostile Tradition, SCI 5 (1979/1980), 64-84; ders., 1987, 1-40, zu finden.

118 Vgl. Stroheker, 1958, 87; anders Caven, 1990, 157.

119 Vgl. Stroheker, 1958, 99ff.; Berve, 1967, 252f.; 653.

120 Vgl. Stroheker, 1953/4, 409; Stroheker, 1958, 88f.; 96f.; 104; 107; Ungern-Sternberg, 1988, 1134; ähnlich Sanders, 1987, 2; 7. Es ist für Dionysios I. auch die Aussage überliefert, man könne zwar den Gesetzen der Polis Gewalt antun, nicht aber denen der Na-

Zum Schluß ist anzumerken, daß nicht nur der Sophist Polos „ähnliche" Ansichten wie Kallikles hatte. Noch bedeutsamer ist, daß man auch in Syrakus eine Persönlichkeit wie Kallikles antreffen konnte, der ein langjähriger Mitstreiter des Tyrannen war: Philistos kam wie Kallikles aus einer guten Familie und genoß eine sophistische Bildung. Schon als junger Mann bewies er durch Taten und nicht nur durch Worte seinen Glauben an das Recht des Stärkeren und die Tyrannis. Sein späteres Verhalten und sein Werk zeigen, daß er nicht nur aus Eigennutz ein loyaler Parteigänger des Dionysios I. gewesen war, sondern daß er ein überzeugter Befürworter der Tyrannis als Herrschaftsform war (*philotyrannos*).[121]

Die bisherige Untersuchung hat gezeigt, daß die sophistischen Lehren in der größten sizilischen Polis aller Wahrscheinlichkeit nach ähnlich bekannt waren wie in Athen. Obwohl auch Indizien dafür existieren, daß Dionysios I. und einige seiner Mitkämpfer mit den sophistischen Theorien vertraut waren, erlaubt die Quellenlage indes keine Schlußfolgerung bezüglich des Einflusses der Sophistik auf die Entstehung der Willkürherrschaft in Syrakus.

---

tur. In einem Vers soll er geschrieben haben, die Tyrannis sei die Mutter der Ungerechtigkeit; s. dazu Stroheker, 1958, 96ff.

121 Vgl. Sanders, 1981, 398f.; ders., 1987, 50ff.; 60; Pearson, 1987, 19ff.; R. Zoepffel, Untersuchungen zum Geschichtswerk des Philistos von Syrakus, Freiburg i. Br. 1964, 69ff.; Lewis, 1994b, 123; Stroheker, 1953/4, 410f.; ders., 1958, 39; 98f.

IX. Lykophron von Pherai

Der Versuch, die Geschehnisse in Thessalien am Ende des 5. und am Anfang des 4. Jh.s zu rekonstruieren, wirft viele Fragen auf, die nicht eindeutig beantwortet werden können. Der Hauptgrund dafür ist die schwache und häufig widersprüchliche Überlieferung. Für diese schwierige Quellenlage ist das Regiment des Lykophron von Pherai ein exzellentes Beispiel. Über seine Herrschaft ist sehr wenig bekannt. Die antiken Autoren machen keine Aussagen bezüglich seiner Herkunft, seiner Machtübernahme, des Charakters seines Regimes und seines Todes bzw. der Art, wie seine Tyrannis ihr Ende fand.

Das vorliegende Kapitel besteht aus drei Abschnitten. Zunächst wird die Frage erörtert, ob Lykophron eine Tyrannis in seiner Heimatstadt ausübte. Danach wird die Relation zwischen dem Krieg, der allgemeinen Lage in Thessalien und den Anfängen der Tyrannis in Pherai behandelt. Schließlich wird die Bedeutung der sozialen Konflikte für die Entstehung der Alleinherrschaft in Pherai und die Historizität der These von Lykophron als „volksfreundlichem" Tyrann untersucht.

1. Lykophron – Tyrann von Pherai?

S. Sprawski hat in seiner vor einigen Jahren erschienenen Monographie über Thessalien in den Jahren 431-370 die These verfochten, Lykophron und Jason seien keine Tyrannen von Pherai gewesen.[1] Seine Ansicht begründet er damit, daß beide nur als Tyrannen bezeichnet wurden, weil sie versuchten, Thessalien unter ihre Herrschaft zu bringen. Als Hauptargument für seine Anschauung gibt S. Sprawski den Charakter der antiken Überlieferung an. Diodor sei nämlich der einzige, der Lykophron und Jason als Tyrannen von Pherai bezeichnet.[2] Lykophron wird nur noch bei Xenophon erwähnt, und das ohne irgendeinen Herrschaftstitel, einzig als Lykophron von Pherai.[3] Jason wird in der Überlieferung ansonsten beim Namen oder als Tyrann, Monarch, Hegemon bzw. Tagos von Thessalien genannt.[4] Als Tyrann im allgemeinen Sinne wird er nur von Polyainos und Aristoteles bezeichnet.[5]

1 Sprawski, 1999, 38; 58-62; bes. 62. Diesen Standpunkt teilt auch H. Beck, 2002, Sp. 448-449.

2 Diod. 14.82,5; 15.57,2; 60,1.

3 Xen. Hell. 2.3,4.

4 (Name) Xen. Hell. 6.1,4-16; 18; 4,20-24; 27-32; Isokr. or. 5,119-120; ep. 6; Aristot. rhet. 1373a; Ps.-Demosth. 49.10; 22; 24; 31; 62; Cic. off. 1.108; nat. deor. 3,28; Diod. 15.30,3; 54,5; Val. Max. 1.8. ext. 6; Plut. Pelop. 28,3; Polyain. 6.1-7; Ail. var. 11.9. frg. 110; Arr. takt. 16.3; Poll. 1.134; Steph. Byz. s.v. Thessalonike; (Tyrann) Nep. Timoph.

Die These von S. Sprawski enthält einige Defizite. Da die antiken Autoren Lykophron kaum erwähnen, konzentriert sich diese Untersuchung auf Jason. Dafür, daß Jasons Zeitgenossen Isokrates und Xenophon diesen nicht als Tyrannen bezeichnen, gibt es wichtige Gründe, die aber kein Beleg dafür sind, daß dieser kein Alleinherrscher war. Es ist kaum zu erwarten, daß Isokrates einen Freund als Gewaltherrscher bezeichnen würde, insbesondere in einem Brief, in dem er seine Söhne zu einer gemäßigten Herrschaft aufruft.[6] In dieser Hinsicht ist auch Isokrates' Verhältnis zu Dionysios I. kennzeichnend.[7] Während Isokrates diesen in seinen Schriften meistens einen Tyrannen nennt,[8] vermeidet er in seinem Brief an Dionysios I. diesen und jeden verwandten Terminus, obwohl er dessen Macht akzentuiert.[9] Isokrates' Brief an Timotheos, den Tyrannen von Herakleia am Pontos, ist ebenfalls interessant. Innerhalb diese Schriftstücks wird zwar Timotheos als Autokrator und Dynast angesprochen, dennoch meidet Isokrates auch hier den Begriff Tyrann.[10]

Ein anderer Grund ist, daß Isokrates und Xenophon Werke verfaßten, in denen das Lob der Monarchie und die Erziehung zum besten Herrscher im Mittelpunkt standen.[11] Da Xenophon die Hauptquelle für Jason darstellt, ist der Einfluß des sogenannten Fürstenspiegels bei ihm am leichtesten zu erkennen.[12] In den *'Hellenika'* werden dieselben Charakteristiken des Jason hervorgehoben, die Xenophon in seinen anderen Schriften als Tugenden und Handlungsmaximen eines guten Monarchen empfiehlt und die diesen von einem Tyrannen unterscheiden sollen.[13] Diese sind die Tüchtigkeit als Feldherr,[14] die Respektierung der

---

4.2; Phot. frg. 50; Paus. 6.17,8; (Monarch) Plut. Mor. 193b; 817f.; Val. Max. 9.10. ext. 2; (Hegemon) Diod. 15.60,2; (Tagos) Xen. Hell. 6.1,18; 4,28; Plut. Mor. 583f.

5 Polyain. 3.9,40; Aristot. pol. 1277a 24.

6 Isokr. ep. 6; vgl. K. A. Morgan, The Tyranny of the Audience in Plato and Isocrates, in: K. A. Morgan (Hrsg.), Popular Tyranny: Sovereignty and Its Discontents in Ancient Greece, Austin (Texas) 2003, 183ff.

7 Vgl. hierzu auch Ungern-Sternberg, 1988, 1139-1144.

8 Isokr. or. 3,23; 4,126; 5,81; 6,44.

9 Isokr. ep. 1.

10 Isokr. ep. 7.

11 Vgl. Eder, 1995b, 153-173; s. auch Frolov, 1973b, 401-434; Sonnabend, 2003, 40f.; 50-59; V. Parker, Τύραννος. The Semantics of a Political Concept from Archilochus to Aristotle, Hermes 126 (1998), 165-166.

12 Vgl. Dillery, 1995, 171-176. Dieser Einfluß ist auch in Isokrates' Brief an Jasons Söhne deutlich erkennbar (Isokr. ep. 6,11-13).

13 Xen. Hell. 6.1,5-16; 18-19; 4.21-25; 28-30.

14 Daß Jason für Xenophon das Musterbeispiel eines guten Heerführers ist, betonen H. R. Breitenbach, Historiographische Anschauungsformen Xenophons, Freiburg 1950, 60-77; P. Krafft, Vier Beispiele des Xenophontischen in Xenophons Hellenika, RhM 110 (1967), 107ff.; 129ff., und H. D. Westlake, Individuals in Xenophon, *Hellenica*, in: ders., Essays on the Greek Historians and Greek History, Manchester 1969, 203-225; bes. 206f.; 209ff.; vgl. dazu auch Cartledge, 1987, 207f.

Gesetze und die Fähigkeit, die Loyalität und die Zuneigung der Untergebenen durch persönliches Beispiel, Fürsorge, Geschenke und prunkvollen Auftritt zu sichern. Ferner soll der Herrscher Freunde und Verbündete nicht durch Gewalt, sondern durch Überredung und angemessene Honorierung gewinnen.[15] Diese Parallelen zwischen den Merkmalen eines guten Monarchen und den Eigenschaften des Jason könnten der Hauptgrund dafür sein, weshalb dieser von Xenophon nicht als Tyrann bezeichnet wird. Wichtig ist auch an dieser Stelle anzumerken, daß diese Empfehlungen bei Xenophon, die einen Tyrannen zu einem beliebten und geehrten Herrscher machen sollen, keine wesentlichen Veränderungen in der Machtbasis des Gewaltherrschers bedingen, denn diese bleibt weiterhin uneingeschränkt. Daß zwischen Jasons Macht und der eines Einzelherrschers keine essentielle Divergenz besteht, läßt Xenophon selbst erkennen, indem er dessen Bruder und Nachfolger Polyphron einen Tyrannen nennt. Xenophon führt nämlich als einzigen Unterschied zwischen diesen beiden an, daß Polyphron Polydamas und acht weitere einflußreiche Pharsalier umgebracht hat und gleichzeitig von diesem zahlreiche Bürger von Larisa ins Exil getrieben wurden.[16]

Auch die Tatsache, daß Jason in den meisten Quellen als Herrscher von Thessalien und nicht von Pherai erwähnt wird, sollte nicht als Zeichen dafür gedeutet werden, daß er keine Tyrannis in seiner Vaterstadt innehatte.[17] Denn dies ist nichts Außergewöhnliches, da im Zentrum des Interesses der Überlieferung nicht der Charakter von Jasons Machtausübung in Pherai steht, sondern dessen Dominanz in Thessalien und das Bestreben, auch andere Teile Griechenlands unter Kontrolle zu bringen. Xenophons Darstellung Jasons ist hierfür ein gutes Beispiel.[18] Zudem muß man bedenken, daß es sehr unwahrscheinlich ist, daß Jason ganz Thessalien in seine Gewalt brachte, aber in Pherai auf eine uneingeschränkte Herrschaft freiwillig verzichtete.[19] Hierbei kann man auch die Frage stellen, welche andere Position ein ehrgeiziges Individuum, das über 6000 einzig ihm verpflichtete Söldner befehligt, sonst in seiner Heimatstadt einnehmen kann, als die eines Einzelherrschers. Wenn aber Jason trotzdem keine derartige Position in Pherai eingenommen hätte, würden ihn die antiken Autoren hierfür zweifelsohne besonders rühmen.

---

15 Xen. Hier. 8-9; Kyr. 1.3,6-7; 18; 6,7-44; 5.3,2-3; 4,18; 41; 6.1,37; 7.5,37-55; 60; 76-80; 8.1,25-29; 40-48; 2.1-4; 7-8; 13-23; 3,1-34; Ag. 1.12; 15-29; 2.7-8; 23; 27; 4.2-5.7; 6.5-6; 8.1-2; 9.7; 10.2-3; 8; vgl. dazu Breitenbach, 1950, 135f.

16 Xen. Hell. 6.4,33-34; vgl. hierzu Meyer, 1909, 221.

17 Bei Isokrates wird beispielsweise auch Dionysios I. als Tyrann von Sizilien bezeichnet (Isokr. or. 4,126).

18 Xen. Hell. 6.1,5; 7-12; 14; 18-19; 4.25; 27-32.

19 In bezug auf Lykophron von Pherai ist ferner anzumerken, daß Xenophon berichtet, dieser habe angestrebt, seine Herrschaft auf ganz Thessalien auszudehnen (Xen. Hell. 2.3,4). Diese Behauptung setzt voraus, daß dieser die Herrschaft über Pherai schon besessen haben muß.

Der Umstand, daß Jason überwiegend lediglich mit seinem Namen erwähnt wird, muß ebenfalls nicht ausschlaggebend für die Beurteilung des Charakters seiner Machtausübung sein. Auch Dionysios I. wird von Xenophon fast ausschließlich bei seinem Namen genannt.[20] Bei Valerius Maximus wird ebenso der sizilische Tyrann vorwiegend als Dionysios oder Dionysios der Syrakusaner angeführt.[21]

Schließlich ist auch in Erwägung zu ziehen, daß Jason von Polyainos und Aristoteles als Tyrann im allgemeinen Sinne bezeichnet wird. Eine derartige Ausdrucksweise impliziert eher, daß Jason ebenso Alleinherrscher von Pherai gewesen ist.

Diese Gründe unterstützen die Auffassung, daß sowohl Jason als auch Lykophron Tyrannen von Pherai waren, ferner daß Diodors Differenzierung zwischen dem Regime von Lykophron und dem von Medios begründet ist,[22] obgleich die Herrschaft des letzteren zweifellos Ähnlichkeiten zu einer Tyrannenherrschaft aufweist.[23]

2. Der Krieg

2.1. Der Peloponnesische Krieg

In diesem Abschnitt soll zunächst gezeigt werden, daß in der ersten Hälfte des Peloponnesischen Krieges in Thessalien zwar innenpolitische Spannungen vorhanden waren, sich aber keine größeren Bürgerkriege ereigneten. Auf diese Weise wird veranschaulicht, daß es keine zwingenden Beweise dafür gibt, daß der Tyrannis in Pherai starke innenpolitische Erschütterungen bzw. Kämpfe in der Region vorangegangen sind.

Während des größten Teils des Peloponnesischen Krieges blieb die Lage in Thessalien stabil. Ein Anzeichen dafür könnte eine Inschrift sein, aus der wir erfahren, daß Daochos I. aus Pharsalos siebenundzwanzig Jahre das höchste thessalische Amt nach dem Gesetz und ohne Gewalt bekleidete sowie in dieser Zeit Frieden in Thessalien herrschte.[24] Eine genauere Datierung der Jahre, in

---

20 Xen. Hell. 6.2,4; 33; 7.1,20-22; 28-29; 4,12. Als Tyrann wird Dionysios I. nur zwei Mal bezeichnet (Xen. Hell. 2.2,24; 3,5).

21 Val. Max. 1.1. ext. 3; 7. ext. 6; 7; 4.3. ext. 4b-d; 7. ext. 1; 6.2. ext. 2. Als Tyrann wird Dionysios I. lediglich in Val. Max. 1.7. ext. 6; 6.2. ext. 2; 9.13. ext. 4 genannt.

22 Lykophron ist ein Tyrann, während Medios ein Dynast ist (Diod. 14.82,5).

23 Vgl. Berve, 1967, 248; Frolov, 1973a, 295. Daß Ähnlichkeiten bestehen, ist nichts Unerwartetes, da ohnehin zwischen *dynasteia* und Tyrannis beträchtliche Gemeinsamkeiten existieren; s. dazu Kap. VI.1.2.

24 Syll.[3] 274; vgl. hierzu Sprawski, 1999, 28f. Für einen kurzen Überblick über das politische System in Thessalien s. Sprawski, 1999, 15-23; Th. Corsten, Vom Stamm zum

denen Daochos I. sein Amt innehatte, ist aufgrund mangelnder Informationen schwierig. In der Forschung wird der Anfang seiner Amtsausübung in die Jahre 445, 440 oder 431 datiert.[25] Da sich in der zweiten Hälfte des Peloponnesischen Krieges die außenpolitischen Einmischungen in thessalische Angelegenheiten häuften und ernste innere Konflikte ausgetragen wurden, ist von den drei Vorschlägen die Datierung auf ca. 440 bis 413 am wahrscheinlichsten.

Zu Beginn des Peloponnesischen Krieges unterstützten die Thessaler aktiv die Athener.[26] Auch später waren die Thessaler proathenisch gesinnt.[27] Die von einigen Althistorikern vertretene Ansicht,[28] daß es schon zu dieser Zeit zu tiefgreifenden innenpolitischen Spannungen in Thessalien kam, erscheint aber unzutreffend. Diese Schlußfolgerung wird aus der Nachricht abgeleitet, aus Larisa seien 431 zwei Reiteraufgebote nach Athen gesandt worden, die aber miteinander verfeindet waren.[29] Die eine Gruppe soll die alte Aristokratie repräsentiert haben, die andere die neue Oligarchie. B. Helly ist jedoch der Meinung, daß es sich bei „ἀπὸ τῆς στάσεως ἑκάτερος" vorrangig um einen militärischen Ausdruck handele.[30]

Selbst wenn in Larisa tatsächlich zwei verfeindete Adelsfaktionen existierten, darf man annehmen, daß zu diesem Zeitpunkt kein ernsthafter Konflikt zwischen ihnen ausgetragen wurde.[31] Denn die thessalische Hilfe setzt eine militärische Kooperation dieser beiden Parteien voraus, die im Falle einer ernsthaften Konfrontation zwischen ihnen nicht möglich gewesen wäre. Zudem besteht oft zwischen der Stasis und der außenpolitischen Konstellation eine Verbindung. Die konkurrierenden Gruppen innerhalb eines Gemeinwesens wurden

---

Bund. Gründung und territoriale Organisation griechischer Bundesstaaten, München 1999, 178-184.

25 H. D. Westlake, Thessaly in the Fourth Century, London 1935, 26 Anm. 1, und K. J. Morrison, Meno of Pharsalus, Polycrates and Ismenias, CQ. n.s. 36 (1942), 63, meinen, Daochos I. habe sein Amt zwischen 431 und 404 innegehabt. E. Meyer, Theopomps Hellenika, Halle 1909, 246-249 geht von dem Zeitraum von 445 bis 415 aus. H.-J. Gehrke, 1985a, 187 Anm. 25; A. Andrewes, Two Notes on Lysander, Phoenix 25 (1971), 219, und M. Sordi, La lega tessala fino ad Alessandro Magno, Roma 1958, 109-117, sind der Ansicht, daß Daochos sein Amt von 440 bis 413 bekleidet habe.

26 Thuk. 2.22,2-3; Paus. 1.29,6.

27 Thuk. 4.132,1; 5.13,1; 8.3,1; s. dazu Gehrke, 1985a, 188.

28 Vgl. Sordi, 1958, 119, sowie J. S. Morrison, 1942, 63; 70, der annimmt, die eine Gruppe sei die der Aleuaden gewesen, die andere die des Nikonidas, der in Verbindung zu dem makedonischen König Perdikkas II. gestanden habe. Dabei soll keine der beiden Faktionen die oligarchische Partei gewesen sein; s. dazu auch Westlake, 1935, 37 mit Anm. 3.

29 Thuk. 2.22,3.

30 B. Helly, L' État Thessalien. Aleuas le Roux les tétrades et les tagoi (Collection de la Maison de L' Orient Méditerranéen 25, Série Épigraphique 2), Lyon 1995, 233-240; vgl. Sprawski 1999, 25f.; s. dazu auch HCT II, 78.

31 Vgl. G. Rechenauer, Zu Thukydides II 22,3...ἀπὸ τῆς στάσεως ἑκάτερος..., RhM 136 (1993), 238-244; bes. 244 Anm. 16.

meistens von auswärtigen Mächten protegiert.[32] Demzufolge ist es durchaus vorstellbar, daß sich eine der beiden Faktionen an Sparta um Hilfe gewandt hätte, um ihren Machtanspruch durchzusetzen, wenn es zu einer Stasis gekommen wäre, weil zu Athen bereits gute Beziehungen unterhalten wurden. Denn es ist kaum denkbar, daß beide Parteien in Athen die gleiche Unterstützung genossen und über äquivalente politische Beziehungen verfügt haben. Hinzu kommt, daß die Spartaner durchaus Interesse an Nord- und Zentralgriechenland hatten und deswegen ein Hilfegesuch aus Larisa kaum abgelehnt hätten.[33] Die Gründung von Herakleia Trachinia sowie Brasidas' thrakischer Feldzug belegen dies. Schließlich ist zu berücksichtigen, daß die Quellen erst für das Ende des 5. Jh.s innere Auseinandersetzungen in Larisa erwähnen.[34]

Es erscheint gleichfalls übertrieben zu sein, in Brasidas' Marsch durch Thessalien im Sommer 424 ein Indiz für innere Instabilität zu sehen.[35] Auf diese Weise wird aber in der modernen Literatur häufig Thukydides' Erklärung gedeutet, Brasidas hätte niemals mit seinem Vorhaben Erfolg gehabt, wenn in Thessalien statt der *dynasteia* die *isonomia* geherrscht hätte, da der *plethos* proathenisch gesinnt gewesen sei.[36] In der Forschung wurde jedoch schon darauf hingewiesen, daß mit *plethos* nicht das niedere Volk gemeint sei, sondern die Mehrheit der Thessaler und das thessalische Koinon.[37] Die Gegenüberstellung von *dynasteia* und *isonomia* soll gleichfalls nicht dazu verleiten, unter dem letzteren Begriff eine Demokratie zu verstehen.[38] Vielmehr ist der Terminus *isonomia* eine Chiffre für die verfassungsmäßige Ordnung Thessaliens, die von mächtigen Aristokraten durch ihre Unterstützung des Brasidas verletzt wird.[39] Ferner spricht gegen die Vorstellung von einer tiefgehenden Auseinandersetzung in Thessalien, daß sowohl Brasidas selbst als auch seine thessalischen Gastfreunde jede Art eines offenen Konfliktes zu vermeiden versuchten.[40] Die

---

32 S. dazu Kap. II.2.

33 Zum Interesse Spartas an dieser Region s. Hornblower, 1991b, 131f.

34 S. Kap. IX.3.2.

35 Thuk. 4.78.

36 Thuk. 4.78,2-3; vgl. Sordi, 1958, 106f.

37 Hornblower, 1996, 259f.; Welwei, 1977, 6f. mit Anm. 6; H. Beck, Polis und Koinon. Untersuchungen zur Geschichte und Struktur der griechischen Bundesstaaten im 4. Jahrhundert v. Chr., Stuttgart 1997, 124 Anm. 26; Morrison, 1942, 63; Gehrke, 1985a, 188 Anm. 30; HCT III, 542.

38 Vgl. Sprawski, 1999, 27f.; HCT III, 542; Morrison, 1942, 63; Hornblower, 1996, 259f.; Rechenauer, 1993, 240f.

39 Vgl. Gehrke, 1985a, 188 Anm. 30; Beck, 1997, 124 Anm. 26.

40 Thuk. 4.78,4: „*Seine Führer erwiderten, sie würden ihn niemand zu trotz durchführen, er sei überraschend dagewesen und als seine Gastfreunde gäben sie ihm Geleit. Auch Brasidas selber sagte, er komme als ihr und des thessalischen Landes Freund und trage die Waffen gegen seine Feinde, die Athener, nicht gegen sie*; [...].“ (Übers.: G. P. Landmann).

Argumentationsweise, mit der Brasidas' Gastfreunde ihr Vorgehen dabei begründeten, sowie ihr damaliges Verhalten insgesamt demonstrieren zudem, daß sie zwar mächtig, aber nicht allmächtig waren. Deshalb sollte man in Brasidas' Durchzug zwar ein Zeichen für die Schwäche der Zentralgewalt sehen,[41] diese aber nicht mit einer tiefgehenden inneren Instabilität gleichsetzen.

Allem Anschein nach wurde die Handlungsweise der thessalischen Aristokraten in dieser Angelegenheit primär von gastfreundschaftlichen Beziehungen und momentanen Interessen bestimmt.[42] Dies ist nicht nur an der Tatsache erkennbar, daß diese Adligen Gastfreunde von Brasidas, Perdikkas II. oder Chalkis waren, sondern auch an der Episode mit dem Spartaner Ischagoras. Dieser versuchte im Jahre 423 ebenfalls auf dem Landweg durch Thessalien Verstärkung für Brasidas zu bringen, wurde aber von den Freunden des Perdikkas II. daran gehindert, da der makedonische König während des Krieges die Seiten gewechselt hatte.[43] Es liegt nahe anzunehmen, daß einige dieser Personen dieselben Gastfreunde des Perdikkas II. waren, die Brasidas ein Jahr zuvor begleitet hatten. In diesem Fall könnte von keiner dauerhaft proathenischen oder prospartanischen Partei die Rede sein.[44] Nach Brasidas' Tod versuchten die Spartaner noch einmal, Truppen nach Thrakien zu bringen. Da aber die Thessaler ein weiteres Mal nicht gewillt waren, ihnen den Durchzug zu erlauben, kehrten diese zurück.[45]

Die Lakedaimonier hatten sich an den Grenzen von Thessalien schon einige Jahre vor Brasidas' Durchmarsch aktiv engagiert. Im Jahre 426 gründeten sie eine Kolonie bei Herakleia Trachinia.[46] Das Hauptmotiv für dieses Unternehmen war aller Voraussicht nach, daß Sparta seinen Einfluß in Zentral- und Nordgriechenland zu steigern suchte.[47] Die Thessaler waren von Anfang an der spartanischen Kolonie gegenüber feindlich gesinnt.[48] Im Winter 420/419 erlitten die Herakleoten durch die Ainianen, die Doloper, die Malier und die Thessaler eine schwere Niederlage. Danach übernahmen die Boioter für einige Jahre die Kontrolle über Herakleia Trachinia.[49]

41 Vgl. Beck, 1997, 124.

42 Vgl. Sprawski, 1999, 29f.; N. G. L. Hammond – G. T. Griffith, A History of Macedonia, Bd. 2, Oxford 1979, 129.

43 Thuk. 4.132,2; vgl. dazu Hammond, 1979, 131; E. N. Borza, In the Shadow of Olympus: The Emergence of Macedon, Princeton 1990, 152-155; D. Kagan, Archidamian War, Ithaca/London, 1974, 310f.; Hornblower, 1996, 407f.

44 Vgl. Sprawski, 1999, 29f.

45 Thuk. 5.12-13,1; vgl. HCT III, 657; Hornblower, 1996, 54; 457f.

46 Thuk. 3.92-93; Diod. 12.59,3-5; vgl. HCT II, 394-399; Hornblower, 1991a, 501-508.

47 Zu den spartanischen Motiven vgl. A. Andrewes, Spartan Imperialism?, in: P. D. A. Garnsey – C. R. Whittaker (Hrsg.), Imperialism in the Ancient World, Cambridge 1978, 95-99; ders., 1971, 219ff.; Hornblower, 1991a, 501-505.

48 Sprawski, 1999, 30.

49 Thuk. 5.51-52,1; Diod. 12.77,4; s. dazu Andrewes, 1978, 98; Meyer, 1909, 117.

Trotz dieser Ereignisse blieb Thessalien in der ersten Hälfte des Peloponnesischen Krieges größtenteils abseits der Kämpfe. Die Thessaler verhielten sich gewissermaßen neutral. Sie unterstützten die Athener nämlich nur 431 direkt, während ihre Aktivitäten Sparta gegenüber eher einen passiven Charakter hatten. Sie beschränkten sich auf den Versuch, Herakleia zu schwächen bzw. zu zerstören und einen Durchmarsch der Spartaner durch ihr Territorium zu verhindern. Diese „Neutralität" der Thessaler ist wegen der häufigen Verbindung der außenpolitischen Konstellation und der Stasis aufschlußreich.[50] In ihr könnte man einen weiteren Hinweis dafür sehen, daß in diesem Teil von Griechenland keine Bürgerkriege entstanden, zumindest keine von größerem Ausmaß oder mit schwerwiegenden Auswirkungen. Die Signifikanz dieser „Neutralität" wird auch durch den Umstand bestätigt, daß sich an den Kämpfen in Thessalien in den letzten Jahren des 5. und am Anfang des 4. Jh.s andere griechische Mächte – Sparta, Makedonien, Theben und Korinth – durchaus aktiv beteiligten.[51]

Daß keine Berichte über innere Konflikte in Thessalien bis zur letzten Dekade des 5. Jh.s vorliegen, und vor allem die Tatsache, daß Thukydides hierzu keine Angaben macht, spricht gleichermaßen dagegen, daß in den Jahrzehnten zuvor größere Bürgerkriege stattgefunden haben, obwohl man davon ausgehen kann, daß unterschiedliche Strömungen und Spannungen zwischen verschieden Gruppen und Aristokraten existierten. Die Inschrift über die friedliche und gesetzestreue Amtsausübung des Daochos I. deutet vermutlich ebenso auf diese Annahme hin.

In der zweiten Hälfte des Peloponnesischen Krieges kam es jedoch zur Destabilisierung der innenpolitischen Lage in Thessalien. Kritias' Aufenthalt und der Aufstieg des Lykophron von Pherai, der höchstwahrscheinlich während dieser Jahre stattfand, belegen dies. Zu derselben Zeit kam es auch zu drastischen Veränderungen der Machtverhältnisse in der griechischen Welt. Das Scheitern der athenischen Streitmacht auf Sizilien erweckte bei vielen Zeitgenossen den Eindruck, der endgültige Sieg Spartas im Krieg sei gewiß.[52] Hinzu kam, daß der oligarchische Putsch der „Vierhundert" Athens außenpolitische Handlungsfähigkeit weiter einschränkte. Auch wenn sich später zeigte, daß Athen noch nicht geschlagen war, büßten die Athener zu diesem Zeitpunkt zweifelsohne viel von ihrem Einfluß ein. Dies bestätigt nicht nur Thukydides' Kommentar, sondern auch die unterschiedliche Einstellung der Athener gegenüber den makedonischen Königen Perdikkas II. und Archelaos.[53]

---

50 S. Kap. II.2.

51 S. Kap. IX.2.2.

52 Thuk. 8.2.

53 Thuk. 8.2. Archelaos und seine Söhne wurden wegen dessen Hilfe für die athenische Flotte vom Demos in einem Volksbeschluß von 407/406 zu *proxenoi* und *euergetai* der Athener erklärt (IG I² 105 = HGIÜ I 150). Im Gegensatz zu ihm mußte Perdikkas II. 415 den Eid ablegen, die gleichen Feinde wie Athen zu haben und niemandem außer den

Ein weiteres Ereignis, welches neben dem athenischen Debakel auf Sizilien die Machtverhältnisse im thessalischen Umfeld verschob, war auch, daß im Jahre 413 mit Archelaos ein starker Herrscher auf den makedonischen Thron gelangte.[54] Dieses Zusammenfallen der Destabilisierung Thessaliens mit der Veränderung der Kraftverhältnisse in Griechenland führt zu der Vermutung, daß beide Entwicklungen in einer Relation miteinander stehen könnten.

Bezeichnend ist in dieser Hinsicht, daß nach der athenischen Niederlage auf Sizilien eine der ersten Maßnahmen des in Dekeleia stationierten spartanischen Königs Agis II. der Feldzug gegen die Oitaier, die phthiotischen Achaier und andere Untertanen der Thessaler im Winter 413/412 war.[55] Das Ziel dieser Kampagne war vermutlich, Herakleia Trachinia wieder unter lakedaimonische Herrschaft zu bringen und Spartas Einfluß in dieser Region zu stärken.[56] Die Oitaier und Achaier in der Phthiotis wurden gezwungen, Geld zu geben und Geiseln zu stellen. Der spartanische König versuchte erfolglos, sie auch zu einem Beitritt in den Peloponnesischen Bund zu bewegen. Agis' II. Intervention stieß auf Empörung bei den Thessalern, die jedoch keine konkreten Maßnahmen gegen diesen ergreifen konnten.

Im Winter 409/408 aber erlitten die Herakleoten beträchtliche Verluste in einer Schlacht gegen die Oiatier infolge eines Verrates der phthiotischen Achaier.[57] Es ist nicht auszuschließen, daß der Entschluß der Oiatier, die Herakleoten anzugreifen, und der der phthiotischen Achaier, die Herakleoten zu verraten, im Zusammenhang mit den Erfolgen stand, die die Athener seit den letzten Monaten des Jahres 411 erzielten. Die Spartaner und ihre Verbündeten waren im Herbst 411 bei Kynossema und im Frühjahr 410 bei Kyzikos geschlagen worden.[58] Im Sommer 410 scheiterte Agis' II. Vorstoß vor den athenischen Mauern, als ihm Thrasyllos unerwartet starken Widerstand leistete.[59] Die Athener hatten zwar ebenfalls einige Rückschläge erlitten,[60] dennoch herrschte wieder Ungewißheit, welche Seite im Krieg den Sieg erringen würde.

Athenern Schiffsmaterial zu liefern (IG I² 71 = HGIÜ I 121). Vgl. Borza, 1990, 162f.; Hammond, 1979, 138f.

54 Thuk. 2.100,2; vgl. Borza, 1990, 161-177.

55 Thuk. 8.3,1; vgl. hierzu Kagan, 1987, 25-28; HCT V, 9f.; Andrewes, 1971, 220; ders., 1978, 98. H. D. Westlake, Alcibiades, Agis and Spartan Policy, JHS 58 (1938), 35-38 vermutet hinter Agis' II. Vorgehen auch die Absicht, den Weg nach Thrakien wieder für Sparta zu öffnen.

56 So Kagan, 1987, 25-27; Westlake, 1938, 35; 37; anders Andrewes, 1971, 220 Anm. 27, der der Ansicht ist, daß Sparta schon früher die Kontrolle über Herakleia wiedererlangt hat; vgl. auch HCT V, 9.

57 Xen. Hell. 1.2,18; s. dazu Andrewes, 1978, 98.

58 Thuk. 8.104-106; Xen. Hell. 1.1,9-20.

59 Xen. Hell. 1.1,33-34.

60 Welwei, 1999, 232f.

Es scheint keine militärische Reaktion Spartas auf diese Rückschlägen 411 und 410 gegeben zu haben. Auch in der darauffolgenden Zeit blieb Thessalien von den Kämpfen des Peloponnesischen Krieges verschont. Eine Erklärung dafür könnte sein, daß keine der Kriegsparteien über ausreichende Kräfte verfügte, um noch eine Front zu eröffnen, und daß andere Gebiete, wie Ionien und Hellespont, Vorrang hatten. Ein weiterer Faktor könnte sein, daß der makedonische König Archelaos, obgleich er gute Beziehungen zu Athen unterhielt, offiziell neutral blieb und sich aus dem Krieg weitgehend heraushielt.[61]

2.2. Lykophron und der Krieg

Auch die folgende Erörterung der Ereignisse in Thessalien in der zweiten Hälfte des Peloponnesischen Krieges und zur Zeit des Lykophron dient dazu, die Relevanz des Krieges bzw. die außenpolitische Konstellation für die Entstehung der Tyrannis zu erfassen. Denn sie soll zeigen, daß die innenpolitischen Entwicklungen in der letzten Dekade des 5. und in den ersten Jahren des 4. Jh.s in einer Relation zu den Veränderungen im außenpolitischen Umfeld von Thessalien standen.

Die Anfänge der Tyrannis in Pherai sind unbekannt. Lykophron hat wahrscheinlich seine Herrschaft in den letzten Jahren des Peloponnesischen Krieges begründet. Seine erste überlieferte Tat war der Sieg über die Larisaier und andere Thessaler während der Sonnenfinsternis am 3. September 404. Zur Schlacht kam es, weil Lykophron, der schon Herr über Pherai war, seine Macht auf ganz Thessalien ausdehnen wollte.[62] Dies bestätigt, daß Lykophrons Macht über seine Vaterstadt zu dieser Zeit bereits gefestigt war.

Ob zwischen dem Ende des Peloponnesischen Krieges und Lykophrons Versuch, Thessalien zu beherrschen, eine Verbindung bestand, ist nicht feststellbar. Die Ereignisse, die der Schlacht folgten, demonstrieren aber die Signifikanz der außenpolitischen Konstellation für die thessalischen innenpolitischen Verhältnisse. Infolge der Niederlage im Kampf gegen Lykophron kam es vermutlich in Larisa zu einem Umsturz. Das Regiment der Aleuaden wurde durch eine gemäßigte Oligarchie ersetzt.[63] Das Haupt der Aleuaden, Aristippos, bat seinen Gastfreund Kyros d. J., ihm Geld für den dreimonatigen Unterhalt von 2000 Söldnern zu geben.[64] Kyros d. J. erfüllte seine Bitte und gab Aristippos den Sold für 4000 Söldner für die Dauer von sechs Monaten, verband hiermit aber die Forderung, keinen Frieden ohne vorherige Absprache mit ihm zu schlie-

61 Borza, 1990, 162f.
62 Xen. Hell. 2.3,4.
63 S. Kap. IX.3.2.
64 Zu den früheren Beziehungen der Aleuaden zu den Persern vgl. H. D. Westlake, The Medism of Thessaly, JHS 56 (1936), 12-24.

ßen.[65] Bald danach forderte Kyros d. J. Aristippos auf, sich mit seinen Gegnern zu arrangieren und ihm die Söldner zu schicken.[66] Aristippos schickte Kyros d. J. seinen Landsmann Menon von Pharsalos mit 1000 Hopliten und 500 Peltasten.[67] Da Aristippos dem Ersuchen des Kyros d. J. nachkam, ist nicht auszuschließen, daß er seine Gegner besiegt hatte. Andererseits zeigt die Tatsache, daß der Aleuade nur 1500 Soldaten schickte und wenig später der Hilfe des Archelaos bedurfte, daß Aristippos keinen endgültigen Sieg errungen hatte, weder über seine Gegner in Larisa noch über Lykophron. Der Tod des Kyros d. J. 401 in der Schlacht von Kunaxa beraubte die Aleuaden eines mächtigen Alliierten. Möglicherweise haben sich diese auch deswegen an den makedonischen König um Unterstützung gewandt.[68]

Daß die Spartaner ihr Interesse an Zentral- und Nordgriechenland selbst nach dem Sieg über Athen nicht verloren hatten, läßt ihre Intervention im Jahre 399 in Thessalien erkennen. Als in Herakleia Trachinia Parteikämpfe ausbrachen, wurde der Spartaner Herippidas entsandt. Dieser beendete den Konflikt und ließ 500 Einwohner hinrichten.[69] Er baute auch den spartanischen Einfluß in dieser Region aus. Wie es scheint, wurde damals das Gebiet nördlich von Boiotien und südlich der achaiischen Phthiotis unter die Kontrolle Spartas gebracht.[70] Herippidas griff die Oitaier an und vertrieb sie von ihren Wohnsitzen.[71] Vermutlich gehören in diese Zeit auch die Errichtung einer spartanischen Garnison in Pharsalos und die Intensivierung der Beziehungen zu Lykophron.[72] Ein weiterer Ausbau der spartanischen Machtsphäre in diesem Teil von Griechenland wurde höchstwahrscheinlich durch die Verschlechterung der Beziehungen zu Persien verhindert.[73] Die Ermordung des Archelaos könnte hierbei ebenfalls von Bedeutung gewesen sein, da mit dessen Tod ein gefährlicher Gegner Spartas in dieser Region verschwand und der makedonische Einfluß in Thessalien somit stark geschwächt war.

Im Jahre 395 kam es wieder zu Kampfhandlungen in Thessalien. Der Ausbruch der Auseinandersetzung stand offenkundig im Zusammenhang mit dem Korinthischen Krieg und Lysanders Tod bei Haliartos.[74] Medios, der Nachfolger

65 Xen. an. 1.1,10.

66 Xen. an. 1.2,1.

67 Xen. an. 1.2,6. Zu Menon s. auch T. S. Brown, Menon of Thessaly, Historia 35 (1986), 387-404.

68 S. Kap. IX.3.2.

69 Diod. 14.38,4-5; 82,6-7; Polyain. 2.21.

70 Xen. Hell. 3.5,5; 4.3,9; Plut. Ages. 2,5; s. dazu Meyer, 1909, 280f.; Funke, 1980, 41 mit Anm. 46; Sprawski, 1999, 41.

71 Diod. 14.38,5.

72 Diod. 14.82,6; Xen. Hell. 6.4,24; s. hierzu Meyer, 1909, 356f.; 280f.; Funke, 1980, 41; Gehrke, 1985a, 191.

73 Vgl. Meyer, 1909, 281; Funke, 1980, 41f.

74 Vgl. Sprawski, 1999, 42.

des Aristippos, wandte sich an die antispartanische Koalition mit der Bitte um Hilfe und erhielt 2000 Söldner. Er bekämpfte sowohl Lykophron als auch die Spartaner und konnte dabei wichtige Erfolge verzeichnen.[75] Die Stadt Pharsalos, in der eine spartanische Besatzung postiert war, wurde von ihm eingenommen. Lykophron selbst wurde entweder in die Emigration gedrängt oder in seiner Position stark geschwächt. Denn als Agesilaos 394 durch Thessalien marschierte, stellten sich die Bürger von Larisa, Krannon, Skotussa und Pharsalos neben allen anderen Thessalern, mit Ausnahme der Verbannten, dem spartanischen König entgegen.[76] Die Polis Pherai und der Tyrann Lykophron werden von Xenophon, der selbst an dem Durchmarsch des Agesilaos teilnahm, mit keinem Wort erwähnt. Das Schweigen der Überlieferung in bezug auf Lykophron nach 395 legt die Schlußfolgerung nahe, daß in diesen Jahren seine Herrschaft ein Ende fand. Die Frage, wie und wann genau dieses erfolgte, läßt sich aber nicht beantworten.

3. Die Tyrannis in Pherai und die sozialen Gegensätze

3.1. Kritias und Prometheus

Die Auffassung, Lykophron habe soziale Gegensätze ausgenutzt, um an die Macht zu gelangen, ist in der Forschung auf breite Zustimmung gestoßen und hat das Verständnis von der Gewaltherrschaft in Pherai sowie von Thessalien allgemein in dieser Periode stark geprägt. Aus diesem Grunde wird zunächst die Glaubwürdigkeit der Berichte über Kritias' Aufenthalt in Thessalien und deren Relevanz für die Beurteilung der Einzelherrschaft in Pherai erläutert, da diese Zeugnisse einen maßgebenden Einfluß auf die genannte Beurteilung der Alleinherrschaft in Pherai hatten.

Zu einem ersten, in den Quellen eindeutig belegten inneren Konflikt in Thessalien im letzten Drittel des 5. Jh.s kam es ca. 406/405. Von ihm erfahren wir allerdings nur auf indirekte Weise: durch die letzte Rede des Theramenes bei Xenophon und aus einer Bemerkung des Philostratos über Kritias.[77] Der Sachverhalt, daß nicht überliefert ist, wo sich Kritias in Thessalien aufhielt, wer sein Mitkämpfer Prometheus war und wofür die beiden kämpften, führte in der Forschung zu zahlreichen Hypothesen. Die Relevanz dieser Problematik für die vorliegende Studie liegt in der Tatsache, daß diese häufig auf direkte oder indirekte Weise mit der Entstehung der Tyrannis in Pherai in Verbindung gebracht wird.

---

75 Diod. 14.82,5-7.

76 Xen. Hell. 4.3,3ff.; Ag. 2.2.

77 Xen. Hell. 2.3,36; Philostr. soph. 1,501-502.

Als erstes sollen Theramenes' Äußerungen in Xenophons *'Hellenika'* zu Kritias' Taten in Thessalien erörtert werden, da sie die ausführlichsten und zugleich schwerwiegendsten Angaben darstellen. Theramenes behauptet, Kritias habe zusammen mit Prometheus die Penesten für den Kampf gegen ihre Herren bewaffnet und versucht, eine Demokratie einzuführen.[78] Seine Worte sind aber aus mehreren Gründen nicht vertrauenswürdig. Es handelt sich hier um eine politische Rede. Beispiele derartiger Reden bei Thukydides – von Kleon, Alkibiades, Euphemos etc. – zeigen, daß die Redner es nicht immer genau mit der Wahrheit nahmen. Theramenes' Verhalten im Jahre 411 und beim Arginusenprozeß zeigt darüber hinaus, daß er bei der Auslegung von Sachverhalten zum eigenem Vorteil sehr gewandt war.

Die Art und Weise, in der er seine Anschuldigung gegen den Anführer der „Dreißig" vorträgt, weist gleichermaßen auf Demagogie hin. Denn hätte Theramenes tatsächlich etwas Kompromittierendes über Kritias' Aufenthalt in Thessalien gewußt, wäre er darauf ebenso ausführlich eingegangen wie in seinen Ausführungen über die Radikalität seines Gegners. Statt dessen will Theramenes mit seiner Ausdrucksweise den Eindruck erwecken, daß er nur auf etwas aufmerksam macht, das allen Athener bereits bekannt war. Indem er seine Behauptung als etwas Wohlbekanntes darstellte, erreichte er, daß man den Eindruck gewinnen konnte, dies würde den Tatsachen entsprechen. Daß die Handlungen seines Kontrahenten im Exil allgemein bekannt waren, ist aber zu bezweifeln, weil in diesen Jahren die Athener selbst schwere Zeiten durchlebten und Thessalien nicht einmal zu den Kriegsschauplätzen gehörte. Hinzu kommt, daß Kritias sich als Verbannter in Thessalien befand, also nicht in einer offiziellen Mission, und er außerdem zu dieser Zeit noch keine der breiten athenischen Öffentlichkeit bekannte Persönlichkeit war. Deshalb kann man davon ausgehen, daß Kritias' Aktionen kein größeres Interesse in seiner Heimatstadt weckten und Nachrichten über dieselben wenig verbreitet waren. Daß dieser Sachverhalt nicht unterzubewerten ist, offenbart Theramenes selbst, als er Kritias' Beschreibung seiner Rolle im Arginusenprozeß mit dem Argument zu widerlegen versucht, dieser sei über dieses Ereignis nicht gut unterrichtet, da er sich zur fraglichen Zeit in Thessalien befand.[79] Kritias' Rückkehr 404 und sein Aufstieg zur mächtigsten Persönlichkeit in Athen hatte bestimmt das Interesse an seiner Vergangenheit erhöht. Dennoch ist zu erwarten, daß in erster Linie Kritias' engste Mitkämpfer präzisere Kenntnisse von den Vorfällen in Thessalien besaßen, nicht aber die Mehrheit der Athener. Die kurze Zeit, die zwischen Kritias' Rückkehr und Theramenes' Prozeß vergangen war, die in der Bevölkerung durch den Terror der „Dreißig" allgemein verbreitete Angst und der Umstand, daß die meisten Mitbürger des Kritias mit dessen Handeln in Thessalien nicht vertraut waren, kamen

78 Xen. Hell. 2.3,36.
79 Xen. Hell. 2.3,36.

aber sicherlich einer Atmosphäre entgegen, die für die Verbreitung von Gerüchten über den Anführer des neuen Regimes günstig war. Daß Theramenes eine derartige Stimmung für seine Zwecke zu nutzen wußte, würde nicht überraschen. Alkibiades' Sturz 415 und die Ereignisse während des Staatsstreiches von 411 belegen, wie leicht in derartigen Situationen Gerüchte in Umlauf gelangten und als glaubwürdig wahrgenommen und mißbraucht wurden.

Des weiteren ist der Kontext, in dem Theramenes' Angriff auf Kritias stattfand, zu beachten. Kritias hatte nämlich zuvor in seiner Rede seinen Widersacher des Eigennutzes beschuldigt und daraus die Schlußfolgerung gezogen, dieser sei eine Gefahr für die neue politische Ordnung in Athen.[80] Theramenes verfolgte mit seiner Erwähnung von Kritias' Aufenthalt in Thessalien das gleiche Ziel. Diese Invektive sollte zeigen, daß Kritias nur auf seinen eigenen Vorteil bedacht war und dessen Politik eine Bedrohung für das Regime darstellte. Auf diese Weise wollte Theramenes nicht nur die Diskreditierung seines Gegners erreichen, sondern auch dessen Beschuldigungen gegen ihn selbst fragwürdig erscheinen lassen.[81]

Der demagogische Charakter von Theramenes' Aussage offenbart sich auch in seiner Unterstellung, Kritias könne in Athen in ähnlicher Weise wie im Exil handeln – also eine Demokratie einführen. Diese „Warnung“ steht nämlich im offensichtlichen Widerspruch sowohl zu seiner eigenen Kritik der Radikalität des Kritias als auch zu dem, was über die Attitüde des letzteren bezüglich der Demokratie allgemein bekannt war.[82]

Diese Fakten legen den Schluß nahe, daß Theramenes' Beschuldigung eine Mischung von Halbwahrheiten, Gerüchten und Übertreibungen ist. Dementsprechend kann dessen Rede nicht als zwingender Beweis dafür gelten, daß die Stasis, von der er spricht, tatsächlich auf einem sozialen Konflikt basierte und die Konstituierung einer Demokratie zum Ziel hatte.[83] Der Wahrheit entspricht aller Wahrscheinlichkeit nach, daß Kritias mit Prometheus in Auseinandersetzungen innerhalb einer Stadt oder zwischen bestimmten Poleis verwickelt war, und daß sie sich dabei der Penesten bedienten. Möglicherweise spielten hierbei auch existierende gesellschaftliche Ressentiments eine Rolle; deren Einfluß läßt sich aber nicht näher in Erfahrung bringen.

Sowohl Xenophons Bericht als auch Philostratos' Darstellung sprechen gegen die Auffassung von Kritias als einem Vorkämpfer der Demokratie.[84] Xenophon bemerkt nur, Kritias habe in Thessalien Umgang mit Menschen gehabt, die mehr Unrecht begingen, als rechtmäßig zu handeln; er habe insofern dort seine schlechten Veranlagungen enthüllt. Diese Bemerkung wird im Zusam-

---

80 Xen. Hell. 2.3,30-33.
81 Vgl. auch Xen. Hell. 2.3,45-47; s. hierzu Nestle, 1968, 307.
82 Xen. Hell. 2.3,36-45; 47-49.
83 Vgl. Sprawski, 1999, 32; 34.
84 Xen. mem. 1.2,24; Philostr. soph. 1,501-502.

menhang mit der Zurückweisung der Vorwürfe gegen Sokrates, dieser habe einen schlechten Einfluß auf Kritias ausgeübt, gemacht.[85] Da Xenophon Kritias in den *,Memorabilien'* als von Natur aus ehrgeizig, gewalttätig, habsüchtig und machthungrig beschreibt[86] – was mit dem Bild von diesem in den *,Hellenika'* übereinstimmt[87] – hätte er gewiß die Gelegenheit genutzt, Kritias' Kampf für Demokratie ausführlicher darzulegen, um auf diese Weise dessen Prinzipienlosigkeit und Machtbesessenheit noch besser zu veranschaulichen. Die Tatsache, daß Xenophon Kritias' thessalische Mitstreiter als ungerechte Menschen einschätzte, kam ebenfalls einer derartigen Charakterisierung entgegen. Statt dessen bleibt Kritias für Xenophon ein skrupelloser Oligarch, dessen Regime tyrannische Züge aufweist und dessen Morde an Demokraten auch durch seine vorherige Verbannung erklärbar seien.[88] Demzufolge sollte man zwischen Theramenes' Unterstellung, Kritias habe für die Demokratie gekämpft, und Xenophons persönlicher Meinung differenzieren.

Philostratos' Porträt des Kritias steht in einem noch deutlicheren Gegensatz zu Theramenes' Rede in den *,Hellenika'*.[89] Laut Philostratos hat Kritias versucht, die thessalischen Oligarchen zu überzeugen, das Volk noch mehr zu unterdrücken. Er agierte hiernach gegen alle Demokratien. Hierbei wird keine aktive Beteiligung an den Kämpfen erwähnt. Ferner soll eher Kritias die Thessaler verdorben haben als diese ihn.

Bezüglich Theramenes' und Philostratos' Darstellung des Kritias in Thessalien ist J. Ducats Ansicht über substantielle Unterschiede auf allen Ebenen zwischen diesen beiden zutreffend.[90] Daß auch Xenophons Schilderung von der des Philostratos gänzlich abweicht, ist indessen nicht fundiert,[91] da – wie gesagt – Theramenes' Vorwürfe nicht der persönlichen Auffassung des Xenophon vollständig entsprechen. Deshalb bestehen auch zwischen Xenophon und Philostratos keine wesentlichen Differenzen in bezug auf die Frage, ob Kritias jemals für die Demokratie gekämpft hat. Außerdem vertritt Xenophon in den *,Memorabilien'* nicht, wie J. Ducat glaubt, die Meinung, der Aufenthalt in Thessalien habe Kritias' moralischen Fall verursacht.[92] Statt dessen bemerkt Xenophon lediglich, dieser habe durch eine geeignete Atmosphäre zur vollen Entfaltung der bereits in Kritias' Charakter bestehenden negativen Züge beigetragen. Die ständige Betonung, Sokrates habe Kritias' Begierden unterdrückt, bestätigt diese Interpretation. Philostratos' Standpunkt, Kritias habe seine Aktivitäten in Thes-

85 Xen. mem. 1.2,12-18; 24-26; 29-39.
86 Xen. mem. 1.2,12-16; 39.
87 Auch wenn man Theramenes' Rede und Aussagen bei Xenophon außer acht läßt.
88 Xen. Hell. 2.3,12; 14-16. Hinsichtlich den *,Hellenika'* s. auch Kap. VI.
89 Philostr. soph. 1,501-502.
90 J. Ducat, Les Pénestes de Thessalie, Paris 1994, 58f.
91 Anders Ducat, 1994, 58f.
92 Ducat, 1994, 58.

salien nur darauf beschränkt, Ratschläge zu geben, weicht allerdings ebenso von der Meinung Xenophons ab.[93] Wenn auch Xenophons Kommentar in dieser Hinsicht in den *‚Memorabilien'* etwas unbestimmt ausfällt, so schildert er doch Kritias ansonsten in diesem Werk und in den *‚Hellenika'* als eine tatkräftige und entschlossene Persönlichkeit, die sich kaum damit begnügen würde, Vorschläge zu unterbreiten.

Philostratos' Porträt des Kritias wurde vermutlich stark vom traditionellen Bild, das von diesem existierte, geprägt.[94] Die Weise, auf die dieser Kritias' Verbrechen während der Herrschaft der „Dreißig" und dessen Bildung beschreibt, sowie seine Beurteilung des Sokrates und seine Charakterisierung der Thessaler rechtfertigen eine derartige Folgerung. Aus diesem Grunde kann Philostratos zwar eine nützliche Ergänzung zu Xenophon sein, den Vorrang als Quelle sollte man aber dem letzteren geben.

In der modernen Literatur werden diese Berichte der antiken Autoren auf unterschiedliche Weise gedeutet. Manche Althistoriker bringen Kritias' Aufenthalt in Thessalien mit der Entstehung der Alleinherrschaft in Pherai in Verbindung, andere wiederum sehen in dem athenischen Aristokraten einen Vertreter der Demokratie oder der extremen Oligarchie. C. Mossé ist der Auffassung, daß Kritias in Kämpfe verwickelt war, bei denen die Penesten benutzt wurden, um eine Demokratie zu errichten und die Macht des thessalischen Adels zu vernichten. Im Zusammenhang mit diesen Entwicklungen sei wahrscheinlich auch die Tyrannis des Lykophron entstanden.[95] H. Berve formuliert die Hypothese, Prometheus habe sich die Penesten bei seinem Versuch, eine Einzelherrschaft zu begründen, zunutze gemacht.[96] E. Meyer äußert die Ansicht, daß Prometheus vielleicht ein Vorgänger des Lykophron gewesen sei.[97] H. D. Westlake meint, Lykophrons Tyrannis sei im Zuge der umstürzlerischen Aktivitäten des Kritias und Prometheus entstanden.[98] M. Sordi vertritt den Standpunkt, die Penesten seien zwar seit 457 frei gewesen, hätten aber keine politischen Rechte besessen. Deswegen habe sich Kritias in Larisa auf Seiten der Aleuaden für eine extreme Oligarchie engagiert und sich hierbei die Penesten zunutze gemacht, um die herrschende gemäßigte Oligarchie zu stürzen.[99] H. T. Wade-Gery vermutet, daß

---

93 Ducat, 1994, 58f.

94 Vgl. Ducat, 1994, 58f.

95 Mossé, 1969, 122 mit Anm. 3.

96 Berve, 1967, 283; diese Meinung teilt ebenso Gehrke, 1985a, 375; vgl. dazu auch Ducat, 1994, 61.

97 Meyer, 1909, 251.

98 Westlake, 1935, 47ff.; vgl. auch Beck, 1997, 127 Anm. 42.

99 Sordi, 1958, 106ff.; 141ff. M. Sordi ist der Auffassung, im Jahre 457 habe sich eine Revolte der in den Städten lebenden Aristokratie gegen die Aleuaden ereignet. Im Zuge dieser Ereignisse hätten die Penesten ihre Freiheit erhalten. Den Zeitpunkt dieses angeblichen Umsturzes in Thessalien erschließt M. Sordi aus einer Angabe bei Thukydides, der berichtet, daß die bei Tanagra auf der athenischen Seite kämpfende thessalische

sich Kritias und Prometheus für eine moderate Demokratie eingesetzt hätten.[100] Eines seiner wichtigsten Argumente ist dabei, daß er in Kritias den Verfasser der Schrift *,Peri politeias'* sieht, die unter dem Namen von Herodes Atticus überliefert wurde.[101]

Gegen die Interpretationen, die zwischen Lykophrons Machtergreifung und einem sozialen Konflikt sowie den Aktivitäten des Kritias eine Verbindung herstellen, sprechen die Ergebnisse der hier unternommenen Untersuchung der antiken Zeugnisse. Überdies sollte man berücksichtigen, daß selbst wenn Prometheus die Tyrannis angestrebt oder Kritias auf direkte Weise den Aufstieg des Lykophron unterstützt hat, dies eher von Theramenes als Argument aufgegriffen worden wäre. Denn der Hauptgegenstand seiner Kritik war Kritias' Radikalität, die das Regiment in Athen immer mehr von einer Oligarchie in Richtung einer *dynasteia* bzw. kollektiven Tyrannis führte. Zudem war die Willkürherrschaft bei den Oligarchen nicht weniger unbeliebt als bei den Demokraten, da sie unter einer Alleinherrschaft ebenso aus den Regierungsgeschäften ausgeschlossen waren wie die anderen Bürger. Weitere Argumente gegen die Thesen, welche die Entstehung der Tyrannis in Pherai in den hier angesprochen Zusammenhang setzen, werden im Abschnitt *,Lykophron und die sozialen Gegensätze'* ausführlich erörtert.

Die Auffassung von H. T. Wade-Gery läßt sich aufgrund einiger Einwände in Zweifel ziehen. Erstens ist es nicht bewiesen, daß Kritias der Autor dieses Textes war.[102] Zweitens kommt hinzu, daß Theramenes niemals eine Verfassung kritisiert und als demokratisch bezeichnet hätte, die seinen eigenen Ansichten in großen Teilen entspricht.[103] Drittens wäre dann auch Kritias' unterschiedliche Vorgehensweise in Athen nicht erklärbar sowie die Tatsache, daß ihn Theramenes, Xenophon und Philostratos einstimmig als rücksichtlosen, ehrgeizigen und repressiven Politiker charakterisieren.

In bezug auf die These von M. Sordi stellt sich die Frage, wie der Sturz einer gemäßigten Oligarchie mit dem Ziel, eine extreme Oligarchie zu errichten, als demokratisch gelten kann,[104] und weshalb die Penesten für eine politische Ordnung kämpfen würden, in der sie nur noch weniger Rechte zu erwarten hätten. Desgleichen wäre es in einer derartigen Situation schwer verständlich, daß

Reiterei im Verlaufe der Schlacht zu den Spartanern überging (Thuk. 1.107,7). Gegen diese Interpretation von M. Sordi s. J. A. O. Larsen, A New Interpretation of the Thessalian Confederacy, CPh 55 (1960), 229ff.; 240ff.; ders., Greek Federal States, Oxford 1968, 13ff.; Welwei, 1977, 6ff. mit Anm. 6; bes. 8; Gehrke, 1985a, 186ff.

100 H. T. Wade-Gery, Kritias and Herodes, CQ 39 (1945), 19-33.

101 Wade-Gery, 1945, 19-33; bes. 24-26.

102 S. oben, sowie Sprawski, 1999, 34ff.

103 Vgl. Ducat, 1994, 59f.

104 Vgl. Ducat, 1994, 60.

der Sprecher von *,Peri politeias'*, ein Vertreter der moderaten Oligarchie, sich um das Volk bemüht haben soll.[105]

Die Identität des Thessalers Prometheus ist ein weiteres Thema, das von Interesse für die Beurteilung der Tyrannis in Pherai ist. Denn die Frage, wer Prometheus gewesen war, hat zu verschiedenen Identifikationsversuchen geführt. Da diese in Prometheus entweder Lykophron oder Jason erkennen, ist es erforderlich, sie eingehend zu analysieren. Diese Identifikationsversuche basieren auf drei Anekdoten. Plutarch berichtet, ein Mann habe vorgehabt, mit einem Schwert den Thessaler Prometheus zu ermorden. Er durchstieß jedoch nur ein Geschwür unter welchem dieser litt. Auf diese Weise erreichte der Attentäter das Gegenteil von seinem eigentlichen Vorhaben. Denn indem er Prometheus' Geschwür öffnete, rettete er dessen Leben.[106] Dieselbe Anekdote wird von Cicero und Valerius Maximus erzählt, aber mit dem Unterschied, daß Jason von Pherai als das Opfer des Anschlags benannt wird.[107]

Diese Ähnlichkeit der Anekdoten führte dazu, daß schon früh die These aufgestellt wurde, Prometheus sei der Spitzname von Jason.[108] Dieser Standpunkt scheint aber wegen der im folgenden aufgeführten Argumente unzutreffend zu sein. Jason wird zum ersten Mal im Jahre 379 genannt.[109] Bei Xenophon wird der Herrscher von Pherai erstmals in der Rede des Polydamas erwähnt, welche dieser 375 gehalten hat.[110] Hierbei gibt Polydamas Jasons Behauptung wieder, er könne dieselben Anstrengungen wie seine Söldner aushalten, die sich in den besten Jahren befänden und regelmäßig Leibesübungen betrieben, und bestätigt diese Aussage auch persönlich.[111] Die Tatsache, daß Jason hier von Xenophon als ein Mann auf der Höhe seiner Kräfte geschildert wird, widerspricht der Annahme, daß er 407/406 reif genug war, um Anführer einer Stasispartei zu sein.[112] Es wäre auch schwer nachzuvollziehen, weshalb die Quellen über eine so wichtige, energische und machthungrige Persönlichkeit wie Jason,[113] der bereits 407/406 über beträchtliche Macht und Einfluß verfügt haben soll, fast drei-

105 Vgl. Meyer, 1909, 261; 276f.; Gehrke, 1985a, 375 Anm. 2.

106 Plut. mor. 89c.

107 Cic. nat. deor. 3,28; Val. Max. 1.8. ext. 6. Plinius d. Ä. berichtet, Jasons Geschwür sei in einer Schlacht durchstoßen worden (Plin. nat. 7,51).

108 F. Pahle, Zur Geschichte der pheräischen Tyrannis, NJPhP 93 (1866), 532ff. Zu anderen Autoren, welche zuvor diese Meinung bekundeten, vgl. J. Mandel, Jason: The Tyrant of Pherae, Tagus of Thessaly, as Reflected in Ancient Sources and Modern Literature: The Image of the „New" Tyrant, RSA 10 (1980), 52f.; bes. 53 Anm. 21; s. auch Ducat, 1994, 55ff.; Sprawski, 1999, 33 Anm. 68.

109 Diod. 15.30,3. Zur Chronologie s. Gehrke, 1985a, 74 Anm. 7; Sprawski, 1999, 3; Berve, 1967, 285.

110 Xen. Hell. 6.1,4-16.

111 Xen. Hell. 6.1,5-6; vgl. auch 6.1,15-16.

112 Mandel, 1980, 52ff.; Ducat, 1994, 55ff.; Sprawski, 1999, 32f.

113 Zu Jasons Machtstreben s. Aristot. pol. 1277a 24.

ßig Jahre lang schweigen würden. Noch schwieriger wäre es zu verstehen, daß sich die Überlieferung nicht detailliert mit einem derart interessanten Thema auseinandergesetzt hat, wie es die Beziehung zwischen den beiden Machtmenschen Kritias und Jason gewesen wäre.

Eine andere Hypothese, die von D. Stephans vorgelegt wurde, ist, daß Prometheus der Spitzname von Lykophron ist.[114] Diese Anschauung setzt aber voraus, daß sowohl Cicero als auch Valerius Maximus in ihren Anekdoten Jason mit Lykophron verwechselt haben, was unwahrscheinlich ist.[115] Darüber hinaus wäre es, wie bereits erwähnt, für Theramenes wesentlich vorteilhafter, Kritias als Mitstreiter eines Tyrannen darzustellen denn als einen Kämpfer für Demokratie. Zudem würde sich Theramenes selbst widersprechen, wenn Prometheus wirklich der Spitzname eines der beiden Herrscher gewesen wäre, da es kaum denkbar ist, daß die Athener in einem Autokraten einen Vorkämpfer der Demokratie sahen.

Der neuere Vorschlag von B. Helly suggeriert, mit Prometheus sei Polydamos von Pharsalos gemeint.[116] Polydamos' positives Bild in den ‚*Hellenika*' steht aber im offenkundigen Gegensatz zu Xenophons Urteil über Kritias' thessalische Freunde in den ‚*Memorabilien*'.[117]

Gegen die Vermutung, Prometheus sei ein Spitzname, kann auch der Einwand erhoben werden, daß selten Namen als Spitznamen benutzt wurden. Ein Exempel dafür sind Theramenes und Perikles, die Kothurn bzw. Olympier genannt wurden.[118] Des weiteren ist unverständlich, daß der Spitzname eines Thessalers in Athen sogar allgemein bekannt gewesen sein sollte, die Überlieferung aber ansonsten nicht mehr von ihm berichtet. Gleichermaßen auffällig ist, daß Prometheus in keiner Quelle direkt mit einer der drei genannten Personen in Verbindung gebracht wird. J. Ducat verweist darauf, daß Prometheus zwar ein seltener, aber dennoch bezeugter Name ist.[119] Diese Sachlage läßt die Annahme, daß es tatsächlich eine Person mit diesem Namen gab, am plausibelsten erscheinen. Wer dieser Prometheus war und aus welcher Stadt oder Gegend er stammte, ist jedoch nicht feststellbar.

Die Ergebnisse der bisherigen Untersuchung deuten darauf hin, daß Prometheus ebensowenig wie Kritias ein Revolutionär war, der die sozialpolitischen Gegensätze ausnutzte, um eine Demokratie zu errichten. Da Prometheus beim Namen genannt wird und Kritias sein Mitkämpfer war, erscheint es als gewiß, daß er der thessalischen Oberschicht angehörte. Vermutlich waren Prometheus und Kritias in einen Konflikt zwischen verschiedenen Adelsfaktionen verwickelt

---

114 D. Stephans, Critias: Life and Literary Remains, Diss. Cincinnati 1939, 38.
115 Ducat, 1994, 56; Sprawski, 1999, 33.
116 Helly, 1995, 306f.; 350f.
117 Xen. Hell. 6.1,2-3; 7-8; 13-14; 18.
118 Xen. Hell. 2.3,30-31.
119 Ducat, 1994, 55.

und bedienten sich dabei der Penesten.[120] Vielleicht waren sie auch Verbündete des Lykophron. Ein Hinweis darauf könnte die Rolle sein, die Kritias im Putsch 404/403 in Athen spielte. Es gibt ansonsten keine politische Tätigkeit des Kritias vor seinem Aufenthalt in Thessalien, die ihn für eine so hohe Position bei seinen Mitstreitern in Athen und den Spartanern empfohlen hätte. Da es Indizien dafür gibt, daß Lykophron zu dieser Zeit gute Beziehungen zu Sparta unterhielt, könnten Kritias' Aktivitäten zu dessen Gunsten ein Grund dafür gewesen sein. Andererseits könnte auch Prometheus derjenige gewesen sein, der ein gutes Verhältnis zu Sparta besaß und die gleichen Interessen wie diese in Thessalien gehabt hat. Wie auch immer Kritias' Relation zum Herrscher von Pherai war, er spielte sicherlich keine Rolle bei dessen Aufstieg, da dies die Quellen wohl kaum unerwähnt gelassen hätten.[121]

3.2. Lykophron und die sozialen Gegensätze

In der modernen Literatur wird des öfteren die Meinung geäußert, Lykophron sei als Vertreter der Volksmassen bzw. dank sozialer Gegensätze an die Macht gelangt. Demnach habe die wirtschaftliche Entwicklung die soziale Struktur in Thessalien verändert und auf diese Weise die innenpolitische Lage verschärft, da Schichten, die nicht der thessalischen Aristokratie angehörten, nun vermögend wurden und eine angemessene Veränderung der bisherigen politischen Verhältnisse verlangten. Thessalien soll somit einen Prozeß durchlaufen haben, den der Rest von Griechenland bereits mit der Älteren Tyrannis erlebte. In einer derartigen Situation soll Lykophron die Macht ergriffen haben.[122] Dieser Standpunkt scheint aus mehreren Gründen fragwürdig.

Die Vorstellung von einem ehrgeizigen Demagogen, der die sozialen Gegensätze mißbraucht und die unteren Schichten verführt, um eine Alleinherrschaft zu gründen, gehört zum Tyrannentopos des 4. Jh.s.[123] Dieses Tyrannenklischee ist in erster Linie auf Aristoteles und Platon zurückzuführen. Die beiden

---

120 Vgl. Welwei, 1977, 6ff.; bes. 6 Anm. 6.

121 Vgl. Sprawski, 1999, 34.

122 Vgl. Meyer, 1909, 250f.; Westlake, 1935, 47ff.; 82; Morrison, 1942, 62; 66; Frolov, 1973a, 291ff.; Mandel, 1980, 47ff.; Gehrke, 1985a, 189; Ungern-Sternberg, 1988, 1148; M. Munn, Thebes and Central Greece, in: L. A. Tritle (Hrsg.), The Greek World in the Fourth Century: From the Fall of the Athenian Empire to the Successors of Alexander, London/New York 1997, 66f.; Beck, 1997, 127.

123 Vgl. de Libero, 1996, 393f.; 400-402; Barceló, 1993, 84; Spahn, 1977, 79-83; Stahl, 1987, 60-73; 105; 134f.; Stein-Hölkeskamp, 1989, 140ff.; Schütrumpf – Gehrke, 1996, 487; 549; s. dazu auch Gehrke, 1985a, 309-328; Nippel, 1981, 120f.; Wees, 2002, 76f.; 81. B. Helly, 1995, 307f. mit Anm. 82, weist außerdem darauf hin, daß der Kampf der Schichten (Sklaven gegen Herren) ein marxistisches Schema ist; vgl. hierzu de Libero, 1996, 15. Zu dieser Problematik s. auch Welwei, 1977, 140ff.

wurden ihrerseits maßgeblich von der Weise beeinflußt, auf die Dionysios I. die Macht ergriff,[124] obgleich – wie bereits nachgewiesen wurde – kein „Klassenkampf" in Syrakus stattgefunden hat.[125]

Ein weiteres Defizit der Theorie von einem „Volkstyrannen" in Pherai, der sich auf die breiten Massen stützt, besteht darin, daß die antike Überlieferung nichts über eventuelle soziale Gegensätze oder Konflikte zwischen der Aristokratie und den „nichtadligen" Schichten in dieser Polis mitteilt. Außerdem deutet kein antiker Autor an, daß sich Lykophron oder einer seiner Nachfolger weder zur Machteroberung noch später zum Machterhalt in irgendeiner Weise der Penesten bediente oder sich gar auf diese stützte. Dieser Sachverhalt wird noch auffälliger, weil Aristoteles zwar von häufigen Aufständen der Penesten in Thessalien berichtet,[126] aber in seiner Aufzählung der Tyrannen, die mit der Hilfe der unteren Gesellschaftsschichten an die Macht gelangt waren, die Alleinherrscher von Pherai völlig übergeht. Die Penesten waren vermutlich in Pherai als einer Stadt, die hauptsächlich vom Handel und nicht von Landwirtschaft lebte, ohnehin weitaus weniger präsent als in anderen Teilen Thessaliens und damit auch in sozialpolitischer Hinsicht weniger wichtig.[127]

Ein anderer Mangel der Thesen, die von einem Szenario des sozialen Konflikts in Pherai ausgehen, besteht darin, daß sich alle einzig auf Theramenes' Rede bei Xenophon und auf die Schrift *,Peri politeias'* stützen.[128] Auf den zweifelhaften Quellenwert der Rede des Theramenes sowie auf die Tatsache, daß sich hinter Prometheus kein Spitzname von Lykophron bzw. Jason verbirgt, wurde bereits hingewiesen. Das Pamphlet *,Peri politeias'* bezieht sich höchstwahrscheinlich auf die innenpolitische Krise in Larisa um 400.[129] In Larisa kam

---

124 S. hierzu Kap. II.2.

125 S. Kap. VIII.2.

126 Aristot. pol. 1269a 37.

127 In den letzten Jahren wurde in der Forschung das traditionelle Bild von den Penesten, welches deren soziale Stellung mit der von den spartanischen Heloten vergleicht, in Frage gestellt; s. S. Sprawski, Miejsce Penestów w życiu politycznym i ekonomicznym starożytnej Tessalii, in: D. Quirini-Poplawska (Hrsg.), Niewolnictwo i niewolnicy w Europie od starożytności po czasy nowożytne, Kraków 1998, 23-39.

128 S. hierzu die im Kap. IX. 3.1 angeführte Literatur.

129 K. J. Beloch, Griechische Geschichte III. 2, Berlin/Leipzig 1923² (ND Berlin 1967); 16-18; Meyer, 1909, 263; Westlake, 1935, 52ff.; Frolov, 1973a, 288; Funke, 1980, 39f. Anm. 42, und Gehrke, 1985a, 190f. Anm. 42, sind der Meinung, der Text beziehe sich auf die Verhältnisse in Larisa um 400. E. Drerup, ['Ηρώδου] περὶ πολιτείας. Ein politisches Pamphlet aus Athen 404 vor Chr., Paderborn 1908, 101-123; Morrison, 1942, 71ff.; Wade-Gery, 1945, 22ff., und Andrewes, 1971, 218, halten 404 für das Entstehungsjahr der Rede. In der Forschung wird am häufigsten die Ansicht vertreten, die Schrift *,Peri politeias'* sei ein zeitgenössisches Pamphlet; vgl. Drerup, 1908, 36-123; Meyer, 1909, 259-283; Beloch, 1923, 16-18; Westlake, 1935, 52f.; Morrison, 1942, 69ff.; Frolov, 1973a, 288; Gehrke, 1985a, 190 Anm. 39. Wade-Gery, 1945, 19-33, glaubt Kritias sei der Autor der Schrift, seine Argumente sind aber nicht überzeugend.

es nach dieser Schrift zu Parteikämpfen zwischen den Anhängern der extremen und der gemäßigten Oligarchie. Mit Hilfe des makedonischen Königs Archelaos wurde auf gewaltsame Weise die gemäßigte Oligarchie, die kurze Zeit Bestand hatte, gestürzt und wieder eine *dynasteia* eingeführt.[130] Obwohl sich Lykophron zu diesem Zeitpunkt im Krieg mit Larisa befand, wird er jedoch in diesem Text mit keinem Wort erwähnt.[131]

Der Konflikt in Larisa wird oft als Zeichen für den Widerstand gegen die Vorherrschaft der Aristokratie in Thessalien gedeutet und somit als ein weiterer Beweis dafür verstanden, daß Lykophron seine Tyrannis als Kämpfer gegen die Dominanz der Aristokraten errichtete. Gegen diese Folgerung lassen sich folgende Einwände vorbringen. In Larisa kam es nicht zu inneren Wirren, weil die Macht in den Händen des Adels lag, sondern wegen der Tatsache, daß das Dynastenregiment der Aleuaden herrschte,[132] weshalb deren Gegner auch eine gemäßigte Oligarchie anstrebten. Das wird aus den Vorwürfen des Verfassers des Pamphlets gegen die bestehende Ordnung, seiner Sympathie für eine Oligarchie, in der mindestens ein Drittel der Bürger politische Rechte haben würde, und aus zwei Stellen in Aristoteles' *'Politik'* erkennbar.[133] Außerdem wurden, während der Herrschaft der gemäßigten Oligarchie in Larisa nur die Aleuaden mit ihren Anhängern, aber nicht die gesamte Aristokratie verbannt.[134] Deswegen kann nicht von einem grundsätzlichen Kampf gegen den Adel die Rede sein. Vielmehr handelt es sich hier um die Frage, wie die Macht im Staat bzw. innerhalb der Oberschicht verteilt werden sollte. Bezeichnend ist hierbei, daß Aristo-

---

F. E. Adcock – A. D. Knox, Ἡρώδου περὶ πολιτείας, Klio 13 (1913), 249-257; U. Albini [Erode Attico] περὶ πολιτείας, Firenze 1968, 12ff.; D. A. Russel, Greek Declamation, Cambridge 1983, 111, und Funke, 1980, 39f. Anm. 42, sprechen sich gegen die Annahme aus, *'Peri politeias'* sei ein zeitgenössisches Werk. Selbst wenn diese These stimmen würde, bleibt trotzdem festzuhalten, daß der Verfasser der Schrift zuverlässige Angaben über die Lage in Thessalien um 400 gibt; vgl. dazu Funke, 1980, 39 Anm. 42.

130 [Herod. Att.] p.pol. 5ff.; 14ff.; 30; vgl. dazu Drerup, 1908, 90.

131 Meyer, 1909, 277.

132 Vgl. Drerup, 1908, 92f.; Meyer, 1909, 252f.; 260; Berve, 1967, 284; Mandel, 1980, 48; Gehrke, 1985a, 188; Sprawski, 1999, 37.

133 [Herod. Att.] p.pol. 30f.; Aristot. pol. 1275b 26ff.; 1305b 28ff. Daß sich diese Stellen bei Aristoteles auf die gemäßigte Oligarchie am Ende des 4. Jh.s beziehen, vermuten Meyer, 1909, 253 Anm. 1; Westlake, 1935, 54f.; Larsen, 1960, 240; ders., 1968, 23; Gehrke, 1985a, 190 mit Anm. 40 und 41; E. Schütrumpf, Aristoteles, Politik II-III, Übersetzt und erläutert von E. Schütrumpf, in: Aristoteles Werke in Deutscher Übersetzung, Bd. 9, Teil 2, Berlin 1991, 398f., und Gehrke – Schütrumpf, 1996, 496f. S. Sprawski, 1999, 46 nimmt an, daß sich Aristoteles' Angaben auf die Verhältnisse in Larisa nach dem Sturz des Medios beziehen. Dagegen läßt sich aber einwenden, daß Gorgias, der von Aristoteles in 1275b 26ff. zitiert wird, höchstwahrscheinlich nicht bis in die siebziger Jahre des 4. Jh.s lebte.

134 Vgl. Gehrke, 1985, 189f. mit Anm. 37 und 38. Vielleicht wurden sogar nicht einmal alle Aleuaden verbannt.

teles im Anschluß an seine Theorie vom demagogischen Tyrannen erklärt, daß es zum Sturz einer engen Oligarchie kommen könne, wenn viele Angehörige der Elite trotz ihres Vermögens oder ihrer Herkunft keine politischen Rechte besäßen, weshalb sich diese dann gegen das bestehende Herrschaftssystem wenden würden.[135] Da in Larisa die Aleuaden eine *dynasteia* ausübten,[136] wäre eine derartige Erklärung für die dortigen Geschehnisse am naheliegendsten.[137]

Ferner ist fraglich, inwiefern die sozialpolitischen Verhältnisse in Larisa mit denen in Pherai vergleichbar sind. Denn Pherai war wegen der geographischen Lage und des Handels weniger traditionell und von neuen Entwicklungen sicherlich stärker geprägt als der Rest von Thessalien. Dies kann einerseits bedeuten, daß die Gegensätze in Pherai noch ausgeprägter als in Larisa waren, andererseits aber auch, daß sie zu diesem Zeitpunkt schon der Vergangenheit angehörten. Überdies gab es in Pherai im 5. Jh. vor der Tyrannis wahrscheinlich kein Geschlecht, welches, wie die Aleuaden in Larisa, eine dominante Position einnahm.

Im folgenden soll auch der Charakter von Lykophrons Streitmacht untersucht werden. Dieser Sachverhalt ist recht bedeutsam. Falls die These vom „Volkstyrannen" in Pherai stimmt, würde die Überlieferung höchstwahrscheinlich auch ein Bürgeraufgebot in größerem Umfang erwähnen. Denn selbst Dionysios I., der für seine Zeitgenossen der Inbegriff eines Gewaltherrschers war und bei dem die Söldner die wichtigste Stütze seines Regimes bildeten, griff im Krieg auf die Bürgerwehr zurück. Dies tat er sogar nach der Rebellion der *hippeis* und der großen Revolte.[138] Da nichts Näheres über die Zusammensetzung von Lykophrons Armee bekannt ist, lassen sich Rückschlüsse über sie nur aus der Struktur von Jasons Truppen ziehen. Selbstverständlich hat eine derartige Vorgehensweise zwangsläufig zur Folge, daß die Ergebnisse dieser Analyse einen hypothetischen Charakter haben. Denn zwischen den beiden Einzelherrschern bzw. den Ereignissen, welche die Quellen schildern, liegen Jahrzehnte. Gleichwohl wäre es nicht richtig, diese Ergebnisse ohne weiteres als irrelevant zurückzuweisen, weil nicht feststellbar ist, ob die antiken Autoren, einen grundlegenden Wandel in der Armeestruktur der Tyrannen verschwiegen hätten, wenn dies in jenen Jahren der Fall gewesen wäre.

---

135 Aristot. pol. 1305b 2-17.

136 Ein weiteres Indiz für eine strenge *dynasteia* in Larisa könnte vielleicht Aristoteles' Aussage sein, daß in Thessalien die freie Agora, die das Zentrum des politischen Lebens sei, nur für freie Bürger zugänglich war und nicht von Bauern und Handwerker betreten werden durfte (Aristot. pol. 1331a 30ff.); vgl. Meyer, 1909, 236f.; Westlake, 1935, 50; Larsen, 1968, 23; Gehrke, 1985a, 190f. Anm. 42.

137 Zum Charakter der *dynasteia* als einem Herrschaftssystem vgl. auch Kap. VI.1.1.

138 Diod. 14.7,5ff.; 41; 43-44,2. Zu den Aufständen in Syrakus s. Kap. VIII.2.

Von Jasons Streitkräften gewinnt man den Eindruck, daß diese fast ausschließlich aus Söldnern bestanden haben.[139] Xenophon erwähnt nur ein Mal ein Reiterkontingent aus Pherai.[140] Trotz unbestreitbarer militärischer und innenpolitischer Vorteile einer Söldnermacht gibt es gute Gründe, eine Rekrutierung der Truppen im größeren Ausmaß aus den Reihen der eigenen Polisbürger vorzunehmen. Der Unterhalt einer Söldnerarmee war mit hohen Kosten verbunden. Des weiteren wird in den Quellen ständig der maßvolle Charakter von Jason und seiner Herrschaft betont.[141] Deswegen müßte für Jason, im Gegensatz zu Dionysios I., eine Bürgerarmee ein weitaus kleineres Risiko dargestellt haben. Dies wird insbesondere deutlich, wenn man bedenkt, daß Jason über ein großes Söldnerheer verfügte und daß im Unterschied zu Syrakus in Pherai niemals, weder von Seiten der Oberschicht noch durch den Demos, ein Aufstand organisiert wurde, obwohl hier die Einzelherrschaft ebenfalls über Jahrzehnte hinweg von Bestand war.[142] Ein weiterer Anlaß für ein größeres Einbeziehen von Wehrfähigen aus Pherai wäre gewesen, daß angesichts von Jasons Ambitionen und der Stärke seiner Feinde jede militärische Hilfe für diesen von Relevanz gewesen sein konnte. Jasons Maßnahmen nach seiner Wahl zum thessalischen Tagos bestätigen dies.[143] Auffällig ist in dieser Hinsicht ebenfalls, daß bei Xenophon die Verbündeten des Tyrannen und die von diesem unterworfenen Nachbarn ausdrücklich genannt werden, während die Existenz einer Bürgerarmee in Pherai nicht einmal angedeutet wird. In den Berichten über die Nachfolger Jasons schweigen die antiken Zeugnisse gleichfalls über eine eventuelle Anwendung von Bürgertruppen.[144]

---

139 Xen. Hell. 6.1,5-7; 4,21-22; 28; 32; Polyain. 6.1,1-3; Nep. Timoth. 4,3; vgl. dazu Berve, 1967, 288.

140 Xen. Hell. 6.4,31.

141 Xen. Hell. 6.1,7-9; 13; 18; 28; Diod. 15.60,5; 61,2; s. dazu Berve, 1967, 287f.; Mandel, 1980, 65.

142 Es gibt keinen Hinweis dafür, daß nur einer der Morde innerhalb des Herrschaftshauses in Pherai (an Jason, Polydoros, Polyphron und Alexander) in Zusammenhang mit einer breiten Verschwörung stand. Polydoros wurde von seinem Bruder Polyphron umgebracht, der seinerseits durch die Hand seines Neffen Alexander starb (Xen. Hell. 6.4,31-34; Diod. 15.60,5; 61,2; Val. Max. 9.10. ext. 2). Die Berichte über Jasons Tod lassen ebenfalls nicht auf einen innenpolitischen Kontext schließen; dazu Sprawski, 1999, 115-118. Alexander von Pherai, dessen Regime offensichtlich einen tyrannischen Charakter hatte, wurde von den Brüdern seiner Frau ermordet (Diod. 16.41,1; Plut. Pelop. 35; Xen. Hell. 6.4,35-37).

143 Xen. Hell. 6.1,18-19; vgl. auch 6.1,8-11.

144 In bezug auf die Willkürherrschaft seiner Nachfolger erwähnt die antike Tradition einzig den Einsatz von Söldnern (Diod. 15.61,4; 71,2-5; 75,1; 79,4-5; 81,3; 95,1-2; 16.14,1; Plut. Pelop. 27; 32; 35). Jasons Söhne, die Alexander ermordeten, stützten sich ebenso auf Söldner. Als Lykophron und Peitholas schließlich die Herrschaft über Pherai verloren hatten, erhielten sie von Philipp II. von Makedonien die Zusicherung, mit 2000 Söldnern abziehen zu dürfen (Diod. 16.14,1; 35; 37,4; 39,3).

Der These von einem Tyrannen in Pherai, der ein Fürsprecher der „nicht-aristokratischen“ Schichten war, widersprechen auch die sechs von insgesamt acht bei Polyainos überlieferten Anekdoten über Jason und die Art, wie er seine Streitkräfte finanzierte. Diese berichten, daß Jason zu den erforderlichen finanziellen Mitteln für seine Söldner kam, indem er seine Mutter sowie seine Brüder erpreßte, bestahl und betrog.[145] Diese Geschichten sind selbstverständlich erfunden und gehören zur Tyrannentypologie,[146] besitzen nichtsdestoweniger aber einen Aussagewert, insbesondere wenn man sie mit den Anekdoten über den syrakusanischen Tyrannen vergleicht. Auch Dionysios I. wurden nämlich in der Antike zahlreiche Finanzmanipulationen nachgesagt.[147] Es besteht aber ein bemerkenswerter Unterschied in den Schilderungen der Praktiken des Syrakusaners und des thessalischen Autokraten. Während die Quellen über Dionysios I. erzählen, wie er vor allem seine Mitbürger mit verschiedenen Tricks ausbeutete, werden bei Jason die Polis Pherai oder dessen Bürger in keiner Weise erwähnt. Zweifelsohne trifft diese Darstellung des Polyainos nicht zu, da der Unterhalt von 6000 Söldnern die finanziellen Möglichkeiten einer einzelnen Person sowie ihrer Familie gewiß überstieg.[148] Der von ihm aber vermittelte Eindruck, Jason habe ausschließlich aus seinen eigenen Mitteln und denen seiner Familie die Söldnerarmee finanziert, ist trotzdem bemerkenswert, da auch hier die Relevanz der Polis Pherai für das militärische Potential des Tyrannen in den Hintergrund gerät.

---

145 Polyain. 6.1,2-7.

146 Daß sich der Tyrann zahlreicher skrupelloser Tricks bedient, um seine Untertanen auszubeuten, gehört zum Tyrannenklischee (Aristot. pol. 1313b 19ff.; 1314b 1-15; Xen. Hier. 4,11; Isokr. ep. 7,4; Plat. rep. 568d-569e).

147 Vgl. Stroheker, 1958, 161ff.; Berve, 1967, 239ff.; 645f.; Heuß, 1971, 3f.; 33f.; Gehrke – Schütrumpf, 1996, 586f.

148 Selbst Dionysios I. verfügte nicht immer über ausreichend Mittel für seine Söldnertruppen (Diod. 14.78,1-3); vgl. Berve, 1967, 231f. Vermutlich verschaffte sich Jason ebenso durch eine Besteuerung seiner Mitbürger das benötigte Geld. In dieser Hinsicht waren sicherlich auch Kriegsbeute, Hafenzölle und Tribute der unterworfenen *perioikoi* von Bedeutung; vgl. Sprawski, 1999, 112. Die Erhebung von Steuern muß nicht zwingend bei Jasons Mitbürgern Mißgunst hervorgerufen haben. Denn die Peisistratiden sollen laut der antiken Tradition ebenfalls von den Athenern für Bauten und Kriege Steuern eingenommen haben (Hdt. 1.64; Thuk. 6.54,5; Aristot. Ath. pol. 16,4; 6); vgl. hierzu Berve, 1967, 52f.; 65f.; Rhodes, 1981, 215; Stahl, 1987, 197f.; de Libero, 1996, 85f. Gleichwohl wurde nach Thukydides die Tyrannis nicht als erdrückend empfunden, und nach Aristoteles soll Peisistratos' Herrschaft angeblich mit dem „Goldenen Zeitalter des Kronos“ verglichen worden sein (Thuk. 6.54,5; Aristot. Ath. pol. 16,7); vgl. HCT IV, 329f.; zur Angabe des Aristoteles s. Rhodes, 1981, 217f.; Welwei, 1992, 246f. Anm. 285; 259; der auf den Seiten 235-236 Bedenken gegenüber der Nachricht äußert, die athenischen Alleinherrscher hätten eine Bodenertragsteuer eingeführt. Diese Steuer hätte nämlich eine erhebliche Belastung für kleine und mittlere Bauern dargestellt und die damaligen Polisorgane seien für die Kontrolle und die Erhebung von Ertragsteuern nicht ausreichend entwickelt gewesen. L. de Libero, 1996, 85f. argumentiert neuerdings gegen diesen Standpunkt.

Die Ergebnisse der bisherigen Untersuchung weisen demnach darauf hin, daß die Auffassung, Lykophron sei als Einzelherrscher dank der Unterstützung der breiten Massen im Kampf gegen die Aristokratie an die Macht gekommen, allem Anschein nach nicht mit der Realität übereinstimmt. Diese These muß nicht unbedingt im Widerspruch zu Diodors Feststellung stehen, die Tyrannis in Pherai sei bis Jasons Tod populär gewesen.[149] Die lange Dauer der Einzelherrschaft in Pherai, das Nichtvorhandensein von Aufständen und die Expansionsbestrebungen der Tyrannen könnten Indizien dafür sein, daß Diodors Behauptung zutrifft. L. de Libero weist bezüglich der Älteren Tyrannis darauf hin, daß ungeachtet dessen, daß ein Despot kein Vertreter der unterdrückten Schichten war, seine Gewaltherrschaft auf breite Akzeptanz stoßen konnte.[150] Denn die Alleinherrschaft führte nicht selten zur Schwächung der Vorherrschaft des Adels. Zum einen führte dies zur Lockerung des wirtschaftlichen Drucks, den die Oberschicht auf die „Nichtaristokraten" ausübte.[151] Zum anderen erleichterte dies vielen Bürgern den sozialen und politischen Aufstieg.[152] Außerdem brachte die Tyrannis meistens ein Ende der Stasis und eine längere Zeit der inneren Stabilität mit sich. Das wirkte sich auf die wirtschaftliche Prosperität günstig aus. Des weiteren konnten die Bürger auch von der Expansionspolitik des Tyrannen profitieren. Inwiefern diese Verhältnisse auf Pherai übertragbar sind, muß wegen der Quellenlage offenbleiben. Trotzdem könnte dies vielleicht eine Erklärung dafür sein, daß selbst eine Alleinherrschaft, die keine übermäßige Rücksicht auf die Interessen der weniger privilegierten Schichten nahm, populär sein konnte.

Ein denkbarer Grund für die Popularität des Tyrannen wäre vielleicht auch der wirtschaftliche Aufschwung, den Pherai zu dieser Zeit verzeichnete. Ob ein enger Zusammenhang zwischen der Errichtung der Gewaltherrschaft und den ökonomischen Entwicklungen dieser Polis bestand, ist allerdings nicht stringent zu beweisen. Ganz Thessalien erlebte offenbar in den Jahren des Peloponnesischen Krieges, eine Periode der Prosperität. Eine Ursache dafür war, daß Thessalien nicht in größere Kampfhandlungen während dieser Zeit verwickelt war, die größere Zerstörungen und hohe Kosten zur Folge gehabt hätten. Ein weiterer Grund bestand darin, daß es zu einer der wenigen Regionen in Griechenland gehörte, die landwirtschaftliche Erzeugnisse über den eigenen Bedarf hinaus produzierten. Dieser Überschuß wurde exportiert, wobei der Krieg dessen Wert zusätzlich steigerte. Laut Isokrates sollen die Thessaler die wohlhabendsten Grie-

149 Diod. 15.60,5; 61,2.

150 Vgl. de Libero, 1996, 400f.; s. auch Stein-Hölkeskamp, 1989, 145ff.

151 Zu diesem Druck s. Stein-Hölkeskamp, 1989, 57-71.

152 Die Errichtung einer Tyrannis wurde meistens von Ermordungen, Vertreibungen und Konfiskationen begleitet, von denen insbesondere die Oberschicht und ihre führenden Persönlichkeiten betroffen waren. Die dadurch entstandene Lücke im Establishment ermöglichte es dem bisherigen adligen „Durchschnitt" aufzusteigen. Dessen Positionen übernahmen wiederum andere, die nicht notwendigerweise zur Aristokratie gehörten.

chen gewesen sein, als sich sein Lehrer Gorgias dort aufhielt.[153] Pherai besaß eine fruchtbare Umgebung, noch signifikanter war aber, daß die Stadt an den wichtigsten Verkehrswegen der Region lag.[154] Ein großer Vorteil für die Polis war vor allem, daß sich in der Nähe von Pherai und unter ihrer Kontrolle Pagasai befand, der einzige große Hafen von Thessalien.[155] Aus diesem Grunde ist vermutlich ein großer oder zumindest ein bedeutender Teil des Exports der thessalischen landwirtschaftlichen Erzeugnisse über Pherai erfolgt. Aus der Bemerkung des Verfassers von ‚*Peri politeias*', daß die Leute, die dieses Getreide exportieren, ebensoviel verdienen würden wie diejenigen, die es produzieren,[156] wird erkennbar, daß die beim Export erzielten Gewinne sehr hoch sein konnten und daß dies ein wichtiger Faktor für den Wohlstand von Pherai war. Hinzu kommt, daß über Pagasai ebenso zahlreiche Waren nach Thessalien importiert wurden.

Vermutlich bildete dieser Handel die finanzielle Grundlage des politischen Aufstiegs von Pherai und damit auch für die Macht des Lykophron. Daher gab der wirtschaftliche Aufschwung Lykophron wahrscheinlich die benötigten Mittel zur Machtübernahme in Pherai und für den Unterhalt einer größeren Streitmacht in die Hand. Deswegen aber in diesem einen Vorkämpfer der bürgerlichen Schichten, die vom Handel und Handwerk profitierten, zu sehen, würde nicht der Realität entsprechen. Daß Lykophron möglicherweise seinen Reichtum dem Handel verdankte, widerspricht nicht unbedingt der Ansicht, daß er dem thessalischen Adel angehörte.[157] Denn bereits die Aristokraten der archaischen Epoche betrieben häufig Handel, um ihre materielle Lage zu verbessern bzw. ihren Reichtum zu vergrößern.[158] Zudem ist zu beachten, daß der Adel in Griechenland keinen festen, sozial geschlossenen Stand darstellte. Es sind zahlreiche Belege in den Quellen vorhanden, die beweisen, daß in der archaischen Epoche soziale Aufsteiger von der Elite oft ohne größere Vorbehalte assimiliert wurden.[159] Die sozialen Aufsteiger haben ihrerseits keinen einheitlichen Stand gebildet.[160]

In diesem Kapitel wurde bisher die Bedeutung der innen- und außenpolitischen Bedingungen für die Entstehung der Alleinherrschaft in Pherai erörtert. Es soll nun in groben Umrissen der Einfluß der Sophistik erläutert werden. Die antike Überlieferung berichtet nur für Gorgias, daß er in Thessalien weilte.[161] Sowohl Menon aus Pharsalos als auch Aristippos, das Haupt der Aleuaden, sol-

153 Isokr. or. 15,155; s. auch Plat. Men. 70a-b; vgl. Sprawski, 1999, 47f. mit Anm. 114.
154 E. Kirsten, Pherai (5), RE Supp. 7, 1940, Sp. 1001.
155 E. Meyer, Pagasai (1), RE 18, 1942, Sp. 2306f.; Kirsten, 1940, Sp. 1011; Morrison, 1942, 62.
156 [Herod. Att.] p.pol. 14. E. Meyer, 1909, 281ff. ist der Ansicht, daß sich der Redner hier auf Pherai bezieht.
157 Anders Westlake, 1935, 48ff.; Frolov, 1973a, 293.
158 Vgl. Stein-Hölkeskamp, 1989, 76-81.
159 Vgl. Stein-Hölkeskamp, 1989, 90-93; Spahn, 1977, 73ff.
160 Vgl. Spahn, 1977, 73.
161 DK 82 B 1a; 7; 18; 19; 32; 35.

len seine Schüler gewesen sein.[162] Die Historizität der Information, Gorgias habe seine letzten Jahre in Thessalien verbracht und in dieser Zeit mit Jason von Pherai verkehrt, scheint indessen fragwürdig.[163] Auch Sokrates soll mehrmals nach Thessalien eingeladen worden sein.[164] Mehrere Gründe sprechen dafür, daß neben Gorgias auch andere berühmte Sophisten in diesem Teil des griechischen Mutterlandes lehrten und auch dort die sophistischen Theorien bekannt waren. Wie bereits beschrieben wurde, blieben die Thessaler während des Peloponnesischen Krieges weitgehend neutral und von größeren Kämpfen verschont. Darüber hinaus unterhielten viele Thessaler traditionell gute Beziehungen zu Athen. Zudem waren die thessalischen Aristokraten ohnehin sehr wohlhabend, und ihr Reichtum wurde in diesen Jahrzehnten, wie oben angemerkt wurde, noch größer. Deswegen erscheint es plausibel davon auszugehen, daß viele Angehörige der thessalischen Oberschicht mit den sophistischen Lehren in Berührung kamen. Von einer engen Verbindung zwischen der Sophistik und den Geschehnissen in Thessalien am Ende des 5. und am Anfang des 4 Jh.s kann aber wohl dennoch nicht die Rede sein. Denn in den Quellen werden die politischen Erschütterungen dieser Jahre in keiner Weise in einen Zusammenhang mit dem Einfluß der sophistischen Thesen gebracht. Dieser Umstand ist um so bedeutender, da allgemein bekannt war, daß drei berühmte Persönlichkeiten, die sich an damaligen inneren Wirren aktiv beteiligten – der Aleuade Aristippos, Menon aus Pharsalos und Kritias – mit Gorgias verkehrten und mit dem sophistischen Gedankengut vertraut waren.

162 DK 82 B 19; Plat. Men. 70a-b.

163 DK 82 B 7; Paus. 6.17,9.

164 Ail. var. 12,1; Diog. Laert. 2,25; s. auch Plat. Krit. 53e-54a; vgl. Berve, 1967, 283; 667.

X. Klearchos

Neben dem Kyros-Porträt ist in der *,Anabasis'* des Xenophon die Darstellung des Klearchos die ausführlichste Charakterstudie.[1] Der Spartiate ist jedoch nicht nur als der herausragendste unter den griechischen Söldnerführern der „Zehntausend" interessant.[2] Für die vorliegende Studie ist in erster Linie sein Regime als Harmost von Byzanz im Jahre 403 von Relevanz sowie die Frage, ob dieses eine Tyrannis war. Zunächst aber werden die wichtigsten Fakten über Klearchos dargestellt. Anschließend wird der Charakter seines Regiments untersucht.

Klearchos, Sohn des Rhamphias, wurde um 450 geboren.[3] Über seine militärische Laufbahn vor 412 ist nichts bekannt. Im Sommer desselben Jahres erhielt Klearchos ein Seekommando im Gebiet des Hellespont.[4] Im Frühjahr 411 begab er sich mit 40 Schiffen nach Byzanz, um die Stadt zum Abfall von Athen zu bringen. Ein Sturm hinderte ihn aber, sich an dieser Aktion persönlich zu beteiligen. Zehn seiner Schiffe gelang es, bis Byzanz vorzudringen und die Stadt als Bundesgenossen Spartas zu gewinnen. Klearchos selbst erreichte den Hellespont auf dem Landweg.[5] In der Schlacht bei Kyzikos erlitt er nach Diodor mit einem Teil der Landtruppen eine Niederlage im Kampf gegen Thrasybulos und Theramenes.[6] Auf Betreiben des Agis II. erhielt Klearchos im Frühjahr 410 den Auftrag, die Byzantier, dessen *proxenos* er war, im Kampf gegen Athen zu un-

---

1 Vgl. O. Lendle, Kommentar zu Xenophons Anabasis: (Bücher 1-7), Darmstadt 1995, 4; 132.

2 Zum Feldzug der „Zehntausend" und Klearchos s. J. Roy, The Mercenaries of Cyrus, Historia 16 (1967), 287-323; S. Perlman, The Ten Thousand. A Chapter in Military, Social and Economic History of the Fourth Century, RSA 6-7 (1976/1977), 241-284; P. A. Rahe, The Military Situation in Western Asia Minor on the Eve of Cunaxa, AJPh 101 (1980), 79-96; J. Roisman, Klearchos in Xenophon's Anabasis, SCI 8-9 (1985-1988), 30-52; C. T. H. R. Ehrhardt, Two Notes on Xenophon's Anabasis, AHB 8 (1994), 1-4; P. Briant, From Cyrus to Alexander. A History of the Persian Empire, Winona Lake (Indiana) 2002, 612-634; Lendle, 1995, 1-145.

3 Thuk. 8.8,2; Xen. an. 2.6,15. Sein Vater Rhamphias gehörte zur letzten spartanischen Gesandtschaft, die Athen vor dem Ausbruch des Peloponnesischen Krieges besuchte (Thuk. 1.139,5).

4 Thuk. 8.8,2; 39,2.

5 Thuk. 8.80.

6 Diod. 13.40,6; 51,1-6. Xenophon erwähnt nicht Klearchos' Beteiligung an dieser Schlacht. P. Poralla, Prosopographie der Lakedaimonier bis auf die Zeit Alexanders des Großen, Breslau 1913 (Second Edition with an Introduction, Addenda and Corrigenda by A. S. Bradford, Ares Publishers, Chicago 1985), 73; Th. Lenschau, Klearchos (3), RE 11,1, 1921, Sp. 575; J. Hofstetter, Die Griechen in Persien. Prosopographie der Griechen im persischen Reich vor Alexander, Berlin 1978, 101, und S. R. Bassett, The Enigma of Clearchus the Spartan, AHB 15 (2001), 2, sprechen sich dafür aus, daß Klearchos an der Schlacht teilgenommen hat; anders Bleckmann, 1998, 62f.; 95; 283.

terstützen.[7] Als die Stadt im Jahre 408 von den Athenern belagert wurde, ging Klearchos zu Pharnabazos, um Subsidien und Hilfe zu holen. In dessen Abwesenheit wurde allerdings Byzanz von einigen seiner führenden Politiker an die Athener verraten.[8]

Danach soll der Spartiate, laut Diodor, auch 406 an der Seeschlacht bei den Arginusen teilgenommen haben, wo ihn der spartanische Nauarch Kallikratidas für den Fall seines Todes zum Nachfolger im Amt designiert habe.[9] Wenn diese Aussage des Diodors zutrifft, könnte vielleicht diese Nähe zu Kallikratidas der Grund dafür gewesen sein, weshalb Sthenelaos anstelle von Klearchos nach der Schlacht bei Aigospotamoi zum Harmosten von Byzanz nominiert wurde.[10] Unklar bleibt, ob Klearchos zu dieser Zeit nach Sparta zurückkehrte. Xenophons Darstellung läßt vermuten, daß dies der Fall gewesen war.[11] Polyainos behauptet indessen, Klearchos sei in Lampsakos geblieben, bis er sein neues Kommando erhielt.[12]

---

7 Xen. Hell. 1.1,35-37.

8 Xen. Hell. 1.3,14-22; Diod. 13.66,5-67,7; Polyain. 1.40,2.

9 Diod. 13.98,1; vgl. dazu Poralla, 1913, 74; G. Bockisch, *Harmostai* (431-387), Klio 46 (1965), 175; ders., Die Politik der Lakedaimonier in Ionien von 412-405, Helikon 8 (1968), 151; Frolov, 1973a, 275; Hofstetter, 1978, 101; Bassett, 2001, 3. Th. Lenschau, 1921, 575f. zieht daraus die Schlußfolgerung, Klearchos sei *epistoleus* des Kallikratidas gewesen. B. Bleckmann, 1998, 110f.; 131, ist der Meinung, daß Diodor als Quelle für die Arginusen-Schlacht nicht vertrauenswürdig ist.

10 Xen. Hell. 2.2,2; s. dazu Lenschau, 1921, Sp. 576.

11 Xen. an. 2.6,2.

12 Polyain. 2.6,7; vgl. Lenschau, 1921, Sp. 576; Hofstetter, 1978, 101; Bassett, 2001, 4-5. S. R. Bassetts Rekonstruktion der Machtübernahme des Klearchos in Byzanz stützt sich auf Polyainos' Schilderung von dessen Verhalten in Lampsakos. Dieser sollte man aber, obgleich sie auch relevante Informationen bietet, kritisch gegenüberstehen. Denn Polyainos' Behauptung, Klearchos habe in Lampsakos das Leben eines Säufers vorgetäuscht und auf diese Weise die Macht in Byzanz erobert, ist unglaubwürdig. Denn es ist sehr wahrscheinlich, daß diese Kriegslist, wie viele andere Anekdoten dieser Art, eine Erfindung ist. Gegen die These von S. R. Bassett, 2001, 3ff., Klearchos habe das Trinken nicht vorgetäuscht, lassen sich drei Einwände erheben. Es ist unwahrscheinlich, daß weder die Byzantier noch die Spartaner einen derartigen Feldherrn haben wollten und ihm wichtige Befugnisse übertragen würden. Ferner berichtet keine andere Quelle von einem zügellosen Leben des Klearchos. Schließlich sollte man bedenken, daß die Ansicht, Machtmenschen würden ein lasterhaftes Leben führen, zu dem auch die Trunksucht gehört, bei den Griechen weit verbreitet war; s. dazu Kap. V.2. Polyainos berichtet als einziger davon, daß Klearchos wegen der Revolte der Byzantier 408 von den Ephoren eine Strafe erhielt (Polyain. 2.2,7). Es ist nicht auszuschließen, daß dies den Tatsachen entspricht. Die Folgerung von S. R. Bassett, 2001, 4, aber, dies habe sich erst 404 ereignet, scheint nicht zuzutreffen. Denn es gab für die Ephoren keinerlei Gründe, mit der Bestrafung des Klearchos vier Jahre lang zu warten. Außerdem ist es kaum denkbar, daß in diesem Fall Klearchos bereits 403 wieder zum Harmosten von Byzanz ernannt worden wäre.

Als 403 die Byzantier von den Ephoren einen Feldherrn zur Herstellung der innenpolitischen Stabilität und zur Bekämpfung der Thraker erbaten, wurde schließlich Klearchos als Harmost entsandt.[13] Klearchos soll aber Diodor zufolge eine Tyrannenherrschaft errichtet haben, statt den Byzantiern zu helfen.[14] Der Ermordung der leitenden Beamten folgten zahlreiche Exekutionen und Verbannungen unter falscher Anklage. Das Vermögen der Betroffenen wurde von Klearchos eingezogen.[15] Zuerst wurde Klearchos von den spartanischen Behörden aufgefordert, sein Amt niederzulegen. Als er dieser Forderung nicht nachkam, wurde er zum Tode verurteilt. Die Ephoren entsandten ein Heer unter der Führung von Panthoidas, um ihn mit Gewalt aus Byzanz zu vertreiben. Klearchos zog sich nach Selymbria zurück, wo er 402 von Panthoidas geschlagen wurde. Ihm gelang jedoch die Flucht zu Kyros d. J., in dessen Dienst er nun eintrat.[16]

Bevor der Frage nach dem Charakter von Klearchos' Regiment nachgegangen wird, ist es jedoch erforderlich, die kürzlich von dem Althistoriker und Vietnamveteranen L. A. Tritle hervorgebrachte Erklärung für Klearchos' Verhalten in Byzanz und während des Zuges der „Zehntausend" zu erläutern.[17] L. A. Tritle vertritt die Meinung, die Kriegserfahrungen hätten bei dem Spartiaten PTSD *(post-traumatic stress disorder)* verursacht, welches seine Handlungen stark beeinflußt habe.[18] Diese Auffassung spiegelt den Versuch, der in den letzten Jahren unternommen wurde, die wissenschaftlichen Erkenntnisse betreffend des menschlichen Verhaltens in modernen Konflikten sowie deren psychologischen Auswirkungen auf Individuen und Gruppen auch für Bewertung der Kriegseinflüsse im alten Griechenland anzuwenden bzw. Parallelen zu ziehen.[19] J. Shay vergleicht in *‚Achill in Vietnam'* die Erfahrungen und psychischen Traumata seiner Patienten – Vietnamveteranen – mit den Erlebnissen und dem Verhalten des Achilleus in der *‚Ilias'*.[20] Er kommt dabei zum Schluß, daß trotz aller kulturellen Differenzen und Unterschiede in der Kriegsführung die Kämpfe in der archaischen Zeit ähnliche traumatische Auswirkung auf den Kämpfer bzw. die Soldaten auslösen konnten wie die militärischen Konflikte in der

13 Diod. 14.12,2-3.

14 Xenophon unterstützt Diodors Darstellung nicht (Xen. an. 2.6,2-4). In der Forschung wird aber dem Bericht des letzteren mehr Glauben geschenkt; vgl. Poralla, 1913, 74; H. W. Parke, The Development of the Second Spartan Empire (405-371 B.C.), JHS 50 (1930), 58; ders., Greek Mercenary Soldiers from the Earliest Times to the Battle of Ipsus, Oxford 1933, 19; Lotze, 1964, 66; Berve, 1967, 214f.; Frolov, 1973a, 274ff.; Hofstetter, 1978, 102; Gehrke, 1985a, 36.

15 Diod. 14.12,3ff.; Polyain. 2.6,7.

16 Diod. 14.12,4-9; Xen. an. 2.6,4-5.

17 Tritle, 2000, 55-78.

18 Tritle, 2000, 55-78.

19 Vgl. Dyer, 1985; Holmes, 1985; Grossman, 1996; Shay, 1998.

20 Shay, 1998; vgl. auch ders., Killing Rage: Physis or Nomos – or Both?, in: H. v. Wees (Hrsg.), War and Violence in Ancient Greece, London 2000, 31-56.

Gegenwart.[21] L. A. Tritle ist ebenfalls der Überzeugung, die Auseinandersetzungen der Hellenen hätten ähnliche seelische Folgen ausgelöst wie die modernen Kampfhandlungen.[22] Beide Autoren verweisen hierbei auch darauf, daß die Reaktion des Menschen auf Schrecken des Krieges aller Wahrscheinlichkeit nach eine allgemeine biologische Konstante sei.[23]

Die Arbeiten von L. A. Tritle und J. Shay werfen zweifelsohne ein neues Licht auf diese Problematik. Diese Thesen erwecken gleichwohl auch Bedenken. Denn eine Gleichsetzung zwischen dem Krieg in der Gegenwart und in der Antike ist aufgrund der Unterschiede in der Kriegführung problematisch.[24] Ferner sind sowohl die kulturellen und gesellschaftlichen Differenzen als auch die daraus resultierenden Unterschiede in der Mentalität zu beachten. Diese haben sicherlich einen wesentlichen Einfluß auf die Verhaltensweise der Griechen im Kampf und auf deren Reaktion auf die Greuel des Krieges ausgeübt. Deswegen bleiben die Anschauungen von J. Shay und L. A. Tritle umstritten, da sie die hier genannten Sachverhalte nicht ausreichend berücksichtigen bzw. erörtern. In Hinsicht auf Klearchos und der Frage ob er unter PTSD gelitten hat, ist überdies in Erwägung zu ziehen, daß die von Xenophon, Diodor und Polyainos überlieferten Nachrichten nicht ausreichen, um ein genaues Bild von der psychologischen Persönlichkeitsstruktur des Spartaners zu gewinnen.

Klearchos' Regime in Byzanz wird in der Forschung zwar nicht ausnahmslos als Tyrannis aufgefaßt,[25] aber dennoch ist dieser Standpunkt weit verbreitet.[26] Es existieren allerdings Indizien dafür, daß das Regiment des Klearchos in Byzanz zwar gewalttätig war, aber nicht eine Willkürherrschaft darstellte. Diese Hinweise sollen im folgenden ausführlich erörtert werden.

Erstens ist es fragwürdig, ob Klearchos die Konsequenzen, die eine Errichtung einer Tyrannis in Byzanz nach sich ziehen würde, sowie die allgemeine politisch-militärische Lage derart falsch einschätzen konnte. Klearchos war zwar

---

21 Shay, 1998, 36; 48; 96ff.; 116; 124ff.; 151ff.; 173ff.; 202; 204ff.

22 Tritle, 2000; ders., Hector's Body: Mutilation of the Dead in Ancient Greece and Vietnam, AHB 11 (1997), 123-136.

23 Shay, 1998, 95; 281f.; Tritle, 2000, 59; 131.

24 Zu den Schrecken des Krieges in der klassischen Zeit vgl. V. D. Hanson, The Western Way of War, 1989, 185-209; ders., 2001b, 7; Tritle, 1997, 123-136; J. Lazenby, The Killing Zone, in: V. D. Hanson (Hrsg.), Hoplites: The Classical Greek Battle Experience, London/New York 1991, 101f. Zu einer ausführlicheren Darstellung des Nahkampfes in einer Schlacht im alten Griechenland s. J. P. Franz, Krieger, Bauern, Bürger. Untersuchungen zu den Hopliten der archaischen und klassischen Zeit, Frankfurt a. M. u. a. 2002, 233-237; 295-308; Lazenby, 1991, 87-109. P. Krentz, Casualties in Hoplite Battles, GRBS 26 (1985), 13-20 zufolge betrugen die Verluste der griechischen Armeen in den Schlachten des 5. und der ersten Hälfte des 4. Jh.s im Durchschnitt 5-14%.

25 Vgl. Cartledge, 1987, 320; Tritle, 2000, 55-78.

26 Vgl. Poralla, 1913, 74; Parke, 1930, 58; ders., 1933, 19; Lotze, 1964, 66; Berve, 1967, 214f.; Frolov, 1973a, 274ff.; Hofstetter, 1978, 102; Roy, 1967, 299; Gehrke, 1985a, 36.

kein Politiker, trotzdem besaß er als Befehlshaber Erfahrung und genoß beträchtliches Ansehen. Das beweisen nicht nur zahlreiche Aufgaben, die ihm während des Peloponnesischen Krieges übertragen wurden, sondern auch die Position, die er unter den „Zehntausend" einnahm, und die Bewunderung, welche ihm Xenophon entgegenbrachte.[27] Zudem mußte Klearchos aufgrund seiner Aufenthalte im Hellespontgebiet gute Kenntnisse der dortigen Verhältnisse und der strategischen Bedeutung dieser Region gehabt haben. Die Situation war zu jenem Zeitpunkt keineswegs für ein derartiges Vorhaben günstig. Sparta war nach dem Ende des Peloponnesischen Krieges die unbestrittene Vormacht in Griechenland.[28] Deswegen gab es keinen Grund, weshalb die Spartaner den Verlust einer strategisch so wichtigen Polis ohne weiteres hingenommen hätten. Außerdem unterhielten sie zu dieser Zeit noch relativ gute Beziehungen zum Großkönig, weswegen ein Usurpator in Byzanz nicht mit persischer Unterstützung rechnen konnte.[29] Überdies war zu erwarten, daß der Verzicht auf eine angemessene Reaktion von Seiten Spartas dem Ansehen eben dieser Polis in der griechischen Welt stark schaden würde. Denn es würde zum einen der Eindruck entstehen, Sparta würde tolerieren, daß sich ihre eigenen Bürger zu Tyrannen von verbündeten Poleis aufschwingen; zum anderen, daß dieses nicht in der Lage sei, sich mit einem widerspenstigen Individuum auseinanderzusetzen. Ein weiterer ungünstiger Umstand für Klearchos war, daß er über ein fremdes Gemeinwesen herrschen würde, dessen Bürger er nicht war und in dem er infolgedessen über keine Gefolgschaft verfügte.

Dieser letzte Umstand führt zum zweiten Sachverhalt, welcher gegen die Vorstellung einer Einzelherrschaft des Klearchos spricht. Obwohl ein Tyrann eine Einzelperson ist, hat er doch immer Anhänger, die eine wichtige Stütze seiner Macht darstellen.[30] Die Bedeutung der Existenz einer breiten Gefolgschaft oder von Verbündeten war im Falle einer Willkürherrschaft des Klearchos noch größer. Denn er hatte nicht nur Gegner in Byzanz, sondern mit Sparta auch die mächtigste griechische Polis zum Feind. Trotzdem gibt es in den Quellen keinen einzigen Hinweis darauf, daß Klearchos irgendwelche Maßnahmen unternommen hat, um Anhänger oder Verbündete zu gewinnen – im Gegenteil: Er nutzte in keiner Weise die Uneinigkeit, die in Byzanz herrschte, um wenigstens einen

---

27 Vgl. Lendle, 1995, 132-138. Klearchos zeigt während des Feldzuges Geschicklichkeit sowie die Fähigkeit, eine konkrete Situation gut einzuschätzen und angemessen zu handeln. Der Spartiate wurde auch von Kyros d. J. sehr geschätzt (Xen. an. 1.3; 6,5-11; 7,1; 2.1,15-23; 3,3-9; 4,5-7; 21-22; 26; 5,3-15); s. dazu Roisman, 1985-1988, 30-52.

28 Ein Hinweis dafür, daß man sich der Bedeutung dieses Umstandes durchaus bewußt war, sind auch die Argumente, mit deren Hilfe Xenophon im Jahre 400 die Söldner überzeugte, Byzanz nicht zu erobern (Xen. an. 7.1,18-30).

29 Byzanz gehörte auch nach dem spartanisch-persischen Abkommen von 412 nicht zum persischen Machtbereich (Thuk. 8.58; StV II^2 202).

30 S. Kap. VI.2.2.

Teil der dortigen Bürgerschaft für sich zu mobilisieren.[31] Außerdem versuchte er nicht, seine Position in Byzanz zu halten, als die Ephoren eine Streitmacht gegen ihn entsandten, sondern zog sich sofort nach Selymbria zurück. Klearchos hat mit den Thrakern, die Feinde von Byzanz und Sparta waren, weder Frieden geschlossen noch hat er sich dafür eingesetzt, sie zu seinen Verbündeten zu machen. Statt dessen hat er sie weiterhin bekämpft.[32] Es sind auch keine Kontakte zwischen Klearchos und dem Großkönig oder dessen Satrapen überliefert.

Drittens spricht die Quellenlage insgesamt gegen die These von einer Einzelherrschaft in Byzanz. Diodor ist nämlich der einzige, der Klearchos einen Tyrannen nennt.[33] Die anderen Autoren bezeichnen ihn entweder als Harmosten von Byzanz oder nennen ihn einfach nur beim Namen.[34] Daß Xenophon den Spartiaten nicht als Alleinherrscher bezeichnet, könnte man mit seiner Subjektivität erklären.[35] Daß aber die anderen Autoren in dieser Hinsicht gleichermaßen tendenziös sind, ist eher unwahrscheinlich. Überraschend ist auch, daß außer Xenophon und Polyainos keine dieser Quellen einen Aufenthalt des Klearchos in Byzanz erwähnt. Dies ist besonders verwunderlich, weil diese Alleinherrschaft zu dieser Zeit gewissermaßen eine Ausnahme wäre, denn es hätte sich ein völlig Fremder einer Polis bemächtigt. Kennzeichnend ist ebenso, daß Isokrates in einem Abschnitt seiner Rede *'Über den Frieden'*, in der er das despotische Verhalten von Sparta auf dem Höhepunkt seiner Macht kritisiert, zwar Klearchos erwähnt, aber nur im Kontext des Feldzuges der „Zehntausend".[36] In seiner Rede *'An Philipp'* schreibt Isokrates, Klearchos und Kyros d. J. seien wegen der lakedaimonischen Dekarchien unbeliebt gewesen, da die Griechen im Falle eines Erfolges der beiden befürchteten, von Sparta noch mehr unterdrückt zu

31 Diese inneren Spannungen in Byzanz sind nicht zu unterschätzen, da sie auch Jahre danach existierte; vgl. Gehrke, 1985a, 36-37.

32 Polyain. 2.2,6-7; Xen. an. 1.1,9.

33 Diod. 14.12,2-7.

34 Xen. Hell. 1.1,35; 3,15-17; 19; an. 1.1,9-2,6; 3.1,10; 5.6,24; Thuk. 8.8,2; 39; 80; Isokr. or. 5,90-91; 95-97; 99; 8,98; 12,104; Demosth. 15,24; Polyain. 2.2,1-9; 7.18,1; 16,2; exc. 10,1; 27; 37,3; 46,3; Plut. Artax. 6; 18; Athen. 505a-b; Val. Max. 2.7. ext. 2; vgl. auch Isokr. or. 4,145-149.

35 In seinem Klearchos-Porträt widerspricht Xenophon indirekt der Vorstellung von einer Tyrannis des Spartiaten. Denn er behauptet, daß Klearchos' einzige Leidenschaft ausschließlich dem Krieg galt (Xen. an. 2.6,6): „*So scheint mir ein Mann zu handeln, der dem Kriege leidenschaftlich ergeben ist; der, obgleich es ihm freisteht, ohne Schande und Nachteil im Frieden zu leben, den Krieg vorzieht; der, wenn es ihm schon möglich wäre, ein bequemes Leben zu führen, lieber sich für den Krieg anstrengen will; der, wenn er schon ungefährdet sein Vermögen behalten könnte, vorzieht, es im Kriege zu vermindern. Jener wollte für den Krieg Geld ausgeben wie ein anderer für seinen Liebling oder eine andere Lust. So sehr hing er am Krieg.*"; s. auch Xen. an. 1.1,9; 3,6; 2.2,1-5; 15; vgl. hierzu Lendle, 1995, 133.

36 Isokr. or. 8,95-105.

werden. Dabei verweist er aber mit keinem Wort auf die Ereignisse in Byzanz.[37] Die Bedeutung des Urteils des Isokrates wächst, wenn man bedenkt, daß er keinen Grund hatte, an diesen Stellen die Existenz einer Tyrannis des Spartiaten zu verschweigen. Der These von einer Einzelherrschaft in Byzanz widerspricht auch der Bericht des Ktesias von Knidos. Denn ansonsten hätte Ktesias wohl kaum in seinen *'Persika'* Klearchos positiv charakterisiert und behauptet, dieser sei von den Göttern sehr geliebt worden.[38]

Wenn Klearchos' Regiment in Byzanz keine Tyrannis war, stellt sich die Frage, warum es von Diodor dennoch als eine Alleinherrschaft bezeichnet wurde. Die Erklärung dafür könnte sein, daß Klearchos' Handlungen starke Ähnlichkeiten zu der Vorgehensweise eines Autokraten nach der Tyrannentypologie aufwies. Der Spartiate tötete führende Bürger, die Basis seiner Macht bildeten Söldner, und zahlreiche Byzantier wurden unter falscher Anklage hingerichtet oder verbannt, damit er deren Eigentum konfiszieren konnte.[39] Der Eindruck eines tyrannischen Verhaltens wurde zusätzlich durch die Tatsache bestärkt, daß Klearchos nicht einmal Bürger von Byzanz war und damit der Vorstellung von einem mächtigen Einzelnen, der der gesamten Polis gegenübersteht, noch näher kam.[40]

Schließlich sollen die Gründe für Klearchos' Vorgehensweise sowie für dessen Verurteilung in Sparta erläutert werden. Hierbei verdient Diodors Darstellung der Ereignisse in Byzanz dennoch Vorzug vor der des Xenophon.[41] Allem Anschein nach war eines der Hauptmotive für die zahlreichen Morde Rache für den Verrat im Jahre 408.[42] Möglicherweise spielte auch die Tatsache, daß die Stadt zu diesem Zeitpunkt von inneren Wirren erschüttert wurde, eine Rolle.[43] Beispielsweise ließ Herippidas, der nach Herakleia Trachinia entsandt wurde, wo es ebenfalls zu inneren Spannungen kam, zahlreiche Herakleoten hinrichten.[44] Es existieren jedoch signifikante Unterschiede zwischen Herakleia und Byzanz. Byzanz war ein unabhängiger Staat und ein wichtiger Verbündeter Spartas. Hinzu kommt, daß die Kollaborateure von 408 nicht mehr von Sparta verfolgt wurden. Ein Indiz dafür ist, daß einer von ihnen mit Namen Anaxilaos freigesprochen wurde. Dieser wurde nach der athenischen Kapitulation von den Lakedaimoniern ergriffen und wegen Verrats vor Gericht gestellt. Da Anaxilaos

---

37 Isokr. or. 5,95.

38 Plut. Artax. 18 = Ktes. FGrHist. 688 F 28.

39 Daß diese Handlungen zum Tyrannentopos gehören s. Kap. VI.2.3.

40 Vgl. Berve, 1967, IX-X.

41 S.o.

42 Vgl. Poralla, 1913, 74; Lenschau, 1921, Sp. 576; Frolov, 1973a, 276; Hofstetter, 1978, 102.

43 Ein Indiz für die Existenz von Stasisparteien könnte auch die Tatsache sein, daß Klearchos 30 Byzantier, die Boiotier genannt wurden, ermorden ließ (Diod. 14.12,3); s. dazu Bassett, 2001, 6.

44 S. Kap. IX.2.2.

in seiner Rede in Sparta behauptete, einzig mit den Athenern kooperiert zu haben, um seine Mitbürger vor dem Hungertod zu retten, wurde er für unschuldig befunden.[45] Außerdem kann man davon ausgehen, daß Sparta seine Gegner in Byzanz bereits unter Klearchos' Vorgänger Sthenelaos zur Verantwortung gezogen hätte, wenn es eine derartige Politik verfolgt hätte.

Klearchos' Ausschreitungen könnte man zum Teil auch auf seine Neigung zu übertriebener Gewaltanwendung und Härte zurückführen. Diese Tendenz wird in Xenophons Charakterstudie des Spartiaten hervorgehoben.[46] Dazu kommt, daß sich der *philopolemos* Klearchos anscheinend um das Wohlergehen seiner Soldaten kümmerte,[47] nicht aber um das der „Zivilisten". In seinem Porträt in der *‚Anabasis'* wird betont, daß er stets die Versorgung seiner Söldner sicherstellte und alle seine Mittel für den Krieg verwendete.[48] Klearchos' Verhalten 408 in Byzanz während der Belagerung der Stadt weist ebenfalls darauf hin. Denn er hatte sich offensichtlich damit abgefunden, daß viele „Zivilisten" an dem Hungertod starben, und versorgte nur die eigenen Soldaten mit Lebensmitteln. Anaxilaos' Freispruch belegt, daß man selbst in Sparta erkannte, daß sich die Byzantier zu der Zeit in einer sehr schwierigen Lage befanden.[49]

Die Tatsache, daß Klearchos unschuldige Bürger umbringen ließ und sich deren Vermögen aneignete, ist ebenfalls schwerwiegend. Es besteht die Möglichkeit, daß er diesen Schritt primär unternahm, damit er über genügend Mittel verfügte, um ausreichend Söldner zum Kampf gegen die Thraker anwerben zu können. Dies würde Xenophons Behauptung erklären, Klearchos habe sein Vermögen und seine Einnahmen lieber für den Krieg als für ein bequemes Leben genutzt.[50] Der von Diodor vermittelte Eindruck, die Söldner seien nur zum Zwecke der Errichtung einer Gewaltherrschaft angeworben worden, erscheint nicht überzeugend. Es läßt sich hier nämlich eine Verschiebung seiner Schilderung, möglicherweise unter dem Einfluß der Tyrannentypologie, erkennen. Diodor behauptet zunächst, die Byzantier hätten sich aufgrund von Unruhen sowie eines Krieges mit den Thrakern in einer schwierigen Lage befunden. Anschließend spricht er allerdings nur von einem innenpolitischen Konflikt.[51] Er verschweigt sogar, daß Klearchos gegen die Thraker zu Felde zog, nachdem ihm Kyros d. J. Geld zur Verfügung gestellt hatte.[52] Dagegen berichten sowohl Xe-

45 Xen. Hell. 1.3,18-20.

46 Xen. an. 2.6,8-15; s. auch 1.3,1; 5,12; 2.3,11; Polyain. 2.2,10; vgl. hierzu Lendle, 1995, 134-136.

47 Zu Xenophons Charakterisierung des Klearchos als φιλοπόλεμος s. Lendle, 1995, 133.

48 Xen. an. 2.6,5-8.

49 Daraus die Schlußfolgerung zu ziehen, Klearchos' Verhalten 408 wurde in Sparta ernsthaft kritisiert, ist überzogen. Denn würde dies zutreffen, hätte man diesen nie wieder als Harmost nach Byzanz geschickt.

50 Xen. an. 2.6,5-6.

51 Diod. 14.12,2-4.

52 Diod. 14.12,7-9.

nophon als auch Polyainos von einem Krieg gegen die Thraker. Es ist ebenfalls interessant, daß diese hierbei mit keinem Wort eine innere Konfrontation in Byzanz erwähnen.[53]

Falls der Hauptgrund für die von Klearchos durchgeführten Konfiskationen die Auseinandersetzung mit den Thrakern war, was aber nicht eindeutig feststellbar ist, kann nicht ausgeschlossen werden, daß persönliche Bereicherung ebenso eine Rolle spielte. Noch wichtiger ist jedoch, daß selbst wenn Klearchos' Motiv für die Enteignungen nicht Eigennutz war, die Wahrscheinlichkeit sehr groß ist, daß diese Konfiskationen von dessen Zeitgenossen auf diese Weise interpretiert wurden. Diodors Darstellung demonstriert dies. Einer solchen Vorstellung kam entgegen, daß Habgier einer der wichtigsten Vorwürfe gegen die spartanischen Harmosten war.[54] Ein weiterer erschwerender Umstand für Klearchos war, daß zu dieser Zeit die spartanischen Behörden den privaten Besitz von Edelmetall untersagten.[55] Außerdem wurden damals zwei prominente Spartaner verurteilt.[56] Gylippos wurde wegen Unterschlagung der Beutegelder, die er im Auftrag von Lysander von Athen nach Sparta bringen sollte, zum Tode verurteilt.[57] Der Harmost von Samos, Thorax, wurde auf die Initiative von Lysanders Gegnern hin wegen Bereicherung im Amt zum Tode verurteilt und exekutiert.[58] In welchem Zusammenhang diese Verurteilungen mit den verschiedenen Gruppierungen in Sparta und deren Auseinandersetzungen standen, ist hier zweitrangig, da sich nicht nachvollziehen läßt, wie Klearchos zu diesen Kreisen stand. Es besteht aber die Möglichkeit, daß Klearchos ein „Opfer" dieser innenpolitischen Kämpfe war oder seine Abberufung auf diese Weise interpretierte und sich deshalb weigerte, der Forderung der lakedaimonischen Behörden zu folgen. Als wahrscheinlich kann jedoch gelten, daß ihm das Schicksal von Gylippos und Thorax zeigte, daß seine Vorgehensweise in Byzanz durchaus ernsthafte Konsequenzen in Sparta nach sich ziehen konnte.

Die hier angeführten Argumente bekräftigen den Standpunkt, daß Klearchos in Byzanz zwar ein gewalttätiges Regiment, aber keine Einzelherrschaft ausübte. Dies würde schließlich auch Xenophons Schweigen bezüglich einer Tyrannis des Klearchos erklären. Denn es erscheint plausibel anzunehmen, daß

---

53 Xen. an. 1.1,9; 2.6,2-5; Polyain. 2.2,6-7; vgl. auch Polyain. 2.2,8; 10; 16,2; exc. 10,1; 27,1.

54 Xen. Lak. pol. 14,2-5; Isokr. or. 8,96, s. auch Plut. Ages. 19.4-5.

55 Plut. Lys. 17; vgl. hierzu David, 1981, 7-9; Ch. D. Hamilton, Agesilaus and the Failure of Spartan Hegemony, Ithaca/London 1991, 80-83; Cartledge, 1987, 88-90. Zu dem Geld, welches nach dem Ende des Krieges nach Sparta gelangte, und den Folgen, s. E. David, The Influx of Money into Sparta at the End of the Fifth Century B.C., SCI 5 (1979/1980), 30-45.

56 Hamilton, 1991, 81-82; David, 1981, 8-9; Cartledge, 1987, 89-90.

57 Diod. 13.106,8-10; Plut. Lys. 16-17,1. Eine andere Version ist, daß Gylippos Selbstmord begangen hat (Athen. 234a).

58 Diod. 14.3,5; Plut. Lys. 19,7.

Xenophon in seiner Subjektivität bereit war, einige negative Informationen über den Spartiaten unerwähnt zu lassen. Es ist aber kaum vorstellbar, daß er dabei so weit gegangen wäre, eine Tyrannenherrschaft zu verschweigen.

XI. Zusammenfassung

Die Quellenauswertung zeigt, daß im Verlauf der Kriege im letzten Drittel des 5. Jh.s gewisse „Humanitätsnormen" in der Kriegführung von allen Kriegsparteien in einem bis dahin ungekannten Ausmaß verletzt wurden. Diese Ausschreitungen wurden von der gesamten griechischen Öffentlichkeit wahrgenommen. Sie erschütterten nicht nur das Verständnis vom Kriegsrecht, sondern von Recht und Moral insgesamt, da die Zeitgenossen dieser Konflikte keinen grundlegenden Unterschied zwischen den Normen der Kriegführung und dem allgemeingültigen Recht machten. Der destruktive Effekt dieser Exzesse wurde durch weitere Faktoren intensiviert. Daß gerade die Kriegsparteien im Zusammenhang mit diesen Überschreitungen den Begriff Gerechtigkeit mißbrauchten, verdeutlichte den Zeitgenossen die Mißachtung der Normen und machte die Kluft zwischen Wort und Tat noch offensichtlicher. Die Polisstruktur und der Charakter des politischen Lebens erleichterten es dem Einzelnen, aus den zwischenstaatlichen Beziehungen Rückschlüsse auf sein eigenes Verhalten zu ziehen. Hinzu kommt, daß es um so leichter war, die Exzesse als etwas „Natürliches" bzw. „Notwendiges" zu betrachten, je länger die Kampfhandlungen andauerten und je mehr sie eskalierten. Aus diesen Gründen kann man davon ausgehen, daß die brutale Verletzung der Kriegsregeln der Wiederbelebung von Gewaltherrschaften in den letzten Dekaden des 5. Jh.s entgegenkam. Denn indem die Ausschreitungen demonstrierten, daß man sich mit ausreichender Macht willkürlich über Normen hinwegsetzen konnte und dies vor allem aus Eigeninteresse geschah, förderten sie rücksichtsloses machtpolitisches Denken und schwächten gleichzeitig das traditionelle Wertesystem.

In den letzten Dekaden des 5. Jh.s läßt sich bedingt durch die Austragung der großen Kriege eine Anhäufung von Staseis erkennen. Diese Entwicklung kann man sowohl im griechischen Mutterland als auch auf Sizilien feststellen. Dieser Umstand indiziert, daß zwischen Krieg und inneren Wirren eine starke Interdependenz besteht, die auf die Bedeutsamkeit des Krieges für das Aufkommen der Jüngeren Tyrannis hindeutet. Denn der Errichtung einer Tyrannenherrschaft geht notwendigerweise ein Staatsstreich voraus, und die innenpolitische Lage weist zu diesem Zeitpunkt in der Regel beträchtliche Gemeinsamkeiten mit der Situation vor einem Bürgerkrieg auf.

Daß eine solche Verbindung zwischen den Anfängen der Jüngeren Tyrannis und der zeitgenössischen militärischen Konfrontation existierte, wurde auch in den konkreten Untersuchungen zu den einzelnen Vorläufern und ersten Repräsentanten der Jüngeren Tyrannis festgestellt. In bezug auf die „Dreißig" wird die Schlüsselrolle des Krieges ausreichend durch die Tatsache erhellt, daß dieses Regime erst nach der Kapitulation konstituiert wurde. Desgleichen wurde dargelegt, daß in Syrakus die Konflikte mit Athen und Karthago wesentlich zur Verschärfung der innenpolitischen Lage beitrugen und eine essentielle Bedeutung für Hermokrates' Staatstreichversuch und die Machtergreifung des Dionysios I. hatten. In Thessalien um 400 läßt sich dieser Zusammenhang nicht so eindeutig feststellen. Man kann jedoch eine Reihe von Indizien dafür finden, daß zwischen den innenpolitischen Kämpfen in Thessalien und der außenpolitischen Konstellation eine Beziehung bestand.

Die Signifikanz der Stasis äußert sich auch darin, daß sie ebenso wie der Krieg den Verlust des Glaubens an die Werte und Regeln des Gemeinschaftslebens förderte und politische Radikalität und skrupelloses Denken in Machtkategorien begünstigte. In dieser Hinsicht hatten drei Merkmale der Stasis besonders schwerwiegende Auswirkungen: der Mißbrauch politischer Parolen in bezug auf Verfassungsfragen und Fragen der außenpolitischen Orientierung, die Heftigkeit und Grausamkeit, mit der die Bürgerkriege ausgefochten wurden und die mehrfache Wandlung der Polisordnung in kürzester Zeit im Verlauf einer Stasis bzw. die häufige Bildung zweier selbständiger Machtzentren innerhalb einer Polis mit deutlichen Merkmalen von Staatlichkeit.

Eines der wichtigsten Zeichen für die destruktive Auswirkung der Stasis auf das gesellschaftliche Wertesystem ist, wie Thukydides in der *‚Pathologie des Krieges'* und Euripides in den Tragödien die *‚Phoinikerinnen'* und *‚Orestes'* zeigen, daß die Wörter ihre traditionelle Bedeutung verlieren. Diese Pervertierung der Sprache reflektiert nicht nur die Erosion des Ethos. Sie intensiviert vielmehr selbst diesen Prozeß. Denn die traditionellen Werte werden nicht einfach negiert, sondern erhalten hierbei in der Regel eine neue diametral entgegengesetzte Bedeutung. Die Relevanz dieser Entwicklung spiegelt insbesondere die Tatsache wider, daß man dieselbe Pervertierung der Sprache und Normen auch bei Kallikles und seiner Lehre vom Recht des Stärkeren konstatieren kann.

Eine weitere folgenschwere Begleiterscheinung der Kriege und Bürgerkriege waren die Fluktuationen innerhalb der Elite. Die Kampfhandlungen, politischen Intrigen und Umstürze führten dazu, daß die Führungsschicht einer Polis in der hier behandelten Epoche in der Regel hohe Verluste zu verzeichnen hatte. Zahlreiche Persönlichkeiten, die eine maßgebende oder zumindest wichtige Position im politischen Leben ihrer Heimatstadt einnahmen, wurden verbannt oder getötet. Diese Entwicklung kann man am besten am Beispiel von Athen verfolgen. Sie läßt sich aber auch in anderen Poleis wie Syrakus und Sparta feststellen. Diese Fluktuationen innerhalb der Führungsschicht konnten auf mehrfache Weise den Aufstieg von Alleinherrschaften im ausgehenden 5. Jh. begünstigen. Die Verbannung oder der Tod eines Politikers, der die politische Szene bis dahin dominierte, ermöglichte seinen Kontrahenten nun selbst eine herausragende Rolle zu spielen, oder sie gab jungen ehrgeizigen, aber politisch eher unbekannten Persönlichkeiten wie z. B. Dionysios I. die Gelegenheit zu einem schnellen Aufstieg. Ferner konnten die substantiellen Verluste innerhalb des politischen Establishments zu beträchtlichen Veränderungen der Machtverhältnisse in einer Polis und zu einer Art Führungsvakuum führen. Dies konnte signifikante Kurswechsel in der Innen- und Außenpolitik bewirken. Auf diese Art und Weise entwickelten sich die Fluktuationen innerhalb der politischen Führungsschicht nicht selten zu einem Faktor, der die politische Instabilität maßgeblich förderte.

Der Krieg kam auf eine noch direktere Weise den Vorläufern und ersten Repräsentanten der Jüngeren Tyrannis entgegen. Die extremen Anforderungen des Krieges machten es nämlich in der Regel notwendig, daß Einzelne oder Gruppen administrative Befugnisse und militärische Gewalt über das übliche Maß hinaus bekamen. Diese Machtkonzentration steigerte gleichzeitig deren politischen Einfluß. Hierdurch wurde es machthungrigen Individuen bzw. Gruppen wesentlich erleichtert, einen Staatsstreich durchzuführen.

Ein Amt, das die enge Relation zwischen dem Krieg, dem Prozeß der Machtkonzentration und der Tyrannis am ehesten veranschaulicht, ist die Stellung des *strategos autokrator*. Die Verbindung zwischen Machtkonzentration und Krieg illustriert der Umstand, daß dieses Amt sowohl in Athen als auch in Syrakus erstmals im Zusammenhang mit der größten militärischen Operation des Peloponnesischen Krieges eingeführt wurde – der Sizilischen Expedition. Diesbezüglich ist auch erwähnenswert, daß dieses Amt zum zweiten Mal in Syrakus eingeführt wurde, als sich diese Polis nach den Debakeln im zweiten Krieg gegen die Karthager in einer prekären Lage befand. Die Schicksale der drei berühmtesten Inhaber dieser außerordentlichen Funktion in der griechischen Welt – Alkibiades, Hermokrates und Dionysios I. – sind gleichermaßen bemerkenswert. Gegen Alkibiades wurde zu der Zeit, als er bevollmächtigter Stratege war, der Tyrannisverdacht erhoben. Hermokrates wurde verdächtigt, die Gewaltherrschaft anzustreben. Er starb bei einem Umsturzversuch. Der junge Dionysios I. nutzte geschickt die Position des *strategos autokrator*, um in seiner Heimatstadt die Macht an sich zu reißen.

Die Herausforderungen des Peloponnesischen Krieges und dic inneren Krisen hatten zur Folge, daß es in Athen auch nach der Sizilischen Expedition immer wieder zur Erteilung von außerordentlichen Machtbefugnissen kam. Auch in Syrakus blieb im Verlauf des Krieges mit Athen die Konzentration von Macht bestehen. Selbst nach Hermokrates' Absetzung blieben im weiteren Verlauf des Krieges die drei *strategoi autokratores* weiterhin die höchsten Amtsträger. Überdies ist zu berücksichtigen, daß der Oberbefehl auf der sikeliotischen Seite faktisch bei einem Mann lag, der zudem ein Fremder war – dem Spartaner Gylippos.

Selbst Sparta, das für seine Stabilität berühmt war und den Individualismus beschränkte sowie im Unterschied zu Syrakus oder Athen im Krieg triumphierte, konnte nicht die Konzentration von Macht während des Peloponnesischen Krieges vermeiden. Lysanders Karriere demonstriert eindrucksvoll, wie es in Sparta der Krieg sogar einem Einzelnen, der nicht zu einem der beiden Königsgeschlechter gehörte, ermöglichte, eine Sonderstellung zu erlangen und militärische und politische Macht in einem bis dahin ungekannten Ausmaß anzusammeln.

Die indirekten Auswirkungen des Krieges waren ein weiterer wichtiger Faktor der Destabilisierung. Denn Merkmale und Folgen des Krieges, wie z. B. Belagerungen, Seuchen, der Verlust von Angehörigen sowie von Hab und Gut, lösten häufig bei den Bürgern Resignation, Ohnmacht, Wut, Angst und Unsicherheit aus. Diese Gefühle reichten an sich aus, um die politische Loyalität innerhalb der Bürgergemeinschaft zu lockern und das traditionelle Wertesystem zu untergraben. Hinzu kam aber, daß diese folgenschweren Ereignisse oft plötzlich und unerwartet eintraten. Dadurch wurde ihr destabilisierender Effekt zusätzlich intensiviert, weshalb diese Ereignisse nicht selten weitreichende innenpolitische Folgen hatten. Der Grund hierfür ist, daß das Verhalten der Massen in diesen Momenten oft besonders stark von Emotionen geleitet wurde, was diese anfälliger für Intrigen und Demagogie machte. Solche Situationen erwiesen sich für Einzelne und Gruppen als außerordentlich günstige Gelegenheit, um mit Kontrahenten abzurechnen oder einen Staatstreich durchzuführen. Der Prozeß gegen Perikles und seine Amtsenthebung im Winter 430/429, der Arginusenprozeß und die Tötung der vier Strategen von Akragas sind einige Beispiele hierfür. Diese durch den Krieg bedingte Nervosität und Erregtheit der Massen wirkte sich auf unterschiedliche Weise auf die Schicksale einiger Vorläufer und Protagonisten der Jüngeren Tyrannis aus. Bei Alkibiades trug diese maßgeblich zu seinem Fall bei. Hermokrates und Dionysios I. konnten diese geschickt ausnutzen, um sich ihrer jeweiligen Gegner politisch zu entledigen.

Daß extreme Umstände und Unvorhersehbarkeit grundlegende Merkmale des Krieges sind, die weitreichende Auswirkungen auf den Gemeinschaftssinn haben können, wird auch in den antiken Zeugnissen akzentuiert. In einzelnen Reden, die von Thukydides wiedergegeben werden, wird dies immer wieder deutlich. Auch in der Schilderung wichtiger Ereignisse des Peloponnesischen Krieges, wie der Kämpfe bei Pylos, der Sizilischen Expedition und der Pestepidemie, ist die Wechselhaftigkeit des Krieges eines der zentralen Themen. Die Werke von Euripides und Aristophanes befassen sich ebenfalls stark mit den Schrecken des Krieges und ihrem niederschmetternden Effekt auf die Moral. Euripides beschreibt hauptsächlich auf der Ebene des Individuums eindrucksvoll, welche tiefe Erschütterung der Verlust der Liebsten, der Heimat und der Freiheit für die betroffenen Menschen bedeutete. Aristophanes schildert ebenso die verheerende Wirkung des Krieges auf die Menschen, sowie die Bedrohung, welche von den Kampfhandlungen für die Solidarität und Einheit der Polis ausgeht.

Die bisherigen Vorstellungen über die Genese des Rechts des Stärkeren und über die Faktoren, die dieses begünstigten, müssen in vielen Bereichen neu formuliert werden. Die Sophistik unterstützte und intensivierte das Aufkommen der Lehre vom Recht des Stärkeren durch ihre verschiedenen Thesen und Theorien. Denn sie evozierte den Relativismus und forderte die traditionellen Vorstellungen und das gesellschaftliche Wertesystem heraus. Gleichzeitig stellte sie das nötige gedankliche „Instrumentarium“ zur Verfügung. Hierbei hat die Nomos-Physis-Antithese eine zentrale Bedeutung. Ohne diese ist nämlich eine theoretisch begründete Lehre vom Recht des Stärkeren nicht denkbar. Deshalb erscheint die Tatsache, daß sich die Nomos-Physis-Antithese erst in den zwanziger Jahren des 5. Jh.s vollständig ausbildete, gleichermaßen wichtig, da sie dadurch als *terminus post quem* für das Recht des Stärkeren dienen kann. Die Sophistik hat auch indirekt durch ihre anthropozentrische Weltsicht und ihr starkes Interesse an der politischen Praxis die Ausbildung der Lehre vom Recht des Stärkeren gefördert.

Dennoch sollte man die Bedeutsamkeit der Sophistik nicht überbewerten. Die verschiedenen Thesen und Theorien der Sophisten haben einen destabilisierenden Einfluß auf die Gesellschaft und ihre Normen gehabt. Diese Auswirkung ist allerdings in erster Linie darauf zurückzuführen, daß die sophistischen Theorien leicht mißbraucht oder mißverstanden werden konnten. Auf der anderen Seite läßt sich für keinen der bekannten Sophisten eindeutig feststellen, daß er absichtlich amoralische Doktrinen vertreten hat oder die destruktiven Folgen seiner These befürwortet bzw. diese bis zu ihrer letzten Konsequenz ausgeführt hat. In dieser Hinsicht ist auch sehr aufschlußreich, daß für keinen Sophisten nachgewiesen werden kann, daß er ein Vertreter der theoretisch fundierten Lehre vom Recht des Stärkeren war. Die vom Sophisten Polos geäußerten Anschauungen bezüglich der Macht entsprechen den konventionellen Vorstellungen zu dieser Frage und weisen in bezug auf Kallikles wichtige Unterschiede in der Argumentation auf. Die Interpretation der Quellen deutet darauf hin, daß Thrasymachos ebenso wenig ein Verfechter des (sophistischen) Rechts des Stärkeren war, sondern eher ein desillusionierter Moralist, der seinen Standpunkt im deskriptiven und nicht im normativen Sinne vorträgt.

Der Umstand, daß schon in der archaischen Epoche Ansätze zur Durchsetzung des Rechts des Stärkeren existierten, zeigt, daß diese Lehre auch auf dem traditionellen griechischen Denken basierte, und daß diese Theorie nicht einzig auf den Einfluß der Sophistik zurückzuführen ist. Außerdem wurde deutlich, daß auch aus dem Aufstieg Athens zur ägäischen Großmacht innerhalb einer Generation und dem Charakter der athenischen *arché* wichtige Anstöße für die Weiterentwicklung einer machtpolitischen Denkweise ausgingen. Das vorsophistische (traditionelle) Recht des Stärkeren unterscheidet sich jedoch in wichtigen Punkten von dem sophistischen Recht des Stärkeren. Es ist unausgereift und beinhaltet keine moralische Qualität in Form einer ausgebildeten philosophischen Ethik, da es weder bewußt noch abstrakt noch theoretisch fundiert ist. Zudem ist es nur eine von mehreren Verhaltensmöglichkeiten. Nach dem sophistischen Recht des Stärkeren ist aber ein Verhalten gemäß seiner Logik das einzig mögliche und gerechte. Ferner bildet die Nomos-Physis-Antithese dessen theoretisches Fundament. Diesen Tatsachen wurde allerdings in der Wissenschaft oft nicht die gebührende Aufmerksamkeit geschenkt.

Die Bedeutung des vorsophistischen (traditionellen) Rechts des Stärkeren spiegelt sich darin wider, daß zahlreiche Reden bei Thukydides davon geprägt sind. Die in diesen Reden vertretenen Ansichten erhielten sicherlich auch aus Athens Aufstieg zur Großmacht und dem athenischen außenpolitische Konzept, das Herrschaft/Tyrannis und Freiheit verknüpfte, wichtige Impulse. Aus diesen Gründen wurden einige der wichtigsten von Thukydides stilisierten Reden – die Athenerrede in Sparta, Hermokrates' Rede in Gela und der Melierdialog – in der modernen Literatur in Verbindung mit dem sophistischen Recht des Stärkeren gebracht. Dabei sieht man vor allem die Rede der Athener in Sparta als Beweis dafür an, daß die sophistische Theorie vom Recht des Stärkeren bereits vor dem Peloponnesischen Krieg verbreitet war. Die Analyse dieser Reden hat allerdings ergeben, daß einzig in bezug auf den Melierdialog von einem theoretisch fundierten Recht des Stärkeren ausgegangen werden kann. Die Athenerrede in Sparta und Hermokrates' Rede in Gela weisen zwar beträchtliche Ähnlichkeiten mit der Lehre vom Recht des Stärkeren auf, weichen aber in zentralen Punkten von ihr ab. Denn in diesen beiden Reden wird die Nomos-Physis-Antithese in keiner Form angewandt. Es werden Begriffe wie „menschliche Natur" und Formulierungen wie „menschliche Art und Weise zu handeln" verwendet, die man aber nicht mit dem Terminus *physis* gleichsetzen kann. Außerdem berufen sich diese beiden Reden, im Gegensatz zu Kallikles und dem Melierdialog, an keiner Stelle auf ein „Gesetz" oder „Recht der Natur". Schließlich ist bezüglich der Athenerrede in Sparta noch zu beachten, daß die Athener ihren Machtanspruch und ihre Handlungen zu rechtfertigen versuchen.

Diese Ergebnisse der Untersuchung des Rechts des Stärkeren bei Thukydides demonstrieren zusammen mit dem Umstand, daß selbst die traditionsgebundenen Spartaner von Machtkalkül geprägt waren, daß das vorsophistische (traditionelle) Recht das Stärkeren schon immer ein Bestandteil des griechischen Denkens war. Darüber hinaus deuten diese Sachverhalte darauf hin, daß sich die Theorie vom Recht des Stärkeren erst in den zwanziger Jahren des 5. Jh.s vollständig entwickelt hat und nicht bereits vor dem Peloponnesischen Krieg. Ein weiteres Indiz dafür ist, daß auch in anderen Reden bei Thukydides, wie z. B. von Perikles, Kleon und Alkibiades, nicht an das Recht des Stärkeren appelliert wird, selbst wenn die Gelegenheit dafür zum Teil außerordentlich günstig gewesen wäre. Die Untersuchung der Reden bei Thukydides weist gleichermaßen auf eine enge Verbindung zwischen der Lehre vom Recht des Stärkeren und den zeitgenössischen politischen Entwicklungen hin. Ein Grund für diese Schlußfolgerung ist, daß in zwei Reden – in der Athenerrede in Sparta und in Hermokrates' Rede in Gela – das vorsophistische (traditionelle) Recht des Stärkeren in einem deutlichen Zusammenhang mit machtpolitischem Denken vertreten wird. Diese enge Verbindung wird ferner dadurch unterstrichen, daß erst nach fünfzehn Jahren Krieg die erste theoretische Begründung des Rechts des Stärkeren stattfand und diese im Kontext einer politischen Handlung erfolgte, welche zu einer der drastischsten Kriegsausschreitungen führte. Deshalb erscheint es plausibel anzunehmen, daß die Erfahrungen des Peloponnesischen Krieges eine größere Rolle bei der Ausbildung des Rechts des Stärkeren zu einer theoretisch begründeten Doktrin spielten, als bislang angenommen wurde.

Die Erläuterung des Rechts des Stärkeren bei Kallikles und Thrasymachos bestätigt die bisherigen Schlußfolgerungen. Die Analyse von Platons ,*Gorgias*', Aristophanes' ,*Wolken*' sowie der Informationen über Persönlichkeiten, die laut Platon mit Kallikles Umgang pflegten, zeigt, daß Kallikles seine These frühestens am Ende der zwanziger Jahre oder am Anfang der darauf folgenden Dekade vorgebracht haben kann. Des weiteren ist auch bei Kallikles der Einfluß des politischen Lebens auf die Formulierung seiner These deutlich spürbar. Die Struktur des Dialogs zeigt, daß Kallikles Platon als eine Art Paradigma für junge Aristokraten diente, die die politische Laufbahn wählten. Kallikles selbst bekundet im Dialog, daß sein Interesse einzig dem Lebensweg eines Staatsmannes gilt. In seiner Anwendung der Nomos-Physis-Antithese zur Begründung des Rechts des Stärkeren stammen alle seine Beispiele oder Vergleiche primär aus der sozialpolitischen Sphäre. Sein Ideal stellt die Tyrannenherrschaft dar. Der Sophist Polos ist ebenfalls von den politischen Entwicklungen und Erfahrungen beeinflußt, da sich seine Argumentation einzig auf Vergleiche und Exempel aus dem politischen Bereich stützt. Auch der Umstand, daß es im Dialog ,*Gorgias*' zu einer graduellen Verschärfung der Ansichten in Richtung des skrupellosen machtpolitischen Denkens von Gorgias über Polos bis Kallikles kommt, bestätigt indirekt die Relevanz der politischen Praxis für das Aufkommen des Rechts des Stärkeren.

Den Dialog in der ,*Politeia*' verlegt Platon aller Wahrscheinlichkeit nach in das letzte Jahrzehnt des 5. Jh.s. Dies ist somit ein weiterer Hinweis dafür, daß sich die sophistische Lehre vom Recht des Stärkeren erst während des Peloponnesischen Krieges vollständig entwickelt hat. Der nachhaltige Einfluß der Verhältnisse aus dem politischen Bereich ist auch bei Thrasymachos' These erkennbar. Die meisten seiner Argumente beziehen sich auf den politischen Bereich. Daß in Euripides' ,*Bellerophontes*' und in Xenophons ,*Memorabilien*' ähnliche Gedanken wie die des Thrasymachos geäußert werden, die eine Beeinflussung durch politische Relationen offenbaren, ist ein weiteres Zeichen für die Signifikanz des Politischen. Diesbezüglich ist bedeutungsvoll, daß in der ,*Politeia*' zwei Nichtsophisten – Glaukon und Adeimantos – Anschauungen „vertreten", die mit denen des Kallikles verwandt sind, der ebenfalls kein Sophist ist. Einerseits zeigen die Ausführungen der beiden, daß sich Thrasymachos' Überlegungen und das sophistische Gedankengut förderlich auf eine solche Denkweise auswirkten. Andererseits weisen sie auch eine enge Verbindung zur politischen Praxis auf.

Darauf, daß die Sophistik beim Aufkommen des rücksichtslosen Machtdenkens im späten 5. Jh. eine weniger dominierende Rolle spielte als bisher in der Regel vermutet wurde, deutet nicht nur die im ersten Teil unternommene Untersuchung des Rechts des Stärkeren hin, sondern auch die im zweiten Teil dieser Arbeit in den einzelnen Kapiteln vorgenommene Erörterung der möglichen Verbindung zwischen den Vorläufern und ersten Exponenten der Jüngeren Tyrannis und der Sophistik. Denn für die einzelnen Vorläufer und Repräsentanten der Gewaltherrschaft in dieser Epoche liegen keine Beweise dafür vor, daß deren Handlungen maßgebend von sophistischen Theorien bestimmt wurden, obgleich die Quellenauswertung zeigt, daß für die meisten von ihnen davon ausgegangen werden kann, daß sie mit dem sophistischen Gedankengut vertraut gewesen sind.

Bezüglich des Verhältnisses zwischen der Jugend und dem Aufkommen der Jüngeren Tyrannis ergab die Interpretation der Quellen, daß es keine überzeugenden Gründe gibt, die den Standpunkt unterstützen, zur Zeit des Peloponnesischen Krieges sei es zu einem ernsthaften Generationenkonflikt gekommen. Die jüngeren Generationen waren allerdings besonders anfällig für die negativen Effekte des Krieges und der Sophistik. Die jungen Menschen ließen sich wesentlich leichter in äußere und innere Auseinandersetzungen hineinziehen und machten hierbei eher Gebrauch von Gewalt. Desgleichen bekundeten sie die Tendenz, die sophistischen Lehren zu mißbrauchen, wie es Aristophanes und Xenophon zeigen. Diese Sachverhalte indizieren, daß die Jugend ein weiterer Faktor der Destabilisierung war, indem sie den destruktiven Auswirkungen des Krieges und der Sophistik oft zusätzliche Schwungkraft verlieh. Sie zeigen außerdem, daß unter dem Begriff „Jugend“ meistens junge Angehörige der Oberschicht zu verstehen sind. Selbstverständlich standen nicht alle jungen Mitglieder der Führungsschicht unter derart negativen Einflüssen. In dieser Hinsicht ist darüber hinaus bedeutend, daß in der Überlieferung mit dem Begriff „Jugend“ nicht nur eine Gruppe von Menschen in einem bestimmten Lebensalter gemeint ist, sondern daß dieser Terminus oft gewissermaßen eine Art Synonym für skrupelloses und machtsüchtiges politisches Handeln ist. Demnach kann sein Gebrauch ein Anzeichen für den Verbreitungsgrad derartiger Handlungsweisen sein.

Für viele der hier untersuchten Vorläufer und Protagonisten der Jüngeren Tyrannis treffen die bisher in der Tyrannisforschung vorherrschenden Meinungen nicht zu. Das griechische Bild von der Tyrannis ist von einer Vielschichtigkeit geprägt, die häufig in eine Vieldeutigkeit übergeht. Diese Mannigfaltigkeit des Tyrannentopos ist darauf zurückzuführen, daß zahlreiche Aspekte der privaten Lebensweise sowie der persönlichen, öffentlichen und politischen Aktivitäten mit der Tyrannis oder dem Trachten nach dieser in Verbindung gebracht werden konnten. Dieses Charakteristikum der Tyrannentypologie im späten 5. und 4. Jh. ist besonders schwerwiegend, da es das Bild in einzelnen Fällen nachhaltig verzerrt und selbst eine maßgebende Wirkung auf politische Geschehnisse in dieser Zeit haben konnte.

Der Tyrannisverdacht in bezug auf Alkibiades offenbart, wie folgenschwer es ist, daß es in der Tyrannentopik nicht möglich ist, zwischen einer ehrgeizigen, selbstsüchtigen und machtvollen Persönlichkeit, die zwar den gesellschaftliche Rahmen verletzt, aber trotzdem gesetzeskonform bleibt, und einem „tyrannischen Menschen“ klar zu differenzieren. Denn der Unterschied besitzt eher einen graduellen als substantiellen Charakter. Dies bedingt, daß exzessives Verhalten leicht als tyrannisch bezeichnet und verstanden werden konnte. Das Spektrum der Handlungen, Anschauungen und Verhaltensformen, die als tyrannisch angesehen werden konnten, ist sehr breit. Im Bereich der persönlichen Lebensweise wurde eine luxuriöse und lasterhafte Lebensart insgesamt, vor allem aber sexuelle Zügellosigkeit mit dem tyrannischen Verhalten assoziiert. Eine derartige Lebensweise war, wie auch der demonstrative Konsum, sehr kostenaufwendig. Die Ansicht, daß die verschwenderische Lebensart zu einer Einzelherrschaft führen kann, ist zwar erst in der spätklassischen Epoche vollständig ausgebildet, ihre Ansätze sind aber auch für die Zeit davor bezeugt. Gewinnsucht wurde ebenfalls mit der Gewaltherrschaft verknüpft. Alkibiades’ Rede in der Siziliendebatte bei Thukydides zeigt, daß dessen politischer Anspruch, seine Ichbezogenheit und außenpolitischen Ambitionen in einen Zusammenhang mit dem tyrannischem Gebaren gebracht werden können. Da als typisches Merkmal tyrannischer Hybris die Verletzung von religiösen Normen galt, konnten Alkibiades’ Überschreitungen insbesondere in der religiösen Sphäre als ein Beweis für seine Absicht, sich zum Alleinherrscher aufzuwerfen, verstanden werden. Es gibt aber auch Handlungen des Alkibiades, die nicht aufgrund der Nähe zur Tyrannentopik als tyrannisch aufgefaßt wurden. Alkibiades’ Auftritt bei den Olympischen Spielen erweckte möglicherweise den Argwohn seiner Mitbürger, weil in Athen zwischen diesen Wettkämpfen und den früheren Erfahrungen eine Verbindung hergestellt werden konnte. Vermutlich war in dieser Hinsicht der überdurchschnittliche Aufwand, den Alkibiades in Olympia, betrieb, viel gefährlicher, weil dadurch der Eindruck entstehen konnte, er wolle mit seiner Heimatstadt konkurrieren und würde einige ihrer Vorrechte usurpieren. Da für zahlreiche Gewaltherrscher und Tyrannisaspiranten auswärtige Beziehungen eine wichtige Rolle spielten und Alkibiades auch in diesem Bereich jeden seiner Zeitgenossen bei weitem übertraf, sind seine gastfreundschaftlichen Verbindungen ebenso ein Grund dafür, daß viele Athener glaubten, er plane tatsächlich einen Staatsstreich.

Die Tatsache, daß die Tyrannentypologie ein maßgebender Faktor für Alkibiades’ Sturz war, demonstriert nicht nur deren Bedeutung und vielfältigen Charakter, sondern auch, daß der Tyrannisverdacht für sich kein eindeutiger Beweis dafür sein kann, daß Alkibiades die Absicht gehabt hat, in Athen ein Gewaltregime einzuführen. Auch der Tyrannisvorwurf gegen Perikles zeigt, wie leicht derartige Anschuldigungen erhoben wurden, die nicht unbedingt mit der Realität übereinstimmen müssen.

Verfassungstheoretische Erwägungen und terminologische Untersuchungen demonstrieren, daß das Herrschaftssystem der „Dreißig“ eine kollektive Tyrannis war. Denn wie die Erörterung des Terminus *dynasteia* belegt, konnten sich die Griechen durchaus Herrschaftsformen vergegenwärtigen, die einer kollektiven Tyrannis ähnlich waren und einen Begriff entwickeln, der zwar nicht einfach mit dem modernen Begriff der „kollektiven Tyrannis“ identisch ist, diesem aber nichtsdestotrotz sehr nahesteht: *dynasteia*. Die Einordnung des Regiments von 404/3 als *dynasteia* bzw. kollektive Tyrannis wird auch durch die konkrete Herrschaftsstruktur und die konkreten Maßnahmen der „Dreißig“ bestätigt. Eine besonders wichtige Erkenntnis ist ebenfalls, daß die „Dreißig“ keine politische Ordnung in Athen nach dem Vorbild Spartas einführen wollten. Die Maßnahmen, die man in der Forschung auf diese Weise interpretierte, hatten nämlich einzig zum Ziel, die Macht der Despoten zu sichern.

Daß die „Dreißig“ im Altertum gleichzeitig als Oligarchie, Tyrannis und *dynasteia* bezeichnet wurden, bestätigt die Komplexität und Mannigfaltigkeit des griechischen Tyrannenbildes. Hierfür spricht des weiteren, daß *dynasteia* von den antiken Autoren oft mit der Tyrannis gleichgesetzt wird. Das ist um so bedeutender, weil der Begriff *dynasteia* selbst vielschichtig und vieldeutig ist. Im Falle der „Dreißig“ wird auch die Relevanz der zeitgenössischen politischen Erfahrungen und Vorstellungen für die Beurteilung eines Herrschaftssystems sichtbar. Lange Zeit dominierte in Athen der Gegensatz „Tyrannis – Demokratie“, aber seit dem Umsturz der „Vierhundert“ konnte sich die Dichotomie „Oligarchie – Demokratie“ durchsetzen. Dies war einer der Hauptfaktoren dafür, daß viele Zeitgenossen das Regime von 404/3 als eine Oligarchie auffaßten. Ein anderer wichtiger Grund dafür, daß man die „Dreißig“ eine Oligarchie nannte, ist die Zahl der Machthaber. Dieser Umstand offenbart, wie stark die traditionelle Vorstellung von der Tyrannis als Herrschaft eines Einzelnen war. Denn der Alleinherrscher war niemals wirklich allein, und es sind zahlreiche Tyrannenherrschaften bekannt, in denen die Macht von mehreren in verwandtschaftlichen Beziehungen stehenden Personen ausgeübt wurde. Darüber hinaus war den Griechen eine Herrschaftsform, in der mehrere nicht untereinander verwandte Machthaber die gesamte Gewalt innehatten, wohl bekannt, wie es der Begriff *dynasteia* deutlich macht.

Demagogie, der Aufbau einer persönlichen Streitmacht und die Anwendung von offener Gewalt sind typische Merkmale für die Errichtung einer Alleinherrschaft. Deswegen läßt sich aus Hermokrates’ Aktivitäten auf Sizilien 408/407 und seinem Versuch, mit Gewalt seine Rückkehr nach Syrakus zu erzwingen, schließen, daß er wirklich versuchte, eine Willkürherrschaft zu errichten. Aller Wahrscheinlichkeit nach war aber die Konstituierung einer Einzelherrschaft nicht von Anfang an Hermokrates’ Ziel. Der Putschversuch war folglich eher das Resultat einer allmählichen Entwicklung, in der die letzte Ablehnung seiner Rehabilitation durch die Aufhebung seiner Verbannung den endgültigen Wendepunkt darstellte. Ferner wird klar, daß nicht die Bindungen an die Polis Syrakus das primäre Motiv für Hermokrates' Handlungen waren, sondern der Wunsch, die frühere Stellung im Staat wiederzuerlangen. Daß Hermokrates schon vor seinem Staatsstreichversuch verdächtigt wurde, die Gewaltherrschaft anzustreben, ist vermutlich damit zu erklären, daß ihm seine Feinde derartige Absichten unterstellten. Auf der anderen Seite offenbarten Hermokrates' Handlungen bereits zu diesem Zeitpunkt Merkmale, die als charakteristisch für einen Tyrannisaspiranten verstanden werden konnten. Ihn zeichnete großer Ehrgeiz aus, er verfügte über eine beachtliche Streitmacht, und seine Aktivitäten bekundeten die Bereitschaft, die Gefühle seiner Mitbürger um der eigenen Interessen willen zu manipulieren.

Die kritische Überprüfung der antiken Zeugnisse über Lykophron und Jason von Pherai indiziert, daß die bisher in der modernen Literatur dominierende Auffassung, beide seien auch in ihrer Vaterstadt Tyrannen gewesen, berechtigt ist. Daß zwei so wichtige Quellen wie Isokrates und Xenophon weder Lykophron noch Jason Gewaltherrscher nennen, ist vornehmlich auf die Beeinflussung durch den sogenannten Fürstenspiegel zurückzuführen. Demzufolge läßt sich auch in diesem Falle der starke Einfluß der Vorstellungen feststellen, welche die Zeitgenossen mit der Alleinherrschaft verbanden.

Der in der Forschung weit verbreitete Standpunkt, der Spartiate Klearchos habe ein Tyrannenregiment in Byzanz geführt, hat sich als unzutreffend herausgestellt. Dagegen sprechen sowohl die damalige allgemeine politisch-militärische Lage als auch die Tatsache, daß Klearchos keine Maßnahmen ergriff, um eine Gefolgschaft oder Verbündete zu gewinnen. Noch wichtiger ist allerdings, daß Diodor der einzige antike Autor ist, der Klearchos einen Tyrannen nennt. Daß Klearchos' Regime dennoch häufig als eine Tyrannis beurteilt wurde, liegt hauptsächlich daran, daß sein Verhalten in Byzanz starke Parallelen zu der für einen Autokraten charakteristischen Handlungsweise aufwies. Er tötete führende Bürger, und zahlreiche andere Byzantier wurden unter falscher Anklage verbannt oder hingerichtet, damit er deren Eigentum konfiszieren konnte. Zudem bildeten Söldner die Machtbasis des Klearchos.

Eines der einflußreichsten Elemente des Tyrannentopos ist die Vorstellung vom ehrgeizigen Demagogen, der die sozialen Gegensätze mißbraucht und die unteren Schichten verführt, um eine Zwangsherrschaft zu gründen. Dieses Konzept besitzt für die Bewertung der Anfänge der Jüngeren Tyrannis eine immense Bedeutung. Überdies kann man anhand dieses Schemas den Einfluß der Tyrannentypologie bzw. das Ausmaß der von dieser verursachten Verzerrungen erkennen. Hinsichtlich dieses Tyrannenklischees stehen im Mittelpunkt des Interesses vor allem Dionysios I. und die Tyrannis in Pherai, da in erster Linie diese Gewaltherrschaften in der Tyrannisforschung in einen derartigen Kontext gestellt werden. Zudem bestimmte die Art und Weise, wie Dionysios I. an die Macht gelangte, maßgeblich die Ausbildung der These vom „volksfreundlichen“ Tyrannen.

In den Quellen lassen sich keine Belege dafür finden, daß zwischen dem Tyrannisverdacht bei Alkibiades und dem Gegensatz zwischen arm und reich bzw. den sozialen Spannungen irgendeine Art von Verbindung besteht. Die Feindseligkeit der „Dreißig“ gegenüber dem athenischen Demos verbietet es von vornherein, in ihnen „Volkstyrannen“ zu sehen. In bezug auf dieses Terrorregime kann ebensowenig von einem sozialen Konflikt, der der aristotelischen Theorie zufolge eine Oligarchie charakterisiert, die Rede sein. In der antiken Überlieferung liegen auch keine Angaben über Hermokrates’ Abneigung gegenüber der herrschenden Polisordnung in Syrakus vor, weder für die Zeit vor seiner Verbannung noch für die Zeit danach. Ferner wünschte der Demos von Syrakus zu einem bestimmten Zeitpunkt, daß Hermokrates zurückkehrt. Überdies wurde die Aufhebung des Verbannungsbeschlusses nicht von den Demokraten, sondern von den „Oligarchen“ verhindert. Diesbezüglich ist auch bedeutend, daß es in den Quellen keine relevanten Hinweise gibt, die auf scharfe sozialpolitische Gegensätze zwischen dem Demos und den „Oligarchen“ in der Zeit zwischen der Sizilischen Expedition und dem zweiten Krieg mit Karthago schließen lassen. Schließlich weist Hermokrates’ „nationale“ Demagogie keine sozialen Elemente auf. Diese Sachverhalte zeigen, daß bei Hermokrates’ Verbannung und Umsturzversuch die sozialen Gegensätze keine wesentliche Rolle spielten. Im Falle des Klearchos kann man dieselbe Schlußfolgerung ziehen. Denn seine Handlungen werden weder in der Antike noch in der modernen Literatur in keiner Weise durch soziale Spannungen erklärt.

Schon für Platon und Aristoteles war Dionysios I. das Vorbild für den demagogischen Tyrannen. Die Erläuterung des Aufstiegs von Dionysios I. und dessen ersten Maßnahmen als Alleinherrscher enthüllt jedoch, daß dieses Urteil nicht begründet ist. Dionysios’ I. Diffamierung seiner Gegner als Verräter, seine Eigendarstellung als Vertreter einer energischen Kriegsführung und sein Mißbrauch von patriotischen Parolen zeigt, daß die Grundlage seiner Agitation die Manipulation der Angst der Bürger vor den Karthagern war. Soziale Ressentiments waren sicherlich nicht völlig irrelevant. Der junge Syrakusaner hat sich dieser aber nur bei seinem ersten Auftritt in der syrakusanischen Volksversammlung bedient. Auch seine Aktivitäten in Gela lassen nicht auf eine soziale Demagogie schließen. Die Analyse der Handlungen des Dionysios I. nach der Machtergreifung und dem Friedensschluß 405 zeigen, daß die These von einer „sozialen Revolution“ irreführend ist. Desgleichen stehen die Verbindungen des Dionysios I. zu der syrakusanischen Elite in einem auffälligen Widerspruch zu der Vorstellung von einem Fürsprecher der Massen. Daß der Demos bis zur großen Revolte passiv blieb, ist auf die Angst vor den Karthagern sowie vor den Söldnern des Dionysios I. und das Fehlen einer Führung, die einen Widerstand organisiert hätte, zurückzuführen.

In mehreren modernen Abhandlungen wird die Meinung geäußert, Lykophron von Pherai sei als Vertreter der Volksmassen bzw. dank sozialer Gegensätze an die Macht gekommen. Denn Thessalien soll zu dieser Zeit einen Prozeß durchlaufen haben, den das übrige Griechenland bereits mit der Älteren Tyrannis erlebt hatte. Die antiken Zeugnisse berichten allerdings in bezug auf Lykophron oder die innenpolitische Lage in Pherai zu dieser Zeit nicht von eventuellen sozialen Gegensätzen und Konflikten. Deswegen stützen sich alle Thesen, die von einem Szenario des sozialen Konflikts ausgehen, einzig auf Theramenes' Rede in den *,Hellenika'* und auf die Schrift *,Peri politieias'*. Die Rede des Theramenes ist wegen ihres apologetischen Charakters keine zuverlässige Informationenquelle für Kritias' Aktivitäten in Thessalien. Die Auswertung der Überlieferung hat außerdem nachgewiesen, daß weder Prometheus noch Kritias soziale Revolutionäre waren, die sozialpolitische Gegensätze ausnutzten, um eine Demokratie zu konstituieren. Hinzu kommt, daß es sehr unwahrscheinlich ist, daß sich Prometheus zu einem Tyrannen aufgeworfen hat oder er und Kritias bei Lykophrons Aufstieg eine bedeutende Rolle spielten. Vermutlich waren Kritias und Prometheus in einen Konflikt zwischen verschiedenen Adelsfaktionen verwickelt und bedienten sich dabei auch der Penesten. Dafür, daß die beiden Verbündete des Lykophron waren, gibt es aber in den Quellen keine Hinweise. Das Pamphlet *,Peri politeias'* bezieht sich auf die inneren Verhältnisse in Larisa um 400. Aus dem Text wird ersichtlich, daß es in Larisa in diesen Jahren zu inneren Auseinadersetzungen kam, weil das Dynastenregiment der Aleuaden herrschte und daß von einem grundsätzlichen Kampf gegen die Aristokratie nicht die Rede sein kann. Überdies ist fragwürdig, inwiefern die sozialpolitischen Verhältnisse in Larisa mit denen in Pherai vergleichbar sind. Gegen die These vom „Volkstyrannen" in Pherai spricht auch, daß die Streitmacht der Herrscher dieser Polis fast ausschließlich aus Söldnern bestand. Daß Lykophron sich ohne die Hilfe der „nichtaristokratischen" Schichten zum Tyrannen aufwarf, muß nicht zwingend im Widerspruch zu Diodors Informationen stehen, Lykophrons und Jasons Herrschaft seien in Pherai populär gewesen. Denn eine Tyrannenherrschaft konnte den unteren und mittleren Schichten durchaus Vorteile bringen. Darüber hinaus erlebten zu dieser Zeit Thessalien und Pherai einen wirtschaftlichen Aufschwung. Wahrscheinlich bildete diese wirtschaftliche Prosperität die finanzielle Grundlage für Lykophrons Macht.

Die einzelnen Vorläufer und ersten Repräsentanten der Gewaltherrschaft im späten 5. Jh. weisen trotz unbestreitbarer lokaler Besonderheiten auch signifikante Übereinstimmungen auf. Die verheerenden Kriege dieser Epoche haben in der Regel auf mannigfaltige Weise das Aufkommen von Willkürherrschaften maßgebend begünstigt. Weiterhin läßt sich weder im griechischen Mutterland (Athen und Pherai) noch in Byzanz noch auf Sizilien (Syrakus) ein entscheidender Einfluß des sophistischen Gedankengutes und der sozialen Gegensätze erkennen. Die Beurteilung des Verhältnisses, das Alkibiades, die „Dreißig", Hermokrates und Klearchos zur Tyrannis hatten, ist ebenso in entscheidendem Maße zu revidieren. Angesichts dieser Tatsachen erscheint es interessant, der Frage nachzugehen, inwiefern die zeitgenössischen Kriege, die sozialen Gegensätze und die geistigen Entwicklungen für die Jüngere Tyrannis insgesamt eine Rolle spielten. Die hier dargelegte enge Verbindung zwischen den politischen Ereignissen bzw. den Kriegen in den letzten Jahrzehnten des 5. Jh.s und den zeitgenössischen machtpolitischen Theorien bleibt zudem näher zu erforschen. Schließlich ist zu berücksichtigen, daß die hier unternommene Auswertung der Überlieferung sowohl den Einfluß des Tyrannentopos als auch das Ausmaß der Verzerrungen, die dieser auf das Tyrannenbild ausübte, gezeigt hat. Dies unterstreicht die Bedeutung und die Vorteile, welche eine ausführliche Untersuchung der Relation zwischen der Entwicklung der Tyrannentypologie und den zeitgenössischen Prozessen und Ereignissen für die Bewertung der Tyrannis bieten würde. Diese weiterführenden Fragen und die in dieser Studie gewonnenen Erkenntnisse bekunden, daß die Jüngere Tyrannis ein wichtiges historisches Phänomen ist, dessen weitere Erforschung einen bedeutenden Beitrag zum besseren Verständnis der Entwicklungen dieser Epoche leisten kann.

Abkürzungsverzeichnis

Vorbemerkung: Antike Autoren und ihre Werke sind in der Regel nach den Vorschlägen von H. Cancik und H. Schneider (Hrsg.), Der Neue Pauly, Enzyklopädie der Antike, Band 1, Stuttgart/Weimar 1996, XXXIX-XLVII zitiert. Auch die übrigen Abkürzungen orientieren sich, soweit sie nicht im folgenden aufgeführt sind, grundsätzlich an den Neuen Pauly.

A&A	Antike und Abendland
AHB	Ancient History Bulletin
AJA	American Journal of Archeology
AJAH	American Journal of Ancient History
AJPh	American Journal of Philology
AncSoc	Ancient Society
AncW	Ancient World
BICS	Bulletin of the Institute of Classical Studies of the University of London
CAH	The Cambridge Ancient History
CJ	Classical Journal
CPh	Classical Philology
CQ	Classical Quarterly
CR	Classical Review
	E. Diehl, Anthologica Lyrica Graeca, 2 Bde. m. Suppl, Leipzig 1943-1952^{3}
DK	H. Diels – W. Kranz, Die Fragmente der Vorsokratiker, Bd. 2, Berlin 1952^{6} (spätere Nachdrucke)
DNP	Der Neue Pauly, Enzyklopädie der Antike
DUJ	Durham University Journal
FGrHist	F. Jacoby, Die Fragmente der griechischen Historiker, Berlin/Leiden 1923-1958
FHSG	W. W. Fortenbaugh – P. M. Huby – R. W. Sharples – D. Gutas, Theophrastus of Eresus, Leiden u. a. 1962
G.-P.	B. Gentili – C. Prato, Poetarum Elegiacorum Testimonia et Fragmenta, Pars Prior, Leipzig 1979
GRBS	Greek, Roman and Byzantine Studies
HCT	A. W. Gomme – A. Andrewes – K. J. Dover, A Historical Commentary on Thucydides, 5 Bde., Oxford 1956-1981

HGIÜ	K. Brodersen – W. Günter – H. Schmitt, Historische griechische Inschriften in Übersetzung, Bd. 1: Die archaische und klassische Zeit, Darmstadt 1992
HSCPh	Harvard Studies in Classical Philology
HWPh	Historische Wörterbuch der Philosophie
HZ	Historische Zeitschrift
ICS	Illinois Classical Studies
IG	Inscriptiones Graecae
JHS	Journal of Hellenic Studies
K.-A.	R. Kassel – C. Austin, Poetae comici Graeci: (PCG), 7 Bde., Berlin/New York 1983-2001
KlP	Der Kleine Pauly, Lexikon der Antike
MH	Museum Helveticum
MHJ	Medizinhistorisches Journal
NJPhP	Neue Jahrbücher für Philologie und Paedagogik
P. Oxy.	The Oxyrhynchus Papyri
PCPhS	Proceedings of the Cambridge Philological Society
QUUC	Quaderni Urbinati di Cultura Classica
RE	Pauly's Real-Encyclopädie der classischen Altertumswissenschaft
RhM	Rheinisches Museum
RSA	Rivista Storica dell'Antiquità
SCI	Scripta Classica Isrcaelica
SCO	Scripta Classici e Orientali
Syll.³	W. Dittenberger, Sylloge Inscriptionum Graecarum, 4 Bde., Leipzig 1915-1924³ (ND Hildesheim 1960)
StV II²	H. Bengtson (Hrsg., unter Mitwirkung von R. Werner), Die Staatsverträge des Altertums, 2. Bd.: Die Verträge der griechisch-römischen Welt von 700 bis 338 v. Chr., München 1975²
TAPA	Transactions and Proceedings of the American Philological Association
West	M. L. West, Iambi et Elegi Graeci, 2 Bde., Oxford 1971-1972
WS	Wiener Studien
YCS	Yale Classical Studies
ZPE	Zeitschrift für Papyrologie und Epigraphik

Literaturverzeichnis

F. E. Adcock – A. D. Knox, 'Ηρώδου περὶ πολιτείας, Klio 13 (1913), 249-257
G. Adeleye, Critias: Member of the Four Houndred?, TAPA 104 (1974), 1-9
A. Alföldi, Gewaltherrscher und Theaterkönig. Die Auseinandersetzung einer attischen Ideenprägung mit persischen Repräsentationsformen im politischen Denken und in der Kunst bis zur Schwelle des Mittelalters, in: K. Weitzmann (Hrsg.), Late Classical and Mediaeval Studies in Honor of Albert Mathias Friend, Jr., Princeton 1955, 15-55
U. Albini, [Erode Attico] περὶ πολιτείας, Firenze 1968
J. W. Allison, Pericles' Policy and the Plague, Historia 32 (1983), 14-23
J. W. Allison, Word and Concept in Thucydides, Atlanta (Georgia) 1997
J. M. Alonso-Núñez, Die Verfassungsdebatte bei Herodot, in: W. Schuller (Hrsg.), Politische Theorie und Praxis im Altertum, Darmstadt 1998, 19-29
A. Andrewes, The Greek Tyrants, London 1956
A. Andrewes, Two Notes on Lysander, Phoenix 25 (1971), 206-226
A. Andrewes, Spartan Imperialism?, in: P. D. A. Garnsey – C. R. Whittaker (Hrsg.), Imperialism in the Ancient World, Cambridge 1978, 91-102
A. Andrewes, The Peace of Nicias and the Sicilian Expedition, CAH V², 1992, 433-463
O. Apelt, Platons Dialog Gorgias, in: ders., Platon, Sämtliche Werke, Bd. 1, Herausgegeben und mit Einleitungen, Literaturübersichten, Anmerkungen und Registern versehen von O. Apelt, Hamburg 1920-1922 (ND Hamburg 1998)
H. Arendt, Macht und Gewalt, München 2000¹⁴ = ders., On Violence, New York/London 1970
H. Arendt, Elemente und Ursprünge totaler Herrschaft, München 2001⁸ = ders., The Origins of Totalitarianism, New York 1951
O. Armbruster, Über die Herrschaft der Dreißig zu Athen 404/3 v. Chr., Freiburg i. Br. 1913
J. P. Arnason – P. Murphy (Hrsg.), Agon, Logos, Polis: The Greek Achievement and Its Aftermath, Stuttgart 2001
J. Assmann, Das kulturelle Gedächtnis. Schrift, Erinnerung und politische Identität in frühen Hochkulturen, München 2000³
M. Austin – P. Vidal-Naquet, Gesellschaft und Wirtschaft im alten Griechenland, München 1984 = dies., Economies et sociétés en Grèce ancienne (Périodes archaïque et classique), Paris 1973²
M. Austin, Society and Economy, CAH VI², 1994, 527-564
H. C. Avery, Critias and the Four Hundred, CPh 58 (1963), 165-167
J. M. Balcer – H.-J. Gehrke – K. Raaflaub – W. Schuller (Hrsg.), Studien zum attischem Seebund, Xenia 8, Konstanz 1984
R. K. Balot, Greed and Injustice in Classical Athens, Princeton 2001
E. Baltrusch, Symmachie und Spondai. Untersuchungen zum griechischen Völkerrecht der archaischen und klassischen Zeit (8.-5. Jahrhundert v. Chr.), Berlin/New York, 1994
P. Barceló, Thukydides und die Tyrannis, Historia 39 (1990), 401-425
P. Barceló, Basileia, Monarchia, Tyrannis. Untersuchungen zu Entwicklung und Beurteilung von Alleinherrschaft im vorhellenistischen Griechenland, Stuttgart 1993
S. R. Bassett, The Enigma of Clearchus the Spartan, AHB 15 (2001), 1-20

R. A. Baumann, Political Trials in Ancient Greece, London/New York 1990
O. Baumhauer, Die sophistische Rhetorik. Eine Theorie sprachlicher Kommunikation, Stuttgart 1986
H. Beck, Polis und Koinon. Untersuchungen zur Geschichte und Struktur der griechischen Bundesstaaten im 4. Jahrhundert v. Chr., Stuttgart 1997
H. Beck, Thessaloi, Thessalia, DNP 12/1, 2002, Sp. 446-451
T. Bekker-Nielsen – L. Hannestad (Hrsg.), War as a Cultural and Social Force. Essays on Warfare in Antiquity, Copenhagen 2001
K. J. Beloch, Griechische Geschichte, 4 Bde., Straßburg/Berlin² 1912-1927 (ND Berlin 1967)
J. Bellemore – I. M. Plant, Thucydides, Rhetoric and the Plague in Athens, Athenaeum (1994), 385-401
G. F. Bender, Der Begriff des Staatsmannes bei Thukydides, Würzburg 1938
H. Bengtson, Griechische Geschichte von den Anfängen bis in die Römische Kaiserzeit, München 1960²
H. Bengtson, Griechische Staatsmänner des 5. und 4. Jahrhunderts v. Chr., München 1983
S. Berger, Democracy in the Greek West and the Athenian Example, Hermes 117 (1989), 303-314
S. Berger, Great and Small Poleis in Sicily: Syracuse and Leontinoi, Historia 40 (1991), 129-142
S. Berger, Revolution and Society in Greek Sicily and Southern Italy, Stuttgart 1992
R. Bernhardt, Die Entstehung der Legende von der tyrannenfeindlichen Außenpolitik Spartas im sechsten und fünften Jahrhundert, Historia 36 (1987), 257-289
S. Bertman (Hrsg.), The Conflict of Generations in Ancient Greece and Rome, Amsterdam 1976
H. Berve, Wesenszüge der griechischen Tyrannis, HZ 177 (1954), 1-20
H. Berve, Die Tyrannis bei den Griechen, 2 Bde., München 1967
G. Beyrodt, Orte, Nichtorte und Tyrannis, in: W. Pircher – M. Treml (Hrsg.), Tyrannis und Verführung, Wien 2000, 235-252
R. Bichler, Die „Reichsträume" bei Herodot. Eine Studie zu Herodots schöpferischer Leistung und ihre quellenkritische Konsequenz, Chiron 15 (1985), 125-147
R. Bichler, Herodots Welt. Der Aufbau der Historie am Bild der fremden Länder und Völker, ihrer Zivilisation und ihrer Geschichte, Berlin 2000
G. Binder – B. Effe (Hrsg.), Krieg und Frieden im Altertum, Trier 1989
B. Bleckmann, Athens Weg in die Niederlage. Die letzten Jahre des Peloponnesischen Krieges, Stuttgart/Leipzig 1998
J. Bleicken, Die athenische Demokratie, Paderborn/München/Wien/Zürich 1995⁴
E. F. Bloedow, Alcibiades Reexamined, Wiesbaden 1973
E. F. Bloedow, "Not the Son of Achilles, but Achilles himself": Alcibiades' Entry on the Political Stage at Athens II, Historia 39 (1990), 3-19
E. F. Bloedow, On 'Nurturing Lions in the State': Alcibiades' Entry on the Political Stage in Athens, Klio 73 (1991), 49-65
E. F. Bloedow, 'An Alexander in the Wrong Place': Alcibiades 'the Ablest of All the Sons of Athens'?, SCO 41 (1991a), 191-216
E. F. Bloedow, Alcibiades 'Brilliant' or 'Intelligent', Historia 41 (1992), 139-157

E. F. Bloedow, Hermocrates' Strategy Against the Athenians in 415 B.C., AHB 7 (1993), 115-124
E. F. Bloedow, The Implications of a Major Contradiction in Pericles' Career, Hermes 128 (2000), 294-309
H. Blum, Purpur als Statussymbol in der griechischen Welt, Bonn 1998
G. Bockisch, Harmostai (431-387), Klio 46 (1965), 129-239
G. Bockisch, Die Politik der Lakedaimonier in Ionien von 412-405, Helikon 8 (1968), 139-160
A. L. Boegehold – A. C. Scafuro (Hrsg.), Athenian Identity and Civic Ideology, Baltimore 1994
J.-F. Bommelaer, Lysandre de Sparte. Histoire et traditions, Paris 1981
E. N. Borza, In the Shadow of Olympus: The Emergence of Macedon, Princeton 1990
S. Borzsák, Persertum und griechisch-römische Antike. Zur Ausgestaltung des klassischen Tyrannenbildes, Gymnasium 94 (1987), 289-297
G. Bowersock – W. Burckert – M. C. J. Putnam (Hrsg.), Arktouros, Hellenic Studies Presented to Bernard M. W. Knox on the Occasion of His 65th Birthday, Berlin/New York 1979
R. Brandt, Naturrecht (Antike), HWPh VI, 1984, Sp. 563-571
D. Braund, Friends and Foes: Monarchs and Monarchy in Fifth-century Athenian Democracy, in: R. Brock – S. Hodkinson (Hrsg.), Alternatives to Athens. Varieties of Political Organization and Community in Ancient Greece, Oxford 2000, 103-118
H. R. Breitenbach, Historiographische Anschauungsformen Xenophons, Freiburg 1950
P. Briant, From Cyrus to Alexander. A History of the Persian Empire, Winona Lake (Indiana) 2002 = ders., Histoire de l'Empire perse, Paris 1996
R. Brock, Athenian Oligarchs: The Number Game, JHS 109 (1989), 160-164
R. Brock – S. Hodkinson (Hrsg.), Alternatives to Athens. Varieties of Political Organization and Community in Ancient Greece, Oxford 2000
K. Brodersen (Hrsg.), Grosse Gestalten der griechischen Antike: 58 historische Portraits von Homer bis Kleopatra, München 1999
T. S. Brown, Menon of Thessaly, Historia 35 (1986), 387-404
I. A. F. Bruce, Theopompus, Lysander and the Spartan Empire, AHB 1 (1987), 1-5
J. Brunschwig – G. E. R. Lloyd (Hrsg., unter Mitarb. von P. Pellegrin), Das Wissen der Griechen. Eine Enzyklopädie, München 2000 = dies., Le savoir grec. Dictionnaire critique, Paris 1996
P. A. Brunt, H. Wentker: Sizilien und Athen. Die Begegnung der attischen Macht mit den Westgriechen, Heidelberg 1956, CR 7 (1957), 243-245
R. J. Buck, A History of Boeotia, Edmonton 1979
R. J. Buck, The Character of Theramenes, AHB 9 (1995), 14-23
R. J. Buck, Thrasybulus and the Athenian Democracy. The Life of an Athenian Statesman, Stuttgart, 1998
L. Burckhardt – J. v. Ungern-Sternberg (Hrsg.), Große Prozesse im antiken Athen, München 2000
L. Burckhardt, Eine Demokratie wohl, aber kein Rechtstaat? Der Arginusenprozeß des Jahres 406 v. Chr., in: L. Burckhardt – J. v. Ungern-Sternberg (Hrsg.), Große Prozesse im antiken Athen, München 2000, 128-143

E. Buschor, Euripides, Sämtliche Tragödien und Fragmente, 6 Bde., Übersetzung der Tragödien von E. Buschor, Übersetzung der Fragmente, Redaktion des griechischen Textes und wissenschaftliche Kommentierung von G. A. Seeck, Kyklops und Rhesos übersetzt von J. J. C. Donner und W. Binder, München 1972-1981

F. D. Caizzi, Protagoras und Antiphon: Sophistische Erörterungen über Gerechtigkeit, in: A. A. Long (Hrsg.), Handbuch frühe griechische Philosophie. Von Thales bis zu den Sophisten, Stuttgart 2001, 285-303

P. Cartledge – F. D. Harvey (Hrsg.), Crux. Essays Presented to G. E. M. de Ste. Croix on His 75th Birthday, Exeter 1985

P. Cartledge, Agesilaos and the Crisis of Sparta, London 1987

P. Cartledge – P. Millet – S. Todd (Hrsg.), Nomos: Essays in Athenian Law, Politics and Society, Cambridge 1990

P. Cartledge, The Effects of the Peloponnesian (Athenian) War on Athenian and Spartan Societies, in: R. McCann – B. S. Strauss (Hrsg.), War and Democracy: A Comparative Study of the Korean War and the Peloponnesian War, Armonk (New York) 2001, 104-123

P. Cartldege, The Spartans: An Epic History, New York 2003

B. Caven, Dionysius I, Warlord of Sicily, New Haven/London 1990

G. Cawkwell, Thucydides and the Peloponnesian War, London/New York 1997

M. Chambers, Aristoteles, Staat der Athener, Übersetzt und erläutert von M. Chambers, in: Aristoteles Werke in Deutscher Übersetzung, Bd. 10, Teil 1, Berlin 1990

A. Chanaiotis – P. Ducrey (Hrsg.), Army and Power in the Ancient World, Stuttgart 2002

C. J. Classen (Hrsg.), Sophistik, Darmstadt 1976

S. Clavadetscher-Thürlemann, ΠΟΛΕΜΟΣ ΔΙΚΑΙΟΣ und BELLUM IUSTUM. Versuch einer Ideengeschichte, Zürich 1985

C. N. Cochrane, Thucydides and the Science of History, New York 1965

J. Cobet, König, Anführer, Herr, Monarch, Tyrann, in: E. Ch. Welskopf (Hrsg.), Soziale Typenbegriffe im alten Griechenland und ihr Fortleben in den Sprachen der Welt, Bd. 3, Berlin 1981, 11-66

D. Cohen (Hrsg., unter Mitarb. von E. Müller-Luckner), Demokratie, Recht und soziale Kontrolle im klassischen Athen, München 2002

Th. Cole, Who was Corax?, ICS 16.1-2 (1991), 65-84

W. R. Connor, The New Politicians of Fifth Century Athens, Princeton 1971

W. R. Connor, Thucydides, Princeton 1984

W. R. Connor, Early Greek Land Warfare as Symbolic Expression, Past & Present 119 (1988), 3-28

S. N. Consolo Langher, Un imperialismo tra democrazia e tirannide. Siracuse nei secoli V e IV a. C., Roma 1997

Th. Corsten, Vom Stamm zum Bund. Gründung und territoriale Organisation griechischer Bundesstaaten, München 1999

G. Crane, Thucydides and the Ancient Simplicity: The Limits of Political Realism, Berkeley/Los Angeles 1998

G. Crane, The Case of Plataea: Small States and the (Re-) Invention of Political Realism, in: R. McCann – B. S. Strauss (Hrsg.), War and Democracy: A Comparative Study of the Korean War and the Peloponnesian War, Armonk (New York) 2001, 127-160

E. David, The Influx of Money into Sparta at the End of the Fifth Century B.C., SCI 5 (1979/1980), 30-45
E. David, Sparta Betwcen Empire and Revolution (404-243 B.C.), 1981
J. N. Davidson, Kurtisanen und Meeresfrüchte. Die Verzehrenden Leidenschaften im klassischen Athen, Berlin 2002 = ders., Courtesans and Fishcakes. The Consuming Passions of Classical Athens, London 1997
J. K. Davies, Athenian Propertied Families 600-300 B.C., Oxford 1971
J. K. Davies, Fourth Century Crisis. What Crisis?, in: W. Eder (Hrsg.), Die athenische Demokratie im 4. Jahrhundert v. Chr. Vollendung oder Verfall einer Verfassungsform? Stuttgart 1995, 29-42
M. Davies, Sisyphus and the Invention of Religion (‚Critias' TrGF 1 (43) F 19 = B 25 DK), BICS 36 (1989), 16-32
D. Dawson, The Origins of Western Warfare. Militarism and Morality in the Ancient World, Boulder 1996
C. W. Dearden, Fourth-Century Tragedy in Sicily. Athenian or Sicilian, in: J. P. Descoeudres (Hrsg.), Greek Colonists and Native Populations, Oxford 1990, 231-242
J. Deininger, "Krise" der Polis? Betrachtungen zur Kontinuität der gesellschaftlichen Gruppen und der inneren Konflikte im Syrakus des 5. und 4. Jahrhunderts v. Chr., in: K. Dietz – D. Henning – H. Kaletsch (Hrsg.), Klassisches Altertum, Spätantike und frühes Christentum. Festschrift für A. Lippold, Würzburg 1993, 55-76
A. Demandt, Antike Staatsformen. Eine vergleichende Verfassungsgeschichte der Alten Welt, Berlin 1995
J. P. Descoeudres (Hrsg.), Greek Colonists and Native Populations, Oxford 1990
C. Dewald, Form and Content: The Question of Tyranny in Herodotus, in: K. A. Morgan (Hrsg.), Popular tyranny: Sovereignty and Its Discontents in Ancient Greece, Austin (Texas) 2003, 25-58
H.-J. Diesner, Wirtschaft und Gesellschaft bei Thukydides, Halle (Saale) 1956
H.-J. Diesner, Griechische Tyrannis und griechische Tyrannen, Berlin 1960
K. Dietz – D. Henning – H. Kaletsch (Hrsg.), Klassisches Altertum, Spätantike und frühes Christentum. Festschrift für A. Lippold, Würzburg 1993
A. Dihle, Studien zur griechischen Biographie, Göttingen 1956
A. Dihle, Das Satyrspiel »Sisyphos«, Hermes 105 (1977), 28-42
J. Dillery, Xenophon and the History of His Times, London/New York 1995
E. R. Dodds, Plato, Gorgias, a Revised Text with Introduction and Commentary, Oxford 1959
W. Donlan, The Aristocratic Ideal in Ancient Greece. Attitudes of Superiority from Homer to the End of the Fifth Century B.C., Lawrence (Kansas) 1980
K. Döring – W. Kullmann (Hrsg.), Studia Platonica. Festschrift für Hermann Gundert zu seinem 65. Geburtstag, Amsterdam 1974
K. Döring, Antike Theorien über die staatspolitische Notwendigkeit der Götterfurcht, A&A 24 (1978), 43-56
A. Dössel, Die Beilegung innerstaatlicher Konflikte in den griechischen Poleis vom 5.-3. Jahrhundert v. Chr., Frankfurt a. M. u. a. 2003
A. Dovatur, Aristoteles und die Krise der Polis, in: E. Ch. Welskopf (Hrsg.), Hellenische Poleis, Bd. 4, Berlin 1973, 2089-2094
K. J. Dover, Greek Homosexuality, London 1978

M. Dreher, Die Sophistik und die Polisentwicklung. Die sophistischen Staatstheorien des fünften Jahrhunderts v. Chr. und ihr Bezug auf Entstehung und Wesen des griechischen, vorrangig athenischen Staates, Frankfurt a. M. u. a. 1983
M. Dreher, Die syrakusanische Verfassung im 4. Jh. v. Chr. zwischen Theorie und Praxis, in: W. Schuller (Hrsg.), Politische Theorie und Praxis im Altertum, Darmstadt 1998, 50-58
M. Dreher, Athen und Sparta, München 2001
E. Drerup, [῾Ηρώδου] περὶ πολιτείας. Ein politisches Pamphlet aus Athen 404 vor Chr., Paderborn 1908
H. Drexler, Thukydides-Studien, Darmstadt 1976
J. Ducat, Les Pénestes de Thessalie, Paris 1994
P. Ducrey, Le traitement des prisonniers de guerre dans la Grèce antique, Paris 1968
G. Dyer, War, New York 1985
P. E. Easterling, Euripides Outside Athens: A Speculative Note, ICS 19 (1994), 73-80
B. Effe – R. F. Glei (Hrsg.), Genie und Wahnsinn. Konzepte psychischer 'Normalität' und 'Abnormität' im Altertum, Trier 2000
D. Ebener, Euripides, Sämtliche Tragödien, 6 Bde., Übersetzt von D. Ebener, Berlin 1972-1980²
W. Eder, Who Rules? Power and Participation in Athens and Rome, in: A. Molho – K. Raaflaub – J. Emlen (Hrsg.), City States in Classical Antiquity and Medieval Italy: Athens and Rome, Florence and Venice, Stuttgart 1991, 169-196
W. Eder (Hrsg.), Die athenische Demokratie im 4. Jahrhundert v. Chr. Vollendung oder Verfall einer Verfassungsform?, Stuttgart 1995
W. Eder, Die athenische Demokratie im 4. Jahrhundert v. Chr. Krise oder Vollendung?, in: ders. (Hrsg.), Die athenische Demokratie im 4. Jahrhundert v. Chr. Vollendung oder Verfall einer Verfassungsform?, Stuttgart 1995a, 11-28
W. Eder, Monarchie und Demokratie im 4. Jahrhundert v. Chr. Die Rolle des Fürstenspiegels in der athenischen Demokratie, in: ders. (Hrsg.), Die athenische Demokratie im 4. Jahrhundert v. Chr. Vollendung oder Verfall einer Verfassungsform?, Stuttgart 1995b, 153-173
W. Eder – K.-J. Hölkeskamp (Hrsg.), Volk und Verfassung im vorhellenistischen Griechenland (Beiträge zu Ehren von Karl-Wilhelm Welwei, Bochum, 1.-2. März 1996), Stuttgart 1997
W. Eder, Demokratie und Größenwahn: Die Paradoxien der Athenischen Demokratie, in: B. Effe – R. F. Glei (Hrsg.), Genie und Wahnsinn. Konzepte psychischer 'Normalität' und 'Abnormität' im Altertum, Trier 2000, 83-95
L. Edmunds, Thucydides' Ethics as Reflected in the Description of Stasis (3.82-83), HSCPh 79 (1975), 73-92
B. Effe, Krieg und Frieden in der griechischen Literatur: das Beispiel der Ilias, in: G. Binder – B. Effe (Hrsg.), Krieg und Frieden im Altertum, Trier 1989, 9-26
V. Ehrenberg, Sophokles und Perikles, München 1956
C. T. H. R. Ehrhardt, Two Notes on Xenophon's Anabasis, AHB 8 (1994), 1-4
N. Ehrhardt – L.-M. Günter (Hrsg.), Widerstand – Anpassung – Integration. Die griechische Staatenwelt und Rom. Festschrift für Jürgen Deininger zum 65. Geburtstag, Stuttgart 2002
W. M. Ellis, Alcibiades, London/New York 1989

J. Elster, Norms, Emotions and Social Control, in: D. Cohen (Hrsg., unter Mitarb. von E. Müller-Luckner), Demokratie, Recht und soziale Kontrolle im klassischen Athen, München 2002, 1-13

H. Erbse, Thukydides-Interpretationen, Berlin/New York 1989

J. P. Euben – J. R. Wallach – J. Ober (Hrsg.), Athenian Political Thought and the Reconstruction of American Democracy, Ithaca/London 1994

J. Feix, Herodot, Historien, 2 Bde., Herausgegeben und übersetzt von J. Feix, Düsseldorf/Zürich 2001

J. H. Finley, Three Essays on Thucydides, Cambridge (Massachusetts) 1967

M. I. Finley, Das antike Sizilien. Von der Vorgeschichte bis zur arabischen Eroberung, München 1979 = ders., A History of Sicily. Ancient Sicily to the Arab Conquest, London 1968

M. I. Finley, Das politische Leben in der antiken Welt, München 1991 = ders., Politics in the Ancient World, Cambridge 1983

H. Flashar (Hrsg.), Philosophie der Antike, Bd. 2/1, Basel 1998

P. Flensted-Jensen – Th. H. Nielsen– L. Rubinstein (Hrsg.), Polis & Politics. Studies in Ancient Greek History. Presented to Mogens Herman Hansen on his Sixtieth Birthday, August 20, 2000, Copenhagen 2000

S. Flory, The Death of Thucydides and the Motif of 'Land on Sea', in: R. M. Rosen – J. Farrell (Hrsg.), Nomodeiktes. Greek Studies in Honor of Martin Ostwald, Ann Arbor 1993, 113-123

S. Forde, The Ambition to Rule: Alcibiades and the Politics of Imperialism in Thukydides, Ithaca/London 1989

W. G. Forrest, An Athenian Generation Gap, YCS 24 (1975), 37-52

R. L. Fowler, Polos of Akragas: Testimonia, Mnemosyne 50 (1997), 27-34

J. P. Franz, Krieger, Bauern, Bürger. Untersuchungen zu den Hopliten der archaischen und klassischen Zeit, Frankfurt a. M u. a. 2002

E. A. Freeman, Geschichte Siziliens unter den Phönikern, Griechen und Römern, Leipzig 1895 = ders., History of Sicily, 4 Bde., Oxford 1891-1894

H. Friedel, Der Tyrannenmord in Gesetzgebung und Volksmeinung der Griechen, Stuttgart 1937

J. Friedrichs, Aufschlußreiche Rhetorik. Ein Versuch über die Redekultur und ihren Verfall bei Thukydides, Würzburg 2000

E. Frolov, Grečeskie tirany (IV v. do n.e.), Leningrad 1972

E. Frolov, Tyrannis und Monarchie im balkanischen Griechenland. Die späte Tyrannis im balkanischen Griechenland, in: E. Ch. Welskopf (Hrsg.), Hellenische Poleis, Bd. 1, Berlin 1973a, 231-400

E. Frolov, Das Problem der Monarchie und der Tyrannis in der politischen Publizistik des 4. Jahrhunderts v. u. Z., in: E. Ch. Welskopf (Hrsg.), Hellenische Poleis, Bd. 1, Berlin 1973b, 401-434

E. Frolov, Die ersten Unternehmungen und die Machtergreifung Dionysios' des Älteren, Klio 55 (1973c), 87-109

E. Frolov, Organisation und Charakter der Herrschaft des Dionysios' des Älteren, Klio 57 (1975), 103-122

P. Funke, Homónoia und Arché. Athen und die griechische Staatenwelt vom Ende des Peloponnesischen Krieges bis zum Königsfrieden (404/3-387/6 v. Chr.), Wiesbaden 1980

V. Gabrielsen, The Impact of Armed Forces on Government and Politics in Archaic and Classical Greek Poleis: A Response to Hans v. Wees, in: A. Chanaiotis – P. Ducrey (Hrsg.), Army and Power in the Ancient World, Stuttgart 2002, 83-98
Y. Garlan, War in the Ancient World, London 1975 = ders., La Guerre dans l'Antiquité, Paris 1972
Y. Garlan, Der Mensch und der Krieg, in: J.-P. Vernant (Hrsg.), Der Mensch der griechischen Antike, Frankfurt a. M. 1993, 63-97
P. D. A. Garnsey – C. R. Whittaker (Hrsg.), Imperialism in the Ancient World, Cambridge 1978
H.-J. Gehrke, Zwischen Freundschaft und Programm. Politische Parteiung im Athen des 5. Jahrhunderts v. Chr., HZ 239 (1984), 529-564
H.-J. Gehrke, Stasis. Untersuchungen zu den inneren Kriegen in den griechischen Staaten des 5. und 4. Jahrhunderts v. Chr., München 1985a
H.-J. Gehrke, Die klassische Polisgesellschaft in der Perspektive griechischer Philosophen, Saeculum 36 (1985b), 133-150
H.-J. Gehrke, Jenseits von Athen und Sparta. Das Dritte Griechenland und seine Staatenwelt, München 1986
H.-J. Gehrke, Die Griechen und die Rache. Ein Versuch in historischer Psychologie, Saeculum 38 (1987), 121-149
H.-J. Gehrke, Myth, History, and Collective Identity: Uses of the Past in Ancient Greece and Beyond, in: N. Luraghi (Hrsg.), The Historian's Craft in the Age of Herodotus, Oxford 2001, 286-313
M. D. Goodman – A. J. Holladay, Religious Scruples in Ancient Warfare, CQ n.s 36 (1986), 151-171
F. Graf, Der Mysterienprozeß, in: L. Burckhardt – J. v. Ungern-Sternberg (Hrsg.), Große Prozesse im antiken Athen, München 2000, 114-127
J. R. Grant, Toward Knowing Thucydides, Phoenix 28 (1974), 81-94
V. J. Gray, The Character of Xenophon's Hellenica, London 1989
V. J. Gray, The Framing of Socrates: The Literary Interpretation of Xenophon's Memorabilia, Stuttgart 1998
D. Gribble, Rhetoric and History in [Andocides] 4, Against Alcibiades, CQ 47 (1997), 367-391
D. Gribble, Alcibiades and Athens: A Study in Literary Presentation, Oxford 1999
D. Grossman, On Killing. The Psychological Cost of Learning to Kill in War and Society, Boston/New York/London 1996
F. Grosso, Ermocrate di Siracusa, Kokalos 12 (1966), 102-143
F. Gschnitzer (Hrsg.), Zur griechischen Staatskunde, Darmstadt 1969
W. K. C. Guthrie, A History of Greek Philosophy, Bd. 3, Cambridge 1969
Chr. Habicht, Gottmenschentum und griechische Städte, München 1956
Chr. Habicht, Athen. Die Geschichte der Stadt in hellenistischer Zeit, München 1995
D. M. Halperin – J. J. Winkler – F. I. Zeitlin (Hrsg.), Before Sexuality: The Construction of Erotic Experience in the Ancient Greek World, Princeton 1990
D. M. Halperin, Why is Diotima a Woman? Platonic Eros and the Figuration of Gender, in: D. M. Halperin – J. J. Winkler – F. I. Zeitlin (Hrsg.), Before Sexuality: The Construction of Erotic Experience in the Ancient Greek World, Princeton 1990, 257-308

K. Hamberger, Monstrum in Animo. Das Drama des Alkibiades, in: W. Pircher – M. Treml (Hrsg.), Tyrannis und Verführung, Wien 2000, 192- 209

D. Hamel, Athenian Generals: Military Authority in the Classical Period, Leiden/Boston/Köln 1998

Ch. D. Hamilton, Spartan Politics and Policy 405-401 B.C., AJPh 91 (1970), 294-314

Ch. D. Hamilton, Sparta's Bitter Victories. Politics and Diplomacy in the Corinthian War, Ithaca/London 1979a

Ch. D. Hamilton, On the Perils of Extraordinary Honors: The Cases of Lysander and Conon, AncW 2 (1979b), 87-90

Ch. D. Hamilton, Agesilaus and the Failure of Spartan Hegemony, Ithaca/London 1991

Ch. D. Hamilton – P. Krentz (Hrsg.), Polis and Polemos, Essays on Politics, War, and History in Ancient Greece in Honor of Donald Kagan, Claremont 1997

N. G. L. Hammond – G. T. Griffith, A History of Macedonia, Bd. 2, Oxford 1979

L.-M. Hans, Karthago und Sizilien. Die Entstehung und Gestaltung der Epikratie auf dem Hintergrund der Beziehungen der Karthager zu den Griechen und den nichtgriechischen Völkern Siziliens (VI.-III. Jahrhundert v. Chr.), Hildesheim/Zürich/New York 1983

M. H. Hansen, Die athenische Demokratie im Zeitalter des Demosthenes. Struktur, Prinzipien und Selbstverständnis, Berlin 1995 = ders., The Athenian Democracy in the Age of Demosthenes: Structure, Principles, and Ideology, Oxford 1991

V. D. Hanson, The Western Way of War, New York 1989

V. D. Hanson (Hrsg.), Hoplites: The Classical Greek Battle Experience, London/New York 1991

V. D. Hanson, The Other Greeks, New York 1995

V. D. Hanson, Hoplite battle as ancient Greek warfare: when, where, and why?, in: H. v. Wees (Hrsg.), War and Violence in Ancient Greece, London 2000, 201-232

V. D. Hanson, Der Krieg in der griechischen Antike, Berlin, 2001a = ders., The Wars of the Ancient Greeks, London 1999

V. D. Hanson, Democratic Warfare, Ancient and Modern, in: R. McCann – B. S. Strauss (Hrsg.), War and Democracy: A Comparative Study of the Korean War and the Peloponnesian War, Armonk (New York) 2001b, 3-33

E. Hartmann, Heirat, Hetärentum und Konkubinat im klassischen Athen, Frankfurt a. M./New York 2002

D. Harvey, The Sykophant and Sykophancy: Vexatious Redefinition?, in: P. Cartledge – P. Millet – S. Todd (Hrsg.), Nomos: Essays in Athenian Law, Politics and Society, Cambridge 1990, 103-121

F. Heinimann, Nomos und Physis. Herkunft und Bedeutung einer Antithese im griechischen Denken des 5. Jahrhunderts, Basel 1945

E. Heitsch, Geschichte und Situation bei Thukydides, Stuttgart 1996

H. Heftner, Ps.-Andokides' Rede gegen Alkibiades ([And.] 4) und die politische Diskussion nach dem Sturz der ‚Dreißig' in Athen, Klio 77 (1995), 75-104

H. Heftner, Der oligarchische Umsturz des Jahres 411 v. Chr. und die Herrschaft der Vierhundert in Athen: Quellenkritische und historische Untersuchungen, Frankfurt a. M. u. a. 2001

B. Helly, L' État Thessalien. Aleuas le Roux les tétrades et les tagoi (Collection de la Maison de L' Orient Méditerranéen 25, Série Épigraphique 2), Lyon 1995

J. Henderson, Demos, Demagogue, Tyrant in Attic Old Comdey, in: K. A. Morgan (Hrsg.), Popular Tyranny: Sovereignty and Its Discontents in Ancient Greece, Austin (Texas), 2003, 155-179
G. Herman, Ritualised Friendship and the Greek City, Cambridge 1987
E. Herrmann-Otto, Das andere Athen. Theorie und politische Realisation eines „antidemokratischen" Oligarchenstaates, in: W. Eder – K.-J. Hölkeskamp (Hrsg.), Volk und Verfassung im vorhellenistischen Griechenland (Beiträge zu Ehren von Karl-Wilhelm Welwei, Bochum, 1.-2. März 1996), Stuttgart 1997, 133-152
H. Herter (Hrsg.), Thukydides, Darmstadt 1968
H. Herter, Thukydides und Demokrit über Tyche, WS 89 (1976), 108-128
A. Heuß, Aristoteles als Theoretiker des Totalitarismus, A&A 17 (1971), 1-44
F. T. Hinrichs, Hermokrates bei Thukydides, Hermes 109 (1981), 46-59
C. A. Hignett, A History of the Athenian Constitution to the End of the Fifth Century BC., Oxford 1952
M. Hofer, Tyrannen, Aristokraten, Demokraten. Untersuchungen zu Staat und Herrschaft im griechischen Sizilien von Phalaris bis zum Aufstieg von Dionysios I., Frankfurt a. M. u. a. 2000
K. F. Hoffmann, Das Recht im Denken der Sophistik, Stuttgart/Leipzig 1997
J. Hofstetter, Die Griechen in Persien. Prosopographie der Griechen im persischen Reich vor Alexander, Berlin 1978
K.-J. Hölkeskamp, Parteiungen und politische Willensbildung im demokratischem Athen: Perikles und Thukydides, Sohn des Melesias, HZ 267 (1998), 1-27
A. J. Holladay – J. C. F. Poole, Thucydides and the Plague of Athens, CQ 73 (1979), 282-300
A. Holm, Geschichte Siziliens im Altertum, 3 Bde., Leipizig 1870-1898 (ND Aalen 1979)
R. Holmes, Acts of War. The Behavior of Men in Battle, New York 1985
S. Hornblower, Thucydides, London 1987
S. Hornblower, A Commentary on Thucydides, Bd. 1, Oxford 1991a
S. Hornblower, The Greek World 479-323 B.C., London/New York 1991²b
S. Hornblower (Hrsg.), Greek Historiography, Oxford 1994
S. Hornblower, Narratology and Narrative Techniques in Thucydides, in: ders. (Hrsg.), Greek Historiography, Oxford 1994, 131-166
S. Hornblower, A Commentary on Thucydides, Bd. 2, Oxford 1996
M. Howard – G. J. Andreopoulos – M. R. Shulman (Hrsg.), The Laws of War. Constraints on Warfare in the Western World, New Haven 1994
Hudson-Wiliams, Conventional Forms and the Melian Dialogue, AJPh 71 (1950), 156-169
S. C. Humphreys, The Family, Women and Death. Comparative Studies, Ann Arbor 1993²
S. C. Humphreys, The Nothoi of Kynosarges, JHS 94 (1974), 88-95
V. J. Hunter, Thucydides. The Artful Reporter, Toronto 1973
V. J. Hunter, The Composition of Thucydides' History: A New Answer to the Problem, Historia 26, (1977), 269-294
V. J. Hunter, Thucydides and the Sociology of the Crowd, CJ 84 (1989), 17-30
W. Huss, Die Karthager, München 1994²
W. Hüttl, Verfassungsgeschichte von Syrakus, Prag 1929
H. I. Immerwahr, Pathology of Power and the Speeches in Thucydides, in: P. A. Stadter (Hrsg.), The Speeches in Thucydides, Chapel Hill 1973, 16-31

H. R. Immerwahr, Tat und Geschichte bei Herodot, in: W. Marg (Hrsg.), Herodot. Eine Auswahl aus der neueren Forschung, Darmstadt 1982^{3}, 497-540 = ders., Historical Action in Herodotus, TAPA 85 (1954), 16-45

W. Jaeger, Paideia, Die Formung des Menschen, Bd. 1, Berlin 1954

P. Jaerisch, Xenophon, Erinnerungen an Sokrates, Übersetzung, Einführung und Erläuterungen von P. Jaerisch, München/Zürich 1987

L. M. Johnson, Thucydides, Hobbes, and the Interpretation of Realism, DeKalb 1993

B. Jordan, Religion in Thucydides, TAPA 116 (1986), 119-147

D. Kagan, Archidamian War, Ithaca/London, 1974

D. Kagan, The Peace of Nicias and the Sicilian Expedition, Ithaca/London 1981

D. Kagan, The Fall of the Athenian Empire, Ithaca/London 1987

D. Kagan, Pericles of Athens and the Birth of Democracy, New York 1991

G. Kaibel, Stil und Text der ΠΟΛΙΤΕΙΑ ΑΘΗΝΑΙΩΝ des Aristoteles, Berlin 1893

L. Kallet, Money and the Corrosion of Power in Thucydides, Berkeley/Los Angeles 2001

L. Kallet, Dēmos Tyrannos: Wealth, Power, and Economic Patronage, in: K. A. Morgan (Hrsg.), Popular Tyranny: Sovereignty and Its Discontents in Ancient Greece, Austin (Texas) 2003, 117-154

D. Kecmanovic, Ethnic Times: Exploring Ethnonationalism in the Former Yugoslavia, Westport (Connecticut) 2002 = ders., Etnička vremena, Beograd 2001

J. Keegan, Die Kultur des Krieges, Hamburg 2001^{2} = ders., A History of Warfare, New York/London 1993

G. B. Kerferd, The Doctrine of Thrasymachos in Plato's <Republic>, DUJ (1947), 19-27 = C. J. Classen (Hrsg.), Sophistik, Darmstadt, 1976, 545-563

G. B. Kerferd, The Sophistic Movement, Cambridge 1981

G. B. Kerferd – H. Flashar, Die Sophistik, in: H. Flashar (Hrsg.), Philosophie der Antike, Bd. 2/1, Basel 1998, 1-138

F. Kiechle, Zur Humanität in der Kriegführung der griechischen Staaten, in: F. Gschnitzer (Hrsg.), Zur griechischen Staatskunde, Darmstadt 1969, 528-577 = ders., Zur Humanität in der Kriegführung der griechischen Staaten, Historia 7 (1958), 129-156

F. Kiechle, Ursprung und Wirkung der machtpolitischen Theorien im Geschichtswerk des Thukydides, Gymnasium 70 (1963), 289-312

F. Kiechle, Aristokrates, KlP 1, 1979, Sp. 568

K. H. Kinzl (Hrsg.), Demokratia. Der Weg zur Demokratie bei den Griechen, Darmstadt 1995

E. Kirsten, Pherai (5), RE Supp. 7, 1940, Sp. 984-1026

H. Klees, Herren und Sklaven. Die Sklaverei im oikonomischen und politischen Schrifttum der Griechen in klassischer Zeit, Wiesbaden 1975

R. Klein, Die innenpolitische Gegnerschaft des Perikles, in: G. Wirth (Hrsg.), Perikles und seine Zeit, Darmstadt 1979, 494-533

B. M. W. Knox, Oedipus and Thebes, New Haven 1957

R. Koselleck (Hrsg.), Historische Semantik und Begriffsgeschichte, Stuttgart 1979

P. Krafft, Vier Beispiele des Xenophontischen in Xenophons Hellenika, RhM 110 (1967), 103-150

P. Krentz, The Thirty at Athens, Ithaca/London 1982

P. Krentz, Casualties in Hoplite Battles, GRBS 26 (1985), 13-20

P. Krentz, Xenophon Hellenika I-II.3.10, Edited with an Introduction, Translation and Commentary, Warminster 1993

P. Krentz, Xenophon Hellenika II.3.11 – IV.2.8, Edited with an Introduction, Translation and Commentary, Warminster 1995

P. Krentz, The Strategic Culture of Periclean Athens, in: Ch. D. Hamilton – P. Krentz (Hrsg.), Polis and Polemos, Essays on Politics, War, and History in Ancient Greece in Honor of Donald Kagan, Claremont 1997, 55-72

S. Kriegsbaum, Der Ursprung der von Kallikles in Platons Gorgias vertretenen Anschauungen, Padeborn 1913

H. Kuch, Kriegsgefangenschaft und Sklaverei bei Euripides. Untersuchungen zur „Andromache“, zur „Hekabe“ und zu den „Troerinnen“, Berlin 1974

H. Kuhn/Red. K.-H. Nusser, Liebe (Antike), HWPh V, 1980, Sp. 290-296

W. R. M. Lamb, Lysias, Translation with Introduction by W. R. M. Lamb, Cambridge (Massachusetts)/London 1988

St. v. der Lahr, Dichter und Tyrannen im archaischen Griechenland. Das Corpus Theognideum als zeitgenössische Quelle politischer Wertvorstellungen archaisch-griechischer Aristokraten, München 1992

G. P. Landmann, Thukydides, Geschichte des Peloponnesischen Krieges, Herausgegeben und übersetzt von G. P. Landmann, Düsseldorf/Zürich, 2002

J. A. O. Larsen, A New Interpretation of the Thessalian Confederacy, CPh 55 (1960), 229-247

J. A. O. Larsen, Greek Federal States, Oxford 1968

R. Laqueur, Philistos (3), RE 19,2, 1938, Sp. 2409-2429

D. Lateiner, The Historical Method of Herodotus, Toronto 1989

J. F. Lazenby, The Killing Zone, in: V. D. Hanson (Hrsg.), Hoplites: The Classical Greek Battle Experience, London/New York 1991, 87-109

J. F. Lazenby, The Defence of Greece 490-479 BC, Warminster 1993

G. A. Lehmann, Die revolutionäre Machtergreifung der „Dreißig“ und die staatliche Teilung Attikas (404-401/0 v. Chr.), in: R. Stiel – G. A. Lehmann (Hrsg.), Antike und Universalgeschichte. Festschrift Hans Erich Stier zum 70. Geburtstag, Münster 1972, 201-233

G. A. Lehmann, Überlegungen zur Krise der attischen Demokratie im Peloponnesischen Krieg: Vom Ostrakismos des Hyperbolos zum Thargelion 411 v. Chr., ZPE 69 (1987), 33-73

G. A. Lehman, Überlegungen zu den oligarchischen Machtergreifungen im Athen des 4. Jahrhunderts v. Chr., in: W. Eder (Hrsg.), Die athenische Demokratie im 4. Jahrhundert v. Chr. Vollendung oder Verfall einer Verfassungsform?, Stuttgart 1995, 139-149

G. A. Lehmann, Oligarchische Herrschaft im klassischen Athen. Zu den Krisen und Katastrophen der attischen Demokratie im 5. und 4. Jahrhundert v. Chr., Opladen 1997

O. Lendle, Kommentar zu Xenophons Anabasis: (Bücher 1-7), Darmstadt 1995

J. E. Lendon, Spartan Honor, in: Ch. D. Hamilton – P. Krentz (Hrsg.), Polis and Polemos. Essays on Politics, War, and History in Ancient Greece in Honor of Donald Kagan, Claremont 1997, 105-126

W. Lengauer, Die politische Bedeutung der Gleichheitsidee im 5. und 4. Jahrhundert v. Chr. – Einige Bemerkungen über isonomia, in: W. Will – J. Heinrichs (Hrsg.), Zu Alexander d. Gr. Festschrift G. Wirth, Amsterdam 1988, 53-87

Th. Lenschau, Heloris, RE 8,1, 1912, Sp. 198-199

Th. Lenschau, Hermokrates (1), RE 8,1, 1912, Sp. 883-887

Th. Lenschau, Klearchos (3), RE 11,1, 1921, Sp. 575-577
Th. Lenschau, οἱ τριάκοντα, RE 6A,2, 1937, Sp. 2355-2377
Th. Lenschau, Tyrannis, RE 7A 2, 1948, Sp. 1821-1842
H. Leppin, Thukydides und die Verfassung der Polis. Ein Beitrag zur politischen Ideengeschichte des 5. Jahrhunderts v. Chr., Berlin 1999
A. Lesky, Geschichte der griechischen Literatur, Bern/München 1971³
D. M. Lewis, The Archidamian War, CAH V², 1992, 370-432
D. M. Lewis, Oligarchic Thinking in the Late Fifth Century, in: R. M. Rosen – J. Farrell (Hrsg.), Nomodeiktes. Greek Studies in Honor of Martin Ostwald, Ann Arbor 1993, 207-211
D. M. Lewis, Sparta as Victor, CAH VI², 1994a, 24-44
D. M. Lewis, Sicily, 413-368 B.C., CAH VI², 1994b, 120-155
C. Ley-Hutton, Isokrates, Sämtliche Werke, 2 Bde., Übersetzt von C. Ley-Hutton, mit Einleitung und Erläuterung von K. Brodersen, Stuttgart 1993-1997
L. de Libero, Die archaische Tyrannis, Stuttgart 1996
A. Lintott, Violence, Civil Strife and Revolution in the Classical City, London/Canberra 1982
A. B. Lloyd (Hrsg.), Battle in Antiquity, London 1996
Th. C. Loening, The Reconciliation Agreement of 403/402 B.C. in Athens: Its Content and Application, Stuttgart 1987
A. A. Long, Theorien der Sprache, in: J. Brunschwig – G. E. R. Lloyd (Hrsg., unter Mitarb. von P. Pellegrin), Das Wissen der Griechen. Eine Enzyklopädie, München 2000, 465-479
A. A. Long (Hrsg.), Handbuch frühe griechische Philosophie. Von Thales bis zu den Sophisten, Stuttgart 2001 = ders., The Cambridge Companion to Early Greek Philosophy, Cambridge 1999
D. Lotze, Lysander und der Peloponnesische Krieg, Berlin 1964
D. Lotze, Mothakes, Historia 11 (1962), 427-435 = W. Ameling – K. Zimmermann (Hrsg.), Bürger und Unfreie im vorhellenistischen Griechenland: Ausgewählte Aufsätze von D. Lotze, Stuttgart 2000, 185-194
N. Luraghi (Hrsg.), The Historian`s Craft in the Age of Herodotus, Oxford 2001
C. W. Macleod, Form and Meaning in the Melian Dialogue, Historia 23 (1974), 385-400 = ders., Collected Essays, Oxford 1983, 52-67
C. W. Macleod, Thucydides' Plataean Debate, GRBS 18 (1977), 227-246 = ders., Collected Essays, Oxford 1983, 103-122
C. W. Macleod, Reason and Necessity: (Thucydides 3.9-14, 37-48), JHS 98 (1978), 64-78 = ders., Collected Essays, Oxford 1983, 88-102
C. W. Macleod, Thucydides on Faction, PCPhS 205 (ns. 25) (1979), 52-68 = ders., Collected Essays, Oxford 1983, 123-139
C. W. Macleod, Thucydides and Tragedy, in: ders., Collected Essays, Oxford 1983a, 141-158
C. W. Macleod, Rhetoric and History (Thucydides 6.16-18), in: ders., Collected Essays, Oxford 1983b, 68-87 = ders., Rhetoric and History (Thucydides 6.16-18), Quaderni di Storia 2 (1975), 39-65
C. W. Macleod, Collected Essays, Oxford 1983
J. Mandel, Jason: The Tyrant of Pherae, Tagus of Thessaly, as Reflected in Ancient Sources and Modern Literature: The Image of the „New" Tyrant, RSA 10 (1980), 47-77
E. Manni, Diocle di Siracusa fra Ermocrate e Dionisio, Kokalos 25 (1979), 220-231

U. Manthe, Die Tötung des Ehebrechers, in: L. Burckhardt – J. v. Ungern-Sternberg (Hrsg.), Große Prozesse im antiken Athen, München 2000, 219-233

Ph. B. Manville, The Origins of Citizenship in Ancient Athens, New Jersey 1990

W. Marg, 'Selbstsicherheit' bei Herodot, in: ders., Herodot. Eine Auswahl aus der neueren Forschung, Darmstadt 1982^3, 290-301

W. Marg (Hrsg.), Herodot. Eine Auswahl aus der neueren Forschung, Darmstadt 1982^3

N. Marinatos, Thucydides and Religion, Königstein 1981

J. Martin, Zur Entstehung der Sophistik, Saeculum 27 (1976), 143-164

J. Martin, Dynasteia. Eine begriffs-, verfassungs- und sozialgeschichtliche Skizze, in: R. Koselleck (Hrsg.), Historische Semantik und Begriffsgeschichte, Stuttgart 1979, 228-241

K. Matthiessen, Die Tragödien des Euripides, München 2002

H. B. Mattingly, The Athenian Empire Restored: Epigraphic and Historical Studies, Ann Arbor 1996

R. McCann – B. S. Strauss (Hrsg.), War and Democracy: A Comparative Study of the Korean War and the Peloponnesian War, Armonk (New York) 2001

W. J. McCoy, Theramenes, Thrasybulus and the Athenian Moderates, Diss. Yale 1970

W. J. McCoy, Aristotle's Athenaion Politeia and the Establishment of the Thirty Tyrants, YCS 24 (1975), 131-145

W. J. McCoy, The Political Debut of Theramenes, in: Ch. D. Hamilton – P. Krentz (Hrsg.), Polis and Polemos. Essays on Politics, War, and History in Ancient Greece in Honor of Donald Kagan, Claremont 1997, 171-192

J. F. McGlew, Tyranny and Political Culture in Ancient Greece, Ithaca/London 1993

J. F. McGlew, Politics on the Margins: The Athenian Hetaireiai in 415 B.C., Historia 48 (1999), 1-22

Chr. Meier, Ein antikes Äquivalent des Fortschrittsgedankes: Das „Können-Bewußtsein“ des 5. Jahrhunderts v. Chr., HZ 226 (1978), 265-316

Chr. Meier, Der Wandel der politisch-sozialen Begriffswelt im 5. Jahrhundert v. Chr., in: R. Koselleck (Hrsg.), Historische Semantik und Begriffsgeschichte, Stuttgart 1979, 193-227

Chr. Meier, Die Rolle des Kriegs im klassischen Athen, HZ 251 (1990), 555-605

Chr. Meier, Die Entstehung des Politischen bei den Griechen, Frankfurt a. M. 1995^3

M. Meier (Hrsg.), Polis und Arché: Kleine Schriften zu Gesellschafts- und Herrschaftsstruktur in der griechischen Welt von K.-W. Welwei, Stuttgart 2000

A. Meister, Das Tyrannenkapitel in der <Politik> des Aristoteles, Chiron 7 (1977), 35- 41

K. Meister, Die sizilische Geschichte bei Diodor. Von den Anfängen bis zum Tod des Agathokles, München 1967

K. Meister, Philistos, DNP 9, 2000, Sp. 818-819

E. Meyer, Theopomps Hellenika, Halle 1909

E. Meyer, Pagasai (1) RE 18, 1942, Sp. 2297-2309

M. C. Miller, Athens and Persia in the Fifth Century BC. A Study in Cultural Receptivity, Cambridge 1997

S. Mitchell, Hoplite Warfare in Ancient Greece, in: A. B. Lloyd (Hrsg.), Battle in Antiquity, London 1996, 87-105

A. Molho – K. Raaflaub – J. Emlen (Hrsg.), City States in Classical Antiquity and Medieval Italy: Athens and Rome, Florence and Venice, Stuttgart 1991

P. v. Möllendorf, Aristophanes, Hildesheim 2002

A. Momigliano, Lebensideale in der Sophistik: Hippias und Kritias, in: C. J. Classen (Hrsg.), Sophistik, Darmstadt 1976, 465-477 = ders., Ideali di vita nella sofistica: Ippia e Crizia, in: La Cultura n. s. 9 (1930), 321-330 (ND mit Ergänzungen in: ders., Quarto contributo alla storia degli studi classici e del mondo antico, Roma 1969, 145-154)

T. Morawetz, Der Demos als Tyrann und Banause. Aspekte antidemokratischer Polemik im Athen des 5. und 4. Jahrhunderts v. Chr., Frankfurt a. M. u. a. 2000

K. A. Morgan (Hrsg.), Popular Tyranny: Sovereignty and Its Discontents in Ancient Greece, Austin (Texas) 2003

K. A. Morgan, The Tyranny of the Audience in Plato and Isocrates, in: ders. (Hrsg.), Popular Tyranny: Sovereignty and Its Discontents in Ancient Greece, Austin (Texas) 2003, 181-214

K. J. Morrison, Meno of Pharsalus, Polycrates and Ismenias, CQ. n.s. 36 (1942), 57-78

J. V. Morrison, A Key Topos in Thucydides: The Comparison of Cities and Individuals, AJPh 115 (1994), 525-541

C. Mossé, La fin de la démocratie athénienne. Aspects sociaux et politiques du déclin de la Cité grecque au IVe siècle avant J.-C., Paris 1962

C. Mossé, La tyrannie dans la Grèce antique, Paris 1969

C. Mossé, Die politischen Prozesse und die Krise der athenischen Demokratie, in: E. Ch. Welskopf (Hrsg.), Hellenische Poleis, Bd. 1, Berlin 1973,160-188

C. Mossé, Athens in Decline 404-86 B.C., London 1973

A. Moulakis, Homonoia. Eintracht und die Entwicklung eines politischen Bewußtseins, München 1973

M. Munn, Thebes and Central Greece, in: L. A. Tritle (Hrsg.), The Greek World in the Fourth Century: From the Fall of the Athenian Empire to the Successors of Alexander, London/New York 1997, 66-106

M. Munn, The School of History: Athens in the Age of Socrates, Berkeley/Los Angeles 2000

W. Müri, Beitrag zum Verständnis des Thukydides, in: H. Herter (Hrsg.), Thukydides, Darmstadt 1968, 135-170 = ders., Beitrag zum Verständnis des Thukydides, MH 4 (1947), 251-275

W. Müri, Xenophon, Anabasis. Der Zug der Zehntausend, Herausgegeben und übersetzt von W. Müri, mit Einführung und Anmerkungen von B. Zimmermann, Düsseldorf/Zürich 1997^{2}

O. Murray, Das frühe Griechenland, München 1982 = ders., Early Greecc, Brighton 1980

W. Nestle, Der Friedensgedanke in der antiken Welt, Philologus Suppl. 31,1, Leipzig 1938

W. Nestle, Kritias. Eine Studie, in: ders., Griechische Studien. Untersuchungen zur Religion, Dichtung und Philosophie der Griechen, Stuttgart 1948 (ND Aalen 1968), 253-320

P. Neukam (Hrsg.), Tradition und Rezeption, Klassische Sprachen und Literaturen, Bd. 18, München 1984

R. Nickel, Xenophon, Kyrupädie. Die Erziehung des Kyros, Herausgegeben und übersetzt von R. Nickel, München/Zürich 1992

W. Nippel, Mischverfassungstheorie und Verfassungsrealität in Antike und früher Neuzeit, Stuttgart 1980

W. Nippel (Hrsg.), Virtuosen der Macht. Herrschaft und Charisma von Perikles bis Mao, München 2000

J. Ober, Fortress Attica. Defense of the Athenian Land Frontier 404-322 B.C., Leiden 1985

J. Ober, Classical Greek Times, in: M. Howard – G. J. Andreopoulos – M. R. Shulman (Hrsg.), The Laws of War. Constraints on Warfare in the Western World, New Haven 1994, 12-26

J. Ober, Civic Ideology and Counterhegemonic Discourse: Thucydides on the Sicilian Debate, in: A. L. Boegehold – A. C. Scafuro (Hrsg.), Athenian Identity and Civic Ideology, Baltimore 1994, 102-126
J. Ober (Hrsg.), The Athenian Revolution: Essays on Ancient Greek Democracy and Political Theory, Princeton 1996
J. Ober, The Rules of War in Classical Greece, in: J. Ober (Hrsg.), The Athenian Revolution: Essays on Ancient Greek Democracy and Political Theory, Princeton 1996, 53-71
J. Ober, Political Dissent in Democratic Athens. Intellectual Critics of Popular Rule, Princeton 1998
J. Ober, Thucydides Theoretikos/Thucydides Histor: Realist Theory and the Challenge of History, in: R. McCann – B. S. Strauss (Hrsg.), War and Democracy: A Comparative Study of the Korean War and the Peloponnesian War, Armonk (New York) 2001, 273-306
P. Oliva, Politische Praxis und Theorie in Sparta, in: W. Schuller (Hrsg.), Politische Theorie und Praxis im Altertum, Darmstadt 1998, 30-42
J. L. O'Neil, The Origins and Developments of Ancient Greek Democracy, Lanham 1995
C. Orwin, Stasis and Plague: Thucydides on the Dissolution of Society, Journal of Politics 50 (1988), 831-847
C. Orwin, The Humanity of Thucydides, Princeton 1997[3]
R. Osborne, Changing the Discourse, in: K. A. Morgan (Hrsg.), Popular Tyranny: Sovereignty and Its Discontents in Ancient Greece, Austin (Texas) 2003, 251-272
M. Ostwald, Nomos and the Beginnings of the Athenian Democracy, Oxford 1969
M. Ostwald, From Popular Sovereignty to the Sovereignty of Law. Law, Society, and Politics in Fifth-Century Athens, Berkeley/Los Angeles/London 1986
M. Ostwald, Oligarchia: The Development of a Constitutional Form in Ancient Greece, Stuttgart 2000
M. Ostwald, Oligarchy and Oligarchs in Ancient Greece, in: P. Flensted-Jensen – Th. H. Nielsen– L. Rubinstein (Hrsg.), Polis & Politics. Studies in Ancient Greek History. Presented to Mogens Herman Hansen on his Sixtieth Birthday, August 20, 2000, Copenhagen 2000, 385-396
F. Pahle, Zur Geschichte der pheräischen Tyrannis, NJPhP 93 (1866), 532-536
A. Panagopoulos, Captives and Hostages in the Peloponnesian War, Amsterdam 1989
H. W. Parke, The Development of the Second Spartan Empire (405-371 B.C.), JHS 50 (1930), 37-79
H. W. Parke, Greek Mercenary Soldiers from the Earliest Times to the Battle of Ipsus, Oxford 1933.
V. Parker, Τύραννος. The Semantics of a Political Concept from Archilochus to Aristotle, Hermes 126 (1998),145-172
A. Parry, The Language of Thucydides' Description of the Plague, BICS 16 (1969), 106-118
H. Patzer, Der Tyrann Kritias und die Sophistik, in: K. Döring – W. Kullmann (Hrsg.), Studia Platonica. Festschrift für Hermann Gundert zu seinem 65. Geburtstag, Amsterdam 1974, 3-19
L. Pearson, The Greek Historians of the West. Timaeus and His Predecessors, Atlanta (Georgia) 1987
S. Perlman, The Ten Thousand. A Chapter in Military, Social and Economic History of the Fourth Century, RSA 6-7 (1976/1977), 241-284
W. Pircher – M. Treml (Hrsg.), Tyrannis und Verführung, Wien 2000

W. Pircher, Das Gesetz des Tyrannen, in: W. Pircher – M. Treml (Hrsg.), Tyrannis und Verführung, Wien 2000, 126- 146

H. G. Plaß, Die Tyrannis in ihren beiden Perioden bei den alten Griechen. Dargestellt nach Ursachen, Verlauf und Wirkungen, Leipzig 1859^{2} (ND Aalen 1978)

A. J. Podlecki, Perikles and His Circle, London/New York 1998

E. Pöhlmann, Sisyphos oder der Tod in den Fesseln, in: P. Neukam (Hrsg.), Tradition und Rezeption, Klassische Sprachen und Literaturen, Bd. 18, München 1984, 7-20

P. Poralla, Prosopographie der Lakedaimonier bis auf die Zeit Alexanders des Großen, Breslau 1913 (Second Edition with an Introduction, Addenda and Corrigenda by A. S. Bradford, Ares Publishers, Chicago 1985)

P. R. Pouncey, The Necessities of War. A Study of Thucydides Pessimism, New York 1980

A. Powell, The Greek World, London/New York 1995

C. A. Powell, Religion and the Sicilian Expedition, Historia 28 (1979), 15-31

C. A. Powell, Athens and Sparta. Constructing Greek Political and Social History from 478 B.C., London 1988

W. K. Prentice, The Character of Lysander, AJA 38 (1934), 39-42

J. J. Price, Thucydides and Internal War, Cambridge 2001

W. K. Pritchett, The Greek State at War, Bd. 1-2, Berkeley/Los Angeles/London 1974; Bd. 3, Berkeley/Los Angeles/London 1979; Bd. 4, Berkeley/Los Angeles/London 1985; Bd. 5, Berkeley/Los Angeles/London 1991

K. Raaflaub, Polis Tyrannos. Zur Entstehung einer politischen Metapher, in: G. Bowersock – W. Burckert – M. C. J. Putnam (Hrsg.), Arktouros, Hellenic Studies Presented to Bernard M. W. Knox on the Occasion of His 65th Birthday, Berlin/New York 1979, 237-252

K. Raaflaub, Athens >Ideologie der Macht< und die Freiheit des Tyrannen, in: J. M. Balcer – H.-J. Gehrke – K. Raaflaub – W. Schuller (Hrsg.), Studien zum attischem Seebund, Xenia 8, Konstanz 1984, 45-86

K. Raaflaub, Die Entdeckung der Freiheit. Zur historischen Semantik und Gesellschaftsgeschichte eines politischen Grundbegriffs der Griechen, München 1985

K. Raaflaub, City-State, Territory, and Empire in Classical Antiquity, in: A. Molho – K. Raaflaub – J. Emlen (Hrsg.), City States in Classical Antiquity and Medieval Italy: Athens and Rome, Florence and Venice, Stuttgart 1991, 565-588

K. Raaflaub, Politisches Denken und Krise der Polis. Athen im Verfassungskonflikt des späten 5. Jahrhunderts, HZ 255 (1992), 1-60

K. Raaflaub – E. Müller-Luckner (Hrsg.), Anfänge des politischen Denkens in der Antike. Die nahöstlichen Kulturen und die Griechen, München 1993

K. Raaflaub, Einleitung und Bilanz: Kleisthenes, Ephialtes und die Begründung der Demokratie, in: K. H. Kinzl (Hrsg.), Demokratia. Der Weg zur Demokratie bei den Griechen, Darmstadt 1995, 1-54

K. Raaflaub, Democracy, Power and Imperialism, in: J. P. Euben – J. R. Wallach – J. Ober (Hrsg.), Athenian Political Thought and the Reconstruction of American Democracy, Ithaca / London 1994, 103-146

K. Raaflaub, Den Olympier herausfordern? Prozesse im Umkreis des Perikles, in: L. Burckhardt – J. v. Ungern-Sternberg (Hrsg.), Große Prozesse im antiken Athen, München 2000, 96-113

K. Raaflaub, Father of All, Destroyer of All: War in the Late Fifth-Century Athenian Discourse and Ideology, in: R. McCann – B. S. Strauss (Hrsg.), War and Democracy: A Comparative Study of the Korean War and the Peloponnesian War, Armonk (New York) 2001, 307-356

K. Raaflaub, Political Thought, Civic Responsibility, and the Greek Polis, in: J. P. Arnason – P. Murphy (Hrsg.), Agon, Logos, Polis: The Greek Achievement and Its Aftermath, Stuttgart 2001, 72-117

K. Raaflaub, Herodot und Thukydides. Persischer Imperialismus im Lichte der athenischen Sizilienpolitik, in: N. Ehrhardt – L.-M. Günter (Hrsg.), Widerstand – Anpassung – Integration. Die griechische Staatenwelt und Rom. Festschrift für Jürgen Deininger zum 65. Geburtstag, Stuttgart 2002, 11-40

K. Raaflaub, Stick and Glue: The Function of Tyranny in Fifth-Century Athenian Democracy, in: K. A. Morgan (Hrsg.), Popular Tyranny: Sovereignty and Its Discontents in Ancient Greece, Austin (Texas) 2003, 59-94

P. A. Rahe, The Military Situation in Western Asia Minor on the Eve of Cunaxa, AJPh 101 (1980), 79-96

G. Rechenauer, Thukydides und die hippokratische Medizin. Naturwissenschaftliche Methodik als Modell für Geschichtsdeutung, Hildesheim/Zürich/New York 1991

G. Rechenauer, Zu Thukydides II 22,3...ἀπὸ τῆς στάσεως ἑκάτερος..., RhM 136 (1993), 238-244

K. J. Reckford, Father Beating in Aristophanes' Cloudes, in: S. Bertman (Hrsg.), The Conflict of Generations in Ancient Greece and Rome, Amsterdam 1976, 89-118

M. Reinhold, The Generation Gap in Antiquity, in: S. Bertman (Hrsg.), The Conflict of Generations in Ancient Greece and Rome, Amsterdam 1976, 15-54

A. Rengakos, Form und Wandel des Machtdenkens der Athener bei Thukydides, Stuttgart 1984

P. J. Rhodes, A Commentary on the Aristotelian Athenaion Politeia, Oxford 1981

P. J. Rhodes, Political Activity in Classical Athens, JHS 106 (1986), 132-144

P. J. Rhodes, Thucydides History II, Edited with an Introduction, Translation and Commentary, Warminster 1988

P. J. Rhodes, Thucydides History III, Edited with an Introduction, Translation and Commentary, Warminster 1994

P. J. Rhodes, The Polis and the Alternatives, CAH VI², 1994, 565-591

P. J. Rhodes, Oligarchs in Athens, in: R. Brock – S. Hodkinson (Hrsg.), Alternatives to Athens. Varieties of Political Organization and Community in Ancient Greece, Oxford 2000, 119-136

J. T. Roberts, Warfare, Democracy, and the Cult of Personality, in: R. McCann – B. S. Strauss (Hrsg.), War and Democracy: A Comparative Study of the Korean War and the Peloponnesian War, Armonk (New York) 2001, 238-269

E. Robinson, The First Democracies: Early Popular Government Outside Athens, Stuttgart 1997

E. Robinson, Democracy in Syracuse, 466-412 B.C., HSCPh 100 (2000), 189-205

T. Rood, Thucydides. Narrative and Explanation, Oxford 1998

J. Roisman, Klearchos in Xenophon's Anabasis, SCI 8-9 (1985-1988), 30-52

J. de Romilly, Thukydides and Athenian Imperialism, London 1963 = ders., Thucydide et l'impérialisme athénien. La pensée de l'historien et la genèse de l'œuvre, Paris 1951²
J. de Romilly, Fairness and Kindness in Thucydides, Phoenix 28 (1974), 95-100
J. de Romilly, Der Optimismus des Thukydides und das Urteil des Historkers über Perikles (Thuk. II 65), in: G. Wirth (Hrsg.), Perikles und seine Zeit, Darmstadt 1979, 290-311 = ders., L'optimisme de Thucydide et le jugement de l'historien sur Périclés (Thuc. II 65), Revue des Études Grecques 78 (1965), 557-575
J. de Romilly, The Great Sophists in Periclean Athens, Oxford 1992 = ders., Les Grands Sophists dans l'Athènes de Périclès, Paris 1988
R. M. Rosen – J. Farrell (Hrsg.), Nomodeiktes. Greek Studies in Honor of Martin Ostwald, Ann Arbor 1993
V. J. Rosivach, The Tyrant in Athenian Democracy, QUCC 30,3 (1988), 43-57
C. Roßner, Recht und Moral bei den griechischen Sophisten, München 1998
A. Rubel, Stadt in Angst. Religion und Politik in Athen während des Peloponnesischen Krieges, Darmstadt 2000
J. Roy, The Mercenaries of Cyrus, Historia 16 (1967), 287-323
H. Rupé, Homer, Ilias, Übersetzung und Anhang von H. Rupé, Düsseldorf/Zürich 2001
E. Ruschenbusch, Untersuchungen zu Staat und Politik in Griechenland vom 7.-4. Jh. v. Chr., Bamberg 1978
E. Ruschenbusch, Athenische Innenpolitik im 5. Jahrhundert v. Chr., Bamberg 1979
D. A. Russel, Greek Declamation, Cambridge 1983
N. K. Rutter, Syracusan Democracy: ‚Most Like the Athenian'?, in: R. Brock – S. Hodkinson (Hrsg.), Alternatives to Athens. Varieties of Political Organisation and Community in Ancient Greece, Oxford 2000, 137-151
M. M. Sage, Warfare in Ancient Greece. A Sourcebook, London/New York 1996
J. M. Sanders (Hrsg.), Philolakon. Lakonian Studies in Honour of Hector Catling, London 1992
L. J. Sanders, Plato's First Visit to Sicily, Kokalos 25 (1979), 207-219
L. J. Sanders, Dionysius of Syracuse and the Validity of the Hostile Tradition, SCI 5 (1979/1980), 64-84
L. J. Sanders, Diodorus Siculus and Dionysios I. of Syracuse, Historia 30 (1981), 395-411
L. J. Sanders, Dionysios I. of Syracuse and Greek Tyranny, London/New York/Sydney 1987
D. Sansone, Lysander and Dionysius (Plut. Lys. 2), CPh 76 (1981), 202-206
H. Schäfer, Polyxenos (7), RE 21,2 (1952), Sp. 1855-1857
M. Scheele, ΣΤΡΑΤΗΓΟΣ ΑΥΤΟΚΡΑΤΩΡ, Staatsrechtliche Studien zur griechischen Geschichte des 5. und 4. Jahrhunderts, Diss. Leipzig 1932
F. Schleiermacher, Platon. Werke in acht Bänden, Übersetzt von F. Schleiermacher, herausgegeben von G. Eigler, Darmstadt 2001
Chr. Schneider, Information und Absicht bei Thukydides. Untersuchung zur Motivation des Handelns, Göttingen 1974
W. Schmid, Geschichte der griechischen Literatur I 3, München 1940
H. Scholten, Die Sophistik. Eine Bedrohung für die Religion und Politik der Polis?, Berlin 2003

P. Scholz, Der Philosoph und die Politik. Die Ausbildung der philosophischen Lebensform und die Entwicklung des Verhältnisses von Philosophie und Politik im 4. und 3. Jahrhundert v. Chr., Stuttgart 1998
P. Scholz, Der Prozeß gegen Sokrates. Ein >Sündenfall< der athenischen Demokratie?, in: L. Burckhardt – J. v. Ungern-Sternberg (Hrsg.), Große Prozesse im antiken Athen, München 2000, 157-173
Ch. Schubert, Die Macht des Volkes und die Ohnmacht des Denkens. Studien zum Verhältnis von Mentalität und Wissenschaft im 5. Jahrhundert v. Chr., Stuttgart 1993
Ch. Schubert, Perikles, Darmstadt 1994
Ch. Schubert, Athen und Sparta in klassischer Zeit, Stuttgart 2003
W. Schuller (Hrsg.), Politische Theorie und Praxis im Altertum, Darmstadt 1998
W. Schuller, Alkibiades, in: K. Brodersen (Hrsg.), Grosse Gestalten der griechischen Antike: 58 historische Portraits von Homer bis Kleopatra, München 1999, 337-345
E. Schütrumpf, Aristoteles, Politik II-III, Übersetzt und erläutert von E. Schütrumpf, in: Aristoteles Werke in Deutscher Übersetzung, Bd. 9, Teil 2, Berlin 1991
E. Schütrumpf – H.-J. Gehrke, Aristoteles, Politik IV-VI, Übersetzt und eingeleitet von E. Schütrumpf, Erläutert von E. Schütrumpf und H.-J. Gehrke, in: Aristoteles Werke in Deutscher Übersetzung, Bd. 9, Teil 3, Berlin 1996
J. Schwarze, Die Beurteilung des Perikles durch die attische Komödie und ihre historische und historiographische Bedeutung, München 1971
R. Seaford, Tragic Tyranny, in: K. A. Morgan (Hrsg.), Popular Tyranny: Sovereignty and Its Discontents in Ancient Greece, Austin (Texas) 2003, 95-115
R. Seager, Alcibiades and the Charge of Aiming at Tyranny, Historia 16 (1967), 6-18
R. Sealey, Die spartanische Nauarchie, Klio 58 (1976), 335-358
J. Seibert, Die politischen Flüchtlinge und Verbannten in der griechischen Geschichte: Von den Anfängen bis zur Unterwerfung durch die Römer, Darmstadt 1979
J. Shay, Achill in Vietnam. Kampftrauma und Persönlichkeitsverlust, Hamburg 1998 = ders., Achilles in Vietnam. Combat Trauma and the Undoing of Character, New York 1994
J. Shay, Killing Rage: Physis or Nomos – or Both?, in: H. v. Wees (Hrsg.), War and Violence in Ancient Greece, London 2000, 31-56
G. Shipley, Perioikos: The Discovery of Classical Lakonia, in: J. M. Sanders (Hrsg.), Philolakon. Lakonian Studies in Honour of Hector Catling, London 1992
P. Siewert, Nomos (A), DNP 8, 2000, Sp. 982-985
M. S. Silk (Hrsg.), Tragedy and the Tragic: Greek Theatre and Beyond, Oxford 1996
R. E. Smith, Lysander and the Spartan Empire, Cph 43 (1948), 143-156
B. Snell, Aischylos und das Handeln im Drama, Philologus Suppl. 20,1, Leipzig 1928, 1-164
H. Sonnabend, Geschichte der antiken Biographie. Von Isokrates bis zur Historia Augusta, Darmstadt 2003
M. Sordi, La lega tessala fino ad Alessandro Magno, Roma 1958
M. Sordi, La Dynasteia in Occidente (Studi su Dionigi I), Padova 1992
P. Spahn, Mittelschicht und Polisbildung, Frankfurt a. M. u. a. 1977
P. Spahn, Das Aufkommen eines politischen Utilitarismus bei den Griechen, Saeculum 37 (1986), 8-21

P. Spahn, Individualisierung und politisches Bewußtsein im archaischen Griechenland, in: K. Raaflaub – E. Müller-Luckner (Hrsg.), Anfänge des politischen Denkens in der Antike. Die nahöstlichen Kulturen und die Griechen, München 1993, 343-363
P. Spahn, Perikles – Charisma und Demokratie, in: W. Nippel (Hrsg.), Virtuosen der Macht. Herrschaft und Charisma von Perikles bis Mao, München 2000, 23-38
S. Sprawski, Miejsce Penestów w życiu politycznym i ekonomicznym starożytnej Tessalii, in: D. Quirini-Poplawska (Hrsg.), Niewolnictwo i niewolnicy w Europie od starożytności po czasy nowożytne, Kraków 1998, 23-39
S. Sprawski, Jason of Pherae. A Study on History of Thessaly in Years 431-370 BC, Kraków 1999
P. A. Stadter (Hrsg.), The Speeches in Thucydides, Chapel Hill 1973
P. A. Stadter, A Commentary on Plutarch's Pericles, Chapel Hill/London 1989
H.-P. Stahl, Thukydides. Die Stellung des Menschen im geschichtlichen Prozeß, München 1966
M. Stahl, Aristokraten und Tyrannen im archaischen Athen. Untersuchungen zur Überlieferung, zur Sozialstruktur und zur Entstehung des Staates, Stuttgart 1987
G. E. M. de Ste. Croix, The Origins of the Peloponnesian War, London 1972
G. E. M. de Ste. Croix, The Class Struggle in the Ancient World, London 1981
L. Seeger, Aristophanes, Sämtliche Komödien, 2 Bde., Übersetzt von L. Seeger, Einleitung zur Geschichte und zum Nachleben der griechischen Komödie nebst Übertragung von Fragmenten der Alten und Mittleren Komödie von O. Weinrich, Zürich 1952-1953
W. Stegemann, Teisias (5), RE 5 A 1, 1934, Sp. 139-149
E. Stein-Hölkeskamp, Adelskultur und Polisgesellschaft. Studien zum griechischen Adel in archaischer und klassischer Zeit, Stuttgart 1989
D. Stephans, Critias: Life and Literary Remains, Diss. Cincinnati 1939
P. T. Stevens, Euripides and the Athenians, JHS 76 (1956), 87-94
R. Stiel – G. A. Lehmann (Hrsg.), Antike und Universalgeschichte, Festschrift Hans Erich Stier, Münster 1972
G. Strasburger, Xenophon, Hellenika, Herausgegeben und übersetzt von G. Strasburger, Düsseldorf/Zürich 2000³
H. Strasburger, Der Einzelne und die Gemeinschaft im Denken der Griechen, HZ 177 (1954), 227-248
H. Strasburger, Thukydides und die politische Selbstdarstellung der Athener, Hermes 86 (1958), 17-40
B. S. Strauss, Athens After the Peloponnesian War: Class, Faction and Policy 403-386 BC, London/Sydney1986
B. S. Strauss, Fathers and Sons in Athens. Ideology and Society in the Era of the Peloponnesian War, London 1993
K. F. Stroheker, Zu den Anfängen der monarchischen Theorie in der Sophistik, Historia 2 (1953/54), 381-412
K. F. Stroheker, Die Karthagergesandtschaft in Athen 406 v. Chr., Historia 3 (1954/55), 163-171
K. F. Stroheker, Dionysios I. Gestalt und Geschichte des Tyrannen von Syrakus, Wiesbaden 1958
D. F. Sutton, Critias and the Atheism, CQ n. s. 31 (1981), 33-38

O. Taplin. Comic Angels: and Other Approaches to Greek Drama through Vase Paintings, Oxford 1993
F. H. Tenbruck, Zur Soziologie der Sophistik, Neue Hefte für Philosophie 10 (1976), 51-77
W. E. Thompson, Observations on Spartan Politics, RSA 3-4 (1973-1974), 47-58
L. A. Tritle (Hrsg.), The Greek World in the Fourth Century: From the Fall of the Athenian Empire to the Successors of Alexander, London/New York 1997
L. A. Tritle, Hector's Body: Mutilation of the Dead in Ancient Greece and Vietnam, AHB 11 (1997), 123-136
L. A. Tritle, From Melos to My Lai. War and Survival, London/New York 2000
Ch. Tuplin, Imperial Tyranny: Some Reflections on a Classical Greek Political Metaphor, in: P. Cartledge/F. D. Harvey (Hrsg.), Crux. Essays Presented to G. E. M. de Ste. Croix on His 75th Birthday, Exeter 1985, 348-375
Ch. Tuplin, The Failings of Empire: A Reading of Xenophon Hellenica 2.3.11-7.5.27, Stuttgart 1993
Chr. Ulf, Die homerische Gesellschaft. Materialien zur analytischen Beschreibung und historischen Lokalisierung, München 1990
J. v. Ungern-Sternberg, Zur Beurteilung Dionysios' I. von Syrakus, in: W. Will – J. Heinrichs (Hrsg.), Zu Alexander d. Gr. Festschrift G. Wirth, Amsterdam 1988, 1123-1150
J. v. Ungern-Sternberg, >Die Revolution frißt ihre eigenen Kinder< Kritias vs. Theramenes, in: L. Burckhardt – J. v. Ungern-Sternberg (Hrsg.), Große Prozesse im antiken Athen, München 2000, 144-156
M. Untersteiner, The Sophists, Oxford 1954
S. Usher, Xenophon, Critias and Theramenes, JHS 88 (1968), 128-135
S. Usher, "This to the Fair Critias", Eranos 77 (1979), 39-42
O. Veh, Diodorus, Griechische Weltgeschichte Buch XI-XIII, Übersetzt von O. Veh, Eingeleitet und Kommentiert von W. Will, Stuttgart 1998
O. Veh, Diodorus, Griechische Weltgeschichte Buch XIV-XV, Übersetzt von O. Veh, Überarbeitet, Eingeleitet und Kommentiert von Th. Frigo, Stuttgart 2001
J.-P. Vernant (Hrsg.), Der Mensch der griechischen Antike, Frankfurt a. M. 1993 = ders., L'uomo greco, Roma 1991
M. Vickers, Alcibiades and Melos: Thucydides 5.84 -116, Historia 49 (1999), 265-281
G. Vlastos, Isonomia, AJPh 74 (1953), 337-366
G. Vlastos, Socrates: Ironist and Moral Philosopher, Cambridge 1991
J. G. DeVoto, Agesilaos II and the Politics of Sparta, 404-377 B.C., Diss. Chicago 1982
H. T. Wade-Gery, Kritias and Herodes, CQ 39 (1945), 19-33
R. W. Wallace, Private Lives and Public Enemies: Freedom of Thought in Classical Athens, in: L. Boegehold – A. C. Scafuro (Hrsg.), Athenian Identity and Civic Ideology, Baltimore 1994, 127-155
G. Walser, Zum griechisch-persischen Verhältnis vor dem Hellenismus, HZ 220 (1975), 529-542
K. H. Waters, The Purpose of Dramatisation in Herodotos, Historia 155 (1966), 151-171
H. v. Wees, Politics and the Battelfield. Ideology in Greek Warfare, in: A. Powell (Hrsg.), The Greek World, London/New York 1995, 153-178
H. v. Wees, Heroes, Knights and Nutters: Warrior Mentality in Homer, in: A. B. Lloyd (Hrsg.), Battle in Antiquity, London 1996, 1-86

H. v. Wees (Hrsg.), War and Violence in Ancient Greece, London 2000
H. v. Wees, The Myth of the Middle-Class Army: Military and Social Status in Ancient Athens, in: T. Bekker-Nielsen – L. Hannestad (Hrsg.), War as a Cultural and Social Force: Essays on Warfare in Antiquity, Copenhagen 2001, 45-71
H. v. Wees, Tyrants, Oligarchs and Citizen Militias, in: A. Chanaiotis – P. Ducrey (Hrsg.), Army and Power in the Ancient World, Stuttgart 2002, 61-82
K. Weitzmann (Hrsg.), Late Classical and Mediaeval Studies in Honor of Albert Mathias Friend, Jr., Princeton 1955
E. Ch. Welskopf (Hrsg.), Hellenische Poleis, 4 Bde., Berlin 1973
E. Ch. Welskopf, Soziale Gruppen- und Typenbegriffe. Klasse, Stand, Schicht, Privatmann, Individualität-Hellenen, Barbaren, Polis und Territorialstaat, in: E. Ch. Welskopf (Hrsg.), Hellenische Poleis, Bd. 4, Berlin 1973, 2141-2173
E. Ch. Welskopf (Hrsg.), Soziale Typenbegriffe im alten Griechenland und ihr Fortleben in den Sprachen der Welt, Bd. 3, Berlin 1981
K.-W. Welwei, Das Problem des „Präventivkrieges" im politischen Denken des Perikles und Alkibiades, Gymnasium 79 (1972), 289-305 = M. Meier (Hrsg.), Polis und Arché: Kleine Schriften zu Gesellschafts- und Herrschaftsstruktur in der griechischen Welt von K.-W. Welwei, Stuttgart 2000, 212-228
K.-W. Welwei, Die Darstellung politischer Krisen im Geschichtswerk des Thukydides, in: G. Alföldy u. a. (Hrsg.), Krisen in der Antike – Bewußtsein und Bewältigung (Geschichte und Gesellschaft, Bochumer Historische Studien, Bd. 13), Düsseldorf 1975, 9-26 = M. Meier (Hrsg.), Polis und Arché: Kleine Schriften zu Gesellschafts- und Herrschaftsstruktur in der griechischen Welt von K.-W. Welwei, Stuttgart 2000, 234-251
K.-W. Welwei, Unfreie im antiken Kriegsdienst. Teil II: Die kleineren und mittleren griechischen Staaten und die hellenistischen Reiche, Wiesbaden 1977
K.-W. Welwei, Adel und Demos in der frühen Polis, Gymnasium 88 (1981), 1-23 = M. Meier (Hrsg.), Polis und Arché: Kleine Schriften zu Gesellschafts- und Herrschaftsstruktur in der griechischen Welt von K.-W. Welwei, Stuttgart 2000, 64-86
K.-W. Welwei, „Demos" und „Plethos" in athenischen Volksbeschlüssen um 450 v. Chr., Historia 35 (1986), 177-191 = M. Meier (Hrsg.), Polis und Arché: Kleine Schriften zu Gesellschafts- und Herrschaftsstruktur in der griechischen Welt von K.-W. Welwei, Stuttgart 2000, 197-211
K.-W. Welwei, Athen. Vom neolitischen Siedlungsplatz zur archaischen Großpolis, Darmstadt 1992
K.-W. Welwei, Die griechische Polis. Verfassung und Gesellschaft in archaischer und klassischer Zeit, Stuttgart 1998[2]
K.-W. Welwei, Das klassische Athen. Demokratie und Machtpolitik im 5. und 4. Jahrhundert, Darmstadt 1999
L. Weniger, Das Hochfest des Zeus in Olympia, Klio 4 (1904), 125-151
H. Wentker, Sizilien und Athen. Die Begegnung der attischen Macht mit den Westgriechen, Heidelberg 1956
H. D. Westlake, Thessaly in the Fourth Century B.C., London 1935
H. D. Westlake, The Medism of Thessaly, JHS 56 (1936), 12-24
H. D. Westlake, Alcibiades, Agis and Spartan Policy, JHS 58 (1938), 31-40
H. D. Westlake, Timoleon and His Relations with Tyrants, Manchester 1952

H. D. Westlake, Individuals in Thucydides, Cambridge 1968
H. D. Westlake, Essays on the Greek Historians and Greek History, Manchester 1969
H. D. Westlake, Athenian Aims in Sicily, 427-424 B.C., in: ders., Essays on the Greek Historians and Greek History, Manchester 1969, 101-122
H. D. Westlake, Hermocrates the Syracusan, in: ders., Essays on the Greek Historians and Greek History, Manchester 1969, 174-202
H. D. Westlake, Individuals in Xenophon, Hellenica, in: ders., Essays on the Greek Historians and Greek History, Manchester 1969, 203-225
L. Whibley, Greek Oligarchies: Their Character and Organisation, London 1896 (ND Rom 1968)
M. E. White, Greek Tyranny, Phoenix 9 (1955), 1-18
D. Whitehead, The Tribes of the Thirty Tyrants, JHS 100 (1980), 208-213
D. Whitehead, Sparta and the Thirty Tyrants, AncSoc13/14 (1983/2), 105-130
J. Wiesehöfer, Die „Freunde“ und „Wohltäter“ des Großkönigs, Studia Iranica 9 (1980), 7-21
U. v. Wilamowitz-Moellendorff, Analecta Euripidea, Berlin 1875, 161-172
W. Will – J. Heinrichs (Hrsg.), Zu Alexander d. Gr. Festschrift G. Wirth, Amsterdam 1988
P. J. Wilson, The Use of Tragedy in the Fourth Century, in: M. S. Silk (Hrsg.), Tragedy and the Tragic: Greek Theatre and Beyond, Oxford 1996, 310-331
P. Wilson, The Athenian Institution of the Khoregia. The Chorus, the City and the Stage, Cambridge 2000
M. Winiarczyk, Nochmals das Satyrspiel „Sisyphos“, WS 100 (1987), 35-45
J. J. Winkler, The Constraints of Desire, New York/London 1990
A. Winterling, „Arme“ und „Reiche“. Die Struktur der griechischen Polisgesellschaften in Aristoteles' ‚Politik', Saeculum 44 (1993), 179-205
G. Wirth (Hrsg.), Perikles und seine Zeit, Darmstadt 1979
H. Wolff, Die Opposition gegen die radikale Demokratie in Athen, ZPE 36 (1979), 279-302
A. Wolpert, Remembering Defeat. Civil War and Civic Memory in Ancient Athens, Baltimore 2002
P. Woodruff, Rhetorik und Relativismus: Protagoras und Gorgias, in: A. A. Long (Hrsg.), Handbuch frühe griechische Philosophie. Von Thales bis zu den Sophisten, Stuttgart 2001, 264-284
M. Zahrnt, Die Verträge zwischen Dionysios I. und den Karthagern, ZPE 71 (1988), 209-228
M. Zahrnt, Die Schlacht bei Himera und die sizilische Historiographie, Chiron 23 (1993), 353-390
M. Zahrnt, Der Demos von Syrakus im Zeitalter der Dionysioi, in: W. Eder – K.-J. Hölkeskamp (Hrsg.), Volk und Verfassung im vorhellenistischen Griechenland (Beiträge zu Ehren von Karl-Wilhelm Welwei, Bochum, 1.-2. März 1996), Stuttgart 1997, 153-175
K.-H. Ziegler, Völkerrechtsgeschichte, München 1994
R. Zoepffel, Untersuchungen zum Geschichtswerk des Philistos von Syrakus, Freiburg i. Br. 1964

Register

1. Mythische und historische Personen, Götter

2. Geographische Bezeichnungen, Bevölkerungen

Nur in Auswahl aufgelistet sind die Bezeichnungen wie z. B. „Griechen", „Griechenland", „Athen", „Athener", „Syrakus", „Syrakusaner".

3. Begriffe, Institutionen, Gruppenbezeichnungen (in Auswahl)